Hein Retter · Spielzeug

Hein Retter

Spielzeug

Handbuch zur Geschichte und Pädagogik der Spielmittel

Beltz Verlag · Weinheim und Basel 1979

CIP-Kurztitelaufnahme der Deutschen Bibliothek

Retter, Hein:
Spielzeug : Handbuch zur Geschichte u. Pädagogik
d. Spielmittel / Hein Retter. – Weinheim, Basel : Beltz 1979.
 ISBN 3-407-83018-1

© 1979 Beltz Verlag, Weinheim und Basel
Umschlagentwurf: Eckard Warminski, Frankfurt
Gesamtherstellung: Beltz Offsetdruck, 6944 Hemsbach über Weinheim
Printed in Germany

ISBN 3 407 83018 1

Vorwort

Die Untersuchung wurde 1972 begonnen. Die ersten fünf Hauptabschnitte waren in ihren wesentlichen Teilen 1973 fertiggestellt, erforderten allerdings später nochmals Überarbeitungen und Ergänzungen. Durch den Wechsel der Hochschule und die Inangriffnahme anderer Projekte war die Weiterbearbeitung des Manuskriptes in den folgenden Jahren kaum möglich. Als ich dann im Herbst 1977 den „roten Faden" wieder aufnahm, hatte sich die literarische Szene ziemlich verändert: Das Thema „Spiel und Spielen", das fünf Jahre zuvor in der Erziehungswissenschaft eher ein Randgebiet war, fand nun in der pädagogischen Diskussion große Resonanz und verbreitete sich in einer Fülle von Publikationen. Dennoch hat die neue Spielpädagogik für die Spielmittel bislang relativ wenig Interesse gezeigt – ein Grund mehr, die vorliegende Untersuchung, die ursprünglich ein Literaturbericht sein sollte, auszuweiten auf eine erziehungswissenschaftliche Gesamtdarstellung.

Die Anregung zu dieser Arbeit verdanke ich Hans Mieskes, an dessen Gießener Institut ich bis 1970 tätig war. Die meisten praktischen Hinweise über Spielmittel erhielt ich von meinen Kindern, die mir auch die Relativität spielpädagogischer Prinzipien verdeutlichten. Herrn Meinhard Meisenbach, Bamberg, danke ich für die Möglichkeit, die in seinem Verlagsarchiv befindlichen Jahrgänge der Zeitschrift „Deutsche Spielwaren-Zeitung" durchsehen zu können.

Ein besonderer Dank gilt Frau Annegret Müller, die das Schreiben des Manuskripts besorgte.

Gifhorn, am 31. Juli 1978

Hein Retter

Inhaltsverzeichnis

Einleitung 11

I. *Das Spielmittel in den Theorien des Spiels* 13

    Philosophie – Kulturwissenschaften – Tierverhaltensforschung 14
    Psychologie 20
        Kinder- und Entwicklungspsychologie 20
        Psychoanalyse – Psychotherapie 23
        Motivationspsychologie 25
        Sozialpsychologie 26
    Soziologie – kulturvergleichende Forschung 27
    Mathematische Theorie der Spiele 30

II. *Spiel und Spielmittel aus der Sicht geisteswissenschaftlicher Pädagogik* 36

    Zum Denkansatz geisteswissenschaftlicher Pädagogik 36
    Beiträge zur Pädagogik des Spiels aus geisteswissenschaftlicher Sicht . . 38
    Zusammenfassung 45

III. *Pädagogische Erkenntnisse aus der kulturgeschichtlichen Betrachtung der Spielmittel* 47

    Ausgangsthesen 47
    Spielmittel als Spiegel zeitüberdauernder Grundmuster kindlichen Spielverhaltens 53
        Urformen des Spielzeugs: Vorzeit und Altertum 53
        Spielzeug im Mittelalter 61
        Die Neuzeit 63
    Spielmittel als Spiegel gesellschaftlicher Verhältnisse 67
        Zur Entwicklung der deutschen Spielzeug-Produktion bis Anfang des 20. Jahrhunderts 67
        Spielmittel als Mittler zwischen Realität und Imagination . . . 80

IV.	*Historische Entwicklungslinien einer Pädagogik der Spielmittel*	98

John Locke (1632–1704) und Jean-Jacques Rousseau (1712–1778)   99
Erhard Weigel (1625–1699) 102
J. C. F. Gutsmuths (1759–1839) 104
Jean Paul (1763–1825). 108
Friedrich Fröbel (1782–1852) 111
Pädagogische Spielmittel-Bewertung unter dem Einfluß der Institutionalisierung der Kleinkinderziehung. 120
Unterhaltsam-belehrende Spielmittel im ausgehenden 18. und im 19. Jahrhundert 129

V.	*Das Spielmittel in der ersten Hälfte des 20. Jahrhunderts*	136

Kunsterziehungsbewegung, Volkskunstgedanke, Kulturkritik 136
Die Theorie von den kindlichen Entwicklungsphasen 147
Naturgemäße Spielmittel in der Waldorfpädagogik 155
Die Sinnesmaterialien Maria Montessoris 160
Spiel und Spielmittel in der reformpädagogischen Schule 168
Das Eindringen pädagogisch-psychologischer Erkenntnisse in die Spielzeugwirtschaft. 182
Spielzeug im Dritten Reich 194

VI.	*Grundlagen einer Pädagogik der Spielmittel*	205

Definitions- und Klassifikationsprobleme 205
    Vorbemerkung 205
    Zum Begriff „Spielmittel" 207
    Einteilung der Spielmittel 208
    Spielmittel als pädagogische Hilfsmittel 212
    Spielen und Lernen 215
    „Didaktische" Spielmittel? 219
    Spielen als mehrperspektivisches Handlungssystem 221
Vermittlung pädagogischer Normen durch Spielmittel 230
    Geschlechterrolle 230
    Schichtenspezifische Differenzen 240
    Kriegsspielzeug als Träger unerwünschter Verhaltensnormen . . . 248
Spielmittel im Dienst pädagogischen Handelns 261
Zur pädagogischen Bewertung von Spielmitteln 267
    Was ist „gutes" Spielzeug? 267

Bewertungssysteme und ihre Hintergrundtheorien 273
Zum gegenwärtigen Stand der Spielmittelforschung 287

VII. *Spielmittel in einzelnen pädagogischen Praxisfeldern* 302

Die Familie 302
   Allgemeine spielpädagogische Hinweise 302
   Das erste Lebensjahr 307
   Das zweite und dritte Lebensjahr 311
   Das vierte bis sechste Lebensjahr 322
   Vom siebten bis zehnten Lebensjahr 329
   Nach dem zehnten Lebensjahr 335
Kindergarten und „Vorklasse" 337
   Spielführung bei verhaltensauffälligen Kindern 337
   Materialien zum Rollenspiel 342
   Regelgebundene Spielformen 345
   Verkehrserziehung 347
   Sprachliche Kommunikation 348
   Mathematische Früherziehung 353
   Bauen und Konstruieren 354
   Spielmittel kaufen, selbst herstellen – oder ganz darauf verzichten? 356
   Exkurs: Spiel und Spielmittel im sozialistischen Kindergarten . . . 358
Behinderte Kinder in sonderpädagogischen Einrichtungen 364
   Die Grundschule 372
   Spiel in Abhängigkeit von der Zielsetzung der Schule 372
   Zur Situation des Spiels in den Fachdidaktiken 374
   Die „gestörte" Kommunikation im Schulleben 377
   „Offene" Spiel- und Lernsituationen 380
   Der Schulhof als Spielzentrum 385
Sekundarschulen 392
   Spielmittel im Unterricht 392
   Spielmittel in der schulischen Freizeit 404
   Pädagogische Rahmenkonzepte 406

VIII. *Spiel und Spielmittel in der Freizeitgesellschaft* 413

Der spielende Mensch – emanzipierter Bürger oder Opfer der Freizeitindustrie? 413

Spielmittel als Förderer von Alltagskommunikation 422
Spielmittelpädagogik und Spielwarenbranche 439

Literatur 453

Sachregister 469

Personenregister 472

Einleitung

Spielen ist eine jedermann wohlbekannte Tätigkeit und bedarf im Alltag keiner weiteren Erklärung. Als spezifische Form menschlichen (und tierischen) Verhaltens hat es die Menschen schon immer zum Nachdenken über sich selbst angeregt. Es gibt eine Fülle von Aussagen über das Phänomen Spiel im allgemeinen und zum Kinderspiel im besonderen. Man hat sich bemüht, diesen Aussagen auf den Grund zu gehen und zu klären, was Spiel und Spielen „eigentlich" sei. Oft reicht das Ergebnis solcher Bemühungen kaum hinter jenes Wissen zurück, das jedem durch die Selbsterfahrung des Spielerlebnisses zugänglich ist. Gleichwohl kann man davon sprechen, daß das Spiel ein von den Wissenschaften schon relativ gründlich behandelter, wenn auch noch längst nicht erschöpfend erforschter Gegenstand ist. Es existiert eine Reihe mehr oder weniger gut fundierter Theorien, die den komplexen Charakter des Spiels von den verschiedensten Seiten her beleuchten.

Die Pädagogik hat sich in zunehmendem Maße bemüht, die in den verschiedenen Wissenschaften zum Thema Spiel vorliegenden Aussagen zu sammeln und für ihre eigene Fragestellung zu nutzen. Aber weder die Faszination, die das Phänomen Spiel schon immer ausstrahlte, noch die mit ihm verbundenen spezifisch pädagogischen Fragestellungen haben bisher dazu geführt, jenen Problembereich systematisch aufzuarbeiten, der in engstem Wechselbezug zum Spiel steht: Der Bereich der „Spiel-Mittel". Spiel und Spielmittel stehen in einem wechselseitigen Zusammenhang, das eine bedarf des anderen. Der Begriff „Spielmittel" soll hier in seiner allgemeinsten Bedeutung verstanden werden: als Bezeichnung für alle Gegebenheiten und sinnlich wahrnehmbaren Gegenstände, mit denen „gespielt" wird bzw. deren Herstellung den Zweck verfolgt, Spielhandlungen zu ermöglichen.
Im überkommenen Sprachgebrauch sind wir gewohnt, solche Gegenstände als „Spielzeug" zu bezeichnen; daß dem Begriff Spielmittel unter systematischem Aspekt eine umfassendere Bedeutung zukommt, wird noch auszuführen sein (vgl. Abschnitt VI).

Während die Pädagogik in unserem Jahrhundert dem Phänomen Spiel große Aufmerksamkeit schenkte, traf dies für das Spielmittel durchaus nicht in gleichem Maße zu. Vor mehr als zehn Jahren mußte Hans Mieskes feststellen, daß die Erziehungswissenschaft das Spielmittel bislang offenbar nicht als einen Gegenstand angesehen habe, der einer systematischen Grundlegung würdig sei; das bestehende „Nebeneinander divergierender Aspekte" von kulturhistorisch-volkskundlicher, ästhetischer, ökonomischer und pädagogisch-praktischer Betrachtung des Spielzeugs müsse endlich durch eine wissenschaftlich fundierte *Pädagogik der Spielmittel* abgelöst werden.

Der vorliegende Band will einen Beitrag zu einer Pädagogik der Spielmittel leisten, indem versucht wird, die in der Literatur vorfindbaren Aussagen über Spielmittel (Tatbestände, normative Aussagen, empirische Forschungsbefunde, Theorie-Ansätze) kritisch aufzuarbeiten.

Unsere Aufgabe wird dadurch erschwert, daß das Spielmittel einen äußerst komplexen Gegenstand darstellt, dessen pädagogische Betrachtung in eine Vielzahl anderer Problemzusammenhänge eingebettet erscheint. Sie ausführlich zu behandeln, übersteigt den Rahmen unseres Themas. Verbindungslinien zu außerpädagogischen Fragestellungen werden deshalb nur dann – in gleichsam exemplarischer Weise – hergestellt, wenn sie für das Verständnis darauf aufbauender pädagogischer Zusammenhänge relevant sind. Dies gilt insbesondere für die kulturhistorische und die völkerkundliche Betrachtung von Spiel und Spielmittel[1].

---

1 Zum ethnologischen Zusammenhang zwischen Spielzeug und den Kinderspielen vgl. Pinon 1967.

I. Das Spielmittel in den Theorien des Spiels

Wenn die These richtig ist, daß Spiel und Spielmittel in einem Wechselbezug zueinander stehen, dann dürfte zu erwarten sein, daß in den Ansätzen zu einer Theorie des Spiels, die heute in den verschiedensten einzelwissenschaftlichen Bereichen vorliegen, auch dem Spielmittel ein entsprechender Ort im jeweiligen theoretischen Aussagesystem zugewiesen wurde. Die bekannte Feststellung von Buytendijk, Spielen sei immer Spielen „mit etwas", läßt dasselbe vermuten. Demgegenüber muß überraschen, daß Aussagen über das Spielmittel nur sehr selten und mehr oder weniger am Rande in den überkommenen Spieltheorien zu finden sind.

Dafür gibt es mehrere Gründe. Ein wesentlicher Grund dürfte schon allein darin zu suchen sein, daß der Begriff „Theorie" keineswegs eindeutig ist, wenn im allgemeinen Sprachgebrauch von Spieltheorien die Rede ist. Er fungiert als Sammelbecken für Aussagen über das Spiel, die mit sehr verschiedenen Intentionen und mit unterschiedlichem theoretischen Anspruchsniveau formuliert werden. Formal gesehen lassen sich die Spieltheorien mindestens vier verschiedenen Kategorien zuordnen: Wir können *definitorische, deskriptive, reduktive* und *integrativ-erweiternde* Deutungsansätze unterscheiden.

Zur Gruppe der *einfachen Abgrenzungs-* und *Definitions*-Versuche zählen vor allem die Bemühungen, den Spielbegriff aus der Gegenüberstellung zur Arbeit (oder zu anderen Begriffen) zu gewinnen bzw. den Spielbegriff in seine einzelnen Komponenten zu zerlegen. Wo *deskriptiv* über Spiel und Spielen gehandelt wird, steht der Versuch im Vordergrund, einen Eindruck von der Fülle möglicher Formen zu geben, in denen uns Spiel begegnet; als Beispiel dafür bietet sich etwa das Werk Jean Châteaus an. Die meisten Deutungsansätze – das zeigt sich auch bei Château – bleiben allerdings bei einer rein beschreibenden Erfassung der Spielformen nicht stehen, sondern versuchen, die beobachtete Mannigfaltigkeit auf ein einziges oder einige wenige grundsätzliche Prinzipien bzw. Merkmale zurückzuführen, d. h. eine Reduktion der „Erscheinung" auf das „Wesen des Spiels" vorzunehmen: dies ist z. B. in *phänomenologischen* Spielinterpretationen der Fall, die einzelne konstitutive Wesensmerkmale des Spiels herausarbeiten. Als *integrativ-erweiternd* schließlich können solche Theorien bezeichnet werden, die nicht primär eine Explikation des Spielbegriffs beabsichtigen, sondern ihn in eine andere, schon vorgegebene Theorie (oder einen Sachverhalt) einführen, wodurch sowohl der Spielbegriff erweitert wird, als auch das betreffende theoretische Konstrukt eine neue Deutung erfährt.

Beispiele dafür bieten die Theorien von Huizinga, Fink, Piaget und der psychoanalytische Deutungsansatz.

Viele Darstellungen des Spiels sind nicht in letzter Absolutheit jeweils einer einzigen dieser vier Theorie-Gruppen zuzuordnen, insbesondere, wenn schon bestehende Ansätze aufgearbeitet und systematisiert werden; für die Einschätzung des Stellenwertes des Spielmittels in den Spieltheorien sind die genannten Aspekte dennoch von Bedeutung: Erscheint doch das Spielmittel in *reduktiven* spieltheoretischen Ansätzen überhaupt nicht und hat in sonstigen Theorien nur dort eine grundsätzliche Funktion, wo die konkrete Gegenständlichkeit des Spielgeschehens – sei es ontologisch, sei es empirisch-deskriptiv – im theoretischen Ansatz transparent bleibt. Vielfach erkennen Spieltheorien dem Spielmittel auch dann keine systematische Bedeutung zu, wenn der theoretische Ansatz die Frage nach den materialen Mitteln des Spiels als durchaus sinnvoll erscheinen läßt.

Philosophie – Kulturwissenschaften – Tierverhaltensforschung

Die Aufgabe, das Wesen des Spiels philosophisch zu ergründen, hat – spätestens mit Schillers „Ästhetischen Briefen" – ihren traditionellen Ort in der Ästhetik, der Kunst- und Kulturphilosophie, ist aber mit der Radikalisierung der metaphysischen Frage nach dem Menschen und seines Weltverhältnisses in allen bedeutenderen Strömungen der Philosophie der Gegenwart vorzufinden.

Mit Ingeborg Heidemann (1961) kann man zwei entgegengesetzte Denkansätze zum Spielbegriff konstatieren: Einmal wird davon ausgegangen, daß Spiel in der Person des Spielenden gründet, d. h. der Spontaneität und Freiheit des Spielers entspringt, zum anderen wird Spiel als ein personunabhängiges Phänomen betrachtet, als „freie Bewegung, die in sich selbst zurückkehrt"; so gesehen ist der beteiligte Mensch nicht Spieler, sondern „wird gespielt". Unter ersterem Aspekt sind alle biologischen, psychologischen und kulturphilosophisch-anthropologischen Spieltheorien zu sehen; der zweitgenannte Aspekt, der sich in der Hauptsache auf sprachliche Analysen des Spielbegriffs stützt, ist phänomenologischer Natur und wurde insbesondere von der Existenzphilosophie weiterentwickelt. Darüber hinaus ist, wie Heidemann (1968) in ihrem umfassenden Werk deutlich macht, der philosophische Spielbegriff von Kant bis zur Gegenwartsphilosophie in eine Fülle von Fragestellungen eingegangen, deren Darstellung hier deshalb nicht notwendig ist, weil das Thema Spielmittel dabei nicht berührt wird.

Ein heute schon als klassisch zu bezeichnendes Beispiel der phänomenologischen Analyse des Spielbegriffs hat Hans Scheuerl (1959) gegeben. Im „Spiel des Lichts auf bewegtem Wasser" findet er sechs Wesensmerkmale, die das Phänomen Spiel schlechthin charakterisieren sollen: Freiheit, scheinhaftes Schweben, Geschlossenheit, Ambivalenz (Gleichgewicht), innere Unendlichkeit und zeitenthobene Gegenwart. In allen spielhaften Erscheinungen des Lebens seien diese sechs Merkmale nachweisbar; umgekehrt könne dort, wo eines dieser Merkmale fehlt, nicht mehr vom Spiel gesprochen werden. Zu denselben „Wesensmerkmalen des Spiels" gelangt Scheuerl in seiner bekannten Spiel-Monographie (Scheuerl 1969) aufgrund einer Analyse der überkommenen Spieltheorien.

Die Untersuchungen Scheuerls machen deutlich, daß die phänomenologische Reduktion des Spielbegriffs im wesentlichen aus zwei Gründen das Spielmittel außer acht lassen muß: Zum einen kann der Ausgangspunkt der phänomenologischen Analyse sprachlich so gewählt werden – „Spiel des Lichts", „Spiel der Wellen" usw. –, daß der Bezug zum Spielmittel von vornherein nicht gegeben ist. Andererseits könnte die konstitutive Bedeutung des Spielmittels auch dann kaum in eine phänomenologische Wesensbestimmung des Spiels eingehen, wenn eine konkrete Spielhandlung zum Ausgangspunkt genommen wird, da es schließlich auch einzelne Spielformen gibt, die zu ihrer Aufrechterhaltung nicht von vornherein auf materiale Objekte angewiesen sind[1].

Der Spielbegriff wird in der Philosophie allgemein in einem erweiterten und übertragenen Sinne benutzt, gleichsam als ein Instrument, mit dessen Hilfe bestehende Denkansätze einer neuen Interpretation zugänglich gemacht werden sollen. Karl Rahners Deutung des Schöpfungsaktes als Spiel (Rahner 1952) könnte hier ebenso genannt werden wie der Versuch Hans Georg Gadamers (1960), den Spielbegriff als Fundamentalbegriff für die Hermeneutik zu etablieren. Entscheidende Anregungen gab der Spielbegriff vor allem der Existenzphilosophie. Während bei einer strengen phänomenologischen Betrachtung „Spiel" im Ergebnis subjektlos verstanden wird, stehen die existenzphilosophischen Deutungen des Spiels in der Spannung des Verhältnisses zwischen Mensch und Welt. Ernst Haigis wendet sich in seiner Interpretation des Spiels als „Begegnung" dem Erlebnisaspekt zu. Im Spiel erlebe das Kind die Gefährdung seiner eigenen Existenz. Dieses Erlebnis des Selbst als individuell Existentem führe zur eigentlichen Bewußtwerdung der eigenen Person (Haigis 1941).

Die „existentiale Funktion" (Heidemann) des Spielbegriffs wird noch deutlicher bei Martin Heidegger (vgl. Heidemann 1968, S. 337 ff.) und bei Eugen Fink. Wenn Fink (1957, S. 49) versucht, „vom Spiel aus den Sinn des Seins zu bestimmen", so ist der Umschlagpunkt vom „Selbst-Spielen" zum „Gespielt-Werden" erreicht. Unter diesem Doppelaspekt des In-der-Welt-Seins entwickelt Fink eine „Ontologie des Spiels", die das Spiel des Menschen als „gleichnishaftes Schauspiel" des Weltgeschehens überhaupt versteht. Der Mensch ist, so gesehen, das einzige weltoffene Wesen im Universum, das „dem waltenden Ganzen zu entsprechen vermag... Alles Seiende ist kosmisches Spielzeug, aber auch alle Spieler sind selbst nur gespielt" (Fink 1960, S. 242). In seiner Analyse der menschlichen „Spielwelt" gelangt Fink zu Strukturmerkmalen des Spiels, die sich wesentlich von den Merkmalen Scheuerls

---

[1] Göbel (1955, S. 50 ff.) kommt in seiner phänomenologischen Untersuchung des Spielens bezeichnenderweise zu dem Schluß, daß Spielzeug »wesensmäßig von dem Mitspieler nicht unterschieden« und gegenüber diesem austauschbar ist.

unterscheiden: Lust am Spiel, Spielsinn, Spielgemeinde, Spielregel und Spielzeug werden genannt (Fink 1957, S. 27 ff.) Zu letzterem führt Fink aus:

„Spielzeuge kennt jeder von uns. Aber es bleibt schwierig zu sagen, was ein Spielzeug ist... Das Menschenspiel braucht Spielzeuge. Der Mensch kann gerade in seinen wesenhaften Grundhandlungen nicht frei von den Dingen bleiben, er ist auf sie angewiesen: in der Arbeit auf den Hammer, in der Herrschaft auf das Schwert, in der Liebe auf das Lager, in der Dichtung auf die Leier, in der Religion auf den Opferstein – und im Spiel auf das Spielzeug. Jedes Spielzeug ist Stellvertretung aller Dinge überhaupt; das Spielen ist immer eine Auseinandersetzung mit dem Seienden." (1957, S. 32 f.)

Während bei Fink das Spielmittel als „Spielzeug" lediglich Topos-Funktion für die Auseinandersetzung des Menschen mit der Sachwelt besitzt, stellt Walter Heistermann (1963) das Spielmittel in den anthropologischen Zusammenhang konkreter Spielhandlungen – womit wir den Übergang zur Gruppe der anthropologisch-subjektbezogenen Spieltheorien vollzogen haben. Denn nicht der Aspekt der Seinsoffenbarung, sondern Spiel als der Grundmodus menschlicher Sozialrelationalität steht in der Spieldeutung von Heistermann im Vordergrund. Danach gehört das Spielmittel zu den Konstituentien des Spielphänomens überhaupt:

„Das Spielzeug ist konstitutiv für die personale Kommunikation im Spiel", indem es Verbindung und gleichzeitig Distanz zum (realen oder imaginativen) Partner herstellt. „Spielzeuge als Spielmittel und -instrumente sind eigensinnig und plastisch." (Heistermann 1963, S. 148 f.)

Ähnlich bestimmt Heidemann (1968, S. 114), das „Spielding" als eine „Teilstruktur" des Spielphänomens, das neben „Mitspieler" und „spielender Person" Grundbestandteil des Spielphänomens sei.
Einen anderen Standpunkt nimmt Richard F. Dearden ein, dem es um eine genaue Definition und Abgrenzung des Spielbegriffs von benachbarten Phänomenen geht. Er betont die Schwierigkeit einer grundsätzlichen Zuordnung von Spiel und Spielzeug, weil der Begriff „Spielzeug" (toy) nicht gegenständlich definierbar sei,

„but is internally related to the concept of ‚play' as being the concept of an object given a play use, whether special or tempory" (Dearden 1967, S. 77).

Dearden definiert Spiel als eine nicht-ernste, in sich abgeschlossene Aktivität, die ausschließlich um jener Befriedigung willen ausgeführt wird, die sie selbst bereitet (1967, S. 84). Die sehr gründliche Bedeutungsanalyse Deardens erbringt im wesentlichen dieselben Momente, die von anderen Definitionsversuchen des Spielbegriffs her bereits bekannt sind[2].
Ein Rückblick auf die älteren spieltheoretischen Ansätze des ausgehenden 19. und beginnenden 20. Jahrhunderts bringt für das Thema Spielmittel kaum Gewinn.

2 Vgl. die Übersicht bei Mitchel/Mason 1948, S. 113 ff.

Bemühungen um Spieldefinitionen als Ergebnis kausaler oder finaler Erklärungsversuche standen im Vordergrund. Nachdem die Darwinsche Evolutionstheorie sich mehr und mehr durchsetzte, mußte gerade das Phänomen Spiel – als eine Verhaltensweise, die offenbar nicht im Dienst des Daseinskampfes steht – das wissenschaftliche Interesse erregen, insbesondere auch, was den Vergleich zwischen tierischem und menschlichem Spiel anbelangt. Biologisch-physiologische, später entwicklungspsychologische Deutungsansätze versuchten das Spiel primär aus einer einzigen zugrundeliegenden Kategorie zu erklären und führten zwangsläufig zu unzulässigen Verkürzungen.

So wurde Spiel gedeutet als Folge eines Kraftüberschusses (Spencer), als Erholungsvorgang (J. Schaller/Lazarus), als anlagebedingte Wiederholung der Menschheitsentwicklung (St. Hall), als Abreagieren von Instinkten und Affekten (Carr), als Fiktionshandlung (Baldwin, K. Lange, Claparède), als Funktionslust und Formwille (K. Bühler), als Vorübung (Groos). Mit Recht weist Scheuerl (1969 a, S. 11 f.) auf die Dürftigkeit der meisten vom positivistisch-naturwissenschaftlichen Zeitgeist getragenen Spieltheorien des späten 19. Jahrhunderts hin.

Lediglich Karl Groos gelang ein umfassend systematischer Ansatz, der auch heute noch Beachtung findet. Als Gegenreaktion auf die bis in die 20er Jahre vorherrschenden biologisch-psychologischen Spieldeutungen sind die geisteswissenschaftlichem Denken verpflichteten Ansätze von F. J. J. Buytendijk und Jan Huizinga anzusehen.

Buytendijk (1933) geht noch vom Vergleich Tierspiel – Kinderspiel aus und bezieht den Spielbegriff – wie alle Spieltheoretiker vor ihm – auf das Spiel von Individuen. Als wesentlich neue Momente, die seine phänomenologische Analyse erbringt, sind die Jugendlichkeit und die dynamische Verlaufsgestalt des Spiels zu nennen, die ständige Ambivalenz von Spannung und Lösung, von „Befreiung" und „Vereinigung" innerhalb eines begrenzten Bewegungsraumes. Obwohl sich bei Buytendijk bereits eine objektive, das Subjekt ausschaltende Spielinterpretation andeutet, bleibt sein Konzept durch die Bindung an eine Triebtheorie letztlich doch einem individual-anthropologischen Denken verhaftet.

Der eigentlich kulturwissenschaftliche Deutungsversuch des Spiels ist eine Leistung Huizingas (1962). Seinem „Homo ludens" liegen im wesentlichen drei Thesen zugrunde:

1. Spiel ist eine nicht weiter ableitbare Lebenserscheinung;
2. Die Kultur hat ihren Ursprung im Spiel, sie ist im Spiel entstanden;
3. Kultur als Inbegriff der produktiven Leistungen einer Gesellschaft in Kunst, Recht, Sprache, Musik usw. ist nur durch Spiel, d. h. durch jene „sinnvollen", über den unmittelbaren Drang zur Lebensbewältigung hinausgehenden kulturschaffenden Handlungen zu leisten und aufrecht zu erhalten.

Mythos, Riten, Zeremonien haben demnach das Phänomen Spiel ebenso zur Grundlage wie die Ordnung sozialer Gemeinschaften. Als Wesensmerkmale des Spielbegriffs werden genannt:

Freies Handeln, das außerhalb der Sorge um die Daseinssicherung steht – durch Regeln geordneter Spielablauf – Begrenztheit des Spiels in Raum und Zeit – Wiederholbarkeit – Ungewißheit – Tendenz der Spielenden zur Isolation von der Außenwelt und zur Verhüllung ihres Tuns.

Roger Caillois hat die These von Huizinga, daß das Spiel eine kulturschaffende Funktion besitze, übernommen, stellt sie aber gleichzeitig einer anderen gegenüber, die in bezug auf das Kinderspiel genau das Gegenteil besagt: Spiele und Spielzeuge seien als „Residuen der Kultur" anzusehen. Wesentliche Kulthandlungen, die in früheren Zeiten entscheidende Bedeutung für die Gesellschaft hatten, seien durch den gesellschaftlichen Wandel funktionslos geworden und würden im Spiel der Kinder erhalten bleiben. Bemerkenswert, wenn auch nicht ganz zutreffend, ist die Behauptung, daß sich das Studium der Spiele lange Zeit ausschließlich in einer Geschichte der Spielzeuge erschöpft habe[3].
Caillois nennt vier „elementare Haltungen", die die Spiele leiten: Wettkampf, Chance, Verstellung, Rausch.
Durch Zweierkombination dieser nicht weiter ableitbaren Verhaltensweisen findet Caillois sechs verschiedene Grundtypen von Spielen, deren Existenz an zahlreichen Beispielen demonstriert wird. Allen Spielarten gemeinsam sei, daß sie weder Reichtum noch irgendwelche Produkte hervorbringen, womit die Abgrenzung zur Arbeit und zur Kunst vollzogen wird. Caillois führt außerdem zwei zu dieser Einteilung gleichsam quer stehende Beschreibungskategorien ein, „Paidaia" und „Ludus"; das erstere bezeichnet die völlig freie Spielhandlung etwa im Sinne spielerischen Probierverhaltens beim jüngeren Kind, das letztere die strenge Regelhaftigkeit, die bei allen hochentwickelten Spielen vorhanden ist.
Einen bedeutsamen Versuch, kulturphilosophisch-anthropologische Gedankengänge mit den Ergebnissen der *Tierverhaltensforschung* in einer Theorie des „spielenden Menschen" zu vereinigen, unternahm Gustav Bally (1966).
Bally geht davon aus, daß das Spiel bei Tieren elterliches Brutpflegeverhalten zur Voraussetzung hat, das dem Jungtier die beiden wesentlichsten Existenzbedingungen, Nahrungssuche und Feindabwehr, abnimmt. Das durch elterliche Brutpflege „entspannte Feld" des Jungtieres wird als Voraussetzung für die Entwicklung eines freien Verhaltens im Umfeld angesehen. Beim Menschen – dem Lebewesen mit dem differenziertesten biologischen Organisationsgrad, der längsten Jugendentwicklung und der hervorstehenden „Mängelhaftigkeit" in der Instinktausstattung – ist dieser „Spielraum der Freiheit" unendlich größer: Die Menschheit ist generell durch die Kultur, durch ihre Normen und Institutionen vom „Kampf ums Dasein" entlastet. Zum anderen verbleibt der jugendliche Mensch zunächst über Jahre hinaus im Schonraum elterlicher Pflege und Erziehung, welcher die Freiheit des Spiels garantiert. Das Spiel erst ermöglicht eine „funktionale Gegenstandserkenntnis" (W.

---

3 Vgl. Caillois 1960, S. 66. Die Bemerkung von Caillois bezieht sich offenbar nur auf die Spielforschung in Frankreich, die in der Tat durch die Werke von Claretie, Allemagne, Rabecq-Maillard in der Spielzeug-Historiographie einen besonderen Schwerpunkt besitzt.

Köhler). Insofern wird die These Huizingas, zwischen Spiel und Kultur bestehe ein wechselseitiger Bedingungszusammenhang, bestätigt.

Nur am Rande geht Bally auf die Rahmenbedingungen des Spiels ein, zu denen Regeln und Spielmittel gehören:

„Im Bewußtsein des Gegenständen innewohnenden Aufforderungscharakters versucht die moderne Spielzeugindustrie das Handeln und Verhalten so zu lenken, daß es den Erwartungen entspricht, die wir hegen. So wird das Spielzeug zum Erziehungsmittel." (Bally 1969, S. 43)

Spiel bei Tieren zeigt sich als ein Verhaltensspezifikum, das nicht auf Erreichung von Instinktzielen ausgerichtet ist, sondern dem „Appetenzbereich" zuzuordnen ist. Folgende Befunde der Tierverhaltensforschung können als gesichert gelten (Rensch 1963): „Spiel" tritt mit zunehmendem Cephalisationsgrad in der Entwicklungsreihe der Arten um so häufiger auf. Es findet sich innerhalb der Wirbeltiere schon bei Fischen, in stärkerem Maße bei Vögeln und am ausgeprägtesten bei Säugetieren. Die differenziertesten Spielformen treten bei den Primaten auf.

Spiel ist eine charakteristische Erscheinung bei Jungtieren. Mit Erreichen der Geschlechtsreife nimmt die Fähigkeit zum Spielverhalten ab. Außer beim Menschen ist praktisch nur bei Haustieren über *alle* Lebensalter hinweg Spielverhalten festzustellen, d. h. die Domestikation eines Tieres führt in entscheidendem Maße zu ausgedehnteren Spielmöglichkeiten.

Spiel bei Tieren ist nur in entspanntem Zustand möglich, wenn die Instinkte des Tieres abgesättigt sind und keine Feindbedrohung vorliegt. Ferner steht fest, daß das Spiel von Jungtieren mit Lernerfahrungen einhergeht, die für ein angepaßtes, ökonomisches Verhalten im Erwachsenenalter von fundamentaler Bedeutung sind. Objekte, die relativ neu im Erfahrungsraum des Tieres auftreten, besitzen für höhere Säugetiere und Primaten mehr oder weniger starken Aufforderungscharakter, sie näher im Spiel zu erkunden. Alles, was Neugierverhalten auslöst oder geeignet ist, einen Wechsel der Situation herbeizuführen, kann dem Tier zum Spielgegenstand werden, aber auch die Entdeckung einer neuen „Funktion" eines an sich schon bekannten Gegenstands ist spielauslösend. Den Affen kann praktisch jeder erreichbare Gegenstand zum Objekt des Erprobens, Imitierens und Spielens werden (Millar 1973, S. 92 ff.). Karl Bühler prägte zur Kennzeichnung des intellektuellen Entwicklungsstandes eines 1-jährigen Kindes den Begriff „Schimpansenalter"; der Vergleich dürfte – von dem grundsätzlichen Problem eines solchen Analogieschlusses einmal abgesehen – auch auf das Spielverhalten anwendbar sein. Die höchsten Formen tierischen Problemlösungsverhaltens, die von Wolfgang Köhler (1921) mit gefangengehaltenen Schimpansen im tierpsychologischen Experiment nachgewiesen und von Jane van Lawick-Goodall (1975) bei wilden Schimpansen in natürlicher Umgebung beobachtet wurden, sind an eine Phase spielerischen Experimentierens gebunden, das erst den richtigen Gebrauch der für die Lösung des Problems notwendigen Werkzeuge ermöglicht.

Psychologie

Einen grundsätzlichen Unterschied zwischen philosophischen und psychologischen spieltheoretischen Deutungsversuchen kann man darin sehen, daß es im ersteren Fall mehr um „das Spiel" im grundsätzlichen geht, beim letzteren um „das Spielen" als ein konkretes, von Subjekten ausgeführtes und auf andere Personen bzw. Dinge bezogenes charakteristisches Handeln.

Kinder- und Entwicklungspsychologie

Das Spielverhalten ist seit der „Wiederentdeckung" des Kindes zu Beginn unseres Jahrhunderts ein bevorzugtes Arbeitsgebiet der *Kinder- und Entwicklungspsychologie*. Je nachdem, ob man vom beobachteten Phänomen oder aber von einer allgemeinen Entwicklungstheorie ausgeht, kann man die von der Entwicklungstheorie geleisteten Beiträge zur Theorie des Spiels zusammenfassend zwei einander ergänzenden Intentionen zuordnen:

(1) Erfassen der einzelnen Formen des kindlichen Spielverhaltens und deren Klassifizierung,
(2) Einbeziehen beobachteter Spielphänomene in eine übergreifende Entwicklungskonzeption.

Der ersteren Gruppe können alle jene Beiträge zugerechnet werden, die Aussagen über das Spielverhalten im Rahmen von altersspezifischen Verhaltensinventaren machen, wie sie etwa von Arnold Gesell (Gesell/Frances 1960), Charlotte Bühler (1931), Hildegard Hetzer (1927) schon vor Jahrzehnten erstellt wurden. Von den vielen Versuchen, den Formenreichtum kindlichen Spielens durch eine begrenzte Anzahl von Klassen überschaubar zu machen, seien nur die bekannten Einteilungen von Charlotte Bühler (Funktions-, Fiktions-, Rezeptions-, Konstruktionsspiele) und Rüssel (Hingabe-, Gestaltungs-, Rollen-, Regelspiele) erwähnt. Differenziertere Klassifikationsversuche finden sich bei Rüssel (1965), Château (1970) und Fiser (1970).

Man muß bei kritischer Prüfung der vorliegenden deutschen entwicklungspsychologischen Literatur zum Thema Spiel feststellen, daß sie noch stark von den theoretischen Ansätzen und Ergebnissen beeinflußt ist, die vor 30 bis 50 Jahren, der Blütezeit der „Phasentheorien" der Entwicklung, grundgelegt wurden. Ein geschlossenes theoretisches Konzept, in dem das Spiel eine streng definierte, systematische Funktion im Sinne der unter (2) genannten Intention innegehabt hätte, ist jedoch in den älteren Phasentheorien, wie sie in den Werken von Oswald Kroh, Charlotte Bühler, Hildegard Hetzer, Wilhelm Hansen oder Heinz Remplein dargestellt werden, kaum nachweisbar.

In allgemeinen Lehrbüchern der Entwicklungspsychologie neuerer oder älterer Herkunft finden sich allenfalls gelegentlich Bemerkungen über die Spielmaterialien und -mittel der Kinder bestimmter Entwicklungsstufen. Allein Hildegard Hetzer (1974), der wir eine Vielzahl spielpsychologischer Untersuchungen verdanken, hat sich mit dem Problem Spielzeug intensiver auseinandergesetzt.

Die Einbeziehung beobachteter Spielphänomene in eine übergreifende Entwicklungs- bzw. Persönlichkeitstheorie ist verschiedentlich versucht worden. Ein solcher Versuch liegt etwa in der psychoanalytischen Spieltheorie vor, aber auch in Jean Piagets kognitiver Entwicklungstheorie. Piaget faßt den Spielbegriff in Termini seiner genetischen Intelligenztheorie als Überwiegen von ,,assimilatorischem" gegenüber ,,akkomodatorischem" Verhalten auf. Er ordnet die Entwicklungsreihe (1) Sensumotorisches Übungsspiel, (2) Symbolspiel, (3) Konstruktions- bzw. Regelspiel verschiedenen Stadien der kognitiven Entwicklung zu (Piaget 1969). Piagets Behandlung des Spielbegriffs macht besonders deutlich, daß jede psychologische Theorie, die dem Spielbegriff einen bestimmten Funktions- und Stellenwert innerhalb eines partiellen Aussage-Systems zuweist, in Gefahr ist, das Spielphänomen auf eine bestimmte Einzelfunktion zu verkürzen[4]. Zum Thema ,,Spielmittel" werden von Piaget keine relevanten Aussagen getroffen.

In jüngster Zeit gewinnen vor allem Theorie-Ansätze aus dem anglo-amerikanischen Sprachraum stark an Bedeutung. Im folgenden soll der spieltheoretische Ansatz von Brian Sutton-Smith, einem der führenden amerikanischen Spielforscher, dargestellt werden (Herron/Sutton-Smith, 1971; Avedon/Sutton-Smith 1971; Sutton-Smith 1974).

Das Spielkonzept von Sutton-Smith ist vielschichtig, es verarbeitet entwicklungspsychologische, motivationspsychologische sowie kulturvergleichende Forschungsergebnisse und differenziert gleichzeitig überkommene Aussagen zur Spieltheorie. Sutton-Smith, der an der Columbia-Universität in New York Entwicklungspsychologie lehrt, geht es weder nur um die Klassifikation von Spielverhaltensformen, noch um deren mögliche Einordnung in eine Entwicklungstheorie. Er untersucht vielmehr empirisch die Bedingungen für das Auftreten bestimmter Spielformen und versucht, die Veränderung von *Strukturen* von Spielverhalten im Laufe der Individualentwicklung deutlich zu machen. ,,Spiel" (game) wird dabei in einem weiten Sinne dahingehend definiert, ,,daß es Regeln, einen Gegensatz der Kräfte und einen ungewissen Ausgang" besitzt (Sutton-Smith 1975, S. 129).

Spielhandlungen – gleichgültig, ob es sich dabei um das Legen eines Puzzle-Spiels, ein Versteckspiel oder um ein sportliches Mannschaftsspiel handelt – sind immer durch gewisse Gegensätze, ,,Antithesen", ,,Ungleichgewichte" determiniert, die den Spielern bestimmte (oft gegensätzliche) Rollen auferlegen. Grundlegende Antithesen des Spiels sind nach Sutton-Smith etwa ,,Ordnung-Unordnung", ,,Altruismus-Egoismus", ,,Kontrolle-Impuls", ,,Annäherung-Vermeidung",

---

4 Vgl. Sutton-Smith 1973. Ähnliche Verkürzungen ergeben sich aus der Spieldefinition von Helanko (zitiert nach Oerter 1975, S. 203): »Ein System ist ein Spiel, wenn das Indiviuum frei das Objekt des Systems wählen kann und kein anderes System interferiert«.

„Erfolg-Versagen". Die Entwicklung des Spielverhaltens vollzieht sich durch Verlagerung und Differenzierung der hierarchischen Struktur dieser Antithesen (bzw. ihrer hier nicht genannten Untergruppierungen), d. h. „daß es innerhalb jeder spielerischen Antithese eine geordnete Reihenfolge von aufeinander folgenden Spielen gibt, wobei jedes Spiel strukturell vom Niveau des vorhergehenden abhängig ist (Sutton-Smith 1975, S. 128). So übernimmt das Kleinkind anfangs immer erst die Rolle des Suchers beim Versteckspiel mit der Bezugsperson, anschließend lernt es die Rolle des Gesuchten, schließlich beherrscht es Spiele, in denen zwei antithetische Rollen gewechselt oder kombiniert werden (Beispiel: aus „Gefangenen" werden „Fänger"). In einem noch späteren Alter erst wird das Kind fähig, *innerhalb eines Teams* (z. B. bei einem sportlichen Mannschaftsspiel) eine bestimmte Rolle zu übernehmen; „Angriff" und „Verteidigung" treten dabei als zwei Antithesen derselben Rolle in Erscheinung und führen zu überraschenden Wendungen des Spielgeschehens. Hierbei werden vom Einzelspieler in erheblichem Maße soziale Anpassungsleistungen und strategisch-planerisches Entscheidungsverhalten verlangt.

Während die meisten Entwicklungspsychologen – unter anderem auch Piaget – den Grad des Spielverständnisses des Kindes in Abhängigkeit von seinem allgemeinen Entwicklungsstand sehen, konnte Sutton-Smith zeigen, daß das Spielverhalten keineswegs ein Derivat des jeweils erreichten kognitiven Entwicklungsstadiums darstellt, sondern als ein relativ autonomer Verhaltensbereich angesehen werden muß, dessen Ausdifferenzierung im wesentlichen von Art und Umfang der vorgängigen Spielerfahrungen abhängt. Nach Sutton-Smith ist jede Spielstruktur eine Art von Abstraktion, die einerseits bestimmte Erfahrungen des Kindes im Sozialisationsprozeß auf eine neue Erfahrungsebene transformiert, andererseits später auftretende Alltagsverhaltensweisen vorwegnimmt. So würden Siebenjährige beim Versteckspiel eine Art Rollentausch handhaben, der im übrigen Sozialverhalten erst im Alter von elf Jahren zu beobachten sei.

Spielerfahrung unterscheidet sich nach Sutton-Smith von Realerfahrung in zweierlei Hinsicht:

In *konativer* Hinsicht bedeute „Spielen", daß das antriebs- und willensbestimmte Verhalten nicht mehr durch Umweltbedingungen, sondern durch subjektive Momente und die Phantasie kontrolliert werde. Spiel sei ein „Mittler des Neuen", indem es zur „Umkehr" der Machtverteilung in der Alltagsrealität führe: Kinder übernehmen im Spiel Erwachsenenrollen, beachten komplizierte Regelvorschriften, finden neue Spielelemente. Der Erfahrungszuwachs der Spieler sei durch neue kreative Handlungsmöglichkeiten, Rollenflexibilität, insgesamt durch eine Erweiterung des Verhaltensrepertoires gekennzeichnet. Sutton-Smith stellt neben der innovativen Bedeutung des Spiels vor allem auch seine konfliktsozialisierende Funktion heraus.

In *affektiver* Hinsicht bedeute „Spielen" Spannungsabfuhr, die sich als eine – besonders nach Spielabschluß – „hochlebhafte, in einer Klimax gipfelnden Folge von Erfahrungen" beschreiben lasse (Sutton-Smith 1975).

In der deutschen Entwicklungspsychologie neigte man lange Zeit dazu, die Aktivitäten des Kindes im vorschulischen Alter summarisch als *Spielen* zu bezeichnen und dieses phasentypische Verhalten der beginnenden Arbeitshaltung des Grundschulkindes gegenüberzustellen; auch sozialistische Entwicklungspsychologen sehen das Spiel im Kleinkindalter fast ausnahmslos unter dem Aspekt der Vorbereitung des Arbeitsverhaltens (vgl. S. 358ff.). Demgegenüber macht Sutton-Smith darauf aufmerksam, daß eine Vielzahl von Aktivitäten des Kindes als *Bewältigungsverhalten* (mastery behavior) zu kennzeichnen sei und von Spielverhalten klar unterschieden werden müsse: „Mastery" umfasse alles Erkundungsverhalten, das Erproben der eigenen Kräfte und Handlungsmöglichkeiten, das Konstruieren, das Nachahmen und das Beobachtungslernen. Diese Tätigkeitsformen gehen zwar auch in bestimmte Spielformen mit ein, sind aber selbst kein Spiel, sondern stellen nach Sutton-Smith typische Formen frühkindlicher Situationsbewältigung dar, die der Wissensaneignung, der Befriedigung von Neugier und dem Üben von Fertigkeiten dienen.

Frühkindliches Bewältigungsverhalten, das im ersten und zweiten Lebensjahr als experimentierender Umgang mit Gegenständen (noch vor dem Auftreten der ersten Rollen- und Regelspiele!) zu beobachten ist, sieht Sutton-Smith als Ausgangspunkt für zwei sich bereits im Vorschulalter unabhängig voneinander entwickelnde Entwicklungsreihen: Die eine Entwicklungsreihe betrifft die Ausdifferenzierung des mastery behavior zu manuellen Fertigkeiten, konstruktiv-planerischem Denken, Techniken der Informationsgewinnung, also Verhaltensweisen, die im Dienste der Lebensbewältigung stehen und Komponenten des Arbeitsverhaltens darstellen. Zum anderen ist mastery behavior der *Ausgangspunkt* für Spielverhalten, denn um spielen zu können, müssen bestimmte Voraussetzungen (Vertrautsein mit der Situation, Informationen über Materialien, Rollen, Spielregeln u. a.) erfüllt sein: Ein Kind, das sich in einer unvertrauten Situation anderen fremden Kindern gegenübersieht, beginnt keineswegs sogleich zu spielen. Vielmehr erfolgt erst eine längere Phase der gegenseitigen Beobachtung, der Situationserkundung, des Miteinandervertrautwerdens[5].

Der spieltheoretische Ansatz von Sutton-Smith gibt einer Pädagogik der Spielmittel, durchaus wertvolle Hinweise, sei es unter dem Aspekt der entwicklungspsychologisch aufeinander folgenden Spielstrukturen, dem Innovationsgedanken oder einer kulturvergleichenden Betrachtung von Spiel und Spielmittel.

Psychoanalyse – Psychotherapie

Von dem kausal-determinierten Persönlichkeitskonzept der *Psychoanalyse* ist ein spezifischer Interpretationsansatz für Spielhandlungen des Kindes entwickelt

---

5 Zum Begriff »mastery« vgl. Sutton-Smith/Sutton-Smith 1974, S, 59–80.

worden, der sich auf das allgemeine Verständnis des Spielbegriffs als äußerst einflußreich erwies. Freud stieß auf das Spielen in seiner analytisch-therapeutischen Arbeit mit verhaltensgestörten Kindern zuerst in seiner Behandlung eines phobischen 5-jährigen Jungen, des „kleinen Hans". Eine ausführlichere Beschreibung beobachteter Spielhandlungen gab er dann in seiner Studie „Jenseits des Lustprinzips"; weitere Ansätze zur psychoanalytischen Theorie des Spiels finden sich bei Wälder (1932). Peller (1952), Erikson (1940; 1961) und Alexander (1958). Für die Psychoanalyse ist Spielen im wesentlichen ein Prozeß der über fiktive Ersatzhandlungen erfolgenden Verarbeitung von Triebüberschüssen bzw. von Konflikten, die aus dem Gegenüber von Trieb- und Realitätsdruck resultieren. In der Spielhandlung wird der Konflikt symbolisch thematisiert und quasi-real so lange ausgetragen, bis die Spannungen abgebaut sind, d. h. der Prozeß der Realitätsanpassung vollzogen wird. Auf jeder Organisationsstufe der Libido sehen die über das Spiel vollzogenen Konfliktlösungen anders aus (Peller 1969). Spielhandlungen sind deshalb aus psychoanalytischer Sicht sowohl von ihren Formen als auch von ihren Inhalten her streng determiniert.

Durch die psychoanalytische Interpretation des Spiels werden einige in den überkommenen Spieldefinitionen immer wieder genannte Wesensmerkmale stark in Frage gestellt, etwa, daß Spielen sich in Freiheit und spontaner Selbstbestimmung vollziehe, daß es sich immer um lustbetonte Erfahrungsinhalte handele, die im Spiel reproduziert werden. Vielmehr wird dem Spiel von der Psychoanalyse die Funktion eines Ausgleichsmechanismus für eine realitätsangemessene Verarbeitung überstarken Triebdruckes, sei er nun libidinösen oder aggressiven Ursprungs, zugewiesen[6]. Der zeitweise Rückzug in die imaginäre Spielwelt vermittelt nicht nur die symbolische Überwindung von Realängsten. Die Spielhandlung dient auch dazu, real unerfüllbare Wunschvorstellungen symbolhaft in Erfüllung gehen zu lassen.

Psychoanalytiker entdeckten die im symbolischen Spielhandeln sich anbietenden *diagnostischen* und *therapeutischen* Möglichkeiten. Melanie Klein entwickelte Anfang der zwanziger Jahre die „Spieltechnik" zur eigentlichen Grundlage der Kinderanalyse (Klein 1969). Im deutschen Sprachraum wurde die psychoanalytische Spieltherapie vor allem durch Hans Zulliger (1952; 1966) bekannt. Neben der Psychoanalyse hat die von Carl R. Rogers begründete indirekt-klientenzentrierte Therapie das Spiel in ihren Dienst genommen und gewinnt heute in der Kindertherapie zunehmend an Bedeutung (Axline 1947; Goetze/Jaide 1974; Schmidtchen 1976). Aber auch bestimmte *gruppentherapeutische Verfahren* der klinischen Psychologie enthalten Spielelemente, die eine ausgeglichenere Persönlichkeitsstruktur, Konfliktlösung und Kommunikationsförderung in der Gruppe bewirken sollen (Zapotoczky 1974; Ginott 1973).

Dem Spielmittel kommt in der Spieltherapie eine durchaus zentrale Bedeutung zu, ohne daß dies bisher von einem übergreifenden Ansatz her deutlich gemacht worden wäre. Versuche zur Entwicklung theoretisch begründeter Verfahren für die Auswahl

---

6 Vgl. die Gegenargumentation von Scheuerl 1969, S. 72. f.

spieltherapeutischer Mittel existieren nur vereinzelt und meist in unmittelbarer Abhängigkeit von der zugrundeliegenden Therapie-Methode (Lebo 1958). Die Ausgangsmaterialien für einzelne spieltherapeutische Verfahren, wie sie sich z. B. im Welt-Test von Lowenfeld, im Sceno-Test von v. Staabs, im „Ericamaterial" von Gösta F. Harding präsentieren (Höhn 1963; Harding 1972), bestehen aus verschiedenen therapierelevanten Spielmittel-Gruppen, mit denen das Kind im freien Spiel hantieren soll. Die jeweilige Spielgestaltung und ihre Interpretation durch das Kind geben dem Therapeuten Hinweise auf die Diagnose und Ätiologie von Verhaltensstörungen; zum Teil werden sie auch für die therapeutische Behandlung eingesetzt.

Motivationspsychologie

Von einer anderen Sicht aus hat die Motivationspsychologie, deren eigentliche Entwicklung erst nach dem Zweiten Weltkrieg begann, Interesse am Phänomen Spiel gezeigt, insbesondere als man daran ging, die Bedingungen des Neugierverhaltens, der Langeweile und der „general activity" des Menschen näher zu untersuchen. Gegenüber den behavioristischen Lerntheorien, in denen die Motivation immer nur unter dem Aspekt der Reduzierung von Triebbedürfnissen gesehen wurde, stellte die neuere Motivationsforschung fest, daß Neugierverhalten und damit ein allgemeines „Aktivitätsbedürfnis" auch bei völliger Triebbefriedigung auftritt. Das Spiel, dessen Existenz in den behavioristischen Lerntheorien nicht zuletzt wegen seines diffusen Konzepts – wie die Kritik von Harald Schlosberg (1947) deutlich machte – überhaupt geleugnet wird, wurde nun wieder interessant.
Aufbauend auf Arbeiten von Berlyne hat Heinz Heckhausen (1964) einen „Entwurf einer Psychologie des Spielens" vorgelegt, den man als die derzeit bedeutsamste motivationspsychologische Interpretation des Spiels ansehen muß. Heckhausen geht davon aus, daß das Aufsuchen von psychischen Spannungen gewissen Ausmaßes, gekoppelt mit der Erwartung eines durch die Spielhandlung hervorgerufenen späteren Spannungsabfalls, das entscheidende Moment für die Spielmotivation sei. Die Spielhandlung stellt dabei im Gegensatz zu langfristig geplanten und hierarchisch aufgebauten Arbeitsleistungen eine Handlung mit relativ einfachem Organisationsgrad, d. h. mit relativ kurzfristiger Zeit- und Planungsperspektive dar: sie nimmt die Form des „Aktivierungszirkels" an, dessen Verlaufsgestalt um einen mittleren Spannungsgrad ständig hin- und herpendelt. Als Anregungskonstellationen für Spielhandlungen werden im Anschluß an Berlyne bestimmte Diskrepanzen im Erlebnis- bzw. Wahrnehmungsfeld angesehen: die Neuigkeit, das Überraschungsmoment, die Verwickeltheit, der Konflikt. Spiel setzt immer dann ein, wenn der „mittlere Aktivierungsgrad" des menschlichen Systems unter- oder überschritten ist: Langeweile und „Reizhunger" motivieren zum Spiel ebenso wie das Bedürfnis, aufgestaute Affekte und Erregungszustände abzureagieren.

Mit dieser Sichtweise gelingt eine plausible Verknüpfung motivationspsychologischer und psychoanalytischer Interpretationsweisen des Spiels. Auf das Problem Spielmittel geht Heckhausen in diesem Zusammenhang nicht ein, es liegt aber auf der Hand, ihren „Aufforderungscharakter" als entscheidende Anregungsvariable für das Zustandekommen von Spielhandlungen anzusehen.

Sozialpsychologie

Obwohl noch keine umfassende sozialpsychologische Theorie des Spiels existiert, erweckt der Spielbegriff bei Sozialpsychologen zunehmend Interesse.
Die *empirische Kleingruppen- und Konfliktforschung* benutzt einfache Modelle der mathematischen Spieltheorie zur Erzeugung von experimentell kontrollierten Spielsituationen, um das Entscheidungsverhalten von Probanden in sozialen Konfliktsituationen zu untersuchen. Darüber hinaus wurde eine Reihe von „experimentellen Spielen" zum Zwecke der Konfliktforschung neu erfunden. Insbesondere das strategische Vorgehen, die Neigung zu kooperativem bzw. konkurrierendem Handeln, die Risikobereitschaft sowie der Einfluß situativer Bedingungen (z. B. Kommunikationsmöglichkeit) auf das Spiel- bzw. Entscheidungsverhalten stehen im Mittelpunkt entsprechender Versuchspläne. Konsequenzen für eine Pädagogik des Spielmittels lassen sich beim gegenwärtigen Forschungsstand noch kaum ziehen (Dornette/Pulkowski 1974).
Naheliegend erscheint die sozialpsychologische Betrachtung des Spiels unter dem Aspekt der *Rolle* und des *Rollenspiels* (Sader 1969). Das Rollenspiel hat über das von Moreno entwickelte Psychodrama auch Beziehungen zur Gruppen- und Spieltherapie. Insbesondere der Wandel von einer statischen zur dynamischen Rollenauffassung, die die Rollenerwartung der Interaktionspartner, die Eigeninterpretation von Rollenerwartungen als wesentliche Momente und deren Abweichung vom tatsächlichen Verhalten in das theoretische Konzept einbezieht, hat den Blick auf das *Rollenspiel* gelenkt (Coburn-Staege 1974), und zwar in zweierlei Hinsicht: Einmal scheint die besondere Dynamik der Spiel-Interaktion eine gewisse Modellfunktion für allgemeine Formen sozialer Interaktion zu liefern, zum anderen weisen Sozialisationsforscher darauf hin, daß der Erwerb von personaler Identität und sozialer Kompetenz in der frühen Kindheit, der ein solches dynamisches Rollenverhalten möglich macht, vom Kind durch Spielhandlungen erworben werde.
Wesentliche Hinweise auf die Schlüsselrolle des Spielhandelns bei der Herausbildung kindlicher Identität finden sich in den erst posthum bekannt gewordenen Schriften von George Herbert Mead (1969); in jüngster Zeit hat vor allem Krappmann die Beziehung einzelner Grundqualifikationen sozialen Handelns zu den in der Sozialsituation des Spiels erforderlichen Verhaltensweisen herausgearbeitet (Krappmann 1975). Allerdings stehen auch hier die Spielmittel noch völlig außerhalb der Betrachtung.

Nur der Vollständigkeit halber weisen wir auf jene sozialpsychologischen Konzepte hin, die den Spielbegriff mehr im übertragenen Sinne benutzen, um die Inkongruenz zwischen der Selbst-Repräsentation und dem dahinterstehenden „wirklichen" Selbst in Interaktionsprozessen aufzudecken. So interpretiert Goffmann (1959) die verschiedenen Praktiken vorteilhafter Darstellung im täglichen Leben als eine spezielle Form des Rollenspiels. In die gleiche Richtung geht die Absicht von Berne (1964), mittels der „Transaktionsanalyse" die „Spiele der Erwachsenen" aufzudekken. Damit sind soziale Interaktionsformen gemeint, in denen Menschen unbewußt versuchen, gegenseitig die „Schwächen" des Kommunikationspartners zur Erreichung ihrer Ziele auszunutzen. Garfinkel (1967) hat ebenfalls versucht, seine als „ethnomethodology" bezeichnete Erforschung der Eigenheiten von typischen Nebenbei-Ausdrücken und -verhaltensweisen mit den Merkmalen des Spiels zu beschreiben.

Soziologie – kulturvergleichende Forschung

Zwischen sozialpsychologischen und soziologischen Theorien bestehen in weiten Bereichen gleitende Übergänge und Überschneidungen. Die Frage, inwieweit „Spiel" auch unter dem Aspekt gesamtgesellschaftlicher Wirklichkeit reflektiert wird, ist indessen primär eine soziologische. Sie zielt weder auf das Wesen des Spiels noch auf einzelne Spielhandlungen ab, sondern bezieht sich auf die „Spiele", die in einer Gesellschaft gespielt werden. So meint Caillois ausdrücklich, mit seinem Ansatz „einer von den Spielen ausgehenden Soziologie" (1960, S. 78) den Weg bereitet zu haben. Seine These geht dahin, daß mit der Bevorzugung bestimmter Spielformen bzw. bestimmter Kombinationen der von ihm dargestellten Grundformen gleichzeitig der Typus der jeweiligen Gesellschaft und „ihre innersten Mechanismen" (1960, S. 95) dargestellt werden können. In die gleiche Richtung geht die Bemerkung Georg Simmels, daß die realen Kräfte, Nöte und Impulse des Lebens zweckmäßige Formen des Verhaltens hervorbringen, die wiederum in den Spielen der Gesellschaft thematisiert würden. Gesellschaftsspiele seien deshalb immer auch Spiele, mit denen „Gesellschaft" gespielt werde[7].

Moore und Anderson haben diesen Gedanken weiterentwickelt und berufen sich dabei ausdrücklich auf Simmel sowie auf G. H. Mead. Sie gehen davon aus, daß seit den Anfängen der Menschheit jede Gesellschaft über bestimmte Modelle (folk models) verfügt habe, in denen grundlegende Beziehungen zwischen Mensch und Umwelt abgebildet sind: „Jede Gesellschaft erstellt abstrakte symbolische Modelle ihrer wichtigsten und immer wiederkehrenden Probleme" (Moore/Anderson 1976, S. 33). Jede Gesellschaft lege Wert darauf, daß ihre Mitglieder durch Umgang mit folk models in die ihnen zugrundeliegenden Normen eingeführt werde. Da folk

---

[7] Zitiert nach: Moore/Anderson 1976, S. 34. Vgl. die Gegenüberstellung der soziologischen Spielbegriffe von Caillois und Simmel bei Heidemann 1968, S. 251 ff.

models autotelische Systeme darstellen, d. h. ihren Zweck in sich selbst haben, werden sie von jedermann, insbesondere von Kindern gern benutzt. Die Autoren nennen im wesentlichen vier Kategorien von folk models: Rätsel(-Spiele), Glücksspiele, strategische Spiele und ästhetische Kategorien. Folk models würden wichtige Steuermechanismen und Perspektiven für Verhalten beinhalten: z. B. sei das Agens bei Rätsel- und Problemaufgaben, etwas bewirken, verursachen zu wollen; bei Glücksspielen gehe es um das Erleiden von Konsequenzen, über die man keine Kontrolle habe; strategische Spiele hätten es mit dem Vorwegnehmen der Reaktionen von Mitspielern zu tun; ästhetische Kategorien würden schließlich für das Abschätzen und Bewerten des Verhaltens anderer notwendig sein. Folk models sind so gesehen sowohl für die Erfahrung der eigenen Reaktionsfähigkeit (z. B. der affektiven Selbstkontrolle) als auch für das Verständnis der Handlungen von Mitmenschen bedeutsam. Die Autoren sehen die in den folk models unbewußt verwirklichten Prinzipien (wie z. B. das autotelische Prinzip oder die Orientierung an „Perspektiven" im obigen Sinne) als Ausgangspunkt für die Neugestaltung von *Lern-Umwelten* in Schule und Freizeit, die durch spielhafte Bewältigungsformen den Übergang von der Leistungsgesellschaft zur eigentlichen Lerngesellschaft markieren sollen.

In den USA hatte bereits Anfang der sechziger Jahre eine Spiel-Bewegung eingesetzt, die nicht nur im schulischen Bereich, sondern ebenso im Wirtschaftsmanagement, in der Politik und in der Wissenschaft versuchte, derartige Lernumwelten durch Ausarbeitung einer großen Zahl von *Simulationsspielen* (Planspielen, Entscheidungsspielen) zu vergegenwärtigen. Die Arbeiten von Moore und Anderson (und einer Vielzahl weiterer Forscher) liefern dazu ein Stück Theorie, das sogar eine futuristische Komponente besitzt. So diskutiert Alvin Toffler (1970) die Notwendigkeit, in einer „Zukunftsdemokratie" in Simulationsübungen und großangelegten Kommunikationsspielen die Bevölkerung über die hochkomplizierten wirtschaftlichen und politischen Vorgänge aufzuklären und dem einzelnen die Konsequenzen politischer Entscheidungen bewußt zu machen. Durch derartige Spiele könnte nach Tofflers Ansicht die Bevölkerung auch wesentlich stärker als bisher an der Formulierung gesellschaftlicher Zielsetzungen mitbeteiligt werden.

Die These vom Zusammenhang zwischen Gesellschaftsstruktur und den Spielen einer Gesellschaft erfährt durch *empirische kulturvergleichende Untersuchungen* eine wesentliche Konkretisierung.

Roberts, Art und Bush (1976) untersuchten 1959 das von 50 verschiedenen Naturvölkern vorliegende ethnographische Material in bezug auf die ebenfalls detailliert beschriebenen Spiele dieser Völker. Die Einteilung der Spiele erfolgte dabei in die drei Klassen: Geschicklichkeitsspiele (d. h. Spiele, die körperliche Gewandtheit erfordern), Zufallsspiele (Glücksspiele, z. B. Würfelspiele) und Strategiespiele. Das Ergebnis dieser allerdings methodisch mangelhaften Studie bestand in der Aufdeckung des Zusammenhangs zwischen soziokulturellen Determinanten und den vorherrschenden Spielformen einer Gesellschaft.

Die Ergebnisse dieser Studie interpretieren die Autoren wie folgt:

Das Vorhandensein von Strategiespielen in einer Gesellschaft scheint mit dem Grad der politischen Integration und der sozialen Komplexität (z. B. Schichtung) zusammenzuhängen, in einigen einfachen Gesellschaften sind bzw. waren Strategiespiele unbekannt. Zufallsspiele scheinen mit den religiösen Aktivitäten etwas zu tun zu haben, d. h. mit der Vorstellung, daß Spielergebnisse auf das Einwirken übernatürlicher Mächte zurückzuführen sind. Geschicklichkeitsspiele weisen eine Beziehung zur geographischen Lage der Völker aus und haben etwas zu tun mit der Bewältigung von Problemen, die aus der Umwelt des Menschen resultieren. Ein Zusammenhang zwischen den Spielen und den vorherrschenden Erziehungspraktiken ist nach Meinung der Autoren (die hierbei andere kulturvergleichende Studien in die Betrachtung mit einbeziehen) ebenfalls feststellbar: Strategiespiele hängen vermutlich mit einem geringen Ausmaß an Nachsicht in der Kindererziehung, strengerer Reinlichkeitserziehung und hoher Belohnung für Gehorsam zusammen. Zufallsspiele können mit verantwortungsbewußtem und leistungsorientiertem Verhalten, Geschicklichkeitsspiele mit Selbstbewußtsein in Verbindung gebracht werden.

Der Spekulationsgehalt dieser Aussagen erscheint uns relativ hoch. Diese Studie wurde zunächst von den Autoren als Beleg für die These angesehen, daß die Spiele eines Volkes der Einübung wichtiger gesellschaftlich relevanter Fertigkeiten dienen. Roberts und Sutton-Smith (Sutton-Smith 1974, S. 331 ff.) haben dann aufgrund weiterer empirischer Untersuchungen eine Differenzierung dieser Vorübungsthese vorgenommen, indem sie den Aspekt der *Konfliktsozialisierung* durch Spiel als eigentlichen Kern der Funktion von Spielen herausstellten.

Die Theorie von Roberts und Sutton-Smith geht davon aus, daß die Bevorzugung bestimmter Spielformen in Zusammenhang mit den Ängsten und Konflikten der Kinder steht, die durch die jeweils vorherrschenden Erziehungspraktiken ausgelöst werden. Im Spiel werden diese Konflikte symbolisch thematisiert und ausgelebt, wodurch die Realkonflikte leichter überwunden werden können. Somit liegt dieser theoretische Ansatz durchaus in der Nähe der psychoanalytischen Spielinterpretation, geht aber insofern darüber hinaus, als neben dem entwicklungspsychologischen Aspekt (Spiel als Spiegel alterstypischer Sozialisationsprobleme) der soziologische Aspekt betont wird: Die Spiele einer Gesellschaft spiegeln die „kulturellen Krisenpunkte" dieser Gesellschaft wider. Sutton-Smith hat dies mit seinen Mitarbeitern insbesondere an der Kategorie der Zufallsspiele und an strategischen Spielen durch kulturvergleichende Untersuchungen belegt. Danach findet auch das zunehmende Interesse der hochindustrialisierten Gesellschaften am Spiel eine plausible Erklärung: Je komplexer die kulturellen Beziehungen, je offener die Erwachsenenrollen und je pluralistischer die Wertorientierung, desto mehr ist häufiges und reichhaltiges Spiel unter den Kindern zu beobachten.

Die Orientierung des einzelnen in dieser hochkomplexen Gesellschaft verlangt Flexibilität, autonomes Verhalten, aber ebenso Kreativität, Eigenschaften also, die durch Spiel offenbar gefördert werden können.

Roberts und Sutton-Smith vertreten die Ansicht, daß der Unterschied zwischen den wenigen „spielarmen" (Sammler- und Jäger-)Gesellschaften und den zahlreichen Naturvölkern mit ausgeprägten Spieltraditionen darin liege, daß – abgesehen von vorhandenen sozioökonomischen Unterschieden – in spielarmen Gesellschaften kompetitives Verhalten kaum ausgeprägt sei; je mehr ein Volk in der Kindererziehung auf das Leistungsmoment Wert lege, desto zahlreichere Spieltypen weise seine Kultur auf.

Susanna Millar meint, daß die Theorie der „Konflikt-Enkulturation" von Roberts und Sutton-Smith zwar plausibel, aber keineswegs zwingend sei. Die Aufdeckung von Zusammenhängen zwischen bestimmten Formen der Kindererziehung und dem Vorhandensein bestimmter Spieltypen in einer Kultur „sollte nichts mehr als eine Spekulation auf den möglichen Einfluß sein". Die Tatsache, daß in manchen einfachen Gesellschaften bestimmte Spielformen sehr stark vertreten sind, die in anderen fehlen – wie die Feld-Untersuchungen von Whiting erbrachten (Whiting 1963; Whiting/Child 1975; Whiting/Whiting 1975) – hängt nach Millar mit sozioökologischen Faktoren zusammen, aber ebenso mit der Art und Weise, in welchem Maße in der traditionellen Kultur das Moment „Spiel" Bedeutung besitzt und in welchem Maße die Erwachsenen ihre Freizeitaktivitäten danach ausrichten (Millar 1973).

Unter Berücksichtigung dieses Einwandes von Millar kann das Konzept von Sutton-Smith und seinen Mitarbeitern derzeit als einer der empirisch wie theoretisch fundiertesten Ansätze zur Spielforschung gelten.

Die Aussagen dieser Theorie zur gegenwärtigen Spielfreudigkeit westlicher Industriegesellschaften finden eine bemerkenswerte Parallele, aber auch differenzierende Aspekte in den soziologischen und pädagogischen Freizeittheorien der Gegenwart (vgl. S. 413ff.). Für eine Pädagogik der Spielmittel resultiert daraus die Konsequenz, pädagogischen Begründungszusammenhänge immer auch auf dem Hintergrund ökonomischer und ökologisch-soziokultureller Determinanten zu analysieren, um den Sinngehalt mancher pädagogischen Aussagen im jeweiligen soziokulturellen Kontext verständlich machen zu können.

Mathematische Theorie der Spiele

Ein Hinweis auf die mathematische Spieltheorie hätte schon unter dem Abschnitt *Psychologie* oder *Soziologie* erfolgen können. Es gibt Autoren (Moore/Anderson 1962), die den einzig optimalen Weg der Erforschung sozialer Systeme in der Anwendung dieser Theorie erblicken. In der Tat braucht die Bedeutung der mathematischen Theorie der Spiele in weiten Bereichen von Politik, Wirtschaft und Wissenschaft bis hin zu Fragen militärischer Planung heute nicht mehr betont zu werden. Angesichts dessen mag ihre Hervorhebung im Rahmen einer Abhandlung über Spielmittel vielleicht verwundern – hat doch etwa auch Caillois die mathematische Spieltheorie als mit dem eigentlichen Spielbegriff nicht vereinbar betrachtet und sie ausdrücklich aus der kultursoziologischen Betrachtung des Spiels ausgeschlossen (Caillois 1960, S. 196 ff.). Aber wenn es um die Kennzeichnung der *Struktur* von Spielen geht, die ihre Vergegenständlichung dann auch in entsprechenden Spielmitteln erfährt, ist der Hinweis auf die Möglichkeiten ihrer mathematischen Analyse unabdingbar.

Beziehungen zwischen der Mathematik und dem Spielphänomen bestehen nicht erst seit der Begründung der mathematischen Theorie der Spiele in unserem Jahrhundert. Vielmehr beschäftigte sich bereits im 17. Jahrhundert der Philosoph und Mathematiker Blaise Pascal (1623–1662) mit der Vorhersagbarkeit der Gewinnchancen der damals schon weit verbreiteten Glücksspiele und entwickelte daraus die Wahrscheinlichkeitsrechnung. Mit Hilfe der Wahrscheinlichkeitsrechnung und der Kombinatorik können heute alle Glücksspiele (Zufallsspiele) in bezug auf die Gewinnwahrscheinlichkeit analysiert werden; zu diesen Spielen gehören das Roulette – bei dessen Erfindung Pascal Pate gestanden haben soll (Gizycki/Górny 1970, S. 41; Kraus 1942, S. 11 u. 20 f.) –, Lotterie, Zahlenlotto (ebenso seine englische Version „Bingo"), das Glücksrad sowie die Systeme der Geldspielautomaten.

Im volkstümlichen Kinderspiel sind Zufallsspiele wie Blätterauszählen, „Kopf oder Zahl", Würfeln bekannt.

Per definitionem sind reine Glücksspiele nicht abhängig von der Geschicklichkeit miteinander konkurrierender Spielgegner. Es sind Spiele gegen den Zufall, die das kompetitive Element nicht benötigen: Gegner des Lotto- oder Roulette-Spielers ist nicht der Mitspieler, sondern die dem Zufallsprinzip unterworfene Kugel bzw. die „Bank", bei der man seinen Einsatz wagt. Im Kinderspiel – man denke an eine Partie „Schwarzer Peter" oder das Würfelspiel „Farbentürmchen" – wird durch die kompetitive Einstellung der Kinder allerdings (auch ohne Einsatz) der Ausgang reiner Glücksspiele zum persönlichen Sieg bzw. zur Niederlage der Beteiligten.

Strategie-Spiele sind *kompetitiv*, d. h. (mindestens) zwei Spielgegner messen sich in einer Auseinandersetzung, die den eigenen Sieg bzw. die Niederlage des Spielgegners zum Ziel hat. Viele klassische Gesellschaftsspiele sind reine Strategie-Spiele. Dazu gehören Schach, Halma, Dame, Mühle und viele andere.

Die klassischen Brettspiele sind *Spiele mit vollständiger Information*, d. h. durch abwechselndes Ziehen von Spielsteinen ist jeder Spieler vollständig über die Züge des Gegners informiert. Es gibt jedoch auch Spiele, deren Überraschungsgehalt aus dem Nichtwissen über das Verhalten des Spielgegners resultiert. Dazu gehören Kartenspiele und volkstümliche Spiele wie „Knobeln", „In welcher Hand ist der Stein?", „Himmel und Hölle". Da die Entdeckung der eigenen Strategie durch den Gegner dessen Gewinn sichert, besteht bei fairen Spielen mit „unvollständiger Information" die risikoloseste Strategie darin, die eigenen Entscheidungen nach dem Zufallsprinzip zu fällen, womit bei einer genügend großen Anzahl von Spieldurchgängen ein Unentschieden gesichert wird. Aber auch bei einigen Spielen mit vollständiger Information hat die optimale Strategie-Anwendung immer ein

Unentschieden zur Folge. Das amerikanische Kinderspiel Tic-tac-toe („Drei in einer Reihe") ist dafür ein bekanntes Beispiel.

Von manchen Spielen wissen wir, daß Gewinner und Verlierer bei Anwendung der richtigen Spielmethode von vornherein feststehen; z. B. hat der Wolf beim Brettspiel „Wolf und Schafe" keine Gewinnchance, wenn die Schafe richtig geführt werden. Bei einigen Strategiespielen hat der Spieler des ersten Zuges gegenüber dem Nachziehenden spielentscheidende Vorteile, bei anderen Spielen mag dies umgekehrt sein[8]. Einsichten der beschriebenen Art, die in der Vergangenheit allein der Erfahrung der Spieler entsprangen, werden heute als Ergebnis mathematischer Spielanalysen ermittelt (Silverman 1972; Gardner 1968, Sprague 1961).

Die moderne mathematische Spieltheorie wurde von Johannes v. Neumann (1903–1957) (1928) durch eine Abhandlung zur Theorie der Gesellschaftsspiele begründet und später – als Ergebnis der Zusammenarbeit v. Neumanns mit dem Wirtschaftswissenschaftler Oskar Morgenstern (1902–1977) (Neumann/Morgenstern 1961) – vor allem auf Wirtschaftsprobleme und Entscheidungsprobleme in vielen anderen Lebensbereichen ausgedehnt. Mit Hilfe der mathematischen Spieltheorie können für Interaktionen innerhalb definierter Handlungssysteme, die von freien Willensentscheidungen der Handelnden abhängig sind, optimale Strategien zur Erreichung eines definierten Gewinn- bzw. Nutzenzieles berechnet werden, rationales Verhalten der Beteiligten vorausgesetzt. Wegen ihrer vielfältigen praktischen Bedeutung findet die mathematische Spieltheorie heute viel stärkere Anwendung bei Entscheidungsproblemen im sozialen, wirtschaftlichen und militärischen Bereich als auf reine Spielprobleme.

Die einfachste Form mathematisch analysierbarer Strategie-Spiele stellen die sogenannten Zwei-Personen-Nullsummenspiele mit *unvollständiger Information* dar. Beide Spieler treffen ihre Wahl gleichzeitig („unvollständige Information"), womit eine Spielrunde beendet ist. „Nullsummenspiel" bedeutet dabei, daß der Gewinnbetrag des einen gleich dem Verlustbetrag des anderen Spielers ist, d. h. die Summe der Spielgewinne beider Gegner gleich null beträgt. Durch Analyse der Auszahlungsmatrix läßt sich für beide Spieler eine optimale Strategie berechnen: Aus den niedrigsten Gewinnlagen, die der Gegner bei der für ihn vorteilhaftesten Wahl zulassen muß, wählt man die höchste aus und macht sie zur Grundlage der eigenen Strategie („Min-max-Kalkül"). Alle Spieler lassen sich grundsätzlich in solche „mit Sattelpunkt" (strikt determinierte Spiele) und solche „ohne Sattelpunkt" einteilen. Der Sachverhalt sei am Beispiel des *Streichholzspiels* verdeutlicht. Es ist ein einfaches 2-Personen-Nullsummenspiel mit unvollständiger Information.

Das Streichholzspiel
Jeder der beiden Spieler verfügt über ein kurzes und ein langes Streichholz. Die Spielrunde besteht darin, daß die Spieler gleichzeitig eines der beiden Streichhölzer vorzeigen bzw. auf den Tisch legen.

---

8 So werden etwa beim Mühlespiel dem Nachziehenden Vorteile eingeräumt. Demgegenüber vertrat Lasker (1931) die Ansicht, daß für Mühle eine optimale Strategie existiert, die zum Unentschieden führt.

Spielregel: Werden Streichhölzer *gleicher* Länge auf den Tisch gelegt, bedeutet dies „unentschieden" (null Punkte für beide Spieler); bei unterschiedlicher Länge gewinnt das lange Streichholz einen Punkt (bzw. das kurze Streichholz führt zu einem Verlustpunkt).
Frage: Wie lautet für jeden der beiden Spieler die optimale Strategie?
Antwort: Jeder Spieler nimmt – unabhängig von der Wahl des anderen – das *lange* Streichholz. Im schlechtesten Fall garantiert es ein Unentschieden, im besten Fall (wenn der Gegner so unvernünftig ist, „kurz" zu wählen) gibt es einen Gewinnpunkt.
Auszahlungsmatrix (aus der Sicht von Spieler A formuliert):

		Spieler B	
		kurz	lang
Spieler A	kurz	0	-1
	lang	1	0	←Sattelpunkt

Überlegungen im Sinne des Min-max-Kalküls führen zu dem Ergebnis, daß dieses Spiel einen Sattelpunkt im Schnittpunkt von „lang (A)" und „lang (B)" besitzt, es ist strikt determiniert. Da für beide Spieler „lang" die beste Zugwahl darstellt, ist das Spiel reizlos; man wird es gar nicht erst beginnen wollen. Um wirklich spielen zu können, müssen wir die Regel verändern.
Neue Spielregel: Bei *gleicher* Länge der vorgezeigten Streichhölzer erhält Spieler A einen Gewinnpunkt (B einen Verlustpunkt), bei *ungleicher* Länge erhält B einen Gewinnpunkt (A einen Verlustpunkt).
Auszahlungsmatrix für A:

		Spieler B	
		kurz	lang
Spieler A	kurz	1	-1
	lang	-1	1

Frage: Wie lautet die optimale Strategie für jeden Spieler bei einer größeren Anzahl von Spielrunden?
Antwort: Das Spiel ist nicht strikt determiniert (hat keinen Sattelpunkt), d.h. kein Zug bringt von vornherein Gewinn oder Verlust. Eine bestimmte Gewinnstrategie dergestalt zu verfolgen, daß man bei jeder Runde „lang" wählt, wie es im ersten Beispiel möglich war, würde hier rasch zum Verlust führen: Angenommen Spieler A ist so unvernünftig und spielt nach dieser „reinen" Strategie, so würde B dies nach einigen Runden erkennen und seinerseits „kurz" wählen, dies sichert B den Sieg. Beide Spieler tun gut daran, wenn sie eine „gemischte" Strategie verfolgen, d. h. die beiden Wahlmöglichkeiten per Zufall miteinander vermischen, so daß in unregelmäßiger (zufälliger) Folge „kurz" und „lang" miteinander abwechseln. Wenn man als optimale Strategie diejenige mit dem geringsten Verlustrisiko auffaßt, so kann sich jeder Spieler – unabhängig von der Strategie des Gegners – dadurch ein Unentschieden sichern, indem er beide Wahlmöglichkeiten im Verhältnis 1:1 miteinander nach dem Zufallsprinzip mischt[9]. Dies geschieht am sichersten durch einen (den Augen des Gegners nicht zugänglichen) Würfel, mit dem die eigene Wahl vor jeder Runde ausgewürfelt wird: Bei einer geraden Zahl kann man z. B. immer „kurz", bei einer ungeraden Zahl immer „lang" wählen.

---

[9] Auf die Berechnung der optimalen Strategie bei veränderten Auszahlungswerten und auf die Feststellung des »Wertes« eines Spiels sei hier verzichtet; vgl. Woitschach 1968, S. 57ff.

Allgemein besitzen Spiele mit *unvollständiger Information* nur dann Spielreiz, wenn sie *nicht* strikt determiniert sind und die optimale Strategie sich als Mischung reiner Strategien ergibt. Anders ist die Situation bei strategischen Gesellschaftsspielen, die abwechselndes Ziehen von Spielfiguren verlangen; sie sind, wie oben ausgeführt, endliche Zweipersonen-Nullsummenspiele mit vollständiger Information. Für das Verständnis dieser Spiele ist nun das Theorem der mathematischen Spieltheorie bedeutsam, daß alle endlichen Zweipersonen-Nullsummenspiele mit vollständiger Information *strikt determiniert* sind, d.h. eine optimale Strategie besitzen, deren Anwendung einer der beiden Seiten *in jedem Falle* den Gewinn (bzw. das Nichtverlieren) sichert, ganz gleichgültig, welche Spielzüge der Gegner auch unternimmt.

Mit Hugo Steinhaus kann man Strategiespiele in „nichtige" Spiele und „kategorische" Spiele einteilen. „Nichtig" sind Spiele, die bei fehlerfreiem Spiel auf beiden Seiten unentschieden ausgehen; „kategorisch" heißen die Spiele mit nicht-unentschiedenem Ausgang. Gemäß dem Theorem der strikten Determination sind demnach alle kategorischen Spiele *ungerechte Spiele,* da es – zumindest theoretisch – für eine der beiden Parteien eine absolute Gewinnmethode gibt, gegen die der Spielgegner nichts auszurichten vermag. Dieses Theorem gilt also nicht nur für „Wolf und Schafe", sondern auch für alle anderen Strategiespiele mit vollständiger Information. Lediglich die Tatsache, daß eine mathematische Analyse zur Herausfindung der absoluten Gewinnstrategie bei komplexen Spielen mit vielen Entscheidungsmöglichkeiten ihre praktischen Grenzen hat, ist dafür verantwortlich, daß die klassischen Gesellschaftsspiele nach wie vor reizvoll sind, da ihre Gewinnstrategie unbekannt ist. So stellt Steinhaus zum Schachspiel fest:

„Wir wissen nicht, ob das gewöhnliche (nicht modifizierte) Schach nichtig ist oder nicht. Im letzteren Fall wissen wir, daß es ungerecht ist, aber wir wissen nicht, welche Farbe die bevorzugte ist. Selbst wenn wir es wüßten, hätten wir unmittelbar noch keine Kenntnis von der Gewinnmethode. Wenn wir wüßten, daß Schach nichtig ist, könnten wir noch immer über die Methoden im unklaren sein, die zum Unentschieden führen." (Steinhaus 1959, S. 27)

Mit der Ausweitung der mathematischen Spieltheorie auf immer komplexere Probleme und der Fortentwicklung weiterer wissenschaftlich-technologischer Disziplinen (Kybernetik, Informationstheorie, elektronische Rechner) wurde es möglich, Computer-Programme zu entwickeln, die die Maschine zum Gegenspieler des Menschen machen[10]. Eine Partie Dame wurde zum ersten Male 1953 zwischen einem Wissenschaftler und der von ihm programmierten Maschine gespielt. Der Mensch gewann. 1957 wurde erstmals eine volle Partie Schach mit normalem Spielfeld unter Benutzung aller Figuren und Regeln durchgeführt. Die Maschine konnte zwei Züge voraus berechnen, aber nicht alle Zugmöglichkeiten in Betracht ziehen, ein guter (menschlicher) Spieler mußte gegen sie gewinnen.

---

10 Zu den folgenden Angaben vgl. Vogelsang 1963.

In den beiden letzten Jahrzehnten sind die Programme für spielende Automaten weiter ausgearbeitet worden. Die mit ihnen „gefütterten" Großcomputer tragen seit einiger Zeit Meisterschaftsturniere untereinander aus. Das Programm „Chess 4,5", das 1977 ein solches Computer-Schachturnier in Houston/Texas gewann, konnte zu einem einzigen Zug 2048088 Stellungen überprüfen. Inzwischen ist der „Kampf zwischen Mensch und Maschine" in ein noch spektakuläreres Stadium getreten. Dank verbesserter Programmiertechnik treten heute Schachgroßmeister zu Schaukämpfen gegen bedrohlich aussehende Roboter an – verfolgt von den Blicken eines faszinierten Fernsehpublikums – und müssen oft ein mageres Remis, manchmal sogar eine Niederlage hinnehmen. Das derzeit beste Programm „Chess 4,8" kann es durchaus mit Spitzenspielern aufnehmen.
Den unschlagbaren Schachautomaten gibt es allerdings auch heute noch nicht[11]. Das Abschätzen aller theoretisch möglichen Stellungen setzt eine unvorstellbar große Speicherkapazität und einen immens hohen Zeitbedarf voraus. Ob jemals ein zumindest annähernd perfektes Schachprogramm existieren wird, bleibt abzuwarten. Momentan ist man davon jedenfalls noch weit entfernt.
Kleine Schachcomputer von relativ guter Qualität werden jetzt auch im Handel angeboten. Die Anwendung von Minicomputern bzw. Mikroprozessoren bleibt aber keineswegs dem „königlichen Spiel" vorbehalten. Auch einige andere strategische Spiele sind seit kurzem als „Ein-Person-Computerspiele" auf dem Markt (Beispiel: „Elektronik Mastermind").
Fazit: Für die Pädagogik der Spielmittel ist die mathematische Analyse von Glücksspielen und strategischen Spielen in mehrerer Hinsicht nützlich: *Erstens* können Gesellschaftsspiele i.e.S., sofern sie sich in Spielmitteln vergegenständlichen, auf ihre Gewinn- und Verlustchancen für die Spieler und auf die anzuwendenden optimalen Strategien untersucht werden. *Zweitens* können mathematische Fragestellungen zum Ausgangspunkt für die Neukonstruktion von Spielen werden. Die Unterhaltungsmathematik bietet eine Reihe von Beispielen für die Übertragung mathematischer Probleme verschiedenster Art in die Form von Denk- bzw. Strategiespielen, deren Aufforderungscharakter dem der klassischen Spiele kaum nachsteht. *Drittens* haben angewandte Mathematik und Elektronik mit den Computerspielen eine völlig neue Spielmittelkonzeption hervorgebracht, deren Spielwert allerdings noch kaum überprüft wurde.

---

11 Ritter Wolfgang von Kempelen (1734–1804) erregte gegen Ende des 18. Jahrhunderts durch einen von ihm selbst gebauten „unschlagbaren" Schachautomaten Aufsehen, mit dem er an den Fürstenhöfen Europas gastierte. Bekanntlich stellte sich später heraus, daß in der Maschine ein meisterhafter Schachspieler, ein zwergenhaft gewachsener Türke, verborgen war, der die Züge ausführte. (Zur Geschichte der Automaten vgl. S. 90ff.)

II. Spiel und Spielmittel aus der Sicht geisteswissenschaftlicher Pädagogik

Zum Denkansatz geisteswissenschaftlicher Pädagogik

In Abgrenzung von den Ende des 19. Jahrhunderts sich immer stärker in den Vordergrund drängenden, mit einem universalen Wissenschaftsanspruch auftretenden Naturwissenschaften hatte Diltheys Versuch einer Neubegründung der Geisteswissenschaften auf die Entwicklung der theoretischen Pädagogik im 20. Jahrhundert nachhaltigen Einfluß. Die geisteswissenschaftliche Pädagogik, auch als „Kulturpädagogik" apostrophiert, verbunden mit Persönlichkeiten wie Theodor Litt, Eduard Spranger, Hermann Nohl und Wilhelm Flitner, repräsentierte jahrzehntelang die „wissenschaftliche Pädagogik" in Deutschland, ungeachtet der vielen anderen pädagogischen Strömungen, die ihr diesen Führungsanspruch streitig zu machen suchten. Derbolav (1970) meint, daß die geisteswissenschaftliche Pädagogik noch Ende der fünfziger Jahre als repräsentativ für den deutschen Sprachraum angesehen werden kann (wobei die Entwicklung der Pädagogik in der DDR offenbar außerhalb der Betrachtung bleibt). In der Tat ist die Schrift W. Flitners vom „Selbstverständnis der Erziehungswissenschaft" (1957) als der letzte Versuch anzusehen, der geisteswissenschaftlichen Pädagogik als „hermeneutisch-pragmatischer Wissenschaft" eine wissenschaftstheoretische Grundlage zu geben, die ihre führende Rolle in der deutschen Nachkriegspädagogik weiterhin unter Beweis stellen soll.
Der Begriff des Hermeneutisch-Pragmatischen bedeutete eine Neufassung des dialektischen Theorie-Praxis-Verhältnisses, wie es schon von Theodor Litt (1964) dargestellt wurde und in solcher Besonderheit den eigentlichen Autonomie-Anspruch geisteswissenschaftlicher Pädagogik begründete. Pädagogische Theorie als Auslegung dessen, was sich im pädagogischen Handeln und Verhalten an innerer Sinnhaftigkeit offenbart, ist, anders als naturwissenschaftliches Denken, selbst Teil des Gegenstandes, den sie reflektiert. Das bedeutet umgekehrt, daß nach geisteswissenschaftlichem Verständnis die Faktizität von Erziehung und Bildung überhaupt nicht interpretierbar ist, wenn nicht im Normenhorizont der geschichtlich-kulturellen Welt, in dem sich das verantwortliche Handeln des Erziehers gleichsam widerspiegelt.
Ihren Anspruch auf Wissenschaftlichkeit und Objektivität gewinnt die hermeneutische Methode durch den Rückgang auf die historische Dimension, die freimachen soll von der subjektiven Befangenheit des einzelnen Interpreten; freilich ist dieses historische Verständnis mehr durch ein kontemplatives „Verstehen" der Objektivationen des Geistes gekennzeichnet als durch kritisches Hinterfragen der „geschicht-

lichen Mächte" auf ihre gesellschaftspolitischen und ökonomischen Bedingungen. Das *pragmatische* Moment im erziehungswissenschaftlichen Denken ist zwar nach W. Flitner dialektisch mit dem hermeneutischen verbunden, es besteht aber kein Zweifel, daß der „Sinnvergewisserung" in diesem Ansatz entscheidendere Bedeutung zukommt, weil erst im Erlebnis der Sinn- und Wertstruktur von Erziehung von pädagogischem Handeln gesprochen werden kann. Aber auch die – ebenfalls unter dem pragmatischen Aspekt angesiedelte – „isolierend-beschreibende" empirische Tatsachenforschung, die praktikable Handlungsanweisungen liefern soll, kann ihre Ergebnisse nur im Hinblick auf die Sinnfrage von Erziehung interpretierbar machen: „Das Sein der Erziehung kann überhaupt erst im Ausblick auf ihr Sollen erfaßt werden (Litt 1964, S. 76).

Die geisteswissenschaftliche Pädagogik, zu der man im weiteren Sinne neben der hermeneutischen und dialektischen auch die existenzphilosophische, phänomenologische und normativ-weltanschauliche Richtung zählen kann, gewann ihr Selbstverständnis im wesentlichen aus einer philosophischen Durchdringung der Erziehungswirklichkeit. Ihre Vertreter sind „eigentlich alle darum bemüht, die Dignität der Pädagogik so zu sichern, daß sie sie möglichst eng an die Philosophie binden" (Lochner 1963, S. 192).

Der Weg zu einer wissenschaftlichen Pädagogik führte im Zeitalter geisteswissenschaftlicher Betrachtungsweise weniger über strenge systematische Grundlegungen als über erziehungsphilosophische Reflexionen von beachtlicher gedanklicher Tiefe. Die besondere Leistung geisteswissenschaftlichen Denkens gegenüber der durch den Herbartinismus etablierten Pädagogik bestand in der Weitung des Blickes über die engen Grenzen schulpädagogischer Praxis hinaus auf den Gesamtbereich der Kultur. Umgekehrt kann es nicht überraschen, daß eine Pädagogik, die im wesentlichen „more philosophico" verfährt (Weniger 1952, S. 148), kaum direkt Beiträge geleistet hat, die die weithin unbefriedigenden Verhältnisse der pädagogischen Praxis hätten *verändern* können. Die Theorie der Kulturpädagogik blieb – wie es Oswald Kroh einmal kritisch formulierte –, „zu sehr in der Sphäre des anregenden, aber für die Erziehungs- und Bildungsgeschehen doch weithin unverbindlichen Gelehrtengespräches" stecken (Retter 1969, S. 71).

Dieser Vorwurf der „Wirklichkeitsferne" der geisteswissenschaftlichen Pädagogik, deren Aussagen mehr hypothetische Bedeutung haben und nicht Ausdruck aufgeklärter Verhältnisse sind (Röhrs 1969, S. 38), war zum Teil durch eine gewisse Distanz gegenüber der empirischen pädagogischen Forschung begründet. Das zeigen auch die nachfolgend dargestellten Ansätze einer geisteswissenschaftlichen Spielpädagogik. Wenn heute von einigen Erziehungswissenschaftlern darauf hingewiesen wird, daß die geisteswissenschaftliche Pädagogik keineswegs empiriefeindlich ist und die Weite ihrer Fragestellung eine empirische Überprüfung der theoretisch-hypothetischen Aussagen nicht nur zuläßt, sondern notwendig fordert (Röhrs 1969, S. 105; Klafki u. a. 1969, S. 38), so ist diese „realistische Wende" (H. Roth) der Pädagogik keineswegs dem kulturpädagogischen Denken eo ipso entsprungen; vielmehr ist dies auch eine Folge der zunehmenden Ausweitung und

Anwendung der empirischen Psychologie und Soziologie auf pädagogische Fragestellungen, die schließlich der pädagogischen Wissenschaft selbst den Charakter einer empirischen Sozialwissenschaft verliehen haben.

Beiträge zur Pädagogik des Spiels aus geisteswissenschaftlicher Sicht

Versucht man, die Bedeutung von „Spiel" und „Spielmittel" aus der Sicht geisteswissenschaftlicher Pädagogik einzuschätzen, so wird man eine erstaunliche Diskrepanz gewahr: So bedeutsam das „Spiel" erscheint, so bedeutungslos bleiben die Spielmittel – gemessen daran, wie beide Themen in der einschlägigen Literatur Beachtung finden.
Die geisteswissenschaftliche Spieltheorie ist keine pädagogische Handlungstheorie, sondern stellt im wesentlichen eine kulturphilosophisch-anthropologische Grundlegung für eine mögliche Handlungstheorie dar. Darüber hinaus liegt die Leistung der geisteswissenschaftlichen Pädagogik auch in der systematischen Zusammenschau verschiedener Spieltheorien. Einen ersten phänomenologisch-deskriptiv gehaltenen Überblick über den spieltheoretischen Erkenntnisstand der 20er Jahre gab Friedrich Luther (1925). Im Handbuch der Pädagogik von Nohl/Pallat leistete dann wenige Jahre später Erika Hoffmann eine kulturpädagogischem Denken verpflichtete Interpretation des Spiels, die wesentlich stärker auf die Integration der verschiedenen Spieltheorien abzielt. Dies wird durch Bezugnahme auf die einzelnen Stufen der kindlichen Entwicklung versucht: Bestimmten Entwicklungsstufen werden nicht nur Spielformen, sondern, den entwicklungspsychologischen Ansatz geisteswissenschaftlich überformend, auch einzelne Spieltheorien zugeordnet (Hoffmann 1930).
Die geisteswissenschaftliche Pädagogik strebte unter dem Einfluß phänomenologischer Denkansätze von der psychologisierenden und pädagogisch-praktischen Betrachtung fort mit dem Ziel, einen möglichst umfassenden „reinen" Spielbegriff zu gewinnen. Die Bezugspunkte dafür bilden die phänomenologisch-kulturwissenschaftlichen Theorien Buytendijks und Huizingas. Diese „neuen Ansätze" (Scheuerl 1967, S. 173) drängten den Einfluß empirisch-psychologischer Betrachtungsweisen in der Pädagogik weitgehend zurück zugunsten einer geistigen Schau des Spielphänomens.
Als repräsentativ für den Diskussionsstand der 50er Jahre kann der Bericht über den Kongreß der Deutschen Leibeserzieher 1958 gelten, der unter dem Thema „Das Spiel" stand (Ausschuß Deutscher Leibeserzieher 1959). Den dort gehaltenen Grundsatzreferaten liegt ein ausschließlich philosophisch-geisteswissenschaftlich reflektierter Spielbegriff zugrunde. Die führende Rolle der geisteswissenschaftlichen Pädagogik in den Nachkriegsjahren findet damit ihre Bestätigung. Wenn auch die allgemeine Entwicklung der Pädagogik in den letzten zehn Jahren bedeutsamen Wandlungen und Differenzierungen ausgesetzt war, so bleiben doch viele jüngere spielpädagogische Veröffentlichungen nach wie vor an den Aussagen der geisteswis-

senschaftlichen Pädagogik orientiert. Dies mag damit zusammenhängen, daß sowohl der „Kritische Rationalismus" (Brezinka 1971, S. 159) als auch die „Kritische Erziehungswissenschaft" (K. Schaller 1974) sich bislang stärker um die Ausarbeitung einer erziehungswissenschaftlichen Programmatik bemühten als etwa um die Ausarbeitung einer von dem jeweiligen wissenschaftstheoretischen Grundsatzprogramm her ableitbaren Theorie des Spiels.

Wenn wir uns im folgenden mit der Analyse einiger Veröffentlichungen beschäftigen, die als repräsentativ für die geisteswissenschaftliche Sicht des Spiels gelten können, so geht es uns in erster Linie nicht um die inhaltlichen Ergebnisse – sie können als bekannt vorausgesetzt werden –, vielmehr um das methodische Vorgehen und die darin zum Ausdruck gebrachten Tendenzen des „erkenntnisleitenden Interesses".

Scheuerls Untersuchung über das Spiel kann als eine der umfassendsten Arbeiten eines Erziehungswissenschaftlers zu diesem Themenbereich angesehen werden. Die dabei angewandte Methode ist als phänomenologisch bzw. hermeneutisch-verstehend zu bezeichnen. Scheuerl stellt drei Fragen:

„Was ist Spiel?"
„In welchen Erscheinungsformen begegnet es uns?"
„Welche Konsequenzen ergeben sich aus seinem reinen Sosein für die Pädagogik?" (Scheuerl 1969, S. 5)

Die erste Frage wird beantwortet durch einen Überblick über die Aussagen der verschiedenen reformpädagogischen Strömungen zum Spiel sowie durch Gewinnung von sechs Wesensmerkmalen aus den überkommenen (biologisch-psychologischen und kulturphilosophischen) Spieltheorien. Aufschlußreich für das methodische Vorgehen Scheuerls sind die zum zweiten und dritten Abschnitt seiner Untersuchung getroffenen Ausführungen:

„Die Untersuchung wird also gleichsam in konzentrischen Kreisen von außen nach innen vorgehen. Sie wird mit dem Spiel im weitesten Sinne beginnen, weil nur auf diese Weise gewährleistet ist, daß die später notwendige Verengung des Blicks auf das Pädagogische nicht zugleich eine Verkürzung der phänomenologischen Optik mit sich bringt." (1969, S. 123)
„Aufgabe der Erziehungswissenschaft kann es nicht sein, der Kunst des Erziehens Normen zu setzen. So können auch aufgrund der Konsequenzen, die sich aus der Analyse des Spiels und seiner Erscheinungsformen ergeben, nicht normative Forderungen an die praktische Pädagogik gestellt werden. Nachdem die spieltheoretischen Vorkenntnisse bereitgestellt sind, muß sich die weitere Untersuchung vielmehr darauf beschränken, die Möglichkeiten und Grenzen der in der Reformpädagogik bereits vorgezeichneten Wege verstehend zu erhellen und kritisch zu interpretieren." (1969, S. 195)

Scheuerls phänomenologische Analyse faßt die folgende Definition des Spielbegriffs zusammen:

„Spiel ist ein reines Bewegungsphänomen, dessen in scheinhafter Ebene schwebende Freiheit und innere Unendlichkeit Ambivalenz und Geschlossenheit in zeitenthobener Gegenwärtigkeit nur der Kontemplation zugänglich ist. Auch wo es zu seinem Zustandekommen Aktivität voraussetzt, ruft es den Spieler zur Kontemplation." (1969, S. 136)

Stellt man dieser Definition den Tätigkeitsdrang spielender Kinder gegenüber, fällt es schwer, dem Moment der Kontemplation eine derartige hervorragende Rolle zuzuweisen. In diese Richtung zielt die Kritik von Ivo Braak an der Scheuerlschen Spieldefinition; Braak hält die kindliche Aktivität und Spontaneität im Spiel für augenfälliger als Bewegung an sich und Kontemplation (Braak 1963, S. 161). Haven (1970, S. 47) weist allerdings darauf hin, daß mit Kontemplation bei Scheuerl nicht Passivität, sondern Ergriffenheit gemeint sei.
Beiden Interpreten entgeht weitgehend, daß Scheuerl das Spiel nicht als eine Tätigkeit, sondern als „eine Bewegungsform, eine spezielle Dynamik" sehen will. Scheuerl argumentiert, das Phänomen Spiel trete auch unabhängig von einer Tätigkeit auf, etwa als Spiel der Wellen, Lichter und Schatten, andererseits seien Tätigkeiten wie „Klavier spielen", „den Mephisto spielen", „mit einer Puppe spielen" so verschiedene Tätigkeiten, daß man von ihnen eine allen gemeinsame Definition des Spielbegriffs kaum ableiten könne (Scheuerl 1975, S. 197).
An dieser Stelle wird deutlich, daß das Grundproblem der phänomenologischen Methode ihre *Gebundenheit an die Sprache* darstellt; das reine „Sosein" des Spiels wird aus der Analyse der Sprache und vorliegender spieltheoretischer Aussagen gewonnen, ohne daß Selektionskriterien für die phänomenologische Reduktion des nach Herkunft und Stimmigkeit zur Auswahl stehenden sprachlichen Ausgangsmaterials verfügbar sind. Zu berücksichtigen sind dabei nicht nur interkulturelle Differenzen im Verständnis des Spielbegriffs – ein Engländer müßte allein schon durch die Unterscheidung von *play* und *game* zu anderen Ergebnissen kommen –, sondern vor allem intrakulturelle Bedeutungsunterschiede. Durch Analogiebildung, Bedeutungsübertragung, Metaphorik hat der Spielbegriff im Laufe der Zeit einen derartig vielschichtigen semantischen Horizont erhalten, daß seine Analyse *eine gleichzeitige Rückkehr zur empirischen Erfassung des Phänomens* erfordert.
Der besondere Wert der Scheuerlschen Untersuchung liegt in seinem phänomenologisch-anthropologischen Gehalt. Scheuerl wies kürzlich darauf hin, daß trotz des Generationswandels und neuer wissenschaftlicher Entwicklungen in bezug auf die Definition des Spielbegriffs sich wenig verändert habe (1975, S. 202). In der Tat führt die Scheuerlsche Spiel-Analyse zu einem gültigen Interpretationsrahmen, der auch neuere empirische Forschungsergebnisse in sich aufnehmen kann. Gegebenenfalls sind Scheuerls Wesensmerkmale auch als *Ausgangspunkt* für die Hypothesenbildung einer empirischen Spielforschung anzusehen, die zu einer Gewichtung und Strukturierung dieser lediglich nebeneinander gestellten Begriffsmerkmale führt, freilich nur dann, wenn anstelle eines personunabhängigen Spielbegriffs das *Spielen* als menschliche Verhaltensweise bzw. Tätigkeit untersucht wird.
Eine neuere Arbeit von Scheuerl liefert dazu wertvolle Differenzierungsansätze (1975a). Er unterscheidet: *Spieltätigkeiten*, *Spielabläufe* (die durch Spieltätigkeiten erzeugt werden), *Spiele als Regelgebilde* (d. h. Objektivationen von Spielabläufen)

und *spielerisches Tätigsein* (spielfremde Tätigkeiten, die spielerischen Charakter annehmen können). Während Scheuerl in seiner Dissertation den „Spieldingen" nur am Rande Aufmerksamkeit schenkte, werden nun *Spielmittel* als Bestandteil von Spielen ausdrücklich hervorgehoben.

Wenn Scheuerl auch hier betont, daß Spieler, Spieltätigkeiten, Spiele und Spielmittel „allesamt durch ihre funktionale Beziehung zu dem (durch das intransitive Verb ‚spielen' sprachlich vermittelten) durch seine besondere Ablaufstruktur gekennzeichneten Bewegungsphänomen" definiert sind (1975a, S. 348), dann bieten sich empirische Untersuchungen an, diese Ablaufstruktur genauer zu charakterisieren: Reversibilität und wechselnde Ungleichgewichtszustände im Spielgeschehen sowie der beim Spieler festzustellende „Zustand hoher Bewußtheit ohne Befangenheit" wären empirisch gewonnene Merkmale, die Scheuerls Wesensmerkmale – auch das, was er als *kontemplative Haltung* des Spielers bezeichnete – durchaus neu akzentuieren.

Diese differenzierte Betrachtung von Spielmerkmalen hat auch *pädagogische* Konsequenzen: Während Scheuerl in seiner Dissertation den pädagogischen Teil seiner Untersuchung auf eine phänomenologische Erhellung bestimmter Spielformen (freies Spielen, gebundenes Spielen, Experimentieren u. a.) beschränkte, können nun auch Spieltätigkeiten, Spielabläufe und Spielmittel zum Ausgangspunkt einer pädagogischen Theorie werden, die freilich noch zu entwickeln ist.

Zusammenfassend läßt sich feststellen, daß Scheuerl einen phänomenologischen Spielbegriff entwickelt, der zwar Raum gibt, eine Pädagogik des Spiels und der Spielmittel aufzubauen, diese selbst aber nicht *notwendig* impliziert.

Im folgenden sollen weitere Ansätze zu einer Pädagogik des Spiels aus geisteswissenschaftlicher Sicht dargestellt werden:

Paul Moor sucht in seinen „Betrachtungen zur Grundlegung einer Spielpädagogik" eine „Besinnung über das Wesen des Spiels" (1967, S. 10), um sich im Anschluß an diese grundsätzliche Diskussion dem heilpädagogisch-therapeutischen Aspekt zuzuwenden. Auch Moors Vorgehen ist durch die hermeneutische Methode bestimmt. Er stellt die bekannten Spieltheorien dar unter besonderer Berücksichtigung der Aussagen der älteren deutschen Entwicklungspsychologie. Dabei wird das Spiel des Kindes in Gegensatz zum Spiel des Erwachsenen gebracht. Das echte Spiel des Erwachsenen sei nicht „ernst" und nicht „zweckfrei" wie das Spiel des Kindes, drohe aber immer Ernst zu werden, indem es den Charakter einer „Arbeit" annehme. So gesehen, erscheine das Spiel des Kindes als „etwas völlig Rätselhaftes", es sei „völlig ernst" und stehe doch dem „inneren Erfülltsein" nicht im Wege, wie dies bei den Erwachsenen der Fall sei. Bei Moor finden wir einen für die kulturpädagogisch-geisteswissenschaftliche Betrachtungsweise charakteristischen Hinweis: Daß durch „gründliche wissenschaftliche Beobachtung", d. h. durch empirische Untersuchungen, sich zwar bestimmte „Tatsachen" feststellen lassen, diesen aber kaum Bedeutung zukomme. Moor ist der Ansicht,

„daß wir nichts im Menschenleben verstehen, wenn wir nur das Gegebene, nur die Tatsache beachten, sondern daß wir gerade das wesenhaft Menschliche erst zu Gesicht bekommen, wenn uns aufgeht, wie es in allem Werden, Geschehen, Verhalten immer um etwas Aufgegebenes und um etwas Verheißenes geht" (1967, S. 34).

In der Tat wird hier ein fundamentales Problem angesprochen, auf das noch einzugehen ist; sollte damit aber von vornherein der empirischen Forschung das Daseinsrecht bestritten werden, hieße das, die Erziehungswissenschaft auf den Ansatz einer „normativen Pädagogik" beschränken zu wollen.
Das Problem Spielmittel wird bei Moor nicht diskutiert, auch dort nicht, wo über „Spielpädagogik und Spieltherapie" gesprochen wird (1967, S. 68 ff.). In noch schärferer Form wehrt sich Alfred Petzelt aus der Sicht der normativen Pädagogik dagegen, erfahrungswissenschaftliche Methoden bei der Klärung des Spielbegriffs anzuwenden. Der Gebrauch des Empirischen erzeuge „unfruchtbare Polemik". Petzelt sieht das Spielen als besonderen Akt des Ichs an, der zur „Selbstgestaltung der Personalität" führe: „Gefordert bleibt das schlackenlose Spielen für die geläuterte Persönlichkeit" (1959, S. 63 und 75).
Ähnlich wie Scheuerl vor einer „pädagogischen Verkürzung" des Spiels warnte, herrscht auch bei Erich E. Geißler eine gewisse Scheu, dem Spiel primär eine pädagogische Bedeutung zuzumessen: Spiel sei „ein außerordentlich vielseitiges anthropologisches Phänomen..., das man beileibe nicht nur unter pädagogischem Aspekt betrachten darf, ja dessen erzieherische Funktion überhaupt erst verständlich wird, wenn man seine anthropologische Bedeutung kennt" (Geißler 1969, S. 117).
Erziehung definiert Geißler als „Leitung von Entwicklungen" (1969, S. 25). Dahinter steht das duale Erzieher-Zögling-Modell, das den Erziehungsbegriff ausschließlich von bestimmten pädagogischen Absichten her versteht und sowohl die Einbettung des Erziehungsprozesses in das gesellschaftlich-soziale Bezugsfeld als auch die Frage tatsächlicher Effektivität erzieherischer Einwirkungen vernachlässigt. Für Geißler hat das Spiel – neben der heilpädagogischen Anwendungsmöglichkeit – dei Bedeutung eines „Unterrichtsmittels mit einer begleitenden erziehlichen Wirkung". Durch Überführung von Lernformen in Spielformen werde das Sachinteresse motivierend unterstützt, so daß der Lernprozeß „im wesentlichen sanktionsfrei ablaufen kann".
Als Erziehungsmittel i. e. S. sieht Geißler das Spiel, indem es „diszipliniert": Durch Kooperation der Spieler und Subordination unter die Spielregel könne Spiel zur „Vorübung sozialer Verhaltensmuster" werden (1969, S. 138). Andererseits stellt Geißler das „Spiel als Bildungsgut (Bildungsmittel)" dar, einen Aspekt, den er als „außerordentlich wichtig" (1969, S. 145) bezeichnet, insofern nämlich, als man dann „nicht mehr direkt und plump nach dem methodisch-pädagogischen Nutzen fragen darf, sondern die unableitbare und in sich allein gründende Werthaftigkeit des Spieles respektieren muß". Schulfeiern, Feste, Theater- und Laienspiel sind die Formen, in denen Spiel zum Bildungsgut werden soll.
Es ist bemerkenswert, daß Geißler einerseits die Frage nach der pädagogischen Funktion des Spiels im Sinne eines Unterrichts- und Erziehungsmittels als „plump"

bezeichnet, andererseits „Bildung" als außerpädagogisches Phänomen betrachtet. Aufs Ganze gesehen stehen hier ein *enger* Erziehungs- bzw. Pädagogikbegriff und ein *weiter* kulturpädagogischer Bildungsbegriff einander gegenüber.

Mit dieser Betrachtungsweise des Spiels steht Geißler nicht allein. Sie gehört zum Bestand tradierten, pädagogischen Gedankengutes (Netzer 1972) und hat entscheidenden Anteil daran, daß die geisteswissenschaftliche Betrachtung des Spiels mehr anthropologische Deutung als ein praxisrelevantes Handlungskonzept darstellte. Die Verengung des pädagogischen Spielbegriffs auf die Bedeutung eines „Erziehungsmittels" (Barbey 1944), d. h. auf ein vom Erzieher einzusetzendes Instrument zur Erreichung bestimmter pädagogischer Absichten, bedeutete gleichzeitig die Trennung zwischen „pädagogischer" und „anthropologischer" Funktion des Spiels, so daß der Begriff des Pädagogischen selbst ins Zwielicht einer rein intentional-instrumentalen Betrachtungsweise geriet. Die Diskussion des Spiels als eines „Erziehungsmittels" war deshalb unfruchtbar, weil sie primär auf die Abwehr einer unzulässigen „pädagogischen Verzweckung" ausgerichtet sein mußte. Durch die dem Spiel zugedachte „Mittel-Funktion" war der Blick auf die „Spielmittel", jene Gegenstände also, denen eine instrumentale Betrachtungsweise tatsächliche angemessener ist, versperrt. Die geisteswissenschaftlichen Bemühungen um eine Pädagogik des Spiels sind deshalb kaum von der Erörterung anthropologischer Grundsatzprobleme vorgestoßen in die Problematik pädagogischer Situationen und der Entwicklung pädagogischer Entscheidungshilfen.

Das Gesagte gilt analog für das Verhältnis Arbeit – Arbeitsmittel: Die geisteswissenschaftliche Diskussion um „Wesensmerkmale" war selten frei von einer idealtypischen Verklärung des Spiels gegenüber der Arbeit (Reyher 1929; Meister 1932; Hoffmann 1930, S. 208 ff.; Hoffmann 1963): Hier das Spiel, z. B. als „Oase des Glücks" – dort die Arbeit als „der Sünde Sold"[1]. Dabei vermißt man sowohl den Hinweis auf sozioökonomische und schichtenspezifisch unterschiedliche Arbeitsbedingungen als auch den Versuch, aufgrund der Analyse von Handlungsstrukturen eine empirische Verifikation der behaupteten Gegensätze zu erreichen.

„Laienspielbewegung" und „musische" Bewegung haben sich vornehmlich am überkommenen kulturpädagogischen Spielbegriff orientiert; auch in dieser Abwandlung bleibt der Bezug zur Bildungsidee der deutschen Klassik erhalten, und zwar um so stärker, je mehr man glaubte, im Spiel ein Gegenmittel gegen die negativen Auswirkungen der modernen Industriegesellschaft zu besitzen[2]. So spricht Ursula Cillien angesichts der „Übermacht des Apparates" und der „Eigengesetzlichkeit der Technik" vom Spiel als einem „vernachlässigten Aspekt der Humanität", den es für unser Dasein zurückzugewinnen gelte; erst der Sinn fürs Spiel zeige wirkliche Bildung (1969, S. 825 f.). Ähnlich meint Röhrs:

---

1 Vgl. die tabellarische Übersicht bei Geißler 1969, S. 146.
2 Vgl. Haven 1970, S. 195 ff.; Amtmann 1968; Seidenfaden 1966: Zur sozialkritischen Wendung des Rollenspiels, die Anfang der siebziger Jahre erfolgte, vgl. Klewitz/Nickel 1972.

„Das Spiel in dieser allgemeinen Auslegung ist eine wesentliche Form des Menschseins, die nicht auf die Kindheit begrenzt bleibt... Die echt spielerische (nicht verspielt leichtfertige) Haltung gewährt erst jene Gelassenheit, die in jedem Leistungsablauf den Zusammenhang mit dem Humanum bewahrt." (1969, S. 386 f.)

Humanitätsidee und Bildungsbegriff weisen wiederum zurück in die Zeit des klassischen deutschen Bildungsideals (Litt 1957): Harmonie, Totalität, Innerlichkeit und Universalität als Merkmale dieses Bildungsideals könnten in der Tat auch zugleich den „Homo ludens" aus geisteswissenschaftlicher Sicht charakterisieren. So sehr hier die anthropologische Bedeutung des Spiels betont wird, so bleibt die Dimension des Spielmittels doch weitgehend außerhalb der Betrachtung. Sehen wir ab von den mehr gelegentlichen Hinweisen Buytendijks (1933) auf die von bestimmten Spielgegenständen ausgehende Dynamik (Ball, Jo-Jo), so ist es im wesentlichen Langevelds „Studien zur Anthropologie des Kindes" (Langeveld 1964) zu verdanken, daß die geisteswissenschaftliche Pädagogik die „Spieldinge" in ihrer *anthropologischen* Bedeutung nicht ganz aus den Augen verlor. Langeveld untersucht hier die verschiedenen „Modi des Dingseins eines Objektes" für das Kind, das in „offener Kommunikation" zur Welt lebt: Das Kind zeigt noch keine festen Verhaltensmuster gegenüber Personen und Sachen seiner Umwelt: Jeder erreichbare Gegenstand ist eine Aufforderung, ihn zu explorieren und zu manipulieren:

„Das Rollende oder Runde verlockt zum Rollen, das Hohe zum Höhermachen und Umschmeißen, das Leere zum Füllen, das Volle zum Leeren, das Offene zum Hineinstochern, Hineinkriechen, Durchgehen." (Langeveld 1964, S. 89)

Explorierendes Spiel ist nach Langeveld „die wesentlichste Beschäftigung des gesicherten Kindes mit einer Welt, die noch alle Seinsmöglichkeiten hat" (1964, S. 89). Die Spielmittel werden zum Mittler zwischen Mensch und Welt, und zwar kann nach Langeveld dieser Vermittlungsakt vom Kinde aus oder von der Sachwelt her bestimmt sein:

„Treffen wir doch einerseits Spielzeug an, das sich an die Bewegungsgestalt des Kindes anschließt (z. B. den Ball, den man rollen, werfen, stoßen, fangen kann); andererseits das Spielzeug, dem man weitgehend gehorchen muß, da seine sachlichen Eigenschaften wenig oder gar keine Beziehung zu den organischen Impulsen des Kindes haben. Dieses letzte Spielzeug variiert von dem Satz Hohlwürfel bis zum Meccano-Baukasten." (1964, S. 115)

Eine solche Unterscheidung zweier Typen von Spielzeug könnte nahelegen, im ersteren Falle mehr von der Vermittlung „assimilatorischer", im letzteren mehr „akkomodatorischer" Erfahrung – im Sinne Piagets – zu sprechen. Allein, dies wäre nicht ganz ausreichend, da „assimilatorische Nachahmung" und „akkomodatorische Lernprozesse" sich in beiden Fällen als Ergebnis der Vertrautheit bzw. Unvertrautheit mit einem bestimmten Spielgegenstand ergeben. Ob der Hohlwürfel wirklich mehr „Sachgebundenes" und der Ball mehr „Kindhaftes" repräsentieren, ist schwer zu beurteilen, denn beide spiegeln ein Stück Realität wider, wenn auch der Ball – anders als der Baukasten – seine Spielfunktion für den Menschen ebenso im Erwachsenenalter behält. Langeveld hat jenen Umstand, der Dearden dazu bewog, das Spielmittel aus der Definition des Spiels auszuschließen, zu einem Hauptaspekt kindlichen Weltverhältnisses herausgearbeitet: Daß dem Kind jedes Ding zum Spielding werden kann und daß jene Dinge, mit denen im Spiel hantiert wird, keine feste Bedeutung haben. Ihre Bedeutung wechselt je nach der Funktion, die dem Gegenstand im System der Spielhandlung zukommt: „Was jetzt in offener Sinngebung ein Messer heißt, kann bald eine Brücke, eine Schranke, ein Soldat, ein Haus sein" (Langeveld 1964, S. 143). Seine Verbindlichkeit erhält dieses Netz symbolischer Beziehungen allein durch die subjektiv gesetzte Axiomatik. Umgekehrt ordnet der Spielgegenstand die Beziehungen der Spieler untereinander, weist ihnen „Rollen" und durch Regeln festgelegte „Funktionen" zu. Die allgemeinen Stufen der Gegenständlichkeit in der Entwicklung des Kindes, die Langeveld aufzeigt, sind Stufen zunehmenden Funktions- und Symbolreichtums, mit dem (Spiel-)Objekte „besetzt" werden, angefangen von der einsinnigen Funktion des Montessori-Materials bis zur Eigenproduktion von materialen Gebilden, die vielfacher Umdeutung ausgesetzt sein können.

Zusammenfassung

Der wesentliche Beitrag, den die geisteswissenschaftliche Pädagogik zur Erschließung des Spiels leistete, lag in der Klärung *anthropologischer Voraussetzungen* einer Pädagogik des Spiels. Der Bezug Spielbewußtsein (Spielsubjekt) – Spielphänomen stand dabei stärker im Vordergrund als das Verhältnis Spielbewußtsein – Spielmittel oder die Beziehung Spielphänomen – Spielmittel.
Dem Spielmittel wird kaum eine konstitutive Bedeutung in spieltheoretischen Aussagen zugebilligt. Die Gründe:

1. Der Bezug Spiel – Spielmittel ist nicht in jedem Spiel gegeben. Es gibt Spielformen, wie z. B. darstellende Lauf-, Ratespiele usw., die keiner materialen Spielobjekte bedürfen. Alle reduktiven Spieltheorien müssen deshalb das Spielmittel als einen akzidentellen Faktor im Spielphänomen betrachten – ungeachtet dessen, daß die überwiegende Zahl von Spielformen nicht nur auf materiale „Mittel" angewiesen ist, sondern die pädagogische Dimension des Spiels sich wesentlich über die spezifische Funktion des Spielmittels erschließt.
2. Da der Begriff Spielmittel nicht festumrissen ist und praktisch jeder Gegenstand dem Kind zum Spielmittel werden kann, lag anscheinend keine Notwendigkeit vor, dem Spielmittel theoretisches Eigengewicht in einer Theorie des Spiels zu geben – ungeachtet jener Vielfalt von Materialien, die allein zum Zwecke des Spiels angefertigt werden (Spielzeug).

3. Der weiten anthropologischen Betrachtung des Spiels steht eine enge pädagogische gegenüber. In dieser pädagogischen Handlungstheorie wird Spiel selbst zum „Mittel" der Erziehung. Der Begriff „Erziehungsmittel" gibt dabei der instrumentellen Verwendung des Spiels durch den Erzieher ein stärkeres Gewicht als der Erkenntnis, daß die Spielhandlung des Kindes ein Ergebnis seiner spezifischen Antriebsdynamik ist. Erst die Einsicht, daß die pädagogische Notwendigkeit des Spiels nicht aus der Erreichung geplanter Lernziele ableitbar ist, gibt den Blick frei für die „Spielmittel". Bei ihnen bezieht sich der „Mittel-Begriff" nicht (nur) auf eine pädagogische Ziel-Mittel-Relation, sondern ist ein Verweis auf die Material- und Funktionsgebundenheit von Spielhandlungen.

III. Pädagogische Erkenntnisse aus der kulturgeschichtlichen Betrachtung der Spielmittel

Ausgangsthesen

Die Aufgabe, die kulturhistorische Vergangenheit des Spielzeugs zu ergründen, haben diejenigen Forscher, die sich ihr unterzogen, selten nur als Pflicht zur strengen Deskription von historischen Tatbeständen angesehen. Immer ist dabei auch das besonders enge, liebevolle Verständnis des Autors zu seinem Gegenstande spürbar. Den Wertungen, die getroffen werden, liegt bei den meisten einschlägigen Darstellungen ein ganz bestimmtes anthropologisches Verständnis zugrunde, in dem die *Freude am spielenden Kind* einen dominierenden Faktor darstellt.

Die pädagogische Erkenntnis, daß Spiel und Spielmittel existentiell bedeutsam für das Kind sind, wird vom Volkskundler und Kulturhistoriker im wesentlichen bestätigt: „Das Spielzeug ist ein lebensnotwendiges Gut" (Geist/Mahlau 1938).

Auch die Historiographie der Spielmittel leistet einen maßgeblichen Beitrag zur anthropologischen Bestimmung des Kindes. In bezug auf das Verhältnis von Gleichheit und Wandel des Kindseins im Laufe der Geschichte des Menschen und seiner Kultur können zwei einander gegenüberstehende Thesen formuliert werden:

1. Das Kind ist in seinen Grundbedürfnissen und den Grundmustern seines Verhaltens über Jahrhunderte und Jahrtausende hinweg immer gleich geblieben.
2. Bedürfnisse und Verhaltensweisen des Kindes sind das Ergebnis der jeweiligen soziokulturell-gesellschaftlichen Verhältnisse und der durch sie determinierenden Umwelt- und Erziehungsbedingungen.

In der Spannung dieser beiden Thesen steht auch die Geschichte der Spielmittel. Wie kaum ein anderer Gegenstand scheint gerade die Historiographie der Spielmittel Belege für die Gültigkeit der *These* (1) zu liefern. Viele Autoren, die sich mit der Kulturgeschichte des Spielzeugs beschäftigten, kamen zu dem Schluß, daß das Spielbedürfnis von Kindern und der Drang, diesem Bedürfnis entsprechende Spielgegenstände zu benutzen, *für alle Völker zu allen Zeiten* in etwa gleicher Weise existiert habe:

„Zu allen Zeiten hatten Kinder das Bedürfnis, ihre wachsenden Kräfte zu erproben. Dazu bedarf es oft nur der eigenen Körperkraft. Wurden jedoch besondere Spielgeräte notwendig, so bastelte sie entweder das Kind selbst nach eigenen Vorstellungen oder geschickte Eltern und Handwerker erfanden und bauten sie ihm." (Fritzsch/Bachmann 1965, S. 11)

„Das Kind aller Zeiten und Völker ist sich gleich in seinen Trieben, seinen Beschäftigungen und seinen Spielen. Und gleich ist es in seinem Bedürfnis nach Spielzeug. Mit jedem Kind beginnt wieder derselbe Kreislauf des Spieltriebes. Bei der Klapper des Säuglings, beim Ball des kleinen Kindes fängt er an und leitet dann über die Puppe und das Steckenpferd hinüber zu jener Zeit, wo aus den Spielen die ernste Tätigkeit, die Arbeit sich herausschält." (Gröber/Metzger 1965, S. 11)

Der Charakter des Spielzeugs „ist in Jahrtausenden gleich geblieben wie die Kinderseele selbst" (Hahm 1939, S. 257).

„Das Spielzeug ist in seinen verschiedenen Formen von der Steinzeit her bei allen Natur- und Kulturvölkern bezeugt. Ob es Püppchen oder Tiere aus Ton, Holz oder anderem Metall waren, Ursprung und Zweck waren überall der gleiche." (Kaut 1951, S. 5)

„Manches Spielzeug ist sich in Zweck und Form seit Jahrtausenden gleichgeblieben. Meist sind es Gegenstände für Kleinkinder: Klappern, Puppen und Marionetten, Ziehtiere oder Spielzeugsoldaten. Man findet sie in ägyptischen Gräbern ebenso wie in den Tempeln des alten Griechenland und in den Schränken unserer heutigen Kindergärten. Sie sind seit dem Begriff der Geschichte praktisch unverändert." (Rabecq-Maillard 1963, S. 23)

Diesen Äußerungen könnte im Sinne der *These (2)* der Satz gegenübergestellt werden:

„Die Ideen und Interessen der in einer Gesellschaftsordnung jeweils herrschenden Klasse, die auch die herrschenden Erziehungsziele bei der Jugend sind, lassen sich... im Spielzeug nachweisen." (Andrä 1955, S. 6)

Eine differenzierte Betrachtung des Problems läßt uns sehr bald zu der Einsicht gelangen, daß beide Thesen keineswegs im Sinne eines „Entweder-Oder" Gültigkeit beanspruchen können, vielmehr einander ergänzen. Eine These ist im Sinne eines wechselseitigen Aufeinanderbezogenseins jeweils in der anderen enthalten.

Wenn die Mehrzahl der Spielzeug-Forscher auf die unwandelbare, stets gleichbleibende Grundfunktion der Spielmittel hinweist, so scheint damit jene Ansicht stärker in den Vordergrund zu rücken, daß es Grundbedürfnisse des Kindes gibt, die zwar soziokulturell unterschiedlich in Erscheinung treten, deren Struktur jedoch unveränderbar ist. Um diese Struktur deutlich zu machen, bedarf es keines Rückganges auf eine „biologische" Betrachtungsweise der menschlichen Individualentwicklung: Ballys Deutung der menschlichen Freiheit und Langevelds Anthropologie des Kindes stellen unter Beweis, daß Kindsein sowohl Geistigkeit als auch Kulturbedürftigkeit voraussetzt.

Aber sind derartige allgemeine Attributierungen der Kindheit nicht selbst wiederum Ausfluß einer zeitbedingten, dem historischen Wandel unterworfenen Einstellung, d. h. ist nicht jeder Versuch, dem Kinde ein spezifisches, eben „kindliches" Weltverständnis zuzuschreiben, nichts anderes als die Projektion bestimmter gesellschaftlicher Leitbilder auf das Kind? Zur Beantwortung dieser Frage können sowohl ethnographische als auch historische Befunde zum Kinderspiel herangezogen werden.

Robert Alt (1956) hat bereits vor Jahrzehnten zur „Erziehung auf frühen Stufen der Menschheitsentwicklung" einige grundlegende Aussagen getroffen, die durch neuere ethnographische Untersuchungen in bezug auf die Kinderspiele der einfachen Gesellschaften im wesentlichen bestätigt werden: „Erziehung" bedeutet bei Naturvölkern die unmittelbare Teilhabe des Kindes am Leben des Erwachsenen. Dies geschieht vor allem durch Beobachtungslernen und Nachahmung, durch Erproben der von den Eltern ausgeführten Tätigkeiten. „Spielen" erscheint dabei als eine kindliche Symbolhandlung, die einerseits sehr eng auf die Arbeit und den Alltag der Erwachsenen bezogen ist (z. B. Tiere jagen, Hütten bauen, mit Feinden kämpfen). Andererseits imitieren die Kinder im Spiel auch die Freizeitbetätigungen der Erwachsenen, an denen sie meist selbst teilhaben: dazu gehören Fest und Feier, Kulthandlungen, Tänze, Wettkämpfe u. a. m. Als *Spielmittel* werden dabei verkleinerte, oft selbst hergestellte Ausführungen der Arbeitsgeräte, Waffen und Kultgegenstände der Erwachsenen benutzt[1].

Je früher und nachdrücklicher die Kinder einfacher Gesellschaften in Arbeitstätigkeiten der Erwachsenenwelt einbezogen sind, desto stärker werden Beobachtungslernen und nachahmende Tätigkeiten in den Dienst dieser Arbeitstätigkeiten gestellt, ohne daß dann für Spieltätigkeiten noch Zeit oder Gelegenheit wäre. Die sozioökonomischen Lebensbedingungen einer Gesellschaft stellen somit eine entscheidende (wenn auch nicht die einzige) Voraussetzung für die Ausbildung von Spieltraditionen dar.

Vergleichende Feldstudien lassen den Schluß zu, daß in Gesellschaften, die der „Kultur der Armut" angehören – dazu sind nicht nur bestimmte Naturvölker, sondern ebenso breite Bevölkerungsschichten von Entwicklungsländern sowie Gruppierungen des sozialen „Outdrops" in einigen Industrieländern zu rechnen –, Kindheit weder ein besonderer Schonraum der Erziehung darstellt, noch einen besonderen Status oder Wert besitzt (Mühlmann 1975). Wo Kinder sich ständig in Angst und Unsicherheit befinden, die Umwelt als feindlich erleben müssen und weitgehend auf sich selbst gestellt sind, um physisch zu überleben, werden alle Fertigkeiten in den Dienst der eigenen Existenzsicherung gestellt. Die Aktivitäten dieser Kinder sind von Anfang an darauf gerichtet, Techniken der Lebensbewältigung zu lernen. „Mastery" (Sutton-Smith), nicht „Spielen", ist für sie lebensnotwendig, Spielzeug muß unter derartigen ökonomischen und ökologischen Bedingungen größtenteils außerhalb des Erlebnishorizonts der Menschen bleiben.

Wie läßt sich dies in Einklang bringen mit der Tatsache, daß in kulturhistorischen Darstellungen des Spielzeugs auch auf Spielmittel von „armen" Familien hingewiesen wird und manche Pädagogen im Zeichen der Kritik am wahllosen Spielzeugkonsum die Spielwelt des „armen" Kindes geradezu als vorbildlich hinstellten (vgl. Seite 139). Der Widerspruch löst sich auf durch die Relativität des Begriffs der „Armut", der einmal die Lebenssituation *unterhalb* des Existenzminimums, zum anderen lediglich „einfache Verhältnisse" meint (Engelsing 1973, S. 26 ff.). Alle Berichte über Spielmittel und Spiele der „armen" Kinder setzen den Armutsbegriff in letzterem Sinne voraus.

1 Vgl. die Feldstudie von Rothe (1969), in der die Wandlungen der Erziehung durch zivilisatorische Einflüsse bei den Nuba (einer Gruppe negrider Splitterstämme des Sudans) auch in bezug auf das Spielen ausführlich beschrieben werden.

Aus einer 1968 von der OMEP durchgeführten internationalen Fragebogenaktion über Spiel und Spielzeug der Kinder wird deutlich, daß neben ökonomischen Gesichtspunkten zusätzlich die Einstellung der Erwachsenenwelt gegenüber dem Wert von Spielaktivitäten entscheidend dafür ist, in welchem Umfang die Kinder Spielmöglichkeiten besitzen. In dem Bericht heißt es:

„So erfahren wir beispielsweise, daß in Afghanistan, dem Land im Herzen Asiens, in das manche Forscher den Garten Edens verlegt haben, die Kinder Spielzeug nicht kennen. Unsere Berichterstatterin deutet das als Zeichen besonderer Armut: Die Kinder werden früh als Hirten verdingt und erhalten dafür nur einen ganz geringen Lohn. Auch der passive Charakter der Bevölkerung (die Kinder sitzen herum und reden nur, wenn sie gefragt werden), läßt Spielzeugaktivitäten nicht aufkommen. In Singapur hält die Familientradition die Kinder vom Spielen ab. Es wird berichtet, daß Eltern die Stirn runzeln, wenn sie ihre Kinder spielen sehen. Im sommerlichen Wetter sind die Kinder auf der Straße, im Winter kolorieren und schreiben sie unter Aufsicht zu Hause. Die Beschäftigung mit Mal- und Schreibgeräten ersetzt hier das Spielzeug. Die Kinder aus wohlhabenden Familien gehen zum Ballett. In Ländern mit vorwiegend agrarwirtschaftlicher Struktur wie Griechenland, Mexiko u. a. wird Spielen von den Eltern als unnützer Zeitvertreib oder gar als ‚Charakterdeformierung' angesehen. Die Kinder werden früh in den Arbeitsprozeß der Erwachsenen hineingezogen." (Spielzeug in aller Welt 1969, S. 37)

Die Ergebnisse der empirischen Feldforschung stellen eine Spezifizierung des Interpretationsansatzes von Bally dar: „Kindlichkeit" und „Spielbedürfnis" des Kindes sind keineswegs anthropologische Universaleigenschaften, sondern ein Ergebnis kultureller Entwicklung. Spiel und Spielmittel sind kulturelle *Überfluß-Phänomene*, die um so größere Bedeutung in einer Gesellschaft besitzen, je stärker kulturelle Entlastungssysteme und zivilisatorischer Überfluß das Leben der gesellschaftlichen Gruppen bestimmen. Damit erscheint aber die These (1) in einem neuen Licht: Die Unveränderlichkeit kindlicher Spielbedürfnisse betrifft vor allem jene sozialen Gruppierungen und Schichten, in denen die ökonomischen und kulturellen Voraussetzungen ähnlich sind: Die familiäre Sozialisation eines heutigen Oberschichtkindes besitzt offenbar eher gemeinsame Züge mit der Kindheit von Pharaonenkindern vor Jahrtausenden oder der unbeschwerten Jugend Ludwigs XIII. (1610–1643), wie sie der Arzt Heroard (Ariès 1975, S. 126 ff.) beschrieb, als mit der Lebenssituation eines Bettelkindes aus Rio oder Kalkutta.
Die uns geläufige Gedankenverbindung von „Spiel" und „Kindheit" ist auch *historisch* gesehen keineswegs selbstverständlich, sondern trifft erst für eine Gesellschaft zu, die die Kindheit als relativ eigenständigen Entwicklungsabschnitt heraushebt. Ist dies nicht der Fall, beziehen sich die Spiele einer Gesellschaft hauptsächlich auf die rituellen Festlichkeiten und Unterhaltungsformen Erwachsener.
Philippe Ariès hat in seiner „Geschichte der Kindheit" gezeigt, daß es im Mittelalter und in der frühen Neuzeit „Kindheit" als einen vom Erwachsenenleben abgegrenzten Lebensraum in unserer abendländischen Gesellschaft nicht gab[2]. Im Mittelalter

---

2 Zur Kritik an Ariès vgl. Snyders 1971, S. 22.

habe es nicht nur ein an Spielen relativ reiches Leben gegeben, alle Spiele (Feste, Ballspiele, Glücksspiele u. a.) seien auch von Kindern und Erwachsenen aller Stände gemeinsam gespielt worden. Später hätten dann die Erwachsenen der oberen Stände von Spielen Abstand genommen, die allerdings *im Volk* und bei *den Kindern* der oberen Schichten in Gebrauch geblieben seien. Nach Ariès entstand der Sinn für die Eigenständigkeit des Kindes als Ergebnis der Hinwendung zur kleinfamiliaren, bürgerlichen Lebensform im 17. Jahrhundert. Mit der hervorgehobenen Stellung des Kindes in der Familie wird gleichzeitig eine besondere, von der Gesellschaft abgeschirmte Erziehung notwendig. Das Spiel der Kinder, das nach Ariès zuvor vor allem in der Nachahmung der Vergnügungen Erwachsener bestand, gewinnt nun mehr und mehr Eigenständigkeit, und wird so als kindspezifische Tätigkeitsform bedeutsam.

Ariès vertritt die These, daß der im Aufklärungszeitalter sich vollziehende Wandel zur modernen Gesellschaft mit der Vorherrschaft der Kleinfamilie und dem Lerngetto der Schule den Kindern im Vergleich zur Offenheit, Promiskuität und Sozialität des Mittelalters nicht die behauptete Selbstbestimmung, sondern eine gewaltige Zunahme von Zwang und Unfreiheit gebracht habe[3]. Das Spiel des Kindes würde diesem Gedanken zufolge einerseits „kindgemäße" Vorbereitung später zu erfüllender Rollen sein, gleichzeitig aber eine Art Ersatz für den verlorengegangenen freien Zugang zur Gesellschaft der Erwachsenen bedeuten.

Wahrscheinlich können die interessanten Ausführungen von Ariès über die Kinderspiele nur partiell Gültigkeit beanspruchen. Im späten Mittelalter etwa haben die Kinder durchaus ihre eigenen Spiele und Spielmittel gehabt, wenn auch zwischen Kindheit und Erwachsenen die Übergänge fließender gewesen sein mögen als in späteren Jahrhunderten. Auch die Behauptung, die Spiele der Kinder würden aus übernommenen, nicht mehr ausgeübten Spielen der Erwachsenen bestehen, gilt allenfalls für bestimmte Stände und Zeiterscheinungen (z. B. Fortleben der „Ritterspiele" bei den Kindern nach Verfall der Ritter-Kultur). Die Herkunft der Spiele ist kaum auf eine einzige Quelle innerhalb der Kultur reduzierbar. Die schnelle Ausbreitung neuer „Spiel-Moden" und Spielmittel über mehrere soziale Klassen hinweg sowie die Tatsache, daß die Grundmuster tradierter Spiele trotz Stände-Trennung in allen Bevölkerungsgruppen dieselben sind (man könnte dies z. B. anhand der überall verbreiteten Würfel- und Kartenspiele belegen!), sind Indiz dafür, daß auch in vergangenen Jahrhunderten ein wechselseitiger Austausch derartiger folk models (Moore/Anderson) möglich war.

Damit aber scheint die Frage nach der übergreifenden Struktur und der zeitüberdauernden Funktion von Spielen doch sinnvoll zu sein.

Nach dem bisherigen Stand unserer Untersuchung lassen sich die beiden Ausgangsthesen, angewandt auf „Spiel und Spielmittel", wie folgt präzisieren:

---

3 Vgl. das Vorwort von H. v. Hentig in Ariès 1975, S. 11.

1. Unter bestimmten Voraussetzungen (Berücksichtigung des Grades kultureller Entwicklung und der vorherrschenden Wertmaßstäbe einer Gesellschaft) können in den Spielformen und -mitteln zeitüberdauernde Strukturen nachgewiesen werden.
2. Auf dem Hintergrund zeitüberdauernder gesellschaftlicher Funktionen von Spielen und Spielmitteln lassen sich die Wertmaßstäbe und Erziehungsnormen einer bestimmten Gesellschaft bzw. Epoche an den jeweils vorherrschenden Spielformen aufzeigen.

Welches sind nun die Momente, die als *zeitüberdauernde Grundfunktion des Spielzeugs* angesehen werden? Im Gegensatz zu der Vielfalt der Antworten, die die verschiedenen Spieltheorien auf diese Frage geben könnten, ist die Antwort der Spielzeug-Forscher ziemlich einheitlich:

Als Gründe für das Interesse des Kindes am Spielzeug wird „die Freude am Nachahmen des Erschauten, der Gegenstände seiner Umgebung und der Tätigkeit des Erwachsenen" genannt (Gröber/Metzger 1965, S. 11).
„Spielzeug bedeutet wesentlich Vergnügen, Phantasie, Nachahmung." (Fraser 1966, S. 8)

Lustvolles Erleben, Tätigkeitsdrang, Phantasie und Nachahmungsbedürfnis scheinen demnach die Hauptmotive zu sein, die dem Spielzeug bleibende Daseinsberechtigung verliehen haben. Der Anspruch des Kindes, diesem Bedürfnis nachgehen zu können, ist in kulturell entwickelten Gesellschaften zu verschiedenen Zeiten unterschiedlich beurteilt, aber selten völlig ignoriert worden. Erst mit der Erkenntnis der *pädagogischen* Bedeutung des Spielzeugs wurde der Welt der reizvollen Nichtigkeiten, die sich das Kind im Spiel erbaut, ein Wert zugemessen, der jenseits der bloßen Freude am Objekt liegt und auf das spätere Leben verweist. So führt Friedrich Geist aus:

„Das ist die Aufgabe des Spielzeugs: Es will das Kind auf seine Weise offen und bereit machen für die Gesamtheit des Lebens und die Kultur seiner Zeit" (Geist/Mahlau 1938).

Noch stärker betont Andrä die pädagogische Absicht, die hinter dem Spielzeug steht:

„Das Spielzeug dient dazu, den durch das Spiel erleichterten Entwicklungs- und Bildungsprozeß des Kindes zu unterstützen und ist ein Mittel, Erziehungsziele und Spiel in zweckmäßiger Art zu verbinden." (1955, S. 5)

Spielmittel sollen demnach nicht nur „Vergnügen bereiten", sondern auch „nützlich sein". Der Konflikt zwischen Lust- und Realitätsprinzip, der sich in der Historiographie der Erziehung als Gegensatz von „Gewährenlassen" und „Fordern" zeigt, ist in der Geschichte der Spielmittel ebenfalls nicht zu übersehen, wenn auch das „Spaßhaben" durch andere Zwecksetzungen niemals vollständig verdrängt werden konnte.

Entsprechend unseren beiden Thesen könnte man zwischen Spielmitteln unterscheiden, deren Funktion sich über die Jahrhunderte kaum gewandelt hat und solchen, deren Gestalt und Wirkweise erst im Widerschein jener Kultur vollkommen zu erhellen ist, die sie hervorbringen. Spielmittel haben in mehrfacher Hinsicht eine Doppelfunktion: Sie sind nicht nur Gegenstand des Vergnügens und des Nützlichen, sondern auch Mittler zwischen Kind und Kultur.

Spielmittel als Spiegel zeitüberdauernder Grundmuster kindlichen Spielverhaltens

Spielzeug findet sich zwar in einfachster Form auch bei Naturvölkern, spielt aber bei allen Kulturvölkern, auch den ältesten, eine sehr viel größere Rolle. Die Geschichte der Spielmittel ist Teil der Geschichte der menschlichen Kultur. Max v. Boehn (1929, Bd. 1, S. 148) bezweifelt, daß auf einer Entwicklungsstufe der Menschheit, auf der die Angst vor Göttern und Dämonen nur durch den Glauben an die mystischen Eigenschaften künstlicher Menschenfiguren gebannt werden konnte, den Kindern ein Spiel mit derartigen Objekten erlaubt war. Nach seiner Ansicht ist z. B. die Spielpuppe wesentlich jünger als die Kultpuppe, und sie ist „auch durchaus nicht über die ganze Welt verbreitet, sondern auf die Zivilisation beschränkt" (1929, Bd. 1, S. 148). Dem stehen Aussagen der jüngeren völkerkundlichen und kulturhistorischen Forschung gegenüber, die wahrscheinlich machen, daß bereits in den frühesten Phasen der menschlichen Kulturentwicklung künstlerische Äußerungen keineswegs nur religiösen Zwecken dienten, sondern zu allen Zeiten immer auch im Dienst der Unterhaltung, des Spiels, der Wiederherstellung der Arbeitskraft standen (Bachmann 1971, S. 17). Von daher erscheint auch die These fragwürdig, daß die Spielfunktion von Gegenständen immer erst nach Erlöschen ihrer kultisch-religiösen Funktion in Erscheinung getreten sei (Fraser 1966, S. 31 ff.); der kultisch-religiöse Bereich scheint vielmehr *eine* Ursprungsquelle für Spielzeug von mehreren zu sein.

Urformen des Spielzeugs: Vorzeit und Altertum

Alles, was wir über das Spielzeug der fernen Vergangenheit wissen, läßt den Schluß zu, daß sich bestimmte Grundmuster kindlichen Spielverhaltens innerhalb kulturell hochstehender Gesellschaften in drei Jahrtausenden kaum verändert haben.
Über das Spielzeug der ältesten Kulturvölker ist uns nur durch wenige Funde und durch Abbildungen etwas bekannt. Gröber (1928, S. 5) weist darauf hin, daß die Materialien, aus denen Spielmittel gefertigt wurden, kaum geeignet waren, kindlichem Betätigungsdrang lange Widerstand zu leisten. In der Hauptsache

bildete Holz das natürliche Grundmaterial für Gebrauchsspielzeug. Soweit wir über Spielzeugfunde aus dem Altertum oder dem Mittelalter verfügen, handelt es sich kaum um Holzspielzeug, sondern um solches aus widerstandsfähigerem Material: Ton, Metall (Gold, Blei), Elfenbein, Knochen, Leder, Stoff u. a. m.[4].

Hercik (1952, S. 36 f.) hat eine nach Rohstoffgruppen gegliederte Übersicht über das nachweisliche Bestehen der Spielmittel in den einzelnen Epochen erstellt, die wir – unter Verzicht auf die Vorzeit – Seite 56/57 wiedergeben.

Diese Einteilung der Spielmittel nach Motiv, Material und Entstehungszeit ist in mehrerer Hinsicht bemerkenswert. Sie macht zunächst die zeitgebundene Abhängigkeit der Spielmittel von Rohmaterial und dessen Bearbeitung deutlich. Keramische Werkstoffe, Metall und Holz sind – über alle Epochen hinweg – die verbreitetsten Ausgangsmaterialien für Spielzeug, während etwa Papier und die verschiedenen Kunststoffe erst in der Neuzeit zu typischen industriellen Rohstoffen werden und dann auch für die Spielzeugproduktion zunehmend Bedeutung gewinnen. Früchte, Glas und Fasern dürften wahrscheinlich bereits im Altertum für die Spielmittelherstellung benutzt worden sein, ohne daß uns entsprechende Funde aufgrund der Verschleißanfälligkeit dieser Materialien erhalten geblieben sind.

Aus vorgeschichtlicher Zeit sind Rasseln aus Stein und Ton, kleine tönerne Geschirre sowie Puppenteile aus Holz (zum Teil mit Textil- oder Pelzresten bekleidet) gefunden worden. Hercik macht darauf aufmerksam, daß die in Gräbern der Bronze- bzw. Eisenzeit gefundenen Keramik-Klappern, die als magische Kultgegenstände des Begräbniszeremoniells zu betrachten sind, große Formähnlichkeit aufweisen mit funktionsähnlichem Volksspielzeug der Neuzeit.

Für Spielzeug-Funde ist manchmal schwer zu entscheiden, ob sie in der Vergangenheit ausschließlich dem Spiel oder zugleich auch einem gewissen Repräsentationsbedürfnis dienten. Letzteres erscheint naheliegend, wenn der Gegenstand aus kostbarem Material gefertigt ist und Merkmale künstlerischer Gestaltung zeigt. Jedoch war Spielzeug auch früher schon vielfach bloßer Gebrauchsgegenstand und wurde von Eltern und Kindern für den eigenen Bedarf hergestellt. Die Tatsache, daß dem Kind aufgrund seiner Symbolisationsfähigkeit alles zum Spielzeug werden kann, deutet darauf hin, daß vor allem das Spiel mit natürlichem Material und Gebrauchsgegenständen eine nicht zu unterschätzende Bedeutung für das Kind besitzt:

„Tannenzapfen werden mit Steckelchen versehen, werden Vielzeug: ‚Meine Muh, mein Wauwau' – oder erhalten Federn und fliegen als Vögel mit Schwung durch die Lüfte. Der Sägbock wird Reitpferd; Holzscheite aneinandergelegt genügen, heute eine Reihe Wagen, Schlitten, morgen einen Güterzug vorzuspiegeln. Eine runde Scheibe, der Deckel eines Topfes wird Steuerrad eines Lastwagens ... Lehmklümpchen auf den Fingern sind die ersten Kasperlfiguren." (Simon 1947, S. 82)

---

[4] Kloos (1969, S. 33) erklärt die Tatsache, daß in Bremen sehr viel mehr Mädchen- als Jungenspielzeug aus der Vergangenheit erhalten sei, damit, daß Jungen ihr Spielzeug stärker strapazieren.

Symbolische Umdeutung von Gegenständen, phantasievolle Nachahmung erlebten Lebens durch Schaffung einer eigenen, damit verfügbar werdenden Welt scheinen ein zeitloses Grundmotiv dafür zu sein, daß Objekte zu Spiel-Mitteln werden. Doch es gibt Unterschiede: Nicht alle Objekte der Realwelt fordern in gleicher Weise dazu auf, daß man im Spiel Besitz von ihnen ergreift.

Zu den ältesten Spielmitteln gehören der Ball, die Puppe und Spieltiere. Der Ball ist das „reine" Spielmittel par excellence, er ist als Spielgegenstand nicht Symbol für eine andere Welt, sondern Spielmittel an sich. Das Moment der Bewegung, des überraschenden Wechsels und dessen Manipulierbarkeit fordern zu seiner Beherrschung heraus, womit Ball und Kugel zum Ausgangspunkt von Geschicklichkeitsspielen und von vielen Wettbewerbsspielen werden. Das Würfelspiel und der Gebrauch von Würfeln im Glücksspiel soll „mindestens 5000 Jahre alt" sein (Grunfeld 1975, S. 135).

Der unberechenbare Lauf der Kugel, der Fall von Würfeln, Steinchen, Knöchelchen war zu allen Zeiten Anlaß, das eigene Glück zu erproben, das Schicksal herauszufordern oder zu befragen. Ebenso finden wir die Kugelform in den Klickern (Murmeln, Schussern) wieder, die schon im Altertum den Kindern bekannt waren. Die Astragalen („Knöchelchen") gelten als „das älteste und überdauernste Naturspielgerät" (Gröber/Metzger 1965, S. 15). Es handelt sich um kleine, aus dem Sprungbein von Lämmern oder aus Knochen gefertigte (später aus Ton gebrannte) Spielsteinchen, mit denen gewürfelt, geweissagt und eine Reihe anderer Spiele betrieben wurde.

Zu den von Gröber/Metzger (1965, S. 106) zusammengestellten ältesten Spielzeugfunden („Urspiele der Menschen") gehören Klicker aus Diorit und Alabaster (Prädyn. Periode 3000 v. Chr.), Puppen aus bemaltem Holz mit Haaren aus Lehmperlen (1900 v. Chr.), griechische Mädchen beim Knöchelspiel (Tonplastik). Bei Fraser (1966, S. 24 ff.) sind unter anderem aufgeführt bzw. abgebildet: Ein Kreisel aus glasierter Mischmasse aus Theben (Neues Königreich, 1250 v. Chr.); zwei Spieltiere aus weißem Kalkstein zum Nachziehen (auf Rädern), Stachelschwein und Löwe (1100 v. Chr., aus Susa in Persien), ein Holzkrokodil mit beweglichem Unterkiefer (Ägypten, etwa 1100 v. Chr.).

Nach Funden und Abbildungen zu schließen, müssen die Kinder des alten Ägypten mit Spielzeug durchaus vertraut gewesen sein: Rasseln, Bälle, Kreisel, Puppen und Spieltiere mit beweglichen Gliedern waren bekannt. Ferner kannten die alten Ägypter mindestens vier verschiedene Arten von Brettspielen (eines davon entspricht unserem „Wolf und Schafe"), übten sich also bereits in strategischen Spielen (Brunner-Traut 1974, S. 89 ff.).

Die Geschichte einzelner Glücks- und Strategiespiele belegt, daß bereits in den Anfängen der Geschichtsschreibung eine relativ hohe Spielkultur existierte, die von breiten Bevölkerungsschichten getragen wurde. Mankalla (Mancala), das auch heute noch zu den beliebtesten Unterhaltungsspielen der Völker im afro-arabischen Raum zählt, hat eine jahrtausendalte Tradition, ebenso das Mühlespiel. Von einigen Brettspielen kann man auf Grund der archäologischen Funde nur noch rekonstru-

Nachgewiesene Existenz von Spielmitteln in den einzelnen Epochen
(nach Hercik 1952)

Spielgegenstand	Stein				Tonerde				Keramik				Glas				Metall				Früchte			
	Altertum	Mittelalter	Neuzeit	Gegenwart	Altertum	Mittelalter	Neuzeit	Gegenwart	Altertum	Mittelalter	Neuzeit	Gegenwart	Altertum	Mittelalter	Neuzeit	Gegenwart	Altertum	Mittelalter	Neuzeit	Gegenwart	Altertum	Mittelalter	Neuzeit	Gegenwart
Geschirr										•	•	•						•	•	•			•	•
Puppenmöbel																	•		•	•			•	•
Wiegen																			•	•				
Bettchen																			•	•				
Truhen																								
Zimmerchen																								
Wickelkinder	•							•			•	•							•	•			•	•
Puppen								•	•	•	•	•							•	•			•	•
Wägelchen								•															•	•
Pferdchen							•	•	•	•	•					•		•	•	•			•	•
Tierchen	•						•	•	•	•	•				•	•			•	•			•	•
Vögelchen							•	•		•	•				•	•			•	•			•	•
Reiter							•	•	•	•	•				•	•		•	•	•			•	•
Hampelmänner							•				•	•							•	•			•	•
Lärmspielzeug									•	•	•								•	•			•	•
Baukästen															•	•			•	•			•	•
Drehspielzeug							•	•	•		•								•	•			•	
Bewegliches Spielzeug																			•	•			•	
Werkzeug																			•	•				
Waffen																			•	•				
Kleidungsstücke																								
Sportgerät																			•	•				
Maschinenspielzeug																			•	•				
Chemisches Spielzeug															•	•								

Fasern				Textil				Leder				Knochen				Holz				Papier				Plast. Kunst- massen				Versch. Kombi- nationen			
Altertum	Mittelalter	Neuzeit	Gegenwart	Altertum	Mittelalter	Neuzeit	Gegenwart	Altertum	Mittelalter	Neuzeit	Gegenwart	Altertum	Mittelalter	Neuzeit	Gegenwart	Altertum	Mittelalter	Neuzeit	Gegenwart	Altertum	Mittelalter	Neuzeit	Gegenwart	Altertum	Mittelalter	Neuzeit	Gegenwart	Altertum	Mittelalter	Neuzeit	Gegenwart

Kornmahlende bewegliche Figur aus Holz, ägyptisch, 2000 v. Chr. Museum, Leyden.

Löwe und Gazelle beim Senet-Spiel. Ausschnitt aus dem Londoner Märchenpapyrus. Ramessidisch, British Museum, London.

Stachelschwein und Löwe als Nachziehtiere, persisch, etwa 1100 v. Chr., Musée de Versailles.

ieren, wie sie gespielt wurden; dazu gehören das auf ein Alter von 4500 Jahren geschätzte „königliche Spiel von Ur" und das altägyptische „Senet". Nicht zu vergessen ist die mehrere Jahrtausende alte Spieltradition Chinas und des Fernen Ostens, der wir nicht nur den Drachen, sondern auch das Go-Spiel verdanken; Go gilt allgemein als das (neben Schach) höchstentwickelte Strategiespiel überhaupt. Unter den Spieltieren hat das Pferd schon sehr früh eine bedeutende Rolle gespielt, nicht nur als Nachziehtier, sondern auch als Bronzestatue, mit und ohne Reiter (Gröber/Metzger 1965, S. 17 f.). Juliane Metzger bringt einige Beispiele für die Unveränderbarkeit und Ubiquität von Spielzeug: Die Puppe, der Hampelmann, das Holzpferdchen, ein Tonherd mit Töpfchen und Schüsselchen sind Funde aus dem Altertum, die in ihrer Gestalt heutigem Spielzeug weitgehend gleich sind und auch in unserer Zeit Absatz bei den Kindern fänden. In diesem Sinne schreibt 1958 Egon Vietta:

„Nicht weniger erstaunlich war das Tierparadies im prähistorischen Harappa, das die Kinder in Indien als Spielzeug bevorzugten: Das Kinderkrokodil, die Schildkröte, das Eichhörnchen, Drachen, Ente, Pfauhenne, Eule, Papagei, Sperling, Hahn, Heuschrecke. Die Form dieser Tiere hat sich nicht wesentlich verändert, nur die Farben sind leuchtender, lustiger geworden.

Tönerner Streitwagen aus Athen, Kunsthistorisches Museum, Wien.

Das Kind aus dem Jahre 2500 vor Christus könnte mit dem indischen Kind aus dem Jahre 1958 Seite an Seite spielen."[5]

In die gleiche Richtung geht der Versuch Leslie Daikens, alle Spielzeuge auf einige wenige Grundmuster zurückzuführen. Nach Daiken zeigt die Geschichte des Spielzeugs, „that these thousands of forms und varieties, which seem to be endless, all emanate from a very few archetypal patterns" (1953). Die Entstehung dieser Spielzeug-Archetypen legt Daiken in die früheste Kulturgeschichte der Menschheit. Daiken nennt als ersten Typus die Rassel (den „Lärmmacher"), die von vielen Forschern als das älteste Spielzeug überhaupt angesehen wird. Einen zweiten Archetypus findet Daiken in der Gestalt des Vogels, wie er in Form kleiner Tonpfeifen, als Abbildung oder in der frühesten Gestalt mechanischen Spielzeugs bekannt ist. Der dritte Typ ist das vierbeinige Tier, das als Pferd oder in Gestalt anderer Haus- und Huftiere nachgebildet wurde. Das berittene Pferd – Roß und Reiter – bildet den vierten, der Mensch allein, sei es als Puppe oder als Krieger, den fünften und letzten Grundtypus. Obwohl Daiken vornehmlich vom kulturhistorischen Standpunkt argumentiert und bestimmte Spielmittel außer acht läßt (wie z. B. den Ball), stellen seine „Archetypen" wesentliche, über Jahrtausende hinweg variierte Formen dar, in denen Spielzeug erscheint.

5 Egon Vietta, zitiert nach Gröber/Metzger S. 18.

Weibliche Knöchelchenspieler auf einem Fries aus Pompeji, Museo Nazionale, Neapel.

Über die Spielmittel der Griechen und Römer berichtet Pöschl zusammenfassend:

„Auch Tonpuppen mit beweglichen Gliedern waren bekannt, ferner Kreisel, die wie heute noch mit einer Peitsche angetrieben wurden, Reifen mit Stock, Schaukeln, Wippen, rotierende Scheiben, auf denen man sich wie in einem Karussell bewegte. Bälle waren ein beliebtes Spielzeug (die ballspielende Nausikaa bei Homer). Auch Drachen waren bekannt ...Zur Aufbewahrung von Soldaten (neben Ton wohl auch aus Holz) dienten trojanische Pferdchen, die in ihrem Bauche den Inhalt aufnehmen und von Besuchern Trojas den Kindern als Spielzeug mitgebracht worden waren. Aus dem 1.–2. Jahrhundert n. Chr. sind uns (teils nach Ausgrabungen in Smyrna) einige Bleifiguren bekannt (Wägelchen mit Puppenmöbeln). Die älteste Tonpuppe mit beweglichen Gliedern bestand ebenfalls aus Terrakotta und ist aus einem Funde aus Korinth um 500 v. Chr. bekannt." (1937, S. 99)

Spielzeug im Mittelalter

Im Gegensatz zu den relativ reichhaltigen Hinweisen auf die Spielmittel des Altertums liegen derartige Angaben über das frühe Mittelalter überhaupt nicht und über das Hoch- und Spätmittelalter nur in begrenztem Umfang vor. Antonia Fraser nimmt an, daß trotz der „dunklen Zeit", als die das Mittelalter von der Geschichtsschreibung seit der Aufklärung immer wieder apostrophiert wurde, das Kind Freude und Trost bei seinen Spielsachen finden konnte (Fraser 1966, S. 56). Zum Spiel von Kindern und Erwachsenen im Mittelalter liegen teilweise widersprüchliche Aussagen vor. Einerseits gab es unter dem Einfluß der Kirche viele Spiel-Verbote, andererseits belegen – allerdings nicht sehr zahlreiche – Zeugnisse in Bild und Schrift, daß sowohl die einfachen als auch die höheren Volksschichten unterhaltsame Spiele verschiedenster Art kannten und ausübten. Die Handschrift der *Libros de acedrex, dados e tablas* (Bücher vom Schach-, Würfel- und Brettspiel), die 1283 vom kunstsinnigen König Alfons X. dem Weisen (1221–1284) verfaßt wurde, belegt nicht nur den hohen Stand der Kunst des Schachspiels zur damaligen Zeit, sondern gibt auch Einblick in andere zeitübliche Unterhaltungsspiele (Alfonso el Sabio 1941).

Zwei Schachspieler – aus dem Schachzabelbuch Alfons X, 1283, Eugen Rentsch Verlag, Zürich 1941.

Geht man mit Ariès von der unmittelbaren Teilnahme der Kinder am Leben der Erwachsenen im Mittelalter aus, läßt sich das Spiel des Kindes als Imitation und Vorübung dieser Ernsttätigkeiten deuten. Aber diese Deutung für sich genommen, ist zu einseitig, denn sofern sich das Spiel des Kindes draußen in der Natur vollzieht, bleibt das Kind in „seinem Reich" – so wie es Fritzsch/Bachmann den Aussagen verschiedener Dichter des Mittelalters entnommen haben:

„Wenn die Sonne die schlammigen Wege getrocknet hat, tummeln sich die Knaben auf ihren Steckenpferden und lassen im Winde ihr Mühlchen surren. Dann graben sie am Wegrand die

‚grubelin' und lassen ihre ‚schussern', die ‚gelben kugelin hineinwalchen'. Sie treiben mit dem Stock lustig den Reifen und schlagen mit der Geisel den ‚Topf' und den ‚kruseler' (Kreisel). Die Mädchen werfen Knöchel und ‚bikkelsteine' hoch, um beim Fangen mit dem Handrücken Glück und Geschick zu erproben." (Fritzsch/Bachmann 1965, S. 11; vgl. Zingerle 1873, S. 17 ff.; Boesch 1900, S. 63 ff.; Bolte 1909)

Zwei Kinder mit Kreisel, aus einem franz. Stundenbuch des 15. Jh., Radio Times Hulton, Picture Library.

Nach Fraser sind Steckenpferde und Windrädchen die einzigen mehrfach abgebildeten Spielmittel des Mittelalters (1966, S. 61). In der Dichtung der Zeit des Minnesangs und des Rittertums findet man relativ viele Hinweise auf das Kinderspiel. Erwähnt werden neben Puppen und Ball z. B. auch Stelzenlaufen, Seilhüpfen, Trommeln und Pfeifen, Blasrohr, Kochgeschirr, kleine Tiere aus Holz, ritterliche Turnierspiele, aber auch Glasspielzeug und Brettspiel (Gröber/Metzger 1965, S. 22). Zweifellos waren Spiele mit Pferden und Rittern über die Jahrhunderte hinweg eine Lieblingsbeschäftigung für die Jungen aller Altersstufen bis ins Erwachsenenalter. Eine Miniatur aus dem Hortus deliciarum (etwa 1150) der Äbtissin Herrad von Landsberg zeigt zwei Kinder an einem Tisch, die zwei durch Schnüre miteinander verbundene und beweglich gemachte Ritterfiguren gegeneinander kämpfen lassen (Boehn, 1929, Bd. 2, S. 27). Genaueste Nachahmungen von Rittern und gewappneten Pferden in Miniaturformat aus dem 16. Jahrhundert, die Gröber als Spielzeug identifiziert, zeigen, daß das „Turnierspiel" große Bedeutung hatte. Von Maximilian I. (1493–1519), dem „Letzten Ritter", wird berichtet, daß er bis zu seinem frühen Tode dieses Spiel besonders liebte. Das heutige Tischfußball funktioniert im Grunde nach denselben Prinzipien (Gröber/Metzger 1965, S. 23). Zweikampf-Wettspiele haben seit den Anfängen der Kultur nichts von ihrer Beliebtheit verloren. Sie reichen von Brettspielen über sportliche Zweikämpfe aller Art bis hin zum Kampf einander gegenüberstehender Heerscharen – womit der Kreis geschlossen wäre, denn das Schach als das würdigste aller Brettspiele versinnbildlicht in seinen Figuren nichts anderes als den Kampf zweier einander gegenüberstehender Kriegsheere.

Turnierspiele des jungen Weißkunig, Holzschnitt von Hans Burgkmair, 1516.

Spielende Kinder mit beweglichen Ritterfiguren aus dem Hortus Deliciarum der Äbtissin Herrad von Landsberg, 12. Jh.

Die Neuzeit

Pieter Bruegels berühmtes Bild „Kinderspiele", das er 1560 malte, zeigt eine Fülle von Spielen, die bis in unsere Zeit hinein auf der Straße gespielt wurden. 78 Spiele zählte man auf dem Bild, die zur damaligen Zeit nicht nur in den Niederlanden, sondern ebenso in Frankreich und Deutschland verbreitet gewesen sein sollen:

Pieter Bruegel, Das Kinderspiel, 1560.

„Im Bildvordergrund galoppiert ein kleiner Steckenpferdreiter und treiben zwei Kinder ihre Reifen. In der Spitzbogenhalle des Gebäudes schlagen einige andere ihre Kreisel, wieder andere spielen abseits mit Murmeln und Knöcheln. Im oberen Giebelfenster am linken Bildrand hält sich ein Knabe eine Maske vors Gesicht, um die Kinder zu erschrecken. Beim Blick in die hohe Tür entdecken wir zwei mit Docken (Puppen) spielende Mädchen. Ein Knabe hat sich ein hübsches Nußmühlchen gebaut. Die Kleine vor ihm hebt freudig ihren ‚Spinnkreisel' hoch. Der Galopp des Steckenreiters wird vom Trommelschlagen und Hornblasen eines größeren Mädchens begleitet. Ein anderes Mädchen hat sich aus einer straff aufgepusteten Schweinsblase mit eingefüllten Steinchen ein Lärminstrument geschaffen. An der rechten Gebäudeecke üben Knaben das Laufen mit kurzen oder hohen Stelzen, andere haben mit der Kugel zwei von sieben Kegeln umgeworfen. Vor der Bogenhalle tragen zwei ‚Trullen' mit ihren Windmühlen einen Wettstreit aus. Sie werden dabei vom Lärm der Ratschen unterstützt"[6].

Abb. 2 Kinderspiele. Kupferstich von Jacob von der Heyden, Nürnberg 1632 (Foto: Germanisches Nationalmuseum Nürnberg)

Kinderspiele. Kupferstich von Jacob von der Heyden, Nürnberg 1632, Germanisches Nationalmuseum, Nürnberg.

---

6 Fritzsch/Bachmann 1965, S. 12; vgl. die ausführliche Darstellung bei Hills 1957.

Ein Kupferstich von Jacob von der Heyden aus dem Jahre 1632, „Kinderspiel oder Spiegel dieser Zeiten", zeigt ein dreiviertel Jahrhundert später etwa denselben Spielmittel-Bestand, den das Bruegel-Bild wiedergibt[7].

Gustav Stephan (1891) nennt als die üblichen häuslichen Spielsachen des Kindes im 18. Jahrhundert für Mächen die Puppe, die Puppenküche, den Kaufmanns- und „Galanterieladen", die „Würz- und Apothekenbude", für Knaben den Kreisel, den Schubkarren, das Schaukelpferd, die Bleisoldaten und die Holzwaffen.

Kurt Hauck berichtet aus biographischen Quellen aus dem 18. Jahrhundert über das Spiel der Kinder auf dem Lande:

„Spielplatz war die ganze Natur, unbegrenzt daher die Spielmöglichkeiten... Im Frühling schnitt man aus Weidenruten Schalmeien und Flöten oder knallte mit kleinen Peitschen. Man schnitt Flitzbögen, Pfeife und Knallbüchsen. Im Sommer spielte man Verstecken und Fangen, Magd und Soldat. Man reifte oder spielte Murmeln... In den kleinen Landstädten wurden auch Ballspiele und Stelzengehen gepflegt. War ein fließendes Gewässer am Dorfe, so ging man wohl auch fischen, ließ selbstgearbeitete Schiffchen segeln, baute Wassermühlen oder schaukelte sich im Kahn. Der Herbst brachte das Drachensteigen und das Bauen von Windmühlen." (1935)

Dörfliches Kinderspiel im 19. Jh., Kaulbach, Bilderbuch, dtv, München 1977.

---

7 Vgl. Bolte 1909, S. 395 ff.; Einen Eindruck von der Spielfreude der Menschen im 16. Jahrhundert vermittelt Francois Rabelais (1494–1553), der seinen Helden »Gargantua« Brett-, Würfel- und andere Spiele spielen läßt (vgl. Simmen 1965). Die deutsche Bearbeitung des Gargantua durch Johann Fischart (1546–1590) in der »Geschichtsklitterung« macht deutlich, daß viele dieser Spiele allgemein verbreitet waren (vgl. Alsleben 1891).

Hauck stellt fest, daß der Hauptgrund für die fast ausschließliche Benutzung von selbstgefertigtem Spielzeug aus natürlichem Material oder sonstigen nicht benötigten Gegenständen bei den Landkindern schon immer darin zu suchen war, daß der Bauernstand kaum jemals in der Lage war, den Kindern Spielzeug zu kaufen.
Michael Bacherler (1914) zitiert in seiner Dissertation über die deutsche Familienerziehung zur Zeit der Aufklärung und Romantik eine Vielzahl autobiographischer Textstellen, die die Erfindungsgabe der Kinder bei der Selbstherstellung von Spielzeug, vom Ball bis zur Puppenstube, unter Beweis stellen. Für die Mitte des 19. Jahrhunderts belegt diesen Sachverhalt ebenso die Autobiographie von Friedrich Paulsen (1846–1908). Paulsen wuchs als Bauernbub in Nordfriesland auf und berichtet von einer reichen Tradition der Spiele im Freien:

„Wie die Spiele, so waren die Spielzeuge unser eigenes Werk; niemand lehrte sie machen, niemand kümmerte sich darum, wie wir damit zustande kamen, es stand alles auf dem eigenen Können und Wollen. Spielwarenläden gab es Gott sei Dank damals noch nicht, nicht in Langenhorn und nicht in Bredstedt; und um ein Geschenk verlegene Onkel und Tanten gab es auch nicht. Höchstens, daß zu Weihnachten oder zum Jahrmarkt eine Kindertrompete für einen Groschen oder eine ebensolche Peitsche oder ein paar Holztiere in einer Bude gekauft wurden. Aber die eigentlichen Spielzeuge machten wir uns selber; die Mädchen machten sich ihre Puppen und zogen sie mit farbigen Läppchen an, sie stickten sich ihre Bälle, ein Korb diente als Unterlage, er wurde mit altem Wollgarn rund gewickelt und dann die Decke darauf ‚geflammt', je bunter desto schöner. Wir Knaben machten uns Bogen und Pfeile, aus Weidenzweigen und Rohr mit Eisenspitze, zu der ein Nagel verarbeitet wurde." (Paulsen 1909, S. 75)

Paulsen berichtet von selbstgemachten Schleudern, Windbüchsen, Drachen, Wind- und Wassermühlen und einer Fülle von jahreszeitlich wechselnden Spielen, ja sogar Würfel, Karten und ein Schachspiel werden als selbstgefertigte Spielmittel genannt. Das Bedürfnis nach Sacherkundung, Abwechslung und Bewegung, die Freude an der Übung und Beherrschung von Fertigkeiten, der Wunsch, sich eine eigene – symbolhaft oder real abgebildete – Wirklichkeit im Spiel aufzubauen und nach eigenen Entwürfen zu gestalten, aber ebenso Bedürfnisse des Sichabreagierens und der Erlebnisverarbeitung werden in diesen Schilderungen als die zeitlosen Grundmuster kindlichen Spielinteresses sichtbar. Sie sind überlagert von den zeitüblichen Leitbildern und Erziehungsvorstellungen, denen sich das Kind im Laufe seiner Entwicklung anpaßt. Sofern die Gesellschaft der jungen Generation in der Familie einen gewissen Freiraum zum eigeninitiierten Handeln beläßt – und dieser Handlungsraum ist meist in den einzelnen Ständen und Sozialschichten unterschiedlich groß –, haben bestimmte Grundtypen des Spiels und der Spielmittel bei aller zeitgebundenen Variation ihrer Erscheinung kaum Veränderungen erfahren. Die anthropologisch begründete Einsicht, daß Kinder die „konservativsten" menschlichen Wesen überhaupt sind, findet unter dem Aspekt des Spiels eine wesentliche Bestätigung. Eine derartige Beständigkeit zeigte sich jahrhundertelang vor allem dort, wo die Straße und die freie Natur die Spielwelt des Kindes bilden. Erst unter den Bedingungen der hochindustrialisierten und technisierten Leistungsgesellschaft werden mit zunehmender Verkehrsdichte, der Verstädterung und der Umweltverschmutzung stärkere Einschränkungen der kindlichen Bewegungsfreiheit sichtbar.

Spielmittel als Spiegel gesellschaftlicher Verhältnisse

Zur Entwicklung der deutschen Spielzeug-Produktion bis Anfang des 20. Jahrhunderts

Der Bezug der Spielmittel einer Zeit zur jeweiligen gesellschaftlichen Wirklichkeit wird nicht nur im Wechsel der Erziehungsideale und des Zeitgeistes erkennbar, sondern gleichermaßen in den sich ändernden materiellen, technischen und ökonomischen Bedingungen für die Herstellung von Spielzeug. Auch wenn ein Spielmittel über Jahrhunderte oder Jahrtausende eine im Kern unverändert gebliebene Spielfunktion aufweist – man denke an die Puppe –, so zeigt es doch gleichzeitig auch immer, wie sehr es „Kind seiner Zeit" ist.

Das Verhältnis von Funktion und Gestalt von Spielzeug wird bestimmt durch die ständige Rückkoppelung der Spielbedürfnisse an die zeitüblichen Formen ihrer Realisierung. Schon die Tatsache, daß in der Vergangenheit das Spielzeug vielfach nicht allein dem Spiel diente, sondern das Interesse an ihm sich teilweise aus anderen Motiven herleitete, läßt eine Betrachtung der pädagogischen Funktion einzelner Spielmittel ohne Berücksichtigung des jeweiligen soziokulturellen und sozioökonomischen Hintergrundes als unzureichend erscheinen.

Die serienmäßige Herstellung von Spielzeug im Sinne der „Spielware" kann bereits für das Mittelalter vermutet werden, obwohl keine Hinweise von Zunftordnungen erhalten sind oder sonstige Verordnungen über Spielzeugmacher Auskunft geben. Die mittelalterlichen Jahrmärkte, die sich etwa seit dem 12. Jahrhundert in Frankreich, den Niederlanden und in Deutschland entwickelten, waren bedeutende Umschlagplätze für Handelswaren – und wohl auch für Spielzeug, wie ein Nürnberger Fund von Tonpüppchen aus dem 14. Jahrhundert wahrscheinlich macht. Das Vorhandensein zweier berufsmäßiger Puppenmacher (Dockenmacher) in Nürnberg ist erstmals für das Jahr 1400 belegt (Wenzel 1967).

Wesentlich stärker als im Mittelalter wurde in der Neuzeit das Spiel der Kinder in den Kreisen des Adels und des wohlhabenden Bürgertums unter dem Aspekt der Hinführung zu standesgemäßem Verhalten betrachtet. Gekauftem Spielzeug kam deshalb neben der Spielfunktion schon immer eine *Repräsentationsfunktion* zu: Seine äußere Gestalt repräsentierte einen Ausschnitt jener Welt, in die das Kind eingeführt werden sollte. Gerade dieser Aspekt macht das Spielzeug zum Abbild der jeweiligen gesellschaftlichen Verhältnisse, zum Spiegel des Zeitgeschehens, der herrschenden Vorlieben und des technischen Fortschrittes.

Spielzeug wurde von Handwerkern hergestellt, zunächst wohl mehr als Nebenbeschäftigung. Entsprechend den Ansprüchen des Adels und des aufstrebenden

Puppenmacher, nach einem Holzschnitt aus dem Hortus sanitatis, 1491.

Bürgertums war das von den Zünften hergestellte Spielzeug durchaus von hohem kunsthandwerklichen Wert. Es gab keine eigene Zunft der Spielzeugmacher: bis ins 19. Jahrhundert hinein war jeder Handwerker gehalten, nur die seinem Handwerk gemäße, in der Zunftregel festgelegte Art des Materials zu verwenden, was für die Herstellung z. B. eines Puppenhauses die Gemeinschaftsarbeit von mehr als einem Dutzend Zünften bedeuten konnte. Dockenmacher, Papierdockenmacher, Holz- und Beindrechsler, Kandelgießer, Gürtler, Geschmeidemacher, Flaschner, Gold- und Silberschmiede, Alabasterer, Schreiner, Weißmacher, Wißmuthmaler, Wachsbossierer, Messinggießer, Drechsler, Schlosser, Schellenmacher – sie alle stellten auch Spielzeug her:

„Ja, es ist fast kein handwerck, wovon dasjenige was es groß zu machen gewohnet, nicht auch öffters ein kleines Modell und Docken-Werck zum Spielen verfertigt gesehen werde",

so schreibt Christoph Weigel in seinem Ständebuch von 1698[8].

Die Spielzeug-Stadt Nürnberg
Nürnberger Spielzeug gehörte zur „feinen Ware"[9]. Teilweise handelte es sich dabei um echte Kunstwerke, die in Einzelaufträgen für die Fürstenhöfe aus ganz Europa

---

8 Zitiert nach Niebuhr 1939, S. 172.
9 Vgl. zum folgenden Abschnitt Wenzel 1967, S. 82 ff.

angefertigt wurden. Nürnberger Handwerker erfanden neue Spielzeuge (wie z. B. den „Wildruf" – eine Hornpfeife, mit der man Tierstimmen imitieren kann; oder das „Zankeisen" – ein Denk- und Geschicklichkeitsspiel), sie arbeiteten ständig an der Verbesserung ihrer Fertigungsmethoden und wiesen sich in ihren Produkten als Träger echter handwerklicher Volkskunst aus. Daneben wurde bereits vor 400 Jahren in Nürnberg eine Fülle von einfachem Gebrauchsspielzeug aller Art hergestellt.

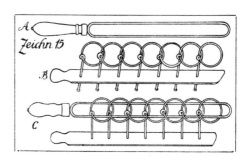

Das Zankeisen – ein vergessenes Nürnberger Spielzeug („Nürnberger Tand").

Während die Fertigung von handwerklich anspruchsvollerem Spielzeug zunftgebunden war, galt die Herstellung einfacher Spieldinge als eine „freie Kunst". Sie war eine von jedermann ausübbare Tätigkeit, die durch keine Zunftregel beschränkt wurde, dafür aber den Händlern die Möglichkeit einer umso größeren Ausbeutung der Spielzeugmacher bot. Georg Wenzel macht darauf aufmerksam, daß trotz der sich immer stärker ausdehnenden Produktion von „Massenware" im vormaschinellen Zeitalter jedes Spielzeug aufgrund der Handfertigung immer noch Individualität besaß und damit seinen eigenen Reiz ausstrahlte (Wenzel 1967, S. 84).

Etwa ab dem 16. Jahrhundert kann man vom Spielzeug als eigentlicher Handelsware sprechen. Nürnberg war sein Hauptumschlagplatz. Aufgrund der zentralen und verkehrsgünstigen Lage blieb diese Stadt über Jahrhunderte hinweg das eigentliche Zentrum des Spielzeug-Handels. Schon in der Magdeburger Schöppenchronik von 1414 finden die Nürnberger Spielwaren als „tant van Nurenberch" (Nürnberger Tand) Erwähnung. Der wichtigste und meistgebrauchte Werkstoff, der in der Neuzeit nicht nur dem Spielzeug-Gewerbe, sondern damit gleichzeitig auch einer ganzen Volkskunst zum Aufblühen verhalf, war zweifellos das Holz. Mit der Ausweitung von Handel und Verkehr im 16. Jahrhundert entwickelte sich in einigen waldreichen Gebieten Thüringens und Sachsens wie auch im süddeutschen Raum eine spezifische Hausindustrie für Spielzeug, die die Bedeutung Nürnbergs als Spielzeug- und Handelsstadt noch erhöhte. Als Voraussetzung für ihre Entwicklung werden der zum Schnitzen und Basteln anregende Holzreichtum, eine günstige Verkehrslage und bestimmte soziale Voraussetzung genannt (Fritzsch/Bachmann 1965, S. 18; Gröber/Metzger 1965, S. 31):

Die überwiegend kleinen bäuerlichen und handwerklichen Familienbetriebe, die im Sommer vom durchziehenden Handelsverkehr lebten, im verkehrsarmen Winter aber nur eingeschränkten Verdienst hatten, nutzten die Winterzeit für einen zusätzlichen Broterwerb und stellten in Heimarbeit geschnitztes oder gedrechseltes Spielzeug einfachster Ausführung her, das sie, mit der „Kraxn" auf dem Rücken umherziehend, selbst zu verkaufen versuchten. Durch die sich ständig erweiternde Nachfrage ergab sich eine erste Differenzierung zwischen Herstellung und Vertrieb: Händler verkauften die „Ware" auf den Messen der Handelsstädte wie in Leipzig und Frankfurt, vor allem aber in dem verkehrsgünstig gelegenen Nürnberg.
Es bildeten sich drei Hauptgebiete der Spielzeug-Hausindustrie heraus, in denen bis in das 19. Jahrhundert hinein der Hauptanteil deutschen Holzspielzeugs hergestellt wurde: das thüringische „Meininger Oberland" mit Sonneberg als Zentrum, das sächsische Erzgebirge mit den Orten Seiffen, Grünhainichen und Oberhau, schließlich der süddeutsche Alpenraum mit der Spielzeugherstellung in Oberammergau, Berchtesgaden und im Grödener Tal (Südtirol).

Die Thüringer und Sonneberger Puppenindustrie
Sonneberg war schon vor dem Dreißigjährigen Krieg ein Zentrum des Handwerks und der Heimarbeit, das zahlreiche Handelsbeziehungen zu deutschen und ausländischen Städten hatte und Holzwaren aller Art, aber auch anderer handwerklicher Erzeugnisse produzierte. Genauere Angaben über die Spielzeug-Produktion

Chinesenfresser aus Pappmaché, Sonneberg, um 1900, Deutsches Spielzeugmuseum, Sonneberg.

finden sich allerdings erst im 18. Jahrhundert. So werden in einer Quelle von 1735 folgende „Kinder-Waren" genannt: Degen, Pistolen, Flinten, Pfeuffen, Geigen, Kegelspiel, Nuß-Beißer und Klappern, Guck-gucke, Schnarren und dgl. mehr (nach Fritzsch/Bachmann 1965, S. 29).

Das ältere Spielzeug-Gewerbe war allein auf Holz als Werkstoff angewiesen; es hatte in Sonneberg neben der sonstigen Hausindustrie (Herstellung von Holzschachteln, -löffeln usw.) zunächst nur untergeordnete Bedeutung. Das wurde anders, als Mitte des 18. Jahrhunderts in Sonneberg erstmals eine Mischung von Schwarzmehl und Leim für die Herstellung eines Roh-Materials verwandt wurde, für dessen Bearbeitung nicht mehr der Drechsler, sondern der „Bossierer" (Modellierer) zuständig war. Auch die Maler, die den grauen Grundton des Materials mit leuchtenden Farben übertönten, fanden nun ein weites Tätigkeitsfeld. Das neue Material wurde vor allem für die Herstellung von Puppen verwandt. Mit der Verwendung des noch haltbareren Papiermachés war Sonneberg endgültig zum Zentrum der deutschen Puppenindustrie geworden. Darüber hinaus gehörten Holzspielzeug und Kindermusikinstrumente zum Grundbestand der im Meininger Oberland hergestellten Spielwaren.

Reifen-Tiere aus dem Erzgebirge
Auch im Erzgebirge, in den Ortschaften an der Flöha, hatte seit dem ausgehenden Mittelalter neben dem Bergbau (insbesondere Zinnabbau) das holzverarbeitende Handwerk die wirtschaftliche Grundlage für die Bevölkerung abgegeben. Auch hier waren Schnitzer- und Drechslerhandwerk zunächst auf die Fertigung von Gebrauchsgegenständen für Küche, Haus und Arbeitsplatz ausgerichtet. Vom „erzgebirgischen Spielzeug" kann man erst in der zweiten Hälfte des 18. Jahrhunderts sprechen, als viele schlecht verdienende Bergleute dazu übergingen, das Drechseln zu erlernen. Die Einstellung des Zinnabbaus in dem Bergwerksort Seiffen als Folge des Siebenjährigen Krieges ließ den arbeitslosen Bergleuten kaum eine andere Wahl, als sich der Bearbeitung von Holz zuzuwenden, das als natürlicher Rohstoff zur Verfügung stand. Die serienmäßige Herstellung von Spielzeug konnte noch stärker zu einer neuen beruflichen Grundlage werden, als die Wasserkraft der stillstehenden Pochwerke, in denen vorher das Erz zerkleinert wurde, nun für den Antrieb der Drehbänke genutzt wurde. Nach Fritzsch/Bachmann arbeiteten bereits 1782 in Seiffen 41, in Einsiedeln 10 und in Deutschneudorf 6 Drechsler für einen „Verleger" (Vertriebskaufmann) in Obernhau (Fritzsch/Bachmann 1965, S. 34).

1814 gelang einem Seiffener Drechsler erstmals die Herstellung von „Reifen-Tieren": Der Baumstamm wurde zu diesem Zwecke in Scheiben zersägt, die zu Reifen, d. h. wulstartigen Ringen, bearbeitet wurden. Die weitere Bearbeitung dieser Reifen erfolgte derart, daß sie im Querschnitt genau dem Profil eines Tieres entsprachen. Damit war eine wesentliche Verbesserung der serienmäßigen Herstellung von Holztieren erreicht worden. Sie wurden zu vielen Dutzenden einzeln vom Reifen abgespalten und brauchten nur noch nachgeschnitzt und bemalt zu werden.

Herstellung von Reifentieren aus Holz, Royal Botanic Gadens, London.

„Reifentiere" aller Art wurden für die erzgebirgische Spielzeug-Produktion ein Charakteristikum. Zu den Spezialitäten des erzgebirgischen Spielzeugs gehören vor allem: „Räuchermänner", „Nußknacker", der „Bergmann" als Leuchterträger; eine Vielzahl von „beweglichem Spielzeug", angefangen von Hampelmännern, Wackelgänsen bis hin zur großen Weihnachtspyramide, deren Figuren sich im warmen Luftstrom brennender Kerzen drehen; ferner die „erzgebirgischen Miniaturen", die mit einer Fülle kleiner und kleinster Spieldinge zum Aufstellen das Leben auf einem Bauernhof, einen Jahrmarkt oder sonst eine Szene aus dem Volksleben verkörpern.

Erzgebirgische Spanbäume, Holz – Anfang 20. Jh., Heimat- und Spielzeugmuseum Seiffen.

Nach Fritzsch/Bachmann (1965, S. 55) sind sie dem Einfall des Seiffener Verlegers Langer zu verdanken, der zu Beginn des 20. Jahrhunderts aufgrund der nach dem Gewicht berechneten hohen Exportzölle auf den Gedanken kam, im Kleinstformat herzustellen, womit er nicht nur Material und Arbeit sparte, sondern auch dem Interesse des Kindes an der Vielfalt kleiner Spieldinge gerecht wurde. Friedrich Geist zählt diese Miniaturen zu dem wenigen volkstümlichen Spielzeug aus dem Erzgebirge, das sich auch in den ersten Jahrzehnten des 20. Jahrhunderts gegenüber der „maschinellen Massenware" durchsetzen konnte.

Die alpenländische Spielzeugschnitzerei
Früher als im Erzgebirge hatten sich in einigen Gegenden des süddeutschen Alpenraumes Zentren kunsthandwerklicher Holzbearbeitung gebildet, die zunehmend auch für ihr Spielzeug berühmt wurden. Nicht das Drehen und die maschinelle Bearbeitung, sondern das Schnitzen bildete hier die Grundlage der Fertigung von Spielzeug, das aufgrund seines besonderen künstlerischen Wertes außerordentlich geschätzt wurde. Als die berühmtesten Orte der Schnitzkunst sind Oberammergau, Berchtesgaden und das Grödener Tal mit St. Ulrich (Ortisei) als Hauptort zu nennen.

Das Schnitzen war schon seit dem ausgehenden Mittelalter einerseits Feiertags- und Nebenbeschäftigung (auch in Ergänzung zum Bergmannsberuf), andererseits die Grundlage eines seit dem 16. Jahrhundert aufblühenden und sich stark differenzierenden Holzgewerbes; seine angesehensten Vertreter waren die Kunst- und Feinschnitzer, die Heiligenbilder und Krippen herstellten; Schachtel- und Holzschuhmacher hatten demgegenüber den niedersten sozialen Rang. Auch hier war die Herstellung von Spielzeug durch ein strenges Zünftesystem geregelt. Neben den Schnitzern waren vor allem die „Faßmaler" („fassen" = bemalen) die an der Spielzeugherstellung maßgeblich beteiligte Zunft, deren Arbeit die gefällige volkstümliche Gestalt dieses Spielzeugs bei all seiner Einfachheit nicht unwesentlich erhöhte. Neben den traditionellen, insbesondere in Oberammergau gepflegten religiösen Motiven thematisierte die Spielzeugschnitzerei die vielfältigen Formen ländlichen älperischen Lebens in volkstümlich-typisierender Darstellung. Darüber hinaus wurde alles angefertigt, was der Auftraggeber bestellte. Die Breite dieser

Holzgeschnitzte Tiere aus dem Grödner Tal, 19. Jh., Historisches Museum, Wien.

„Produktionspalette" gibt das von C. M. Plümicke im Jahre 1791 beschriebene Warenlager eines „Verlegers" mit Berchtesgadener Holzspielzeug wieder. Unter anderem werden aufgezählt:

„Kinderklapper, Posthörnl, Waldhörnl und Trompeten, Pferdl, Thierl, Esel und Hirschl mit Räder und Pfeifel, Pferdl mit Reiter und Füllen, feine Pferd mit Reiter und Sattel, Vögel auf Blasebalgl, Guckuck, Blasuhren, Rädl und Blasschmied, pickende Hahnen, Schmied, Handwerker aller Art in Schachteln, Fechter und Gauckelmänner, Rennschlitten mit und ohne Personen, Kindersesserl, Figuren, Hündl und Vogelhäsl auf Blasebalgl, spring- und ziehende Figuren in Schachteln, Kinderträxler, Weibermühlen, Schneider auf Geisbock, springende Harlequins; alle Sorten einfach klingender Sachen als: Wiegl, Reiterl, Hundställ, Holzhacker und Ochsenschläger; andere klingende Figuren als: Butterträger, Wäscherin, Fleischhackerin, Apotheker, Butterrührer, Sternsinger, Jagdkästl, Organisten, Schützen, Schleifer, Faßbinder, Tambour, Geiger, Trompeter zu Pferd und zu Fuß, Sänften mit und ohne Räder, klingende Kutschen à 2, 4, 6 Pferd; feine Carossen oder Gallawägen ohne Schachteln mit Glaser oder Gitter; Pistolen, feine Polzflinten, Tanzdocken und Naseldocken, Linzer-, Leiter- und Vögelwägen; Stück (Kanonen) oder Armeen in Schachteln à 2, 4, 6, 8 Pferd; Weinwägen mit 1, 2, 3 Fässer; Schiffe mit und ohne Dach; Wiegel mit und ohne Kindl; Fatschkindl; Tisch mit und ohne Schublade; Bettstättl volle und leere; Grillenhäusl; Nußschraufen und Nußbeisser, feine Kindergeigen und Zithern." (Fritzsch/Bachmann 1965, S. 24)

Nicht zufällig enthält dieses Verzeichnis neben allen Arten von Spielzeug auch Musikinstrumente. Kuckucks- und Wachtelpfeifchen, Trommeln und Kindertrompeten waren typische Erzeugnisse der Berchtesgadener Spielzeug-Industrie, sie erfreuten sich im ausgehenden 18. Jahrhundert in ganz Europa großer Beliebtheit. Unter Spielzeug-Forschern ist wenig bekannt, daß für diese dem Spielzeug sehr nahe stehenden Instrumente eigens Musikstücke komponiert wurden. Das bekannteste Beispiel ist die Joseph Haydn zugeschriebene „Kinder-Sinfonie", die – wie man heute weiß – weder von Haydn stammt, noch für Kinder gedacht war. Die unsterbliche Komposition, in der „Kuckuck" und „Nachtigall" instrumental imitiert werden, hieß ursprünglich „Sinfonie für Berchtolsgadener Instrumente" und wurde wahrscheinlich von einem Schüler Leopold Mozarts verfaßt.

Die alpenländische Spielzeugschnitzerei weist bis in die erste Hälfte des 19. Jahrhunderts trotz der massenweisen Fertigung Züge echter Volkskunst auf. Ihr individueller Charakter verliert sich in dem Maße, wie auch hier die Umstellung auf maschinell standardisierte Produktionsformen (Vorfertigung mit Fräsmaschinen) erfolgt. Der aufkommende Fremdenverkehr schließlich brachte die Spielzeugschnitzer überwiegend dazu, sich einträglicheren Herstellungsobjekten, wie der Andenken- und der kommerziell motivierten „Herrgottsschnitzerei" zuzuwenden.

Zur ökonomischen Situation von Spielzeugherstellern und -händlern
Daß Deutschland seit dem 17. Jahrhundert in Europa eine führende Stellung in der Herstellung von Holzspielzeug innehatte, ist nicht allein auf die günstigen Entwicklungsbedingungen des holzverarbeitenden Gewerbes zurückzuführen.

Denn das Handwerk war durch die Fesseln, die ihm die Zunftordnungen auferlegten, selbst nicht in der Lage, für den Absatz der hergestellten Ware zu sorgen. Einen „Ladenverkauf" im heutigen Sinne gab es vor 300 Jahren kaum, allenfalls in Nürnberg. Über den beschränkten lokalen Markt hinaus mußte der Spielzeugmacher vielmehr versuchen, seine Waren auf den Messen und Jahrmärkten der Städte loszuwerden, was mit vielen Reisebeschwernissen, Auflagen des einheimischen, städtischen Handwerks und Absatzrisiken verbunden war. Herstellung und Vertrieb über den örtlichen Bedarf hinaus hielten sich deshalb zunächst in engen Grenzen. Erst die Entwicklung des „Verlegerwesens" führte zur handwerklichen Produktion von Spielzeug in größerem Ausmaß, denn mit den verbesserten Vertriebsbedingungen war gleichzeitig auch die rasche Ausbreitung der Spielzeug-Hausindustrie verbunden.

Der Verleger nahm den Herstellern die Ware ab und besorgte aufgrund seiner Kenntnisse des Marktes und des jeweiligen Bedarfs den Verkauf. Der Verlegerstand entwickelte sich in Nürnberg am schnellsten. Obwohl die Nürnberger Verleger versuchten, insbesondere die thüringische und erzgebirgische Spielzeug-Herstellung unter ihren Einfluß zu bringen, waren in allen deutschen Produktionszentren einheimische Spielzeug-Verleger tätig, für die bald die gesamte ortsansässige Bevölkerung arbeitete. In Berchtesgaden sind bereits im 16. Jahrhundert Verleger nachgewiesen (Fritzsch/Bachmann). Seit dieser Zeit wird das Netz der Handelsbeziehungen, das die Verleger im In- und Ausland aufbauen, immer weitläufiger.

Wenn – wie berichtet wird[10] – in Nürnberg eine einzige Werkstätte pro Jahr allein 30000 Dutzend „hölzerne Trompetchen" hergestellt haben soll, wird deutlich, in welchen Größenordnungen Spielzeugbestellung und -vertrieb sich vollzogen. Die fertige Ware ging auf den Handelsstraßen Europas in alle Himmelsrichtungen, im Westen bis nach Spanien, per Schiff nach England und Übersee, im Süden nach Italien und von dort in den Vorderen Orient, im Osten nach Rußland und ins Baltikum. Als deutsche Umschlagplätze waren neben Nürnberg auch Frankfurt und Leipzig bedeutsam. Zur Orientierung für die Abnehmer der Ware dienten den Verlegern die „Musterbücher", die das Spielzeug-Sortiment in sehr genauen Abbildungen (Kupfer-, Stahlstich oder Steindruck) wiedergaben. Später wurden sie von den Katalogen („Magazinen") der großen Kaufhäuser verdrängt. Im Magazin des Nürnberger Spielzeug-Verkaufshauses von Georg Hieronimus Bestelmeier, zu Beginn des 19. Jahrhunderts das bedeutendste seiner Art, sind bereits mehr als 1.300 verschiedene Spielzeuge aufgeführt.

Im Gegensatz zum aufstrebenden Kaufmannstand fristeten die Spielzeug-Hersteller ihr Leben unter drückenden sozialen und ökonomischen Verhältnissen. Dies gilt

---

10 Die Angabe stammt von Friedrich Nicolai, Beschreibung einer Reise durch Deutschland und die Schweiz, 1. Band, Berlin und Stettin 1783. Beilage XI. S. 96 (vgl. Wenzel 1967, S. 27). Diese in der Spielzeug-Literatur immer wieder zitierte Zahl beruht wahrscheinlich auf einer Falschschätzung oder einem Druckfehler, denn die Herstellung von etwa tausend »Trompetchen« pro Tag dürfte ein damaliger Drechsler kaum bewältigt haben.

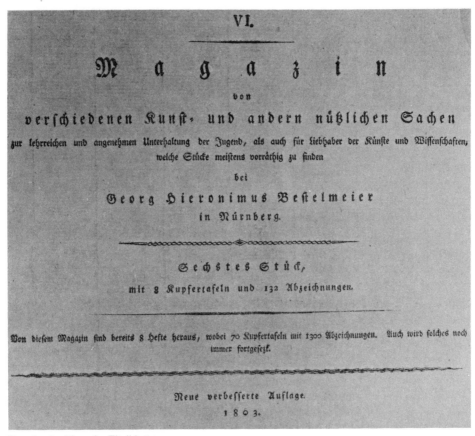

Bestelmeier Magazin, Titelblatt

insbesondere für die in Heimarbeit tätigen Familien der ländlichen Gebiete, aber auch für viele Nürnberger Hersteller von Massenspielzeug, die immer stärker in die Abhängigkeit der preisdrückenden Kaufleute gerieten (Wenzel 1967, S. 94 ff.). Der Verleger konnte nur ein Interesse haben an größtmöglichem Umsatz und Profitmaximierung, nicht aber an der Verbesserung der Lebensbedingungen derjenigen, die für ihn produzierten. Einzelne Versuche der Hersteller, selbst für den Absatz der Waren zu sorgen, waren aufgrund der Unkenntnis der Marktverhältnisse zum Scheitern verurteilt. Der Konkurrenzkampf der Verleger wie auch der Spielzeugmacher selbst führte zu einem ständigen Preisdruck, der an sich schon die Existenz des Heimarbeiters und seiner Familie, die voll im Produktionsprozeß eingesetzt war, bedrohte; hinzu kam, daß viele Verleger nicht mit Geld entlohnten, sondern zum Teil mit den Grundmaterialien, die für die Herstellung benötigt wurden; der Verleger profitierte somit auf doppelte Weise (Truck-System). Kinderarbeit, auch für Fünf- und Sechsjährige, war in Familien mancher Spielzeugmacher fast ein Jahrhundert vor der einsetzenden Industrialisierung durchaus üblich und blieb auch

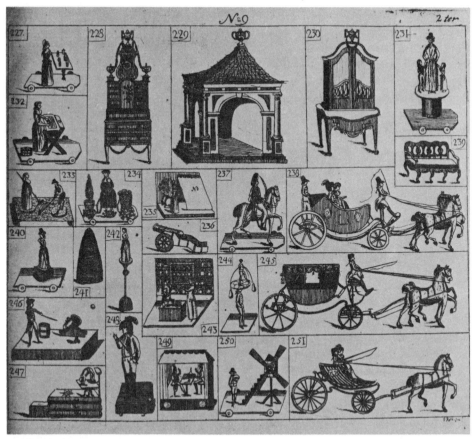

und Katalogblatt

nach dem Verbot der Kinderarbeit im Jahre 1904 weithin bestehen. Selbst nach dem 1. Weltkrieg war die Existenzsicherung vieler Familien, die in Heimarbeit Spielzeug herstellten, über die Mitarbeit der Kinder noch notwendig. So heißt es in der „Gewerkschafts-Zeitung" vom 9. Mai 1925:

„In der Spielwarenindustrie trifft man ausnahmslos auf Fälle grausamster Kinderarbeit. Schon die ganz Kleinen, noch nicht Schulpflichtigen, leisten hier tagein, tagaus Erwerbsarbeit, und zwar bei der Herstellung von Gegenständen, die geschaffen werden, um Kindern Freude zu machen. Für diejenigen Kinder, die die Gegenstände herstellen, werden sie zum Fluch."[11]

Die Phase der allgemeinen Industrialisierung in der ersten Hälfte des 19. Jahrhunderts mit den typischen Begleiterscheinungen der frühkapitalistischen Wirtschaftsstruktur führte zu einschneidenden Veränderungen in der Spielzeug-Produktion. Die weitgehende Umstellung von Handarbeit auf maschinelle Spiel-

11 Zitiert nach Kuczynski 1958, Bd. 1, S. 364.

zeug-Produktion bedrohte die Existenz der von der Heimarbeit lebenden Familien, was z. B. in Sonneberg 1849 zu einem Aufstand führte, in dem die Arbeiter die Maschinen zerstörten. Die existentielle Situation der thüringischen und erzgebirgischen Spielzeugmacher vor 100 Jahren ist in vieler Hinsicht der Situation der Weber vergleichbar, wenngleich für die maschinelle Spielzeugherstellung bestimmte manuelle Arbeitsgänge auch weiterhin notwendig waren.

Um die Mitte des 19. Jahrhunderts vollzog sich ein entscheidender Wandel in der Spielzeug-Produktion durch die Verwendung eines neuen Rohmaterials: Das Blech löste die bis dahin (außer Holz) gebräuchlichen Werkstoffe für billige Massenherstellung, Papiermaché und Tragant[12], rasch ab. Mit der Erfindung neuer Verarbeitungstechniken wie Stanzen, Pressen, Hohldruck zu Beginn des 19. Jahrhunderts waren die Grundlagen für die Entwicklung der Metallspielwaren-Industrie gelegt; mit ihr vollzieht sich der generelle Übergang von der manuellen zur maschinellen Produktion, d. h. zur industriellen Serienfertigung von Spielzeug. Das sich durch die Fortschritte in Wissenschaft, Technik und im Verkehrswesen weitende Bewußtsein der Zeit trug entscheidend zu diesem „Siegeszug" des Blechspielzeugs bei, ebenso das allgemeine Interesse am Militärwesen und das daraus resultierende engere Verhältnis zu Soldaten- und Kriegsspielzeug.

Eine besondere Rolle spielte in diesem Zusammenhang auch der Zinnsoldat. Nachdem im 18. Jahrhundert der Nürnberger Zinngießer Hilpert durch die Herstellung flacher Zinnfiguren ein neues Spielzeug zum Anschauen schuf, dessen Massenproduktion Nürnbergs Ruf als Spielzeugstadt erneut unter Beweis stellte, verdrängte der Zinnsoldat die bis dahin üblichen Formen des Spielsoldaten aus Blei und anderem Material. Darüber hinaus fanden die bunt bemalten, in der Größe genormten Figuren aus Zinn bei Kindern und Sammlern allgemeines Interesse. Viele autobiographische Zeugnisse aus dem 18. und 19. Jahrhundert berichten von der Vorliebe für dieses Spielzeug, mit dem „eine Welt im kleinen" zusammengestellt werden konnte (Gröber/Metzger 1965, S. 67 ff.; Hampe 1924).

Die wirtschaftlichen Folgen des Rückganges von handgearbeiteten Holzspielzeugen für die Lohnabhängigen im 19. Jahrhundert waren wesentlich einschneidender als vergleichsweise die durch das Vordringen der Kunststoffe bedingten Marktverschiebungen im 20. Jahrhundert (Wiederholz 1931).

Die Spielzeug-Produktion großen Stils setzte sich mit der Entstehung fabrikmäßiger Produktionsanlagen immer mehr durch. Die 1849 eingeführte Gewerbefreiheit machte es vielen Verlegern möglich, die fabrikmäßige Herstellung der Waren selbst in die Hand zu nehmen. Die Bedeutung Nürnbergs (einschließlich der Nachbarstadt Fürth) als führender Ort der Spielzeugherstellung in Deutschland blieb vor allem durch die Blechspielzeugindustrie (seit der Jahrhundertwende auch durch die Herstellung von Stofftieren) unbestritten. Im Jahre 1900 gab es in Nürnberg/Fürth

---

12 Tragantharz ist eine dickflüssige Absonderung des Bocksdornes; vermischt mit Stärkemehl und Wasser erstarrt es an der Luft. Aus Tragant wurden seit dem 17. Jahrhundert neben Puppen auch Tiere, Häuser und anderes Kleinspielzeug hergestellt, indem man die Tragantmasse in entsprechende Formen drückte und dann erstarren ließ. Vgl. Wenzel 1967, S. 23.

207 Spielwarenbetriebe, davon 148 nur für Metall- und Blechspielzeug (Pöschl 1937, S. 94). Die Vorherrschaft Deutschlands in bezug auf Herstellung und Vertrieb von Spielzeug aller Art blieb bis zum Ersten Weltkrieg ungebrochen. Im Gründungsjahr des Branchenfachblattes „Deutsche Spielwaren-Zeitung", 1909, betrug der Jahres-Umsatz der deutschen Spielzeug-Industrie 100 Millionen Mark, wovon 76 Millionen auf Export-Erzeugnisse entfielen (Nostheide 1960, S. 650). Nach der 1907 durchgeführten Gewerbezählung gab es in Deutschland damals über 6.000 Spielwarenbetriebe mit über 30.000 Beschäftigten. Die Zahlenverhältnisse deuten an, daß ein Großteil dieser „Betriebe" familiäre Hausbetriebe mit zwei Beschäftigten waren[13].

Als Gebiete, in denen die Spielwarenindustrie Ende des 19., Anfang des 20. Jahrhunderts Fuß gefaßt hatte, müssen genannt werden:

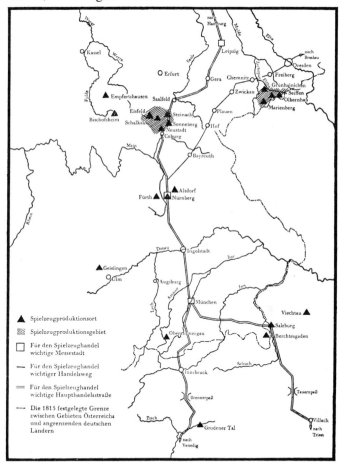

Produktionsstätten und Handelswege deutschen Spielzeugs im 18. und 19. Jh. Fritzsch/Bachmann, Deutsches Spielzeug. Hamburg 1965.

13 Vgl. Sy 1929, S. 8. Aufschlußreich ist der Vergleich mit einer Betriebsstatistik aus dem Jahre 1927: »Danach gab es im Reichsgebiet 10.403 Produktionsstsellen für Spielzeug mit ca. 50.000 Beschäftigten. Doch allein in 9.377 sogenannten Betrieben arbeiteten nur 2 Personen. Von allen Produktionsstellen verblieben nur 57 % als echte Spielwarenindustriebetriebe, die allerdings 59 % aller Arbeitnehmer beschäftigen« (Nostheide 1960, S. 663).

Bayern, mit den Zentren Nürnberg (Metallspielzeug), Lichtenfels (Flecht- und Kinderwaren), Bayerischer und Böhmer Wald (Holzspielzeug);
Sachsen-Erzgebirge-Sudetengau, mit den Zentren Klingenthal (Musikspielzeug), Zeitz (Kinderwagen und -fahrzeuge), Annaberg (Spielmaterialien aus Pappe), Marienberg (Metallspielzeug), Olbernhau, Grünhainichen, Seiffen (Holzspielzeug), Döbeln (verschiedene Spielzeugarten), Gablonz (Holzspielzeug);
Thüringen, mit den Hauptzentren Coburg (Flechtwaren, Kleinmöbel), Sonneberg (Puppen-, Holz-Stoffspielzeug), Steinbach (Holzspielzeug, Christbaumschmuck), Schmalkalden (Metallspielzeug und -zubehör), Waltershausen (Puppen), Königssee (Prozellanspielzeug);
Baden-Württemberg und *Hessen,* mit Fabriken für qualitativ hochwertiges Metall-, Stoff- und Holzspielzeug, Gesellschaftsspiele, Gummi- und Zelluloidspielzeug.
Auch im *Rheinland* und in *Preußen* bildeten sich regionale Schwerpunkte der Spielzeugfabrikation heraus (Menzel 1941, S. 12 ff.).

Erst seit den zwanziger Jahren entwickelte sich in den anderen europäischen und außereuropäischen Ländern ein vergleichbarer Spielzeugmarkt, der die weltweite Bedeutung der deutschen Spielzeugproduktion immer stärker relativierte (Pöschl 1937, S. 110 ff.).

Spielmittel als Mittler zwischen Realität und Imagination

Alles Spielzeug bildet einen Ausschnitt aus dem gegenständlichen und geistigen Leben seiner Zeit ab. Gleichzeitig weist es über den Bereich des Bestehenden und allgemein Bekannten hinaus und vermittelt etwas Neues, das die Imagination des Betrachters bzw. Benutzers anregt. Unsere bisherige Darstellung zeigte, in wie starkem Maße diese Doppelfunktion der Spielmittel von den materialen, technologischen und den allgemeinen sozio-ökonomischen Voraussetzungen der Spielmittel-Produktion bestimmt ist. Ferner wurde deutlich, welche Schwierigkeiten bestehen, den *pädagogischen* Aspekt von der Vielzahl anderer Aspekte, die sich in der Geschichte der Spielmittel offenbaren, abzulösen und isoliert zu betrachten. Schließlich war in vergangenen Jahrhunderten das Spielzeug keineswegs nur Mittel zur Befriedigung kindlichen Spieldranges, sondern diente ebenso dem Erwachsenen zur Freude und zur Unterhaltung. Der Spielgedanke wurde dabei von anderen Motivationen oft genug verdrängt: Als Schmuckstück, Kunstgegenstand, Reiseandenken oder Objekt standesgemäßer Reputation reduziert sich die Funktion des Spielzeugs auf die anregende Wirkung, die sein Anblick auf den Betrachter ausübt. Eine Grenze zum „echten" Spielzeug hin ist dabei nur schwer zu ziehen.
Die Geschichte der Spielmittel zeigt, daß seine Mittlerrolle zwischen der realen Welt und der imaginären „Scheinwelt" des Spiels im wesentlichen durch zwei grundlegende Merkmale bestimmt ist:

1. *die Symbolfunktion:* Das Spielmittel hat es zu tun mit der Abbildung, bruchstückhaften Symbolisation oder Neurepräsentation von Realität. Die Sinn-Interpretation dieser vom Spielzeug repräsentierten Quasi-Realität wird in seiner Spielfunktion erfahrbar.

2. *den Aufforderungscharakter:* Jedes Spielmittel stimuliert zu aktiver Auseinandersetzung mit der von ihm geschaffenen Quasi-Realität. Diese (im Spiel vollzogene) Auseinandersetzung kann auf die Wahrnehmungsebene beschränkt bleiben, indem lediglich die von einem bestimmten Spielobjekt produzierten Effekte bewußt erlebt werden, wird aber zumeist auf handelnde Eingriffe, Manipulationen ausgedehnt. In beiden Fällen ist die Wirkung des Spielmittels dieselbe: Es verändert objektive Realität und erzeugt imaginative, subjektive Realität (Spielrealität).

Lassen sich in der *Form,* der *Farbe,* dem *Klang* und in der *Bewegung* grundsätzliche Möglichkeiten solcher „Realitätsveränderung" aufzeigen, so besitzt unter ihnen das Moment der Bewegung zweifellos die faszinierendste Wirkung. Im Grunde sind *Nachahmung der Realität* und *Realitätsveränderung* (durch Manipulation des Spielenden oder durch die Eigenbewegung des Spielmittels) *die* beiden fundamentalen Strukturmerkmale, die sich aus der historischen Betrachtung der Spielmittel erschließen lassen. In Spielzeug-Figuren aller Art, in fertigen Anlagen (Burgen, Gärten, Jahrmärkte, usw.) bis hin zu Puzzle-Spielen, Brettspielen, Städte-Baukästen und allem technischen Spielzeug ist die realitätsabbildende Tendenz nachweisbar. Der zweite Typus wird durch alle Formen des *Bewegungsspielzeugs* charakterisiert.

Die Puppe im Zeitenwandel
Die Puppe stellt die klassische, weil älteste Form einer im Spiel-Objekt nachgestalteten, modellhaft verkleinerten „Realität" dar. Das ursprünglich entweder künstlerische oder religiöse Motiv, das den Menschen zur Nachbildung seiner selbst trieb, kann für unsere Betrachtung außer acht gelassen werden. Die Spielpuppe ist das verbreitetste Beispiel für die Erschließung der Welt durch Umgang mit einem Modell von Wirklichkeit, das Raum gibt für den Aufbau einer imaginativen Schein-Realität.
Die umfassenden Darstellungen der Geschichte der Puppe (vgl. Fraser 1963; Bachmann 1971) machen im Rahmen unseres Themas nur einige Bemerkungen nötig über den Wandel, den ihre Gestalt und Funktion im Laufe der Jahrhunderte erfahren hat. Wie kaum ein anderes Spielmittel spiegelt die Puppe bestimmte Leitideale und Wertvorstellungen einer Gesellschaft wider. Aber je stärker sie diese Funktion ausübt, desto mehr scheint ihr eigentlicher Spielzweck anderen Intentionen untergeordnet zu sein. So ist die Tatsache, daß die Geschichte der Puppe gleichzeitig die Geschichte der Mode darstellt, nicht zuletzt darauf zurückzuführen, daß die Puppe selbst vielfach die Funktion der Modeträgerin ausübte. Lebensgroße Puppen, die die neuesten Moden trugen, wurden bereits im 13. Jahrhundert von Paris aus an die Fürstenhöfe Europas geschickt und besitzen in dieser Funktion noch im 18. Jahrhundert große Bedeutung. Aber auch für die Spielpuppen der damaligen Zeit galt, daß sie in bezug auf Gesicht, Frisur und Kleidung nicht etwa „kindgemäß"

Holzpuppe mit Perlenhaar aus Theben, etwa 2000 v. Chr. British Museum, London.

Puppe aus Hirsehalmen mit Fetischperlen, Sansibar, British Museum, London.

waren, sondern fast ausnahmslos das Sosein der standesbewußten Erwachsenenwelt widerspiegelten: Die selbstbewußte Renaissance-Fürstin, die zierliche Rokoko-Prinzessin, das Hausmütterchen des Biedermeier – sie alle finden sich en miniature in den Puppen ihrer Zeit wieder; natürlich ist diese Verkörperung des Erziehungs- und Frauenideals vergangener Zeiten im wesentlichen auf die Puppen des wohlhabenden Bürger- und Adelsstandes beschränkt. Im England des 18. Jahrhunderts wird die „pedlar-doll" zum volkstümlichen Pendant der Modepuppe: Wesentlich einfacher gekleidet als diese, diente sie den Händlern und Hausierern zum Feilbieten ihrer Waren (Fraser 1963, S. 46 f.).

Während Holz bis ins 18. Jahrhundert der meistgebrauchte Werkstoff für Puppen war, wurden nun auch neben dem aufkommenden Papiermaché Porzellan, Marmor, Wachs, in der zweiten Hälfte des 19. Jahrhunderts schließlich der unverwüstliche

Mädchen mit Puppe und Wiege, Holzschnitt 1450.

Holzpuppe mit Gelenken aus dem Jahre 1690, Victoria & Albert Museum, London.

Hartgummi und das Zelluloid speziell für die Puppenherstellung benutzt. Gleichzeitig gelingt die Kunst der Nachbildung des menschlichen Gesichts und Körpers in immer perfektionierterer Form. Fraser meint, daß Puppen niemals „so hübsch und entzückend" gewesen seien wie im 19. Jahrhundert (Fraser 1966, S. 160 f.). Die Portraitpuppe, die die Wiedergabe individueller Gesichtszüge zur Voraussetzung hat, ist ebenfalls erst seit dem 19. Jahrhundert bekannt. Die englische Königin, Queen Victoria, die selbst eine kostbare Puppensammlung besaß, war die erste Persönlichkeit, nach der Portraitpuppen gefertigt wurden. Berühmte Zeitgenossen aus dem politischen und kulturellen Leben wurden dann in Puppenform massenweise nachgebildet. Auch die Kinder- und Baby-Puppe taucht erst im 19. Jahrhundert auf (nach 1820), und es ist kein Zufall, daß sie in einer Zeit aufkommt, die das Kind als ein eigenständiges Wesen zu entdecken bzw. wiederzuentdecken beginnt: die Zeit der Romantik.

Englische „pedlar doll", eine hölzerne Hausiererinnenpuppe zum Feilbieten von Kurzwaren.
Foto: Angus McBean

Je kostbarer das Material und die Kleidung der Puppen, desto mehr rücken sie aus dem Gesichtsfeld des Kindes und werden zum Liebhaberobjekt der Erwachsenen. Das galt insbesondere auch für die sog. Puppenhäuser, die vor drei Jahrhunderten eine Sammlermode eigener Art herbeiführten. Das „Dockenhaus" stellt zweifellos das Spitzenprodukt kunstvoller, handwerklicher Spielzeug-Herstellung dar. „Dokke" (mittelhochdeutsch „Tocke") war der bis in das Zeitalter des Barock übliche Ausdruck für die Puppe, aber auch für Spielzeug allgemein („Dockenwerk"); er wich dann zunehmend mehr dem französischen Lehnwort „Puppe" (von lat. pupa). Die Dockenhäuser des 18.–19. Jahrhunderts stellten eine „Kulturgeschichte in nuce" dar (Gröber/Metzger). Sie sind bis in kleinste Feinheiten realitätsgetreu abgebildete Modelle reicher Bürgerhäuser der damaligen Zeit, oft zwei oder drei Stockwerke hoch, teilweise „von der Größe eines ansehnlichen Schrankes" (Fraser). Im großen Universal-Lexikon von Zedler (1741) heißt es:

„*Puppenwerck, Dockenwerck, Spielsachen* nennt man überhaupt alles Spielwerck, so nicht nur den Kindern zu ihrer Lust und Zeitvertreibe dient, sondern auch viel mahlen seinen guten Nutzen hat, um eines theils die Gemüter der Kinder und ihre Neigung daraus zu erkennen, andern theils aber auch dadurch ihnen eine Aufmerksamkeit zuwege zu bringen, und ihren Verstand auf die Probe zu setzen, ja selbigen unvermerkt zu schärfen, und ihnen deutl. Begriffe von denen Sachen, damit sie künfftig umgehen sollen, beyzubringen: Wie man denn zu eben diesem Ende auch Puppen zu verfertigen pfleget... Ja man findet oft ganze Puppen-Häuser, das ist, wo alles, was bey einer Haushaltung theils zur Pracht und Zierde, theils zur Nothwendigkeit dienlich, gantz zart und sauber in Modell nach gemacht, und ein jedes Stück an seinem Ort in den Gemächen, Zimmern, und dahin gehörigen Schräncken und Behältnissen auf das geschickteste eingetheilet und angebracht."[14]

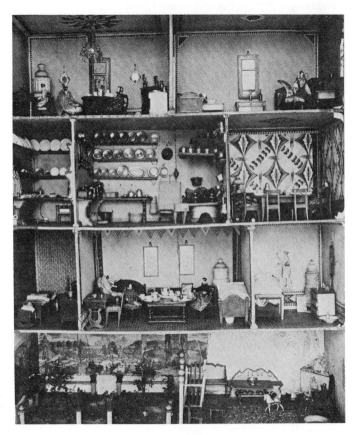

Puppenhaus, um 1830, Städtische Kunstsammlungen, Augsburg.

Gröber/Metzger setzen das in ganz Europa zu großer Beliebtheit gelangende Puppenhaus in Parallele mit der südländischen Weihnachtskrippe, die in Italien seit dem Hochmittelalter Bestandteil tradierter Volkskunst ist. Beide, Krippe und

14 Großes vollständiges Universal Lexikon aller Wissenschaften und Künste von Johann Heinrich Zedler. Leipzig 1741.

Puppenhaus, stellen ein Stück Volksleben dar, hier wie dort gibt es einfache Ausführungen, die die Jugend zum Spiel benutzen konnte, aber auch derart kostbare Exemplare, daß sie ohne Aufsicht Erwachsener kaum Kindern in die Hand gegeben worden sein dürften. Das reich ausgestattete Puppenhaus war vielmehr Repräsentationsobjekt; als solches entzündete es – ähnlich wie Prozellan oder Tafelbesteck – das Interesse von Kunstliebhabern.

Ob nun zum manuellen Spielgebrauch oder nur zum Anschauen bestimmt: Sicherlich dienten auch die prächtigsten Puppenhäuser zur Belehrung und Unterricht der Jugend. Dies machen die Verse eines Flugblattes deutlich, mit denen die Nürnbergerin Anna Köferlin Schaulustige für ihr nach jahrelanger Arbeit 1631 fertiggestelltes Puppenhaus anzulocken suchte:

„Darum ihr lieben Kinderlein,
beschaut alles gar eben,
wie alles ist geordnet fein.
Soll Euch gute Lehre geben,
daß wann Ihr dermaleins zu Haus
kommt. Gott Euch tut geben
eignen Herd, daß Ihr's voraus
bei all Eurem Leib und Leben
ordentlich und nach der Gebühr
in Eurem Haushalten
richtet und ordnet..." (nach Wilckens 1956, S. 6)

Neben den Puppenhäusern gab es originalgetreue Puppenküchen, ebenso Textil-, Metzger- und Kaufmannsläden, die seit Beginn des 17. Jahrhunderts in Süddeutschland hergestellt und auch aus den Niederlanden importiert wurden (Fraser 1966, S. 82). Bachmann macht darauf aufmerksam, daß die an den überkommenen Funden orientierte Kulturgeschichte der Puppe zu einer Verzerrung des Gesamtbildes der historischen Wirklichkeit bezüglich des spielenden Kindes führen müsse. Allzu leicht werde übersehen, daß diese Geschichte im wesentlichen eingeschränkt ist auf die wohlhabenden Adels- und Bürgerkinder. Die Geschichte des Spielzeugs der Kinder aus kleinbürgerlichen, bäuerlichen und Arbeiterfamilien sei mangels erhaltener Funde bis jetzt noch nicht geschrieben worden, trotzdem seien die „Klassengegensätze der Gesellschaft auch in der Puppenwelt ablesbar" (Bachmann 1971, S. 75). Bachmann versucht diesen Gegenstand durch Gegenüberstellung der Prunkpuppen mit den Erzeugnissen der einfachen Volkskunst deutlich zu machen. Die von ihr hervorgebrachten Typen – von der „Fatschenpuppe" bis hin zu den vielen Gestalten des handwerklichen und bäuerlichen Lebens – würden entsprechende Gegenakzente zur „Puppenwelt der Besitzenden" setzen.

Wie einige Abbildungen und literarische Quellen erkennen lassen, spielten die Kinder der ärmeren Bevölkerung mit selbst gebastelten Lumpen-Puppen bzw. aus Holz und anderem Material gefertigtem Ersatz. Ihnen standen wahrscheinlich auch die massenhaft von der Heimindustrie hergestellten Holzpuppen zur Verfügung. Im 19. Jahrhundert wurde das anders, als das Papierspielzeug, wegen seiner billigen

Käte-Kruse-Puppen um 1924, Deutsches Spielzeugmuseum, Sonneberg.

Herstellung auch den einfachen Volkskreisen zugänglich, mehr und mehr an Bedeutung gewann. In den „Bilderbögen", die die jeweils aktuellen Neuheiten in Kultur, Kunst und Politik abbildeten und kommentierten, war eine zeitgenössische Variante des Papier-Spielzeugs zu sehen. Eine weitere Variante betrifft das Papierfalten und Papierstechen, eine dritte schließlich die Ankleidepuppe aus Papier. Eine Puppe und dazugehörige Kleidungsstücke, in verschiedenster Form auf mehrere Ausschneidebögen verteilt, konnte ausgeschnitten und angezogen werden, so daß sich hier der Spaß des Kindes am An- und Ausziehen der Papiergestalt als auch die „Belehrung" über neueste Moden sich trafen. Selbst Soldaten und ganze Kriegsheere wurden auf Ausschneidebögen übertragen.

Die *Geschichte der Kriegsfiguren* könnte in etwa dasselbe leisten, was die Puppe als ein von uns exemplarisch herausgegriffenes Beispiel zeigen sollte: Daß Spielzeug gesellschaftliche Realität abbildet und in diesem Abbildungsmoment selbst schon ein phantasieanregender, lustbetonter Anreiz liegt, mit Hilfe des Spielmittels eine durch Imagination gesteuerte Spielwelt handelnd aufzubauen.

Bewegliches und mechanisches Spielzeug
Daiken macht den Vorschlag, in der Bewegung das Kriterium für die Klassifikation von Spielzeug zu sehen. Grundsätzlich könne man unterscheiden zwischen Spielzeug, das sich bewegt und solchem, das sich nicht bewegt. Daiken meint,

„it is nevertheless the principle of movement that runs through the history und development of toys, like a single cord binding together a diversity of strands" (1953, S. 31).

Das bewegliche und mechanische Spielzeug bildet in der Tat neben den Puppen (und Figuren verschiedenster Art) den zweiten großen Bereich, der in der Geschichte des Spielzeugs von grundsätzlicher Bedeutung ist.
In welchem Verhältnis stehen „Bewegung" und „Realitätsnachahmung" zueinander? Zunächst können beide Momente unabhängig voneinander ein Spielmittel determinieren. Die von einem Gegenstand produzierte Folge von optischen oder akustischen Effekten ist an sich bereits geeignet, „Spielverhalten", d. h. Neugierverhalten, verbunden mit dem Wunsch nach Fortsetzung bzw. Reproduktion der Bewegungsfolge, auszulösen; ob das Spielzeug Gegenstände bzw. Vorgänge der Realität „nachahmt", erscheint unter diesem Aspekt von zweitrangiger Bedeutung. Die Rassel, der Ball, das Mobile (im übertragenen Sinne auch alle Geschicklichkeits- bzw. Regelspiele) bieten Spielmöglichkeiten, die primär nicht durch eine realitätsabbildende Funktion, sondern durch die von ihnen ausgehende Dynamik bestimmt sind. Der Spielreiz liegt dabei sowohl im Erleben der Bewegungsfolge bzw. der Effekte, die sie hervorruft, als auch in der Auslösung und Steuerung der die Spielhandlung determinierenden Kette von Aktionen.
Trotz der grundsätzlichen Möglichkeit, die „freie Bewegung" ohne Bezug auf eine originäre Realität im Spielmittel zu realisieren, war „bewegliches Spielzeug" im eigentlichen Sinne immer schon mit der Intention verbunden, Realität nachzubilden. Gerade wenn die Spielhandlung nur auf das Ingangsetzen eines bestimmten Bewegungsablaufes beschränkt ist, gewinnt die modellhafte Reproduktion von Realität, die vom Spielzeug geleistet wird, gleichsam kompensatorische Bedeutung. Die „künstlich" hervorgerufene Bewegung ist überhaupt nur deshalb interessant, weil mit ihr Realität abgebildet werden soll. Die Bewegung im Spielzeug simuliert Realität, verändert („verfremdet") sie aber gleichzeitig. Der Spielanreiz des Hampelmanns liegt in der Möglichkeit, willkürlich die Bewegung einer künstlichen Menschengestalt nachzuahmen; nicht anders ist es beim „Jack-in-the-box", der plötzlich aus dem Kasten herausschießt. Die willkürliche Manipulation dieses Überraschungseffekts vermittelt dem Besitzer offenbar ein gewisses Macht- und Überlegenheitsgefühl, insbesondere wenn bei diesem Vorgang Unkundige überrascht werden.
Die Ausnutzung physikalischer Kräfte zur Herstellung von Bewegungseffekten finden wir in einfachster Form im selbstgebastelten Spielzeug der Kinder realisiert: Wasserspielzeug (Boote, Wasserräder) und alles von der Luft bewegte Spielzeug (Drachen, Papierflugzeuge, Windrädchen) gehören hierher. Alle Formen von

Fahrzeugen, Schaukeln und Wippen sind Spielmittel, deren Intention primär auf die Vermittlung des Bewegungserlebnisses abzielt. Im engeren Sinne versteht man unter „beweglichem Spielzeug" solches, das über einen besonderen Bewegungs- bzw. Antriebsmechanismus verfügt und durch seine Gestalt in phantasievoller Weise Realität imitiert. Eine Vielzahl einfacher physikalischer Prinzipien wurde dabei zur Produktion von optischen Überraschungseffekten angewandt. Figuren können z. B. durch manuellen Kurbelantrieb, durch den erhitzten Luftstrom einer Kerze, durch die Gewichtsveränderung ausfließenden Wassers, Sandes oder Quecksilbers, durch Wasserdampf, durch ein Uhrwerk, schließlich auch durch Elektrizität zu einer Drehbewegung oder anders gerichteten Bewegungen veranlaßt werden.

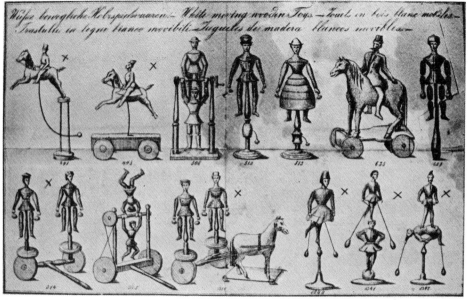

Bewegliches Holzspielzeug, Seite aus einem Grödner Katalog um 1840, Österr. Museum für Volkskunde.

Besondere Bewegungseffekte werden durch sich verändernde Gleichgewichtszustände erreicht. Sie dienen z. B. schaukelnden „Akrobaten", Steckengauklern, Wackel- und Stehaufmännchen aller Art als Antriebsgrundlage.
In der Geschichte des beweglichen Spielzeuges lassen sich drei Hauptantriebsarten unterscheiden:

Antrieb
(1) durch Ausnutzung einfacher physikalischer Gesetze,
(2) durch ein Uhrwerk (Aufziehmechanik),
(3) durch Elektrizität.

Das mechanische Spielzeug spiegelt den jeweiligen Stand wissenschaftlich-technischen Denkens seiner Zeit wider. In allen Standard-Werken der historischen Spielzeugforschung wird auf die genialen Konstruktionen mechanischen Spielzeugs aus dem Altertum hingewiesen, das von Menschen stammt, die in ihrem experimentellen, wissenschaftlichen Forschungsdrang ihrer Zeit weit voraus waren. Ihre Werke erregten damals wie heute Erstaunen und Bewunderung der Mitwelt.
Wohl am weitesten gediehen waren die Versuche Herons von Alexandria (um 100 n. Chr.), der „Automaten" konstruierte, die durch Anwendung hydraulischer, pneumatischer und mechanischer Prinzipien Erstaunliches leisteten: Ein Vogel, der durch das Füllen eines mit ihm verbundenen Wassertankes zu pfeifen begann; eine Gruppe von Vögeln, die auf verschiedenen Zweigen saßen und abwechselnd singen konnten; eine Gruppe von vier sich im Kreise drehenden Vögeln und einer Eule, die immer dann „sang, wenn die Vögel ihr Gegenüber in abgewandter Position waren"; ein mit Pfeil und Bogen bewaffneter Herkules, der den Pfeil auf einen Drachen abschoß und diesen zu einem länger dauernden „Zischen" veranlaßte; ein sich selbst entzündendes Opferfeuer; Musik auf Cymbeln und Trommeln usw.[15].

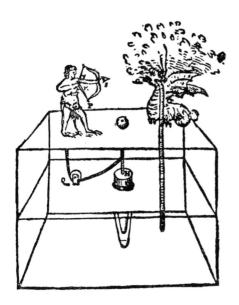

Heron von Alexandria: Herkules und der Drachen.

Der Versuch, den Flug der Vögel nachzuahmen, wurde schon sehr früh unternommen. Von dem in der ersten Hälfte des 4. Jahrhunderts v. Chr. lebenden Archytas von Tarent – er gilt als Begründer der Mechanik – wird berichtet, daß er eine fliegende Taube konstruierte.

---

15 Vgl. Daiken 1953, S. 49 ff. Zur Geschichte der Automaten vgl. ferner: Maingot 1959; Simmen 1967.

Man kann einwenden, daß es sich hierbei gar nicht um die Konstruktion von Spielzeug handelt, sondern um wissenschaftliche Experimente. Aber in bezug auf kreatives Denken sind Wissenschaft und Spiel keineswegs sehr weit voneinander entfernt. Die Kirche hat im Mittelalter und noch in der Renaissance, als man die naturwissenschaftlichen Erkenntnisse, die die Antike bereits besaß, wiederentdeckte und fortzuentwickeln suchte, derartigen Versuchen nicht gerade wohlwollend gegenüber gestanden und sie gelegentlich als Teufelswerk verdammt. Aber in der Zeit der großen Erfindungen wurde mit dem zunehmenden Fortschritt von Naturwissenschaft und Technik auch das mechanische Spielzeug weiterentwickelt. Die Aufziehmechanik, das Uhrwerk, erhält dabei immer größeres Gewicht. Mit der aufziehbaren Spieldose wurde eine harmonische Verbindung von Form, Klang und Bewegung geschaffen.

Berühmte Automatenbauer stellten im 18. Jahrhundert mechanisches Spielzeug her, das die Fürstenhöfe Europas bei ihnen bestellten:

„Unter den Automaten von Vaucanson befand sich ein Flötenspieler mit einem Repertoire von zwölf Melodien und eine Ente mit sorgfältig wiedergegebener Anatomie, so daß jeder Knochen seine richtige Bewegung ausführen konnte, dazu quakte sie täuschend ähnlich. Wenn man Körner vor sie hinstreute, verdaute sie vermittelst einer Flüssigkeit und entleerte sie völlig naturgetreu."

Die künstliche Ente von Vaucanson.

„Die mechanischen Spielzeuge, die die Familie Droz für den König von Spanien herstellte, waren so märchenhaft, daß ihre Urheber in Gefahr gerieten, von der spanischen Inquisition wegen Zauberei verurteilt zu werden. Zu dem Spielzeug, das sie für ihn bauten, gehörten ein Schaf, das ganz naturgetreu blökte und ein Hund, der einen Fruchtkorb hütete und zu bellen begann, wenn eine Frucht weggenommen wurde." (Fraser 1966, S. 115)

Ähnlich wie unser historischer Exkurs in die Welt der Puppen zeigt auch die Betrachtung des beweglichen bzw. mechanischen Spielzeugs, in welch starkem Maße es dem Vergnügen derjenigen diente, die die teure Anfertigung bezahlen konnten. Selbst ganze Anlagen, die eine Vielzahl sich bewegender Figuren enthielten und durchaus Modellcharakter für einen bestimmten Wirklichkeitsausschnitt hatten (wie z. B. ein Kinderorchester), wurden hergestellt. Auch die heimgewerbliche Industrie machte sich den besonderen Aufforderungscharakter solcher Figurenwerke zunutze und produzierte sie.

In weniger aufwendiger, wenn auch nicht minder anziehender Gestalt fand mechanisches Spielzeug vor allem Eingang bei Jahrmärkten und Messen. Dies gilt insbesondere auch für optisches Spielzeug. Die vielen Erfindungen auf optischem Gebiet, die im 18. und 19. Jahrhundert gemacht und zum Wegbereiter von Film und Fotografie wurden, waren Attraktionen der Jahrmärkte und dienten den fahrenden Leuten als „Lockvögel". In Miniaturformat hergestellt, kauften sie dann auch Eltern für ihre Kinder. Eine Reihe von Konstruktionen, die bewegte Bilder erzeugten (Phenakistoskop, Stroboskop, Thaumatrop, Zoetrop) oder besondere optische Effekte hervorbrachten (Kaleidoskop, Stereoskop), wurden durch ihren Unterhaltungswert zum Modespielzeug des 19. Jahrhunderts. Zu den klassischen optischen Spielzeugen gehören ferner der Guckkasten und die „Laterna magica"; sie wurden bereits im 18. Jahrhundert zur unterhaltsamen „Belehrung" von Kindern verwendet, wie man der von Christian Felix Weiße herausgegebenen Zeitschrift „Der Kinderfreund" aus dem Jahre 1775 entnehmen kann[16]. In einer Zeit, die noch keine Massenkommunikationsmittel kannte, in der sich gleichwohl viele mitteilenswerte Dinge ereigneten, hatten die Vorläufer der Kinematographie – ähnlich wie die Bilderbogen – die Funktion eines unterhaltsamen Informationsmediums, das in entsprechend aufgemachter Weise (und fast immer moralisierend) über neueste oder vergangene Ereignisse die staunenden Zuschauer unterrichtete[17].

Für das 19. Jahrhundert läßt sich feststellen, daß es kaum eine Erfindung von kulturellem Interesse gibt, die nicht in irgendeiner Form auf das Spielzeug übertragen worden wäre und in dieser Funktion dem Vergnügen und der unterhaltsamen Belehrung der breiten Öffentlichkeit diente. Eine neue Richtung mechanischen Spielzeugs entstand durch die Entwicklung des Verkehrswesens. Die Erfindung der Dampfmaschine und der Bau der ersten Eisenbahn bescherten nach 1820 auch bald die ersten Spielzeugeisenbahnen, aus Pappe, Holz oder aus Blech gefertigt, freilich zunächst in einfachster Form. Ähnlich wie beim Puppen- und Figurenspiel ein weiter Bereich ergänzender Spielmittel die Spielmöglichkeiten vervollkommnen, folgt der Spielzeugeisenbahn bald ein umfangreiches Angebot zur Erstellung ganzer Spielanlagen: Reisende, Bahnhöfe, Tunnel, Signale, Wagenschuppen, Güterspeicher (Hildebrandt 1904, S. 135).

Seit Mitte des 19. Jahrhunderts wurden selbstfahrende Blecheisenbahnen mit Dampfantrieb hergestellt. Ebenfalls existierten andere mit Dampf betriebene Spielzeugmaschinen und Verkehrsmittel: Dampfmühlen, Dampffabriken und Dampfschiffe (Fraser 1966, S. 156). Als verbreitetste Antriebsform gewann jedoch das Uhrwerk mehr und mehr an Bedeutung, und zwar nicht nur für die Eisenbahn,

---

16 Der Kinderfreund. 1. Teil. Leipzig 1778 (2.–16. 10. 1775), S. 27 ff.
17 Zum Zusammenhang von Kindertheater und optischem Spielzeug vgl. Fraser 1966, S. 122 ff.

Bewegliches Blechspielzeug nach 1860, Nordisk Museet, Stockholm.

Spielzeugfeuerwehr 1875, Museum of the City of New York.

Aufzieheisenbahn, Paris um 1870, Schweizer Museum für Volkskunde, Basel.

sondern ebenso für alle möglichen Arten von beweglichem Spielzeug, das zum Laufen gebracht oder zu allerlei Bewegungen veranlaßt werden konnte, oftmals gekoppelt mit einer dazu erklingenden Melodie.
Als exemplarisches Beispiel für das Bestreben, die Wirklichkeit durch automatisierte Bewegung in immer perfekterer Weise im Spielzeug nachzuahmen, können die Sprech- und die Gehpuppen angesehen werden. Sie bilden ein Kernstück in der Geschichte der Androiden (Automaten). Bereits Albertus Magnus (um 1220–1280) soll einen entsprechenden Kopf konstruiert haben, den Thomas von Aquin als Teufelswerk angesehen und zerstört haben soll (Allemagne 1903, S. 216). In der zweiten Hälfte des 18. Jahrhunderts konstruieren die berühmtesten Automatenbauer der Zeit viel bewunderte „Sprechmaschinen", wie die zwei „Sprechenden Köpfe" des Abbée Mical (1730–1789), die einige Sätze sagen konnten und von der Académie Royale des Sciences in Paris 1783 geprüft und ausgezeichnet wurden (Simmen 1967, S. 104). Im Magazin von Georg Hieronismus Bestelmeier wird im Jahre 1803 eine aufziehbare Sprechpuppe in Lebensgröße angeboten (Bestelmeier 1803). Zu den Erbauern von Sprechpuppen zählt auch Johann Mälzel (1772–1838), bekannt als Erfinder des Metronoms.
Die Schreib- und Sprechautomaten des 18. und 19. Jahrhunderts haben heute ihre Fortentwicklung dank Elektronik und Computertechnik erfahren, führten aber schon gegen Ende des 19. Jahrhunderts direkt in die Spielzeugwelt des Kindes.
Wenig bekannt ist, daß Edison den von ihm erfundenen Phonographen dazu benutzte, um 1887/88 die erste sprechende Puppe mit auswechselbarer „Schallplatte" zu konstruieren. Zur gleichen Zeit war die Gehpuppe durchaus schon verbreitet, die sich entweder mit Hilfe eines Aufziehwerkes in Bewegung setzte oder durch Ausnutzung von Reibungswiderstand und Gleichgewichtsveränderungen durch einen Stoß in Gang gebracht, auf der Bodenfläche eine kleinere Strecke weitergehen konnte (Fraser 1966, S. 156). Mit der Verfügbarkeit über Elektrizität, insbesondere mit der Erfindung der Trockenbatterie im 20. Jahrhundert, wurde schließlich ein weiterer Schritt zur Vervollkommnung der realitätsabbildenden Funktion des Spielzeugs getan: Elektrisch getriebene Fahrzeuge aller Art, mit und ohne Schienen, haben vor allem nach dem 2. Weltkrieg stark an Bedeutung zugenommen. Das elektrische Licht gab dem Spielzeug in Form aufleuchtender Lämpchen oder Signale weitere Möglichkeiten, Elektrifizierung und Automation unserer Zeit zu imitieren.

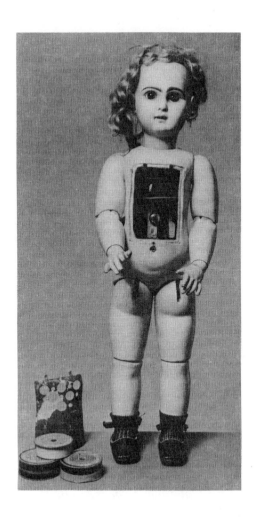

Jumeaupuppe mit eingebautem Grammophon, um 1880.

Zu diesem Trend der Technisierung des Spielzeugs meint Antonia Fraser:

„Gehende Puppen und eine phantastische Reihe von Spielzeugen aus Hongkong und Japan, die durch Batterien in Gang gehalten werden, sind in den heutigen Kinderzimmern eine Selbstverständlichkeit. Wenn man sie betrachtet: den Blechfrosch, der in seiner Pfanne Spiegeleier macht und sie herumwirft, die Feuerwehr mit Leitern, die sie selbsttätig ausfährt, der große Dampfer, der die Titanic vorstellen soll und die Melodie ‚Näher mein Gott zu dir‘ spielt, während seine Lichter aus- und angehen, der Bär, der Seifenblasen bläst – wenn man alle Dinge im gegenwärtigen Zeitalter der Elektronik und Automaten betrachtet, so ist es ein tröstlicher Gedanke, daß fast alle diese Kunstwerke bereits im 19., wenn nicht sogar im 18. Jahrhundert, Menschen erfreut haben." (1966, S. 120)

Die jüngst entwickelten Möglichkeiten der *Fernsteuerung* von Wasser-, Luft- oder Landfahrzeugen durch Funk, die Fraser noch nicht erwähnt, bilden einen weiteren Abschnitt in der Entwicklung des technisch-mechanischen Spielzeugs, deuten aber gleichzeitig die Grenzen dieser Entwicklung an.

Mechanische Puppen zum Aufziehen um 1870, London Museum.

Technischer Fortschritt zeigt sich unter anderem in der Möglichkeit, manuelle durch maschinelle Arbeit bzw. Bewegung zu ersetzen. Die Geschichte des mechanischen und technischen Spielzeugs spiegelt diesen Prozeß recht zeitgetreu wider. Die Tatsache, daß die Entwicklung der Technik als Vorgang zunehmender Verfeinerung und Automation maschineller Bewegungsabläufe interpretierbar ist, ist auch der Grund dafür, daß im mechanischen Spielzeug Bewegung und Realitätsnachahmung als ein und dasselbe Prinzip auftreten, wobei seine über Jahrhunderte während Entwicklung eine gewisse Akzentverschiebung erkennen läßt: Stand bei den ersten Automaten das Interesse im Vordergrund, Bewegung sichtbar zu machen über eine durch sie verfremdete und interessant-phantastisch wirkende Realität – ein Gedanke, der z. B. noch bei E. T. A. Hoffmann, wie in der Romantik überhaupt, eine Rolle spielt –, so wird mit der Entwicklung technisch-naturwissenschaftlichen und positivistischen Denkens im 19. Jahrhundert die modellhafte Imitation der Realität mittels des Bewegungsprinzips zu immer größerer Perfektion angestrebt. Die schon für frühere Jahrhunderte erkennbare Tendenz bestimmter Spielzeuge, nurmehr eine Repräsentationsfunktion auszuüben, wird hier mit anderen Mitteln fortgesetzt.

Gegenüber diesem Trend zur technischen Perfektion lassen sich im wesentlichen zwei *Gegenströmungen* erkennen: Die eine sehen wir in dem durchgängigen Erfolg jener Spielmittel, die jeweils auf eine neue Art Bewegungsbeherrschung und motorische Geschicklichkeit herausfordern und geradezu zum „Modespielzeug" avancieren, ohne daß dabei dem Moment der Realitätsimitation Bedeutung zukäme. Es handelt sich dabei um „reine" Bewegungsspielmittel. Zu ihnen zählt z. B. das „Bilboquet" (Becher-Ball-Spiel), das im 16. Jahrhundert eine Art Volkssport der höheren Stände bildete; später waren es das Ringwurfspiel, das Jo-jo und das Diabolo, an denen man sein Geschick erproben konnte. In unserer Zeit wurden aus demselben Grund Hoola-Hoop-Reifen, Klick-Klack-Kugeln und Frisbee-Scheiben zum „Saisonschlager".

Die zweite bedeutsamere Gegenströmung gegen mögliche Vereinseitigungen in der Entwicklung der Spielmittel hat ihren Ausgangspunkt in der seit der Aufklärung sich allmählich durchsetzenden Erkenntnis, daß nicht nur dem Spiel, sondern auch den Spielmitteln eine grundsätzliche *pädagogische* Bedeutung zukommt. Diese Entwicklung schlägt sich innerhalb der Geschichte der Pädagogik nieder in einem zunehmenden Interesse pädagogischer Denker am Spiel und am Spielzeug des Kindes, wenngleich dieses Interesse, gemessen am Gesamthorizont der Problemgeschichte der Pädagogik, als durchaus gering und nur vereinzelt feststellbar gewertet werden muß. Es ist meist Ausfluß und Randbezirk von Reflexionen, die sich mit dem Kind als solchem beschäftigen und im Zusammenhang einer „kindgemäßen" Pädagogik auch dem *Spiel* des Kindes vermehrte Aufmerksamkeit schenken. Gleichzeitig ist die zunehmende Bedeutung des Spielzeugs als eines Erziehungs- und Bildungsmittels in der Entwicklung der Spielmittel selbst abzulesen.

Die Pädagogisierung der Spielmittel unter dem Aspekt einer „kindgemäßen" Pädagogik – was immer man unter „kindgemäß" verstehen mag – relativiert die aus der historischen Betrachtung des Spielzeugs abgeleiteten Strukturmomente der „Bewegung" und der „Realitätsimitation" insofern, als nun beide Momente auf das Kind als das handelnde und sich selbst Realität schaffende Wesen bezogen werden müssen. „Bewegung" erscheint pädagogisch nur dann relevant, wenn sie die Spontaneität des Kindes fördert, d. h. als Handlung erscheint oder zum Handeln auffordert. Imitation der Realität ist nur in dem Maße sinnvoll, wie sie dem Aufbau der zwischen Realem und Imaginärem ständig wechselnden Spielwelt des Kindes dient. Dies aber geschieht dann, wenn ein (neben Realitätsnachahmung und Bewegung) drittes Moment den Aufforderungscharakter des Spielmittels mit bestimmt: Die Imagination, die wesentlicher Teil der vom Kind selbst geschaffenen Handlungswelt ist. Somit erweisen sich die von Fraser genannten drei Wesensmerkmale des Spielzeugs auch als geeignet, die *pädagogische* Dimension der Spielmittel zu erschließen (Fraser 1966, S. 8).

IV. Historische Entwicklungslinien einer Pädagogik der Spielmittel

Das älteste Grundmotiv für alle Bestrebungen, das Spiel des Kindes pädagogisch zu nutzen, bildet zweifellos das, was Scheuerl das „Motiv der heimlichem Überlistung zur Übung im Spiel" nannte (1969a, S. 7). Es gilt von Anfang an auch für die Spielmittel, sofern sie das Kind auf seine spätere Tätigkeit im Erwachsenenalter vorbereiten. Aristoteles will den Kindern Spielzeug nur in der Absicht geben, damit sie nicht anderes zerbrechen; im übrigen weist er aber auf die Notwendigkeit hin, daß Kinder unter 6 Jahren nur zum Spiel und nicht zur Arbeit angehalten werden sollen (Aristoteles, S. 219).
Demgegenüber bezog Plato im ersten Buch seiner „Politeia" sehr deutlich die Mittel und Materialien, mit denen das Kind spielt, auf seine spätere berufliche Tätigkeit:

> „Ich sag' also und behaupte: Wer dereinst als Mann in irgend etwas Tüchtiges leisten soll, der muß sich schon von Kindheit an eben darauf einüben, indem er in Spiel und Ernst sich mit den einzelnen Sachen, die dazu gehören, beschäftigt. Zum Beispiel: Einer, der späterhin ein guter Landwirt oder ein guter Baumeister werden soll, muß schon im Kinderspiel kleine Häuslein aufsetzen und der andere ein Bäuerlein sein; dazu muß jedem sein Erzieher ein kleines Handwerkszeug herbeischaffen, das dem rechten nachgemacht ist. Namentlich aber muß sich jeder auch alle notwendigen Vorkenntnisse schon im voraus aneignen. Ein künftiger Architekt muß mit Maß und Richtschnur umgehen lernen; ein künftiger guter Soldat muß reiten oder sonst etwas der Art, alles im Spiel." (Plato, S. 31 f.)

Ähnlich sind die Verse des Aristophanes aus den „Wolken" zu interpretieren:

> „Nimm in die Lehr ihn doch: er hat Geschick!
> Als kleines Bübchen baut' er schon daheim
> Sich Häuschen, schnitzte Schiffchen, macht' aus Leder
> Sich Roß und Wagen und aus Äpfelschalen
> Recht art'ge Frösche, ja, du kannst mir's glauben!" (Aristophanes, Die Wolken, S. 163 f.)

Aus weiteren Quellen der Antike und des Mittelalters sind ähnliche Hinweise auf die Möglichkeiten, das Spiel zur Quelle des Lernens werden zu lassen, erhalten. Quintilians Anregung, den Kindern Buchstabentäfelchen aus Elfenbein zum Spielen zu geben, damit sie auf diese Weise spielend das Lesen lernen mögen, gilt hier als das bekannteste Beispiel. Zu einer Bewertung des Spiels und der Spielmittel, die nicht von der Interessenlage des Erwachsenen, sondern von den Spielbedürfnissen des Kindes ausgeht, war freilich noch ein weiter Schritt. Er wurde dadurch erschwert, daß, wie Scheuerl (1969a, S. 6) bemerkt, seit der antiken Philosophie eben auch starke Bedenken gegen das Spiel erhoben wurden: daß es verweichliche, die Unbeständigkeit und Neuerungssucht fördern, daß es schließlich – unter dem Aspekt der christlichen Ethik – der Sünde und dem Laster Vorschub leisten könne. Letzteres bezog sich zwar mehr auf den Erwachsenen und meint vor allem auch bestimmte „unehrenhafte" Spiele[1]. Beizeiten sollte aber gerade das Kind vor der Entwicklung zum „Spieler" bewahrt und sein Tun in die richtigen Bahnen gelenkt werden.

Die Entdeckung der pädagogischen Bedeutung des Spiels und der Spielmittel für die Entwicklung des Kindes geschieht in der Folge einer Geistesbewegung, die den Menschen aus dem Glauben an die überkommenen Mächte und Autoritäten lösen, d. h. ihn „aus seiner selbstverschuldeten Unmündigkeit" (Kant) führen will. Es ist das Zeitalter der Aufklärung, das unter Berufung auf die Allmacht der menschlichen Vernunft erstmals den Menschen als ein autonomes Wesen erkennt, das selbst in der Lage ist, sein Geschick in die Hand zu nehmen. Mit dem veränderten Bild vom Menschen werden auch der Pädagogik neue Maßstäbe gesetzt. Die Ableitung pädagogischer Forderungen und Ziele aus dem Vernünftigen bringt einerseits einen breitangelegten *empirischen* Grundzug in das pädagogische Denken, das die besondere Natur des Kindes zu erkennen beginnt; die Identifizierung des Natürlichen mit dem Vernünftigen hat andererseits zur Folge, daß die Auswahl dessen, was als vernünftig und natürlich für die Erziehung des Kindes anzusehen ist, sich am Maßstab der Zweckdienlichkeit orientiert, d. h. pragmatischen Charakter besitzt.

Die Pädagogik der Aufklärung hat erstmals auf breiter Grundlage die Bedeutung des Spiels für die Erziehung hervorgehoben und zu nutzen gesucht. Den Spielmitteln kam dabei zunächst keine besondere Bedeutung zu, einmal weil die Bewegungsspiele und die körperliche Ertüchtigung den größten Teil der Erörterungen über den pädagogischen Wert des Spiels einnehmen, zum anderen, weil das Spiel des Kindes in der Hauptsache – entsprechend der utilitaristischen Einstellung der Zeit – als Mittel angesehen wurde, Lernmotivation und Lernerfolg zu steigern. In gewissem Ausmaß läßt sich dieser Gedanke schon bei Comenius nachweisen. Die von ihm eingesetzten „Spielmittel" im Unterricht haben mehr den Charakter motivierender Lernmittel und sind Teil seiner „natürlichen Methode". Die praktischen Konsequenzen einer auf die „Natur" des Kindes abzielenden Erziehung, wie sie dann durch Locke und Rousseau in die Pädagogik der Neuzeit Einfang fanden, führen dazu, daß dem Spiel und den Spielmitteln zumindest bei einigen bedeutenden Pädagogen besondere Aufmerksamkeit geschenkt wurde.

John Locke (1632–1704) und Jean-Jacques Rousseau (1712–1778)

John Locke, der große Philosoph der Aufklärung und führende Vertreter des englischen Empirismus, legte seine pädagogischen Anschauungen in dem Traktat

---

[1] Dazu gehören Karten-, Würfel- und alle Glücksspiele, sofern sie in Erwartung materiellen Gewinns gespielt werden, ferner alle Gesellschaftsspiele mit erotischem Einschlag.

„Gedanken über Erziehung" nieder. In diesem pädagogischen Hauptwerk Lockes taucht im Zusammenhang mit der Forderung nach einer naturgemäßen, die Bedürfnisse des Kindes berücksichtigenden Erziehung auch die Forderung nach Spielzeug auf:

„Damit sage ich nicht, daß man Kindern in nichts nachgeben sollte oder daß ich erwarte, sie sollten in Kinderkleidern den Verstand und das Benehmen von Staatsräten zeigen. Ich sehe sie als Kinder an, die man zärtlich behandeln muß und die spielen und Spielzeug haben müssen." (Locke 1962)
„Man darf sie nicht hindern, Kinder zu sein, zu spielen, sich als Kinder zu geben, sondern nur Böses zu tun; alle andere Freiheit sei ihnen zugestanden." (Locke 1962, S. 45)
„Aber diese Spielfreudigkeit, welche ihrem Alter und ihrer Konstitution von der Natur weislich angepaßt worden ist, sollte man eher ermutigen, um sie lebendig zu erhalten und ihre Kraft und Gesundheit zu festigen, als zu zügeln und zu beschränken." (Locke 1962, S. 39)

Lockes Ausführungen über das Spielzeug des Kindes sind ganz am Leitbild des Einfachen, des Natürlichen und Nützlichen orientiert:

„Spielsachen sollten Kinder meiner Meinung nach haben, und zwar in verschiedener Art; aber sie sollten immer im Gewahrsam ihrer Erzieher oder einer anderen Person sein, und das Kind sollte immer nur eines zur Zeit zur Verfügung haben, und es sollte nicht zugelassen werden, daß es ein weiteres bekommt, bevor es das erste zurückgegeben hat." (S. 103 f.)

Fülle und Vielerlei an Spielsachen lehre das Kind Verschwendung und mache es übermütig. Aus dem gleichen Grund wendet sich Locke auch dagegen, den Kindern Spielsachen zu kaufen. Durch ein Zuviel an aufwendigem Spielzeug würden nur Stolz, Eitelkeit und Begehrlichkeit beim Kind hervorgerufen werden. Locke tritt für das Selbermachen von Spielgegenständen und für alles Naturspielzeug ein:

„Ein glatter Kieselstein, ein Stück Papier, Mutters Schlüsselbund oder sonst etwas, womit sie sich nicht verletzen können, ist kleinen Kindern zur Unterhaltung genauso willkommen wie jene kostspieligeren und raffinierten Spielsachen aus den Läden, die nach kurzer Zeit nicht mehr gehen und zerbrochen sind... Spielsachen, die sie selbst herzustellen ihre Geschicklichkeit übersteigt, wie Kreisel, Brummkreisel, Federballschläger und dergleichen, deren Gebrauch Anstrengung erfordert, sollte man ihnen allerdings kaufen... Alle Spiele und Unterhaltungen der Kinder sollten auf gute und nützliche Gewohnheiten gerichtet sein, sonst werden sie zu bösen führen." (1962, S. 104 f.)

Im letzten Satz deutet sich die eigentlich pädagogische Zielbestimmung des Spiels an: es in den Dienst des natürlichen Lernens zu stellen. Das Lernen selbst soll zum Spiel und zur Erholung für das Kind werden. Mit einem größeren Elfenbeinball, einer Art Polyeder mit 25 oder 32 Flächen, auf dem einige Buchstaben des Alphabets mehrfach vorkommen, sollen die Kinder durch ein Würfelspiel spielend das ABC, sodann nach dem gleichen Prinzip das Lesen von Silben erlernen (Locke 1962, S. 120 f.). Da Arbeit und Spiel beim Kind demselben Tätigkeitsdrang entspringen, ergebe sich ihre Definition allein aus der Frage, ob eine bestimmte

Tätigkeit dem Kind vom Erwachsenen zur Pflicht gemacht oder freiwillig geleistet wird. Um dem Kind „das Buch zum Spiel zu machen", sollte das Kind nur solange zu seinem Lieblingsspiel angehalten werden, bis es dieser „Arbeit" überdrüssig sei:

„Denn wenn man ihm befiehlt, seinen Kreisel jeden Tag bis zum Überdruß zu schlagen, meinst du nicht, daß er sich mit Eifer an sein Buch machen wird und sich danach sehnen wird, wenn du es ihm als Belohnung dafür versprichst, daß er seinen Kreisel so wacker und die ganze Zeit hindurch geschlagen hat?
...Eine Schar Kinder, so geleitet und vor dem bösen Beispiel anderer bewahrt, würde ausnahmslos, so glaube ich, mit dem gleichen Ernst und der gleichen Freude Lesen und Schreiben und alles Mögliche lernen, wie andere ihre gewöhnlichen Spiele betreiben." (Locke 1962, S. 102 f.)

Das Beispiel macht besonders deutlich, daß das Spiel, trotz Anerkennung des kindlichen Spielbedürfnisses, primär nur unter dem Aspekt des Erlernens nützlicher Fertigkeiten Bedeutung besitzt: Weder dem sozialen Bezug im Spiel noch der Förderung von Imagination und Gestaltungskraft durch Spielhandlungen wird besondere Bedeutung beigemessen.
Locke hat der Frage nach dem Spielzeug des Kindes im Rahmen seiner Erziehungsvorstellungen, aufs Ganze gesehen keine allzu große Bedeutung zugestanden. Er spricht davon, daß es sich um „zugegebenermaßen belanglose Dinge" handelt, aber auch scheinbar Unbedeutendes solle der Aufmerksamkeit des Erziehers nicht entgehen (Locke 1962, S. 104). Wenn er den Spielsachen des Kindes überhaupt einige Gedanken widmet, so hängt das wohl damit zusammen, daß er die häusliche Erziehung gegenüber der öffentlichen schulischen Erziehung vorzieht. Seine Erziehungsvorstellungen sind weitgehend auf die höheren Stände und den Adel beschränkt. Auch von daher muß seine Warnung vor Überfütterung des Kindes mit kostbarem Spielzeug, das zwar standesgemäß sei, aber nicht dem Beschäftigungsdrang des Kindes entgegenkommt, verstanden werden.
Rousseau, der seinen „Emile" etwa 80 Jahre (1762) nach dem Locke'schen Entwurf der „Gedanken über Erziehung" schrieb, ist in vieler Hinsicht den Erziehungsgrundsätzen des englischen Philosophen verpflichtet; durch die Radikalisierung der Forderung nach Natürlichkeit in der Erziehung wird er allerdings auch zu Lockes Kritiker. Rousseau lehnt Lockes lebenspraktische und utilitaristische Bewertung des Spiels und des „spielenden Lernens" ab (Rousseau 1968, S. 259). Er ist radikaler in der Kritik am Luxusspielzeug der Reichen und in der Forderung nach *Einfachheit* des Spielzeugs; so sagt er über die Kleinkinder seiner Zeit:

„In nichts kann man mehr einfach sein, nicht einmal bei Kindern. Silberne, goldene Rasseln, facettierte Kristalle, Spielzeug jeden Werts und aller Sorten. Welch unnützes und gefährliches Zeug! Weg damit. Keine Rasseln, Glöckchen, kein Spielzeug. Kleine Zweige mit ihren Früchten und Blättern, eine Mohnkapsel, in der man die Körner rasseln hört, eine Stange Süßholz zum Lutschen und Kauen werden ihm genau so viel Spaß machen wie jener Firlefanz und haben nicht den Nachteil, es von Geburt an an Luxus zu gewöhnen." (1968, S. 171 f.)

Rousseau hebt das Spiel als ureigenstes Recht des Kindes hervor und sieht es vor allem im Dienste seiner körperlichen Ertüchtigung, der Ausbildung der Sinne, der Geschicklichkeit und Gewandtheit. So werden Ballspiele, Laufspiele, Billard, Bogenschießen und Musikinstrumente als förderlich für die Erziehung hervorgehoben (1968, S. 317). Spiele und Spielgeräte richten sich allein nach dem Entwicklungsstand des Kindes; im Gegensatz zu Locke sind Rousseaus Erziehungsgedanken nicht auf eine bevorzugte soziale Schicht, sondern allgemein auf das Kind gerichtet. Eine erste geschlechtsspezifische Differenzierung der Spiele ergibt sich durch Aufzählung einiger für die beiden Geschlechter als typisch angesehenen Spielmittel:

„Knaben suchen Bewegung und Lärm – Trommeln, Kreisel, kleine Wagen; Mädchen haben lieber etwas fürs Auge und das, was zum Schmuck gereicht – Spiegel, Schmucksachen, Seidentüchlein, vor allem Puppen; die Puppe ist das besondere Vergnügen dieses Geschlechts – damit ist ganz offenbar ihre Neigung von ihrer Berufung bestimmt." (Rousseau 1968, S. 738)

Im großen und ganzen sind die Aussagen Rousseaus über Spiel und Spielmittel auch quantitativ gesehen recht dürftig und bestehen aus gelegentlichen Bemerkungen. Dem Prinzip der Einfachheit und Natürlichkeit folgend, sind „Spielsachen" im eigentlichen Sinne für das Kind nicht nötig, da es selbst seine Spielgeräte herstellt.

Erhard Weigel (1625–1699)

Erhard Weigel, Mathematikprofessor in Jena, Lehrer von Leibniz und Zeitgenosse John Lockes, war in seinem Denken einerseits ganz den bestehenden Ordnungen verhaftet, hatte aber andererseits die durch die frühe Aufklärung eingeleitete Hinwendung zum vernunftgeleiteten Menschen- und Weltbild bereits mitvollzogen. Weigel gründete in Jena eine „Tugendschule", die – obwohl weit entfernt von der oberflächlichen Geschäftigkeit mancher Philanthropinisten – in bezug auf den pädagogischen Optimismus und die positive Bewertung des Spiels die spätere Pädagogik der Aufklärung vorwegnimmt.
In unserem Zusammenhang sind die Ausführungen Weigels zu der der eigentlichen Schule vorangehenden „Vor- oder Kinderschule" interessant[2]. Sie hat etwa die Funktion eines Kindergartens, soll „ein Spiel-Hauß, doch nicht der Üppigkeit und Tollheit, sondern der vernünftigen Ergötzlichkeit und Tugend seyn". Die Kinder werden durch eine „Kinderführerin" betreut und durch „Stipendiaten" (Studenten) auf die Schule vorbereitet. Dabei solle auch das „Gemüth" angesprochen werden. Dies geschieht vor allem durch Spiel:

---

2 Alle nachfolgenden Weigel-Zitate entstammen Weigels Schrift »Fortsetzung des Himmelszeigers« (1681), vgl. Schüling 1970, S. 60 ff.

„Neben denen Tugend-Vortheln dienen auch zur Wissenschaft und zur Erfahrung wie auch zu geschäfftiger Tätigkeit gewisse Vorthel bey den kleinen Kindern, wenn sie etwas Liebliches zu thun bekommen und ihr Geist, der niemals ruhet als wenn er schläfft, mit Lust und Freud zur Weißheit wohl beschäftigt wird."

Weigels Forderungen an die Kleinkindererziehung, die er in seinem „Himmelszeiger" niederlegt, erinnern in mancher Hinsicht, wie Hildegard Schlee (1968) feststellt, an Friedrich Fröbel. Der Grundsatz der Kindgemäßheit in der Erziehung wird von Weigel ebenfalls betont:

„Der Art der Kinder muß man folgen und dergleichen Mittel brauchen, wenn man sie gewinnen und zum guten angewehnen will."

Praktische Kenntnis und pädagogischen Realismus verraten seine Hinweise auf die in der Kinderschule durchzuführenden Beschäftigungen:

„Ausschneiden und auf Papier kleben, Formen und Modellieren von Häußern, Brücken, Mühlen, Gärten und dergleichen, daß man eine Gasse, ein Dorff und was noch mehr zur Lust davon zusammensetzen, kleine Docken als auffrichtsamte, haushaltige Personen durchspatzieren und, was sie thun, durch kluge Kinderwärterinnen sprechen lassen könnte."

Der Gedanke Platos, in den Spielsachen der Jüngsten nützliche Lernmittel zu sehen, wird von Weigel noch stärker hervorgehoben:

„... daß in kleinem Maß dergleichen Spiel mit Kindern vorgenommen würde, welches kluge Leuthe in der Welt dem großen Maß-Stab nach mit Ernst zu treiben pflegen. Da könten denn die kleinsten Kinder noch zu Hauß sehr wohl beschäftigt, ihnen auch dabey die Materialien und Objecte ohne Mühe sampt den Nahmen nach Belieben eingebracht und der Verstand im Spielen besser erbaut werden."

Der Wechsel von Spiel, Bewegung und Beschäftigung, stellt Hildegard Schlee fest, der heute ein Grundprinzip der Kindergartenarbeit geworden ist, wurde von Weigel schon ebenso gefordert.
Auch dem käuflichen Spielzeug seiner Zeit widmet Weigel einige bemerkenswerte pädagogische Überlegungen. Erstmals wird zur Vielfalt der erhältlichen Spielmittel und dem daraus resultierenden Problem der richtigen Auswahl Stellung genommen:

„Nun ist zu der kleinen Kinder ihrer mit Vernunfft Erbauung zu habender Lust von den berühmten Nürnbergern und anderen klugen Köpffen schon gar vielerley Spiel- und Dockenwerck zu Marckt gebracht. Und fehlet nichts als dass nur eine Wahl und Ordnung unter ihrer Manchhafftigkeit gehalten werde..."

Weigel empfiehlt den Herstellern, in ihr Angebot allerlei nützlich-belehrende Dinge aufzunehmen, diese systematisch zu ordnen und die einzelnen Gegenstände deutsch und lateinisch zu beschriften:

„Bedenckts ihr Klugen, warum sollten nicht die Dokken-Künstler mehr Profit und Abgang haben, wenn sie an statt vieles albern gerülls die bequemen Kunst-Civil- und Handwerks-Sachen, Stellungen und Posituren jedes solcherlich zusammen ordneten, möchte doch der eine viel, der andere wenig davon kaufen."

Erstmals werden unkindgemäße Spielmittel, „garstige Dockenwerke, die da Kinder ärgern können", verurteilt. Sie sollen „anstatt eines Mühlsteins ihrem Meister oder Meckler an den Halß gehencket und er dann an den Pranger gestellt" werden. Damit die Kinder – „anstatt des tollen unvernünftigen Klettern, Rantzen, Kelbern und Rumorn im Hauß" – sich vernünftig verhalten, „weil sie auch den Leib bewegen müssen, daß sie nicht verbutten", konstruiert Weigel für verschiedene Altersstufen einige mechanische Spielgeräte: Die „Sennften Wiege", den „Haußschwang (eine Schaukel), das „Kinderwäglein", das „Zelter-Pferd, das keinen Hafer frißt" (eine Art Schaukelpferd?). Auch im Unterricht der Trivialschule wird der spielenden Betätigung Raum gegeben: „Nachmittags da kömmt die Meßkunst auch darzu, und endlich auch das Bauen mit geschnittenen Brettlein und Klötzichen". Modelle aus Holz, Figuren aus Papier und Pappe werden hergestellt und andere Spiele durchgeführt.

Weigels Bemerkungen über Spiel und Spielmittel sind primär nicht theoretischer Natur, sondern aus dem praktischen Umgang mit den Dingen erwachsen. Spielendes Lernen im Umgang mit entsprechenden Objekten wird bei ihm nicht wie bei Locke oder später bei Basedow aus rein pragmatischen, rationalistischen Gründen gefordert. In seiner Geisteshaltung der christlichen Tradition verbunden und gegen „Veränderungen" eingestellt, verrät Weigel in seiner Pädagogik durchaus liebevolles Verständnis für die Spielbedürfnisse des Kindes.

J. C. F. Gutsmuths (1759–1839)

In der Geschichte der Pädagogik der Spielmittel hat der als Lehrer bei Salzmann in Schnepfenthal wirkende Gutsmuths aus zwei Gründen eine hervorragende Bedeutung: zum einen hat man ihn als den „bedeutendsten Spielförderer und Spieltheoretiker unter den Philanthropen" (Scheuerl) anzusehen, zum anderen ist Gutsmuths ein Pädagoge, der erstmals aus praktischer Erfahrung und empirischem Interesse Spiele *systematisch* zu sammeln beginnt und von daher auch zu den Spielmitteln ein engeres Verhältnis hat, obwohl zu diesem Bereich noch keine systematischen Erörterungen angestellt werden.

Die Einsicht, daß das Spiel des Kindes auch ohne die vom Erwachsenen hineingelegte Lernabsicht pädagogisch wertvoll sei, die von Rousseau erstmals herausgestellt, von der philantropinistischen Pädagogik durch Überbetonung des Prinzips des „spielenden Lernens" teilweise wieder verdrängt wurde, legt Gutsmuths in ihrer ganzen Bedeutung frei und führt sie einer vertieften Interpretation zu. Wenn in der Aufklärung generell „Erholung" und „Lustgewinn" als die beiden bevorzugten Ansätze für die theoretische Klärung des Spielphänomens gelten, so sind sie von niemandem so deutlich herausgestellt und gleichzeitig *pädagogisch* gewertet worden wie von Gutsmuths.

In der Vorrede zu seinem „Spiele"-Buch, das erstmals 1796 erschien und viele Auflagen erlebte, betont er, daß es wohl schon eine Menge derartiger Zusammenstellungen gebe: „In pädagogischer Hinsicht aber ist noch gar keine Sammlung von Spielen veranstaltet." (Gutsmuths 1845, S. 20)

Damit ist eine Einschränkung gemacht gegenüber allen Spielen, die nicht um ihrer selbst willen, sondern aus Renommiersucht, Habgier oder sonstigen unwürdigen Motiven betrieben werden, wie es von den zeitüblichen Glücksspielen und von unehrenhaften Gesellschaftsspielen angenommen werden konnte. Für Gutsmuths sind Spiele

„Belustigungen zur Erholung, geschöpft aus der Wirksamkeit und verabredeten Form unserer Tätigkeit... Spiele sind wichtige Kleinigkeiten; denn sie sind zu allen Zeiten, unter allen Völkern, bei Jung und Alt *Bedürfnisse* gewesen: weil Freude und Vergnügen zur Erholung von Arbeit, leider auch wohl zum Schutze gegen Langeweile, eben so gut Bedürfnisse sind, als Befriedigung der Verdauungs- und Denkkraft."

Der besondere (und zweifellos naturalistischem Denken verpflichtete) Ansatzpunkt für eine pädagogische Theorie des Spiels ist hier weder die Frage nach seiner Verwendbarkeit hinsichtlich bestimmter Lernziele noch der mögliche funktionale Übungseffekt: er liegt vielmehr darin begründet, daß *Spiel-Bedürfnis* und *Bedürfnisbefriedigung* durch Spiele an sich schon pädagogische Tatbestände sind. Die Frage „Wozu spielen?" beantwortet Gutsmuths denn auch in einem dreifach abgestuften Sinn. Er nennt als Spielzweck

„a) Unterhaltung gegen Langeweile oder
b) Gewinn (an Körper- oder Geisteskraft),
c) Erholung von Arbeit." (1845, S. 40 f.)

Das zuletzt genannte Moment wird der „rechtmäßigste Zweck bei allem Spiel" genannt. Diese starke Hervorhebung des Erholungsgedankens gegenüber dem Übungswert des Spiels ist charakteristisch für Gutsmuths. Die erstmals ausgesprochene Erkenntnis, daß Unterhaltung und Erholung im Spiel bis ins Erwachsenenalter pädagogische Bedeutung besitzen, macht Gutsmuths, der als der Begründer der modernen Leibesübungen gilt, gleichzeitig auch zum Mitbegründer der Freizeitpädagogik, deren eigentliche Ausweitung freilich erst in der Industriegesellschaft des 20. Jahrhunderts erfolgt.

Welche Bedeutung kommt in der Pädagogik Gutsmuths nun den Spielmitteln zu? Auf den ersten Blick gesehen möchte man sagen: überhaupt keine. Ebenso wie die meisten bestehenden Spieltheorien den Materialien und Objekten des Spiels wenig Aufmerksamkeit schenken, mißt auch Gutsmuths in seinen spieltheoretischen Ausführungen dem gegenständlichen Aspekt eine untergeordnete Bedeutung zu:

„Beim Spiele im strengen Sinne hat der Spieler keinen Zweck, als den der Belustigung an der freien Wirksamkeit seiner Tätigkeit." (1845, S. 22f.)

Die Spielmaterialien werden als Mittel betrachtet, diese Tätigkeit wirksam zu machen, ihr Anreiz allein reiche aber nicht aus; als Ansporn der Spieltätigkeit trete vielmehr ein Affekt, z. B. Ehrliebe, hinzu, drittens müsse dem Zufall eine gewisse Herrschaft über das Material eingeräumt werden, um die Spieltätigkeit rege zu erhalten, viertens schließlich sei auch die „verabredete systematische Ordnung unserer Tätigkeit" wesentlich für das Vergnügen am Spiel.

Die Tatsache, daß die Bewegungsspiele bei Gutsmuths eine so hervorragende Bedeutung besitzen, läßt ebenfalls erwarten, daß die eigentlichen Spielmittel kaum von Interesse sein können. An einer Stelle findet sich sogar Kritik an „Spielzeugen": Wenn Plato behauptet hat, es sei nichts schädlicher, als den Kindern vielerlei Spiele zu geben, weil sie dadurch zur Flatterhaftigkeit und zur Begierde nach Neuerungen erzogen werden, so gelte dies vor allem dann, wenn er damit Spielzeuge gemeint habe (1845, S. 37). Hierbei beruft sich Gutsmuths ganz auf Locke, warnt die Eltern davor, ihre Kinder aus Liebe mit Spielsachen zu überschütten, die sich die Kinder besser selbst anfertigen sollten. Doch diese Kritik an der Überfütterung mit teurem, aber wertlosem Spielzeug – die wesentliche Aussage, die die Pädagogik der Aufklärung zum käuflichen Spielzeug überhaupt formuliert hat – wendet sich ins Positive bei der Beschreibung jener Spiele und Spielmittel, die Gutsmuths der Jugend empfiehlt.
Betrachten wir zunächst seine Einteilung der Spiele. Es ist die erste Systematik von Spielen überhaupt. Die „Tätigkeit" wird von Gutsmuths als das fundamentale Moment des Spiels angesehen. Nach diesem Kriterium werden alle Spiele in zwei große Gruppen eingeteilt: „Bewegungsspiele" und „Ruhespiele" (sitzende Spiele); die ersteren beanspruchen mehr den Körper, die letzteren mehr den Geist.
In *beiden* Gruppen werden die Spiele dann angeordnet nach den „Erkenntniskräften", die sie vorzugsweise beanspruchen: Spiele der Aufmerksamkeit, des Gedächtnisses, der Phantasie und des Witzes, des Verstandes und der höheren Beurteilungskraft, des Geschmacks. Schließlich bildet ein weiteres Kriterium zur Differenzierung dieses Systems die Frage nach den Materialien bzw. Mitteln der Spiele:

„Endlich ist bei einem System der Spiele wegen der Methode im Vortrage noch Rücksicht zu nehmen auf das Materiale. Dieses besteht in Kugeln, Bällen, Scheiben usw., oft selbst in den spielenden Personen. Hierdurch entstehen die verschiedenen Arten der Spiele, als Ballspiele, Kugelspiele, Scheibenspiele und Gesellschaftsspiele, zu welchen letzteren alle diejenigen gehören, bei denen die Personen selbst das Materiale ausmachen." (1845, S. 46)

Gutsmuths' Spiele-Buch enthält (in der 1. Auflage) weit über 100 Spiele. Jedes Spiel ist nicht nur mit einer genauen Beschreibung, sondern auch mit einer pädagogischen Bewertung versehen. Spiele mit belehrender Absicht, wie sie von Basedow, Campe und anderen beschrieben bzw. praktisch benutzt wurden, sind ebenfalls aufgeführt.

Überall dort, wo das belehrende bzw. geistig bildende Moment eingelagert ist in Spannung, körperlicher und geistiger Bewegung und letztlich überlagert wird durch die Freude am Spiel, wird es als pädagogisch wesentlich angesehen; eine Tendenz, Belehrung und Unterweisung in verstärktem Maße durch Spiele erfolgen zu lassen, ist bei Gutsmuths nicht festzustellen. Er nimmt die Spiele so, wie sie allgemein bekannt sind und beurteilt ihren Spielwert. Selbst dort, wo einem Spiel bescheinigt wird, daß es „nicht von sonderlichem Gehalte" sei, wie z. B. das Spiel mit dem „Brummenkreisel", gesteht ihm Gutsmuths einen Wert zu, weil es „zur Belustigung nicht zu verachten" sei (1845, S. 201).

Bei allen Spielen wird darauf Wert gelegt, daß körperliche Übung und Bewegung einerseits, geistige Tätigkeiten andererseits sich möglichst gegenseitig durchdringen und im Verhältnis der wechselseitigen Ergänzung zueinander stehen. Insbesondere alle Bewegungsspiele beurteilt Gutsmuths danach, inwieweit sie auch geistige Fähigkeiten in Anspruch nehmen. Soweit Spielmaterialien für die Durchführung einzelner Spiele selbst herstellbar sind, empfiehlt Gutsmuths die Selbstherstellung grundsätzlich vor dem käuflichen Erwerb – so etwa beim Federspiel (das uns heute als ‚Mikado' bekannt ist) die Anfertigung der Holzstäbchen. Bei einer Reihe anderer (Karten-)Spiele weist er ausdrücklich darauf hin, daß sie besser im Buchhandel bezogen werden mögen, wie z. B. das geographische Kartenspiel und andere Kartenspiele, in denen die Erprobung von Sachwissen eine Rolle spielt.

Gutsmuths betont, daß die meisten ‚ruhenden Spiele' „gesellschaftliche" sind, bei denen das Spielmaterial meist nur eine untergeordnete Bedeutung besitze (1845, S. 221). So finden wir die Beschreibung und Wertung von *Spielmitteln* (abgesehen von den Brettspielen) in der Hauptsache bei den Einzelspielen („einsamen" Spielen). Hierher gehören Geschicklichkeitsspiele wie das „Bullenspiel" (Jo-Jo), „Bilboquet" (Becher-Ball-Spiel), die „Zeichnungswürfel" (aufgrund eines Wurfes mit mehreren Würfeln muß eine Person gekennzeichnet werden, deren Körperteile durch den Standort der gefallenen Würfel lokalisiert sind), das „Täfelei- oder Parquettspiel" (Farbenmosaik legen) und Bauspiele.

Unter der Kategorie der „einsamen Spiele" wird von Gutsmuths auch das „Ringelspiel oder Nürnberger Tand" beschrieben. Es ist identisch mit dem bereits erwähnten „Zankeisen", einer Nürnberger Erfindung, die im Laufe des 19. Jahrhunderts in Vergessenheit geriet: Auf einer spangenförmigen Gabel sind Metallringe angebracht, die nur dann vollständig abzulösen sind, wenn eine bestimmte Reihenfolge eingehalten wird[3].

---

3 In der 9. Auflage des Spiele-Buches (1914) wurde durch G. Thiele eine völlig neue (durchaus problematische) Einteilung und Erweiterung der Spiele-Systematik Gutsmuths' vorgenommen. Die oben genannten Spiele erscheinen hier unter »Spielzeug«. Das bereits auf Seite 69 erwähnte Zankeisen war bald nach seiner Erfindung Gegenstand von Lösungstheorien; auch bei Gutsmuths findet sich eine entsprechende Erläuterung. Dieses Spielmittel verfiel im 19. Jahrhunder in Deutschland völlig der Vergessenheit, so daß Ahrens in seinem Buch »Mathematische Unterhaltungen und Spiele« (1901, S. 32f.) es mit der französischen Bezeichnung »Baguenaudier« vorstellte und meinte: »Ein deutscher Name scheint für das Spiel nicht zu existieren, dasselbe überhaupt in Deutschland ziemlich unbekannt zu sein«.

Täfelei- und Bauspiele sind bei Gutsmuths merkwürdigerweise der Gruppe der „Spiele des Geschmacks" zugeordnet. Diese dienten der Empfindung und Beurteilung des Schönen und seien „allein auf reinen Trieb der Tätigkeit gegründet". Gutsmuths' Beurteilung der Bauspiele kann als typisches Beispiel für seine pädagogische Einschätzung von Spielmitteln überhaupt gelten. Er hält die Bauspiele für die „trefflichsten aller einsamen Spiele" und nennt die Einfachheit des Materials und die genaue und sorgfältige Bearbeitung der Bausteine als Grundbedingung für ihre pädagogische Wirksamkeit. Gerade durch die Unscheinbarkeit des Materials seien der Erfindungsgabe, der Phantasie und dem Formwillen („Geschmack") unerschöpfliche Gestaltungsmöglichkeiten geboten:

„Je einfacher nämlich dieser Stoff ist, desto größer muß die schaffende Selbstthätigkeit werden, desto größer ist aber auch, da das Kind einmal schaffen und gestalten will, seine Freude daran, und desto größer wird eben damit der pädagogische Werth der Sache." (Gutsmuths 1845, S. 288f.)

Im Anschluß daran wird noch einmal die ablehnende Haltung Gutsmuths gegenüber einer Überfütterung des Kindes mit Spielsachen deutlich:

„Denn nichts kann verkehrter und verfehlter sein, als dem Kinde künstliches, bereits vollständig ausgeführtes und oft thöricht genug reiches und kostbares Spielzeug in die Hände zu geben. Da nämlich der Trieb nach Thätigkeit meist gar keinen Stoff darin findet, so wird das Kind nothwendig bald dadurch gelangweilt, und es will deswegen immer Neues, immer Schöneres und Reicheres, und mit der wachsenden Begierde wächst auch die Übersättigung und die Verwöhnung. Und dann klagen die schwachen und thörichten Eltern über diese Ungenügsamkeit und Sattheit, welche sie doch selbst erzeugt und genährt haben." (1845, S. 288f.)

Die Hinwendung zum Prinzip des „einfachen" und „natürlichen" Lebens, die pädagogische Rechtfertigung des Spiels als Ausfluß von jugendlicher Lebenskraft und Betätigungslust lassen in Gutsmuths einen Pädagogen erkennen, der die Bedeutung des Spiels für die Erziehung erstmals sowohl theoretisch begründet als auch praktisch wahrnimmt.

Jean Paul (1763–1825)

Die Pädagogik der Romantik hat, stärker auf Rousseau als auf den Philantropismus bauend, Erziehung und Entwicklung des Kindes eingebunden gesehen in das Werdegesetz organischen Lebens überhaupt. Erziehung wird zur helfenden Unterstützung der Selbstentfaltung der kindlichen Seele, die nach Harmonie und Ebenmaß strebt. Von daher wird das Spiel des Kindes zur „notwendigen Lebensform" (K. Hauck) erhoben. Vor allem wird die entscheidende Bedeutung der *frühen* Kindheit für alles spätere Werden erkannt. Jean Paul Friedrich Richter hat in seinem pädagogischen Hauptwerk „Levana oder Erziehungslehre" (1807) einen Aspekt für die Pädagogik des Spiels und der Spielmittel herausgestellt, der, von Locke nicht gesehen, von Rousseau erstmals herausgestellt, von Gutsmuths in einigen Spielen pädagogisch gewürdigt, nun zum Hauptanliegen überhaupt wird: Förderung von Schöpferkraft und Phantasie. Jean Paul, mindestens ebenso Poet wie Pädagoge, stellt Heiterkeit und Freudigkeit der Kinder als die wesentlichsten Bedingungen für die Entfaltung ihrer Individualität heraus – auf sie haben sich alle Maßnahmen der Erziehung zu richten; dem Kind selbst, nicht seiner späteren Rolle als Erwachsener gilt die Sorge des Erziehers:

„Die Lebensfülle des im Spiel voll ausgekosteten Augenblicks hat im kindlichen Leben ihr Eigenrecht gegenüber der Zukunft." (Scheuerl 1969 a, S. 10)

Denn Spiel selbst ist der Mittler und Grund jener Heiterkeit, aus der heraus das Kind tätig sei.

„Heiterkeit oder Freudigkeit ist der Himmel, unter dem alles gedeiht, Gift ausgenommen... Was heiter und selig macht und erhält, ist bloß Tätigkeit. Die gewöhnlichen Spiele der Kinder sind – ungleich den unsrigen – nichts als die Äußerungen ernster Tätigkeit, aber in leichtesten Flügelkleidern." (Jean Paul 1963, S. 61, S. 64)

Den beiden Gruppen von Spielen, die Jean Paul unterscheidet, entsprechen zwei aufeinanderfolgende Entwicklungsstufen. Sie nehmen die Unterscheidung späterer Einteilungen in Spiele der *Hingabe* und der *Gestaltung* vorweg. Er nennt

1. „Spiele oder Anstrengungen der empfangenden, auffassenden, lernenden Kraft",
2. „Spiele der handelnden, gestaltenden Kraft".

Die zweite Kategorie wird nochmals unterteilt in „Spiele mit Spielsachen" und „Spiele mit und unter Spielmenschen" (1963, S. 64 u. 66). Jean Paul deutet im Anschluß an Schiller das Spielen des Kindes als Verarbeitung eines Überschusses der geistigen und körperlichen Kräfte. Aber dies bedeutet eben nicht bloßes Abreagieren, wie es später in der Kraftüberschußtheorie Spencers zum Ausdruck kommt, sondern ist inneres Gestalten der Seele durch die Kräfte der Phantasie. Die Grundforderung, die an Spielzeug allgemein gestellt wird, lautet bei Jean Paul nicht anders als bei den Pädagogen der Aufklärung: Es ist die Forderung nach Einfachheit; sie steht hier freilich in einem ganz anderen pädagogischen Denkzusammenhang. Zunächst finden wir für die Ablehnung einer zu reichhaltig mit Spielzeug ausgestatteten Spielwelt eine Begründung, die noch in mittelbarem Zusammenhang der Lockeschen Argumentation gesehen werden könnte. Dem Kind schade solcher Überfluß nur, es dürfe nicht den Gefahren des Genusses und der Genußsucht ausgesetzt werden. Mit der rigorosen Trennung von Heiterkeit und Genuß wendet sich Jean Paul andererseits gegen ein oberflächliches Glückseligkeitsstreben der Aufklärungspädagogik:

„Spiele d. h. Tätigkeit, nicht Genüsse erhalten die Kinder heiter. Unter Genuß versteh' ich jeden ersten angenehmen Eindruck, nicht nur des Geschmackes, sondern des Ohres und Auges; ein Spielzeug gibt zuerst Genuß durch seine Erscheinung, und erst Heiterkeit durch seinen Gebrauch." (1963, S. 62)

So könnte ein allzu kostbares Spielzeug nur zur Genußsucht verführen. Andererseits aber sei dem Kinde die äußere Erscheinung der Gegenstände ziemlich gleichgültig, wenn es mit ihnen ernsthaft spielt, denn die Spieldinge erhielten Gestalt und Funktion allein durch die schöpferische Phantasie.

„Jedes Stückchen Holz ist ein lackierter Blumenstab, an welchen die Phantasie hundertblättrige Rosen aufstengeln kann... Vergeßt es doch nie, daß Spiele der Kinder mit toten Spielsachen darum so wichtig sind, weil es für sie nur lebendige gibt und einem Kinde eine Puppe so sehr ein Mensch ist als einem Weibe eine erwachsene... Aber an reicher Wirklichkeit verwelkt und verarmt die Phantasie; mithin sei jede Spielpuppe und Spielwelt nur ein Flachsrocken, von welchem die Seele ein buntes Gewand abspinnt." (1963, S. 66 f.)

Die Beseelung von Spielgegenständen durch die schöpferische Phantasie und Gestaltungskraft des Kindes ist das neue und zentrale Moment in der Spielpädagogik Jean Pauls. So gesehen sind alle realitätsnachahmenden Momente am Spielzeug unwesentlich oder sogar störend, die die Phantasie des Kindes aus eigener Kraft hervorbringen will. Es soll möglichst unspezifisch strukturiert sein, Material, das erst unter den gestaltenden Händen des Kindes Leben und Form annimmt.

„Farben gleichen den obigen Reichtümern des Spielzeugs und erschöpfen durch Wirklichkeit die Schöpfungskraft. Daher komme kein Spielzeug schon durch Anschauen vollendet an, sondern jedes tauge zu einem Arbeitszeuge." (1963, S. 68)

Die positive Bedeutung, die Jean Paul dem Sand als dem naturgegebenen Spielmaterial zukommen läßt, macht deutlich, in welche Richtung seine Vorstellungen vom kindgemäßen Spielzeug gehen. Es soll nicht Realität fertig abbilden, sondern dem Kind ermöglichen, sich seine eigene, mit Phantasie durchsetzte Realität zu erbauen:

„Folglich umringt eure Kinder nicht, wie Fürsten-Kinder, mit einer Klein-Welt des Drechslers; reicht ihnen nicht die Eier bunt und mit Gestalten bemalt, sondern weiß, sie werden sich aus dem Innern das bunte Gefieder schon ausbrüten. Hingegen je älter der Mensch wird, desto reichere Wirklichkeit erscheine." (1963, S. 67)

Aus gleichem Grunde lehnt er eine mechanische Spielzeug-Anlage, wie z. B. ein Bergwerk, ab und hält einen einfachen Baukasten für kindgemäßer. Viele Spiele, doch weniges, unscheinbares Spielzeug, und für jedes Geschwisterkind das seine, damit kein Streit entsteht – das ist das Fazit, das Jean Paul zieht (1963, S. 71).
Eine vergleichende Untersuchung der Aussagen von Locke, Herbart und Jean Paul ergibt in den Spieltheorien große, in bezug auf die Anforderungen an Spielsachen fast keine Unterschiede: Einfachheit, Sparsamkeit, Mäßigkeit in der Menge der

Spielsachen sind die wesentlichen Forderungen, die bei allen drei Pädagogen anzutreffen sind (Weller 1908).

Friedrich Fröbel (1782–1852)

Das zunehmende Bemühen um ein vertieftes Verständnis der Eigenwelt des Kindes einerseits, das Abrücken von der vorgefertigten Realität industriell produzierten Spielzeugs andererseits sind die beiden wesentlichen Erkenntnisse, die unser historischer Abriß zur Pädagogik der Spielmittel bislang erbracht hat. Diese Entwicklung wird mit Fröbel zu einem Höhepunkt und vorläufigen Abschluß geführt.

Ebenso wie es richtig ist, daß die Theorie des Spiels den Schlüssel zum pädagogischen Denken Fröbels darstellt, kann behauptet werden, daß die Spielgaben den Kernpunkt eben dieser Theorie ausmachen. Beides, Spieltheorie und Spielgaben werden erst im Zusammenhang der metaphysischen Weltdeutung Fröbels verständlich. Nun ist Fröbels Pädagogik schon zu oft dargestellt worden, als daß sie unter diesem dreifachen Aspekt hier in vollem Umfang entfaltet werden müßte[4]. Es geht vielmehr darum, die bisher aufgezeigte Entwicklungslinie einer Pädagogik der Spielmittel weiter zu verfolgen und die spezifische Modifikation, die sie bei Fröbel erfährt, herauszuarbeiten.

Schon in der „Menschenerziehung" (1826) hat Fröbel den Grundstein zu seiner Auffassung vom spielenden Kinde gelegt. Wenn auch in der Erziehungsanstalt zu Keilhau dem Spiel eine große Bedeutung zukam, so entwickelt sich die eigentliche Spielpädagogik Fröbels erst in seinem letzten Lebensabschnitt. Entscheidend dafür war Fröbels zunehmendes Interesse an der Kleinkinderziehung, der Plan einer „Anstalt zur Pflege des schaffenden Tätigkeitstriebes" (1837) und schließlich die Gründung des Kindergartens (1840). Aber dieses scheinbare Nacheinander in der Entfaltung seiner pädagogischen Vorstellungen muß in bezug auf die Spielgaben als eine Einheit angesehen werden, so daß umgekehrt, von den Spielgaben her, Fröbels Pädagogik des Spiels und das metaphysische Weltbild, in das sie eingelagert erscheint, transparent gemacht werden kann. Deshalb ist es möglich, die „Spielgaben" zunächst in ihrer materialen Qualität und allgemeinen Funktion ohne eine metaphysische Sinnunterlegung darzustellen.

Erika Hoffmann (1968, S. 133) hat das Ganze der Spielgaben in einer Übersicht zusammengestellt, die auch jene Teile des Systems mit einbezieht, die Fröbel wohl geplant hat, die aber nicht mehr zum Verkauf bereitgestellt wurden. Diese Übersicht verdeutlicht die *Komplexität*, aber mindestens ebenso die durch systematisches Zuordnen erreichte *Durchsichtigkeit* des pädagogischen Systems der Spielabgaben.

---

4 Wir verweisen auf die zusammenfassende Darstellung der Fröbelliteratur von Heiland (1972). Von den vielen Einzeldarstellungen der Spielpädagogik Fröbels kommt Döring (1973) unserer Fragestellung am nächsten.

Mahrenholz-Bülow hat in ihrem „Theoretischen und praktischen Handbuch der Fröbelschen Erziehungslehre" (1886/87) die Gruppe der Fröbelschen Beschäftigungsmittel noch wesentlich weiter gefaßt: Zu ihnen gehören neben den Legetäfelchen „Verschränkspäne, Stäbchen, Kreiselegen, Fädchenspiel und Kettenlegen, Erbsenarbeiten, Linearzeichen im Netz, Falten, Flechten, Verschnüren, Ausschneiden, Ausstechen und -nähen, Modellieren in Ton; ferner rechnet Mahrenholz-Bülow hier noch das ‚Turnen und die Bewegungsspiele' sowie die ‚Pflege der Gartenbeete' hinzu" (Heiland 1972, S. 86). Die Vielfalt der „Mittel" und Tätigkeiten gibt einen Eindruck davon, wie weitgefaßt und wie sehr auf den praktischen Lebensbereich abgestimmt man sich Fröbels System der Spiel- und Beschäftigungsmittel vorzustellen hat.

Fröbel ist der erste Pädagoge, der Spielzeug nicht nur zum wichtigsten Erziehungs- und Bildungsmittel des jüngeren Kindes erklärt, sondern gleichzeitig solche Spielmittel unter pädagogischen Gesichtspunkten selbst entwickelt. Darüber hinaus hat Fröbel erstmals die Ganzheit pädagogischer Bezüge dargestellt, die von den Spielmitteln ausgehen, wenn sie in pädagogischen Situationen ihre Wirksamkeit entfalten[5]. Die Beziehungen zwischen „Kind", „Mittel" und „Bewegung" stellt Fröbel wie folgt dar:

„In aller Tätigkeit, in allem Tun des Menschen, ja schon des kleinsten Kindes spricht sich ein Zweck, eine Beziehung zu Etwas, zur Förderung oder zur Darstellung von Etwas aus. Dazu bedarf aber der Mensch und ganz besonders das Kind in den meisten Fällen eines Stoffes, eines selbständigen, besonderen Mittels, sei es auch nur ein Hölzchen, ein Steinchen, mit dem es Etwas oder welches es zu Etwas macht. Um deshalb nun einerseits das Kind zur Behandlung seines Spielstoffes hin- und in denselben einzuführen, gaben wir dem Kinde einen Ball und die sich daraus entwickelnde Kugel, Würfel usw. Doch jedes dieser Spielmittel fordert sogleich das Kind wieder zur Selbsttätigkeit, zur freien Selbsttätigkeit, zur freien, unabhängigen Bewegung auf." (Fröbel 1874, S. 182)

Die Gegenüberstellung von Kind und Spielmittel in der pädagogischen Situation ist für Fröbel ein Grundmodus der Beziehung des Subjektes zur Objektwelt, die zum Erkennen und zum Handeln herausfordert, die aber gleichzeitig ein Spiegel des eigenen Selbst darstellt. So gesehen ist Spielzeug, repräsentiert in den „Spielgaben", reines Mittel der Selbstdarstellung des Kindes. Sein Spiel wird zum „Spiegel seiner Innen- und Umwelt... Und Spielzeug ist somit das dem Kinde wie Mittel und Zweck entgegengesetzte Gleiche seines Wesens und dadurch das die Spiellust, das Spielen und Spiel Weckende, Erzeugende." (1874, S. 252)

Wenn man die Spielgaben als das Zentrum der Spielpädagogik Fröbels ansehen kann, so lagern sich darum gleichsam in konzentrischen Kreisen die weiteren Dimensionen seines pädagogischen Denkens: Von den Mitteln und Tätigkeiten sind die pädagogischen Situationen erschließbar, in denen sich die intendierten Erzie-

---

5 Insbesondere Petersen wies auf den engen Zusammenhang zwischen »pädagogischer Situation« und einer empirisch-praktischen Pädagogik bei Fröbel hin, vgl. Petersen 1932.

hungs- und Bildungsvorgänge ereignen, von ihrer Intention her sind schließlich der Sinn und das Ziel des sich entwickelnden und erzogenen jungen Menschen ablesbar. Mit Bedacht hat Erika Hoffmann die Mutter- und Koselieder einerseits und die Bewegungsspiele andererseits in das System der Spielgaben einbezogen. Das Mutter- und Koseliederbuch muß zu den ersten deutschen Bilderbüchern überhaupt gezählt werden und enthält als Erziehungs- und Bildungsmittel im Keim schon alle jene pädagogischen Potenzen, die in den Spielgaben angelegt sind: Eine auf die einfachsten Formen der Anschauung gerichtete Sprache wird zum Vermittler zwischen Mutter und Kind und stiftet ein enges sozial-emotionales Bezugsverhältnis; die Anregungen zur Übung der Sinne und zur Beobachtung der Umwelt, die das Büchlein in einfachster Weise vermittelt, werden zur Grundlage der durch die Spielmittel in Gang gebrachten Erkundungsprobleme. Die drei Kategorien „Mutter- und Koseliederbuch", „Gegenständliches Spielzeug" und „Bewegungsspiele" bilden eine Reihe, die man in Analogie zu den Entwicklungsstufen des Kindes sehen könnte. Wenn auch die Bewegungsspiele schon mit der Darbietung der ersten Gabe einsetzen und dann parallel zu den Spielgaben den Entwicklungsgang des Kindes begleiten, verlagert sich auf sie der Schwerpunkt des Spiels mit zunehmendem Alter des Kindes.

Die Bewegungsspiele (insbesondere die Ballspiele) machen deutlich, wie sehr Fröbel den Spielmitteln auch unter dem Aspekt der Spielgemeinschaft, d. h. als *Erziehungs*mittel Bedeutung beimaß. Zur Kategorie der Bewegungsspiele sind nicht nur volkstümliche Kreis- und Turnspiele zu zählen, sondern ebenso nachahmende Spiele sowie alle Gesellschaftsspiele, die die Erkenntnistätigkeit des Kindes fördern. In ihnen werden die Kinder sich selbst zum „Mittel" der Entwicklungsförderung.

Die Abstimmung der „pädagogischen Mittel" auf den Entwicklungsgang des Kindes zeigt sich am deutlichsten in der Anordnung der einzelnen „gegenständlichen Spielzeuge": Auch ohne Berücksichtigung ihres philosophischen und symbolischen Bedeutungshintergrundes bildet die Anordnung „Ball – Kugel – Würfel – Walze und Kegel – geteilte Würfel" ein pädagogisch durchdachtes System von Spielmaterialien, das innere Logik, aber auch entwicklungspsychologische Kenntnisse und praktische Erfahrung verrät. Das bedeutet nicht, daß die Gaben in einem strengen zeitlichen Nacheinander dem Kinde zu geben sind. Die Reihe zeigt vielmehr die im Zuge der Entwicklung auftretende Verschiebung des kindlichen Interessenschwerpunktes an. Auf heutige entwicklungspsychologische Modellvorstellungen angewandt, fällt es nicht schwer, in diesem System eine Analogie zum Modell der „Stufung" und „Differenzierung" von Entwicklung wiederzuerkennen (Thomae 1959, S. 13 ff.).

Eine weitere Entwicklungsreihe stellt der Übergang von den Spielgaben zu anderen gegenständlichen Spielmitteln dar: Spiele mit Körpern – Spiele mit Flächen – Spiele mit Linien – Spiele mit Punkten.

Auch diese Ableitung ist primär nicht entwicklungspsychologisch zu verstehen, aber sie symbolisiert, daß der Vorgang der geistigen Entwicklung nicht nur Differenzierung bedeutet, sondern im Spiegel der verschiedenen Formen der Spielmittel einen Vorgang zunehmender Abstraktion darstellt, der von der Dreidimensionalität der

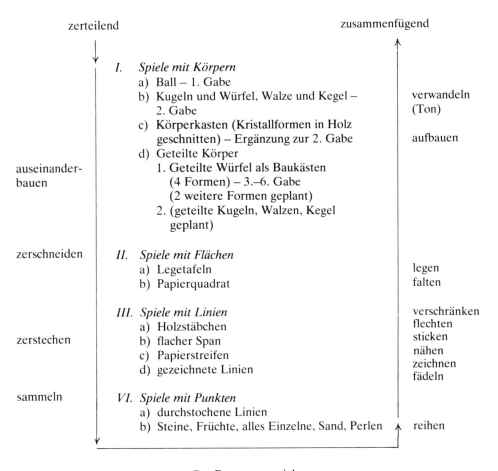

Aus: Erika Hoffmann, Fröbels Beitrag zur Vorschulerziehung 1967, S. 133.

Körper zur Eindimensionalität der Linie, schließlich diese verkürzend, zum Punkt führt. Daß hier der „Punkt" im gegenständlichen Bereich wieder zum Körper werden kann (Sand, Perlen), führt zu einem gedanklichen Kreis, der freilich nicht mehr ohne Einbeziehung der eigentlichen metaphysischen Sinnrichtung der Pädagogik Fröbels voll interpretierbar ist. Das gilt ebenso für die besondere Rolle, die mathematische bzw. geometrische Verhältnisse in der Konzeption der Spielmittel spielen.

Eine letzte Entwicklungslinie im Fröbelschen System deutet Erika Hoffmann mit den den Spielmitteln zugeordneten Tätigkeitsformen an, die durch Bildung der Vielfalt aus einem Ganzen („zerteilend") und durch Wiedergewinnung der Ganzheit aus den Teilen („zusammenfügend") die Verschränkung von analytischer und synthetischer Erkenntnis nachzeichnen.

Gehen wir von hier aus zu den pädagogischen Situationen über. Den Ball (einen kleinen, farbigen, an einer Schnur hängenden Wollball) betrachtet Fröbel „als erstes Spielzeug des Kindes". Für das Kind, das noch am Anfang seiner Sprachentwicklung und Hörfähigkeit steht, beschreibt Fröbel eine Vielzahl von Situationen (bzw. Variationen einer Grundsituation), in denen der Ball zunächst vom Kind „ergriffen" und damit „begriffen" wird, sodann durch Unterstützung der Mutter seine Bildungsfunktion entfaltet:

„Der Ball an der Schnur hängend, entschlüpft nach leisem, stetem Zuge des Kindchens Hand und – ‚Pim, paum; pim, paum!' – ‚Tick, tack; tick, tack!' – ‚Hin, her; hin, her!' – ertönt zugleich aus der Mutter Mund und bezeichnet seine Bewegung. Schon dieses ganz einfache Spiel läßt durch Verbindung mit Ton, Wort und anderem mancherlei Wechsel zu. ‚Sieh, Kindchen, sieh den Ball: hin, her!'
Den Ball langsam an der Schnur hebend und senkend: ‚auf, ab; auf, ab!' ...
Die langsame Bewegung an langer Schnur durchs Wort bezeichnend: ‚lang – sam, lang – sam!'
Dagegen bei geschwinder Bewegung an kurzer Schnur: ‚schnell, schnell, schnell, schnell!' ...
Oder man kann den Ball an einer Fläche z.B. an der des Ballkästchens oder eines Buches zurückprallen machen:
‚komm, Ball, komm wieder zum Kind!' – ‚Da kommt der Ball!' – ‚Fang den Ball!' – ‚Der Ball ist gefallen!' – ‚Hol den Ball!' – ‚Such den Ball!'
Die Mutter das Kind dahin hebend, wo der Ball liegt, um ihn von demselben selbst wieder aufnehmen zu lassen. Überhaupt muß man bei einiger sowohl körperlichen als geistigen Entwicklung und Kräftigung des Kindes, wenn es den Ball zu Boden wirft, es solchen immer wieder selbst aufheben machen; und ist das Kind noch zu klein und zu unbehilflich, um sich der selbst dahin zu bewegen, so muß man das Kind dahin heben, wo der Ball liegt, ganz besonders, wenn es selbst den Ball weggeworfen hat; damit es früh die Folgen und die Forderungen seines Handelns empfinde und die Erfahrung mache, daß es dieselben aus sich selbst zu erfüllen und zu tragen habe. Es muß früh dahin gestrebt werden, daß das Kind nicht allein mancherlei und bestimmte Erfahrungen mache, sondern, daß es diese auch festhalte, sowohl nach ihren Verknüpfungen unter sich, als nach ihren Folgen." (Fröbel 1963, S. 27 ff.)

Die „Lernziele", die hier angesprochen werden, sind durchaus klar formuliert. Aber sie sind eingebunden in den geistigen ganzheitlich-emotionalen Bezug von Mutter und Kind, der seine charakteristische Struktur durch die gleichzeitig Kommunikation und Sachanschauung vermittelnde Sprache erhält: *Sprache*, *Bewegung* und *Wahrnehmung* bilden im sozialen Interaktionsfeld eine Einheit. Was später als Stufe des „physiognomischen Erlebens" (H. Werner/Kroh) durch die klassische deutsche Entwicklungspsychologie beschrieben wurde, hat Fröbel in seiner Kenntnis der Ausdruckshaftigkeit kindlichen Erlebens bei der ersten Gabe bereits vorausgesetzt:

„Fort ist der Ball!" – „Er will schlafen!" – „Das Kind ist müde, ja es ist müde; es will auch schlafen!"

Diese Stufe des *konkreten Umgangs* mit den Dingen, auf der Fröbel die Bedeutung der Nachahmung und der Reproduktion von Spiel- und Bewegungsabläufen schon klar erkannt hat, wird nun erweitert durch eine Form des Spiels, in der die Spielgabe „Mittel zur Darstellung anderer Gegenstände" ist. Und hier entfaltet sich der ganze symbolische Gehalt, den Fröbels Spielpädagogik auszeichnet. Der Ball wird zum Träger einer Vielzahl möglicher Bedeutungen, die ihm das Kind verleiht. Der Gedanke Jean Pauls, daß das Kind aus der Fülle seines geistigen Gestaltens heraus dem Spielzeug jeweils verschiedene Rollen zuweist, findet in Fröbels pantheistisch-kosmologischem Denken seine reinste Erfüllung. Denn der Ball (bzw. die Kugel) steht nicht für sich selbst, sondern ist Sinnbild, Stellvertreter und Anschauungsmittel des In-sich-abgeschlossenen und In-sich-selbst-ruhenden. Er „repräsentiert das Universum und damit das einheitliche Prinzip jedes Gegenstandes". Durch ihn gewinnt das Kind „Einsicht in sein eigenes Wesen, er stellt die kindliche ‚Innenwelt' dar" (Heiland 1967, S. 29).

In der Hand des Kindes ruhend, symbolisiert der Ball die Lebenseinigung von Kind und Welt. Er ist die ideale „Grundform" all dessen, was in der Wirklichkeit des Lebens zu dieser Idealform strebt, aber unvollkommener gestaltet ist: So wird der hin- und herschwingende Ball zum „fliegenden Vögelchen" oder „springenden Kätzchen", auf dem Boden nachgezogen zum „Wagen" oder zum „Schlitten". Auch die Umkehrung dieses Prinzips, die Ersetzung der Spielgaben durch die in ihrer Gestalt „unvollkommen" natürlichen Gegenstände aus der Umwelt des Kindes wendet Fröbel folgerichtig an:

„Man suche daher zur Erhöhung der Entwicklung des Kindes, das mit dem Ball Durchgeführte, wie es Gelegenheit und Anforderung gibt, teilweise auch mit anderen Gegenständen, z.B. dem Apfel, dem Tuche, dem Knäuel, dem Schlüssel, der Nuß, der Blume usw. durchzuführen und so die Gegenstände selbst in verschiedenartiger Wirksamkeit und mannigfachen Verhältnissen vorzuführen, z.B. Dasein, Verschwinden, Wiederkommen; Suchen, Finden, Holen; Fassen, Greifen, Halten; Rollen, Fahren, Drehen; Stehen, Fallen, Liegen, usw." (Fröbel 1963, S. 33 f.)

Weiterhin weist Fröbel den „spielenden Erwachsenen" auf die im Ball vereinigten symbolischen lebensklärenden Beziehungen hin; die Vollkommenheit seiner Fläche, die Dreiheit von Fußpunkt, Scheitelpunkt und Mitte, die Dreiheit von Umfläche, Mitte und Inhalt.

Kugel und Würfel bilden die zweite Gabe. Während Fröbel im Ball aufgrund seiner Verformbarkeit und „Unbestimmtheit" den allgemeinen Ausgangspunkt zur Übung des kindlichen Beschäftigungstriebes erblickt, sollen Kugel und Würfel bestimmtere und klarere Vorstellungen über die Materialqualitäten wecken. Beide haben als neue gemeinsame Qualität die Schwere, aber auch das Geräusch beim Rollen bzw. Drehen auf dem Boden. Für die unterschiedlichen Grunderfahrungen, die das Kind im Spiel mit beiden Körpern gewinnt, gibt Fröbel wiederum entsprechende Hinweise und Reime für den Erwachsenen. Gegenüber der Labilität der rollenden Kugel besitzt der Würfel Standfestigkeit, Ruhe, Kantigkeit, Eckigkeit usw. Als

Vermittlungsformen zwischen Kugel und Würfel steht die Walze, die sowohl die Qualität des Labilen-Runden als auch des Standfesten-Kantigen besitzt. Von ihr wiederum wird der Kegel abgeleitet (Fröbel 1874, S. 564).
Die dritte Gabe besteht aus 8 Teilwürfeln, die durch Teilung aus dem Würfel der zweiten Gabe hervorgegangen sind. Mit ihr (und den folgenden Gaben als Baukastenformen) führt Fröbel bezüglich der Anwendungsmöglichkeiten drei Unterscheidungen ein:

– Lebensformen (Bauformen),
– Schönheitsformen (Bildformen),
– Erkenntnisformen (Lernformen).

Die *Lebensformen* sind Nachbildungen der Dinge aus dem täglichen Leben; in ihnen vereint sich die in der gestalteten Form symbolhaft eingefangene Außenwelt mit der schöpferisch tätigen Innenwelt des Kindes; die *Schönheitsformen* sind Ergebnis einer symmetrischen Anordnung der Gesamtheit der Würfel entsprechend verschiedener Achsensysteme, was zu ornamentalen Legeformen führt (Blume, Stern, usw.). Die *Erkenntnisformen* schließlich sollen dem Kind die „mathematische" Struktur der Teile des Ganzen verdeutlichen.
In der vierten Gabe ist der Würfel der zweiten Gabe in acht untereinander gleiche „Längetäfelchen" zerlegt, in der fünften Gabe wird der Ausgangswürfel (zweite Gabe) in 27 untereinander gleiche Teilwürfel geteilt; ihre Kantenlänge entspricht einem Drittel der Kantenlänge des Gesamtwürfels; von ihnen sind drei durch einen senkrechten Diagonalschnitt, drei weitere durch zwei sich kreuzende Diagonalschnitte nochmals unterteilt.
Aus der fünften leitet Fröbel die siebte und aus der vierten die sechste Gabe ab, die jeweils feinere Unterteilungen darstellen. Die achte Spielgabe wiederum verhält sich zur siebten wie die sechste zur fünften. Alle acht Gaben ordnet Fröbel in vier Reihen an: Der Ball „bildet in seiner mannigfachen Anwendung" für sich allein die erste, Kugel, Würfel, Walze und Kegel die zweite Reihe des Kinderspielzeugs. Dritte, fünfte und siebte Gabe bilden als „würfelförmige" die dritte Reihe, vierte, sechste und achte Gabe als „backsteinartige" die vierte Reihe[6].
Alles in Fröbels Pädagogik ist darauf angelegt, jenes „sphärische Gesetz" zur Erfüllung zu bringen, das den Kernpunkt seiner pantheistischen Metaphysik bildet: Die Auffassung, daß Gott, Natur und Menschenwelt *eines* sei, einen einheitlichen Sinn trage und daß alles Leben zu dieser Ureinheit, die Gott selbst ist, zurückstrebe.

---

6 Ebenda, S. 570. Vgl. ferner Bollnow 1967. Zu wenig ist bekannt, daß Fröbel (1874, S. 581) durch systematisches Zerlegen bzw. Umwandeln der »Gaben« auch zu solchen Spielgegenständen gelangt, die das Kind direkt in die Lebenswelt der Erwachsenen einführen, z. B. werden die Bau- und Legeformen, sowie Rolle, Rad, Welle, Gefährt der Wagen u. a. genannt. An sie schließen sich als Spielgegenstand an: »I. Das mechanische Gebiet; II. Das Gebiet der Naturbetrachtung und Einführung in dasselbe; III. Das Gebiet des menschlichen und geselligen Lebens«.

In allen menschlichen und natürlichen Vorgängen spiegeln sich nach Fröbel die Schritte zur Findung dieser allseitigen, durch mathematische Verhältnisse ausdrückbaren Harmonie des Ganzen. „Lebenseinigung" ist deshalb für ihn das Ziel aller Erziehung, d. h. die Herstellung der Harmonie des Menschen mit der Natur und dem göttlichen Geist. In der Entwicklung des Kindes, in der Natur und der geistigen Welt versucht Fröbel diese Harmonie aufzuzeigen. Die symbolische Deutung der Dinge (die er in starkem Maße auch auf die Sprache ausdehnt), die Hinweise auf harmonische Formen- und Zahlen-Verhältnisse in der Natur (wobei ihm Kristallformen zum Vorbild dienen), das Auffinden von Dreiheiten und Dreischritten in Analogie zur Trias von Gott – Natur – Mensch sind beredtes Zeichen für das Bemühen, dieses „ewige Gesetz" zur Darstellung zu bringen. Besonderen Ausdruck findet dieses Gesetz im Spiel des Kindes, das für Fröbel „Sinnbild" und „Spiegel des Lebens" ist. Spiel ist „Beachtung der Umgebung, selbständiges Aufnehmen der Außenwelt, selbständiges Hervorleben aus sich, darum freitätiges Sichselbstbeschäftigen" (Fröbel 1963, S. 20).

Die Spielmittel gewinnen gegenüber dem spontanen Betätigungsdrang des Kindes somit eine doppelte Funktion:

1. Sie sind „nötig, um das Kind von der Innerung zur Äußerung, Eindruck zum Ausdruck zu führen, es als ganze Persönlichkeit herauszufordern, und ihm damit den Sinn des Lebens völlig zu erschließen" (K. Hauck 1935, S. 103). Sie sind die „Urmittel der geistigen Bildung" (E. Blochmann), denn durch das Spiel mit Ball, Kugel und Würfel vollzieht sich der Aufbau der inneren, d. h. der geistigen Welt des Kindes in reiner Form in Analogie zu den Idealgestalten der Spielgaben.
2. Das Kind erfährt die gegenständliche Begrenzung in seinem Tun, die es vor Phantasterei und Gestaltlosigkeit bewahrt. Nur auf der „Stufe der Kindheit", d.h. im Vorschulalter, ist formbare Tätigkeit an sich Zweck des Spiels. In zunehmendem Maße wird das Äußere, die Objektwelt wichtig. Für das „Knabenalter" (Schulkindalter) trifft Fröbel eine dreifache Unterscheidung der Spiele: „Sie sind entweder Nachahmungen des Lebens und der Erscheinungen des wirklichen Lebens oder es sind freitätige Anwendungen des Gelehrten, des Unterrichts, der Schule oder es sind völlig freitätige Gebilde und Darstellungen des Geistes jeder Gattung und an Stoffen jeder Art und hier entweder nach den in dem Spielgegenstande und dem Spielstoffe selbst liegenden Gesetzen, diese aufsuchend und sich ihnen unterordnend, ihnen nachgehend, sie befolgend, oder den in dem Menschen selbst, dem Denken und Empfinden desselben liegenden Gesetzen." (Fröbel 1951, S. 214)

Fröbel hat sich in den Bezeichnungen für Spielgegenstände und -materialien keineswegs festgelegt; er spricht von „Spielgaben", „Spielzeug", „Beschäftigungsmitteln", „Spielmitteln", „Bildungsmitteln" u.a. Wenn man auch die „Spielgaben" von den „Beschäftigungsmitteln" zu unterscheiden gewohnt ist, muß darauf hingewiesen werden, daß Fröbel Spiel und Beschäftigung in engstem Zusammenhang sieht und beide Begriffe direkt aufeinander bezieht, etwa wenn er von den „Spiel- und Beschäftigungskästen" spricht. Fröbels bleibende Leistung bei aller Besonderheit seines „mystischen" Denkens ist die Erkenntnis der pädagogischen Mittel-Funktion der Spielmittel (seiner Spielgaben). Erstmals werden Spielmittel in einem „erziehend-entwickelnden" Sinne als Erziehungs- und Bildungsmittel betrachtet. Wer sich zu Fröbels Erziehungsprinzipien bekennt, wird sogar noch weitergehen und mit der Fröbel-Interpretin Helene Klostermann sagen:

„Nicht erfunden hat Fröbel beliebiges Spielzeug, das heute oder morgen durch anderes ersetzt werden könnte, sondern gefunden hat er die wesenhaften Formen für das, was dem keimenden Seelenleben Bedürfnis ist und darum Befriedigung gewährt." (Fröbel 1962, S. 5)

Mieskes hat auf die Umkehrung der Blickrichtung hingewiesen, die mit Pestalozzi, vor allem aber mit Fröbel in bezug auf die Einschätzung der „didaktischen Mittel" erfolgte. Erstmals sei eine „umgepolte Sinndeutung aller pädagogischen Führung" festzustellen, die bis dahin den Lernmitteln nur die Funktion von Anschauungs- und Memoriermitteln zugebilligt hätte, nun aber mit Fröbel bei den „verfügbaren Kräften des Kindes" einsetzte und seine Entwicklung „von unten her" förderte (Mieskes 1968, S. 7).

Döring meint unter Bezugnahme auf Mieskes, daß es in Schule und Unterricht bzw. in der Geschichte der Lehr- und Lernmittel schon früher das Spielmittel als eigenständigen Bereich gegeben habe. Doch gerade die weitere Entwicklung des Kindergartens nach der Aufhebung seines Verbotes (1860) zeigt, wie sinnvoll es ist, „Spielmittel als Lernmittel im Schulgebrauch" einerseits und die spezifische Fröbelsche Intention der Spielpflege durch die Spielgaben andererseits zu unterscheiden. Helmut Heiland stellt in seinem kritischen Literaturbericht dar, wie die Spiel- und Beschäftigungsmittel Fröbels immer wieder in Gefahr waren, mechanisch angewandte Lerninstrumente zur Einübung und Vorübung der vom bestehenden Schulsystem geforderten Fertigkeiten zu werden, andererseits allerdings auch Mühe hatten, nicht in der „Fröbel-Orthodoxie" zu erstarren (Heiland 1972, S. 87 ff., insbesondere S. 90).

Von der historischen Entwicklung einer Pädagogik der Spielmittel her gesehen, ist Fröbel Schlußpunkt und Neubeginn zugleich. Schlußpunkt insofern, als bei ihm das seit der Aufklärung immer stärker werdende Interesse am *Spiel* und eines keimenden, im 18. Jahrhundert noch weitgehend sporadischen Interesses an den *Spielmitteln* erstmals in einem *geschlossenen theoretischen Ansatz* zur Pädagogik der Spielmittel zum Tragen kam, der in der Pädagogik im 19. Jahrhundert keine Entsprechung hat. Schlußpunkt andererseits auch deshalb, weil Fröbels Spielgaben den Höhepunkt einer Entwicklung darstellen, die die Pädagogik der Spielmittel seit Lockes Forderung nach Naturgemäßheit des Spielzeugs immer mehr abgrenzt von der tatsächlichen Fülle des handwerklich-industriell erzeugten Spielzeugangebotes. Aber Fröbel setzt auch neue Maßstäbe – und insofern einen neuen Anfang –, indem er jene Wende „zum Kind", die dann durch die Reformpädagogik im 20. Jahrhundert geleistet wird, bereits vorwegnimmt.

Pädagogische Spielmittel-Bewertung unter dem Einfluß der Institutionalisierung der Kleinkinderziehung

Wenn man nach Gemeinsamkeiten in den Aussagen von Locke, Rousseau, Weigel, Gutsmuths, Jean Paul und Fröbel sucht, so lassen sich die folgenden drei Grundsätze formulieren:

- Spielzeug soll einfach sein, wobei der Begriff des Einfachen entweder an Naturmaterialien (Locke, Rousseau) oder an bestimmten symbolischen Urformen (Fröbel) gewonnen wird;
- Dem Kind soll nicht zuviel Spielzeug gegeben werden;
- Spielzeug erfüllt seinen Sinn, wenn es im Dienste der Selbsttätigkeit und des natürlichen Lernens steht.

In Umkehrung dieser Prinzipien könnte man auch feststellen: Seit dem Zeitalter der Aufklärung warnen Pädagogen davor,

- dem Kind aufwendiges, kompliziertes oder allzu kostbares Spielzeug zu geben;
- das Kind mit Spielzeug zu überhäufen;
- dem Kind unnützes, d. h. nur dem Vergnügen dienendes Spielzeug zu überlassen[7].

Offenbar wurde seit der Entdeckung der pädagogischen Bedeutung des Spiels im „künstlich" angefertigten Spielzeug immer auch eine *Gefährdung* für das Kind erblickt. Gewarnt wird vor allem vor der Möglichkeit, daß Spielzeug zur Prahlerei, zur Verschwendung, zum Müßiggang führen könne. Dies wird auf dem Hintergrund der Kritik der Aufklärungspädagogik an der vorherrschenden *ständischen* Erziehung durchaus verständlich: Die Überhäufung des Kindes mit kostbarem Spielzeug galt als Statussymbol der höheren Stände und dürfte mit den tatsächlichen Spielbedürfnissen oft nicht übereingestimmt haben. Schließlich sollte das Kind des Adels oder des Großbürgertums nach dem Willen der Eltern von Anfang an als künftiger Vertreter seiner Klasse erzogen werden. Die Forderung nach einfachem, natürlichem Spielzeug hatte also auch eine auf den Abbau von Klassenschranken und Standesunterschieden abzielende *emanzipatorische* Funktion.

Besonders deutlich kommt das emanzipatorisch-demokratische Interesse am Spiel in dem Nationalerziehungsplan von Peter Villaume (1746–1825) zum Ausdruck. Stark beeinflußt durch die Ideen der französischen Revolution, schlug Villaume 1793 vor, alle Kinder von zwei bis sechs Jahren an *gemeinschaftliches* Spielen zu

---

7 Ein Beispiel für die Einstellung pädagogisch interessierter Eltern des Bürgertums in der Aufklärungsepoche in bezug auf das käufliche Spielzeug bietet der Bericht des Pfarrers Karl Witte über die Erziehung seines 1800 geborenen Sohnes; Witte bemerkt, dem Kind sei die gesamte natürliche Umgebung zum Spiel zur Verfügung gestellt worden, »Spielzeug im gewöhnlichen Sinne des Wortes habe ich fast gar nicht gekauft. Diese Ausgabe wurde erspart, denn alles war sein Spielzeug« (Vgl. Lückert 1973, S. 166).

gewöhnen, damit die Kinder aller Stände später in einem neuen „Volksstaat" als gleichberechtigte Bürger ihre Aufgaben erfüllen. Dieses sollte durch die Einrichtung *öffentlicher Kinderspielplätze* geschehen. Neben dem Gefühl der Gleichberechtigung, das die Kinder dann im gemeinsamen Spiel erwerben sollten, sah Villaume als Aufgabe derartiger Spielplätze „die Übung der Kräfte, die Gewöhnung an Arbeit und die Gewöhnung an Ordnung" (Villaume 1971, S. 62 ff.). Diese Zielsetzungen entsprachen nun wieder ganz dem utilaristischen Denken der zeitgenössischen Pädagogik. Dem Prinzip der Selbsttätigkeit des Kindes mußte durch Anbieten entsprechender nützlicher Tätigkeiten Rechnung getragen werden, die aber auch den Kindern Vergnügen bereiten sollten.

Die ambivalente Einstellung der Aufklärungspädagogik gegenüber dem Spielzeug – einerseits Gegenstand des Vergnügens (das wiederum nur in Grenzen zulässig war), andererseits Gegenstand zur Förderung der Selbsttätigkeit und Aneignung nützlicher Kenntnisse – ist letztlich das Ergebnis zweier miteinander konkurrierender Erziehungsziele: zum einen der Erziehung zur *Glückseligkeit,* zum anderen der Erziehung zum *pflichtbewußten, arbeitsamen Staatsbürger.*

So forderte der bei Salzmann in Schnepfenthal wirkende Pädagoge J. H. G. Heusinger (1766–1837) (1913, S. 24) von jeder Erziehung, „daß sie erstlich kein wesentliches Bedürfnis der Kinder unbefriedigt lasse, und daß zweitens die Triebfedern, die sie in Bewegung setzt, nie bloß in irgend einer Neigung des Kindes allein liegen, sondern jederzeit aus etwas dem Kinde Begreiflichen hergenommen werden sollen". Heusinger gehört zu den Begründern einer *Erziehung durch Handarbeit* und gilt als ein Vorläufer des Arbeitsschulgedankens. Wenn Spielzeug seinen pädagogischen Zweck nicht nur in der Befriedigung des Tätigkeitsdranges hat, sondern vor allem der nützlichen Beschäftigung dienen soll, dann folgt daraus das Problem einer *geeigneten Auswahl* von Spielsachen. Heusinger führt dazu aus:

„Es folgt hieraus, daß man vorzüglich die Knaben mehr mit zweckmäßigen Spielsachen versehen muß, als es gewöhnlich geschieht. Laßt Stecken- und Wiegenpferde weg, und nehmt eure Knaben lieber in der Stadt, auf dem Land, auf Spaziergängen herum, damit sie allerlei sehen, was sie nachmachen können... Schafft euren kleinen Söhnen Leiterwagen, damit sie Papierschnitzchen, Lumpen und andere Dinge ebenso geschickt laden lernen als die Bauern das Heu... Schafft ihnen Wagen und Kütschchen an, welche wie die großen gebaut und zum Auseinanderlegen eingerichtet sind... Euer Geld ist für solche Dinge gut angewendet, und ihr habt dagegen nicht nötig, bleierne Soldaten, Zinnfiguren, kostbare ABC- Bilderbücher zu kaufen." (Heusinger 1913, S. 32)

Die Bedeutung nützlicher Beschäftigungsmittel für Kleinkinder wuchs mit den Anfängen der institutionalisierten vorschulischen Erziehung in der ersten Hälfte des 19. Jahrhunderts. Christian Heinrich Wolke (1741–1825) hatte 1805 einen Plan für eine Bewahranstalt vor dem Schuleintritt für alle Kinder entworfen und die Einrichtung eines *Denklehrzimmers* mit einem „Vorrath von Werkzeugen, von Spiel- und Kunstsachen" sowie Gegenständen und Abbildungen aus der Natur gefordert (Wolke 1976, S. 18 ff.). Bei der Anwendung dieser „nützlichen

Unterhaltungsmittel" sollte allerdings das Lernen gegenüber dem Spiel eindeutig im Vordergrund stehen.

Die Institutionalisierung der Kleinkinderziehung durch Gründung sogenannter Bewahranstalten geschah in der Folge der frühkapitalistischen Industrialisierung, die im ausgehenden 18. und beginnenden 19. Jahrhundert in vielen europäischen Ländern für die breite Masse der Bevölkerung soziale Auswirkungen größten Ausmaßes hatte[8]. Die Ausbeutung von Männern, Frauen und Kindern, die unter unsäglichen Bedingungen Fabrikarbeit leisteten, führte zur Verelendung der Familien der Lohnabhängigen und zur zunehmenden Kriminalisierung der Jugend; sie schlug sich ferner in einer hohen Kindersterblichkeit nieder. Insbesondere für die kleinen Kinder der arbeitenden Bevölkerung fehlten elementare Entwicklungsvoraussetzungen, da sie meist tagsüber ganz sich selbst überlassen waren.

Die erste Kleinkinderbewahranstalt gründete Pastor Friedrich Oberlin (1740–1826) im Steintal/Elsaß. Der Wochenplan sah neben „industriöser" Arbeit auch andere Beschäftigungen vor, wie Sprachübungen, Papierbemalen, Ordnen von Material nach Farben und Formen, Figurenlegen sowie Bewegungsspiele.

Die erste deutsche Bewahranstalt wurde von Fürstin Pauline zu Lippe-Detmold 1802 gegründet. In Deutschland verstärkte sich das Interesse an der Gründung von Bewahranstalten, als das Buch „Kleinkinderziehung" von Samuel Wilderspin, dem Leiter einer Londoner Bewahranstalt, in deutsch erschien (1827). Anfang der dreißiger Jahre bestanden bereits in vielen deutschen Städten Kinderbewahranstalten. Die Beschäftigung der Kinder war überwiegend auf das Erlernen handwerklich-nützlicher oder schulvorbereitender Tätigkeiten ausgerichtet. Erst allmählich setzte sich der Gedanke durch, dem Spiel eine besondere Bedeutung in der Kleinkinderbewahranstalt zuzumessen. Zu den Förderern des Spielgedankens gehört Johann Georg Wirth.

Johann Georg Wirth

Zum gleichen Zeitpunkt, als Fröbel mit der Herstellung von Spielgaben begann, wies Johann Georg Wirth, Leiter der Augsburger Kinderbewahranstalt, auf die Bedeutung von Spiel und Spielzeug für die Kleinkinderziehung hin. Auch bei Wirth wurden die Kinder in gewerblichen Handarbeiten unterwiesen (Zupfen von Seidenflecken, Klöppeln, Stricken, Papparbeiten, Strohflechten). Ferner stellte Wirth in seinem 1838 erschienenen Buch „Über Kleinkinderbewahr-Anstalten" ein ausgearbeitetes System von „Lehrübungen" dar, das uns als Vorwegnahme des Montessori-Systems erscheint. Durchgeführt wurden mit den Kindern unter anderem: Sinnes-, Verstandes-, Sprech-, Gedächtnis-, Farben-, Buchstabenübungen, Übungen im Messen und Zeichnen, Anstandsübungen, körperliche Übungen und schließlich auch die „Besorgung kleiner Aufträge". Andererseits ging Wirth auch relativ ausführlich auf die Notwendigkeit ein, neben derartigen Beschäftigungen dem Kind Zeit für vergnügliche Tätigkeiten und unterhaltsames Spiel zu lassen.

---

8 Zu den folgenden Abschnitten vgl. Retter 1975a.

„Glücklich ist das Kind zu nennen, das in den Tagen seiner Kindheit Freude an dem unschuldsvollen Spiele, an allen Sachen findet, die ihm zur Unterhaltung, zur Beschäftigung, zum Vergnügen übergeben sind, und unverzeihlich ist es, wenn, kaum dem Kinderrocke entwachsen, gleich aus der Kinderstube die Spielsachen entfernt werden – mit anderen Worten, wenn man das Kind auf einmal, vor der Zeit, groß machen will." (Wirth 1838, S. 263)

Zwar warnte auch Wirth vor einer Überhäufung des Kindes mit Spielsachen und forderte stattdessen eine gute Auswahl geeigneten Spielzeuges. Aufs ganze gesehen erscheinen aber Wirths Ansichten zum handwerklich-industriell gefertigten Spielzeug-Angebot seiner Zeit erstaunlich frei von den zeitüblichen pädagogischen Einschränkungen und Bedenken. Das erklärt sich daraus, daß er das Vergnügen im Spiel als etwas durchaus Wertvolles ansah:

„Spielsachen sollen für die Kinder zeitvertreibend, unterhaltungsgewährend wirken, besonders aber die Denkkraft des Kindes in Anspruch nehmen; daher ist zu wünschen, daß die Spielsachen die Eigenschaft an sich tragen, daß das Kind durch deren Benutzung einzelne Handlungen, Vorgehungen, die ihm aus dem Leben bekannt sind, dar- und zusammenstellen kann." (Wirth 1840, S. 17)

Hier bezieht sich Wirth im wesentlichen auf das Rollen- und Symbolspiel. Denn nach Wirth bedeutet das Spielen der Kinder „ein Übertragen dessen, was sie im wirklichen Leben gesehen, gehört, erfahren haben, in ihre eigene Welt". Deshalb sind die Spielsachen, die Wirth empfahl, jene überwiegend an die Geschlechtsrolle gebundenen käuflichen Spielmittel, die in der damaligen bürgerlichen Erziehung üblich waren.

Für *Knaben* nennt Wirth hölzerne und bleierne Soldaten, (Holz-)Gewehre, Patronentasche und Trommel für das Soldatenspiel; Bauhölzer verschiedener Größe und Farbe; Karren, Wagen u. a. m. Für *Mädchen* werden Puppen, Puppenkleider und Puppenstube mit Ausstattung, Kaufmannsladen, Puppenküche mit Geschirr sowie verschiedene kleine Figuren aus Holz, Lehm usw. hervorgehoben. Für *Knaben* und *Mädchen* empfiehlt Wirth: „Gärtchen, von Holz gemacht, mit Moos und verschiedenen beweglichen Figuren versehen, wie z. B. hölzerne Männlein, Tiere von Lehm und Holz, Bäumchen etc."; ferner eine Schaukel, Schubkarren und nochmals Bauhölzer.

Die von Wirth entwickelten Grundsätze für die Erziehung in Kleinkinderbewahranstalten sind durchaus kind- und familienbezogen: Frühkindliche Erziehung bedeute „naturgemäßes Entwickeln der noch schlummernden Kräfte des Kindes" und suche „stets im Kinde das Kind zu erhalten". Die Bewahranstalt sei deshalb weder „Einsperrungsanstalt" noch Schule, sie ergänze und ersetze Familienerziehung, ohne von deren Prinzipien abzugehen. Die Bewahranstalt „möge deshalb auch nicht störend auf das kindliche Vergnügen, spielen zu wollen, einwirken, sondern den Sinn für das Spielen nur noch mehr beleben, sogar die sämtlichen Übungen mehr spielender, als ernster Natur erscheinen lassen". Wirth forderte die Bürgerfamilien auf, alles häusliche Spielzeug, das daheim nicht mehr benötigt werde, aber noch brauchbar sei, der Kinderbewahranstalt zur weiteren Verwendung zu überlassen.

Johann Friedrich Ranke

Ähnlich, wenn auch mit gewissen Einschränkungen versehen, erscheinen die Ansichten von Johann Friedrich Ranke zum Spiel und zum Spielzeug der Kleinkinder. Ranke war zunächst Mitarbeiter des von Pastor Theodor Fliedner (1800–1864) 1836 gegründeten Diakonissenmutterhauses und des angeschlossenen Seminars für Kleinkinderlehrerinnen in Kaiserswerth; er wirkte später als Leiter des Oberlin-Hauses in Nowawes bei Potsdam, repräsentiert also die Einstellung der Vertreter der *christlichen* Kleinkinderschulen (auf evangelischer Seite), die nach Verbot der Fröbelschen Kindergärten in Deutschland zunächst dominierten.

Zwar hält Ranke auch die Freude am Spiel für wesentlich, die pädagogische Begründung des Spiels hat jedoch einen moralischen Hintergrund: Spielen habe vor allem bei größeren Kindern den Zweck, Langeweile zu vertreiben, da Mangel an Beschäftigung leicht zur Sünde führen könne:

„Viele Sünden, die größere und kleinere Kinder begehen, würden nicht begangen werden, wenn die Kinder Spiele kennten, die ihnen in Freizeiten Vergnügen machten. Es ist daher schon dies ein Segen der Kleinkinderschulen, daß man in ihnen Spiele lehrt, die dann auch von größeren Kindern gespielt werden." (Ranke 1976, S. 117)

Spiele seien Erziehungsmittel, die Ordnung, Gehorsam, Verträglichkeit und Aufmerksamkeit fördern, bei falscher Anwendung allerdings den Kindern auch Gelegenheit zu Roheit, Herrschsucht, Unverträglichkeit bieten könnte. Eine entsprechend ambivalente Einstellung deutet Ranke gegenüber dem Spielzeug an:

„Die Spielsachen müssen einfach, dürfen nicht kostbar sein. Kinder vornehmer Eltern sind in dieser Hinsicht oft recht sehr zu bedauern, nicht zu beneiden; sie dürfen nur stundenlang ihre kostbare Puppe haben und müssen sie recht in Acht nehmen usw., sind nicht vergnügt dabei, während das ärmere Kind sich außerordentlich über seine Peitsche, die der Vater aus einem Bindfaden und einem Stocke machte, freut. Durch kostbare werden die Kinder ferner ebenfalls wie durch zu viele Spielsachen außerordentlich verwöhnt, so daß sie an Kleinem, Geringem gar keine Freude mehr haben, daß sie immer nach größerer Freude und größerem Vergnügen jagen. Wie viele Menschen sich durch diese Vergnügungssucht unglücklich machen, ist ja bekannt..." (1976, S. 119 f.)

Die Kinder sollten mit solchen Spielsachen in der Kleinkinderschule spielen, die sie auch daheim zur Verfügung hätten; das Spielzeug in Kleinkinderschulen sollte nach Ranke allein schon deshalb möglichst einfach sein, weil kostbares Spielzeug die Kinder von einem Elternhaus, das ihnen solche Dinge nicht biete, entfremdet werden könnten. Die Spielsachen, die Ranke für kleine Kinder bzw. Kleinkinderschulen als geeignet ansah, unterscheiden sich kaum von den schon genannten Vorschlägen Wirths:

„1. Bauklötzchen und Brettchen von verschiedener Größe und Form.
2. Mäßchen zum Messen des Sandes.
3. Fähnchen, welche beim Exerziren gebraucht werden.

4. Kleine Kugeln von Thon, mit welchen besonders die Kinder im Winter in der Stube spielen.
5. Bälle, welche nicht sehr hart sein dürfen.
6. Puppen für die Mädchen.
7. Eine schottische Schaukel, welche aus einem ziemlich starken Pfahl besteht, um welchen sich oben ein eiserner Ring um eine eiserne Spindel dreht.

An den Ring werden denn beim Spielen Seile gehängt, an welchen sich die Kinder festhalten und herumschwingen. – Für einzelne Kinder sind noch recht passend: Peitschen, Steckenpferde, Reifen, Flöten, Säbel (welche nicht scharf und spitz sein dürfen), Trommeln, Soldatenhüte, kleine Bögen; Puppenbettchen, Eimerchen, Besen, Schüppen, Teller, Schüsseln, Töpfchen, Komoden, Schränkchen, Puppenstuben." (1976, S. 121 f.)

Julius Fölsing
Julius Fölsing (1818–1882) gehört zu den einflußreichsten Vertretern der Kleinkindpädagogik des 19. Jahrhunderts. Er war Schulvorsteher in Darmstadt und gründete 1843 eine Kleinkinderschule für die Kinder „höherer Stände". Fölsing knüpft in seinen Ausführungen zum Spiel in der Kleinkinderschule an Jean Paul an.

„Die Spiele, erheiternde Bewegungsspiele (auch Singspiele) sind von besonderer Wichtigkeit, wichtiger als Spaziergänge und Körperübungen, indem sie unbemerkt zur körperlichen und geistigen Entwicklung, zum Frohsinne, zur Freude, zur Zufriedenheit hinführen. In ihnen liegt so recht, wenn sie nicht in starre Formen eingezwängt und die Kinder nicht am Gängelband geführt werden, die Erziehungs- und Entwicklungsweise für kleine Kinder." (Fölsing 1846, S. 34)

Stärker noch als Wirth, Fliedner und andere zeitgenössische Kleinkindpädagogen betont Fölsing den Grundsatz der Kindgemäßheit bei *allen* Formen der Kindtätigkeit. Auch bei Fölsing spielen die in Bewahranstalten damals allgemein üblichen Anschauungs-, Denk- und Sprechübungen eine gewisse Rolle; durch eine starke zeitliche Begrenzung des einübenden Lernens, die sorgfältige, auf das kindliche Interesse abgestimmte Auswahl der Inhalte (Märchen, Fabeln, Lieder u. a.) und eine kindgemäße Vermittlung will Fölsing der Vergewaltigung des Kindes durch die Lernforderungen des Erwachsenen entgehen. Das Spielen wird keineswegs nur als erholsamer Ausgleich der Lerntätigkeiten betrachtet, sondern ist integrativer Bestandteil einer Kleinkinderziehung, die durch unterhaltsame Anregungen und möglichst geringe Gängelung des Erziehers Kinder auf die Schule und das Leben vorbereiten will. Schon Fölsing wendet sich gegen den Mißbrauch des Begriffs „Spielendes Lernen":

„Die Einen meinen, ‚spielend lernen' solle heißen: in einem fort tagtäglich spielen, sich stets selbst überlassen bleiben, zuweilen eine Belehrung dazwischen schieben, ohne daran zu denken, daß sich in den wohlüberwachten und sorgfältig geleiteten Spielen von Kindern gleichen Alters alle geselligen Tugenden ausbilden, als: Ordnung, Wahrheitsliebe, Gehorsam und Verträglichkeit, Nachgibigkeit und Gerechtigkeit, – sowie auch: Muth, Gewandtheit, Stärke, Besonderheit. Die Andern sind der Meinung, ‚spielend lernen' solle heißen: die Belehrungen so in Zucker- und Naschwerk einkleiden, daß einem das Wissen unter lauter Süßigkeit zuflöge, wobei, nach ihrer Ansicht, auf ein dem Alter entsprechendes positives Lernen nicht gesehen würde. Ja, es gibt noch Andere, die sich unter jenem Wort einen regelmäßigen Unterricht im Spielen vorstellen. Sie alle drei haben es nicht begriffen, was man eigentlich mit ‚spielend lernen' sagen will, wissen noch nicht, was eine wahre Kleinkinderschule zu erreichen strebt." (1846, S. 47)

Der Grundsatz der Einfachheit und die Ablehnung von Luxusspielzeug bestimmen auch Fölsings Ausführungen zu den Spielmitteln: „Je einfacher aber die Spiele an sich und die Materialien zu denselben sind, desto wichtiger sind sie für die Kinder und desto sinniger spielen sie". Spiele mit Reifen, Kugeln und Bällen, Beschäftigungen im Freien mit Sand und Naturmaterial (Steine, Hölzchen, Strohhalme u. a.), das Fahren mit dem Schubkarren werden hervorgehoben; besonders weist Fölsing auf den pädagogischen Wert des Bauens hin, sofern man die Kinder nicht nur nach Anweisung einen Gegenstand bauen läßt, sondern ihnen auch völlige Gestaltungsfreiheit gewährt. Fölsing kritisiert die zeitüblichen Baukästen mit vorgeformten Teilelementen, die der Gestaltungsfreiheit keinen Spielraum lassen; an dem einfacheren, vom Schreiner gefertigten Baukasten mit Holzklötzen wird andererseits bemängelt, er enthalte nicht die richtige Materialmenge und habe zu geringe Spielanreize für die Kinder:

„Nach kurzer Zeit werfen sie auch diese Kästchen und Klötzchen wenn sie nicht von den Erwachsenen zum Spiel gezwungen werden, bei Seite und wenden ihre Liebe zu den Steinen auf der Gasse oder zu den einfachen Holzscheiten in der Küche. Da nimmt das Kind sich so viel, als es Lust hat, legt und stellt Steinchen und Klötzchen nach Belieben und kehrt, wo möglich täglich zum natürlichen Spiele zurück, wenn der Geschmack noch nicht durch allerlei Luxusartikel verdorben worden ist." (Fölsing/Lauckhard 1847, S. 68)

Das „Fürsichspiel" (Alleinspiel) des Kindes soll nach Fölsing weitgehend vom Kind selbst organisiert und gestaltet werden. Die wertvollsten Spielmittel sind für ihn dabei Naturmaterialien oder Alltagsgegenstände, die zu vielerlei Zwecken benutzt und von der Phantasie des Kindes umgebildet werden können:

„Die oben beschriebenen einfachen Spielmittel werden in gar wenigen Kleinkinderschulen gesehen. Sie sind Vielen zu gering, nicht neumodisch genug und allzu bekannt. Aber eben weil sie bekannt sind, großen und kleinen Kindern, weil sie nichts kosten, als das Zusammensuchen; so sollten ausgesuchte Steinchen in keiner Anstalt fehlen. Sie sind ein höchst natürliches Spielmittel." (Fölsing/Lauckhard 1848, S. 61)

Die Fröbelschen Spielgaben wurden von Fölsing ebenso wie von Ranke und anderen Vertretern der christlichen Kleinkinderschule abgelehnt. Sie seien gekünstelt, würden nicht den Spielbedürfnissen gerecht werden, da sie von mathematischen Prinzipien her abgeleitet seien. Die tieferen Gründe dieser Befehdung zwischen dem Fröbelschen Kindergarten einerseits, den Kleinkinderschulen und Bewahranstalten andererseits lagen nicht nur in unterschiedlichen pädagogischen Konzeptionen, sondern auch in der Verschiedenheit der religiösen Auffassung. Damit wird deutlich, daß Fröbels Kindergarten nur eine von mehreren Vorschulinstitutionen darstellte, deren Einfluß nach Aufhebung des Kindergartenverbotes (1860) freilich wuchs – nicht zuletzt deshalb, weil Fröbels Spielgaben und Beschäftigungsmittel, die von seinen Schülern weiter verbreitet wurden, trotz mancher Kritik immer stärker auch in anderen Vorschulinstitutionen Eingang fanden.

Kritische Stimmen zum industriellen Spielzeug
Die Hervorhebung des Naturmaterials für das Spielzeug des Kindes *und* die zunehmende Verbreitung der Fröbelschen Spielgaben führten notwendig zu einer noch stärkeren Absage der Pädagogik als das käufliche Spielzeug, das als „künstlich", zu „modisch" für das Kind angesehen wurde. Gerade unter dem Einfluß der Spielgaben-Symbolik erfuhr das Prinzip der Einfachheit eine neue Modifikation: Es wurde nun vor allem im Sinne der *Unstrukturiertheit des Spielmaterials* interpretiert.

So schreibt Grasberger 1864:

„Diese Spielsachen sollen deshalb nach Ansicht einsichtsvoller Pädagogen, weder zu zahlreich sein noch zu genau ausgearbeitet, weil sonst die Thätigkeit der Phantasie erlahmt; vielmehr sollen sie gleichsam jeder Rolle sich anbequemen und möglichst veränderlich oder versetzbar sein, wie etwa ein Haufen trockenen Sandes... Dass dem gegenüber die heutigen Klagen über vorzeitige Verarmung und Übersättigung bei den Kindern, über die Mehrzahl unserer Bilderbücher, die nicht mehr einfache Grundlagen für eine bestimmte Erzählung, sondern bereits systematische Sammlungen seien, nicht jedesmals grundlos oder übertrieben sind, leuchtet ein. Man liefert eben, zum Verderbniss des Spieles, den Kindern als fertiges Resultat, was diese durch eigene Thätigkeit finden und hervorbringen sollen." (S. 4)

Als vorbildlich werden demgegenüber die „wohlbekannten uralten Artikel" angesehen, mit denen schon die Kinder der alten Griechen und Germanen spielten: z. B. Rasseln, Klappern, Tonkugeln, Schnitzbildchen von Pferden und anderen Tieren.
Die pädagogische Kritik an der immer expansiveren Spielzeug-Industrie ist demnach nicht erst heutigen Datums, sondern setzt in verstärktem Maße bereits in der Mitte des 19. Jahrhunderts ein. Bereits 1855 stellte der Pädagoge A. W. Grube fest:

„Unsere Industrie hat schädlich auf die Spiellust der Kinder gewirkt, indem sie den Spielapparat verhundertfacht, die Spielsachen verkünstelt und dergestalt herausgeputzt hat, dass sie nicht mehr Mittel für die Kinderphantasie, sondern an sich schon Gegenstand des materiellen Genusses sind." (S. 241)

Eine ähnlich negative Bewertung des Industrie-Spielzeugs stammt von dem Spieltheoretiker Julius Schaller, dessen Buch offenbar auch die Vorlage für die bereits erwähnte Kritik von Grasberger bildet:

„Wir brauchen uns aber nur in einer Spielwarenhandlung umzusehen, um sogleich zu finden, wie ungeschickt man in das Kinderspiel eingreift, wie man es verdirbt, anstatt es zu unterstützen. Eine Menge von Spielsachen verderben ganz unzweifelhaft sogleich dadurch das Spiel, daß sie den Kindern als fertiges Resultat liefern, was diese eben durch ihre eigene Thätigkeit finden und hervorbringen sollen. Mit solchen Spielsachen können die Kinder nichts besseres thun, als sie zerstören, um dahinter zu kommen, was in ihnen steckt." (1861, S. 153)

Georg M. Bizyenos weist in seiner Dissertation über „Das Kinderspiel" darauf hin, daß sich die Eltern durch die Warnungen der Philosophen und Pädagogen vor *fertigem* Spielzeug offenbar wenig beeindrucken lassen, „theils einer unüberlegten Zärtlichkeit nachgehend, theils durch die kunstvollen Erzeugnisse der Spielzeugindustrie verführt". Bizyenos vertritt die bemerkenswerte Ansicht, daß lediglich Luxus und Überfluß des Spielzeugs schädlich seien, hingegen habe die „Formvollendung" der Spielgegenstände nicht – wie andere Spielpädagogen meinen – die Verarmung der Phantasie zur Folge, sondern wirke eher anregend auf sie (Bizyenos 1881, S. 73 f.).

Die Ansätze zu einer Pädagogik der Spielmittel im 19. Jahrhundert lassen sich zusammenfassend wie folgt kennzeichnen:

1. Die Institutionalisierung der Kleinkinderziehung in verschiedenen Formen (Kindergarten, Bewahranstalt) führte zu einem verstärkten pädagogischen Interesse am Spiel des Kindes, bedeutete aber gleichzeitig eine Fixierung der sich in Ansätzen entwickelnden Spielmittelpädagogik auf das vorschulische Alter.
2. Die im Zeitalter der Aufklärung sich herausbildenden Bewertungsmaßstäbe für Spielmittel (Postulat der Einfachheit, der zahlenmäßigen Beschränkung, der Natürlichkeit, der Nützlichkeit) gewinnen unter dem Einfluß der Spielgaben Fröbels, ebenso der Gedanken Jean Pauls an Bedeutung, werden jedoch mit neuen Akzenten versehen: Spielzeug muß vor allem einfach sein, weil es die Phantasie und die gestalterischen Kräfte des Kindes anregen soll; nach wie vor wird vor zu aufwendigem und kostbarem Spielzeug gewarnt.
3. Damit erfolgt eine weitere Abwendung vom industriell gefertigten Spielzeug, das ja für Kinder wie für Erwachsene produziert wird, also auch für jene Altersstufen, welche die auf das Kleinkindalter beschränkte Spielmittel-Pädagogik des 19. Jahrhunderts noch kaum im Blick hatte. Naturspielzeug, einige Spielzeug-Typen einfachster Ausführung (Puppe, Ball, Wagen, Tierfiguren, Bauklötze) werden von Kleinkinderpädagogen neben dem Fröbelschen Spielgaben-System noch als sinnvoll angesehen.

Eine Vorstellung von der Diskrepanz zwischen den pädagogischen Vorstellungen über die wenigen als geeignet angesehenen Spielmittel einerseits, dem reichhaltigen

Spielzeug-Angebot andererseits, das in der häuslichen Erziehung der Bürgerfamilien eine Rolle spielte, kann nur vermittelt werden, wenn dieses Spielzeug-Angebot wenigstens in Andeutungen dargestellt wird.

Unterhaltsam-belehrende Spielmittel im ausgehenden 18. und im 19. Jahrhundert

Zur Geschichte des Spielzeugs im 19. Jahrhundert stellt Fraser fest: „Das 19. Jahrhundert ist durch die verschwenderische Art gekennzeichnet, in der Spielzeug entwickelt wurde, das weit über das hinausging, was man als Unterrichtsspielzeug bezeichnen kann". Fraser spricht „von der ungeheuren Vielfalt des Spielzeugs im allgemeinen..., das damals dem Kind, ganz gleich, in welchem Lande es wohnte, zur Verfügung stand" (Fraser 1966, S. 142). Jedoch dürfte sich diese Aussage vor allem auf die Schicht des städtischen Bürgertums, weniger auf Arbeiterfamilien und Landbevölkerung beziehen. Im käuflichen Spielzeug des ausgehenden 18. und beginnenden 19. Jahrhunderts findet sich eine Vielzahl von Neuheiten, die sowohl den technologischen Entwicklungsstand der Zeit widerspiegelt, als auch pädagogische Intentionen enthält. Dieses Bild vom Spielzeug zur Zeit der Aufklärung entspricht den Versuchen der zeitgenössischen Pädagogik, Arbeit mit Spiel, Belustigung mit Belehrung zu verbinden, obwohl die Intentionen der Spielzeughersteller kaum Billigung bei Pädagogen fanden, zumeist nicht einmal zur Kenntnis genommen wurden. Zum *unterhaltsam-belehrenden* Spielzeug heißt es bei Gröber/Metzger:

Spielzeug in der Bürgerfamilie des frühen 19. Jh., aus einem franz. Bilderbogen.

129

„Alle möglichen Apparate kommen auf und werden sofort auch als Spielzeug verwertet. Dadurch werden u. a., wie schon erwähnt, alle Konstruktionen, die als Vorläufer des Kinos bezeichnet werden, für lange Zeit zum Lieblingsspielzeug der Kinder in der ganzen Welt. Die neuen Kenntnisse von der Kraft des Dampfes sehen wir bald auch beim Spielzeug. Es werden Springbrunnen konstruiert, die, wenn ihr Wasserbehälter erhitzt wird, von selbst springen. Die ersten Versuche des Magnetismus dringen in primitivster Form in das Reich der Kinder ein, kurzum, das Spielzeug tritt immer mehr als Lehrmittel auf. Der Entwicklungsgang in dieser Richtung ist nicht mehr aufzuhalten." (1965, S. 96)

Ähnlich beschreibt Daiken in einem Kapitel seines Buches unter der Überschrift „Toys that teach" sowohl die optischen und mechanischen Spielapparate als auch die naturwissenschaftlich-technischen Experimente zu „Spielzwecken", die es im 19. Jahrhundert gab. Die Unterhaltung eines verblüfften Publikums durch „Zauberkunststücke" wird in dieser Zeit der „Erfindungen" allgemein beliebt. In den zeitgenössischen Spiel- und Beschäftigungsbüchern für Kinder finden sich deshalb ebenso „Belustigungen aus der höheren Magie" wie eine Vielzahl von Beschäftigungen, mit deren Hilfe „der kleine Mechaniker und Physiker" sich auf nützliche Weise die Zeit vertreiben kann (Wagner 1864).

Alle Gegenstände für die Freizeitbeschäftigung der Jugend, die in der Folge des Fortschrittes in Wissenschaft und Technik im 18. und 19. Jahrhundert aufkamen, haben also einerseits Spiel- und Unterhaltungscharakter, wollen andererseits aber auch belehren, ja teilweise sind diese Beschäftigungsmittel gar nicht als Spielmittel, sondern eher als Lehrgegenstände anzusehen (und damit für die Geschichte der Arbeitsmittel von Interesse). Der Übergang zwischen Spielmittel einerseits, Lehr- und Lernmittel andererseits ist nicht immer eindeutig zu ziehen, zumal das Marktangebot durchaus vielfältig ist.

Für die Aufarbeitung dieses Problemfeldes, das hier nur umrißhaft skizziert wird, besitzt das „Magazin" des Nürnberger Versandhauses Bestelmeier besonderen Wert. Der Titel dieses Warenhaus-Kataloges heißt in der Erstausgabe von 1793 noch „Pädagogisches Magazin", während die Ausgabe von 1803 überschrieben ist: „Magazin von verschiedenen Kunst- und anderen nützlichen Sachen, zur lehrreichen und angenehmen Unterhaltung der Jugend, als auch für Liebhaber der Künste und Wissenschaften". In dem systematischen Verzeichnis der einzelnen „Verkaufsartikel" dieses Magazins finden sich folgende Kategorien (Bestelmeier 1803):

Bau- und Gartenkunst für junge Liebhaber – Spiel- und nützliche Sachen für Knaben und Mädchen – Unterhaltende und belehrende Spiele für Kinder und Erwachsene – Astronomie, Gnomonik und Meteorologie – Elektrizität – Geometrie und Arithmetik – Hydraulik und Hydrostatik – Magnet – Mechanik – Musik – Ökonomie, Technologie und Luxus.

Ein großer Teil der den verschiedenen wissenschaftlichen Bereichen zugeordneten Artikel hat Lehrmittelcharakter, so z. B. „Eine Sammlung einfacher Maschinen, die zur Lehre der Mechanik nötig sind, zum Gebrauch für Liebhaber, Hofmeister, Erziehungsinstitute etc." (enthält u. a. Flaschenzug, Schraube, Schnellwaage, Hebel, schiefe Ebene usw.).

Oder: „Eine Sammlung hydraulischer und hydrostatischer Maschinen im Kleinen (enthält u. a. oberschlächtiges und unterschlächtiges Wasserrad, Saugpumpe, Paternosterwerk, Wasserwaagen, Winkelheber usw.).

Ein reichhaltiges Angebot an Apparaten und Materialien, mit denen Zauberkunststücke oder anderer amüsanter Zeitvertreib ausgeführt werden können, und eine Vielzahl mechanisch-beweglicher Spielmittel (Automaten aller Art) belegen die Beliebtheit dieser nützlich-unterhaltsamen Freizeitgestaltung.

Die Kategorie der „nützlichen Spielsachen" und der „belehrenden Spiele" i.e.S. macht etwa ein Viertel des Bestelmeier-Gesamtangebotes aus. Eigentliches Kleinkinderspielzeug finden wir bei Bestelmeier noch nicht, aber schon Fahr- und Spieltiere, Aufstellspielzeug, Baukästen, Puppen und hauswirtschaftliches Spielzeug.

Die erste Gruppe betrifft alle Arten von Figuren und Anlagen aus dem nahen oder entfernteren Lebensumkreis der Kinder, für die Jungen der Zeit entsprechend mehr auf das Kriegswesen ausgerichtet, für Mädchen überwiegend Puppen und die häusliche Welt betreffend. Das Prinzip der Belehrung findet dabei sogar beim Spiel mit Anlagen- und Aufstellfiguren Anwendung; so wird z. B. ein „transparenter A-B-C-Garten" angeboten und eine „A-B-C-Allee zum Unterricht der Jugend". Zu letzterer heißt es:

„Diese besteht aus einer Sammlung von 25 Stück schön gemahlten Bäumen, zur Aufstellung nach dem Alphabet. Jeder Baum hat ein besonderes ovales Schild anhängen, auf welcher ein großer Buchstabe steht, unten ist an jedem Baum ein Ruhestein angebracht, auf welchen gleichfalls die kleinen Buchstaben zu sehen sind... Man kann also mit diesen vielen Bäumen allerley Figuren zusammenstellen, so daß den Kindern auf eine sehr leichte, gleichsam spielende Art, in baldem das A.B.C. begreiflich wird."

Die „unterhaltsamen und belehrenden Spiele" sind in vieler Hinsicht vergleichbar mit den heute in der Folge der Diskussion um die „frühe Begabungsförderung" angebotenen „didaktischen Materialien", „Lernspiele" usw. Da gibt es Lotto-, Domino- und Geduldspiele, die Funktions- und Wissensschulung zum Ziel haben, Würfel-, Karten-, Brettspiele und sonstige Gesellschaftsspiele, die eben denselben Nebenzweck verfolgen.

Eine Reihe Spielmittel diente offenbar schon damals dem Zweck, die durch die Schule erfolgende Einführung in die Kulturtechniken Rechnen, Schreiben, Lesen vorwegzunehmen oder zu unterstützen. Die Idee, zu diesem Zwecke sich der Ratschläge der Pädagogen zu bedienen – wie dies erst seit wenigen Jahren für die heutige Spiel- und Lernmittelindustrie selbstverständlich geworden ist –, hat der geschäftstüchtige Verleger Bestelmeier wohl als erster praktiziert, denn er fordert in seinem Katalog die „Herren Pädagogen" auf, ihm Vorschläge für die Herstellung kindertümlichen Spielzeugs zu machen, das er dann anfertigen lassen wollte.

Der insbesondere von den Philantropisten propagierte Gedanke, neben der deutschen Sprache gleichzeitig andere Sprachen dem Kind durch „spielendes Lernen" nahezubringen, schlägt sich bei Bestelmeier ebenfalls in einem entsprechenden Spielmittel-Angebot nieder; so wird z. B. angeboten:

„Ein naturhistorisches, lateinisch und deutsches A-B-C- und Buchstabierspiel, nebst einer gründlichen Anweisung zum Lesen, Schreiben und Rechnen, für Kinder aus allen Ständen"; „ein Buchstaben- und Wörter-Lottospiel, für Kinder und Erwachsene"; „neues lateinisch und deutsches A-B-C-Spiel mit Vorstellungen aus der Naturgeschichte"; „der kleine Rechenmeister, ein Rechnungsspiel für Kinder"; „Neues Vokabularspiel, durch welches die Kinder in sehr kurzer Zeit gegen 1000 Wörter in lateinischer, französischer und deutscher Sprache erlernen können"; „Das Box-Spiel, ein sehr komisches Gesellschaftsspiel ohnegleichen, in deutscher, französischer und italienischer Sprache".

Eine große Anzahl von Spielmitteln diente der Einführung in die Geographie und in die Geschichte, wie z. B. das Spiel „Reisen in die fünf Welttheile, oder Nationenspiel; auf dreyerlei Weise:

I. Als Lehrspiel für Pädagogen,
II. als Commerce- und Gesellschaftsspiel,
III. als Divertissementsspiel mit Pfändern und scherzhaften Strafen, alles in einem Kästchen mit weitläufiger Beschreibung".

Oder: „Historisch-chronologisches Kartenspiel für die Jugend, zur Erlernung und Wiederholung der deutschen Geschichte, mit vielen historischen und chronologischen Karten".

Oder: „Mathematische Spiele von den merkwürdigsten Städten, Festungen, Belagerungen und Gegenden der Welt, nebst einigen Vorstellungen aus der Naturgeschichte".

Eine besondere Rolle spielt das Prinzip des „spielenden Lernens" für die Entwicklung der *Puzzle-Spiele* und der *Baukästen*. Zur Herkunft der Puzzle-Spiele schreibt Annegret Körner (1970, S. 172):

„Der Ursprung des Puzzle liegt im England des 18. Jahrhunderts und ist in engem Zusammenhang zu sehen mit der Entdeckung der Eigenwelt des Kindes im Anschluß an die Gedanken Lockes und Rousseaus."

Zu den ersten Puzzles sollen die um 1762 angefertigten „zerschnittenen Landkarten" des Londoner Graveurs John Spilsbury gehören, der sie anfertigte „to facilitate the teaching of geography"[9]. Dieses seinem Ursprung nach offenbar echte *Arbeitsmittel* wurde bald auch für andere Unterrichtsbereiche hergestellt; das Prinzip des Zusammensetzens einzelner Teile zu einem Ganzen fand noch mehr außerhalb der Schule bei Kindern und Erwachsenen Anklang, so daß bald eine Vielfalt von Darstellungen und Szenen für diese zusammensetzbaren „Stiche" von den Herstellern entwickelt wurde, nicht selten mit allegorischen und religiös-moralisierenden Themen. Bestelmeier bringt unter Nr. 133 seines Magazins „Patience-

---

9 Körner 1979, S. 172; zur Geschichte des Puzzle vgl. ferner: Krieger 1976.

Spiele, sind auf Holz gezogene zerschnittene illuminierte Kupferstiche, durch dessen Zusammensetzung man seine Geduld prüfen, und viele Unterhaltung haben kann". Eine Variation des Prinzips zeigt Daiken aus dem Jahre 1819: „Changeable Portraits of Ladies", zwei Bilder, die durch zwei waagerecht verlaufende Schnitte jedes so in drei Teile geteilt sind, daß das mittlere „Nasenstück" austauschbar wird und durch den Tausch der Mittelstücke neue Gesichtszüge hervorgerufen werden können.

Gleichzeitig mit der Entwicklung der Puzzle-Spiele und ihrer Verbreitung in Europa im 19. Jahrhundert wird das Prinzip des Zusammensetzens von Teilen zu einem Ganzen übertragen auf Holzwürfel bzw. Bausteine. Unter dem typischen „belehrenden" Spielzeug aus dem viktorianischen Zeitalter, das Daiken aufführt, ist auch ein Kasten mit Bausteinen; richtig zusammengesetzt, sollen sie eine religionshistorische Szene darstellen und dem Kind religiöses Wissen vermitteln. Entsprechend der wachsenden Beliebtheit der Bilderbauwürfel differenzieren sich die Themen von Märchen über das Alphabet bis hin zu historischen und zeitnahen Ereignissen. Einfache Holzbaukästen mit Säulen, Brückenbögen, Quadern und Würfelklötzchen zum Nachbauen von Bauwerken gewinnen, obwohl sie in der Literatur zur Geschichte des Spielzeugs meist nur am Rande erwähnt werden, im Kinderspiel des 19. Jahrhunderts zunehmend an Bedeutung. Sie besitzen in den stärker auf Realitätsabbildung und volkstümliche Stilisierung abhebenden Holzfiguren und dem Aufstellspielzeug der mittel- und süddeutschen Heimindustrie eine echte Konkurrenz.

Eine Sonderstellung nimmt hier der bekannte Anker-Steinbaukasten ein, der um 1880 auf dem Markt erschien und bis in die 30er Jahre unseres Jahrhunderts weite Verbreitung fand. Er wurde von der Firma Richter (Rudolstadt i. Thür.) entwickelt, bei der Fröbel etwa vierzig Jahre früher seine Spielgaben in Auftrag gab. In der Vielfalt der Spielmöglichkeiten den Fröbelschen Spielgaben folgend, sind beim Anker-Steinbaukasten die fertigen Bauwerke in höchstem Maße realitätsabbildend und spiegeln die zeitgenössische Architektur wider.

Bezieht man neben Baukästen, Puzzles und anderen Legespielen auch Gestaltungsspielzeug (Häuser, Bäume, Tiere zum Aufstellen), Puppen und Bälle in die Betrachtung ein, so muß man feststellen, daß es außerhalb der Fröbelschen Spiel- und Beschäftigungsmittel ein durchaus beachtliches Angebot an relativ einfachen, unkomplizierten Spielmitteln gab, das das Spiel- und Erkundungsbedürfnis des Kindes zu befriedigen in der Lage war. Die literarische und künstlerische Entdeckung der Jugendzeit durch die Romantik spiegelte sich auch in Veränderungen der kindlichen Spiel- und Lebenswelt wider: Puppen wurden nicht mehr ausschließlich als erwachsene Repräsentationsfiguren produziert, sondern stellten nun Babies und Kinder dar. Die Kinderkleidung entwickelte sich als eigener Bereich der Mode. Im Bilderbuch wurde dem Kind die Welt in unterhaltsam-belehrender, aber kindertümlicher Weise anschaulich gemacht – man denke an die breite Wirkung, die z. B. der „Struwelpeter" (1845) oder „Max und Moritz" (1865) hatten.

Die Tatsache, daß im Laufe des 19. Jahrhunderts das Spielzeug enger mit dem Leben des Kindes verknüpft wird, darf allerdings nicht darüber hinwegtäuschen, daß das Bewußtsein für die *pädagogische* Bedeutung des Spielzeugs in der breiten Öffentlichkeit noch kaum entwickelt war. Fast erscheint die Situation paradox: Während viele Pädagogen mit dem Verblassen des pädagogischen Optimismus der Aufklärung dem handwerklich-industriell gefertigten Spielzeug kritisch oder desinteressiert gegenüberstehen, bleibt das Bürgertum nach wie vor der Hauptabnehmer des reichhaltigen Spielmittelangebotes. Es tut dies relativ unbekümmert und wahrscheinlich auch in weitgehender Unkenntnis einzelner Warnungen von Pädagogen.

Vermutlich konnten die Kinder mit den vielen ihnen anvertrauten Spielsachen doch etwas besser spielen, als es manch mißtrauischer Pädagoge wahrhaben wollte. In der bürgerlichen Erziehung des 19. Jahrhunderts dürfte jedenfalls das käufliche Spielzeug zu einem bedeutsamen funktionalen Erziehungsfaktor geworden sein, der dem vergnüglichen Zeitvertreib gegenüber mancherlei belehrender Absicht immer den ersten Platz einräumte und wohl gerade deshalb seine Wirksamkeit voll entfalten konnte.

Fraser macht deutlich, daß mit zeitlichem Abstand vom belehrenden Mode-Spielzeug der Aufklärung im weiteren Verlauf des 19. Jahrhunderts bei der Gestaltung und Neuentwicklung von Spielmitteln ein Funktionswandel eintritt: Spielzeug soll vor allem vergnügliche Unterhaltung und ästhetischen Genuß gewähren. Diese Einstellung zum Spielzeug entspricht wohl auch weitgehend dem öffentlichen Bewußtsein, denn übereinstimmend definieren die gebräuchlichen Konversationslexika gegen Ende des vorigen Jahrhunderts *Spielwaren* als „Gegenstände, ... welche zur Unterhaltung der Kinder dienen"[10]. Dabei werden ausschließlich die wirtschaftlichen, nicht aber die pädagogischen Aspekte der Spielwaren dargestellt. Eine Durchsicht pädagogischer Nachschlage-Werke zum Thema Spielzeug ergibt ebenfalls ein negatives Ergebnis[11]. Die Begriffe „Spielzeug", „Spielgaben" oder „Spielmittel" existieren übrigens noch nicht als eigenständige lexikalische Stichwörter.

Es scheint so, daß die Spielmittel-Pädagogik in der zweiten Hälfte des 19. Jahrhunderts, allzu sehr ausgerichtet auf Fröbel-Rezeption und Kleinkindpädagogik, dem industriell gefertigten Spielzeug deshalb ein geringes Interesse bzw. Kritik entgegenbrachte, weil dieses Spielzeug eben tatsächlich „nur" als Mittel des Vergnügens gedacht war. Dieses Vergnügen als pädagogischen Sündenfall zu verurteilen schien durch den Leitsatz, fertiges Spielzeug zerstöre die kindliche Phantasie, voll legitimiert zu sein.

---

10 Vgl. Brockhaus' Konversationslexikon, 15. Bd., 14. Aufl. Berlin 1878; Allgemeine deutsche Real-Enzyklopädie für die gebildeten Stönde, 13. Bd., 11. Aufl. Leipzig 1868; Meyers Großes Konversationslexikon, 14. Bd., 3. Aufl. Leipzig 1878.
11 Vgl. Encyclopädie des gesamten Erziehungs- und Unterrichtswesens, hg. v. K. A. Schmidt, Bd. 9, Leipzig 1887.

Aber wenn auch nur ein Bruchteil der Aussagen jener Spielzeugpädagogen des 20. Jahrhunderts zutrifft, die den Spielwert des Spielzeugs aus der „guten alten Zeit" gegenüber dem „Schund" der Gegenwart hervorzuheben nicht müde werden, dann kann es um das Spielzeug des 19. Jahrhunderts nicht ganz so schlecht bestellt gewesen sein, wie die zeitgenössische Pädagogik dies glaubte annehmen zu müssen – ungeachtet des Umstandes, daß es sicherlich auch vor hundert Jahren bereits Spielzeug von minderer Qualität und geringem Spielwert gegeben hat.

V. Das Spielmittel in der ersten Hälfte des 20. Jahrhunderts

Kunsterziehungsbewegung, Volkskunstgedanke, Kulturkritik

Die Kunsterziehung war seit dem letzten Jahrzehnt des 19. Jahrhunderts einer der entscheidenden Ausgangspunkte für eine neue Sichtweise des Kindes und seiner Erziehung, die im ersten Drittel des 20. Jahrhunderts die Reformpädagogik – ein Sammelbegriff für im einzelnen sehr unterschiedliche pädagogische Reformansätze – in ihren Intentionen als „Pädagogik vom Kinde aus" bestimmte.

Konrad Lange: „Die künstlerische Erziehung der deutschen Jugend" (1893)
Zu den führenden Vertretern der frühen Kunsterziehungsbewegung gehört Konrad Lange (1855–1921). Als einer der ersten rief er in seiner Schrift „Über die künstlerische Erziehung der deutschen Jugend" dazu auf, die Krise der Kunst des Fin de siècle durch Rückwendung auf die schöpferischen Kräfte des Kindes zu überwinden. Erstmals wurde damit das Kind in den Mittelpunkt des künstlerischen Prozesses gerückt.
Lange unterscheidet vier Bereiche der künstlerischen Erziehung: Entwicklung der Anschauung, Kräftigung des Formengedächtnisses, Ausbildung der ästhetischen Illusionsfähigkeit und Anleitung zur technischen Geschicklichkeit (Lange 1893, S. 23). Alle vier Bereiche entwickeln sich über das Spiel des Kindes, das zur Kunst des Erwachsenen in Parallele gesehen wird. Von den vier Arten von Spielen, die Lange unterscheidet (Bewegungs-, Sinnes-, Kunst- und Verstandesspiele), sind es die Sinnes- und Kunstspiele, denen er besondere Aufmerksamkeit schenkt. Für beide benötigt das Kind Gegenstände, an die die Spielhandlungen anknüpfen. Das Spielzeug des Kindes wird so zu einem bedeutsamen Bestandteil der künstlerischen Erziehung, denn diese besteht in den ersten vier Lebensjahren in nichts anderem als in der „verständigen Entwicklung des Spieltriebes" (1893, S. 30).
Spielmittel für die Entwicklung der Sinne sind alle Gegenstände, die die Aufmerksamkeit des Kindes fesseln. Lange weist in diesem Zusammenhang auch auf die Spielgaben Fröbels und die Idee Herbarts hin, den Formen- und Schönheitssinn dadurch zu wecken, daß schon dem Kind in der Wiege abwechselnd bestimmte Gegenstände zur Betrachtung dargeboten werden.
Unter Kunstspielen versteht Lange alle Formen des dramatischen bzw. des Illusionsspiels, das seinen Ursprung im Nachahmungstrieb des Kindes habe. Der

Wunsch nach eigentlichem Spielzeug, d. h. solchem, das realen Gegenständen nachgebildet ist, erwachse aus der Beobachtung der Formen der Natur. Weitaus das meiste Spielzeug habe plastischen (gegenständlichen) Charakter – Lange nennt Puppe und Hampelmann, Bleisoldaten und Bäume aus Nürnberger Spielwarenschachteln, Tiere aus Holz oder Pappmaché –, deshalb sei es direkt mit dem Kunstwerk vergleichbar. Spielzeug und Kunstwerk seien beide Nachbildungen der Natur; nur die handliche Größe des Spielzeugs und sein geringerer Kunstwert unterscheide es vom Kunstwerk. Die Freude des Kindes an seinem Spielzeug sei in Analogie zur Freude des Erwachsenen an der Kunst zu sehen, wobei das Moment der Illusion für das spielende Kind noch eine größere Bedeutung besitze als das Kunsterlebnis für den Erwachsenen (Lange 1893, S. 26 ff.).
Der Begriff der Illusion nimmt in der Spiel- und Kunsttheorie Langes eine zentrale Position ein: Spiel wie Kunst sei „bewußte Selbsttäuschung"; diese mache „den Kern des künstlerischen Genusses" aus (Lange 1895; 1901; 1904). Der kunsterzieherische Wert des Spielzeugs richte sich deshalb im wesentlichen danach, ob es das Illusionsspiel des Kindes fördere. Die Puppe gehört dabei zu den von Lange als besonders wichtig hervorgehobenen Spielmitteln (Lange 1904a, S. 35). Es sei falsch, Mädchen das Puppenspiel abgewöhnen zu wollen, denn damit werde seine „ästhetische Illusionsfähigkeit" zerstört (1893, S. 35).
Die im gegenständlichen Spielzeug dargestellten Figuren und Gegenstände sollen der vertrauten Umwelt des Kindes entstammen. Eine zu realistische Gestaltung des Spielzeugs störe die Ausbildung der Illusionsfähigkeit beim Kind ebenso wie die Überschüttung des Kindes mit Spielzeug. Gegen die alte pädagogische Regel, daß man dem Kinde nicht zuviel Spielzeug, besonders nicht zuviel auf einmal, schenken solle, werde insbesondere in reichen Familien verstoßen. Die meistens großen Künstler hätten das Glück gehabt, „in ihrer Jugend nicht mit Spielzeug übersättigt und verbildet zu werden", da sie überwiegend einfachen Verhältnissen entstammten (1893, S. 33). Damit steht auch Lange im Grunde hinter der in der Pädagogik der Aufklärung, des Naturalismus und der deutschen Romantik tradierten Forderung nach einfachem, anspruchslosem Spielzeug.
Langes Verdienst ist es, erstmals auf die Bedeutung des Spielzeugs für die ästhetische Erziehung des Kindes hingewiesen zu haben.

Paul Hildebrandt: „Das Spielzeug im Leben des Kindes" (1904)
1904 erscheint die erste deutsche Monographie über Spielzeug. Hildebrandt gibt in seinem Werk einen relativ vollständigen Überblick über das Spielwarenangebot um die Jahrhundertwende mit dem Versuch einer – wenn auch nur ansatzweise durchgeführten – pädagogischen Bewertung.
Die pädagogischen Leitgedanken, von denen Hildebrandt ausgeht, sind ganz von den Thesen der frühen Kunsterziehungsbewegung geprägt. Sie implizieren die Thesen Langes von der Analogie „Kind – Künstler" bzw. „Spielzeug – Kunstwerk".

Neben diesem rein kunstästhetischen Aspekt sind für Hildebrandt auch weiterführende Motive wirksam, dem Spielzeug uneingeschränkt die Bedeutung eines Erziehungsmittels zuzusprechen: Durch Spiel und Spielzeug soll das Kind nicht nur in die Welt der Kunst eingeführt werden; Spielmittel sind geheime „Miterzieher" der Kinder, mit deren Hilfe es gelingt, „die in ihnen schlummernden Talente zu wecken und sie vielleicht sogar auf einen ihren Neigungen entsprechenden Beruf aufmerksam zu machen" (Hildebrandt 1904, S. 410).

Hildebrandt kommt erstmals zu einer Kritik und differenzierenden Einschätzung des Einfachheitspostulats der zeitgenössischen Spielpädagogik. Die bis dahin unumstrittene Behauptung, daß einfaches Spielzeug erzieherisch wertvoller sei als das künstlerisch oder technisch ausgeführte, weil bei dem einfachen Spielzeug angeblich die Phantasie des Kindes mehr Entfaltungsraum habe, bezeichnet Hildebrandt als Trugschluß. Die Freude des Kindes am einfachen Spielzeug in Ermangelung oder Unkenntnis eines schöneren könne nicht als Beweis dafür angesehen werden, daß das einfache Spielzeug dem Kind genüge. Sobald ihm ein besseres und künstlerisch vollkommeneres geboten werde, bevorzuge das Kind dieses durchaus. So hält es Hildebrandt für notwendig, die Einsicht dafür zu wecken, „daß nicht das einfachste, sondern das vollkommenste Spielzeug für unsere Kinder gerade gut genug sein soll ..." (1904, S. 410). Allerdings sind künstlerische Vollkommenheit und technische Perfektion für Hildebrandt nicht endgültige Maßstäbe einer pädagogischen Bewertung von Spielzeug.

Hildebrandt schließt in seiner Darstellung der Spielmittel weder bestimmte Gruppen aus pädagogischen Gründen aus, noch werden einzelne Spielzeuge als prinzipiell empfehlenswerter gegenüber anderen herausgehoben. Er läßt als einziges Kriterium für die Bewertung von Spielmitteln die individuellen Wünsche und Fähigkeiten des Kindes gelten:

„Wert hat nur das Spielzeug für unsere Kinder, das ihren Neigungen entspricht, oder von dem wir uns versprechen, daß es die Neigungen unserer Kinder in einer für ihre Erziehung günstigen Weise beeinflussen kann." (1904, S. XII)

Dieses Kriterium ist auch der Frage vorgeordnet, ob Kinder mit einfachem oder mit künstlerisch vollkommenerem Spielzeug umgehen sollen:

„Das Kind, das wir mit fertigem Spielzeug aufs höchste langweilen, dem sollen wir Spielgeräte geben, mit dem es nach seinem eigenen Wunsche und Willen sein Spielzeug selbst anfertigen kann; das Kind aber, das keinerlei Lust und Neigung für irgend eine Handfertigkeit hat, dem mögen wir fertiges Spielzeug geben und es nicht zu Anfertigungsarbeiten zwingen, die ihm Lust und Freude am Spiel verleiden." (1904, S. XII f.)

Im übrigen würde das Spiel mit „vollendetem" Spielzeug das Kind niemals davon abhalten, sein Interesse für die einfachen, in der Natur sich selbst darbietenden Spielmöglichkeiten wachzuhalten (1904, S. 6).

Spielzeug und Kulturkritik
Hildebrandts Versuch, zur Überwindung des pädagogisch überstrapazierten Einfachheitspostulats und zu einer differenzierteren Bewertung der Spielmittel zu gelangen, fand weder Resonanz noch Nachfolge. Denn nicht nur die Spielpädagogik in der Nachfolge Fröbels, sondern ebenso die Illusionstheorie Konrad Langes und andere kunstpädagogische Anschauungen stimmten darin überein, daß nur „einfaches" Spielzeug dem Kind Möglichkeiten eines phantasievollen Spiels gebe. Mit dieser Forderung Hand in Hand geht der – ebenfalls seit Locke und Rousseau unverändert gebliebene – zweite Grundsatz, dem Kind nicht *zuviel* Spielzeug zu geben. Diese Prinzipien dringen nach der Jahrhundertwende erstmals in das Bewußtsein einer größeren Öffentlichkeit ein. Im Zeichen der Entdeckung des Kindes wird Spielzeug nun vermehrt Gegenstand von Erörterungen in Zeitschriften und Journalen, die breiten Schichten des Bürgertums zugänglich sind. Die pädagogische Aufklärung über Spielzeug ist dabei überwiegend restriktiv. Aus dem Chor der Stimmen nur wenige Beispiele:

„Darum nicht zu viele Spielsachen! Und dazu die andere Regel: nur solche, die der Phantasie und Selbsttätigkeit des Kindes noch einen Spielraum lassen." (Reischle 1897, S. 28)
„Es ist zunächst vom Übel, wenn den Kindern zu viel Spielzeug geschenkt wird. Es macht sich ja heute eine Vergnügungspädagogik breit, die das Kind – ganz gewiß in guter Absicht – mit Genüssen aller Art überschüttet ... Dadurch wird das Kind nur begehrlich, oberflächlich, blasiert gemacht." (Hoche 1924, S. 97)
„Die übergroße Menge des Spielzeugs macht das Kind anspruchsvoll und selbstsüchtig." (Düsel 1906, S. 588)
„Das Spielzeug soll so einfach als möglich sein, aber zugleich auch so veränderlich als möglich, damit durch dasselbe der Phantasie des Kindes keine Schranken auferlegt sind ... Ferner soll das Spielzeug nicht kostbar sein." (Herrigel 1906, S. 216 f.)

Die Forderung nach Einfachheit und zahlenmäßiger Begrenzung des Spielzeugs hatte noch stärker als im 19. Jahrhundert die Tendenz einer Idealisierung der Spielwelt des *armen* Kindes zur Folge.

„Kinder, die sich in ihrer Jugend mit den allereinfachsten Dingen begnügen ... werden meist viel findiger, geschickter und selbständiger als Kinder der Reichen mit den schönsten und teuersten Spielsachen aus dem Laden des Hoflieferanten." (Brethfeld 1914, S. 212)
„Der ganze Jammer der Kinder, die mit solchem Spielzeug beschenkt werden, sprach aus den Worten jenes reichen Mädchens, das nach der eigenen reichen Christbescherung der Bescherung bei den Gärtnersleuten im Hofgebäude anwohnen durfte und auf dem Rückweg seine Mutter anflehte: ‚Mama, wann werd' ich endlich einmal ein armes Kind, daß ich auch solche Spielsachen bekomme?' ... Die beneideten Gärtnerskinder hatten gewiß auch viel weniger Spielsachen bekommen als das reiche Herrschaftskind. Sie waren auch darin glücklicher." (Schwarzkopf 1907, S. 581)
„Beschränktheit der äußeren Mittel, ja sogar Armut, wecken nirgends so wie in der Spielwelt des Kindes lebendige Kräfte." (Braig 1925, S. 3)
„Spielfreude soll man beim Kind des Armen suchen ... und nicht bei den Kindern der Reichen, die mit blasierter Miene auf den aufgestapelten Luxus unter dem überladenen Weihnachtsbaum schauten ... Ja, auch die Armut hat ihre Vorzüge gerade in bezug auf die Erziehung." (Huber 1921, S. 7)

Der pädagogischen Abwehrhaltung, die aus diesen Zitaten unschwer herauszulesen ist, geht spätestens seit dem ersten Kunsterziehungstag in Dresden im Jahre 1901 eine Erneuerungsbewegung parallel, die im sog. „künstlerischen Spielzeug" die Antwort auf die Frage nach kindgemäßen Spielmitteln gefunden zu haben glaubte. Auf diesem ersten Dresdener Kunsterziehertag wurde nicht nur das Programm der Kunsterziehungsbewegung formuliert, sondern auch die erzieherische Bedeutung des Spielzeugs für das Kind hervorgehoben. Bemerkenswert ist die Forderung, daß jedes Kind eine Spielecke in der elterlichen Wohnung haben sollte (Düsel 1906, S. 591; Roß 1902). Gleichzeitig wurde der Feldzug gegen den herrschenden „Naturalismus" im Spielzeug-Angebot, gegen Luxus-Spielzeug („Modepuppen") und technischen Perfektionismus eröffnet. Der Gegner war die Spielzeugindustrie, deren Produkte, bedingt durch die sich immer stärker durchsetzenden maschinellen Fertigungsweisen, nicht mehr dem Ideal des in Heimarbeit hergestellten Holzspielzeugs entsprachen. Holzspielzeug wurde von der Kunsterziehungsbewegung als pädagogisch und volkskünstlerisch wertvoll betrachtet und zur allgemeinen Richtschnur erhoben, um dem Vordringen der Massenware, insbesondere dem Blechspielzeug und dem mechanischen Spielzeug, Einhalt zu gebieten.

Die bewußte Auflehnung der Kunsterziehungsbewegung und ihr nahestehender Kreise gegenüber dem „naturalistischen" und „mechanischen" Spielzeug war zunächst dazu angetan, die pädagogische Bedeutung des Spielzeugs für die Erziehung des Kindes im Bewußtsein der Öffentlichkeit noch stärker zu verankern. Sie wies freilich all jene ideologischen Übertreibungen auf, die einer solchen Gegenbewegung anhaften, zumal sie durch die herrschende „Kulturkritik" weitgehend Unterstützung erfuhr:

„Was aber auf anderen Gebieten der Technik ein Fortschritt war, ward hier zum Unsegen. Das mechanische und naturalistische Spielzeug wurde für die Entwicklung des Kindes immer wertloser, weil es infolge seiner ‚Vollkommenheit' dem kindlichen Spiel- und Betätigungsdrang immer weniger zu tun gab und wegen seiner Wirklichkeitstreue Phantasie und Geist immer weniger in Anspruch nahm." (Brethfeld 1914, S. 212)

„Diese Ausgeburten höchster Naturalistik bedeuten in Wirklichkeit nichts anderes als Mörder kindlicher Phantasie." (Graef 1905, S. 391)

„Das reiche Kind von heute hat den fragwürdigen Vorzug, zu viele und zu große Spielsachen und das technische Spielzeug in einer so fatalen Vollkommenheit zu besitzen, daß der Spielwert minderwertig und einseitig ist und im besten Falle jenen Monteur oder Elektrotechniker im Kinde erzieht, der nach neuester Theorie der moderne Übermensch sein wird, in Wahrheit aber der Sklave von heute und der Barbar von morgen ist." (Eberlein 1928, S. 164)

Der starke antitechnologische Affekt, der aus diesen Worten spricht, ist Ausdruck jener seit Ende des 19. Jahrhunderts allgemein spürbaren *Kulturkritik,* als deren Teil die Kunsterziehungsbewegung zu verstehen ist: Als Kritik am naiven technologischen Fortschrittsglauben, an Rationalismus und Perfektionismus, an der Zerstörung der Kultur durch die zunehmende Industrialisierung. Im technisch-perfektionierten Spielzeug wird dementsprechend die Technik als Zerstörer der Phantasie und der Eigentätigkeit des Kindes gesehen.

Der Glaube, daß im „unverdorbenen" Kinde die wahre menschliche Natur sichtbar wird, aus der heraus eine Erneuerung des Menschen anzustreben sei, war gerade in der Kunsterziehungsbewegung stark ausgeprägt. Er kommt auch in der Forderung zum Ausdruck, die Künstler selbst sollten sich des Spielzeugs als einer kunsterzieherischen Aufgabe annehmen und kindgemäßes Spielzeug neu entwerfen. Eine Reihe von Kunsterziehern, bildenden Künstlern sowie einige Kunstgewerbeschulen folgte nach der Jahrhundertwende diesem Aufruf. Ihr Sprachrohr wurde die Zeitschrift „Kind und Kunst", die seit 1904 erschien. 1903 fand das erste deutsche Preisausschreiben für neue Spielzeug-Entwürfe statt, das vom Bayerischen Gewerbemuseum veranstaltet wurde. Verlangt wurden „Entwürfe für charakteristische Holzspielsachen, welche geeignet sind, im Sinne der kunsterzieherischen Bestrebungen unserer Tage anregend und fördernd auf den Geschmack und die Phantasie der Kinder einzuwirken" (Enderlin 1907, S. 32).

Örtliche Kunstakademien, Kunsthandlungen und Museen veranstalteten nun Ausstellungen über gutes „künstlerisches Spielzeug" (Leisching 1905; Meyer 1918; Siepen 1926).

Wien, München, Hamburg, Breslau und Dresden wurden vor dem Ersten Weltkrieg zu Schwerpunkten der Bemühungen um das künstlerische Spielzeug. Das von Jugendbewegung und Jugendstil beeinflußte großstädtische Bürgertum stand dieser Bewegung durchaus aufgeschlossen gegenüber. Dresden wurde mit den „Werkstätten für Handwerkskunst" und den „Werkstätten für deutschen Hausrat" führend in der kunstgewerblichen Herstellung des neuen Spielzeugtyps. In den zwanziger Jahren entwickelten das Bauhaus (Weimar/Dessau), die Staatliche Akademie für Kunstgewerbe in Dresden sowie die Kunstgewerbeschulen in Berlin-Charlottenburg und in Nürnberg neue Spielzeugformen. „Einfachheit" war im kunstgewerblichen Spielzeug bereits zu einer gewissen Modeerscheinung geworden (Eberlein 1928, S. 167).

Die staatlichen Spielwarenschulen in Grünhainichen und Seiffen im Zentrum der erzgebirgisch-sächsischen Heimindustrie sowie die dortigen Spielzeughersteller konnten sich dieser Entwicklung kaum verschließen. Der Kampf gegen die „Entartungen" der zeigenössischen Spielzeug-Massenproduktion lenkte notgedrungen den Blick auf das Spielzeug der Vergangenheit. Im „Alten" und „Beständigen" wurde das „Zeitlos-Einfache", „die ursprüngliche Naivität", das „Volkskünstlerisch-Geschmackvolle" entdeckt und diese Eigenschaften insgesamt mit dem „Eigentlich-Kindgemäßen" identifiziert.

„Man lobt oft zu Unrecht die gute alte Zeit. Was das Spielzeug angeht, so hat man in jeder Hinsicht Veranlassung, ihr nachzutrauern." (Cajetan-Milner 1903/04, S. 15)
„Überhaupt unser gutes altes Holzspielzeug ist ja so viel wertvoller als alle blecherne Schönheit von heute." (Huber 1921, S. 7)
„Überall ist der wahrhaft künstlerische Zug im modernen Spielzeug auf Vereinfachung gerichtet." (Leisching 1905, S. 226)
„Wer Spielzeug schafft, kann gar nicht genug Naivität walten lassen." (Schefold 1927, S. 401)
Im guten Volksspielzeug ist „die gesunde und ursprüngliche Naivität enthalten, die das Kind

glücklich macht und zum Einfachen, Beharrlichen auch charakterlich erziehen hilft" (Hahm 1939, S. 257).

Volkskunstbewegung und „künstlerisches" Spielzeug
Die Idealisierung des Spielzeugs der Vergangenheit wird in der Zeit nach dem Ersten Weltkrieg in dem Maße noch größer, die ideologische Verhärtung dieser Richtung noch offenkundiger, als das kunsterzieherische Interesse am Spielzeug aufgesogen wird durch eine im Zuge der Nachkriegs-Kulturkritik sich etablierende Volkskunst-Bewegung. Diese erweiterte zwar in besonderem Maße die historische Perspektive für das Spielmittel als eines wichtigen Zeugen der Kulturgeschichte, aber die Tendenz, ausschließlich aus der Vergangenheit Maßstäbe für pädagogische Bewertung des Spielzeugs der Gegenwart abzuleiten, verstärkte sich zusehends. So stellten Seyffert/Trier eine Auswahl von volkstümlichem Holzspielzeug der erzgebirgisch-sächsischen Heimindustrie unter dem Eindruck eines Kind- bzw. Kunstverständnisses zusammen, dessen Pathos und Emotionsgeladenheit die Aussagen der frühen Kunsterziehungsbewegung weit übertrifft:

„Kunst ist Gefühl. Kunst ist im letzten Grade Religion." (Seyffert/Trier 1923, S. 4)
„Es ist keine krankhafte Sentimentalität, wenn ich darüber nachdenke, daß das hübsche, bunte, anspruchslose Spielzeug, das die Alten mit Sorgfalt verfertigen, mit ihnen auch ausgestorben sein wird ... Aber mit ihnen stirbt auch die *Volkskunst,* und wir Lebenden werden an schlichten Gefühlswerten immer ärmer und ärmer ... Es kommt beim Spielzeug, wie bei allem, auf die Gesinnung an ... Und deshalb wollen wir der Volkskunst, der schlichten, naiven, den ersten Preis zuerkennen." (Seyffert 1924/25, S. 194 f.)

Wenn demgegenüber die ländlichen Spielzeugmacher solchen Gedankengängen durchaus aufgeschlossen waren und den Willen bekundeten, „genau so zu schaffen wie einst die Meister der alten Volkskunst" (Schache 1942, S. 82), dann mußte es notwendigerweise Konflikte zwischen der an älteren Vorbildern orientierten volkskundlichen Richtung und der „modernen" kunstgewerblichen Herstellung des Spielzeugs geben. Das neu entwickelte „künstlerische" Spielzeug gilt den Verfechtern der alten Volkskunst als ebenso unkindgemäß wie die maschinell hergestellten Spielzeug-Produkte:

„Die Kinder wollten das Spielzeug nicht, das ihren Eltern in so und so vielen Kunstzeitungen angepriesen wurde. Da kam es vor, daß sie das neue kunstgewerbliche Geschenk in die Ecke warfen und zu ihren alten lieben Sachen griffen. Es ist ein Geheimnis um die Volkskunst." (Seyffert/Trier 1923, S. 6)
Kunstgewerbliches Spielzeug, das eine Lehrstunde in Ästhetik gebe, sei entseelt und „entsetzlicher als der Blechbahnhof mit aufgemaltem Personenverkehr" (Siepen 1937, S. 55).

In der Tat wird dem industriell gefertigten, modernen Spielzeug dasselbe Schicksal bescheinigt: Dem kindlichen Phantasie- und Bestätigungsbedürfnis unangemessen, werde es entweder zerstört oder rasch beiseite gelegt. Die dekorierte Puppe und die

Metall-Eisenbahn erscheinen bei fast allen Autoren, die auf den Wert des einfachen, volkskünstlerischen Spielzeugs hinweisen, als die Standard-Beispiele, mit denen versucht wird, unter Beweis zu stellen, daß dieses Spielzeug primär dem Geschmack des Erwachsenen, aber nicht dem Interesse des Kindes entgegenkommt. Aus der Sicht der Volkskunst-Bewegung erhält die Einfachheitsthese nun eine bezeichnende Wendung: Die Holzschnitzer und Spielzeugmacher der Vergangenheit konnten nur deshalb mit ihren Werken den Bedürfnissen des Kindes entsprechen, weil sie selbst noch ein einfaches naturverbundenes Leben führten:

„Die bäuerlichen Hersteller wußten, was ein Kinderherz begehrt." (Roh 1958, S. 9)
„Weil diese Menschen selbst gläubig im Leben standen, mit der Natur verbunden und in ihr tätig waren, trugen auch die Spielzeuge diese Verbundenheit und Gläubigkeit." (H. Kluge 1939, S. 288)
„Die schönsten Spielzeuge stammen aus solchen Gegenden, wo sie als zarte Blumen des Volksgemüts entstanden sind und wo sie als Volkskunst eine Heimat gefunden haben. Es ist das eine Kunst, die sich nicht auf Schulen erlernen läßt, sondern die aus einem natürlichen, gesunden Empfinden hervorwächst, das den gleichen Quellen entspringt wie die alten Volkslieder und Volkstänze." (Berg 1935, S. 16)

Die emotional aufgeladene Verklärung des guten „alten Spielzeugs" hat nicht selten einen moralisierenden Unterton, insbesondere wenn die *pädagogische* Bedeutung der Spielmittel angesprochen wird:

„Spielzeug ist ein Erziehungsmittel. Wir fordern daher von ihm Wahrheit im Material, Ehrlichkeit in der Ausführung und Klarheit in den Formen." (H. Kluge 1939, S. 290)

Auch Karl Gröber, dessen Spielzeug-Geschichte wohl das bedeutendste deutsche kulturhistorische Werk über diesen Gegenstand darstellt, meinte, daß das Verständnis „trotz aller pädagogischen Fortschritte unserer Zeit viel tiefer als heute" war und für den Künstler in bezug auf Spielzeug-Entwürfe „wahrlich ein Rückblick auf das Alte nicht von Schaden" sei (Gröber 1928a, S. 51f.).
Ebenso ist für Kurt Hahm das „deutsche Volksspielzeug ... heute noch in diesem Sinne vollendetes Erziehungsmittel in der Kinderstube" (Hahm 1939, S. 257).
Wenn, wie Hahm und andere behaupten, die moderne Pädagogik erfolgreich an die Erzeugnisse der alten Volkskunst angeknüpft habe, so muß man die Konsequenzen dieser seit den zwanziger Jahren bis in die jüngste Zeit anhaltenden Entwicklung etwas genauer untersuchen: Die durchaus vertretbare These, daß viele Spielmittel aus der Zeit vorwiegend handwerklicher Spielzeug-Hersteller dem Kinde ausgezeichnete Spielmöglichkeiten bieten, wird bedenkenlos dahingehend generalisiert, daß einzig und allein Holzspielzeug „kindgemäß" sei. Die Erkenntnis, daß das Kind zu allen Zeiten mit etwa dem gleichen Spielzeug gespielt habe, läßt hier die Vergangenheit allzu schnell zum alleinigen Vorbild für „gutes" Spielzeug werden, ohne daß die veränderte Lebenssituation des Kindes überhaupt in den Blick kommen könnte. Die Intention vieler am Modell der Volkskunst orientierten Spielzeugbücher, „manches schon museal Gewordene wieder in die Kinderstuben

zurückkehren zu lassen" (Roh 1958, S. 6), impliziert pädagogische Normsetzungen, die bisher kaum kritisch analysiert wurden.
So wird z. B. auch in der überaus reizvollen Spielzeug-Fibel von Geist/Mahlau das pädagogische Anliegen, „Rat und Auskunft" über Spielzeug zu geben, überdeckt von der Absicht, „ein frohes Erinnern an die eigene ‚goldene Zeit'" zu ermöglichen und „den Freunden der deutschen Volkskunde einen Zugang zum Paradiesgarten des Spielzeugs" zu vermitteln (Geist/Mahlau 1938).
Es konnte nicht ausbleiben, daß das „deutsche Spielzeug" auch zum Gegenstand deutschtümelnder Besinnung wurde:

„Es ist etwas dabei, was uns niemand durch Preis, niemand durch Technik und Qualität, deren wir uns so gern brüsten, nachmachen kann: es ist das, was die deutsche Hand abfärbt auf jedes herzliche Ding: das Gemüt. Gemüt ... gestaltet das deutsche Spielzeug als ein Fühlen der Seele, als Begreifen und Umgreifen der kindlichen Welt ... Das deutsche Holzspielzeug, das hier zum erstenmal gezeigt wird, meidet bewußt Nähe und Wege alles Technischen und Maschinellen. Es nennt sich deutsch, weil es in die Welt der deutschen Sagen und Märchen, der deutschen Geschichte und Landschaft führt." (Ehlers 1932/33, S. 313)

Die Vermutung liegt nahe, daß Hitlers Machtübernahme 1933 gleichzeitig auch den Durchbruch zu einer dem Nationalsozialismus verpflichteten Spielzeugpädagogik mit weitem Wirkungsradius bedeutete. Doch die These, daß Kulturkritik, Volkstumsgedanke und Deutschtumspflege in den zwanziger Jahren faschistische Elemente einer Pädagogik waren, die nur noch des politischen Umsturzes bedurfte, um das Fundament der nationalsozialistischen Erziehungsideologie zu werden, ist, zumindest in bezug auf die Spielmittel, viel zu undifferenziert. Die Rolle der Spielmittel im Dritten Reich stellen wir gesondert dar (vgl. S. 194ff.).

Stephan Hirzel: „Spielzeug und Spielware" (1956)
Nach dem Zusammenbruch knüpft die pädagogische Diskussion um das Spielzeug an den Stand vor 1933 an. Die NS-Zeit findet keine Erwähnung. Die Kritik am Spielzeug ist in den Jahren nach dem Zweiten Weltkrieg aus kunstpädagogischer Sicht im Vergleich zu den zwanziger Jahren eher stärker als geringer geworden; die Resignation der Kritiker, gegenüber den „Realitäten" gleichsam auf verlorenem Posten zu stehen, scheint noch zugenommen zu haben.
Stephan Hirzel diskutiert die Entwicklungstendenzen der Spielzeug-Herstellung in der modernen Industrie-Gesellschaft auf dem Hintergrund eines kaum zu übersehenden Kulturpessimismus (Hirzel 1956). In seinem Buch findet man, gleichsam in Bündeln konzentriert, die Gesamtheit jener kulturkritischen Aussagen zum heutigen Spielzeug wieder, die wir als Abwehrreaktion gegenüber den industriegesellschaftlichen Produktionsweisen und den Vermarktungstendenzen seit dem ausgehenden 19. Jahrhundert bereits analysierten.
Hirzel will „Wertmaßstäbe sichtbar machen", in einer Zeit, in der sich der Wandel vom „Spielzeug" zur „Spielware" unaufhaltsam vollziehe. Seine Kritik am

Warencharakter des Spielzeugs betrifft die Perfektionierung der Herstellung, die Kommerzialisierung des Künstlerisch-Wertvollen und schließlich den daraus resultierenden Verlust an Möglichkeiten echter Geschmacksbildung durch künstlerisch-wertvolles Spielzeug. Auch für Hirzel ist das entscheidende Moment am „guten Spielzeug", daß es nicht getreues Abbild der Alltagswirklichkeit ist; sein Kriterium für „Vollkommenheit" liegt in der „sinnbildlichen Vereinfachung". Die Nachbarschaft zur Kunst, die Spielzeug durch seine Sinnbildhaftigkeit besitze, müsse in dem Maß verloren gehen, wie individuell handwerkliche Fertigung durch industrielle Massenware verdrängt wird. Heute seien Spielzeuge „perfekte Kopien", umgekehrt drohe von der entgegengesetzten Seite die Gefahr, „daß die wenigen, die sich um letzte Vereinfachung von Spielzeug unaufhörlich bemühen", den Zweck ihres Bemühens vergäßen und dann „aus dem Spielzeug unversehens so etwas wie eine Kleinplastik geworden" sei (1956, S. 24).

Kein Zweifel, daß die vielen Abbildungen „guten" Spielzeugs, die Hirzel zeigt, eher dem letzteren als dem ersteren Extrem zuneigen. Das Bekenntnis, daß gutes Spielzeug von jeher in einer „Grenzsituation" zum Kunstwerk gestanden habe und auch von daher seinem Wesen nach keine Ware sein könne, läßt einen kulturkritischen Standpunkt erkennen, der dem modernen Kultur- und Kunstbetrieb generell mit Skepsis begegnet.

So meint Hirzel, daß heute – nicht zuletzt wegen der ausschließlichen Ausrichtung der Schule an den „Lernfächern" – „jedes natürliche Gefühl für feinere Materialunterschiede" verkümmere und die Kinder „den verderblichen Eindrücken und Einflüssen süßlicher Illustrationen" ausgesetzt seien.

Es ist soweit gekommen, „daß wir nicht mehr sicher zwischen Wertarbeit und Kitsch zu unterscheiden vermögen und an der Kunst unserer Zeit ratlos vorübergehen. Wer hier überall versagt, wird kaum noch ein gesundes Verhältnis zu Spiel und Spielzeug haben" (1956, S. 13).

Der Kunstbegriff, von dem aus Hirzel argumentiert, hat seine Tradition offensichtlich in der deutschen Kunsterziehungs- und Arbeitsschulbewegung, deren Anliegen es war, die Gestaltungskraft des noch „unverbildeten" Kindes zu entwickeln und zum Ausdruck zu verhelfen. Die Parallele „Kinderkunst" – „Volkskunst" wird von Hirzel zwar nicht gezogen, aber sie ist doch spürbar, wenn die Einschränkungen kindlichen Spielens durch inadäquates Spielzeug einerseits und die „kommerziell betriebene Verfälschung letzter Volkstumsreste" andererseits als „schmerzliche Entwicklung" angesehen werden (1956, S. 14 f.).

Hirzels Kritik an der Spielzeug-Industrie, die von dem Bedauern über die „einstiger Volkskunst entfremdete Produktion" getragen ist, bezieht sich nicht nur auf den kommerziellen, sondern auch auf den technologischen Aspekt. Holz und andere natürliche Rohstoffe seien dem „Aufstand synthetischer Massen" unterlegen. Die schon im Zeitalter des Blechspielzeugs ausgeprägte Tendenz der Herstellung „technischer und modischer Spielware" werde dadurch noch verstärkt.

„Weitaus der größte Teil unserer gegenwärtigen Spielwarenproduktion will auch nichts anderes als eine haargenaue Kopie unserer Umwelt, insbesondere der technischen Errungenschaften sein. Um solche Perfektion zu erreichen, bedarf es keiner schöpferischen Phantasie, sondern konsequenter Tüchtigkeit. Solch Spielzeug hat denn auch nicht die Phantasie des Kindes zu beflügeln, sondern in erster Linie zu funktionieren und zu faszinieren." (1956, S. 26)

Das „Paradies des wahrhaft kindlichen Spiels" werde vom Kind verlassen, wenn es statt der *Sinnbilder* seiner näheren Umwelt allzu früh nach *Abbildern* der Wirklichkeit verlange:

„Niemand wird den weltfremden Gedanken vertreten wollen, solche ‚verbotenen Früchte' seien der heranwachsenden Jugend fern zu halten, doch sollten wir Erwachsene uns eher wohl hüten, den ‚Sündenfall' zu beschleunigen und dabei gar als versuchende Schlange mitzuwirken. Das tun wir aber, wenn wir unüberlegt mechanische Spielwaren – nur weil sie uns selbst so sehr gefallen – vorzeitig an kleine Kinder herantragen, obgleich sie noch gar kein Verlangen nach Apparaten und Maschinen zeigen." (1956, S. 25 f.)

„Zerstörung der Maschinen" – Ausdruck der Ohnmacht des Menschen gegenüber einer sich in immer stärkerem Maße als inhuman zeigenden Technisierung und Automatisierung – wird bei Hirzel auch zum Symbol des Widerstandes einer verfrühten Hinführung des Kindes zur Technik.

„In vielen Fällen fordert der Gegenstand seine Zerstörung geradezu heraus; ja sie wird sogar sinnvoll, wenn sich sogenanntes Spielzeug als so töricht und unbrauchbar erweist, daß Kinder aus Notwehr zu Vandalen werden, um alsdann mit den Bruchstücken richtig spielen zu können." (1956, S. 11)

Mechanisierung und Entindividualisierung des Spielzeugs sind nach Hirzel die wesentlichsten Gefahren, die dem Kind durch die Spielzeugindustrie drohen. Im Übermaß angeboten, schränke das mechanische Spielzeug nicht nur die Phantasie des Kindes ein, sondern auch seine Handlungsmöglichkeiten im Spiel. Beim aufziehbaren Spielzeug entfalle das Tun; das Spielzeug leiste die Bewegung aus eigener Kraft, aber das Kind werde dabei „ums eigentliche Spiel betrogen" (1956, S. 31).
Ähnliche Begrenzungen kindlicher Spielgestaltung sieht Hirzel im Bauen nach realitätsgetreuen Vorlagen (1956, S. 33) und in perfektionierten Puppenküchen, Kaufmannsläden usw., deren „intakter Komfort" die Frage aufwerfe, ob Puppenmütter damit auf die Dauer glücklich gemacht werden können (1956, S. 42). Der schnelle Wechsel der „Mode", dem das Spielzeug ausgesetzt sei, hat beim Kind das Verlangen „nach neuer und stärkerer Sensation" zur Folge (1956, S. 31), andererseits sei mit der Lenkung dieser „Moden" und der Erschließung immer neuer Absatzmärkte durch die Spielzeug-Industrie der Zeitgeschmack den Massenerzeugnissen vollkommen angepaßt worden. Hirzel spricht in diesem Zusammenhang von einer „Krise in der Puppenwelt" (1956, S. 36 f.) und meint damit „die

fortschreitende Nivellierung der Puppenphysiognomie um des Exports willen". Auch hier ist die Resignation unüberhörbar:

„Möglich, daß die Puppe bereits gestorben ist, nur noch als Roboter existiert und, wie man aus Amerika hört, dort bereits spricht, Tränen vergießt und sogar küssen kann." (1956, S. 39)

Welchen Ausweg sieht nun Hirzel aus dieser „Krise", in die das Spielzeug geraten zu sein scheint? Mit einem Unterton wehmütiger Selbstironie werden „Wiederbelebungsversuche am Leichnam der Volkskunst" (1956, S. 15) verurteilt. Die „Umkehr", die Hirzel vorschlägt, will gegenwartsorientiert sein, aber im Grunde ist sie doch an eine Tradition gebunden, die von der Wiederentdeckung der im Schutt der Zivilisation begrabenen „Natürlichkeit" und „Spontaneität" des Kindes lebt. Das Vorbild Fröbels, das Spiel mit Naturmaterial, sinnvolle Werkarbeit in der Schule, die „Erziehung zur guten Form" (1956, S. 46) sind nach Hirzel positive Möglichkeiten heutiger Spielpädagogik; insbesondere dem *Holz* „muß da besonders das Wort geredet werden" (1956, S. 22).
Die Abwehrhaltung gegenüber „einer Spielzeug-Industrie, deren harter Konkurrenzkampf kaum noch pädagogische und psychologische Rücksichten kennt" (1956, S. 31), macht es Hirzel schwer zu erkennen, daß zu *keinem* Zeitpunkt in der Geschichte der Spielzeugherstellung Qualität und Funktion des Spielzeugs unabhängig von ökonomischen Bedingungen waren, daß andererseits im 20. Jahrhundert die Spielzeug-Industrie zunehmend mehr Interesse haben mußte, pädagogisch-psychologische Aspekte bei der Produktion und im Verkauf von Spielzeug zu berücksichtigen, gerade *weil* sie im Leistungswettbewerb steht. Damit soll das Problem der Manipulierbarkeit des Kindes nicht aus der Welt geschafft werden. Aber die Vorsicht, sich falschen „Anwälten des Kindes" zu verschreiben, ist nicht nur nach einer Seite hin, sondern in vielfacher Hinsicht geboten. Man muß sich fragen, ob die aus der Kunsterziehungsbewegung und der Kulturkritik erwachsene Beziehung zwischen Spielzeug und Kunstwerk nicht allzu sehr vom Spiel- und Kunstverständnis einer „heilen Welt" ausgeht, die den „Verlust der Mitte" (Sedlmayr) noch nicht wahrgenommen hat; eine solche Welt existiert in der modernen Kunst schon seit Beginn des 20. Jahrhunderts nicht mehr (Sedlmayr 1961, S. 103).

Die Theorie von den kindlichen Entwicklungsphasen

Die entwicklungspsychologische Betrachtung des Kindes ist ein bedeutsamer Bestandteil reformpädagogischen Denkens. Denn es waren im wesentlichen Erkenntnisse der sich als neue psychologische Teildisziplin etablierenden Kinderpsychologie, die das Bild des Kindes als eines eigenständigen Wesens empirisch fundierten. Der Gedanke, daß das Kind bestimmte Entwicklungsstufen durchlaufe, denen sich die Erziehung anzupassen habe, ist bereits bei Rousseau angedeutet; er spielt auch eine gewisse Rolle in der Pädagogik Fröbels und findet im 20. Jahrhundert in der Lehre von den Entwicklungsphasen eine Bestätigung, die nun mit wissenschaftlichem Geltungsanspruch auftritt. Abgelöst wurde damit die Vorstellung, der Entwicklungsgang des Kindes sei bloße quantitative Zunahme von Kräften und Fähigkeiten eines in nuce bereits vollständig ausgebildeten Menschen. Wenn das Kind als „ein bestimmt und individuell strukturiertes Wesen von Eigenart, Eigenwert und Eigengesetzlichkeit" anzusehen ist (Kroh 1926, S. 3), dann wird ihm nur ein Modell von Entwicklung gerecht, das die Ontogenese als ein System von heranreifenden Entwicklungsstufen bzw. -phasen erklärt, deren *qualitative* Unterschiedlichkeit das Kind auf jeder Stufe in seiner „Andersartigkeit" zeigt. Die Abfolge der Entwicklungsstufen erscheint durch die Anlage festgelegt; der Vergleich mit den Wachstumsstufen der Pflanzen oder der Metamorphose der Insekten bietet sich an (Hetzer 1948, S. 5 ff.).

Die Konsequenzen für den Erzieher liegen auf der Hand. Er muß versuchen, alle erzieherischen Maßnahmen ganz auf die Erfordernisse der jeweiligen Entwicklungsphase abzustellen. Entwicklungsgemäß erziehen heißt *phasengemäß* erziehen, mit der Tendenz, alles zu verhüten, was den kindlichen Entfaltungsprozeß stören könnte. Da jede Phase ihren unverzichtbaren Beitrag zum Gesamtziel der Entwicklung leistet, muß jede Phase „voll ausgelebt" werden, d. h. es ist alles zu vermeiden, was zu einer Abkürzung durch „verfrühende" Einwirkungen führt.

„Verfrühungen" in diesem Sinne werden vor allem durch eine vorzeitige „Intellektualisierung" des Kindes befürchtet, wenn sie in einer Entwicklungsstufe auftritt, die ganz dem schöpferischen Spielen und noch nicht der schulischen Arbeit verhaftet ist. Gegen das Prinzip der Phasengemäßheit würde somit jeder Versuch verstoßen, das jüngere Kind mit allzu realitätsabbildendem Spielzeug (wie z. B. alles technische Spielzeug) zu konfrontieren. Erst wenn die Stufe des schöpferischen Spiels überwunden ist, sei dies entwicklungsgemäß. Thesen der Kunsterziehungsbewegung und einer phasenspezifischen Entwicklungspädagogik begegneten sich damit in dem Bemühen, das „Paradies des Spiels" vor den Einbrüchen der „harten Realitäten" der Erwachsenenwelt zu schützen.

„Darum sei man bei der Wahl des Spielzeugs darauf bedacht, die Innenwelt des Kindes seinem Alter und seiner jeweiligen Veranlagung entsprechend zu bereichern, es davor zu bewahren, daß der zarte, vor den träumenden Kinderaugen gebreitete Schleier allzufrüh zerreißt. Liegt doch das Geheimnis der Seele des Kindes darin, daß es noch nicht die Härten und Häßlichkeiten des Daseins empfindet, sondern noch eine Fülle von Glanz und Schönheit in sein kleines Leben zu bannen vermag." (Schefold 1928, S. 909)

Unabhängig von „ideologischen" Wertungen der Eigenständigkeit des kindlichen Erlebnisraumes hat das Eindringen entwicklungspsychologischer Betrachtungsweisen in die Spielzeugpädagogik bedeutsame Konsequenzen gezeigt:

1. Das Spiel des Kindes, insbesondere des Vorschulkindes, wird zum Gegenstand zahlreicher empirisch-psychologischer Untersuchungen. Thematisch stehen

dabei das produktive Gestalten, das Symbolspiel, das Bauen und das volkstümliche Kinderspiel im Vordergrund (Scheibner 1916; A. Fischer 1918; Hetzer 1926; 1927; 1931a; Bergemann-Könitzer 1930; Hanfmann 1930; Müßler 1932; Marum 1933).
2. Erstmals versuchen Psychologen aufgrund von entwicklungspsychologischen Beobachtungen und Theorie-Ansätzen neue Spielmittel zu entwerfen, die die Persönlichkeitsentfaltung des Kindes fördern sollen (Volkelt 1932).
3. Erstmals wird eine möglichst vollständige Erfassung jener Spielmittel versucht, die aufgrund entwicklungspsychologischer Erkenntnisse als bedeutsam für das Vorschulkind anzusehen sind; die Darstellung dieser Erkenntnisse ist nach Entwicklungsabschnitten gegliedert.

Mit der Verbreitung der psychologischen Phasentheorien der Entwicklung zwischen den beiden Weltkriegen gewinnt ein Fundamentalsatz der entwicklungspsychologischen Spielzeugpädagogik immer größere Bedeutung: Die Wahl des richtigen Spielzeugs hat sich nach der jeweiligen Entwicklungsphase des Kindes zu richten. Der Wandel in den ersten drei Jahrzehnten spielzeugpädagogischer Aussagen unter dem zunehmenden Einfluß der Entwicklungspsychologie wird deutlich, wenn man die Spielzeug-Monographien von Enderlin und Frey den Arbeiten von Winkler und Hetzer gegenüberstellt.

Max Enderlin: „Das Spielzeug in seiner Bedeutung für die Entwicklung des Kindes" (1907)
Um die Jahrhundertwende konnte von einer psychologischen Fundierung pädagogischer Aussagen über das Spielzeug noch kaum gesprochen werden. So kritisiert Max Enderlin in seiner Schrift „Das Spielzeug in seiner Bedeutung für die Entwicklung des Kindes" an dem drei Jahre früher erschienenen Buch von Hildebrandt, daß es „eine eingehende von psychol. Gesichtspunkten geleitete pädagogische Würdigung der einzelnen Spielsachen vermissen" läßt (Enderlin 1907, S. 9) und noch jeder Versuch fehle, „die einzelnen Spielsachen nach ihrem Werte für die Entwicklung des Kindes gegeneinander abzuwägen" (S. 8).
Enderlin hält das Spielzeug für „eines der wichtigsten Mittel, das die Erziehung besitzt" (1907, S. 7). Enderlin ist in seinen kinderpsychologischen und spieltheoretischen Aussagen noch kein „Phasentheoretiker", sondern bezieht sich auf den entwicklungspsychologischen Erkenntnisstand der Jahrhundertwende, der durch das Vorherrschen physiologisch-mechanistischer Theorieansätze geprägt ist. So soll das Kind nicht *zuviel* spielen, weil es dadurch „leicht in einen ‚rauschähnlichen und ekstatischen Zustand' hineinkommt" (S. 18), es soll beim Spiel sich jeweils nur einem *einzigen* Gegenstand widmen, weil der Anblick anderer Spielmittel seine Aufmerksamkeit ablenke; es wird von möglichen „Gefahren" des Puppenspiels gesprochen, weil es „zur Eitelkeit, zur Verstellung, zum Hochmut und zum Neid reize" (S. 34), zu großer Überfluß würde „einer gewissen Blasiertheit und der Sucht

nach stetem Wechsel und Veränderung" (S. 13) Vorschub leisten; der „Trieb zum Zerlegen und Auseinandernehmen" könne „in einer wilden und unersättlichen Zerstörungslust" ausarten, wenn er nicht in die richtigen Bahnen gelenkt werde (S. 23). Andererseits hieße es nach Enderlin, das Kind mit dem Bade auszuschütten, wenn die Überfüllung des Spielzeugmarktes mit „Ramschware" zu einem ablehnenden Standpunkt gegenüber dem Spielzeug schlechthin führt. Die Selbstanfertigung von Spielzeug sei weder in vollem Umfang möglich, noch würde damit eine Förderung aller Anlagen des Kindes erreicht werden.

„Man versorge das Kind daher vor allen Dingen mit Spielsachen, die so ausgewählt sind, daß durch sie die Möglichkeit der Entwicklung aller Anlagen und Kräfte des Kindes gegeben ist." (1907, S. 12)

Die Auswahl des Spielzeugs könne sich dabei allein nach den Maximen richten, die von der wissenschaftlichen Beobachtung der Entwicklungsstufen und Entwicklungstendenzen hergeleitet sind (1907, S. 13). Der knappe Aufriß, den Enderlin für die Zuordnung von Spielzeug zu bestimmten Entwicklungsabschnitten gibt, ist auf das Vorschulalter beschränkt. Ausgangspunkt sind die jeweiligen Tätigkeiten und Fähigkeiten des Kindes.
In der ersten Hälfte des ersten Lebensjahres stehen Bewegungs- und Greifbedürfnisse sowie die Ausbildung der Sinnesorgane im Zentrum der Entwicklung. Dieser lebhafte Drang nach Betätigung und das Bedürfnis nach Erfüllung mit Reizen und Eindrücken müsse durch entsprechendes Spielzeug befriedigt werden. Ab der zweiten Hälfte des ersten Lebensjahres beginne das Kind damit, Gegenstände zu zerlegen, zu trennen, auseinanderzunehmen. Mit der Erweiterung seines Bewegungsraumes wird dieses Bedürfnis ausgeprägter. Enderlin nennt hierfür nur Schachtel- bzw. Kubusspiele und im übrigen alles Material, das zum Auseinandernehmen geeignet ist.
Mit der Mobilität und Reproduktivität der Vorstellungen beginnt gleichzeitig das Gestalten, das Zusammenfügen, Aneinanderreihen, Aufeinanderstellen, das seinen Höhepunkt im Bautrieb und in der konstruktiven Phantasie- und Denktätigkeit finde. Enderlin empfiehlt zunächst alles Naturmaterial, Sand, Steinchen, Hölzchen, Wasser usw. Das bewußte Nachbilden und Nachahmen von Gegenständen führe zum Gestalten mit Ton, Plastilin und entsprechenden Baukästen. Außer Spielmitteln zum bloßen Nachahmen benötige das Kind aber solche zum phantasiemäßigen Gestalten,

„nämlich Figurenspiele, die es aus seinem eigenen Innern heraus beleben, mit deren Hilfe es die Tätigkeiten der Personen seiner Umgebung nachbilden, auf die es sein Empfinden, sein Denken, Wollen und Handeln übertragen und in die es seine Gefühle, seine Interessen und Neigungen projizieren kann" (1907, S. 30).

Gerade in bezug auf die Puppen sei größtmögliche Einfachheit geboten:

„Je eleganter und vollkommener sie sind, desto weniger Anregung geben sie dem Kind, und je mehr ein Kind in dieser Beziehung verwöhnt wird, je mehr man teure und zierliche Puppen in seinen Besitz bringt, desto weniger spielt es überhaupt." (1907, S. 34)

Besonders hervorgehoben werden von Enderlin „alle dem Werfen und Zielen dienende Spielsachen", deren Beliebtheit beim Kind auf seine stets wachsende Freude am Hervorbringen von Wirkungen zurückgeht. Klicker, Bälle, Kegel, aber auch Reif und Kreisel seien deshalb unerläßliche Spielmittel für das Kind. Alle Spielgeräte, die durch „Antreiben" vom Kind beliebig lange in Bewegung gehalten werden können, würden Persönlichkeits- und Machtbewußtsein und damit auch seinen Willen entwickeln helfen.

Als letzte Spielzeug-Gruppe nennt Enderlin das mechanische Spielzeug. Der „Ursachenhunger" des Kindes, der seinen Höhepunkt meist im vierten Lebensjahr habe und sich in den „Warumfragen" äußere, erhalte im mechanischen Spielzeug eine wesentliche Betätigungsmöglichkeit. Solide Materialverarbeitung und Verständnis des Mechanismus sind für Enderlin die zwei entscheidenden Kriterien für die Auswahl entsprechenden Spielzeugs, wie z. B. Eisenbahnen zum Aufziehen, sich bewegende Tiere, Karussells. Auch hier sei das einfachste Spielzeug meist das beste. Wenn diese Gesichtspunkte berücksichtigt werden, böte mechanisches Spielzeug einen eminent praktischen Nutzen. Es vermittle „die ersten Grundlagen zu einer technischen Bildung" (1907, S. 38 f.).

Enderlins Argumentation erscheint in dieser Hinsicht durchaus progressiv; er nimmt spätere Bestrebungen der Arbeitsschule vorweg, wenn er auf die Notwendigkeit hinweist, das Kind mit der Technik in seiner nächsten Umgebung vertraut zu machen, wie sie sich in Küchen-, Schreib-, Nähmaschinen, Telefon, Staubsauger, Uhren, Aufzügen usw. zeigt.

„In das Verständnis und den praktischen Gebrauch aller dieser Dinge schon durch das Spielzeug einzuführen, erscheint um so notwendiger, als von seiten der Schule, die doch sonst ihre praktischen Aufgaben so sehr betont, in bezug auf die technische Ausbildung zur Zeit noch so gut wie gar nichts geschieht. Es wird jedoch eine derartige Einführung mit Hilfe des Spielzeugs auch nur dann von Erfolg gekrönt sein können, wenn sie in planmäßiger Weise vor sich geht, d. h. wenn die mechanischen Spielsachen in systematischer Folge, nach dem Grade der Kompliziertheit geordnet, dem Kind dargeboten werden." (1907, S. 39).

Oskar Frey: „Spielzeuge als Erziehungsmittel" (1918)
Enderlins Schrift blieb ohne große Resonanz. Elf Jahre später beschäftigt sich Oskar Frey mit dem Problem der „Spielzeuge als Erziehungsmittel". Er beschränkt sich dabei im wesentlichen auf Puppen, Baukästen und mechanisches Spielzeug. In seinen Ausführungen zur Psychologie des Spiels stützt er sich – ähnlich wie Enderlin – auf die Spieltheorie von Karl Groos und auf den von Konrad Lange in Anspruch genommenen Begriff der „Spielillusion", kann aber bereits die kinderpsychologischen Erkenntnisse W. Sterns (1914) verwerten. Nach Frey sind Spielzeuge „alle

jene Dinge, die eine Spielillusion hervorrufen oder verstärken" (Frey 1918, S. 377). Das Spiel des Kindes wird als eine Form des „Nacherlebens" interpretiert, die mit zunehmendem Alter eine immer stärkere Differenzierung erfährt.

Die frühesten Formen nacherlebenden Spiels sind nach Frey im Umgang mit der *Puppe* gegeben. Das Kind „objektiviert mit seinen Puppen all den Zwang der frühesten körperlichen und geistigen Erziehung" (S. 377). Es stellt sich durch Bewegung, Mimik und Sprache im Puppenspiel gleichsam selbst dar; wo dies für andere geschieht, ist bereits der Übergang zum Puppentheater vollzogen. Mit der wachsenden Fähigkeit zum „Dramatisieren" entwickelt sich das Puppenspiel „von bloßen Formen der äußeren Nachahmung zu Formen, die den psychischen Inhalt des Erlebnisses darzustellen versuchen" – womit Freys spieltheoretischer Ansatz psychoanalytischen Vorstellungen überraschend nahekommt.

Gegenüber dem beim Puppen- und Rollenspiel bestehenden Bedürfnis nach sprachlichem Ausdruck ist das *Bauspiel* eine Form kindlichen Ausdruckslebens, dem materiale Darstellungsmittel zugrunde liegen. Bauen ist mehr als ein Nacherleben von Formen, denn in der Bautätigkeit werden ständig „einfachste Kausalbeziehungen" hergestellt:

„Die Zweckmäßigkeit des Nebeneinander, Übereinander, des Legens, Stellens, aller jener einfachen motorischen Begriffe wird beim Spiel mit Baukästen erlebt." (1918, S. 388)

Alle höheren Formen „motorischer Kausalität" finden ihre Entwicklung im Spiel mit *Mechanismen*. Frey weist darauf hin, daß die im Umgang mit *mechanischem Spielzeug* wahrgenommenen Bewegungen ebenso wichtig sind wie eigene Handlungsvollzüge, da sie für das Erfassen der Kausalität unentbehrlich seien.

„Die Mechanismen bedeuten für das Kind ‚lebendiges' Spielzeug. Es ist wesentlich, daß das Kind den Zustand des Lebendigseins nach seinem Willen hervorrufen und abändern kann." (1918, S. 389)

Während die Puppe zum Spielen, die Bausteine zum Bauen herausfordern, liege der Anreiz zur Tätigkeit beim mechanischen Spielzeug im Erproben seiner Möglichkeiten; dieses *Probieren* stellt nach Frey die Grundform „elementaren Experimentierens" dar. Entscheidend ist nun, daß Frey die Reihung Puppenspiel, Baukästen und Mechanismen als eine *Entwicklungsreihe* auffaßt, die in den zugeordneten Tätigkeiten des Spielens, Bauens und Probierens die Ausdifferenzierung der verschiedenen Formen der Spielillusion deutlich machen soll (1918, S. 386 f.) Das Entwicklungsziel liegt für Frey darin, daß das Kind Spielzeuge als Gegenstände der tätigen Auseinandersetzung mit zunehmendem Alter überwindet und „zum vollen Verstehen derjenigen Vorgänge führt, die wir als Arbeit bezeichnen". Anstelle des Bedürfnisses nach Illusion trete dann das Bedürfnis nach Wahrheit und Brauchbarkeit bzw. Zweckmäßigkeit; nicht die Spielillusion, sondern das logische Denken ist dann der Förderer aller Selbsterziehung.

Obwohl Frey seine Entwicklungsreihe des Spielzeugs nicht aus einer psychologischen Phasentheorie der Entwicklung ableitet, wird von ihm auch das Problem der Verfrühung angesprochen. Spätere Arbeitsfreude sei nicht zu erreichen,

„wenn die Fähigkeit der Spielillusion infolge zu starker Anstrengung des Geistes durch Schularbeit oder durch verfrühte Entwicklung des logischen Denkens eintrocknet" (1918, S. 390).

Indirekt wird damit auf die Notwendigkeit des Sichauslebens im Spiel in der vorschulischen Kindheit und auf die Bedeutung der im Spiel entfalteten Imagination für spätere Entwicklungsabschnitte hingewiesen.

Hildegard Hetzer: „Richtiges Spielzeug für jedes Alter" (1931)
1931 erscheinen die beiden Broschüren „Wertvolles Spielzeug" von Hans Winkler und „Richtiges Spielzeug für jedes Alter" von Hildegard Hetzer. Beide Schriften sind als pädagogischer Ratgeber für Eltern und Erzieher konzipiert; die Darstellung des Spielzeugs auf den einzelnen Altersstufen, die vom ersten Lebensjahr bis zum Jugendalter reicht, hat hier wie dort die *psychologische Phasentheorie der Entwicklung* zur Grundlage:

„Pädagogischen Wert hat eine Spielgabe, wenn sie der Entwicklungsstufe des Kindes entspricht." (Winkler 1931, S. 3)
„Das Spielzeug muß der Entwicklungsstufe des Kindes angemessen sein, muß ihm Gelegenheit geben, sich so zu betätigen, wie ihm das diese Entwicklungsstufe vorschreibt." (Hetzer 1931, S. 17)

Während die Ausführungen Winklers nur einen auf wenige Seiten beschränkten Abriß des Spielzeugs für die einzelnen Altersstufen bieten, ist die Arbeit von Hetzer fundamentaler. Ausgehend von einer grundsätzlichen Betrachtung über Spiel und Spielzeug des Kindes faßt sie das durch die empirische kinderpsychologische Forschung erbrachte Wissen zu diesem Thema für die einzelnen Altersstufen zusammen und verbindet dies mit einer Bewertung des jeweils entwicklungsgemäßen Spielzeugs.
Hetzers Ausführungen über die Notwendigkeit des Spielzeugs, Spielfreiheit und Spielraum, über Folgen des Spielzeugmangels, hygienische, ästhetische und soziale Bewertungsgesichtspunkte bei der Auswahl von Spielzeug haben auch heute noch nichts von ihrer grundsätzlichen Bedeutung eingebüßt.
Wenn man entsprechend der Phasentheorie der Entwicklung jeder Entwicklungsstufe einen eigenen biologischen Sinn unterstellt – z. B. die frühe Kindheit unter dem Ziel der „Lebenserhaltung", die schulische Kindheit unter dem Aspekt der „Lebensentfaltung" und die Reifezeit im Sinne der „Lebensgestaltung" interpretiert –, dann geht es bei einer phasentypischen Begründung von Spiel und Spielzeug nicht lediglich um eine Aufreihung einzelner Spielmittel, sondern um eine

phasentypische Zuordnung, d. h. um den Beitrag, den bestimmte Spielmittel zur Entwicklungsförderung im Sinne des phasenspezifischen Entwicklungszieles leisten. Diese Absicht der Darstellung wird auch bei Hetzer deutlich.

Für die ersten Lebensmonate empfiehlt Hetzer Spielzeug zum Anschauen (z. B. Mobile) und Greifen (Klapper, Gummispielzeug, Stofftier), für den Dreivierteljährigen Spielzeug zum unspezifischen Herumhantieren, zum Lärmmachen, zum Ineinanderstecken, zum Erlernen von mechanischen Zusammenhängen. Im zweiten Lebensjahr folgen

„1. Spielzeug, das man bewegen und das man mit sich fortbewegen kann,
2. Spielzeug, das Auge und Ohr Anregungen vermittelt ...
3. Material, mit dem man bauen und sonst auch herstellen kann,
4. Spielzeug, das als Spielbehelf für Rollenspiele dient." (1931, S. 54 f.)

Für das dritte und vierte Lebensjahr wird eine Differenzierung und Erhöhung des Anspruchsniveaus in bezug auf die genannten Spielzeug-Kategorien konstatiert. Der Schwerpunkt des Spielinteresses verlagere sich vom Bewegungsspiel zum Rollen- und Bauspiel; neu hinzu treten einfachste Gemeinschafts- bzw. Gesellschaftsspiele. Rezeptionsspiele – im Sinne der Terminologie Ch. Bühlers – gewinnen an Bedeutung (Bilderbücher, Märchenerzählen, Kasperletheater).

Im Mittelpunkt des Entwicklungsgeschehens beim Fünf- und Sechsjährigen stehe der Übergang von der Spiel- zur Arbeitshaltung und damit die Vorbereitung auf die Schule, die sich im Spiel ganz von selbst ergebe. Während in der vorangegangenen Entwicklungsphase das imaginative Bau- und Rollenspiel im Vordergrund gestanden habe, gewinnen nun „Herstellspiele" und der Werkaspekt im Spiel zentrale Bedeutung, wobei alle früher genannten Spielformen nicht vollkommen zurücktreten, sondern, auf einem wesentlich höheren Leistungsniveau stehend, weitere Differenzierungen erfahren.

Mit dem Schuleintritt ist nach Auffassung der Phasentheorie gleichzeitig ein neuer endogen bedingter Entwicklungsschub gegeben, d. h. der Eintritt des Kindes in eine neue Entwicklungsphase, der sich auch im Spiel zeigt:

„Das Spiel im Schulalter wird, nicht nur weil das Kind jetzt in die Schule geht, sondern weil es sich wesensmäßig verändert hat, zur Beschäftigung." (Hetzer 1931, S. 77)

Das veränderte Verhältnis zur Realität, das mit dem Eintritt in diese Entwicklungsphase gegeben sei, drücke sich einerseits im nachlassenden Interesse am Imaginativen und an Märcheninhalten, andererseits in der Bevorzugung von realitätsnah gestaltetem Spielzeug aus: Dem Schulkind komme es im Gegensatz zum Vorschulkind darauf an, im Spiel die Wirklichkeit möglichst genau nachzubilden; dies zeige sich in der Bevorzugung von realistischen Herstell- und Rollenspielen, funktionsgetreuem und technischem Spielzeug. Erste Versuche des Experimentierens zur Erforschung der Wirklichkeit werden angestellt. Individuelle Interessen für bestimmte Spiele und Spielmittel würden sich von nun an immer stärker herausbilden und es mit zunehmendem Alter schwer machen, einen allgemeinen Spielzeugkatalog aufzustellen, wie dies für das Vorschulalter möglich sei.

Bei Hetzer resultiert die Phasentypik des Spielzeugs aus der in jedem Entwicklungsabschnitt vorherrschenden Form des kindlichen Spielverhaltens. Dieses neue entwicklungspsychologische Verständnis des „rechten" Spielzeugs hatte in der breiten Öffentlichkeit bei Eltern und Erziehern eine durchaus nachhaltige Wirkung und trug viel zur Aufklärung über die pädagogisch-psychologische Bedeutung des Spielzeugs bei. Nicht nur, weil eine Reihe pädagogischer Probleme, wie Desinteresse am nicht-kindgemäßen Spielzeug, Zerstörungslust oder das „Trotzen" im Lichte der Entwicklungspsychologie eine einleuchtende Erklärung fanden, sondern auch, weil die Entwicklungsphasen populärpsychologischen Vorstellungen über die Veränderungen des heranwachsenden Kindes durchaus entgegenkommen.

So bedeutsam derartige Phasenbilder wegen ihrer leichten Faßlichkeit für die pädagogische Spielmittelmittelberatung sein können, sind sie andererseits nicht frei von der Gefahr einer allzu schematischen Anwendung. Wenn individuelle Spielbedürfnisse nur von den Normen eines in idealtypischer Verkürzung dargestellten Phasenschemas abgeleitet werden, das die Komplexität der Entwicklungsvorgänge notwendig vernachlässigen muß, werden empirisch gemeinte Begründungen nicht mehr der Wirklichkeit interindividueller Interessen- und Leistungsstreubreiten gerecht. Bei den meisten Autoren, die sich auf entwicklungspsychologische Erkenntnisse berufen, erhielt die Empfehlung entwicklungsgemäßen Spielzeugs den Charakter einer auf das Alter bezogenen Spielzeug-Tabelle, die nicht selten zu einer – von Hetzer allerdings ausdrücklich kritisierten – Stereotypisierung von Knaben- und Mädchenspielzeug führte. Daß das Problem der Entwicklungsgemäßheit von Spielzeug heute von einem differenzierteren Aspekt her zu sehen ist, wird noch zu zeigen sein.

Naturgemäße Spielmittel in der Waldorf-Pädagogik

Radikale Verfechter der natürlichen und entwicklungsgemäßen Erziehung, wie sie in der Tradition Fröbels, aber auch in anderen pädagogischen Strömungen zu finden waren, gaben dem Moment der Eigentätigkeit und Phantasie des Kindes so großen Vorrang, daß fertiges Spielzeug schlechthin abgelehnt wurde, gleichgültig, ob handwerklich bzw. „künstlerisch" oder industriell gefertigt. Einfachheit und Natürlichkeit des Spiels bedeuten dabei primär die Forderung nach Selbstherstellung von Spielmitteln und der Umgang mit natürlichem Material.

„Höchstens eine Harke und Schaufel und einen hölzernen Wagen. Sonst braucht ein richtiges Kind in richtigen, normalen Lebensverhältnissen dann überhaupt kein Spielzeug, ich meine kein gekauftes. Denn die Natur sorgt dann für eine Fülle von Unterhaltung und Anregung und allerfeinstem Spielmaterial." (Prieß 1903, S. 322)

„Man gibt dem Kinde also z. B. künstlerisches Spielzeug. Schon in 10 Jahren wird man allgemein den Humbug einsehen, der darin liegt. Ist es nicht bekannt, daß das Kind sich am liebsten sein Spielzeug selbst macht, aus einem Faden, einem Blatt Papier, einer Schachtel oder einem Haufen Sand, einem Dutzend Steinen und so fort. Das Kind will und soll schöpferisch tätig sein." (Pudor 1906, S. 819)
„Die Phantasie der Kinder, einmal geweckt, oder besser gesagt, einmal frei walten gelassen und durch törichte Spielsachen nicht unterdrückt, arbeitet immer weiter ... Kinder, die dem Quell alles Lebens, der Natur, noch so nahe stehen, wollen nichts Totes. Tot aber ist ihnen alles, was sie nicht formen und biegen können, dem sie nicht von ihrem eigenen Wesen und Gebaren etwas übermitteln können ... Fort mit den fertigen Spielsachen." (Spiero 1909, S. 15 f.)

Am ausgeprägtesten erscheint die Forderung nach natürlichem Spielzeug zweifellos in der *Waldorf-Pädagogik,* jener von Rudolf Steiner (1861–1925) begründeten pädagogischen Theorie und Praxis, die die von ihm entwickelte anthroposophische Lehre zur philosophischen Grundlage hat. Stärker als andere pädagogische und psychologische Richtungen ist die anthroposophische Pädagogik an einem ganzheitlichen Menschenbild orientiert, das Individual- und Menschheitsentwicklung als einen in wohlunterscheidbaren Entwicklungsphasen sich vollziehenden Vorgang begreift.

Die anthroposophische Erkenntnis- und Entwicklungslehre braucht an dieser Stelle nicht dargestellt zu werden; es sei lediglich daran erinnert, daß Steiner die Individualentwicklung als einen im Sieben-Jahres-Rhythmus sich vollziehenden Stufungsprozeß sieht, der den Menschen jeweils in ein neues leiblich-seelisch-geistiges Wesen verwandelt. Für den Wechsel von der ersten zur zweiten Stufe ist der Zahnwechsel des Kindes mit sieben Jahren das entscheidende Kriterium. Im ersten Lebensjahrsiebt stehe die äußere, körperliche Nachahmung, im zweiten Lebensjahrsiebt das innere, an der Werterhaltung des Erziehers orientierte Nachahmen im Mittelpunkt kindlicher Tätigkeitsbedürfnisse. Im dritten „Lebensalter" zwischen 14 und 21 Jahren werde die Urteilskraft, aber auch die soziale Hingabefähigkeit des jungen Menschen entwickelt (Schaffer 1952, S. 41).

Das Kind im ersten Lebensjahrsiebt zeigt sich nach Steiner in seiner ursprünglichen Geistigkeit als ein Wesen von höchster organischer und seelischer Plastizität, das bewußt und unbewußt alle von außen kommenden Eindrücke aufnimmt und einem ständigen Prozeß leiblich-geistiger Formung ausgesetzt ist. Spiel ist in diesem Entwicklungsabschnitt im wesentlichen *Nachahmung,* sei es Nachahmung äußerer Eindrücke oder nachahmendes Gestalten der inneren Phantasie. Dem Kinde gerecht zu werden bedeutet, ihm lebendige Eindrücke zu vermitteln, die diese innere Phantasie zur Entfaltung bringen. Alles im technischen Produktionsprozeß gefertigte Spielzeug würde dieser Forderung widersprechen.

„Alle Spielzeuge, welche nur aus toten mathematischen Formen bestehen, wirken verödend und ertötend auf die Bildungskräfte des Kindes, dagegen wirkt in der richtigen Art alles, was die Vorstellung des Lebendigen erregt. Unsere materialistische Zeit bringt nur wenig gute Spielzeuge hervor." (Steiner, zit. nach v. Heydebrand 1927, S. 172)

Die ‚schöne' Puppe (und anderes käufliche Spielzeug) bezeichnet Steiner als „die furchtbarste innere Prügelei des Kindes", weil sie in ihrer Gestalt ausschließlich die Sinne und nicht das Seelisch-Geistige des Kindes anspricht. Dies hat, wie Steiner meint, auch Konsequenzen für die organische Entwicklung.

„Wenn Sie dem Kind eine sogenannte schöne Puppe ..., dieses, künstlerisch angeschaut, scheußliche Gespenst übergeben, dann wirken die Kräfte aus dem rhythmischen System herauf, diese plastischen Kräfte, die vom Atmungs- und Blutsystem das Gehirnsystem gestalten, fortwährend wie Peitschenhiebe. Das alles, was das Kind noch nicht verstehen kann, das peitscht herauf in das Gehirn. Das Gehirn wird gründlich durchgepeitscht, durchprügelt in einer furchtbaren Art." (Steiner in H. Hauck 1969, S. 193 f.)

Alle käuflichen Spieltiere, wie z. B. Affen oder Bären, werden in diese Kritik mit einbezogen. Ebenso abgelehnt wird der Baukasten:

„Es ist geradezu empörend, daß ein großer Teil der Spielsachen in Baukästen besteht. Diese dürften überhaupt kein Spielzeug sein, weil sie atomistisch sind, weil man dadurch keine Fingergeschicklichkeit bekommt." (Steiner in H. Hauck 1969, S. 82)
„Einmal wird das Kind als Mann starre, unbewegliche Begriffe haben, sein Denken wird im Gehirn kein biegsames, bildsames Werkzeug mehr haben. Die rechteckigen, quadratischen, halbkreisförmigen Klötzchen verbieten ihm, phantasievoll eigenartige Formen hineinzuschauen." (v. Heydebrand 1956, S. 10)

Nach Steiner prägen die Formen und Mittel des frühkindlichen Spiels den jungen Menschen derart, daß sie im Habitus des Erwachsenen wiederum in Erscheinung treten. Gegenstand der Kritik ist ebenso die Fröbelsche Kindergartenpädagogik, die mit ihren Beschäftigungen – wie Ausschneiden und Falten – etwas Künstliches, dem Denken des Erwachsenen Entstammendes als kindgemäß hinstelle:

„Durch die dem ‚Intellekt' entnommenen Fröbel-Arbeiten wird in das kindliche Lebensalter vor dem Zahnwechsel etwas hereingetragen, was erst zwischen Zahnwechsel und Geschlechtsreife da sein sollte. Es werden dadurch im Kinde leichte Krankheitszustände für das spätere jugendliche Alter veranlagt." (Steiner in H. Hauck 1969, S. 196)

Alles „intellektualistische Training", auch das „Fröbeln" (ein Ausdruck Steiners) zerstört nach Auffassung der Waldorf-Pädagogik die Geistigkeit im Kinde. Um dem Intellektualismus der Gegenwart gewachsen zu sein, sollte alles Verstandesmäßige an das Kind so spät wie möglich herangetragen werden, d. h. man sollte das Kind

„in jenem sanften bildträumerischen Erleben, in dem es hereinwächst in das Leben, möglichst lange lassen, möglichst lange bei der Imagination, bei der Bildhaftigkeit, bei der Unintellektualität lassen" (Steiner 1957, S. 108).

Gegen dieses Prinzip verstößt generell das seriell gefertigte „Spielzeug aus Blech, Eisen, Kunststoff", dessen Perfektion zwar eine momentane Faszination ausübe, aber kein Dauerinteresse beim Kind wecke, weil es seiner Gestaltungsfähigkeit keinen Raum mehr lasse (Rudloff 1962, S. 11).

Die größte Bedrohung für das Kind gehe dabei vom technischen Spielzeug aus, das man allenfalls nach dem dreizehnten Lebensjahr, aber auch dann nur mit Vorbehalt schenken dürfe, „denn zu diesen Dingen kann man im Grunde kein kindlich-phantasiemäßiges Verhältnis gewinnen" (Rudloff 1962, S. 11).

„Statt ihnen geschmackvolle, einfache Spielsachen zu schenken, überhäufen die Menschen heute ihre Kinder mit technischem Spielzeug. Sollten wir nicht wenigstens die Kinder noch in ihrem eignen Reich, wo sie spielen, mit der Technik verschonen, unter deren lärmender Ausbreitung sie ebenso wie viele Erwachsene schon zur Genüge leiden? Nein, es scharren und rasseln die Autos und Krane, die Eisenbahnen und Flugzeuge und schließlich gar die Raketen im Kinderzimmer umher ... Wie anders aber steht es mit einem Kinde, das seiner Phantasie entsprechend mit geeignetem Spielzeug frei schalten und walten durfte! Seine Spielsachen tyrannisieren es nicht durch allzu fest in ihnen verankerte Eigengesetzmäßigkeiten, und dadurch konnte es selbst seine eigenen Intentionen voll zur Geltung bringen." (Müller 1959, S. 349 f.)

Wie ist nun das Spielzeug beschaffen, das von der Waldorf-Pädagogik als kindgemäß angesehen wird? Es ist aus einfachsten Mitteln hergestellt. Seine Qualität liegt in der Ursprünglichkeit, in seiner „Primitivität", die der Phantasie, der Einbildungskraft, dem Schöpferwillen des Kindes freie Bahn läßt. Es soll bei aller Einfachheit lebendig wirken, denn nur das Lebendige – nicht das Intellektualistische – ist dem Nachahmungsdrang des Kindes angemessen (v. Heydebrand 1927).

Eine Puppe aus einem Taschentuch oder aus einer alten Serviette geformt, indem aus zwei Zipfeln Beine, aus zwei anderen Zipfeln Arme und aus einem Knoten der Kopf hergestellt werden, Augen, Mund und Nase allenfalls mit ein paar Tintenklecksen angedeutet – dies ist für Waldorf-Pädagogen Beispiel eines guten Spielzeugs, denn das Kind im ersten Lebensjahrsiebt ahme nur *sinnvolle* Dinge nach. Neben der Puppe spielt hier in der Waldorf-Pädagogik vor allem auch das Kasperle-Theater eine Rolle. Kasperle-Figuren brauchen nur Holzspäne zu sein, aber auch einfach geschnitzte Köpfe, deren Schlichtheit jede phantasievolle Deutung und Wandlung möglich macht, werden empfohlen (v. Heydebrand 1927).

Steiner hat immer wieder betont, daß die „plastische Kraft", die im Kinde wirksam ist, nicht nur die geistige, sondern ebenso die organisch-leibliche Entwicklung formt und Eindrücke, wie sie z. B. von der aus dem Taschentuch gefertigten Puppe ausgehen, mit einer entsprechend „sanften" Wirkung auch die Abbildung des Gehirns bestimmen.

Als kindgemäß angesehen wird auch der Umgang mit natürlichen Hölzern, Früchten, Naturmaterial: Rindenstücke, Baumwurzeln, Kastanien, Kieselsteine bieten vielfältige Möglichkeiten einer phantasievollen Verwendung. Besondere Aufmerksamkeit richtet die Waldorf-Pädagogik auch auf das bewegliche Spielzeug (z. B. Wackeltiere auf Rädern); so hat Steiner Bilderbücher mit (durch Strippenzug) verschiebbaren Bildern für den Waldorf-Kindergarten ausdrücklich empfohlen, wohingegen das überkommene Bilderbuch gelegentlich Kritik erfuhr, denn

„die Augen schauen auf die Bilder, die so bleiben wie sie sind" (v. Heydebrand 1956, S. 11).

Die Waldorf-Kindergärtnerin Freya Jaffke (1973, S. 48 ff.) hat die ersten sieben Lebensjahre des Kindes nochmals in drei Spielstufen unterteilt: In der Zeit bis zum dritten Jahr ergreife das Kind Besitz von seiner eigenen Leiblichkeit, wobei Nachahmung, Gewohnheit und unbewußtes ständiges Wiederholen eine entscheidende Rolle spielen. Vom dritten bis fünften Lebensjahr, dem „Phantasiealter", ahme es die Tätigkeiten der Erwachsenen in seiner Umgebung, vornehmlich der Mutter, nach. Einfache, anspruchslose Dinge werden dem Kind dabei zu ‚richtigen' Gegenständen, mit denen es im Spiel hantiert. In der dritten Spielstufe vom fünften bis siebten Lebensjahr schließlich erfolge die Anregung zu Spielhandlungen nicht mehr durch Ereignisse aus der Umwelt des Kindes, sondern gehe mehr und mehr von ihm selbst aus. Immer noch nachahmend, entwickele das Kind nun im Spiel auch eigene Vorstellungen, die zu länger dauernden, zielgerichteten Handlungen führen. Während sich die Seele des Kleinkindes an den Formen des Naturmaterials anschmiegen könne, würde durch das Kunststoff-Spielzeug „der Tastsinn belogen". Die kindliche Phantasie müsse zwangsläufig verkümmern. Bis zum dritten Lebensjahr seien Aststücke (als Bauklötze), kleine Körbe und Holzschüsseln, ein einfacher Korbpuppenwagen mit einem aus Tuch geknoteten Puppenkind sowie einige einfarbige Tücher die geeigneten Spielmittel.

In der zweiten Spielstufe werden die Spieldinge vermehrt durch weitere Körbchen mit Rinden, Kiefernzapfen, Muscheln, Schafwolle usw., einfache Menschen- und Tierfiguren; einfache Holzständer eignen sich als Kaufmannsladen; für draußen werden Ball, Hüpfseil, Reifen, Schubkarre, Spaten, Rechen empfohlen; wenige gute Bilderbücher ergänzen das Spielzeugangebot.

In der dritten Spielstufe werden keine wesentlich neuen Angebote hinzugefügt, da das Kind nun mit seiner Phantasie neue Spielmöglichkeiten selbst finde; auf den Wert manchen Holzspielzeugs und beweglichen Spielzeugs – z. B. pickende Hühner, deren Bewegung durch den Schwung einer kreisenden Kugel in Gang gehalten wird – weist Jaffke besonders hin.

Nach Auffassung Steiners ist dem Wesen des Kindes alles auf einen Zweck hin konstruierte, dem Nützlichkeitsdenken der Erwachsenenwelt entstammende Spielzeug fremd. Wenn das Kind im Spiel den Erwachsenen nachahmen wolle, dann dürfe das Spielzeug gerade *nicht* eine modellhafte Abbildung jener Gegenstände und Funktionen sein, die in der Realwelt bestimmten Arbeitszwecken dienen. Spielzeug müsse vielmehr das – vom Zweck absehende – Gestaltende, das Ästhetische der Arbeit zum Ausdruck bringen. Die Herstellung von Spielzeug wird deshalb in der Waldorf-Pädagogik als ein *künstlerischer* Vorgang begriffen.

Nun betont Steiner generell für den Unterricht in der Waldorfschule, daß er vom Künstlerischen beherrscht sei und daß aus dem Künstlerischen erst allmählich das „Intellektualistische" – die Unterrichtsinhalte herkömmlicher Schulfächer – entwickelt werde. Aus diesem Grunde spielen im Unterricht der Waldorfschulen ausdruckshaft gestaltende Tätigkeiten, der Umgang mit Farben und formbarem Material, der Handarbeits- und Werkunterricht eine hervorragende Rolle.

Alle theoretisch entwickelten Prinzipien des kindgemäßen, künstlerisch gestaltenden Spielzeugs werden in der Praxis dadurch verwirklicht, daß der Herstellung von Spielzeug im Handarbeitsunterricht der Waldorfschulen ein bedeutender Platz eingeräumt wird. In der „weichen" Handarbeit werden Puppen und Stofftiere, in der „harten" Handarbeit Tiere und Figuren, bewegliches Spielzeug aus Holz gefertigt. Das Ziel dieser Bemühungen liegt nicht nur im künstlerischen Erleben und Gestalten, sondern ebenso in der Realisierung erzieherischer Werte: In der weichen Handarbeit (Stoffbearbeitung) sollen vornehmlich Gefühlskräfte, Liebeskräfte, in der harten Handarbeit (Holzbearbeitung) Willenskräfte angesprochen werden. Das Ergebnis dieser vom Spiel zur Arbeit überleitenden Tätigkeit ist nicht bloßer Spielgegenstand, sondern soll auch moralische Impulse vermitteln:

„Denn Puppen und Tiere werden von den Kindern stets gleich in liebevolle Pflegschaft genommen. Durch sie werden die Kinder zu jener selbstlosen Liebe zu Mensch und Tier angeregt, aus der im späteren Leben die schönsten sozialen Impulse erblühen können." (H. Hauck 1969, S. 78)

In der Tat sind die Beispiele für das in Waldorf-Schulen hergestellte Spielzeug beeindruckend; die Spieltiere weisen individuelle Ausdruckskraft aus und wirken „lebendig". Die Anleitungen zur Selbstherstellung von Spielzeug, die die Waldorfpädagogik Eltern und Kindergärtnerinnen gibt, sind durchaus wertvoll (Jaffke 1973).
Ob das anthroposophische Bild vom Wesen des Kindes und die von ihm abgeleiteten pädagogischen Grundsätze für Spiel und Spielzeug dem Kind unserer heutigen Gesellschaft tatsächlich gerecht werden, ist eine Frage, deren Beantwortung von der Bejahung oder Ablehnung der Lehre Rudolf Steiners abhängt. Die Tendenz zur Bewahrung des Kindes vor „verfrühenden" Einflüssen, die Ablehnung einer intellektualisierenden Erziehung, die Belassung des Kindes in seiner „Natürlichkeit", die Förderung der kindlichen Gestaltungs- und Ausdruckskraft durch möglichst einfache, natürliche Spielgegenstände sind in der Waldorf-Pädagogik stärker zu spüren als in jeder anderen pädagogischen Richtung der Gegenwart.

Die Sinnesmaterialien Maria Montessoris

Neben Fröbels Spielgaben stellen die Sinnesmaterialien der italienischen Ärztin und Pädagogin Maria Montessori (1870–1952) das einzige ausgebaute *System von Materialien* dar, das aus einer spezifisch pädagogischen Konzeption heraus entwickelt wurde, um als wesentlicher Bestandteil der Umwelt des Kindes der Verwirklichung von Entwicklungs- und Erziehungszielen zu dienen. Dies mag mit ein Grund dafür sein, daß – abgesehen von bestehenden weltanschaulichen Differenzen zwischen „Fröbelianern" (Heiland 1972, S. 105 ff.) und „Montessoria-

nern" – gerade die Gegenüberstellung der Pädagogik Fröbels und Montessoris immer wieder Anlaß zu Auseinandersetzungen war.
(Eine Auseinandersetzung zwischen Montessori-Anhängern und Waldorfpädagogen über „kindgemäße" Spiel- bzw. Lernmittel, die noch größere Auffassungsunterschiede in bezug auf das „Wesen des Kindes" zum Ausdruck bringen würde, hat unseres Wissens noch nicht stattgefunden!) In biographischer Hinsicht ist interessant, daß die Schaffung geeigneter Lernmaterialien für das Kind eine praktische Notwendigkeit für Montessori war, die am *Anfang* ihrer Pädagogik steht, während die Spielgaben als die Ursymbole des Spieles und Teil einer metaphysischen Schau den *Höhepunkt* der Pädagogik Fröbels bilden.
Nach der Promotion (1896) als Assistenzärztin an der psychiatrischen Universitätsklinik in Rom tätig, galten Montessoris Bemühungen schwachsinnigen Kindern, deren Förderung sie erstmals nicht als medizinisches, sondern als *pädagogisches* Problem betrachtete. Sie studierte die Werke der französischen Ärzte Itard und Séguin, wandte die von Séguin genannten Materialien zur Förderung von „Zurückgebliebenen" an, entwickelte sie weiter und erzielte mit ihnen bei den Kindern erstaunliche Erfolge.

Selbsttätiger Materialumgang im Montessori-Kinderhaus. Maria Montessori besucht eine nach ihren Prinzipien arbeitende Schule in Acton (England), 1945, Radio Times Hulton Picture Library.

Die weitere Entwicklung ihrer „Methode" wurde durch die ihr übertragene Einrichtung von Muster-Mietshäusern im römischen Elendsviertel San Lorenzo entscheidend beeinflußt. Die Erziehung der sozial vernachlässigten und verwahrlosten Kinder ihres ersten „Kinderhauses", das 1906 eröffnet wurde, bedeutete eine Übertragung und Erweiterung jener Grundsätze, die sie in ihrer Arbeit mit Schwachsinnigen gewonnen hatte. Die Erfolge wiederum, die ihre Arbeit in San Lorenzo zeitigte, führten dazu, daß die Montessori-Methode bald in vielen Ländern Verbreitung fand.

Als ein Kernpunkt der Montessori-Pädagogik wird die – an Einzeltischen durchgeführte – Tätigkeit des Kindes am „Material" angesehen. Die zentrale Bedeutung, die Montessori ihrem „Material" für die Erziehung bzw. „Normalisation" des Kindes zuweist, erschließt sich am besten von ihrem Entwicklungsbegriff her, der viele Elemente eines ganzheitlich biologischen Verständnisses aufweist, aber ebenso durch die mechanistische Elementen- und Assoziationspsychologie des späten 19. Jahrhunderts beeinflußt ist. Nach Montessori verfügt das Kind „über einen inneren Bauplan der Seele und über vorbestimmte Richtlinien für seine Entwicklung" (Montessori 1952, S. 55 f.). Die Wurzeln für den Entwicklungsvorgang „liegen im Innern", die Umwelt kann auf die sich entwickelnde „Lebensenergie" des Kindes lediglich im Sinne des „Begünstigens" oder des „Niederhaltens" einwirken, an dem Wandel der Entwicklungsphasen kann sie nichts ändern (Montessori 1928, S. 100 f.).

Wenn die Erziehung diesen „Entwicklungsgesetzen" Rechnung tragen will, verlagert sich ihr Schwerpunkt von der *direkten* Einwirkung des Erziehers auf alle *indirekten* pädagogischen Maßnahmen, die dem Kind eine „vorbereitete Umgebung" bereitstellen, in der es sich seiner Natur gemäß entfalten kann (Böhm 1969, S. 138). Zentraler Teil dieser Umgebung ist das „Material", mit dessen Hilfe das Kind zu einer seiner Entwicklung gemäßen „geordneten" Vorstellungswelt gelangt. Die Kindgemäßheit des „Materials" und den Anspruch, mit ihm zutiefst den geistigen Bedürfnissen des Kindes zu entsprechen, leitet Montessori aus dem bekannten, von ihr entdeckten Phänomen der „Polarisation der Aufmerksamkeit" ab: Sie beobachtete in San Lorenzo ein vierjähriges Kind, das 44mal hintereinander konzentriert Zylinder in die dazu passenden Vertiefungen des „Einsatzblockes" steckte, ohne sich durch ihre Umgebung stören zu lassen; nach Beendigung der Tätigkeit schien das Kind keineswegs ermüdet, sondern erfrischt und befriedigt (Montessori 1952, S. 160).

Ein hoher Aufforderungscharakter, der das Kind zum Handeln motiviert, und die Möglichkeit der *Reproduktion* der Tätigkeit kennzeichnen die spezifische Struktur des Montessori-Materials. Um beide Momente wirksam werden zu lassen, müssen sie in den pädagogischen Prinzipien der „vorbereiteten Umgebung", d. h. der spezifischen, von Montessori geprägten Erziehungs- und Bildungswirklichkeit realisiert werden: Der Aufforderungscharakter des Materials wird dadurch erhöht, daß alle anderen „störenden" Reize aus dem Raum verbannt sind und daß sich das Kind frei für ein bestimmtes Material entscheiden kann. Die Möglichkeit ständiger

Wiederholung einer bestimmten Tätigkeitsform wird gewährleistet durch das Prinzip der Freiheit, das es dem Kind gestattet, nach seinem eigenen Willen die Dauer seiner Tätigkeit zu bestimmen. In dieser Hinsicht bestehen zu den Anschauungen Fröbels nicht sehr wesentliche Unterschiede. Die besondere Struktur des Montessori-Materials ergibt sich aus der Tatsache, daß mit ihm das Kind nicht in einem allgemeinen Sinne „spielen" kann bzw. soll; es dient vielmehr dem Erreichen *elementarer Lernziele*.

Montessori hat als erste Pädagogin mit ihrem „Material" operationalisierte Lernziele formuliert, deren Erreichen durch die Möglichkeit einer einfachen Selbstkontrolle (Fehlerkontrolle) vom Kind selbst festgestellt werden kann. Eine Besonderheit des Montessori-Materials ist weiterhin, daß es sich nicht auf alle Entwicklungsbereiche in gleicher Weise erstreckt, sondern die *Erziehung der Sinne* zum Kernstück der Erziehung des jüngeren Kindes überhaupt macht. Winfried Böhm nennt hierfür drei Motive: ein pragmatisches (nur über gut geschulte Sinne könne sich der Mensch im technisch-industriellen Zeitalter bewähren), ein aufklärerisch soziales (ausgebildete Sinne vermitteln dem Menschen am ehesten geistige Unabhängigkeit und Wirklichkeitserkenntnis) und schließlich ein entwicklungspsychologisches Motiv: Die Entwicklung der Sinne ist nach Montessori die unterste Stufe der geistigen Entwicklung. Für das Kind von drei bis sieben Jahren sei deshalb die Sinnesschulung ein fundamentales Entwicklungsbedürfnis (Böhm 1969, S. 140).

Das bedeutet, daß das Montessori-Material in seiner Wirkung auf das Kind durchaus nicht vergleichbar ist mit (Spiel-)Gegenständen der Realwelt: Das „Material" stellt vielmehr den genau konstruierten *Schlüssel* dar, dem die Funktion zukommt, das „Chaos" der absorbierten Sinneseindrücke in einen geordneten Aufbau seelischer Funktionen zu verwandeln. Diesen Schlüssel wiederum glaubt Montessori der „wahren" Natur des Kindes abgesehen und durch ständiges Erproben so verfeinert zu haben, daß er der kindlichen Empfänglichkeit für die verschiedenen Schwierigkeitsgrade und Fertigkeiten in den jeweiligen „sensiblen" Entwicklungsperioden genau entspreche. Daher wacht die Montessori-Lehrerin, die ansonsten ganz hinter die „vorbereitete Umgebung" zurücktritt, streng darüber, daß das Kind nur *funktionsgerecht* mit dem Material umgeht; andere funktionsfremde Manipulationen werden untersagt.

Die äußere materiale Ordnung soll ihre Entsprechung in der inneren Ordnung des Seelischen finden, die es dem Kind ermöglicht, selbständig zu werden und sich aus der Abhängigkeit vom Erwachsenen zu befreien.

Neben der Sinnesschulung steht von Anfang an die *Bewegungserziehung*, d. h. die „Erziehung der Muskeln", im Mittelpunkt der Montessori-Erziehung. Beide stehen in wechselseitigem Zusammenhang, denn der Umgang mit dem Material bildet – neben anderen körperlichen Übungen und Arbeitstätigkeiten – einen wesentlichen Bestandteil dieser Muskelerziehung: Er schult die feinmotorischen Vollzüge und differenziert das Bewegungs- und Tastempfinden. Sinnes- und Muskelübungen am Material werden nach dem Prinzip der *Isolierung der Wahrnehmung* geleistet. Jedes

Katalogblatt für Montessori-Materialien, Nienhuis Montessori, Zelhem/Holland.

Material läßt jeweils nur die Übung eines einzigen Sinnes- bzw. Wahrnehmungsbereiches zu, der seinerseits im Material durch eine *abgestufte Folge* von Reizen repräsentiert wird. Dadurch werden nicht nur die einzelnen Sinneseindrücke wesentlich intensiviert, sondern ebenso Operationen des Vergleichens (Feststellen von Unterschieden), des Ordnens, Zuordnens und des Wiederholens möglich, die zur Verfeinerung der Wahrnehmung führen. Montessori gibt drei Schritte des Erkennens an:

- „Das Erkennen von Gleichheiten (das Paaren ähnlicher Gegenstände und das Einsetzen fester Körper in passende Öffnungen).
- Das Erkennen der Gegensätze (das Vorführen von Extremen aus einer Reihe von Gegensätzen).
- Das Erkennen von Ähnlichkeiten (eine Reihe sehr ähnlicher Gegenstände in stufenweiser Anordnung vorführen)." (Montessori 1928a, S. 68)

Mit der Erfahrung des Gegenständlichen geht das „Begreifen" einher. Abstrakte Begriffe, wie z. B. Höhe, Schwere oder mathematische Gesetzmäßigkeiten werden materialisiert, d. h. sie sind im Material konkret erfahrbar.
Für die Entwicklung sprachlicher Begriffe bedient sich Montessori wiederum einer – von Séguin übernommenen – Dreistufung:

„*Erste Stufe: Die Assoziation der Sinneswahrnehmung mit dem Namen.* Wir geben dem Kind zum Beispiel zwei Farben, rot und blau. Indem wir Rot vorzeigen, sagen wir einfach: Dies ist Rot – entsprechend bei Blau. Dann legen wir die Spulen vor den Augen des Kindes auf den Tisch.
Zweite Stufe: Erkennen des dem Namen entsprechenden Gegenstandes. Wir sagen dem Kind: ‚Gib mir Rot – Blau!'
Dritte Stufe: Erinnerung an den den Gegenstand bezeichnenden Namen. Man zeigt dem Kind den Gegenstand und fragt: ‚Was ist dies?', und es soll antworten: ‚Rot'." (Montessori 1928, S. 166 f.)

Es ist bemerkenswert, daß Montessori als „erstes Unterrichtsmaterial" für die „Erziehung des Sinnes für das Körperliche" ausdrücklich die Bausteine und Würfel Fröbels nennt, die sie in ihr System integriert. Ähnlich wie Fröbel seine Spielgaben mit einer Vielzahl von Gegenständen und Beschäftigungen aus dem alltäglichen Leben verband, erwähnt Montessori eine Reihe von Gebrauchsgegenständen, sogar Spieldinge, die als *Übungsmaterial* Verwendung finden können, z. B. Zinnsoldaten, verschiedene Münzarten, kleine Bälle, Samenkörner sowie Papier, Stoffe und Materialien der verschiedensten Art[1].
Für die *Schulung des Gesichtssinnes* sind die bekannten Einsatzzylinder entwickelt worden, die in einen Holzblock einzupassen sind; es handelt sich um vier verschiedene Blöcke mit jeweils 10 Zylindern: Die sonst gleichen Zylinder verändern sich in dem einen Block durch gleichmäßige Abnahme des Durchmessers,

---

1 Zur Beschreibung des Materials vgl. Montessori 1928, S. 173 ff.

wobei die Höhe bleibt; im anderen Block bleibt der Durchmesser, aber die Höhe nimmt ab; beim dritten Block ändern sich gleichmäßig Durchmesser und Höhe; beim vierten nimmt der Durchmesser ab, während die Höhe wächst. Ein weiteres Material sind die „farbigen" Zylinder (rot, blau, gelb, grün) ohne Einsatzblock. Schließlich sind die zehn blauroten Stäbe mit jeweils 1 Dezimeter abnehmender Kantenlänge zu nennen, ferner der „rosa Turm" (10 Würfel mit abnehmender Kantenlänge), die „braune Treppe" (10 abgestufte Prismen), die dem Erfassen mehrerer Dimensionen dienen und Farbtäfelchen.

Tastübungen stellen ein zentrales, wenn nicht das bedeutsamste Moment im didaktischen System Montessoris dar, nicht zuletzt deshalb, weil der Tastsinn als „Nahsinn" zugleich auch Muskelempfindungen vermittelt. Die „Übungen des Auges im Erkennen der Form" beziehen den Tastsinn mit ein. Ebene geometrische Einsätze aus Holz, die Kreis, Quadrat, Rechteck und viele andere Grundformen repräsentieren, dienen nicht nur der *optischen* Unterscheidung von Formen, sondern werden gleichzeitig mit den Fingerspitzen umfahren, um auch über den Tastsinn die Vorstellung von Flächen und Körpern zu festigen. Abgestufte Qualitäten des Rauhen bzw. Glatten werden auf einem Tastbrett, auf dem entsprechende Papierstreifen (Sandpapier) angebracht sind, ertastet. Holztäfelchen unterschiedlichen Gewichts sollen die Schwereempfindung differenzieren. Verschiedene „Anziehrahmen", an denen das Kind jeweils das Auf- und Zuknöpfen, Zuschnüren oder Schleifenbinden üben kann, schulen die *Handfertigkeit* und dienen der Einübung des selbständigen An- und Ausziehens. Tonschachteln, die Klänge bzw. Geräusche unterschiedlicher Lautstärke beim Schütteln hervorrufen und Paare von Tonglocken, die die chromatische Tonleiter von c bis c' repräsentieren, dienen der *Übung des Gehörs* und der Musikalität. Für die Unterscheidung von *Temperaturwahrnehmungen* empfiehlt Montessori Schalen mit verschieden temperiertem Wasser, in die das Kind die Finger tauchen und seine Empfindungen vergleichen soll. *Übungen des Geschmacks- und Geruchssinnes*, die Montessori ebenfalls entwickelte, zeigten nach ihren eigenen Angaben geringeren Erfolg bei den Kindern.

Montessori hat die „klassischen" Sinnesmaterialien in ihrem „Handbuch" wie folgt zusammengefaßt:
„Die Lehrmittel zur Erziehung der Sinne bestehen in:

a) Drei Gruppen massiver Einsätze.
b) Drei Gruppen von Körpern in abgestuften Größen. Nämlich: 1. Rosa Würfel, 2. braune Prismen, 3. Stäbe: a) grün gefärbt, b) abwechselnd rot und blau gefärbt.
c) Verschiedene geometrische Körper (Prisma, Pyramide, Kugel, Zylinder, Kegel usw.).
d) Rechtwinklige Tafeln mit rauher und glatter Oberfläche.
e) Eine Sammlung verschiedener Stoffe.
f) Holztäfelchen von verschiedenem Gewicht.
g) Zwei Schachteln mit je 64 farbigen Täfelchen.

h) Eine Kommode mit Schubfächern voll flacher Einsatzkörper.
i) Drei Reihen von Karten, auf die geometrische Formen aus Papier geklebt sind.
k) Eine Sammlung geschlossener zylindrischer Schachteln (Töne).
l) Eine Doppelreihe tönender Glocken; hölzerne Bretter mit aufgemalten Notenlinien; kleine Holzscheiben für die Noten."²

Für das Erlernen der Kulturtechniken (Rechnen, Schreiben, Lesen) hat Montessori ferner eine Reihe von Materialien entwickelt, die vorbereitende und einübende Funktion haben, wie z. B. Sandpapierbuchstaben, das „bewegliche Alphabet", Namenkärtchen, Münzen, Rechenstäbchen, Sandpapierziffern, Ziffernkarten von 1–100, Perlenschnüre, „Spindeln" und Rechenplättchen zum Zählen und zur Einführung in das Dezimalsystem. Das Schreib-, Lese- und Rechenmaterial hat bereits den Charakter echter Arbeitsmittel, wie überhaupt der Übergang von den Sinnesmaterialien zu den schulischen Selbstbildungsmitteln nahtlos ist: Die Materialien für grammatikalische Übungen (z. B. Satzstreifen und Wortkarten), zur Flächen- und Körperberechnung, zur Übung der Grundrechenarten, zu geographischen (Landkarten-Einsetztäfelchen) und biologischen (Täfelchen mit Abbildungen von Blättern, Tieren usw.) Übungen sind nach denselben Grundprinzipien aufgebaut wie die Sinnesmaterialien. Dieser stufenlose Übergang innerhalb des Material-Systems hat seine Entsprechung in einem ebenso stufenlosen Übergang zwischen „Kinderhaus" und „Schule", da beide Bildungsinstitutionen von denselben pädagogischen Prinzipien, der „vorbereitenden Umgebung" und der „indirekten Erziehung", getragen werden.

Die Sinnesmaterialien dienen jeweils einer einzelnen zweckgerichteten Tätigkeit. So gesehen haben sie eher den Charakter von Übungs- und Arbeitsmitteln als von Spielzeug.

Kritiker des Montessori-Systems wenden sich deshalb nicht nur gegen den mit der Sinnesschulung verbundenen Isolationismus und Intellektualismus, sondern weisen auch darauf hin, daß Montessori generell das Spiel aus dem Leben des Kindes verbanne (Böhme 1930, S. 7 ff.). Tatsächlich hat Montessori das Tätigkeitsbedürfnis des Kindes mehr auf den Arbeits- als auf den Spielbegriff bezogen. So meinte sie, Spielen sei im Leben des Kindes

„etwas Untergeordnetes, zu dem es nur dann seine Zuflucht nimmt, wenn ihm nichts Besseres, von ihm höher Bewertetes zur Verfügung steht" (Montessori 1952, S. 170).

Diese Aussage geht auf Beobachtungen Montessoris zurück, daß Kinder in der „vorbereiteten Umgebung" kein Interesse an ebenfalls dargebotenen herkömmlichen Spielzeugen haben (1952, S. 170). Spiel und Spielzeug sind für sie Bestandteile einer *ungeordneten* Umwelt des Kindes. Anfängliches Interesse an Spielsachen schlage um in Langeweile oder Zerstörungslust, wenn das Kind einer Vielzahl von

---

2 Montessori 1928a (hier zitiert nach Döring 1973, S. 216).

Reizen ausgesetzt bleibt, die seinen inneren Bedürfnissen nicht entsprechen. Erst die geordnete, von störenden Reizen befreite „vorbereitete Umgebung" führe zur „Normalisation" des Kindes und gibt ihm die Hilfen, die es zu seiner geistigen Entwicklung bedarf. Der wesentliche Unterschied zwischen der Arbeit des Kindes (die die „Übungen des praktischen Lebens" einschließt) und der Arbeit des Erwachsenen besteht nach Montessori darin, daß das Kind nicht die einmalige Vollendung eines Arbeitsvorganges anstrebe, sondern das Arbeiten selbst, die ständig reproduzierbare Tätigkeit als das eigentlich Beglückende empfinde. So gesehen wird das arbeitende Kind zum „Lehrmeister des Erwachsenen" (1952, S. 264 ff.).

In der spezifischen Erziehungs- und Bildungswirklichkeit Montessoris bedeutet andererseits die Arbeit des Kindes am Material eine Kanalisierung der Vielfalt von Aktivitäts- und Spielbedürfnissen, die Kinder üblicherweise haben. Viele Aspekte des Spiels und die damit verbundenen komplexen Lernformen, wie sie z. B. in

- sprachlich-kommunikativen,
- sozial-emotionalen,
- imaginativ-schöpferischen,
- materialstrukturierenden,
- realitätsabbildenden und -verarbeitenden Spieltätigkeiten

zum Ausdruck kommen, werden nicht erfahrbar, wenn statt des freien Spiels die isolierte Sinnesschulung im Zentrum der frühkindlichen Erziehung steht.

So verschieden die Pädagogik Montessoris von anderen spielpädagogischen Anschauungen erscheint, findet sich das *Einfachheitspostulat* allerdings auch hier in ausgeprägter Form wieder:

Das Montessori-Material ist einfach strukturiert und in der reizarmen „vorbereitenden Umgebung" nur jeweils einmal präsent. Über die Montessori-Erziehung i.e.S. hinaus ist die pädagogische Bedeutung des Sinnesmaterials in jenen Anregungen zu sehen, die von der Pädagogik der schulischen Arbeitsmittel, der Kindergarten- und Sonderpädagogik aufgegriffen wurden und zu einer Bereicherung des bestehenden Material-Angebotes führten, wenn auch dem Montessori-Material innerhalb der Gesamtheit der pädagogisch bedeutsamen pädotropen Mittel nur ein relativer Stellenwert zukommt.

Spiel und Spielmittel in der reformpädagogischen Schule

Montessori- und Waldorfpädagogik ist gemeinsam, daß ihr Einfluß auf die Gestaltung des öffentlichen Schulwesens im deutschen Sprachraum nicht allzu groß war und lediglich mittelbar erfolgte; dies mag sowohl auf die starke Bindung beider Bewegungen an ihre Gründerpersönlichkeiten zurückzuführen sein – hier Rudolf

Steiner, dort Maria Montessori – als auch auf die kritischen Vorbehalte, die die deutsche Pädagogik gegenüber den anthropologisch-weltanschaulichen Voraussetzungen beider Richtungen machte. Aber unabhängig von den einzelnen pädagogischen Richtungen oder „Schulen" gab es im ersten Drittel des 20. Jahrhunderts die Vorstellung einer reformierten Volksschule auf dem Hintergrund der „Pädagogik vom Kinde aus", die in gewissem Sinne Allgemeingut war: weg vom lehrerdominanten, auf bloße Stoffvermittlung ausgerichteten Unterricht, hin zu einer Schule, in der nicht der Lehrer, sondern das Kind im Mittelpunkt steht.

„Der Weg zur Theorie aber kann nur dann mit Sicherheit gegangen werden, wenn wir vom Kinde ausgehen. Seine Interessen haben allein die Grundlage für alle Lehrpläne zu sein. Seine Wünsche sollten uns bei aller Schularbeit leiten",

so lautet die pädagogische Forderung des führenden Bremer Schulreformers Scharrelmann (1920), und er sprach damit nur aus, was andere Reformpädagogen ebenso bewegte.
Wenn die „neue" Schule, die die reformpädagogische Bewegung hervorbrachte, für sich in Anspruch nahm, die „Lern- und Buchschule" herbartianischer Prägung überwunden zu haben, so geschah dies vor allem unter Berufung auf das Prinzip der produktiven *Selbsttätigkeit*, d. h. der manuellen und geistigen Arbeit des Schülers. Es gibt keine reformpädagogische Strömung, die mit der zunehmenden Bedeutung von Selbsttätigkeit und Selbsterleben im Unterricht nicht auch dem *Spiel* in irgendeiner Hinsicht Aufmerksamkeit geschenkt hätte. Als textgebundenes Rollenspiel, als erlebnisbetonte Stegreif-Darstellung von Erzählungen oder als rhythmisch-gestaltetes Bewegungsspiel fand das Spiel vor allem in den zwanziger Jahren unter dem Einfluß von Jugendbewegung und Laienspielkreisen Eingang in die Schule.
Für die *Spielmittel* kann dies keineswegs in gleichem Maße gelten. Spielmittel in Beziehung zu bringen mit der Institution Schule muß auch als ein wesentlich größeres Novum angesehen werden, denn sie erscheinen meist als Mittel vergnüglicher Freizeitbetätigung, nicht aber als ernstzunehmende Objekte schulischen Lernens. Auch in der Schule der Reformpädagogik wird deshalb das Spielmittel weder zentralen Bestandteil einer pädagogischen Theorie, noch stellt es ein einheitlich zu fassendes Objekt in der pädagogischen Praxis dar. Im Grunde sind es vier ganz verschiedene Aspekte, unter denen das Spielmittel eine – wenn auch insgesamt sehr bescheidene – Funktion im reformpädagogischen Unterricht erhält:

– im Zusammenhang der Diskussion über „Spiel" und „Arbeit" in der Schule und des Überganges zwischen häuslichem Spiel und schulischem Lernen;
– unter dem Aspekt der Selbstherstellung von Spielzeug;
– als Medium der Veranschaulichung technischer Funktionen und einfacher physikalischer Gesetzmäßigkeiten;
– als „Lernspiel" im Rahmen der Arbeitsmittelpädagogik.

Spiel und Arbeit in der Schule
Die *Arbeitsschulbewegung,* verbunden mit den Namen Kerschensteiner, Gaudig und Scheibner, hatte in den ersten beiden Jahrzehnten unseres Jahrhunderts den stärksten Einfluß auf die Durchsetzung des Prinzips der Selbsttätigkeit des Schülers im Unterricht. Sie führte, insbesondere durch Kerschensteiner, zu einer starken Aufwertung der manuellen Arbeit im Unterricht. Die hergestellten Arbeitsprodukte sollten der Erfahrungswelt des Kindes entstammen. Dazu gehörte auch Spielzeug. Freilich bestand eine große Diskrepanz zwischen der Behandlung des Themas „Arbeit und Spiel" in der Theorie und der geringen Bedeutung, die Spielmittel sowohl in der Theorie als auch in der Unterrichtspraxis der Arbeitsschule besaßen. Wenn man berücksichtigt, daß die Arbeitsschulbewegung keineswegs selbst eine Pädagogik der Arbeitsmittel hervorbrachte, sondern diese erst in ihrer Folge entstand (Döring 1973, S. 203), dann wird deutlich, um wieviel geringere Aufmerksamkeit dem Spielmittel als „Unterrichtsmittel" in der Theorie der Arbeitsschule geschenkt wurde.

„Spiel und Arbeit" wurden in der Arbeitsschulbewegung einmal unter phänomenologischem Aspekt, zum anderen unter entwicklungspsychologischem Aspekt betrachtet. Unter beiden Gesichtspunkten erfährt die Arbeit eine durchwegs positive Wertung hinsichtlich ihrer Bedeutung für den Unterricht, während das Spiel nie völlig von Einwänden und Kritik verschont bleibt. Denn:

„Soll die Erziehung auf den sachlichen, d. h. zugleich sittlichen Menschen zielen, so wird sie den Weg über manuelle Arbeit nehmen, aber nicht über spielende und spielerische Beschäftigung, sondern über solche handwerklicher Art, die in sich die Nötigung und Möglichkeit zur Selbstprüfung am erzeugten Gute birgt." (Scheibner 1930, S. 81)

Wenn Georg Kerschensteiner (1854–1932) Spiel, Sport, Beschäftigung und Arbeit als die vier Grundformen der Selbsttätigkeit unterscheidet, dann ist ihm die Arbeit deshalb die bedeutsamste, weil sie – als einzige dieser vier Formen – diejenige Betätigung ist, die die Vollendung eines Werkes zum Ziel hat.

„Das Spiel setzt den Zweck um der Tätigkeit willen, die Arbeit setzt dagegen die Tätigkeit um des Zweckes seiner vollen Verwirklichung willen." (Kerschensteiner 1926, S. 449 f.)

Da nur diejenige Arbeit pädagogisch wertvoll genannt werden kann, „die sich in den Dienst eines unbedingt geltenden Wertes stellt" und Arbeit nur dann Bildungswert besitzt, wenn sie „in ihren objektiven Gestaltungen der Vollendungstendenz gehorcht und damit in stetem Selbstprüfungsvollzug immer mehr zur sachlichen Einstellung zu führen imstande ist"[3], erscheint die pädagogische Begründung der Arbeit schon nicht mehr im Zusammenhang einer reinen Pädagogik „vom Kinde aus", sondern ist in viel stärkerem Maße der kulturpädagogischen Theorie verhaftet. Der hohe theoretische Anspruch, der mit der Arbeitsschule als der Wegbereiterin

---

3 G. Kerschensteiner, zitiert nach Moog, Bd. 3, 1967, S. 475.

Werkunterricht in der freien Natur: Das Modell eines Bauernhauses wird erstellt, Adolf Reichwein, Schaffendes Schulvolk, Georg Westermann Verlag, Braunschweig 1951.

der sittlichen und staatsbürgerlichen Erziehung verbunden wurde, nötigte ihre Verfechter immer auch dazu, sich gegen „Spielerei, Tändelei und Dilettantismus" im pädagogischen Arbeitsprozeß zu verwahren und „auf saubere, gefällige, und nach dem Maße jugendlichen Könnens möglichst einwandfreie Arbeit, die zu Werkgesinnungen und Werktugenden erzieht", zu achten (Scheibner 1930, S. 84).
Gerade bei der Abgrenzung der Arbeitsschule von der häuslichen Spielwelt des Kindes erscheint die pädagogische Theorie der Arbeit nicht frei von einem gewissen Rigorismus, der jegliche „Spielerei" aus der Schule zu verbannen sucht. So unterschiedlich die Vorstellungen von Kerschensteiner und Gaudig hinsichtlich der „Arbeitsschule" waren, wandten sich beide jedoch mit der gleichen Schärfe gegen eine Aufweichung dieses Begriffes; während Kerschensteiner (1959, S. XIII) die bedingungslose Unterwerfung des kindlichen Willens unter das Gesetz der Sache forderte, so formulierte Hugo Gaudig (1860–1923):

„Arbeitsschule ist Arbeitsschule vom Anfang bis Ende, vom ersten bis zum letzten Tage. Arbeit ist ihr Kennzeichen, nicht freudlose Arbeit, da sei Gott vor! aber – Arbeit. Die Arbeitsschule, die ihren Charakter bestimmt ausprägen will, kann nun und nimmer einem Verwischen der Existenzweise des Kindes vor der Schule und dem Leben in der Schule das Wort reden. Einem Hinübertändeln mit Spiel und Scherz kann sie nun und nimmer zustimmen. ‚Arbeit' steht über der Schule der Zukunft und auch über der Elementarklasse. In der Weichmütigkeit, mit der viele neuere Pädagogen vom Ausgang aus dem Paradies der Kindheit reden, und in der Weichherzigkeit, mit der diese Pädagogen die erste Schulzeit, vielleicht das ganze erste Schuljahr der ‚spielenden' Arbeit (!) widmen, sieht sie eine flaue Sentimentalität, mit der niemandem, vor allen nicht den Kindern einer so ernsten Zeit als der unsrigen gedient ist." (1963, S. 17 f.)

Auf der anderen Seite hat Gaudig die Bedeutung des Spiels in der Schule keineswegs verkannt und in der von ihm geleiteten Schule, einem Mädchen-Gymnasium, sogar „Spielnachmittage" veranstaltet, an denen die Klassenzimmer zu „Spielzimmern" umgewandelt wurden und Kinder, Lehrer und Eltern sich im (überwiegend darstellenden) Spiel begegneten:

„Das Spiel darf im Schulleben nicht fehlen, soll es nicht ein gut Stück Lebendigkeit verlieren. Spiel ist notwendige Lebensäußerung; nicht darum allein, weil sich Arbeit und Spiel gegenseitig fordern und fördern; auch nicht weil das Spiel ein schönes und wertvolles Gebiet des Gemeinschaftslebens und ein eigenartiges Betätigungsgebiet für das Leben in der Ordnung ist; nein, vor allem um seiner selbst willen, das Spiel hat unersetzlich Selbstwert... Die Schule, die das Spiel pflegt, treibt nicht ‚fremde Dinge‘, sondern ihre eigensten Angelegenheiten... Die Anlage einer Sammlung guter Spiele durch die Schule, aber mit Hilfe der Eltern, würde jedenfalls für die gemeinsame Arbeit von Schule und Elternhaus ein schönes Betätigungsgebiet schaffen." (Gaudig 1963, S. 74 f.)

Kerschensteiner teilte im Rahmen seiner Bildungstheorie die Individualentwicklung in vier Abschnitte ein:

Das „Dressuralter" (1. und 2. Lebensjahr),
das „Spielalter" (3. bis 7. Lebensjahr),
das „Alter der egozentrisch gerichteten Arbeit" (8. bis 12./14. Lebensjahr),
das „Alter der sachlich gerichteten Arbeit" (15. bis 22./24. Lebensjahr) (1926, S. 295).

Der Schuleintritt des Kindes fällt in den Übergang vom „Spielalter" in das „Alter der egozentrisch gerichteten Arbeit". Obwohl dem Grundsatz der Entwicklungsgemäßheit stärker verpflichtet und deshalb dem Spiel in der Grundschule mehr Raum gebend, zeigt Kerschensteiner ähnlich wie Gaudig neben voller Zustimmung immer auch gewisse Einschränkungen in seinen Aussagen zum Spiel:

„Dem Entwicklungsgange nachgehen heißt aber zunächst, das Augenmerk auf die einheitliche Natur des Kindes mit seinen Trieben, Neigungen und Interessen richten, d. h. ‚vom Kind aus' die Bildungsarbeit organisieren." (Kerschensteiner 1933, S. 206)
„Die Spannung zwischen schulischer Anforderung und individueller Beschaffenheit... wird um so weniger bemerkbar werden, je mehr der Unterrichtsplan dieser Grundschule die Mannigfaltigkeit der aufgestellten Betätigungsweisen nicht bloß auf Rechnen, Schreiben, Lesen, Zeichnen, Singen, Anschauungsunterricht und Heimatkunde beschränkt, sondern auch, was er leider heute immer noch nicht tut, den praktischen, technischen und sozialen Veranlagungen in Spiel und Arbeit ausgiebig Rechnung trägt. Ich betone: auch im Spiel, weil es die Grundschule mit Zöglingen im Spielalter zu tun hat und weil gerade hier die Wahrheit des Aktualitätsprinzips für das weitere Bildungsverfahren von besonderer Wichtigkeit ist." (1933, S. 172)
„In den Mittelpunkt der Unterweisung rückt neben dem Spielraum des Kindergartens der Arbeitsraum der Werkstätten; denn das erste und wichtigste ist nicht Lesen und Schreiben, sondern die allmähliche Überführung des anspruchlosen Spieltriebes, mit dem bisher alle geistige Entwicklung vor sich gegangen ist, in den immer anspruchsvoller werdenden Arbeitstrieb, dem die zukünftige geistige Entwicklung anheimgegeben ist. Rechnen, Lesen, Schreiben, Sprechen und die allmähliche Beherrschung ihrer Elementarformen wachsen aus diesen beiden Betätgigungsgebieten heraus. Von ausschlaggebender Bedeutung ist, daß bereits vom Beginn an die Betätigungen im Arbeitsraum nicht wieder Spiele werden. Hier tritt das ‚Werk' mit seiner ernsten sachlichen Forderung an das Kind heran. Die Werkfreude hat andere Wurzeln als die Spielfreude... Beide haben etwas Schöpferisches an sich, aber das

Werk verlangt ‚Bündigkeit', das Spiel nicht. In die Spielstube gehört Basteln, kindliches Zeichnen, Spielen in Ton und Wachs. In die Werkstube gehört Maß, Zahl und Gewicht und die genau bestimmte Handarbeit mit Zirkel, Nadel, Schere, Messer, Säge, Hammer, Bohrer, Waage." (1926, S. 388f.)

Die führenden Theoretiker der Arbeitsschule sind über eine allgemeine Diskussion des Themas „Spiel" selten hinausgelangt; konkretere Ansätze einer Pädagogik des Spiels unter Einbeziehung der Spiel-„Mittel" finden sich in der Arbeitsschulbewegung und ihr verwandter Richtungen dort, wo die Praxis des Unterrichts selbst dargestellt und die häusliche Spielbetätigung des Kindes als Anknüpfungspunkt für die in der Schule einsetzende „Arbeit" gesehen wird[4].

So hat Wilhelm Lay, einer der Begründer der experimentellen Pädagogik, für die von ihm geforderte „Tatschule" eine Systematik entwickelt, die nicht nur für das Spiel in den Elementarklassen, sondern ebenso für die „zielbewußte pädagogische Anwendung und Verwertung" der Spiele in der Volksschuloberstufe Geltung haben sollte. Im Sinne der „experimentellen Didaktik" werden dabei Lernziele genannt, die jeweils bestimmten psychischen Funktionen zugeordnet sind:

„I. Das Beobachten wird erfolgreich geübt durch:
1. Suchspiele (Gesicht für Bewegungen, Gehör für Geräusche; Versteckspiele durch Abzählen; Suchspiele mit Anschlagen, mit verbundenen Augen; Blindekuh; Jakob, wo bist du?, Lirum, larum, Löffelstiel usw.)
2. Ballspiele: Fangball, Wanderball, Kappenball, (Treffball), Kreisball.
3. Kreisel (Tanzknopf).
4. Zielwerfen (mit Tonkugeln, Bällen, Bolzen usw.), Kugelgrube, Stäbchen und Kettchen legen.
5. Bilder betrachten; Wolken deuten usw.
II. Das geistige Verarbeiten wird erfolgreich geübt durch:
1. Merk- und Gedächnisspiele: Obstmarkt, Tierkonzert; wer kann zuerst folgenden Satz (Reim), folgende Zahlreihe (z. B. 1, 3, 5, 7 usw.) ohne Fehler nachsprechen? Alles, was Federn hat fliegt; Muffi-comme-ca; Stumme Musik; Gehst in den Wald usw. (für Aufmerksamkeit und Wille); Gegenstände raten; Farben raten; zwei Herren aus dem Mohrenland.
2. Kampfspiele: Der König in seiner Burg; Kettensprengen; Der Kampf um den Turm; Gänsemarsch; Hickeln auf einem Bein.
III. Das Darstellen wird erfolgreich geübt durch:
1. Formen mit Sand (Garten, Eisenbahn, Burg, Höhle, Tunnel usw.) und Ton (Plastik!).
2. Bauen mit Steinen oder Hölzchen (Architektur!).
3. Falten von Papier (Tschako, Fahnen, Schiff), Herstellen von Windrädchen, Drachen, Federbolzen, Wasserrädern, Bällen usw. aus Kork, Papier, Draht, Holz usw.
4. Binden von Sträußen, Kränzchen usw.
5. Flechten von Schnüren, Bändern, Körbchen usw. aus Bast, Weiden, Binsen, Papier, Stoff usw.

---

4 Die Bewertung des Spielzeugs erfolgt dabei ausschließlich auf der Grundlage des Einfachheitspostulates (»Das einfachste Spielzeug ist das Beste!«) und im Hinblick darauf, ob es im (Werk-)Unterricht herstellbar ist. Vgl. Wetekamp 1908, S. 8 f.

6. Drucken mit Lettern und Klischees; Zusammensetzen von Wörtern und Sätzen durch Buchstabentäfelchen.
7. Geschichten erzählen (Epik!), Kinderlieder (Lyrik!)
8. Puppentheater: Dramatische Spiele (Schauspielkunst!).
9. Rundspiele (Reigen und Ringeltanz) mit Gesang (Tanzkunst!).
10. Fang- und Haschspiele: Vogel flieg aus! Paarlaufen; Das böse Ding; Geierspiel; Katze und Maus; Fuchs ins Loch; König ich bin in deinem Land; Gänsemarsch; Kibitzlauf; Die wandernden Frösche; Springen über den Graben; Das Seil.
IV. Die körperliche Entwicklung fördern namentlich die unter I. und III. aufgeführten Spiele.
V. Der Verstandesbildung dienen insbesondere die unter II. aufgeführten Spiele. Dann aber auch alle übrigen.
VI. Die Gemütsbildung wird gefördert durch: Pflege von Pflanzen und Tieren, durch Gartenarbeit, Geschichtenerzählen sowie durch alle Gemeinschaftsspiele." (Lay 1911, S. 174f.)

Die in Klammern gesetzten und mit einem Ausrufungszeichen versehenen Begriffe (Plastik! Architektur! usw.) sollen in dieser Aufzählung den Bezug des betreffenden Spiels zur Kultur- und Wertwelt des Erwachsenen verdeutlichen. Zweifellos erscheint in dieser Einteilung „Spiel" als Oberbegriff für Tätigkeiten, die andere Reformpädagogen dem Arbeitsbegriff subsumierten. Lay gibt dabei nicht nur Anregungen, die später unter dem Aspekt des Lernspiels bzw. des didaktischen Spiels in der Schule Bedeutung gewinnen, sondern stellt auch die manuelle Tätigkeit und die daraus erwachsenen Werkprodukte in einen viel engeren Bezug zum Spiel als die meisten Vertreter der Arbeitsschule.

Selbstherstellung von Spielzeug
Die Entwicklung des Arbeitsschulgedankens als Prinzip hatte ihren Ausgang gefunden in der seit der Jahrhundertwende sich immer mehr durchsetzenden „Handarbeit", die als Unterrichtsfach (Werkunterricht) allmählich in der Volksschule Berücksichtigung fand[5]. Viele Befürworter des neuen Faches, dessen Einführung in den Lehrplan der Volksschule bereits seit Mitte des 19. Jahrhunderts von einzelnen gefordert, aber bis zur Jahrhundertwende immer wieder abgelehnt wurde, knüpfen ausdrücklich an die Pädagogik Fröbels an, wenn sie den Tätigkeitstrieb des Kindes und die Entwicklungsreihe Handeln – Anschauen – Denken in den Mittelpunkt ihrer Argumentation rücken (Burger 1914, S. 322).
Die Darstellung einfacher Gegenstände durch Legen mit Täfelchen, Stäbchen und Erbsen, das Falten und Ausschneiden von Papier, das Formen aus Ton und Plastilin finden nun Eingang in den Unterricht der Volksschul-Unterstufe (Grundschule). Mit Arbeiten in Holz und Pappe, die sowohl die Anfertigung einfacher Gebrauchsgegenstände als auch Anschauungs- und Experimentiermittel zum Ziel haben, sind die älteren Schüler beschäftigt[6]. Ist der freie, experimentierende Umgang mit diesen

---

5 Vgl. die Übersicht bei Lay 1911, S. 22/23.
6 Vgl. den ausführlichen Lehrplan für die Arbeitsschule von O. Schmidt (1912), der neben »Versuchen« und »Beobachtungen« auch das »Formen, Bauen« sowie das »Ausschneiden« und »Zeichnen« als die Hauptformen der Schülertätigkeit aufführt.

Selbstgebastelte Spielsachen (Segelwagen) in der wenig gegliederten Landschule. Adolf Reichwein, Schaffendes Schulvolk, Georg Westermann Verlag, Braunschweig 1951.

selbstgefertigten Gegenständen im gewissen Sinne als Spiel anzusehen, so gibt es in der Literatur doch auch gezielte Forderungen, „Spielzeug" in den Dienst des Handarbeitsunterrichts zu stellen:

„Will man im Schulbetrieb auf dem Gebiet erziehlicher Handarbeiten das Herz der Kinder gewinnen, so versuche man dies auch ab und zu mit der Anfertigung ‚scheinbaren' Spielzeuges ... Auch unsere kleinen Arbeiter sollen das Selbstdenken, das Selbstschauen und Selbstsuchen von unten herauf ‚spielend' lernen. Dazu eignet sich ausgezeichnet gut die Herstellung jener selbstzuschaffenden Dinge, mit denen größere und kleinere Kinder gern ‚spielen'." (Mauder 1925, S. 532)

Insbesondere in der Zeitschrift „Die Arbeitsschule" erscheinen bis in die dreißiger Jahre hinein Anregungen für die Selbstherstellung von Spielzeug im Rahmen des Werkunterrichts, die zwei pädagogische Motive in den Vordergrund rückten: Zum einen geht es um Spielgegenstände, die direkt im Unterricht als Spiel-, Experimentier- und Lerngegenstände Verwendung finden; zum anderen wird der – insbesonre von der Waldorfpädagogik geförderte – Gedanke aufgegriffen, Spielzeug „von Kinderhand für Kinderhand" herzustellen, das mit der Qualität des Einfachen und Natürlichen ausgestattet ist (Bauer 1932; Krüger 1933; Walter 1933/34; Postner 1939).

Die durch die Kritik an der Massenfertigung der Spielzeug-Industrie hervorgerufenen Versuche der Herstellung „künstlerischen Spielzeugs" erhalten durch den Werkunterricht eine wesentlich breitere Grundlage. Aber die zunehmende Erkenntnis der pädagogischen Bedeutung der Selbstherstellung von Spielmitteln in der Schule ist nicht nur als Reaktion auf die Spielzeug-Industrie zu werten, sondern auch als Ergebnis jener Veränderungen im pädagogischen Leben, die die Reformpädagogik generell bewirkte: Die Grenzen zwischen Schule und außerschulischer Erlebniswelt werden durchlässiger, das Leben des Kindes außerhalb der Schule wird in den Unterricht einbezogen, und so ist es nur konsequent, wenn dabei auch das Spielzeug eine gewisse Berücksichtigung erfährt.

Spielzeug als Medium der Veranschaulichung technischer Funktionen und einfacher physikalischer Gesetzmäßigkeiten

Der heimatkundliche Gesamtunterricht bildet das didaktische Kernstück der reformpädagogischen Schule. Gegenüber dem Fächerprinzip und dem wissenschaftlichen Unterricht, wie er für das Gymnasium kennzeichnend ist, wurde der Gesamtunterricht, der aus der heimatlichen Erlebniswelt des Kindes organisch ganzheitliche Stoffeinheiten ausgliedert und zum Gegenstand des Lernens macht, bestimmend für den Autonomie-Anspruch der Volksschule. Unter diesem Aspekt wurden auch „Spiel und Spielzeug als stoffliche Sacheinheit für all die aufnehmenden und darstellenden Kräfte, die sich dabei im Kind entwickeln lassen", herangezogen (Schnabel 1922, S. 74).

Dabei mußte gerade dieser Aspekt der Verwendung des Spielzeugs im Unterricht, den Unterschied zur „alten" Schule deutlich machen, war man doch früher die strikte Trennung von häuslichem Spiel und schulischem Lernen gewohnt:

„Mitbringen von Spielzeug zur Schule war eine Sünde wider den Geist der guten äußeren Ordnung ... Ein rechter Junge aber fand immer Mittel und Wege, im unbeobachteten Augenblick hinter dem Rücken der Mitschüler oder unter der Bank seine Spielgelüste zu befriedigen. Es ist nicht recht zu verstehen, warum die Schule sich mit Gewalt gegen eine so naturgegebene Tatsache stemmt und sträubt, warum sie dem Hang und Drang des Kindes zum Spielzeug nicht nachgibt ... Im Spiel ruhen unterrichtliche und erzieherische Werte, die von den wenigsten kaum geahnt werden. Die Arbeitsschule ist auf dem Wege, sich diese in praktischer Arbeit zunutze zu machen. Die Aufnahme dieses ‚Unterrichtsstoffes' ist insofern als glücklich und Erfolg versprechend zu bezeichnen, weil ihm stärkstes, kindliches Interesse innewohnt." (Schnabel 1922, S. 74)

Die Einbeziehung von Spielmitteln in den Unterricht betrifft nicht nur jene das manuelle Formen, Gestalten und Experimentieren betreffenden Materialien wie

Sandkasten, Baukästen oder Werkzeuge (Thamm 1907; Candido-Kubin 1923, Krantz 1931), sondern ebenso Spielzeug, das durch die mit ihm produzierbaren Effekte für das Kind von besonderer Anziehungskraft ist. Mit der Untersuchung dieser Effekte wird Spielzeug zum Gegenstand naturwissenschaftlicher Erkenntnis. Ernst Haase beschäftigte sich mit der Frage, wie der Physikunterricht entsprechend den Vorstellungen der reformpädagogischen Schule „vom Kinde aus" zu reorganisieren sei. Er stellte neben den Dingen des „täglichen Lebens" vor allem den Bereich des Spielzeugs als einen Erfahrungskreis heraus, der sowohl ureigenster Bestandteil kindlichen Lebens als auch Anwendungsbereich physikalischer Erscheinungen ist. Haase entwickelte einen „Vorkursus" für den Physikunterricht der 5. Klasse, in dessen Mittelpunkt die „Physik des Spielzeugs" steht; seine Aufgabe ist es, „aus dem Anschauungskreise der Kinder die physikalischen Erfahrungen herauszuheben", um den späteren wissenschaftlich-systematisch vorgehenden Physikunterricht der 7. und 8. Volksschulklasse vorzubereiten. Behandelt werden:

Die Knallbüchse – Das Bauklötzchen – Die Bastpfeife – Die tanzende Erbse – Die Brummflöte – Schneeball und Schlitterbahn – Federknipsen – Die Schaukel (Wippe) – Kollern (Kullern, Marmel, Märbel) – Das Spielgewehr – Der Drachen – Das Windrädchen – Die Papierschlange – Flugzeug aus Papier – Die Seifenblase – Pfeifen auf dem Schlüssel – Die Lochpfeife – Versteckspiel – Das Reifenspiel – Flitzbogen und Armbrust – Der Kreisel – Der Knopfkreisel – Die Peitsche – Der Ball – Die Mundharmonika (E. Haase 1921, S. VII).

Haase geht es im wesentlichen darum, durch Erproben und Reflektieren Ursache–Wirkung–Zusammenhänge durch Eigenerfahrung des Kindes am Spielzeug deutlich werden zu lassen. Das selbst angefertigte oder von daheim mitgebrachte Spielzeug soll im Unterricht – das bedeutet vielfach dann auch im Freien! – zum Gegenstand von Spielhandlungen werden, über die hinsichtlich der dabei beobachteten Vorgänge diskutiert wird. Haase sieht mehrere positive Nebenwirkungen einer solchen Behandlung des Spielzeugs im Unterricht. Es fördert durch die Gemeinsamkeit des Erlebens, durch das gegenseitige Aushelfen mit Spielzeug usw. nicht nur das Sozialverhalten, sondern bestärkt die Kinder in der Überzeugung, daß es besser sei, eher möglichst oft als einmal zu wenig zu probieren, wenn es gilt, Tatsachen genau festzustellen. „Wenn-dann"-Beziehungen und „Wenn-aber-dann"-Beziehungen werden erkannt und von dem einen auf andere nach dem gleichen Prinzip funktionierende Spielgegenstände übertragen:

„Die Kinder haben nun mannigfach mit ihrem Spielzeug herumprobiert und alle möglichen Beziehungen von Ursachen und Wirkung daran beobachtet. Da werden sich nun sehr bald allerlei Zusammenhänge zeigen, auf die der nunmehr geschärfte Blick gelenkt werden kann. So kehrt sowohl beim Kreisel, so auch beim Reifen die Erscheinung wieder, daß der Schwerkraft die Schwungkraft entgegenwirkt. Bei beiden ist auch der Antrieb in tangentialer Richtung vorhanden. Daneben ist beobachtet, daß der Kreisel nicht auf seiner Spitze, wohl aber auf seiner Kreisfläche stehen kann. Daran knüpfen sich dieselben Betrachtungen über Gleichgewicht und Standfestigkeit, die wir auch beim Spielen mit Bauklötzchen angestellt haben. Dort: Kreisel und Reif, hier Kreisel und Bauklötzchen. In ähnlicher Weise ergeben sich Zusammenhänge zwischen Lochpfeife, Mundharmonika, Knallbüchse usw. (Höhe des Tones abhängig von der Länge des Tonerzeugers), ferner zwischen Knallbüchse, Peitsche, Trommel, Zündplättchen (Geräusch, verursacht durch plötzliche, heftige Erschütterungen der Luft) usw." (E. Haase 1921, S. 21)

Andere Pädagogen, die das Spielzeug in ähnlicher Weise zum Gegenstand des naturkundlichen Sachunterrichts machen wollen, beziehen magnetisches und optisches Spielzeug sowie Bewegungsspielzeug mit ein – also jenen Bereich, der im 18. Jahrhundert das „unterhaltsam belehrende" Spielzeug bildete (Thamm 1907, S. 377). Besonders Experimentierkästen und technische Baukästen als Medien der Veranschaulichung technischer Funktionen gewinnen in der Schule erstmals eine gewisse Bedeutung. Nach 1920 beginnen einige pädagogische Zeitschriften mit gelegentlichen Besprechungen von „Spiel-, Lehr- und Lernmitteln" (Ilgner 1925; 1926).

Das Spielmittel als „Lernspiel" im Rahmen der Arbeitsmittelpädagogik
Spielmittel als Objekte schulischen Lernens finden in der Reformpädagogik in dem Maße Beachtung, wie generell das Interesse an den *materialen* Mitteln des Unterrichts wächst. Die Ausweitung des Blickfeldes von den traditionellen Lehr- und Unterrichtsmitteln, die der Veranschaulichung und Übung dienen (wie z. B. Buch, Heft, Wandbild), hin zu sogenannten „Selbstbildungsmitteln" (Buehnemann) hat sich in der reformpädagogischen Schule dort am nachhaltigsten vollzogen, wo neben der Idee des Werkschaffens und der Werkvollendung stärker noch die Selbstbildung durch Umgang mit entsprechenden (materialen) Mitteln in Spiel und freier Tätigkeit im Vordergrund stand. In diesem Sinne haben neben der Fortführung der Fröbelschen Beschäftigungsmittel im Anfangsunterricht vor allem Montessori-Materialien und die „Erziehungsspiele" von Decroly befruchtend auf die Entwicklung von Lernmitteln gewirkt.

Der belgische Arzt und Pädagoge Ovide Decroly (1871–1932) entwickelte nach der Jahrhundertwende seine „Methode" zunächst an geistig Behinderten, ehe er sie in den von ihm gegründeten Schulen auch auf normale Kinder übertrug. Ähnlich wie Montessori will er eine vorbereitete Umgebung für das Kind schaffen, die lebensnah und mit Entwicklungsreizen ausgestattet sein soll; im Spiel mit Materialien sollen sowohl die Neigungen der Kinder gefördert als auch Kenntnisse und Fertigkeiten erworben werden.

Die von Decroly entwickelten „Erziehungsspiele" (jeux éducatifs) ähneln den Tätigkeiten im Montessori-Kinderhaus, sind aber nicht an ein vorgefertigtes Material-System gebunden. Durch ständige Reproduktionen sollen Operationen des Vergleichens, Unterscheidens, Ordnens, Zuordnens eingeübt und entsprechende begrifflich-sachliche Verknüpfungen gelernt werden. Auf dem Grund der zeitgenössischen Assoziationspsychologie stehend, dienen die „Erziehungsspiele" dem Erkennen von Farben, Farben/Formen, Richtungen, der Schulung des Auges und der Feinmotorik, dem Lesen- und Rechnenlernen (Decroly/Monchamp 1922; Hamaide 1928).

Eine Vielzahl von Materialien, z. B. Lottokärtchen, Wortkarten, Zeichnungen, läßt Decroly die Kinder selbst anfertigen. Es werden Arbeitsmappen für „Früchte", „Kleidung", „Transportmittel" u.a.m., aber auch für „Spiele" angelegt. Natürliches Material und Gebrauchsgegenstände bilden einen Großteil des Spielmaterials. Fast alle Formen des heutigen „didaktischen Spiels" finden sich bereits in den „jeux éducatifs" von Decroly.

Das allmähliche Eindringen „didaktischer Spiele" in den Unterricht der reformpädagogischen Schule hängt nicht zuletzt mit der organisatorischen Situation dieser Schule selbst zusammen: Die wenig gegliederte oder ungegliederte Schule, wie sie insbesondere auf dem Lande die Regel war, verlangte nach Formen des Unterrichts, die es dem Lehrer ermöglichen, sich auch bestimmten Altersjahrgängen allein zuzuwenden, während in dieser Zeit die anderen Kinder sich selbst überlassen sind. Aus der unproduktiven „Stillbeschäftigung" der Schüler differenzierte Formen der „Selbstbildung" entwickelt zu haben, ist eine Leistung der „Landschulbewegung", die im wesentlichen durch die Selbstanfertigung von Lernmaterialien erbracht wurde. Daß sich generell als Oberbegriff für diese Mittel (sofern es sich nicht um bloße Aufgaben-Anweisungen handelt) der Ausdruck „Arbeitsmittel" durchsetzte, macht zwar den bedeutenden Einfluß der Arbeitsschule auf diese Entwicklung deutlich, verdrängt aber die Tatsache, daß ein Großteil dieser Medien Spielmittel im Sinne von Lernspielen waren (z. B. Materialien, die nach dem Lotto-, Domino-, Quartettprinzip eingesetzt werden; Puzzle, Rätselspiele und Ordnungskästen).

So nennt Karl Prelle (1932, S. 17) als die beiden Grundformen des Lehrmaterials neben den Arbeitsmappen (Arbeitsanweisungen) „Übungsmaterial in Form von didaktischen Spielen", die dem Selbstunterricht dienen sollen.

Buehnemann, Kade, Born und andere beschreiben eine Fülle von aus der Unterrichtspraxis herausgewachsenen Spielen bzw. Spielmittel, die ein Erarbeiten didaktischer Zielsetzungen im Rechnen, Lesen und im Sprachunterricht in freier Selbsttätigkeit ermöglichen, so daß die direkte Lehrereinwirkung zugunsten der indirekten Steuerung des Lernprozesses durch entsprechende Materialien in den Hintergrund tritt. „Lernspiele" werden vor allem deshalb als didaktisch bedeutsam angesehen, weil sie dem Kind durch eine *Selbstkontrolle* die Berichtigung falsch getroffener Zuordnungen ermöglichen (Buehnemann 1932; Born 1934; Kade 1931).

Die Arbeitsmittelpädagogik ist eine relativ späte Erscheinung in der deutschen Reformpädagogik, die erst zu Beginn der dreißiger Jahre auftritt und durch die weitere politische Entwicklung gehemmt wird. Anfang der fünfziger Jahre werden die früheren Ansätze wieder aufgegriffen und weiter entwickelt.

1929 stellt Felix Lampe zur Situation der Lehrmittel fest, daß eine gesicherte Systematik noch fehle und „die Grenzen zwischen Spielzeug, Anschauungsmittel, Gebrauchsgegenständen für den eigentlichen Unterricht, Erziehungs-, Lern- und Lehrmittel durchaus flüssig" seien (1930, S. 131). Eine grundsätzliche Änderung dieser Situation bewirkte Peter Petersen (1884–1952). Der Forschung, Lehre und Praxis integrierende Ansatz einer autonomen Erziehungswissenschaft, den Petersen entwickelte und in seinem „Jenaplan" verwirklichte, enthält als Teilstück eine pädagogische Situations- und Führungslehre, die den Unterricht als eine Abfolge pädagogischer Situationen begreift. In ihnen werden die „Urformen" des Lernens bzw. Tätigseins wirksam, die Petersen im Anschluß an Ph. Hördt *Gespräch, Spiel, Arbeit* und *Feier* nennt. Spiel erscheint hier als eine eigenständige, d. h. gegenüber anderen Lernformen gleichberechtigte Grundkategorie im Unterricht; Petersen meint hier vor allem das darstellende und das Bewegungsspiel. Tätigkeitsformen, bei denen die materialen Mittel im Zentrum des Unterrichts stehen, ordnete er der „Arbeit" zu:

„Arbeitsmittel ist ein Gegenstand, der mit eindeutiger didaktischer Absicht geladen ist, hergestellt, damit sich das Kind frei und selbständig dadurch bilden kann." (Petersen 1963, S. 182)

Diese mittlerweile klassisch gewordene Definition des Arbeitsmittels hat deshalb so fundamentale Bedeutung, weil sie auf *alle* „pädotropen Mittel" (Mieskes) anwendbar ist, Spielmittel also mit einschließt. Dem Einwand, Petersen selbst habe bei dieser Definition keineswegs käufliches Spielzeug im Auge gehabt, kann mit dem Hinweis begegnet werden, daß die von ihm konzipierte „Pädagogik der Arbeitsmittel" eine „Pädagogik der Spielmittel" als Ergänzung durchaus zuläßt, wenn nicht sogar fordert. Denn einerseits betont Petersen, daß die Arbeitsmittel

- „im Dienst der Kulturübermittlung, besonders der Einführung in Techniken mit Richtung auf den Erwerb und die Beherrschung von Kulturgütern" stehen,
- „Rationalismen im Lernbetrieb der Schule" sind und im Dienste des „Herrschafts- oder Leistungswissen" stehen,
- „absichtsvoll vorgerichtet" sind und „eine innere Lenkkraft" besitzen, die nur eine bestimmte Umgangsweise zuläßt,
- keine schöpferische Tätigkeit ermöglichen, sondern ein „Nachschaffen" bedeuten, weshalb „ihr erzieherischer Wert gering" einzuschätzen ist, im Gegensatz zu ihrem Bildungswert (1963, S. 188 ff).

Andererseits hebt Petersen hervor, daß

- das pädagogische Verständnis der Arbeitsmittel entscheidend durch das Moment der *freien* Selbsttätigkeit bestimmt ist;
- „unser Wissen um die Irrationalität des sich entwickelnden menschlichen Seelenlebens verbietet ..., die im Arbeitsmittel angelegte Hilfe schematisch werden zu lassen", womit die Diskrepanz zwischen der vom Lehrer erwarteten didaktischen Eindeutigkeit des Arbeitsmittels und der oft beobachteten tatsächlichen Mehrdeutigkeit seiner Funktionen im Verständnis der Kinder nicht als *Fehler,* sondern als pädagogisches Faktum angesehen wird;
- das Arbeitsmittel Anreize haben muß, sich mit ihm zu beschäftigen, zu Wiederholungen und zum Weitergehen zu anderen Arbeitsmitteln motivieren solle;
- das Arbeitsmittel an „kameradschaftliches Verhalten" gewöhne und sein Gebrauch dem Lehrer erlaube, Aussagen über Entwicklungsstand und Individualität des Schülers zu machen;

– die Abgrenzung von Spielmitteln und Arbeitsmitteln im wesentlichen bestimmt ist durch die jeweils vorherrschende pädagogische Situation: Alle Bildungsmittel sind bestimmten pädagogischen Räumen zuzuordnen, innerhalb derer sie ihre Funktion erfüllen; „Spielzeug, Spiele" werden „Kinderstube, Spielplätzen" zugeordnet, während die Arbeitsmittel in der Schule ihren didaktischen Ort haben. Regelgebundene Arbeitsmittel können ihrer *Struktur* nach durchaus als Spielzeug angesprochen werden, während sie in ihrer *Funktion* innerhalb der pädagogischen Situation des Unterrichts die Kriterien des Arbeitsmittels voll erfüllen (1963, S. 190 ff.).

In diesen Aussagen Petersens können Hinweise für eine zu den Spielmitteln führende Konzeption der Bildungsmittel gesehen werden.

Die von verschiedener Seite unternommenen Versuche einer *Systematisierung* der Arbeitsmittel berücksichtigen *alle* in irgendeiner Form auch jene Materialien, die einerseits Spielhandlungen ermöglichen sollen, andererseits vom Lehrer als zielorientierte Unterrichtshilfen eingesetzt werden. Für sie bürgerten sich eine Fülle von Bezeichnungen ein:

„Lehrspiele mit Selbstkontrolle",
„Übungsspiele",
„Didaktische Spiele",
„Lernspiele",
„Lehrspiele",
„Spiele, Rätsel",
„Spielgaben",
„Bau- und Experimentierkästen"[7].

Aus diesem verwirrenden Nebeneinander von Begriffen, die teilweise dasselbe, teilweise Ähnliches, teilweise Unterschiedliches meinen, aber doch irgendwie mit dem Spielbegriff in Zusammenhang gebracht werden, ist abzulesen, wie wenig die Arbeitsmittelpädagogik das Phänomen Spiel selbst einer systematischen Klärung unterzogen hat – vermutlich deshalb, weil das Spiel in seiner Fülle von Lern- und Bildungsmöglichkeiten selten voll gewürdigt und meist nur unter dem Aspekt der didaktischen Instrumentalisierung betrachtet wurde. Dies aber hatte zur Konsequenz, daß sich wohl eine Arbeitsmittelpädagogik entwickeln konnte, aber einer eigentlichen Pädagogik der Spielmittel in der Schule das Daseinsrecht verwehrt wurde. Die Tendenz, das dem Begriff „Lernspiel" zugrunde liegende Verständnis von „Spiel" möglichst einzugrenzen, ist denn auch vielfach zu spüren.

„Unsere Lernspiele haben den Zweck, Wissen vorweisbar zu machen, nicht den anderen, Erkenntnisse neu zu erzeugen. Höchstens können sie ein Wissen des Wissens erzeugen." (J. Kretschmann 1948, S. 93)
„Der Lehrer hat das Spiel auf seinen Lernwert zu prüfen. Nicht jedes Spiel ist ein Lernspiel, hat genügend bildenden Wert und somit Berechtigung im Unterricht." (Apelt 1951, S. 23)

7 Entnommen aus der Übersicht von Holstein o. J. S. 62 f.

„Zwar paßt das Lernen in Spielform zum selbsttätigen und selbständigen Handeln des Kindes, doch müssen die Spiele ihren außerschulischen Anreiz aufgeben, wenn sie als Arbeitsmittel gelten sollen. Es geht nicht darum, die Spielform für Kinder zu erhalten; vielmehr soll in dem Spiel und seiner Regel ein didaktischer Sinn enthalten sein, auf den die beteiligten Kinder eingehen können. Sofern ein Spiel überhaupt Spiel ist, kann es kein Arbeitsmittel sein. Allerdings gibt es Spielformen, die inhaltlich so gestaltet werden können, daß sich in ihren formalen Bahnen Lernfunktionen zeigen, die damit eine kindgemäße Gestalt annehmen." (Holstein, S. 66 f.)
„Die Lernspiele sind keine Beschäftigungsmittel, die frohe Stunden in das Arbeitsleben der Schule bringen. Lernspiele sind Arbeitsmittel, die in den Lehrgang eingeordnet sind und eine bestimmte Aufgabe enthalten. Sie haben keinen Selbstzweck, sondern helfen als ‚Übungsspiele' das Unterrichtsergebnis festigen und sichern." (Prelle 1951, S. 10)

Der Anspruch der „Lernspiele", Selbstbildungsmittel zu sein, mag nicht völlig unbegründet sein – dies müßte im Einzelfall geprüft werden! – er läßt jedoch außer acht, daß der Spielgedanke im Unterricht weit mehr Formen der Selbstbildung zuläßt, als sie ein „Lernspiel" tatsächlich bietet. So kam es nach dem Kriege zu einer Auseinandersetzung zwischen den Vertretern der das Lernspiel verteidigenden Arbeitsmittelpädagogik und anderen Pädagogen, die meinten, daß das Lernspiel offenbar die „fade Suppe" des Lernens durch den „Zucker" des unterhaltsamen Spiels versüßen solle, dabei aber verhindere, die Sache selbst schmackhaft zu machen; jedoch die Kritik war weitergehender: Letztlich ging es um die Frage, ob die Lernspiele mit ihren durch die didaktische Absicht festgelegten Handlungsabläufen nicht bloße funktional gerichtete Aktivität oder gar sinnentleerter Zeitvertreib – nach dem Muster der Gesellschaftsspiele Erwachsener – seien, die die eigentlich schöpferisch-gestaltenden Kräfte des Kindes verkümmern lasse, ob nicht andererseits das Spiel in seinem vollen Sinn erst wieder in der Schule zu entdecken sei, weil dieser auf Entfaltung und Gestaltung gerichtete Spielsinn durch das Lernspiel bisher eher zerstört als gefördert worden sei (Wetterling 1950; Huisken 1950; O. Haase 1950; Reichert 1950; Stobbe 1950).
Diese Diskussion, die nach dem Kriege nur einem kurzen Aufflackern gleichkam, hat pädagogische Grundprobleme angesprochen, die in der gegenwärtigen Diskussion des Spiels und der Spielmittel im Unterricht noch keineswegs aufgearbeitet sind (vgl. S. 372 ff.).

Das Eindringen pädagogisch-psychologischer Erkenntnisse in die Spielzeugwirtschaft

Einer Untersuchung von Margarete Sy über „Die Thüringer Spielwarenindustrie im Kampf um ihre Existenz" (1929) kann entnommen werden, daß seit der zweiten Hälfte des 19. Jahrhunderts die Heimindustrie aufgrund ihrer inökonomischen Struktur sich einem ruinösen brancheninternen Konkurrenzkampf aussetzte, dessen ständige Preisdrückerei notwendig Folgen für die Spielzeugproduktion hatte: rapide

Verschlechterung der Qualität des Spielzeugs und vollständige Anpassung an den oft fragwürdigen Geschmack von Großabnehmern. Nach dem Ersten Weltkrieg zeichnete sich dann durch Erstarkung ausländischer Spielzeug-Industrien, die den Weltmarkt mit billigem Massenspielzeug überschwemmten, eine Strukturkrise der deutschen Spielzeug-Industrie ab, deren Auswirkung ein Vergleich der Betriebsstatistiken von 1925 und 1933 deutlich macht: Wurden im Deutschen Reich 1925 11.019 „Spielzeug-Betriebe" mit 55.049 Beschäftigten gezählt, so waren es 1933 nur noch 5.809 mit 21.129 Beschäftigten[8].

„Pädagogik" als Mittel zur Behebung der Strukturkrise in der Spielzeug-Industrie
Waren die pädagogisch-psychologischen Erkenntnisse, die von der Kinderpsychologie und den verschiedenen reformpädagogischen Bewegungen verbreitet wurden, in den zwanziger Jahren zunehmend mehr auf das Interesse der breiten Öffentlichkeit gestoßen, so boten diese Erkenntnisse vielleicht auch der Spielzeugwirtschaft eine neue Möglichkeit, dem stagnierenden Absatz ihrer Produkte zu begegnen. Tatsächlich haben wir die Geschichte der Spielzeugproduktion im 20. Jahrhundert keineswegs nur als Ergebnis einer zunehmenden Technisierung und Automatisierung der Produktionsmittel, der Verwendung neuer Werkstoffe und Verarbeitungsverfahren zu sehen; sie muß ebenso auf dem Hintergrund des Versuchs einer ökonomischen Verwertung pädagogisch-psychologischer Erkenntnisse betrachtet werden.
Sy führt die Krise der Thüringer Heimindustrie gerade darauf zurück, daß sie die Bedürfnisse jener ständig wachsenden Käuferschichten ignoriert hatte, „die sich der Bedeutung des Spielgutes für das Leben des Kindes bewußt sind" (Sy 1929, S. 40) und ihm pädagogischen Wert zumessen:

„Wenn auch der große Künstler sich häufig in die Kindesseele einzufühlen vermag, so gilt das eben doch nur vom großen Künstler und nicht vom Durchschnitt der Spielwarenhersteller. Er muß mit der Kindesseele vertraut gemacht werden, soweit ihr Verständnis lehrbar ist." (1929, S. 55)

Sys Forderung, Psychologie und Pädagogik in den Lehrplan der Industrie- und Gewerbeschulen aufzunehmen, sofern sie Ausbildungsstätten für die in Spielzeughandel und -industrie tätigen Berufskräfte sind, kommt denn auch nicht von ungefähr. Die Gestaltung kindgemäßen, qualitativ hochwertigen Spielzeugs war zu einer Überlebensfrage der Heimindustrie wie der deutschen Spielzeugwirtschaft überhaupt geworden[9]. Darüber hinaus löste die Forderung nach Berücksichtigung pädagogischer Gesichtspunkte in der Spielzeugwirtschaft erstmals ein gewisses

---

8 Angaben nach: Deutsche Spielwaren Zeitung 1935, Februar-Heft.
9 Zur Struktur und zur Absatzsituation von Spielzeughandel und -industrie bis zum Zweiten Weltkrieg vgl. Reible 1925; Wiederholz 1931; Mara 1940.

Interesse an Kontakten mit der Pädagogik aus. Diese Grundsatzdiskussion zwischen den in ökonomischer und pädagogisch-psychologischer Hinsicht am Spielzeug interessierten Gruppen, die sich allmählich entwickelte, wurde in den folgenden Jahrzehnten unterschiedlich intensiv und mit jeweils anderen Akzenten geführt.
Spielzeug unter dem Aspekt des Erziehungsmittels zu sehen bzw. *diese Idee werbewirksam einzusetzen,* war für Spielzeughandel und -industrie der zwanziger Jahre etwas völlig Neues.
Der Gedanke stieß zunächst vielfach auf Skepsis. Die Aussicht, mit kostenverursachenden „pädagogischen Neuerungen" Umsatzsteigerungen zu erreichen, wurde von vielen Herstellern und Händlern als gering angesehen. Viel zu große Unsicherheit herrschte in bezug auf die genaue Bedeutung von Begriffen wie „kindgemäß" oder „pädagogisch wertvoll", waren doch auch die Meinungen innerhalb der Pädagogik darüber keineswegs einheitlich. In einer Zeit der schwersten Absatzkrise konnte andererseits die sich in vielen Zeitschriften und Illustrierten immer stärker niederschlagende Spielzeug-Kritik einer pädagogisch interessierten Öffentlichkeit in der Spielwarenbranche nicht ohne Wirkung bleiben. Derartige Kritik gipfelte etwa in dem Satz: Die Spielzeugindustrie „steht pädagogischen Gesichtspunkten nicht nur fremd, sondern feindlich gegenüber" (Ilgner 1926, S. 135). Andererseits gibt es Belege für ernsthafte Versuche, bei der Spielzeug-Herstellung auch bestimmten pädagogischen Forderungen Rechnung zu tragen.

Karl Staudinger: „Kind und Spielzeug" (1923)

Als Beispiel dafür, daß nach dem Ersten Weltkrieg in der Spielzeug-Heimindustrie trotz der Priorität wirtschaftlicher Interessen bei einzelnen Persönlichkeiten eine pädagogisch verantwortungsbewußte Haltung gegenüber dem Spielzeug möglich war, muß Karl Staudinger genannt werden, dessen kleine Schrift „Kind und Spielzeug" in einer Schriftenreihe der Entschiedenen Schulreformer erschien. Staudinger war Direktor der Spielzeug-Industrie-Schule in Sonneberg. Er kannte sich sowohl in den Lebensverhältnissen der thüringischen Spielzeugmacher als auch in den Arbeitstechniken wie kaum ein anderer aus und stellte auch einzelne (von ihm selbst entworfene) Spielzeuge her.
Die Forderung, daß jedes Spielzeug etwas „Heiteres" und „Schönes" darstellen soll, wird von Staudinger ohne Einschränkung bejaht, in bezug auf die Realisierungsmöglichkeiten und Bewertungskriterien jedoch differenziert und problematisiert. Staudinger ist weit davon entfernt, die Produkte der Spielwarenhausindustrie von vornherein als Vorbilder von Schönheit und ästhetischer Qualität gelten zu lassen. Zwar sei durch „Gewöhnung von Jugend an", „Liebe zur Sache" und durch Spezialisierung auf das, was einem „liegt", die Heimarbeit im allgemeinen sehr gut in der Lage, höheren Ansprüchen an Qualität zu genügen, andererseits gebe es hier wie überall auch Entgleisungen.

„Wenn man dabei über eine augenfällige Geschmacklosigkeit stolpert, welche mit natürlicher Urwüchsigkeit gar nichts zu tun hat, dann kann man wohl auch verlegen entschuldigend hören, daß das eben so verlangt würde vom Großabnehmer oder daß man von dem Papierhändler kein anderes als eben dies besonders geschmacklos bedruckte Papier bekäme." (Staudinger 1923, S. 13)

Auch in ästhetischer Hinsicht sei die Qualität des Spielzeugs letztlich von den Wünschen des Auftraggebers und Preisrücksichten abhängig. Diese Abhängigkeit des „schönen" Spielzeugs von kommerziellen Gesichtspunkten bedeute allerdings nicht, daß „billiges" Spielzeug von vornherein schlecht, teures dagegen gut sei.

Nach Staudinger besteht das Hauptproblem bei der Schaffung eines „schönen" Spielzeugs darin, seine *Zweckform* richtig zu erfassen. Die Zweckform eines Spielzeugs repräsentiert nicht nur modellhaft ein Stück Wirklichkeit, sondern sie ist zugeschnitten auf Kinder einer bestimmten Altersstufe. Für jedes Alter müsse ein bestimmter Gegenstand, der im Spielzeug nachempfunden werden soll, eine bestimmte altersspezifische Zweckform gefunden werden. Grundsätzlich soll das Spielzeug „das Gepräge der Zeitlosigkeit" tragen, dies gelte vor allem für Spielzeug der ersten Lebensjahre. Bei spezifischen Beschäftigungsmitteln für ältere Kinder könne durchaus dem Zeitgeschmack Rechnung getragen werden.

Staudinger geht auch auf die Forderung nach *einfachem* Spielzeug ein. Seine Ausführungen dazu erscheinen durchaus sachangemessen im Vergleich zu dem, was „Spielzeug-Pädagogen" diesem Thema bis dahin abgewinnen konnten. Das Prinzip der Einfachheit ist nach Staudinger aus zwei Gründen wesentlich: Die Einfachheit der Spielzeugform sichert die *Eindeutigkeit* der Zweckform. Die „möglichst einfache Durchbildung" sei anzustreben, damit der Zweck des Spielzeugs nicht unklar bleibe. Deshalb dürfe Einfachheit nicht mit Primitivität oder Billigkeit verwechselt werden. Einfaches Spielzeug bleibe immer an eine „gewisse Formvollendung" gebunden, die in überzeugender Weise sowohl den Gegenstand an sich als auch seinen Spielzweck für das Kind erkennbar mache. Formvollendung bedeute keineswegs „Vollständigkeit im Detail", sondern die Hervorkehrung des Typischen, Charakteristischen – in einer Weise, die die einzelnen Merkmale zu einem geschlossenen Ganzen vereine. Puppen und Spieltiere sollen deshalb nicht naturalistische Abbildungen der Wirklichkeit sein, sondern in dem Sinne einfach, daß dem Kind Möglichkeiten geboten werden, sich mit dem Spielzeug eine eigene Spielwelt aufzubauen, die Anlaß zu Erweiterungen, Ergänzungen und selbstschöpferischer Tätigkeit sei. In diesem Gedanken stimmt Staudinger durchaus mit den Ansichten der Kleinkindpädagogik überein.

Einen weiteren Grund für den Primat des Einfachen gegenüber einer Vollständigkeit im Detail bei der Spielzeug-Gestaltung sieht Staudinger darin, daß hygienische Anforderungen (Abwaschbarkeit, Schmutzunempfindlichkeit) und Haltbarkeit dann besser gewährleistet werden können (1923, S. 20).

Nach Staudinger ist Spielzeug ein Gebrauchsgegenstand, der dem Kind Freude machen und Spielanregungen geben soll. Die richtige Wahl des Materials, die Farbgebung und die Form des Spielzeugs werden von Staudinger vor allem hinsichtlich ihrer Wirkung auf die *Emotionalität* des Kindes näher untersucht. Bei der Wahl des *Materials* sei zu berücksichtigen, daß jeder Stoff eine ihm ganz besonders zukommende Eigenschaft besitzt, welche, richtig ausgenützt, dem Gegenstand seine eigenartige Schönheit geben könne. Holz sei zwar gerade in der Heimindustrie der meist gebrauchte Rohstoff für die Spielzeug-Herstellung, aber keineswegs der einzige. Papier und Pappe, Porzellan, Bleche, Zelluloid, Glas, Gummi, Leder usw. besitzen jedes spezifische Eigenschaften, die sie jeweils für bestimmte Spielzeuge geeignet erscheinen lassen.

Die *Farbgebung* richte sich nach dem verwandten Rohstoff, der Art des darzustellenden Gegenstandes und schließlich nach dem Entwicklungsstand des Kindes. Nicht Buntheit sei entscheidend, sondern die Stimmigkeit der Farben zueinander, die dem Gegenstand „Wärme" und „Freundlichkeit" verleihen. Bei der Einführung der Grundfarben und ihrer Mischungen sei zu beachten, daß farbliche Gegensätze durchaus geschmackvoll wirken können, wenn sie nicht ins Grellbunte gesteigert werden. Der Stimmungsgehalt der Farben spiele eine bedeutsame Rolle für die Wirkung des Spielzeugs auf das Kind.

Bei der *Form* des Spielzeugs komme es darauf an, daß es *handlich* für das Kind sei; insbesondere für das jüngere Kind müssen die Spielgegenstände griffig sein und dürfen eine bestimmte Größe nicht unterschreiten. Wesentlich ist, daß die Oberfläche des Spielzeugs „dem Tastsinn Lustgefühle" vermittelt (Staudinger 1923, S. 18). Die besonderen Gefühlsbeziehungen, die die Kinder insbesondere zu Spieltieren und Puppen entwickeln, hängen nicht zuletzt von der besonderen Qualität seiner durch den Tastsinn erfahrbaren Beschaffenheit, der Weichheit des Fells, Glätte oder Rauheit des Körpers usw. ab.

Staudinger beschäftigt sich in seiner Schrift im wesentlichen mit den in der Heimindustrie hergestellten Spielzeugformen (Puppen, Figuren, Tieren). Mit seinen Darlegungen kommt er entwicklungspsychologischen und pädagogisch-praktischen Grundsätzen nahe, die an den Bedürfnissen des Kindes orientiert sind und auch heute noch, bei einem allerdings viel differenzierter gewordenen Spielmittel-Angebot, durchaus Gültigkeit beanspruchen können.

Pädagogische Werbung im Spielzeughandel
Entscheidende Anstöße, das Gespräch zwischen Spielzeugwirtschaft einerseits, Pädagogik und Wissenschaft andererseits in Gang zu bringen, gingen von den beiden Branchen-Zeitschriften, der *Deutschen Spielwaren-Zeitung* und dem *Wegweiser – Spielwarenmarkt*, aus. Im Augustheft 1926 kündigte die Redaktion der Deutschen Spielwaren-Zeitung an, daß sie mit der „Deutschen Gesellschaft zur Förderung häuslicher Erziehung" in Kontakt getreten sei und künftig auch Beiträge von Pädagogen zum Thema Spielzeug zum Abdruck kämen. Die Reihe wurde im selben Heft mit einem Aufsatz von Johannes Prüfer, dem führenden Kleinkindpädagogen und Fröbelforscher, „Über den Spieltrieb des Kindes" eröffnet. In den nächsten

Jahren finden sich Beiträge über Fröbel, über Spielzeug als Erziehungsmittel, über Spielzeug und Schule. Verfasser dieser Beiträge waren entweder Pädagogen aus verschiedenen reformpädagogischen Richtungen (z. B. Arbeitsschule, Landschulbewegung) oder aber einige der Spielzeug-Industrie nahestehende Persönlichkeiten mit pädagogischen Interessen. Daneben erschienen in beiden Fachzeitschriften Aufsätze von Autoren, deren publizistische Tätigkeit im Bereich von Spielzeugbranche, Wissenschaft und Öffentlichkeitsarbeit erstmals zu einem gewissen eigenständigen Branchen-Journalismus für alle das Spielzeug betreffenden wirtschaftlichen Probleme führte.

Obwohl die Initiative zur „Pädagogisierung" der Spielwaren sehr vielmehr von der Industrie als vom Handel getragen wurde, waren jene Beiträge in der Fachpresse der Spielzeugwirtschaft, die in der Zeit zwischen den beiden Weltkriegen versuchten, die neuesten pädagogisch-psychologischen Erkenntnisse darzustellen, vor allem an die Adresse des Handels gerichtet.

Der Spielzeughandel (Spielzeugfachgeschäfte, Kaufhäuser und sonstige Geschäfte, die Spielzeug führen) wurde aufgefordert, den Gedanken, Spielzeug als Erziehungsmittel anzusehen, werbewirksam herauszustellen, da nur dann die Eltern als fester Kundenstamm gewonnen werden könnten, sei doch bisher das Spielzeug entweder nur als bloßer Zeitvertreib oder aber als Luxusartikel von den Eltern angesehen worden:

„Und wenn man überhaupt über die Naturnotwendigkeit des Bildungsmittels Spielzeug spricht, so erscheint gewöhnlich die Mär von dem in Tüchern gewickelten Holzscheit, das viel besser sei als jede Puppe." (Reinhardt 1929, S. 19)

Auch den Saisoncharakter des Spielzeugs, der zu Weihnachten einen Käufer-Ansturm, im sonstigen Jahr aber geringen Umsatz bringt, hoffte man durch die pädagogische Werbung zu vermindern. Für das Jahr 1930 wurde versucht, als Gegenpol zum Weihnachtsfest eine Spielzeugverkaufswoche im Juni mit dem Höhepunkt eines Kinder-Geschenktages am Johannistag durch entsprechenden Werbeaufwand ins Leben zu rufen – eine Werbe-Aktion für Spielzeug, die allerdings in den folgenden Jahren mangels finanzieller Mittel nicht wiederholt wurde.

Aufmerksam registrierte die Branchen-Presse einen neuen Trend im Spielwarenhandel der USA, Artikel-Reklame, Kundenwerbung und Spielzeugverkauf durch Anwendung pädagogisch-psychologischer Erkenntnisse zu differenzieren.

Insbesondere die Lehre von den Entwicklungsphasen schien hier bedeutsam: Der deutsche Spielzeughandel wurde in den Fachblättern mit Einteilungen des Entwicklungsverlaufes in einzelne Phasen bzw. verschiedene „Spielalter" mit ihren spezifischen Bedürfnissen vertraut gemacht. So wurde z. B. unterschieden:

– Spielzeug für das Allerkleinste von der Geburt bis zu einem Jahr;
– Unzerbrechliche Spielwaren für die Periode von ein bis zwei Jahren;
– Das Alter des Experimentierens von zwei bis vier Jahren;

- Das Alter des zweckmäßigen Spiels von vier bis sechs Jahren;
- Die Periode großer Fortschritte von sechs bis acht Jahren;
- Das Alter realistischer Tendenzen von acht bis zehn Jahren;
- Das Alter der Spezialinteressen von zehn bis zwölf Jahren[10].

Dem Spielzeug-Fachhandel wurde empfohlen, das Sortiment entsprechend den verschiedenen Altersbedürfnissen anzuordnen und die „Pädagogik hinterm Ladentisch" an den geschlechts- und altersspezifischen Interessen der Kinder auszurichten (Weitsch 1934). Seit 1931 erschien in der Deutschen Spielwaren-Zeitung regelmäßig ein „Lehrbogen für den Spielzeug-Verkauf", der pädagogische und entwicklungspsychologische Hinweise zur Schulung des mangelhaft ausgebildeten Verkaufspersonals enthielt (Menzel 1931, S. 14 ff.).
Verfasser war Julius Menzel, der als Syndikus und Redakteur der Deutschen Spielwaren-Zeitung maßgeblich an der Verbreitung des Gedankens in der Spielzeugwirtschaft beteiligt war, Spielzeug nicht als „Ware" im üblichen Sinne, sondern als Erziehungsmittel zu betrachten. Menzel verfaßte eine Denkschrift der Arbeitsgemeinschaft deutschen Spielzeugs, in der eine „erzieherische Stufenleiter altersgemäßer Umweltnachbilder" sowie „Prüfungs- und Beratungsmethoden für Spielzeug" dargestellt sind; bemerkenswert sind vor allem die Ausführungen zum Spielwert eines Spielmittels und zu individuellen Unterschieden des Spielinteresses bei Kindern (Menzel 1938).

Spielzeugwirtschaft und Wissenschaft
Wesentliche Erkenntnisse in psychologischer und *warenkundlicher* Hinsicht konnte die Spielzeug-Wirtschaft aus den Untersuchungen von Prof. Viktor Pöschl, dem Direktor der warenkundlich-technologischen Abteilung des Instituts für Wirtschaftswissenschaft der Universität Frankfurt a.M. entnehmen. Pöschl verfaßte für den „Wegweiser" eine Reihe von psychologischen und warenkundlichen Beiträgen, die 1937 in dem Buch „Spiel und Spielware in Wirtschaft und Wissenschaft" veröffentlicht wurden. Pöschl versuchte erstmals ein System der Spielmittel auf warenkundlicher Grundlage darzustellen, das sowohl das Verhältnis zwischen Spiel und Arbeit, die Altersgemäßheit von Spielmitteln sowie „die von den Spielwaren ausgehenden seelischen und körperlichen Wirkungen, die den Spielwert bedingen", einschloß.
1932 wurde an der Nürnberger Handelshochschule (Hindenburg-Hochschule) ein Forum für Spielzeughändler und -fabrikanten einerseits, den am Spielzeug interessierten Psychologen, Pädagogen, Künstlern, Ingenieuren und Wirtschaftswissenschaftlern andererseits geschaffen. 14tägig pro Semester fand für Interessenten aus diesem Personenkreis eine Veranstaltungsreihe mit dem Titel „Warenkunde,

10 Vgl. Das richtige Spielzeug für das richtige Alter. In: Deutsche Spielwaren-Zeitung, 1929, Dezember, S. 12–22.

Psychologie, Pädagogik des Spielzeugs" statt. Als Dozenten mit Lehrauftrag wurden vom Bayerischen Staatsministerium Ludwig Sell, Leiter des Psychologischen Institutes der Hindenburg-Hochschule, Max Welsch, Geschäftsführer des Reichsverbandes Deutscher Spielwarenindustrieller, und Julius Menzel verpflichtet[11].

Ein entscheidendes Merkmal dieser Veranstaltungen bestand in der ausführlichen Diskussion der beteiligten Personengruppen um jeweils vorher festgelegte Probleme. Die Protokolle des „Nürnberger Spielzeug-Kolloquiums" wurden im „Wegweiser" veröffentlicht. Behandelt wurden Themen wie „Blechspielzeug", „Neuheiten" (u. a. Gesellschaftsspiele, „künstlerisches Spielzeug"), „Prüfungs- und Beratungsmethoden für Spielzeug", „das Bilderbuch". In den Protokollen zeigt sich nicht nur die Meinungsvielfalt von Künstlern, Fabrikanten, Pädagogen über den Spielwert einzelner Spielmittel, vor allem werden auch die teilweise sehr unterschiedlichen Bewertungsgesichtspunkte über „gutes" Spielzeug bei der Spielzeugindustrie einerseits, dem Spielzeughandel andererseits deutlich. Mit den Nürnberger Spielzeug-Kolloquien war erstmals eine direkte Verbindung zwischen *Wissenschaft, Industrie und Handel* hergestellt worden, die einer *empirischen* Betrachtung der Spielmittel den Weg ebnete. So wurde gefordert, empirische Forschungsstellen einzurichten, um zu untersuchen, „welche Arten von Spielzeug für bestimmte individuelle Eigentümlichkeiten des heranwachsenden Kindes geeignet sind" (Welsch 1932). Am Psychologischen Institut der Nürnberger Handels-Hochschule fanden mehrere Untersuchungen zum Spielverhalten und Spielverständnis von Kindern statt (Menzel 1933).

Von besonderem Interesse sind Versuche der empirischen Erforschung von Spielsituationen zur *Gewinnung wissenschaftlicher Kriterien* für *die Beurteilung von Spielzeug*. Bereits 1919 berichtete Frey über den Versuch, im Leipziger Schulmuseum Spielzimmer einzurichten, in denen Kinder das von der Spielzeug-Industrie zur Verfügung gestellte Spielzeug erproben konnten. Unterstützt vom Schulamt der Stadt Leipzig und in Zusammenarbeit mit dem deutschen Spielwarenverband wurden ein „Knabenzimmer", ein „Mädchenzimmer" und ein gemeinsames Spielzimmer mit einer Auswahl von Spielmitteln ausgestattet, „in der von den wichtigsten älteren und neuesten Schöpfungen der Spielzeugindustrie kaum eine fehlt" (Frey 1919, S. 98).

Die freien Spielzeug-Wahlen und die Spielgestaltungen der Kinder wurden protokolliert. Obwohl Ergebnisse dieser Beobachtungen nur am Rande erwähnt werden und die Versuche später offenbar keine Fortsetzung fanden, erscheint Freys Ansatz, durch Beobachtung von Freispielsituationen zu Kriterien für die Spielmittelbewertung zu gelangen, außerordentlich modern. Es ist für den Zeitraum zwischen den beiden Weltkriegen der einzige Versuch eines Pädagogen, pauschale Allgemeinurteile über Spielzeug durch differenzierende, aus der systematischen Spielbeobachtung gewonnene Kriterien zu ersetzen.

---

11 Vgl. Deutsche Spielwaren-Zeitung, 1932, November, S. 4.

Mathieu/Poppelreuter forderten 1932, das Kinderspielzeug mit Hilfe von experimentellen Prüfverfahren einer „psychotechnischen Eichung" zu unterziehen und ein entsprechendes Prüfzeichen einzuführen. Die Spielzeug-Industrie wurde aufgefordert, psychotechnische Prüfstellen einzurichten, damit die volkswirtschaftlichen und pädagogischen Schäden, die durch schlechtes Spielzeug verursacht würden, endlich beseitigt werden[12].

Das von den Autoren dargestellte Beispiel der Funktionsprüfung eines Segelflugmodells (das die Prüfung nicht bestand), fand in den folgenden Jahren allerdings keine Fortsetzung.

In der damals führenden deutschen pädagogischen Zeitschrift „Die Erziehung", die von Hermann Nohl, Eduard Spranger, Theodor Litt und anderen Repräsentanten der deutschen Pädagogik herausgegeben wurde, erschien 1936 erstmals ein Aufsatz zum Thema „Pädagogik in der neueren Spielzeugwirtschaft". Verfasser war Eduard Weitsch (1883–1955), der, aus der Volkshochschulbewegung kommend, sich ebenfalls in mehreren Veröffentlichungen an Spielzeughandel und -industrie wandte und für eine stärkere Berücksichtigung pädagogischer Grundsätze eintrat, z.B. forderte Weitsch für jedes Spielmittel einen „pädagogischen Begleitzettel", der den Eltern Hilfestellung bei auftretenden Spielproblemen geben sollte (Weitsch 1935, S. 32).

Die Ausführungen von Weitsch zum Thema „Pädagogik" innerhalb der Spielwarenbranche werfen ein bezeichnendes Licht auf die Ergebnisse der etwa zehn Jahre währenden Bemühungen einer durchaus kleinen Gruppe von Personen um die „Pädagogisierung des Spielzeugmarktes". Weitsch weist darauf hin, daß bei Kaufleuten und Industriellen naturgemäß der Absatz eine größere Bedeutung besitze als das Wort „Pädagogik". Zwar kenne man den Begriff Qualität in der Spielzeug-Industrie sehr gut, meine dabei aber in erster Linie Materialqualität, hygienische Aspekte und den Schönheitswert eines Spielzeugs. Man spreche zwar auch vom erzieherischen Wert des Spielzeugs, aber es herrsche bei einer genaueren Betrachtung des Begriffs nach wie vor vielfach Unklarheit, was darunter zu verstehen sei: „Im allgemeinen Jargon des Spielzeugmarktes ist ‚der eminente erzieherische Wert' mehr oder minder ein Schlagwort, in dessen Hintergründe zu leuchten vielen peinlich ist." (Weitsch 1936)

Andererseits stellt Weitsch „bei einigen ersten Firmen" auch ein „feines Verständnis für pädagogischen Wert und Unwert" fest. Insbesondere in der neueren Produktion seien „sehr erfreuliche Ansätze zur pädagogischen Durchdringung des Spielzeugs zu beobachten". Weitsch bezieht sich hier vor allem auf die Neuentwicklung von Spielmitteln, insbesondere Gesellschaftsspielen. Sein Resümee liegt in der Feststellung, daß sich pädagogisches Empfinden teils mit großem, teils mit geringerem Erfolg im Gebiete des Spielwarenmarktes vorankämpfe und dem Pädagogen hier noch viel Arbeit verbleibe.

12 Vgl. Mathieu/Poppelreuter 1932. Poppelreuter war ein führender Vertreter der Psychotechnik – eine psychologische Richtung, die als Teilgebiet der angewandten Psychologie experimentelle Prüfverfahren für lebenspraktische Zwecke entwickelte.

Auswirkungen auf die pädagogische Funktion der Spielmittel
Zu fragen ist abschließend, in welchem Maße die verschiedenen Forderungen nach mehr Kindgemäßheit, mehr pädagogischer Qualität und mehr Spielwert tatsächlich Auswirkungen auf die Erzeugnisse der Spielzeug-Industrie gehabt haben.
Hans Friedrich Geist (1956, S. 397) stellt fest, daß die Spielmittel im Laufe der industriellen Entwicklung des letzten halben Jahrhunderts nicht nur in einem ständigen Wandlungsprozeß standen, sondern daß die sich in ihnen vollzogenen Veränderungen grundlegender waren als in allen Jahrhunderten zuvor. Eine Gesamtdarstellung dieser Veränderungen steht noch aus, war doch das Interesse der historischen Spielzeugforschung bisher wesentlich stärker auf frühere Jahrhunderte als auf die Spielzeug-Produkte der jüngsten Zeit ausgerichtet. Es ist kaum abschätzbar, welchen Anteil einzelne Faktoren – neue Herstellungsverfahren und Materialien, ökonomische Abhängigkeiten und Interessen, pädagogische Forderungen, neue Spielideen, neue kulturelle Entwicklungen – jeweils an den Veränderungen haben, die sich in einer Vielzahl von Spielmittelbereichen vollziehen. Oft wurden diese neuen Entwicklungen von Außenseitern (nicht zuletzt von Künstlern!) angeregt, deren Spielzeugideen und -gestaltungen aufgrund ihres Erfolges dann bald Nachahmer fanden. Im folgenden zeigen wir die konzeptionellen Veränderungen am Beispiel der *Puppe* und des *Baukastens* auf:
Brachte gegen Ende des 19. Jahrhunderts bei den Puppenfabrikanten die Mode- und Neuheitensucht immer ausgefallenere Produkte hervor, so zeichneten sich schon zu Beginn des „Jahrhunderts des Kindes" in einzelnen Entwürfen Vorstellungen ab, die eine Art Gegenkonzept zu der mit modischem Beiwerk und technischen Ausgefallenheiten überhäuften Puppenfigur des Fin de siècle darstellte.
1908 stellten Münchener Künstler erstmals Puppen aus, die wirkliche *Puppenkinder* waren, ein individuell geformtes Gesicht (statt des Schablonenkopfes) und ausdrucksvolle Züge besaßen; die Kleidung war ebenfalls kindgemäß: einfach, schlicht, praktisch, sowohl den Bewegungsmöglichkeiten der Puppe als auch dem Bedürfnis, sie an- und auszuziehen angepaßt. Wenig später stellte Käthe Kruse auf einer Berliner Ausstellung ihre selbstgefertigten Puppen vor, die – ein Höchstmaß an Individualität ausstrahlend – bald Weltberühmtheit erlangten. Die sich zunächst abwartend verhaltende Puppenindustrie griff diese Anregung dann zunehmend mehr auf und paßte sich der von der Käuferschaft unterstützten Tendenz zu natürlich-pragmatischen, den Identifikationsbedürfnissen des Kindes entgegenkommenden Puppenformen an.
Das Angebot differenzierte sich rasch: Nicht nur hinsichtlich individueller Gestaltung, sondern auch hinsichtlich der Funktion der Puppen, die nun in unterschiedlichen Größen als Großpuppe (Babygröße) „Schlummerle", Sitz-, Steh- Anziehpuppe angeboten werden. Standen manche Puppen des 19. Jahrhunderts hinsichtlich ihrer Lebensechtheit keineswegs den modernen Schöpfungen nach, so ist doch unverkennbar, wie sich die überkommene Funktion der Puppen, primär Luxusgegenstand oder ästhetisches Objekt zu sein, in der ersten Hälfte des 20. Jahrhunderts noch mehr zum Spiel-Gebrauchsgegenstand wandelt; die ästhetische und die

Modefunktion bleiben in Spezialschöpfungen, wie die in den dreißiger Jahren erstmals auf den Markt gebrachte „Funktionspuppe", erhalten. Ab 1933 nehmen viele Puppen in Gesicht und Kleidung ein „arisches" Aussehen an. Sie bieten ein getreues Spiegelbild dessen, was der Nationalsozialismus als den Typ des „deutschen Mädels" zur Idealnorm erhoben hat (vgl. S. 194 ff.).

Nach Kriegsende bekommen die Puppen nicht nur wieder eine zeitlose Gestalt, sie differenzieren sich auch in bezug auf verschiedene Funktionen: die technisierte Funktionspuppe wird ebenso weiter spezialisiert wie die Modepuppe, die, etwa in Gestalt von „Barbie", die Spielfunktion auf das Präsentieren bzw. das An- und Ausziehen von Kleidergarnituren beschränkt und als elegant wirkende „junge Dame" ihren Anforderungscharakter aus dem Identifikationsbedürfnis des Teenagers (und Mädchen jüngeren Alters) gewinnt. Der amerikanische Einfluß auf dem vorher fast ausschließlich deutschen Puppenmarkt ist unverkennbar, hält sich andererseits aber in Grenzen. Funktions- und Modepuppen werden heute mehr und mehr zu Spezialkreationen innerhalb eines kaum überschaubaren Puppenangebotes, das überwiegend den Spielbedürfnissen der Kinder gerecht wird.

Das Prinzip der Realitätsabbildung ist dabei in den letzten Jahren in dreierlei Hinsicht fortentwickelt worden: *Erstens* in der verfeinerten Gesichts- und Körpergestaltung (z. B. auch in der realitätsgerechten Darstellung der Geschlechtsorgane) sowie der auswechselbaren Kleidergarnituren; *zweitens* in der systematischen Erfassung des häuslichen Umfeldes (Puppenstube, -küche, -möbel) und anderer Lebenssituationen (z. B. Krankenhaus, Garten, Unfall) mit entsprechenden Figuren und Ausstattungsgegenständen; für die Ausstattung derartiger Arrangements hat sich praktisch ein eigener Industriezweig entwickelt. *Drittens* ist die zunehmend stärkere Funktionalisierung der Spielfiguren hervorzuheben, die mittels Gelenken vielfache Positionen einnehmen und Bewegungen ausführen können, sei es in der Form einfacher und preisgünstiger play-sets, sei es in der Art der sog. Aktionsfiguren, die meist aus der Welt des Abenteuers stammen. Das Interesse von Kindern am Funktionsspielzeug und der bereits über mehrere Jahre hinweg anhaltende Verkaufsboom stehen dabei in Widerspruch zu den Warnungen der Pädagogen, die um die kindliche Phantasie fürchten.

Puppen und Spielfiguren haben in jüngster Zeit eine weitere Differenzierung und Funktionsveränderung erfahren, die auf den Einfluß der Massenmedien und der Werbung zurückzuführen sind. Sie werden im Rahmen eines immer perfekter angewandten Marketing als Identifikationsangebote für Käufer absatzträchtiger Freizeitsysteme benutzt. Die meisten Spielfiguren dieses Genres entstammen selbst wiederum der medialen Welt: der Welt der Comics (Asterix-Figuren, Schlümpfe, Popeye) und des Fernsehens (Figuren der „Sesamestreet", Paulchen Panther, Bonanza, Biene Maja u. a.). In welchem Ausmaß mit dieser *medialen Repräsentation* der Puppe auch neue Spielmöglichkeiten geschaffen werden bzw. bestehende Spielmöglichkeiten Einschränkungen und Nivellierungen erfahren, ist – obwohl Spielzeug-Pädagogen solchen Figuren kritisch gegenüberstehen dürften – keineswegs a priori entscheidbar, sondern bedarf einer genauen empirischen Analyse entsprechender Spiel- und Kommunikationssituationen, die für diesen Zweck bislang noch nicht vorgenommen wurde.

Eine ähnlich differenzierte Situation zeigt die Entwicklung der *Baukästen:* Die in der Nachfolge von Fröbel und anderen Baukasten-Systemen entwickelten einfachen Holzbauklötze, deren überzeugendste Konzeption sich in dem von Christine Uhl entwickelten Bauwagen darbietet (Uhl/Stoevesand 1973), haben nicht die Nachbildung jeder Einzelheit zum Ziel, sondern machen die Darstellung des Grundsätzlichen jeder Bauform möglich, etwa des Hauses, des Wagens oder einer Maschine. Seit den dreißiger Jahren verlor deshalb der Anker-Steinbaukasten zunehmend mehr an Bedeutung: „Freies Bauen" bleibt nicht mehr auf das Zusammensetzen realitätsabbildender Elemente mit der Funktion einer möglichst genauen Nachbildung von Realobjekten beschränkt, sondern die Tätigkeit des Bauens selbst wird als wesentlich für die Befriedigung kindlicher Spielbedürfnisse erkannt. Damit aber werden Phantasie und Gestaltungswissen des Kindes stärker herausgefordert. Einfache Bauelemente lassen nicht nur vielfältige Variationen der Gestaltung zu, sondern die gestaltenden Produkte können auch mehrdeutig sein und je nach Spielzweck unterschiedliche Funktionen einnehmen. Elementarformen wie Würfel, Quader, Dreieck, Zylinder werden – nicht zuletzt unter dem Einfluß der Formenlehre des „Bauhauses" – zu den überall verbreiteten (d. h. nicht mehr auf Fröbels Pädagogik beschränkten) Grundelementen des Bauens (Barnes 1967, S. 40).

Auf der anderen Seite hat sich das Prinzip der Realitätsabbildung im technischen Spielzeug und in den *technischen Bausystemen* weiter durchgesetzt und verfeinert. Technische Baukästen i.e.S. sind im 20. Jahrhundert überhaupt erst entwickelt worden (Lion 1933). Handelte es sich im 19. Jahrhundert meist um fertige Apparate, mit denen man bestimmte „unterhaltsam-belehrende" Effekte erzielen konnte, so steht seit der Jahrhundertwende der konstruierende und experimentierende Umgang mit der Technik immer stärker im Vordergrund. Die *Metallbaukästen,* die ihre Blütezeit in den zwanziger und dreißiger Jahren hatten, waren bereits so ausgereift, daß mit ihnen komplizierte technische Bauwerke und Fahrzeuge (Brückenkonstruktionen, Kräne, Traktor, Triebwagen) relativ modellgerecht nachgebaut werden konnten. Die Tätigkeit des Konstruierens und die Erreichung eines funktionsfähigen Endproduktes halten sich in bezug auf die pädagogischen Funktionen dieser Baukästen etwa das Gleichgewicht.

Die Metallbaukästen werden nach dem Zweiten Weltkrieg durch Kunststoff-Systeme mehr und mehr verdrängt, wenn auch nicht überflüssig gemacht. Die neuen Kunststoff-Bausysteme haben neue und vom Kind leicht zu bewältigende Element-Verbindungen (z. B. Punkt-, Flächen-, Kantenverbindungen) und lassen sowohl einfachste wie hochkomplexe Gestaltungen zu. Manche Systeme wurden derart ausgebaut, daß sie vom Vorschul- bis zum Erwachsenenalter benutzt werden können. Damit wurde aber auch der Anwendungsbereich der Kunststoff-Bausysteme erheblich erweitert: Sie haben den Gegensatz zwischen Spiel- und Lehrmittel insofern überwunden, als derselbe Bausatz zum freien Bauen wie auch zur

Unterrichtsdemonstration als funktionsgerechtes Modell eines technischen Vorganges, Bauwerkes oder einer Maschine eingesetzt werden kann. Die Einbeziehung von Elektromotoren zum Antrieb von Fahrzeugen und Maschinen-Konstruktionen einerseits, die Ausdehnung des Bauens auch auf den Bereich des materialgestaltenden Rollenspiels (Häuser, Puppenstube, Straße mit Fahrzeugen) hat die Anwendungsmöglichkeiten der Kunststoffbausysteme um ein vielfaches gesteigert. Funktionalisierung der Spielfiguren und Ausdehnung der klassischen Bausysteme auf die Darstellung von Umweltsituationen haben zu einer sehr engen Verbindung zwischen Puppe bzw. Spielfigur und Bausystem geführt. Dies ermöglichte nicht zuletzt die Fortentwicklung der Kunststoffe und ihrer Verarbeitungstechniken.

Spielzeug im Dritten Reich

In der bisherigen Darstellung der Wandlungen des Spielmittels im 20. Jahrhundert und seiner pädagogischen Funktion wurde die Zeit des Dritten Reiches nur am Rande erwähnt. Es erscheint notwendig, den Zeitabschnitt von 1933 bis 1945 gesondert unter der Frage zu betrachten, welchen Einfluß der Nationalsozialismus auf das Spielmittel bzw. die Spielmittelpädagogik nahm.

Die Einflußnahme des NS-Staates auf das Spielzeug ist am eindrucksvollsten in der Spielzeugwirtschaft nachweisbar: Noch im Jahr der „Machtübernahme" werden Spielzeughandel und -industrie zur Mitgliedschaft in den neugeschaffenen, vom Staat kontrollierten Berufsorganisationen zwangsverpflichtet. Woher der neue Wind wehte, zeigt unmißverständlich die Rede des Vorsitzenden des „Reichsverbandes der Deutschen Spielwaren-, Korbwaren- und Kinderwagenhändler e.V.", Hermann Pöhls, der auf der Gründungsversammlung am 26.6.1933 sagte:

„Deutsche Volksgenossen! Ich übernehme den Vorsitz im Reichsverband der Deutschen Spielwaren-, Korbwaren- und Kinderwagenhändler als alter Nationalsozialist aus Pflichtgefühl gegenüber meinem Führer und gegenüber meinen Volksgenossen, insbesondere aber gegenüber meinen engeren Standesgenossen ... Der Reichsverband ist nicht mehr das, was wir uns bisher unter einem Fachverband vorgestellt haben. Er ist die Standesorganisation im Geiste der nationalsozialistischen Auffassung vom Staate und von der Wirtschaft. Diese sieht im Gegensatz zu den bisherigen Wirtschaftsverbänden liberalistischer Tendenz die bewußte Politisierung der Standesverbände vor. Allerdings eine Politisierung im Geiste des Nationalsozialismus."[13]

In dem „Aufruf an alle Spielwarenfabrikanten", dem Reichsverband deutscher Spielwaren-Industrieller beizutreten, heißt es ebenso unmißverständlich: „Wir machen ausdrücklich darauf aufmerksam, daß wir diese Außenseiter in unserer Fachgruppe nicht mehr dulden werden und daß uns staatliche Machtmittel zur Verfügung stehen, Widerstrebende in unsere Organisation zu zwingen."[14] Die

13 Vgl. Deutsche Spielwaren-Zeitung, 1933, Juli, S. 4.
14 Vgl. Deutsche Spielwaren-Zeitung, 1933, daraus auch die folgenden Zitate.

Bereitschaft zum „freiwilligen" Beitritt in die Zwangsorganisationen war unterschiedlich groß; die katastrophale Situation der deutschen Spielzeugwirtschaft nach der Weltwirtschaftskrise war mit ein Grund dafür, daß die Versprechungen und die wirtschaftlichen Ordnungsmaßnahmen der neuen Machthaber auch bei denen Hoffnungen weckten, die „das neue Deutschland" eher mit Bangen als mit Begeisterung begrüßten.

Zwischen Kreisen der Spielzeugwirtschaft und dem Partei- und Staatsapparat entwickelten sich schon bald Beziehungen, die offenbar von einem wechselseitigen Interesse bestimmt waren. Die NSDAP erkannte von Anfang an die Möglichkeit, Spielzeug als Instrument nationalsozialistischer Propaganda einzusetzen; die „Kulturpropaganda" für Spielzeug wurde denn auch zentral vom Propagandaministerium gesteuert. Andererseits erwartete die Spielzeugwirtschaft eine spürbare Marktbelebung und paßte sich schnell an: Das Ministerium für Propaganda und Volksaufklärung rief unmittelbar nach der „Machtübernahme" dazu auf, „die militärischen Spielfiguren, wie Bleisoldaten, Massesoldaten usw., noch mehr in den Dienst der Erziehung zum wehrhaften und vaterländischen Geist zu stellen". Spielzeughandel und -industrie wurden von der Fachpresse auf die Möglichkeiten hingewiesen, die die Herstellung bzw. der Vertrieb der neuen „wehrhaften Verbände", SA und SS, bieten, zumal „die werbende Unterstützung der staatlichen Stellen" gesichert sei.

Schlagartig setzt 1933 die Herstellung von Spielzeug ein, das die Organisationen, Farben und Hoheitszeichen des Dritten Reiches widerspiegelte; ebenso unvermittelt beginnt die Werbung für Kriegsspielzeug. Aus den Annoncen, die in der zweiten Jahreshälfte 1933 und 1934 in der Deutschen Spielwarenzeitung erscheinen, seien einige charakteristische Beispiele genannt:

„Letzte Neuheiten! Sofort lieferbar: SA- und SS-Motorradfahrer"
„Künstlerpuppen: im Braunhemd und in geschmackvoller kindlicher Kleidung u. in allen Landestrachten"
„KätheKruse-Puppen. Der Wunsch jeden Mädchens, die anerkannt schönste Puppe der Welt. Das Deutsche Kind aktueller als je: Friedebald als SA-Mann, Friedebald als Hitlerjunge, Puppe I als Jungvolk"
„Jeder deutsche Junge muß zu Weihnachten wieder Bleisoldaten erhalten zur Pflege des deutschen Wehrgedankens"
„Stahlhelm ‚Jungsturm' echter S.M. Stahl aus einem Stück Siemens-Martin-Stahl gezogen, feldgrau lackiert, erstkl. Innenausstattung und Vollrindleder-Beriemung. Mit Wappen und Hakenkreuz"
„Spielzeuge, die in die Zeit passen: Spiel-Maschinengewehr, D.R.G.M. mit Transportwagen und Mechanik zur täuschend ähnlichen Nachahmung des MG-Feuers. Zielvorrichtung. Radhöhe 30 cm. Neuheiten, nach denen gefragt wird: Spielkanone mit Protze und Deichsel, D.R.G.M. Zum Schießen mit Knallkorken eingerichtet mittels ges. gesch. Verschlusses. Kanone allein 100 cm lang. Radhöhe 30 cm. Eine Kanone, die wirklich knallt und raucht"
„Flieger-Bomben! Luftschutz tut not! Kinderspielzeug. Unter Genehmigung und Befürwortung durch das Präsidium des Reichsluftschutzbundes, D.R.G.M. Nr. 1283 225".
„Obige Abbildung zeigt den von der Firma Tipp & Co. auf der Berliner Ausstellung ‚Deutsches Volk – Deutsche Arbeit' fertiggestellten Aufbau, der die vielseitige Verwen-

Kindler & Briel, Böblingen/Württbg.
Fabrik feiner Spielwaren und Spiele

Schutzmarke Kibri   Schutzmarke Kibri

Die Sensation:

D.R.G.M. Am Zeigerstand wird automatisch nach jedem Schuß ein Ergebnis angezeigt

Viele Neuheiten in Spielen, Kasernen, Theken, Gespanne, Gärtnereien usw.

Zur Messe in Leipzig: Meßhaus Petershof, III. Obergeschoß, Räume 338–343

Werbung für Kriegsspielzeug, Deutsche Spielwarenzeitung, August 1933.

KÄTHE KRUSE PUPPEN

Der Wunsch jedes Mädchens,
die anerkannt
schönste Puppe der Welt

DAS DEUTSCHE KIND

aktueller als je:

Friedebald als SA-Mann
Friedebald als Hitlerjunge
Puppe I als Jungvolk

PROSPEKTE DURCH DIE
WERKSTÄTTE DER KÄTHE KRUSE PUPPEN
BAD KÖSEN/S.=SP.

Werbung für Uniformpuppen, Deutsche Spielwarenzeitung, August 1933.

Werbung für Kriegsspielzeug. Deutsche Spielwarenzeitung. August 1933.

dungsmöglichkeit der von der Firma hergestellten Tanks, Geschütze und Flugzeuge erkennen läßt. Dieser Stand ist noch heute Anziehungspunkt vieler Besucher, die dem ewig kreisenden Flieger und seinen fallenden Bomben mit größter Aufmerksamkeit folgen"

Die Spielzeug-Fachpresse berichtet für das Weihnachtsgeschäft 1935 über eine Umsatzsteigerung des Handels bis zu 25 %, die insbesondere auf die Neuentwicklungen im Bereich des Kriegsspielzeugs zurückzuführen sei: „Der neue feuernde Tank war der Schlager des Weihnachtsgeschäfts."[15] Regelmäßig werden in der Deutschen Spielwaren-Zeitung Beispiele für vorbildliche Schaufenster-Werbung des Spielwarenhandels abgebildet. Die Auslagen sind nun auch auf Themen wie „Unsere Wehrmacht" oder „Sport und Spiel bei der HJ" ausgerichtet.

Alle Kriegsvorbereitungen und waffentechnischen Neuerungen des NS-Staates schlagen sich in den folgenden Jahren auch in der Verbreitung entsprechenden Spielzeugs nieder:

„Das neue Deutschland im Abbild des Spielzeugs: Kampfflieger Doppeldecker mit an- und abstellbarem M.-G.-Geknatter, Bombenflieger mit Hoheitsabzeichen, Flak-Kanone mit Gummigranaten und Amorces, Scheinwerferauto mit beleuchtetem Scheinwerfer, Wagen des Führers in naturgetreuer Ausführung, neuer Mercedeswagen in Stromlinienform: Reichsautobahn – ein neues Aufbauspiel" (Werbetext, November 1935)

15 Deutsche Spielwaren-Zeitung, 1936, Januar, S. 11.

„Hervorragende Neuheit: Achtung Minen! Ein spannendes Seekriegsspiel, bei welchem beliebige Felder für den Gegner unsichtbar unterminiert werden. Beim Überfahren dieser Felder leuchtet eine Glühbirne auf und das Schiff ist verloren. Ein Schlager für die heutige Jugend" (Werbetext, Februar 1938)

Neben dem figürlichen Spielzeug wurde ab 1933 eine Vielzahl von anderen Spielmitteln herausgebracht (Gesellschafts-, Lege-, Kartenspiele), die ebenfalls im Dienste nationalsozialistischer Propaganda stand. Auch hiervon einige Beispiele von Anzeigen-Texten der Jahre 1933/34:

„Musikdose, das Horst-Wessel-Lied spielend – mit Genehmigung der Horst-Wessel-Erben und Gutachten der obersten Behörden"
„Wie lege ich das Symbol des neuen Deutschland und viele andere Sinnworte der nationalen Erhebung? Adolf Hitler Legespiel. Durch seine Eigenart und Vielseitigkeit *der* Schlager. Das Spiel wird nicht beschlagnahmt"
„Das schönste Geschenk bei jeder Gelegenheit ist das amtlich genehmigte und gesetzl. gesch. Führerquartett-Spiel. 60 Bildkarten: Die führenden Männer des Dritten Reiches, Sa, SS, Reichswehr, Arbeitsdienst, HJ, BdM usw. Packende naturgetreue Aufnahmen, beste Aufmachung!"
„Durch Kampf zum Sieg! Lehr- und Unterhaltungsspiel für Jung und Alt. Der Schlager der Gegenwart. Auf Grund des § 2 des Gesetzes zum Schutze d. nationalen Symbole behördlich genehmigt"

Die Texte weisen ausdrücklich auf die Genehmigung durch die zuständigen staatlichen Behörden hin: Mit der Machtergreifung der Nationalsozialisten mußten alle industriellen Erzeugnisse, welche Symbole, Persönlichkeiten oder Formationen des NS-Staates darstellten, amtlich genehmigt werden. Die Rechtsgrundlage bildete das im Mai 1933 geschaffene „Gesetz zum Schutze der nationalen Symbole". Eine Vielzahl von Spielmitteln wurde für unzulässig erklärt, weil sie durch minderwertige Ausführung oder durch karrikierende Wirkung den NS-Staat angeblich schädigten. Verboten wurden unter anderem:

„Windmühlen mit Hakenkreuz"
„Trillerpfeifen, auf denen das Hoheitsabzeichen angebracht ist"
„Bleistiftspitzer mit dem Bildnis des Führers"
„Vexierspiegel, Führerpersönlichkeiten der nationalsozialistischen Bewegung darstellend"
„Schießscheibe, bemalt mit Reichsadler und Hakenkreuz"
„Kinderblechtrompete mit den Bildern des Reichspräsidenten und des Reichskanzlers, Hakenkreuz und Aufschrift ‚Einigkeit macht stark'"
„Pferd mit beweglichem Reiter als SA-Mann. Die Gesichtsausführung verleiht den Reitern ein Aussehen schlimmster Karrikatur"
„SA- und SS-Puppen, auf Holzfüßen stehend, befestigt auf einem vierrädrigen Gestell mit Uhrwerk zum Fortbewegen, dabei winklige Wendungen ausführend: Karrikatur"
„Puppen, darstellend SA.- und SS.-Männer, bei denen sich bei Druck auf einen Knopf der rechte Arm hebt, wobei eine ‚Stimme' ertönt."[16]

---

16 Vgl. Deutsche Spielwaren-Zeitung, 1934, Januar, S. 10; II. Februarheft, S. 16; Mai, S. 46.

Auf dem Hintergrund der Rüstungs- und Kriegsvorbereitungen Hitlers erlebten in den dreißiger Jahren alle technischen Spielmittel (insbesondere technische Baukästen, Modellbau, Verkehrsspielzeug) eine spürbare Weiterentwicklung, die jene früheren Bemühungen um die volkskünstlerische Gestaltung des Spielzeugs in den Hintergrund treten ließen. Für technische Baukästen kam der Begriff „Lehrspielzeug" auf. Seine erzieherische Funktion wurde in der möglichst wirklichkeitsgetreuen Abbildung von Bauwerken, Fahrzeugen, technischen Vorgängen gesehen (Neues technisches Spielzeug 1935, S. 1005).

Die Frage, wie stark der Erziehungseinfluß jener Spielmittel tatsächlich war, die das Dritte Reich in seinen Symbolen, Zielen und Organisationen widerspiegelten, ist schwer zu beantworten, da darüber kaum empirische Befunde vorliegen.

In einer 1936 vom Psychologischen Institut der Handelshochschule Nürnberg durchgeführten Befragung von 135 zehn- bis zwölfjährigen Knaben verschiedener sozialer Herkunft über die von ihnen benutzten Spielsachen wurde von 69 % der Befragten die Eisenbahn genannt, fast ebenso viele nennen den Baukasten (68 %); es folgen Soldaten (61 %), Gesellschaftsspiele (54 %), Laubsägekästen (18 %). Nur 3,7 % der Befragten nennen SA- und SS-Männer. Bei der Frage nach dem Lieblingsspielzeug entfallen auf die meistgenannten Spielmittel (Mehrfachnennungen möglich): Soldaten (34 %), Baukästen (30 %), Eisenbahn (30 %). SA- und SS-Männer werden von den Kindern nicht genannt. Aufschlußreich sind die Spielzeugwünsche der Kinder: 23 % nennen Markenbaukasten A, 23 % Markenbaukasten B, 14 % wünschen sich eine Eisenbahn; auf Militärspielzeug und Zubehör (Fahrzeuge, Waffen) entfallen 9 bzw. 16 % (Sell 1936).

Dieses Ergebnis stützt die Vermutung, daß das Interesse von Kindern und Eltern an allgemein technischem (und militärischem) Spielzeug überwog gegenüber jenem Spielzeug, das in besonderem Maße den NS-Staat verherrlichte.

Die Verbreitung von Kriegsspielzeug und nationalsozialistischem Propagandaspielzeug war nicht nur die Folge einer Anpassung der Spielzeug-Industrie an die Marktlage, die durch die politischen Gegebenheiten des Dritten Reiches Absatzmöglichkeiten für derartige Produkte bot. Vielmehr war die Veränderung der Spielmittel-Produkte im Dritten Reich auch ein Ergebnis der direkten Einflußnahme des staatlichen Propaganda-Apparates: Neue Spielmittel wurden von der Staats- und Parteiführung in Auftrag gegeben, um die Identifikation der Jugend und des Volkes mit den Maßnahmen der Staatsführung zu unterstützen und zu einer positiven Einstellung zum Nationalsozialismus zu erziehen. So heißt es in einem Bericht der Fachpresse:

„Auf Veranlassung der Reichsleitung der NSDAP, Ernährungshilfswerk, und mit Genehmigung des Reichsbeauftragten für die Erfassung und Verwertung der Küchen- und Nahrungsmittelabfälle im Rahmen des Vierjahresplanes hat die Firma Carl A. Illing & Co., Sonneberg i.Thür., zur Leipziger Frühjahrsmesse ... ein Würfelspiel unter dem Titel ‚So wird das WHW-Schwein fett' herausgebracht, um alle Volksgenossen auch auf diese Weise auf die außerordentliche Wichtigkeit der Nahrungsmittelabfall-Sammelaktion hinzuweisen, insbesondere aber auch, um den Kindern im Spiel Gelegenheit zu geben, sich mit dieser großen Aufgabe und Idee zu beschäftigen und dafür zu lernen."[17]

Bereits Mitte der dreißiger Jahre existierte eine Reihe von Gesellschaftsspielen, die Krieg und Militärwesen zum Gegenstand haben: Sie heißen „Kampf und Sieg", „Unsere Wehrmacht", „Krieg im Frieden", „Ran an den Feind", „Bomber greifen an" u.a.m. (Weitsch 1936a) Nach Ausbruch des Krieges kamen weitere Gesellschaftsspiele dieser Art auf den Markt (der spätestens nach den beiden ersten Kriegsjahren durch Warenknappheit und die Maßnahmen der Zwangsbewirtschaftung spürbare Einbußen erlitt). Der „äußere" und der „innere" Feind werden nun gezielt bekämpft. Offenbar sollten derartige Spiele den Siegeswillen und das Durchhaltevermögen der Bevölkerung stärken. Aus Anzeigen bzw. Rezensionen der Deutschen Spielwaren-Zeitung von 1940/41 drei typische Beispiele:

„Wir kämpfen gegen England. Geselligkeitsspiel für 3 Spieler. Feindliche Schiffe und Flugzeuge, die einen Angriff auf Deutschland planen, werden durch die drei Waffengattungen der drei Spieler vernichtet. Das Spiel schreitet durch Routieren von 3 rouletteartigen Scheiben der Spieler fort, die nach bestimmten Regeln betätigt werden. Wer die meisten feindlichen Fahrzeuge durch Spielfiguren abdecken kann, hat gewonnen."
„Achtung! Feind hört mit. Der erzieherische Wert dieses Spiels ist offenbar. Er ist um so größer, als das Einkreisen eines Spiones nicht von Zufall oder Würfeln abhängt, sondern hier regelrecht nach Art eines Denkspieles durch Züge erarbeitet wird. Dabei ist die Spielregel so einfach, daß 7 Spieler sofort spielen können."
„Wehrschach. Deutschlands führendes militärisches Kampf-Lehrspiel. Eingeführt durch Sondererlasse bei: Wehrmacht, Waffen-SS., Polizei, Reichs-, Gau- und Kreisschulen, HJ, RAD, Werkscharen, KdF-Kursen."

Der politische Propaganda-Zweck dieser Spiele liegt auf der Hand: Als unterhaltsamer Zeitvertreib bedeuteten sie Entlastung vom Gedanken an die Schrecken des Krieges bzw. Stärkung der „Siegermoral". Die Leichtigkeit, mit der im Spiel der Sieg über den Feind gelingt, soll der Bevölkerung genügend Durchhaltevermögen bis zum „Endsieg" sichern. Als im Zuge der Energiesparmaßnahmen die NS-Propaganda die Symbolfigur des „Kohlenklau" erfand, wurden gleichzeitig entsprechende Gesellschaftsspiele mit dieser Figur herausgebracht, um den Gedanken an „Wachsamkeit" und „Sparsamkeit" in der Bevölkerung zu festigen.
Die massivste Form ideologischer Beeinflussung ging wohl von den *Kriegsbilderbogen* aus, die in Wort und Bild Hitlers Angriffskriege verherrlichten und moralisch zu legitimieren suchten. Der folgende Text ist im Original durch entsprechende Bildzeichnungen illustriert:[18]

---

17 Vgl. Deutsche Spielwaren-Zeitung 1939, II. Februarheft, S. 62.
18 Das Spielzeug, 1943, Nr. 4, S. 13. Im Wald von Compiègne wurde 1918 der Waffenstillstand zwischen Deutschland und den Siegermächten der Entente abgeschlossen. An derselben Stelle, wiederum im Eisenbahnwagen des Marschall Foch, ließ Hitler 1940 den Waffenstillstand mit Frankreich unterzeichnen.

Compiègne 1940
Im Wald von Compiègne zerschlug
man Deutschland einst mit Lug und Trug.
Befehl des Führers ist gekommen:
Der Wald wird in Besitz genommen!

Auf diesem Stein der deutschen Schmach,
wo deutscher Waffenruhm zerbrach,
verkünden heute drei Raketen,
daß Frankreichs Rachegeist zertreten.

Gallischer Haß ließ einst erstehen
dies Schandmal, aber heute wehen
vor ihm die heil'gen deutschen Farben,
für die vieltausend Tapfre starben.

Die Wehrmacht Frankreichs ist zerschlagen!
An gleicher Stelle steht der Wagen
des Marschall Foch! – doch als Verlierer
steht heute Frankreich vor dem Führer.

Im Westen schweigen die Kanonen! –
Zum Führer jubeln Millionen,
und dankbar heben sie die Hände:
Die deutsche Schmach hat nun ein Ende!

Alle Aussagen, die wir bisher zur ideologischen Funktion des Spielzeugs im Dritten Reich getroffen haben, beziehen sich primär auf *bestimmte Gruppen von Spielmitteln*, durch deren Abbildungsfunktion der Nationalsozialismus in irgendeiner Weise repräsentiert oder verherrlicht wird. Daraus den Schluß zu ziehen, daß es so etwas wie eine nationalsozialistische Spielzeug-Pädagogik gab, geht aber an der Wirklichkeit vorbei. Sofern man überhaupt von einer Erziehungstheorie des Nationalsozialismus sprechen kann, hat sie den Bereich der Spielmittel weitgehend ausgespart. Ein Vergleich der Beiträge in Journalen und Zeitschriften zum Thema „Spielzeuge der Jahre vor und nach 1933" ist zunächst in quantitativer Hinsicht aufschlußreich: Die Zahl der Beiträge geht nach 1933 zurück[19]. Insbesondere die pädagogischen Zeitschriften enthalten in den ersten Jahren des Dritten Reiches nur wenige dem Spielzeug gewidmete Aufsätze. Und dabei handelt es sich keineswegs um Huldigungen an den Nationalsozialismus. Erst mit Ausbruch des Krieges finden sich gelegentlich Hinweise auf die nationalsozialistische Ideologie. Da wird etwa gefordert, „Wehrhaftigkeit und Politisierung unseres Volkes" auf das Spielzeug auszudehnen im Sinne einer „Bevorzugung der Spielzeuggruppen, die unsere Wehrmacht und Parteiformation nachbilden" (Postner 1939, S. 34), die Phantasie der Kinder möge sich an Dingen ausrichten, „die sich auf das Soldatische unserer großen Zeit beziehen" (Schanz 1942, S. 21); Spiel und Spielzeug werden als „wesentliche Mittel der Deutschtumspflege" bezeichnet (Sopp 1941, S. 22).

---

19 Die Gesamtzahl der im deutschen Zeitschriftenaufsatz-Verzeichnis (»Dietrich«) unter dem Stichwort »Spielzeug« bzw. »Spielwaren« angeführten Titel beträgt nach unserer Auszählung 99 für den Zeitraum 1928–1932 und 84 für den Zeitraum 1934–1938.

In der Gesamtheit der 1933–1944 verfaßten pädagogisch-psychologischen Beiträge über Spielzeug sind aber derartige Aussagen keineswegs zahlreich vertreten, und auch innerhalb der von uns zitierten Aufsätze besitzen sie eher den Charakter von Randbemerkungen. Selbst in den Publikationsorganen der Spielzeugwirtschaft erscheint der in den zwanziger Jahren erstmals vertretene Gedanke, Spielzeug als ein Erziehungsmittel zu betrachten, in den dreißiger Jahren durch Herausstellung reformpädagogischer und entwicklungspsychologischer Grundsätze eher ausgeweitet, als durch die nationalsozialistische Erziehungsideologie verdrängt.

Die Gründe dafür sind letztlich im theoretischen Defizit der nationalsozialistischen Pädagogik zu sehen: Die von den Nazis betonte Geschlechterstereotypisierung, begründet mit der unterschiedlichen „Geschlechtsanlage" von Mann und Frau, ließ pädagogische Leitbilder entstehen, die den Jungen zum künftigen „heldenhaften Vaterlandsverteidiger", das Mädchen zur künftigen „liebevollen Hausfrau und Mutter" machten. Dem Spielzeug als „Volkserziehungsmittel" (Ahting 1940, S. 15) fiel hierbei die Aufgabe zu, Jungen und Mädchen auf ihre jeweilige Geschlechter-Rolle zu fixieren. Damit kommen aber im wesentlichen nur zwei Gruppen von Spielmitteln in das Blickfeld der Betrachtung: Technisches bzw. militärisches Spielzeug für Jungen, für Mädchen Puppen, deren „arisches Wesen" durch blaue Augen und blonde Haare angezeigt wurde. Aber eine pädagogische Reflexion dieser Leitbilder und der dem Spielzeug zugewiesenen Erziehungsaufgaben fand kaum statt.

Lassen wir die spezifischen Propaganda-Dienste einzelner Spielmittel-Gruppen außer acht, so war Spielzeug kein Thema, mit dem der Nationalsozialismus etwas anzufangen wußte: Nationalsozialistische Spielzeugtheorie hat es zu keiner Zeit gegeben! Hitlers Geringschätzung der geistigen Bildung gegenüber dem Primärziel körperlicher Erziehung, dem „Heranzüchten kerngesunder Körper", setzte an die Stelle des freien Spiels die Wehrertüchtigung und das Gelände-Kampfspiel. Spielzeug mußte, sofern es kein Kriegsspielzeug war, als etwas Unnützes, Verweichlichendes erscheinen. Bezeichnend ist ein Zeitungsbericht, der 1937 in der Deutschen Spielwaren-Zeitung kritisch zitiert wird: „Pimpfe wünschen sich, so schreiben sie uns, keine Spielsachen, weil sie keine Kinder, sondern Jungen sind."[20]

Die Geringschätzung des Spielzeugs durch den Nationalsozialismus kommt insbesondere in der Kindergartenerziehung zum Ausdruck. In der Schrift über die „Grundlagen der körperlichen und geistigen Erziehung des Kleinkindes im nationalsozialistischen Kindergarten", verfaßt von Dr. med. Richard Benzing, wird die bisherige Spieltradition des Kindergartens geradezu mit Verachtung belegt. Gegenüber dem obersten Ziel der körperlichen Ertüchtigung hat alles andere zurückzutreten:

„Die bisherige Erziehung muß sich da schon einen Einbruch in das streng umhegte System seiner Maßnahmen gefallen lassen, da uns weder Stäbchen- noch Legespiele, noch die methodisch geleitete Beschäftigung mit Würfeln, Prismen und Hohlzylindern eine genügende

---

20 Deutsche Spielwaren-Zeitung, 1937, I. Februarheft, S. 36.

Körperliche Ertüchtigung im Kindergarten:
Stabübung im Türkensitz, Richard Benzing, Grundlagen der körperlichen und geistigen Erziehung des Kleinkindes im nationalsozialistischen Kindergarten, Zentralverlag der NSDAP, Berlin 1941.

Gewähr bieten, daß die erreichte Stufe der Körperertüchtigung nunmehr erhalten bleibt." (Benzing 1941, S. 15)
„Man hat das Kleinkind in zu großer Ausschließlichkeit in die Spielwelt abgedrängt." (S. 25)

Unterschieden wird zwischen körperlichem Leistungsspiel und musischem Entspannungsspiel, wobei dem ersteren der absolute Vorrang gebühren soll:

„Wenn wir daran denken, daß unsere Kinder bereits drei bis sechs Jahre alt sind, dann darf das Spiel dieser Fratzen gern auch den Charakter des Wettspiels oder eines Kampfspiels annehmen... Der Erzieher braucht dabei nur etwas Kapellmeister zu spielen, dann geht alles in Ordnung." (S. 30 f.)

Der Zynismus, der aus diesen Worten spricht, wird noch überboten durch ein schwülstiges Pathos, wenn von „Erziehung zum Deutschtum" die Rede ist, die dem musischen Entspannungsspiel vorbehalten bleibt; das deutsche Volksmärchen und das Kaspertheater werden dabei zum Bezugspunkt für die Bildungsinhalte:

„Das ist alles sehr deutsch. Das ist alles sehr echt: Der Träumer neben dem Kämpfer. Der deutsche Held hat diese Achillesferse, und wir lieben ihn trotz dieser Schwäche. Aber wir müssen versuchen, daß Gleichgewichtsstörungen vermieden werden, daß man also – sagen wir – eine Weile nur träumen darf, wenn man vorher etwas geleistet hat." (S. 35) „Wie wir an vielen Bildern unserer Märchen gewahr werden, wird hier die deutsche Seele vom Ewigen her in einer Weise angerührt, indem sie den Atem des ewigen Stirb und Werde in sich aufnimmt." (S. 36)

Der Kasper hat eine Daseinsberechtigung allein deshalb, weil er „eine Verkörperung des deutschen Wesens" darstellt; die Kinder sollen sich mit ihm als dem immer siegreichen Helden identifizieren. Doch wird den Erziehern angekreidet, daß sie es in der überkommenen Kindergartenerziehung beim musischen Spiel bewenden ließen und die körperliche Ertüchtigung vernachlässigten:

„Die Charakterbildung (im Sinne der „nationalsozialistischen Tugenden" wie Härte, Ausdauer, Kampfwille; H.R.) war einige Härtegrade zu niedrig. Damit ist die Grenze unseres erlaubten Träumens und unserer musischen Entspannung aufgezeigt." (Benzing 1941, S. 39)

Fazit: Die Einstellung des Nationalsozialismus zum Spielmittel war ambivalent: Einerseits wurde es als zweitrangig gegenüber Sport und Kampfspiel angesehen, andererseits wurde dem Spielmittel bei der Erziehung der Jugend und der Bewußtseinsbildung des Volkes eine hervorstechende, die Ziele des Nationalsozialismus unterstützende Rolle zuerkannt. Der NS-Staat hat als erster Staat überhaupt Spielmittel zur politischen Indoktrination planmäßig eingesetzt. Von einer *totalen* Ausnutzung der Mittelfunktion des Spielzeugs zu propagandistisch-politischen Zwecken im Dritten Reich kann allerdings nicht gesprochen werden. Sie fand wohl nur deshalb nicht statt, weil eine Auffassung vom Spiel als Selbstzweck in das Konzept des Nationalsozialismus nicht paßte.
Die Spielzeugwirtschaft hat aufgrund ihrer ökonomischen Interessenlage den ideologischen Feldzug für den Nationalsozialismus in weitem Umfang mitgetragen, auch wenn der Anteil des Kriegs- und Propaganda-Spielzeugs, gemessen an dem gesamten Marktangebot an Spielmitteln, begrenzt war. Die Vertreter der Pädagogik haben diese politische Instrumentalisierung der Spielmittel entweder gutgeheißen oder aber – wohl überwiegend – dazu geschwiegen.
Im Vergleich zu den zwanziger Jahren, die voll von pädagogischer Kritik an den unkindgemäßen Produkten der Spielzeugindustrie waren, ist eine solche Kritik zwischen 1933 und 1945 kaum mehr spürbar.

VI. Grundlagen einer Pädagogik der Spielmittel

Definitions- und Klassifikationsprobleme

Vorbemerkung

Die Grundlegung einer Pädagogik der Spielmittel hat mindestens drei verschiedene Aspekte: Erstens den *systematischen* Aspekt. Angesichts einer verwirrenden Vielfalt von Begriffen, Definitionsversuchen, theoretischen Teilkonzepten, die zu unserem Untersuchungsgegenstand vorliegen, muß nach einem logisch stringenten Begriffssystem gesucht werden, das die vorliegenden Einzelerkenntnisse in einem Ordnungsrahmen überschaubar macht – eine Grundvoraussetzung sowohl für die *Interpretation* als auch für die *praktische Anwendung* von pädagogischen Erkenntnissen. Entscheidend ist, daß mit der Wahl eines bestimmten Begriffssystems und der Definition von Grundbegriffen nicht nur logische, sondern vor allem *normative Setzungen* erfolgen. Die Interpretation pädagogischer Aussagen auf dem Hintergrund der Normierungen eines bestimmten Begriffssystems oder Standpunktes ist allerdings wiederum der wissenschaftlichen Analyse zugänglich.

Zweitens muß der *empirische* Aspekt genannt werden. Beobachtung und empirische Erforschung eines wissenschaftlichen Gegenstandes – hier des Spielmittels – sind notwendig, um bloße Vermutungen in gesichertes Wissen, einzelne Hypothesen in generalisierbare Aussagen zu überführen und eventuell bestehende Vorurteile abzubauen. Weil der Erziehungsbegriff einerseits im Sinne einer normativen bestimmten Aufgabe, andererseits als empirischer Tatbestand verstanden werden kann, ist das Verhältnis zwischen systematischem Aspekt und empirischem Aspekt durchaus kompliziert und Streitpunkt zwischen verschiedenen Richtungen innerhalb der Erziehungswissenschaft.

Drittens schließlich ist der *pädagogisch-praktische* Aspekt hervorzuheben. Auch dieser Aspekt wird von verschiedenen Vertretern der Erziehungswissenschaft kontrovers bewertet: Ist die pädagogische Praxis für die einen Ausgangs- und Zielpunkt aller erziehungswissenschaftlichen Reflexion, wird von anderen der praktische Verwertungszusammenhang pädagogischer Erkenntnisse als ein Tatbestand angesehen, der außerhalb des Gegenstandsbereiches der Erziehungswissenschaft liegt. Die Bewertung dieses Gesichtspunktes steht wiederum in engem Zusammenhang mit dem zuerst genannten *systematischen* Aspekt. Unsere eigene Position geht aus der Begründung des Begriffs „Pädagogik der Spielmittel" hervor. Warum sagen wir nicht: „Didaktik der Spielmittel", warum nicht „Theorie der Spielmittel"? Warum heißt es *Spielmittel* statt Spielzeug?

Mit dem Begriff „Pädagogik der Spielmittel" ist zunächst ausgesagt, daß es sich um eine Teildisziplin handelt, die mit vielen anderen pädagogischen Teildisziplinen die *Erziehungswissenschaft* als gemeinsame Rahmendisziplin hat. „Didaktik" ist gegenüber „Pädagogik" ein engerer Begriff, der sich auf das *Lehren und Lernen in pädagogischen Institutionen* im Sinne von Unterricht bezieht. Da die pädagogische Wirksamkeit von Spielmitteln sich zumeist außerhalb der institutionalisierten Erziehung und Bildung vollzieht, würde die Anwendung des Didaktik-Begriffs eine erhebliche Einengung bedeuten und den (falschen) Analogieschluß nahelegen, Spielmittel seien nur dann pädagogisch bedeutsam, wenn sie den Charakter von Arbeitsmitteln (didaktischen Mitteln, Lehr- bzw. Lernspielen usw.) besitzen.

Es scheint üblich geworden zu sein, Aussagen über einzelne erziehungswissenschaftliche Teilbereiche mit dem Begriff „Theorie" zu versehen: So wird von einer „Theorie der Schule", „Theorie des Unterrichts", „Theorie der Erwachsenenbildung" gesprochen[1]. Was dabei als „Theorie" bezeichnet wird, kann in einem Fall die Zusammenschau verschiedener Konzepte, im anderen Fall eine Sammlung normativer Handlungsanweisungen, im dritten Fall ein geschlossenes deduktives Begriffssystem sein – gemeinsam ist diesen Vorstellungen von „Theorie" lediglich eine gewisse Empirieferne. Dort, wo „Theorie" auf empirische Forschung bezogen ist, wie etwa in der Psychologie, erscheint es unnötig, über die „Theorie der Intelligenz", „Theorie der Motivation" zu handeln, man spricht einfach über den Gegenstand selbst (Intelligenz, Motivation usw.) und wendet den Theoriebegriff explizit nur zur Kennzeichnung spezieller Erklärungsmodelle an.

Um einerseits den Mehrdeutigkeiten des Theoriebegriffs zu entgehen, andererseits die Bedeutung des empirischen Aspekts im Rahmen einer erziehungswissenschaftlichen Betrachtung des Spielmittels hervorzuheben, erscheint der Term „Theorie der Spielmittel" ungeeignet. Als unserer Darstellungsabsicht angemessener erweist sich vielmehr der in der neueren Literatur bereits eingebürgerte Begriff „Pädagogik der Spielmittel".

In eine Pädagogik der Spielmittel gehen systematische Rahmenkonzepte und empirische Forschungsbefunde gleichermaßen ein. Die Anwendung der daraus resultierenden wissenschaftlichen Erkenntnisse in der pädagogischen Praxis vollzieht sich prinzipiell nicht anders als in anderen empirischen Wissenschaften mit Praxisbezug, etwa der Psychologie oder der Medizin. Die Schwierigkeit der Anwendung erziehungswissenschaftlicher Erkenntnisse ist vor allem darin begründet, daß die Ziele bzw. Zwecke der Anwendung durch die Relativität pädagogischer Normensysteme kaum exakt operational definierbar sind. Die Komplexität pädagogischer Situationen und der oft geringe Generalisierbarkeitsgrad erziehungswissenschaftlicher Forschungsbefunde stellen den Pädagogen, sofern er sein Handeln wissenschaftlich zu begründen sucht, oft vor schwierigere Orientierungs- und Entscheidungsprobleme als vergleichsweise den Arzt oder den Psychotherapeuten.

1 Zur Kritik vgl. Mieskes 1973, S. 140 f.

Zum Begriff „Spielmittel"

Der Begriff *Pädagogik der Spielmittel* wurde von Mieskes im Sinne einer systematisch gegründeten, empirisch forschenden und pädagogisch-praktisch relevanten Teildisziplin der Erziehungswissenschaft eingeführt. Die durch Mieskes erfolgte Grundlegung einer Wissenschaft von den Spielmitteln wird deshalb im Vordergrund der folgenden Darstellung stehen.
Zur Ausgangssituation schreibt Mieskes:

„Es gibt überhaupt noch keine umfassende und gesicherte Wissenschaft von den Spielmitteln, so wenig es ein allgemein anerkanntes, einheitliches Bewußtsein über das Problem gibt. Eine gemeinsame Bewußtseinslage betreffend: Spiel, Spielen und Spielzeug ist weder bei den Produzenten noch unter den Konsumenten anzutreffen, erst recht nicht unter den Wissenschaftlern. Man denkt und handelt von verschiedenen Ansätzen her, von denen allerdings keiner objektiv geprüft und zur Nachprüfung anheimgestellt worden ist. Die Wissenschaft ihrerseits hat bisher noch keine konsequente Forschung und Lehre im gesamten Problemkreis entwickelt." (Mieskes 1973, S. 321)

Mieskes stellt fest, daß das bisherige Interesse der Wissenschaft auf philosophische Spieltheorien und psychologische Analysen der Spieltätigkeit beschränkt war, während den Spielmitteln als dem materiellen Substrat von Spielhandlungen kaum systematisches Interesse entgegengebracht wurde – zweifellos auch deshalb, weil „der einheitliche zentrale Gesichtspunkt, von dem aus sämtliches Spielzeug zu betrachten wäre", noch fehlt und eine Pädagogik der Spielmittel, die diesen einheitsstiftenden Bezug herstellt, erst zu entwickeln ist (1973, S. 321 f.).
Der Begriff „Pädagogik der Spielmittel" setzt sich aus zwei Termini zusammen, die die geforderte Einheitlichkeit der Betrachtungsweise zum einen für die Gegenstandserfassung, zum anderen für die Integration des Gegenstandsbereiches in die erziehungswissenschaftliche Gesamtsystematik herstellen: Der (Teil-)Begriff „Pädagogik" weist die Pädagogik der Spielmittel (neben einer Pädagogik der Arbeitsmittel, der klinischen Mittel u. ä.) als Teilgebiet einer *Wissenschaft von den pädagogischen Hilfsmitteln* aus, während dem (Teil-)Begriff „Spielmittel" grundlegende Bedeutung für die einheitliche Erfassung der materialen „Mittel" von Spielhandlungen zukommt. Bleiben wir zunächst beim letztgenannten Problemkreis. Mieskes (1970, S. 54 ff.) begründet die Einführung des Begriffs „Spielmittel" als erziehungswissenschaftliche Systembezeichnung in vierfacher Weise:

(1) *Spielmittel* und *Spielzeug* sind nicht als austauschbare Begriffe zu betrachten, sondern stehen im Verhältnis von Ober- und Unterbegriff zueinander; neben Spielzeug gibt es eine Reihe anderer Objekte, die für Spielhandlungen oder spielverwandte Aktivitäten bedeutsam sind; alle diese spielrelevanten materialen Mittel sind Spielmittel im weitesten Sinne.

(2) Die Gruppenbezeichnung „Spielmittel" sichert eine zugleich systematische und differenzierende Betrachtung des gesamten Gegenstandsbereiches. „Spielmit-

tel" erscheint gegenüber „Spielzeug" auch als der umfassendere und neutralere Begriff, der auf allen Lebensaltersstufen und für alle pädagogischen (Spiel-)Situationen zur Kennzeichnung materialer Hilfsmittel anwendbar ist.
(3) Der Ausdruck Spiel-*Mittel* stellt die Verbindung zu anderen pädagogischen Hilfsmitteln her, „die zwar nicht das ‚Spiel' als zentrales Kriterium tragen, aber mit den Spielmitteln darin übereinstimmen, daß sie desgleichen Erziehung und Bildung vermitteln helfen".
(4) Durch seine einheitsstiftende systematische Funktion ermöglicht der Terminus „Spielmittel" allen an den materialen Grundlagen des Spiels interessierten Wissenschaften (wie etwa Schulpädagogik, Medizin, Biologie, Technologie), auf der Grundlage einer gemeinsamen begrifflichen Systematik sich miteinander zu verständigen und zusammenzuarbeiten.

Einteilung der Spielmittel

Die Einteilung der Spielmittel in verschiedene Untergruppen ist ein Problem, das bislang noch nicht vollständig gelöst ist, von dem eine völlig widerspruchsfreie Lösung auch künftig kaum zu erwarten ist – so komplex ist der Gesamtbereich der Spielmittel, so fließend sind die Grenzen zwischen Spielen und anderen Tätigkeiten. Viele Gesichtspunkte der Einteilung bieten sich an. Traditionelle Gliederungsversuche des Spielzeugs benutzen als Klassifikationskriterium etwa

– die Spieltätigkeit (zum Bewegen, zum Liebhaben, zum Aufbauen usw.);
– die Spielart (Bauspielzeug, Sportspielzeug, Verkehrsspielzeug usw.);
– den Personenkreis (Baby-, Kleinkind-, Mädchenspielzeug);
– die Materialbeschaffenheit (Holz-, Metall-, Plastikspielzeug usw.) (Mieskes 1973, S. 326).

An einigen Beispielen soll die Klassifikationsproblematik illustriert werden:
Pöschl versuchte, „die dem Spiele dienenden Waren" in ein System zu bringen, um unter warenkundlichem Aspekt eine vollständige Erfassung bzw. Beschreibung aller industriell erzeugten Spielgegenstände (Spielwaren) zu ermöglichen. Die Besonderheit dieses Systematisierungsversuches ist darin zu sehen, daß *zwei* unabhängige Klassifikationskriterien, jeweils nach Ausprägungsgraden abgestuft, einander gegenübergestellt werden, wodurch das Klassifikationssystem die Gestalt einer Matrix erhält. Den von Pöschl gebildeten fünf Spielwarengattungen liegt als Einteilungsprinzip erstens „die Reichweite unseres Vorstellungslebens" zugrunde.
Es umfaßt Spielwaren, die

– selbst einfache Körper sind oder Mittel für Vorgänge einfachster Art darstellen (I);
– nach Vorbildern lebender Naturkörper (Mensch, Tier, Pflanze) gestaltet wurden (II);

- nach Vorbildern von Haus, Hof, Feld und Wirtschaft gestaltet wurden (III);
- nach Vorbildern der gesamten Außenwelt (meist in flächenhafter Darstellung) gestaltet wurden (IV);
- auf Schein, Täuschung und Geheimnis beruhen, d. h. auf Erscheinungen beruhen, die über ein an der Wirklichkeit orientiertes Vorstellungsleben hinausgehen (V).

Als *zweites* Einteilungsprinzip wählt Pöschl die „Lebhaftigkeit der Betätigung", die die Spielware ermöglicht bzw. mit der der Spieler die Spielware entgegentritt. Unter diesem Aspekt werden die fünf Hauptgruppen A–E unterschieden: Spielwaren,

- die auf sinnbildhaften Vorstellungen oder auf Nachbildungen von Gegenständen und Lebensformen beruhen (A);
- die für Beschäftigung und Arbeit bestimmt sind (B);
- deren Wesen auf Bewegungs- und Gleichgewichtszustände und sonstige Erscheinungen physikalischer und chemischer Art zurückzuführen ist (C);
- die als Gegenstände für den Vergleich in bezug auf die Überlegenheit der Leistungen des Verstandes oder der Geschicklichkeit und Kraft gewertet werden (D);
- deren Anwendung mehr oder weniger durch das Walten des Zufalls bestimmt wird (E) (Pöschl 1937, S. 121 f.).

Mit dieser Einteilung gelangt Pöschl zu 25 Kategorien von Spielwaren, die von ihm dann im einzelnen näher beschrieben werden (vgl. die Übersicht S. 210).
Zweifellos gehört dieses Klassifikationsschema zu den differenziertesten Einteilungsversuchen von Spielmitteln, die bislang vorgenommen wurden; das Bemühen um Vollständigkeit und logische Stringenz ist diesem Versuch nicht abzusprechen. Aber ebenso sind die Unstimmigkeiten nicht zu übersehen. Die Probleme beginnen bereits bei den Einteilungsprinzipien, deren Untergruppen keineswegs durchgängig den Charakter gradueller Stufungen haben. Die Annahme, daß die Hauptgruppen A–E einen *steigenden Grad* spielerischer Betätigung repräsentieren, ist kaum nachvollziehbar. Die Kategorie „Beschäftigung und Arbeit" erscheint allenfalls als Übergangsbereich zu anderen Warenbereichen, aber nicht als Zentralkategorie einer Spielzeug-Einteilung sinnvoll.
Eine einfachere, auf spielpraktische Bedürfnisse abgestellte „Einteilung für Spiel und Spielzeug" benützt der Arbeitsausschuß Gutes Spielzeug (Ulm) (1974, S. 24):

„Spiel als Auseinandersetzung der Kinder mit sich selbst und mit ihrer Umwelt läßt sich ordnen und beschreiben als
Bewegungsspiele: Auseinandersetzung mit dem eigenen Körper.
Probieren, Experimentieren und Gestalten: Auseinandersetzung mit Dingen und Material.
Rollenspiel und Gesellschaftsspiele: Auseinandersetzung mit anderen Menschen."

Hier wird offenbar auf eine übersichtliche, auch Eltern verständliche Einteilung in nur drei Gruppen Wert gelegt. Sie soll eine erste Groborientierung ermöglichen. Im

Einteilung der Spielwaren in 25 Gruppen (Hauptgruppen: A–E, Gattungen: I–V)

Die Spielwarengattungen

Einteilung der Spielwaren in 25 Gruppen (Hauptgruppen: A–E, Gattungen: I–V)

Die Hauptgruppen	I **Einfache Körper und Vorgänge**	II **Mensch u. andere Naturkörper**	III **Haus und Wirtschaft**	IV **Gesamte Außenwelt**	V **Schein und Geheimnis**
A **Sinnbild und Nachbildung**	1 Einfache Körper	2 Puppen, Tierfiguren, Pflanzenmodelle	3 Wohn- u. Betriebsstätt. (Hausrat, Puppenstuben, Kaufläd.)	4 Bild und Buch (Bilderbücher)	5 Karikatur u. Ideal (Theater)
B **Beschäftigung und Arbeit**	6 Ordnungsspiele	7 Werkzeug u. Werkstoffe (Mittel f. Bastelarbeit. u. weibl. Handarbeiten)	8 Bauspiele	9 Modellierbogen und Kubusspiele	10 Denkspiele
C **Bewegung und Gleichgewicht**	11 Physikalische und chemische Spiele	12 Bewegliche Figuren	13 Maschinen und Verkehrsmittel	14 Lichtspiele, Laterna magica, Kino	15 Zauberspiele, Scherzartikel
D **Überlegenheit und Kampf**	16 Zielspiele	17 Soldaten Uniformen und Rüstungen	18 Festungen u. Burgen u. a. Mittel des Kriegswesens	19 Gesellschaftsspiele (ohne Würfel), Quartette, Kartenspiele	20 Brettspiele ohne Würfel
E **Glück und Zufall**	21 Spiele mit rollenden Kugeln und fallenden Würfeln	22 Wettspiele auf oder mit Tieren und Fahrzeugen	23 Gesellschaftsspiele mit Würfeln	24 Kartenspiele, Brettspiele mit Würfeln	25 Roulettespiele und Zahlenlottos

Aus: Viktor Pöschl, Spielzeug und Spielwaren (1937), S. 122.

Vordergrund stehen Spielinteressen und Spielzeug des jüngeren Kindes, die in einer weiteren Zusammenstellung mit Beispielen erläutert und nach Altersgruppen abgegrenzt sind (erstes Lebensjahr, drei bis sechs Jahre, sechs bis zehn Jahre, mit zehn Jahren und später). Die Art des Spiels ist gleichzeitig Kriterium für die Zuordnung des Spielzeugs im überkommenen Sinne. Eine Gesamteinteilung der Spielmittel unter systematischem Aspekt liegt diesem Orientierungsschema allerdings nicht zugrunde.

Bei A. S. Makarenko finden wir eine durchaus logisch konsequente Einteilung des Kinderspielzeugs, die von der Materialstruktur ausgeht. Unterschieden wird:

- „Mechanisches oder einfaches fertiges Spielzeug" (z. B. Autos, Dampfer, Pferde);
- „Halbfertiges Spielzeug, das nur zur Fertigstellung vom Kind noch eine gewisse Arbeit verlangt" (z. B. Bausteine, Ausschneidebögen);
- „Spielmaterial" (Ton, Sand, Pappe u. a.) (1958, S. 403).

Unser *eigener Versuch einer Klassifikation* der Spielmittel geht zum einen von der Materialstruktur und den damit bestimmten Spielfunktionen aus, sucht zum anderen für die Untergruppen Bezeichnungen, in denen sich die jeweilige materielle Struktur bzw. Funktion des Spielmittels sprachlich andeutet.

Wir unterscheiden folgende Spielmittel-Gruppen:

- *Spielzeug*
  a) Fertiges Spielzeug, das als Einzelgegenstand eine bestimmte Spielfunktion erfüllt (z. B. Ball, Puppe, Auto, Kran, Musikspieldose);
  b) Spielzeug-Anlagen, die als fertiges Spielzeug komplexere Situationen darstellen (Auto-Rennbahn, Kaufmannsladen, Burganlage);

- *„Spiele" (Regelspiele)*
  Da der Begriff Spiel mehrdeutig ist, erscheint er hier in Anführungszeichen und bezieht sich ausschließlich auf die *materialen Mittel für Regelspiele* (strategische Spiele, Geschicklichkeitsspiele, Zufallsspiele). Hierzu gehören alle Karten-, Würfel- und Brettspiele, aber auch andere Regelspiele und deren Materialien (z. B. Mikado, „Fang die Maus" u. a.).

- *Spielmaterialien*
  Spielmaterialien sind Elemente zur Selbstherstellung und Ausgestaltung von Spielobjekten. Hierbei kann unterschieden werden:
  a) Naturmaterial und anderes Grundmaterial (Sand, Wasser, Steine, Holzstücke, Pappe, Papier);
  b) seriell gefertigte Materialelemente (Bauklötze und Bausysteme);
  c) Ergänzungsmaterialien für Spielzeug-Anlagen, Gestaltungs- und Rollenspiele (z. B. Aufstell-Figuren, Indianer-Kopfschmuck).

– *Beschäftigungsmaterialien*
Unter diesem Begriff werden Materialien zusammengefaßt, die *spielverwandten* Tätigkeiten dienen und eine Verbindung zu Hobby- und Arbeitsmitteln darstellen. Ob Beschäftigungsmaterial im Einzelfall mehr als Spielmittel oder mehr als Arbeitsmittel anzusprechen ist, hängt nicht zuletzt von der jeweiligen pädagogischen Situation ab.

Der Übergang zwischen Spiel- und Beschäftigungsmaterial und damit zu stärker arbeitsorientiertem Verhalten vollzieht sich dort, wo an die Stelle freier Gestaltung die Materialbearbeitung, an die Stelle einer kurzfristigen Zeit- und Zielperspektive das langfristige Planen tritt – mit dem Ziel, ein bestimmtes Ergebnis zu erreichen bzw. ein funktionsfähiges Objekt herzustellen.

Zu unterscheiden sind folgende Gruppen von Beschäftigungsmaterialien:

a) Sortier-, Knüpf-, Legematerialien,
b) Materialien zum Experimentieren (z. B. Chemiekasten),
c) Materialien zum Basteln und Werken (Ausschneidebögen, Bastel-Sets, Werkmaterialien und -werkzeuge, Modellbau),
d) Materialien zur Anregung kognitiver und ästhetisch-produktiver Prozesse (Mal- und Bilderbücher, Denkaufgaben, Rätselhefte).

– *Spielgeräte und Fahrzeuge*
In dieser Untergruppe finden sich mit wenigen Ausnahmen Spielmittel, die der Geschicklichkeit, der körperlichen Gewandtheit und dem Bewegungserleben dienen: dies können Spielautomaten, aber auch Spielgeräte für sportliche Aktivitäten sein. Der Übergang zu den Sportgeräten ist fließend.

a) Fest installierte Geräte (z. B. Spiel-Automat, Rutschbahn),
b) transportable Geräte (z. B. Stelzen, Springseil),
c) Fahrzeuge für draußen (z. B. Roller, Go-cart, Schlitten).

Bei aller Gedrängtheit unserer Zusammenschau macht sie doch deutlich, daß Spielzeug, „Spiele", Spiel- und Beschäftigungsmaterialien sowie Spielgeräte jeweils verschiedene Spielfunktionen besitzen und eines gemeinsamen Oberbegriffs bedürfen, für den sich der Terminus „Spielmittel" geradezu anbietet.

Spielmittel als pädagogische Hilfsmittel

Im Zentrum der von Mieskes grundgelegten Pädagogik der Spielmittel steht das Bestreben, das Spielmittel als ein pädagogisches Hilfsmittel zu betrachten und in einem umfassenden erziehungswissenschaftlichen System zu verankern. Für die Gesamtheit der pädagogischen Hilfsmittel prägte Mieskes den Terminus „Pädotropika" als obersten Systembegriff (1973, S. 286 ff.).

Die Bedeutung dieses Begriffs erschließt sich erst auf dem Hintergrund der erziehungswissenschaftlichen Konzeption von Mieskes. Er geht davon aus, daß die *pädagogische Wirklichkeit* einen Teilaspekt der Lebenswirklichkeit darstellt, eben jenen, mit dem es die Erziehungswissenschaft zu tun hat. Die pädagogische Wirklichkeit gliedert sich wiederum auf in vielfältige, *pädagogische Situationen*, in denen teils durch *direkte pädagogische Führung*, teils durch *indirekte pädagogische Führung* sich pädagogische Prozesse vollziehen. Die Gesamtheit dieser pädagogischen Prozesse nennt Mieskes „pädagogisches Vollzugsgeschehen" (pVG). Das pVG umfaßt Intentionen, Vorgänge und Wirkungen, die als *Erziehung* und *Bildung* manifest werden.

Erziehung meint dabei die spezifisch menschlichen (humaniden) Verhaltensweisen und Wertmaßstäbe, die „Entfaltung der menschlichen Tugenden", „Humanität und Gemeinschaftssinn", „Freiheit und Verantwortung" ermöglichen. *Bildung* bezieht sich auf die „Entwicklung der physischen, seelischen und geistigen Kräfte", auf „Fähigkeiten und Fertigkeiten", „Wissen und Können" (Mieskes 1974, S. 18).

Alle Pädotropika (Pt) entfalten ihre pädagogische Funktion im Dienst von Erziehung und Bildung und sind materiale Hilfsmittel der pädagogischen Führung. Werden diese „Mittel" primär als Hilfsmittel *direkter* pädagogischer Führung eingesetzt, spricht Mieskes von *Pädagotropika*, während die materialgebundenen Mittel *indirekter* Führung *Pädagogika* genannt werden (1973, S. 301). Damit ist das Primärsystem der Pädotropika umrissen (vgl. Abbildung).

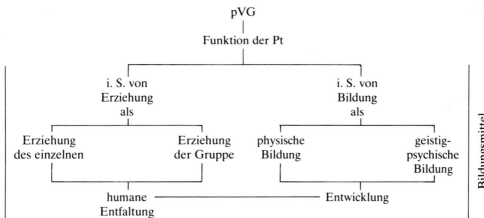

Aus: Hans Mieskes, Das pädagogische Problem (1973), S. 310.

Sekundär lassen sich aus diesem System weitere Systemfelder ableiten, z. B. die Gliederung der Pädotropika nach verschiedenen pädagogischen Wirklichkeitsbereichen, Altersstufen, Situationen. Das wichtigste Sekundärsystem betrifft jedoch die

Gruppenkategorien, die die pädagogischen Hilfsmittel nach den verschiedenen Einsatz- und Funktionsebenen gliedern:

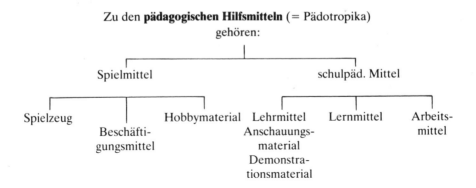

Aus: Hans Mieskes, Spielmittel recht verstanden, richtig gewählt, gut genutzt (1974), S. 26.

Was ist mit dieser Systematik (die wir hier nur auszugsweise darstellen) gewonnen?

(1) Sie ordnet alle „pädotropen" Mittel einem gemeinsamen erziehungswissenschaftlichen Bezugsrahmen zu, der in Lehre, Forschung und pädagogischer Praxis ein einheitliches Verständnis und eine gemeinsame Begriffssprache für diesen Gegenstandsbereich ermöglicht. Für die Gruppe der Spielmittel bedeutet dies konkret: Die vielfache Unterbewertung der Spielmittel als *pädagogisch* relevante Mittel, die Geringschätzung der Spielmittel im Vergleich zu Lehr- und Lernmitteln, die Einengung ihrer pädagogischen Funktion auf „didaktische" Aspekte wird durch einen derartigen Bezugsrahmen vermieden, da die Spielmittel „gleichberechtigt" neben anderen pädagogischen Hilfsmitteln fungieren. Wenn bislang etwa von Vertretern der Arbeitsmittelpädagogik unter dem Begriff Spielmittel lediglich „Lehr- und Lernmaterial mit spielerischer Komponente" verstanden wurde (Döring 1973, S. 26), so weitet die durch Mieskes grundgelegte Wissenschaft von den Pädotropika den Blick für die Gesamtheit der Spielmittel und stellt die Eigenständigkeit ihres Gegenstandsbereiches heraus.

(2) Das System der Pädotropika impliziert für alle pädagogischen Hilfsmittel dieselben *Grundkategorien der Beschreibung ihrer pädagogischen Funktion*. Damit ist es möglich geworden, die empirische Erforschung der Wirkungsweisen einzelner pädagogischer Hilfsmittel von übergreifenden theoretischen Bezugspunkten her voranzutreiben und einzelne Forschungsbefunde in einen gemeinsamen Interpretationsansatz einzuordnen.

(3) Für die pädagogische Praxis ergeben sich unter dem Aspekt der *Bewertung* von Pädotropika ähnliche Konsequenzen: Die Grundkategorien der von Mieskes entwickelten „Skala der Kriterien" sind für die Spielmittel dieselben wie für die Arbeitsmittel bzw. die Lehr- und Lernmittel (Mieskes 1971, S. 189 f.).

Spielen und Lernen

Angesichts des zunehmenden Einflusses, den Lernbegriff und Lerntheorien in der Erziehungswissenschaft in den letzten Jahren gewonnen haben, scheint „Spielen und Lernen" auch zu einem zentralen Thema der Spielmittelpädagogik geworden zu sein: Kaum eine jüngere spielpädagogische Veröffentlichung verzichtet auf den Hinweis, daß alles Spielen immer auch Lernen sei. Die Rede vom „spielenden Lernen" ist bereits zu einer schillernden Vokabel geworden.

Hinter den verschiedenen Begriffskombinationen von „Spielen" und „Lernen" verbergen sich teilweise ähnliche, teilweise gegensätzliche Intentionen: So steht das *Lernen im Spiel* einerseits für Bemühungen, dem „unverzweckten" Spiel gegenüber dem traditionellen Lehr- und Lernauftrag der Schule einen größeren Platz einzuräumen (Frommberger u. a. 1976); andererseits wird damit auch die Rolle der „didaktischen Spiele" in der Schule kritisiert (Daublebsky 1973).

Scheuerl hat in seiner phänomenologischen Untersuchung das *„spielende Lernen"* als höchste Stufe des Lernens überhaupt charakterisiert, das weder eine unvollkommene Vorform des „eigentlichen" Lernens sei, noch überhaupt eines lange übenden „Einspielens" bedürfe, vielmehr als „letzter Gipfel" der Fähigkeit bewußter Aneignung anzusehen sei (1969, S. 186 ff.). Eine ganz andere Bedeutung scheint dieser Begriff heute gewonnen zu haben: Manche Pädagogen berufen sich auf das „spielende Lernen", um durch den Einsatz zielorientierter, unterrichtsdienlicher „Spiele und Materialien" den Unterricht aufzulockern und eine noch größere Effektivität bei der Realisierung der fachlichen Zielsetzungen zu erreichen – womit das Lernspiel der reformpädagogischen Arbeitsmitteldidaktik zu neuem Ansehen gelangt[2].

Die Hinwendung zum zielorientierten Lernen, die die Curriculum-Reform auf allen Stufen des Bildungssystems begleitete, fand auch in einer veränderten Aufmachung der Spielmittel ihren Niederschlag. Gesellschaftsspiele für Kinder, die früher lediglich als Spiele zur Unterhaltung angeboten wurden, enthalten im Begleittext nun Kataloge von Lernzielen und Angaben, was die Kinder bei Gebrauch des betreffenden Spiels alles lernen können und sollen.

Die Mitte der 60er Jahre einsetzende „Lernspiel-Welle" hat, unterstützt durch das plötzliche Interesse an der „Vorschulerziehung", in vieler Hinsicht eine Rückwen-

---

2 Dies zeigt die Entwicklung des Spielgedankens in den Fachdidaktiken und seine technologische Verwertung in entsprechenden didaktischen Materialien, wie sie etwa auf der »Didacta 77« (Hannover) in unübersehbarer Zahl ausgestellt waren.

dung zum utilitaristischen Spieloptimismus der Aufklärungszeit gebracht, offenbar ohne daß die Vertreter dieser Bewegung sich der historischen Dimension ihrer pädagogischen Intentionen voll bewußt sind. Diese Entwicklung, die von Kritikern als „Manipulation" und „Perversion" des Spielbegriffes betrachtet wird (Spies 1976), gibt um so mehr Anlaß zu der Frage, ob statt Erziehung und Bildung nicht die *Lerneffizienz* als bedeutsamste pädagogische Funktion eines Spielmittels anzusehen ist.

Wenn man den Lernbegriff in einem sehr weiten Sinne versteht und die durch Lernprozesse erwünschten Verhaltensänderungen auf die verschiedenen Persönlichkeitsbereiche bezieht, dann sind alle im Dienste von Erziehung und Bildung stehenden Spielmittel gleichzeitig auch Lernmittel, indem sie

- Motivationsfelder aufbauen und Prozesse der Sachinteressendifferenzierung in Gang setzen, d. h. *Lernvoraussetzungen* schaffen und spezifizieren (in Abhängigkeit von den jeweiligen situativen Einflüssen und Rollenerwartungen, die Ausbildungsgrad und Richtung der Präferenzmuster entscheidend mitbestimmen);
- der Verarbeitung von Erlebnissen, Affektstauen, Konflikten und dem Bedürfnis nach Imitation bzw. Reproduktion von Handlungen dienen (Lernen im emotionalen Bereich);
- Sacherfahrungen, Denkstrategien, Bewegungsvollzüge, Handlungs- und Kommunikationsmuster vermitteln oder differenzieren (Lernen im kognitiven, sozialen und psychomotorischen Bereich) (Retter 1975).

So einleuchtend die Vermutung erscheint, daß Spielmittel ohne direkte Lernintention dennoch Spuren von Lernprozessen hinterlassen, so kompliziert stellt sich das Verhältnis von Spielen und Lernen auf der Ebene der wissenschaftlichen Theoriebildung dar. Vergeblich sucht man in den lernpsychologischen Standardwerken nach einer Erörterung des Spielbegriffs. Vergeblich sucht man „Spiel", „Spielen", „Spielzeug" im Sachindex der vielen „Einführungen in die Lerntheorie". Offenbar ist für die Lerntheoretiker das Spiel ein allzu vager (oder zu komplizierter) Terminus, ein Sammelbegriff für ganz verschiedene Verhaltensweisen, die im einzelnen keiner anderen Erklärung bedürfen, als der für Verhalten allgemein geltenden Regeln. Millar (1973, S. 36) stellt dazu sarkastisch fest:

„Die Hauptwirkung, welche die Lern- oder Verhaltenstheorie auf die Psychologie des Spiels hatte, besteht darin, daß das Fachgebiet als solches nicht mehr existiert."

Sieht man von einigen unzulänglichen „Nichts-als"-Reduktionen spieltheoretischer Erklärungsversuchen ab (Spiel ist nichts als Nachahmung, Assoziation u. a. m.), so gab und gibt es keinen ernstzunehmenden Versuch, die Struktur von Spielhandlungen in Termini der Lerntheorie abzubilden. Auch der naheliegende Versuch, das Verhältnis von Spielen und Lernen dadurch zu bestimmen, daß man Spieltheorien

und Lerntheorien einander gegenüberstellt, ist nicht allzu ergiebig (Calliess 1972). In der pädagogischen Diskussion des Verhältnisses von Spielen und Lernen werden zwei Sachverhalte meist übersehen: Daß beide Begriffe einer unterschiedlichen Theorie-Ebene angehören und daß – entgegen Behauptungen der „Lernspiel-Protagonisten" – das Lernen bzw. die Lerneffizienz keineswegs die durchgängige pädagogische Legitimationsbasis für Spielhandlungen darstellt.
Beginnen wir bei letzterem Punkt. Es wäre unsinnig, die Spielbedürfnisse etwa der älteren Menschen mit dem Hinweis auf die Notwendigkeit des Lernens zu begründen. Entscheidend sind die aktive Unterhaltung, das gesellige Beisammensein, das altvertraute, aber immer wieder neu stimulierende Spielgeschehen. Daß ein routinierter (Schach-, Skat-, Pingpong-)Spieler auch nach einigen tausend Spielen noch etwas lernt, kann man allenfalls hypothetisch als Möglichkeit hinstellen, aber das ist spielpädagogisch belanglos. Denn damit läßt sich der Wert des Freizeitspiels weder pädagogisch begründen noch wird damit überhaupt die Spielhandlung erfaßt. Die Kategorie der *Glücksspiele* entzieht sich vollends einer lernpädagogischen Begründung.
Aber auch beim traditionellen Kinderspiel sind Spielhandlungen und Spielmittel pädagogisch relevant, obwohl ihnen ein unmittelbarer Lerneffekt schwerlich nachgewiesen werden kann.
So geht von den herabrollenden Kugeln einer Klickerbahn ein Reiz aus, der das Kind veranlaßt, den Spielvorgang immer wieder in Gang zu setzen. Daß hierbei etwa das Prinzip der schiefen Ebene in ihrer Wirkungsweise demonstriert wird, ist eine Einsicht, die zu begreifen dem Kind zunächst unwichtig erscheinen muß, ja, deren didaktische Vermittlung wahrscheinlich als störend empfunden würde, angesichts der tiefen Befriedigung, die das Erlebnis des Phänomens der herabrollenden Kugeln (meist in Verbindung mit einem Klangeffekt) bereitet. Die emotional „aufschließende" Wirkung eines Spielmittels – hier auch das Erlebnis, „erste Ursache" für ein gesetzmäßig ablaufendes Geschehen zu sein –, erscheint in dieser Spielsituation bedeutsamer als seine Lerneffizienz. Allerdings haben wir Grund zu der Annahme, daß ein derartiges „Sichausleben" im Spiel Handlungsbereitschaften und Lernvoraussetzungen schafft, die zu einem anderen Zeitpunkt auch dem sachbezogenen Bedürfnis nach Erkundung und Erklärung Raum geben.
Generell vollziehen sich funktionale Lernprozesse in der Kindheit über eine Fülle ständig reproduzierter und variierter Handlungsketten, modifiziert durch eine Vielzahl unterschiedlicher Erfahrungen. Das „Montessori-Phänomen", die „Wiederholung der Übungen", ist keineswegs auf den Umgang mit Arbeitsmittel beschränkt, sondern zeigt sich ebenso im Bedürfnis des Kindes, dieselben vertrauten Spiele immer wieder zu spielen. Dafür sind primär motivationale und emotionale Prozesse ausschlaggebend. Eine allgemeine „Funktionslust", das Bedürfnis nach einer spannungsreichen Tätigkeit und das *gleichzeitige* Bedürfnis nach emotionaler Sicherheit erklären den hohen Grad an Befriedigung, den die ständige Wiederholung vertrauter Spieltätigkeiten für das Kind besitzt. Dies als „Lernbedürfnis" zu interpretieren, dürfte Schwierigkeiten bereiten.

Gelernt i. e. S. wird in jedem Falle in bezug auf die *Spielvoraussetzungen*: Spielregeln müssen beherrscht, Materialien in ihrer Funktion erkannt, gewisse Entwicklungsbedingungen sozialer und kognitiver Art müssen vorhanden sein bzw. geschaffen werden, damit ein bestimmtes Spiel gespielt werden kann.

In der Situation der Erstbegegnung mit einem bestimmten Spielmittel bedeutet dies durchaus absichtsvolles, bewußtes Lernen. Die allgemeinen Spielvoraussetzungen (z. B. für das Spielen von Strategiespielen) erwirbt das Kind jedoch in überwiegend funktionalen Lernprozessen, die Teil der allgemeinen (Reifungsvorgänge einschließenden) Individualentwicklung sind.

Scheuerl (1969, S. 179 f.) hat deshalb mit Recht das „Spielen-Lernen" als das *Lernen von Spielvoraussetzungen* unterschieden vom „Lernen im Spiel", das aufgrund der im Spiel geforderten Aktivität sich vollzieht als ein unbewußtes „erprobendes Anwenden", ein Einüben durch Ausüben".

So zeigt sich: Spielen und Lernen müssen *wechselseitig* aufeinander bezogen werden. Um spielen zu können, bedarf es bestimmter Voraussetzungen, die – von Sutton-Smith als *mastery* gekennzeichnet – zuvor gelernt werden müssen. Spielen schafft durch Erweiterung des Verhaltens-, Erfahrungs- und Erlebnisrepertoires seinerseits Voraussetzungen für weitere Lernprozesse. Es scheint so, daß die *allgemein* stimulierende und motivierende Wirkung des Spiels für weiterführende Lernprozesse von mindestens ebenso großer Bedeutung ist wie der – durch das „Lernen im Spiel" bedingte – Erwerb *spezieller* Kenntnisse und Fertigkeiten.

Das Verhältnis zwischen Spielen und Lernen ist aber noch in einem weiteren Punkt problematisch, der vor allem für die empirische Spiel- und Spielmittelforschung bedeutsam ist. Spielen ist ohne weiteres beobachtbar und klassifizierbar, zumindest können neutrale Beobachter Einigung darüber erzielen, ob ein bestimmtes, in einer Situation beobachtetes Verhalten als Spielhandlung einzustufen ist oder nicht. Spielen ist im Sinne eines Verhaltensbegriffes direkt operationalisierbar. Vom Lernen, insbesondere vom „spielenden Lernen" bzw. vom „Lernen im Spiel", kann dies nicht gesagt werden. Kein Lernprozeß ist direkt beobachtbar, viele Lernvorgänge sind nicht bewußt erlebbar. Lediglich durch Vergleich eines bestimmten Ausgangsverhaltens mit einem Endverhalten kann aufgrund einer Schlußfolgerung objektiv festgestellt werden, daß „Lernen" stattgefunden hat. Da eine derart festgestellte Lerneffizienz in starkem Maße von der Methode und den gewählten Kriterien abhängt, muß bei der Untersuchung des „Lernens im Spiel" davon ausgegangen werden, daß viele Lernprozesse nur deshalb nicht nachzuweisen sind, weil eine dem komplexen Gegenstand angemessene Methode fehlt; zum anderen ist zu berücksichtigen, daß die gängigen Kontrollverfahren oft genug nur vordergründige Ergebnisse erbringen. Dies zu konstatieren kann nicht bedeuten, die empirische Erforschung der Wirkungen von Spielmitteln als unsinnig zu betrachten, vielmehr muß das Band empirischer Forschungsmethoden erweitert werden und eine realistische Einschätzung ihrer Leistungsmöglichkeiten erfolgen.

„Didaktische" Spielmittel?

Werden für das „Lernen im Spiel" überwiegend funktional-unbewußt ablaufende Lernprozesse angenommen, so bedürfen diejenigen Spielmittel einer besonderen Erörterung, die sowohl von der Intention des Herstellers als auch von der Absicht des Pädagogen her *bestimmte, fest umrissene (operationale) Lernziele* realisieren sollen.

Diese Gruppe von Spielmitteln, für die seit den Anfängen ihrer Entwicklung in der reformpädagogischen Arbeitsmittelbewegung die verschiedensten Bezeichnungen existieren („Lernspiele", „Lehrspiele", „spielartige Beschäftigungsmittel" u. a. m.), hat sich heute die Bezeichnung *didaktische* Mittel (Spiele, Spielmittel, Spielmaterialien) eingebürgert. Der Begriff des Didaktischen erscheint in diesem Zusammenhang allerdings eher zum Anlaß von Mißverständnissen:

Das Attribut „didaktisch" ist, begriffslogisch exakt gebraucht, nicht beziehbar auf eine bestimmte, Spielmitteln zuzuordnende Eigenschaft, sondern anzuwenden auf *pädagogische Situationen*, in denen ein bestimmtes Spielmittel deshalb didaktisch relevant wird, weil sein Einsatz Lernprozesse fördert (Mieskes 1973, S. 372). So gesehen, können die meisten Spielmittel als *didaktische* Mittel angesehen werden, sofern sie Erziehung und Bildung fördern, d. h. entsprechende Lernprozesse begünstigen. Will man trotzdem aus Gründen der Konvention an dem nun einmal gebräuchlichen Begriff des didaktischen Spielmittels festhalten, so geht dies nicht ohne Einschränkungen:

Es darf in diesem Zusammenhang nicht der Eindruck entstehen, als ob „didaktische" Mittel gegenüber anderen Spielmitteln die *pädagogisch wertvolleren* seien – ein Eindruck, der durch den besonderen Werbeaufwand für diese Spielmittelgruppe oft suggeriert wird. Vielmehr sollte das Attribut „didaktisch" verstanden werden als Hinweis auf die Intention, einzelne, vornehmlich im kognitiven Bereich liegende Lernziele durch Gebrauch des betreffenden didaktischen Mittels im Spielvollzug zu realisieren.

In Anlehnung an das Montessori-Material kann man als *didaktische Spielmittel* jene „Spiele" bzw. Beschäftigungsmaterialien bezeichnen,

– die die Erreichung eng umgrenzter Lernziele (Bildungsziele) verfolgen;
– die einfach und für das Kind einsichtig strukturiert sind;
– die material- bzw. regelgebundene Spieltätigkeiten ermöglichen mit dem Ziel der „richtigen" Zuordnung einzelner Materialelemente zueinander;
– die zumeist eine vom Kind selbst ausübbare Fehler- und Lernzielkontrolle miteinschließen.

Im Sinne dieser Definition gehören zu den didaktischen Spielmitteln Steck-, Lotto-, Domino-, Puzzle-, Memory-, Quizspiele, Kartenspiele und sonstige Materialien für Regelspiele, die direkt oder indirekt die Vermittlung von Wissen und Fertigkeiten zum erklärten Ziel haben. Die von den didaktischen Spielmitteln intendierten

Bildungsprozesse beschränken sich auf Wahrnehmung, Sprache und Denken sowie die Vermittlung elementaren Sachwissens. Über die tatsächliche Lerneffizienz dieser Materialien ist damit noch nichts ausgesagt (vgl. S. 399 ff.).

Neuerdings werden auch didaktische Materialien zur Förderung des *sozialen Verhaltens*, sog. „Kooperationsspiele", auf den Markt gebracht; ihr Grundgedanke besteht darin, daß Kinder lernen sollen, im Spiel miteinander zu kooperieren, z. B. eigene Spielmarken an einen Mitspieler abgeben, wenn dieser sie benötigt; nur dann nämlich kann das Spiel (von allen Mitspielern gemeinsam) gewonnen werden, bei mangelnder Kooperation geht das Spiel (für alle) verloren. Auch hier gilt der Grundsatz: Was mit dem Anspruch auftritt, *Spiel* zu ermöglichen, muß diesem Anspruch in der Spielpraxis gerecht werden. Zumindest bei einigen dieser „Kooperationsspiele" zeigt sich dasselbe wie bei vielen Materialien zur kognitiven Funktionsschulung: Sie erzeugen kaum Spieldynamik, sind eher Arbeitsmittel als Spielmittel und werden von Kindern, die spielen wollen, bald als langweilig empfunden[3].

Die Kritik am „Lernspiel", die heute ebenso in Mode gekommen ist wie vor kurzem noch seine lautstarke Propagierung, darf wiederum nicht einer pauschalen Gegenideologie verfallen, die alles verdammt, was unter diesem Namen angeboten wird. Es gibt einige neuere Brettspiele von hohem Spielreiz, die bereits von Fünfjährigen begeistert gespielt werden (z. B. „Reversi", „Isola", „ExEx" u. a.); diese Spiele können durchaus Bestandteil eines Spielprogramms zur Förderung strategischen Denkens im Vor- und Grundschulalter eingesetzt werden.

Bemerkenswert ist der Versuch von Hermann Rüppell, eine Spiele-Batterie zur systematischen Intelligenzförderung von Vorschul- und Schulkindern zu entwickeln, deren Spielaufgaben auf dem Strukturmodell der Intelligenz von Guilford aufbaut; dieser Versuch zeichnet sich durch einen besonders großen wissenschaftlichen Aufwand und eine sorgfältige Operationalisierung der erwünschten Lernziele aus. Die fünfstufige Spiele-Hierarchie enthält *erstens* Bilder- und Form-Puzzles, Billard, Klassifikationsspiele, *zweitens* Relations-, Zusammenlege-, Gestalts- und Interaktionsspiele, *drittens* Visualisations-, Rangier-, Induktions- und Fragespiele, *viertens* strategische Brettspiele, Deduktions-, Codierungs- und Logikspiele, die komplexere Denkanforderungen verlangen, *fünftens* schließlich Simulationsspiele, welche befähigen sollen, „die vorwiegend angestrebten figuralen und symbolischen Fähigkeiten auf die Analyse komplexer semantischer Systeme zu übertragen" (Rüppell 1975, S. 216).

Wenn diese Materialien mit dem Anspruch auftreten, „Spiele" zu sein und nicht lediglich Intelligenztrainings-Aufgaben, so sollte auch für ihre Bewertung primär

---

3 Vgl. Retter 1976. Unter dem Begriff »Kooperationsspiel« bzw. »kooperatives Spiel« werden außer Legekartenspielen auch Würfelspiele angeboten, in denen die Mitspieler gemeinsam gegen den Zufall spielen; in diesen »Spielen gegen den Zufall« ist sowohl Spieldynamik als auch Gemeinsamkeit der Mitspieler eher gewährleistet als in den Lege-Spielen. Vgl. Klippstein/Klippstein 1978, S. 67 ff. u. S. 80 ff.

nicht das Erreichen von Lernzielen entscheidend sein, sondern die Frage, ob Kinder damit gern *spielen*.

Spielen als mehrperspektivisches Handlungssystem

Die bisherige Darstellung des Verhältnisses von Spielen und Lernen hat den Grundwiderspruch in der Bewertung der pädagogischen Funktion der Spielmittel – hier Objekt zweckfreier, vor Lernforderungen eher zu schützender Betätigung, dort fundamentales Medium des Lernens – mehr verdeutlicht, als daß ein Ansatz zur Lösung dieses Problems angeboten wurde. Offenbar ist dies erst möglich, wenn man Spielen und Lernen unter einem übergeordneten Aspekt betrachtet, der die Gesamtpersönlichkeit des Kindes in den Blickpunkt rückt. Die Frage, ob und in welchem Ausmaß Spielen auch Lernen bedeute, relativiert sich, wenn Spielen als ein mehrperspektivisches Handlungssystem betrachtet wird.

Einen Gedanken von Karl Bühler aufnehmend (Hofstätter 1957, S. 9f.), können wir den Menschen im Spiel unter dem Aspekt des *Erlebens*, des *Verhaltens* und der daraus resultierenden *Leistungen*, d. h. der geschaffenen Objektivationen (Gebilde), betrachten. Obwohl es kaum Spielhandlungen gibt, in denen nicht gleichzeitig alle drei Aspekte in ihrer Interdependenz nachzuweisen wären, existieren drei Grundformen des Spiels, die schwerpunktartig jeweils einen dieser Aspekte besonders verdeutlichen.

Regelgebundene Spielformen
Eine charakteristische Form des *Spielerlebens* manifestiert sich in allen Spielhandlungen, die zirkulären Charakter haben, d. h. in allen *regelgebundenen* Spielformen. Nach Heckhausen muß das Motiv des Aufsuchens von Spannungsfeldern und die Lust am ständigen Reproduzieren und Neuerzeugen von Spannungen als ein menschliches Grundbedürfnis angesehen werden, das letztlich biologisch verankert ist. Die besondere Verlaufsgestalt von Regelspielen hat Heckhausen treffend mit dem Begriff des „Aktivierungszirkel" umschrieben.

Das durch eine bestimmte Spielregel in Gang gesetzte Geschehen, das entweder durch das Vermögen der Spieler beeinflußbar ist (so bei strategischen Spielen, Geschicklichkeitsspielen), durch einen Zufallsmechanismus gesteuert wird (Glücksspiele), aber auch nach einem festen Handlungsschema ablaufen kann (z. B. Reigenspiele), gewinnt seine Dynamik aus den Überraschungen und plötzlichen Wendungen im Spiel ebenso wie aus der Erwartung der Spieler in bezug auf den spannungslösenden Spielabschluß. Dieser Aspekt des Spielerlebens ist primär motivationstheoretisch, kaum aber lerntheoretisch darstellbar.

Der Verhaltensaspekt tritt gegenüber dem Erleben beim Regelspiel in den Hintergrund: Oft spiegelt das Verhalten der Spieler bezüglich Sprache und

Ausdruck die innere Befindlichkeit, d. h. den jeweiligen Erlebniszustand der Spieler wider. Bei den meisten Regelspielen ist das Spielverhalten durch die von den Regeln abhängigen Handlungsanweisungen bestimmt: Beim strategischen Spiel geht es etwa um das Setzen von Figuren, beim sportlichen Regelspiel um Bewegungsaktivitäten. Regelgebundene Spielabläufe können aber auch von Spielmitteln geleistet werden, deren Benutzer lediglich das Spielgeschehen in Gang setzen und den Ablauf gleichsam als Zuschauer miterleben (Beispiel: Brummkreisel).

Weniger noch als der Verhaltensaspekt tritt beim regelgebundenen Spiel der Aspekt der Werkleistung zutage, ja, er fehlt bei nicht-kompetitiven regelgebundenen Spielen oft und reduziert sich beim kompetitiven Strategie-Spielen auf die Analyse der Spielzüge, die zum Endergebnis geführt haben.

Jene Spielmittel, die regelgebundene Spielformen repräsentieren, sind im Sinne unserer Einteilung (vgl. S. 211 ff.) vor allem (Gesellschafts-)„Spiele", sodann alle fertigen Spielzeuge und Spielgeräte, die regelgebundene Geschehensabläufe erzeugen. Spielmittel für Regelspiele sind in ihrer Spielfunktion *streng determiniert*, d. h. mit dem betreffenden Spielmittel kann sinnvoll nur im Sinne der vorgegebenen Materialstruktur gespielt werden, die im Einklang der vorgegebenen „Spielregel" steht (Eine Ausnahme von dieser Regel bilden lediglich bestimmte, universal verwendbare Spielelemente wie Ball und Würfel). Diese Erkenntnis relativiert den bis heute kaum angefochtenen Grundsatz der Spielpädagogik, daß Spielmittel um so wertvoller seien, je mehr Spielmöglichkeiten sie bieten, d. h. je mehr das Kind damit gestalten könne. Wie nun deutlich wird, handelt es sich um eine unzulässige Generalisierung eines spielpädagogischen Prinzips, dessen Gültigkeit für das Symbolspiel und das materialgestaltende Spiel unbestreitbar ist, aber kaum für regelgebundene Spielmittel gelten kann.

Die Eindeutigkeit des Spielzweckes beim Regelspiel darf andererseits nicht den Blick dafür trüben, daß seine *pädagogische Funktion* sich innerhalb von *Polaritäten* („Antithesen" im Sinne von Sutton-Smith) realisiert. Der für Spielhandlungen charakteristische dynamische Spannungszustand kann sich überhaupt nur innerhalb derartiger Gegensätze entfalten: Die Freude am gemeinsamen regelgebundenen Tun hat ihren Gegenpol in überraschenden Wendungen des Spielgeschehens; kompetitives Verhalten in einem Wettbewerbsspiel verlangt gleichzeitig auch Kooperation; das Mißerfolgserlebnis, im Spiel verloren zu haben, beflügelt zu einer neuen Spielrunde mit neuer Erfolgshoffnung; die bei manchen Spielen durch die Regel festgelegte Ungleichverteilung von Rollen (z. B. „Jäger" – „Gejagte") wird beim Spielwechsel durch Rollentausch der Spieler ausgeglichen und schafft mit dem Wechsel der spielerischen Ungleichgewichte zusätzliche Spannungsmomente.

Rollen- und Symbolspiel
Die Enge des Bezuges zwischen Rollenspiel und Regelspiel ist durch den Grad der Festgelegtheit von Rollen, durch den Grad der Vorstrukturiertheit der Spielhand-

lung bestimmt: Rollenspiel erstreckt sich von der Aufführung eines Spielstückes mit unveränderbaren Rollen und Texten (wobei Spielmittel die Funktion von Ausstattungsgegenständen besitzen) über Rahmenvorgaben von Spielsituationen (z. B. bei Plan- und Entscheidungsspielen) bis zu freien Rollenspielen mit allen Möglichkeiten der Selbstbestimmung und Abänderung der Rollenvorgaben, deren Träger im Kinderspiel auch durch Spielmittel (Puppen, Tiere u. a.) repräsentiert werden. Je stärker Rollen formalisiert und in konkurrierende Spielpartien aufgeteilt werden, desto mehr nimmt das Spiel den Charakter des Regelspiels an: Spielsteine symbolisieren Spieler: Spielbezeichnungen (z. B. „Jäger und Hasen", „Wolf und Schafe") machen den antithetischen Charakter der Rolle der Parteien deutlich.

Kennzeichnend für das Rollen- und Symbolspiel ist das „Als-ob"-Verhalten der Spieler. Es ist dies eine ganz charakteristische Verhaltensweise des Kindes: Ein (meist komplexer) Gegenstand, der das Kind beeindruckt, aber ihm real nicht zur Verfügung steht, wird ihm zum Handlungsobjekt, indem ein zur Verfügung stehender, einfacherer Gegenstand die Bedeutung und Funktion des Wunschobjektes annimmt: Ein Stock wird zum Pferd, ein Stein zum Auto, ein Holzscheit zum Messer. Diesen imaginativen Umgang mit Gegenständen nennen wir Symbolspiel. Werden Menschen und ihre Verhaltensweisen vom Kind in imaginativen „Als-ob"-Handlungen dargestellt, wird vom Rollenspiel gesprochen. Im Symbol- und Rollenspiel wird „Realität" nachvollzogen und verarbeitet, gleichzeitig wird von den Spielenden eine zweite Realität, die der Spielhandlung, aufgebaut. Beim Symbol- und Rollenspiel gewinnt der Spieler Befriedigung nicht in der Erwartung, ein bestimmtes Endziel zu erreichen (z. B. zu gewinnen oder bestimmte Werk-Leistungen zu erbringen), sondern aus der autonomen Ausübung seiner „Rolle" und der Kommunikation mit den Mitspielenden. Auch die Kommunikation kann eine reine „Als-ob"-Handlung sein, etwa wenn das Kind seinen Puppen bestimmte Rollen überträgt und mit ihnen im Spiel spricht.

Es wäre zu wenig, in diesem Rollenhandeln lediglich Nachahmung sehen zu wollen. Analysiert man das tatsächliche Verhalten von Kindern im freien Rollenspiel, so läßt sich zeigen, daß gleichzeitig immer auch neue imaginative Spielwelten von ihnen produziert werden. Diese spontane und kreative Spielaktivität ist aus einem Lernen durch Nachahmung nicht mehr erklärbar. Hier zeigt sich vielmehr Spielen als eine Form der *schöpferischen Selbstdarstellung des Menschen.* Aber auch diese Selbstdarstellung vollzieht sich zwischen Polaritäten, baut sich in Gegensätzen auf: Der Spannungscharakter des Rollenspiels liegt darin, daß man in der Rolle eines Anderen handelt, gleichzeitig aber immer noch „ich selbst" ist: Jener für das Symbol- und Rollenspiel typische Wechsel von Realwelt zu imaginativer Spielwelt, von Selbst- und Fremddarstellung, wird vom Kind erstaunlich problemlos, rasch und beständig vollzogen.

Weitere Spannungsmomente ergeben sich sodann aus den Interaktionen von Rollenspielpartnern, aus der Offenheit des Spielgeschehens, das einerseits durch bestimmte Rollenvorgaben festgelegt ist, andererseits aber einen weiten Freiraum für die Ausgestaltung und Veränderung der Spielszene läßt. Das Gefühl des

Miteinander ist beim Rollenspiel immer stärker als das des Gegeneinander, wiewohl Konflikte bei der Rollenverteilung und der Gestaltung des Spielverlaufes durchaus auftreten können und den einzelnen zur Abwägung seiner eigenen Interessen mit denen der Mitspieler nötigen.

Beim Symbol- und Rollenspiel steht der *Verhaltensaspekt* im Vordergrund: Sich wie eine andere (meist als beeindruckend erlebte) Person zu verhalten und dies äußerlich in Kleidung; Sprache und Ausdrucksverhalten auch für andere kenntlich zu machen, ist Kindern ein Grundmotiv für das Rollenspiel. Das *Spielerleben* wird vom Rollenverhalten und der damit verbundenen Realitätsverdoppelung bestimmt. Der *Leistungsaspekt* stellt beim Symbol- und Rollenspiel meist eine besondere Spielkomponente dar: Die imaginäre Spielwelt, in der man sich bewegt, wird durch entsprechende Materialien zunächst aufgebaut und bildet dann, während des Spiels, den situativen Hintergrund. *Spielmittel für das Symbol- und Rollenspiel* sind Spielzeuge und Spielzeuganlagen mit Abbildungscharakter (Puppen, Tiere, Spielfiguren, Auto, Spielhaus, Kaufmannsladen, Ritterburg u. a. m.); ferner gehören dazu alle Arten von Zubehörmaterialien (z. B. Puppenstube), Kleidungsstücke zur Rollenausstattung u. ä. Diese Spielmittel sind meist als Einzelobjekte eindeutig determiniert, können aber – im Gegensatz zu den Spielmitteln für Regelspiele – in verschiedenen Spielsituationen sehr unterschiedliche Funktionen erfüllen. In bezug auf die Festgelegtheit der Spielfunktionen stehen diese Mittel zwischen den (Regel-)„Spielen" und den Spielmitteln für freie Materialgestaltungen.

Objektspiele
Dieser dritten Gruppe in unserer Einteilung können alle Tätigkeiten zugeordnet werden, die weder Regel- noch Rollenspiele sind.
Dabei handelt es sich um Spielaktivitäten, die die Erstellung eines Materialproduktes, die Beherrschung der Funktionen eines Spielobjektes oder aber die Erzeugung eines (optisch bzw. akustisch wahrnehmbaren) Bewegungseffektes zum Ziel haben. Regelspiel und Rollenspiel sind primär an die Anwesenheit von Spielpartnern gebunden und werden zum Teil ohne die Inanspruchnahme von materialen Hilfsmitteln (Spielmitteln) realisiert. Anders beim Objektspiel: Hier steht die Auseinandersetzung des Spielenden mit dem Spielmittel im Vordergrund. In Form des Übungs- und Explorationsspiels stellt das Objektspiel einerseits eine Vorstufe zum Rollen- und Regelspiel dar, gewinnt andererseits mit zunehmender Differenzierung der Spielfähigkeit Eigenbedeutung, die bis ins Erwachsenenalter anhält. Es wechselt lediglich das Interesse für die Art der Spielobjekte.
Die Objektspiele haben zwei Untergruppen: Bei den *prozeß-/produktbezogenen* Spielen steht die Materialerprobung und -gestaltung im Vordergrund, zumeist gekoppelt mit der Herstellung eines bestimmten Werkproduktes. Materialien zum Bauen und Konstruieren ebenso wie alle sonstigen Beschäftigungsmaterialien sind die zugehörigen Spielobjekte. Die zweite Untergruppe sind *effektbezogene* Spiele.

Ihnen sind jene Spielmittel zugeordnet, die durch handelnde Einwirkung bestimmte Wirkungen (Effekte) hervorbringen: Dazu gehören Bewegungsspielzeuge (z. B. Hampelmann, Jo-Jo, Nachziehtiere), Spielfahrzeuge (Roller, Schlitten), Geräte für sportliche Spiele (Stelzen, Springseil).

Das Gemeinsame dieser auf den ersten Blick sehr verschieden erscheinenden Spielmittelgruppen liegt im Hervortreten des Leistungsaspektes gegenüber dem Erlebens- und Verhaltensaspekt: (Spiel-)Verhalten dient hier der Bewältigung einer bestimmten Leistung, die sich z. B. als (Bau-)Produkt oder als wirkungsvoller (vom Spielmittel produzierter) Effekt ausweist. In bezug auf Art und Intensität des Spielerlebens und der vom jeweiligen Spielmittel beanspruchten Verhaltensweisen gibt es jedoch Unterschiede zwischen prozeß-/produktorientierten und effektorientierten Spielmitteln.

Beim prozeß-/produktorientierten Spiel kommt im wesentlichen ein erkundendes, experimentierendes, planendes, konstruierendes Verhalten zum Einsatz; es sind dies jene Aktivitäten des Kindes, die in der frühen Kindheit die ungeschiedene Einheit von „Spiel" und „Arbeit" widerspiegeln, im Laufe der weiteren Entwicklung dann jedoch zunehmend mehr zu *Arbeitstätigkeiten* ausdifferenzieren, die im Rahmen eines bestimmten Hobbys allerdings auch der Freizeit-Beschäftigung dienen können (Basteln, Modellbau u. a. m.). Prototyp des prozeß-/produktorientierten Spielens ist das Bauen.

Für das Kind ist sowohl der Vorgang der Bautätigkeit an sich als auch die Freude über das Endprodukt eine wichtige Komponente seines Spiels. In das Bauspiel aber gehen auch Momente des Symbolhandelns ein. Das Bauwerk soll etwas bedeuten, bildet Realität ab, wenn auch zunächst unvollkommen. Allerdings muß die Primärfunktion des Spielmittels gesehen werden: Der Baukasten entfaltet seine pädagogische Funktion

– in der Auseinandersetzung des Kindes mit materialgebundenen Strukturen,
– in der Herstellung von Objekten (Bauwerken),
– im gestaltenden Umgang mit den geschaffenen Objekten.

Daß das Bauspiel dann auch zum Rollen- und Symbolspiel ausgedehnt werden kann, bedeutet eine wünschenswerte Erweiterung seiner Spielmöglichkeiten, ist aber von seiner Primärfunktion abzuheben. In ähnlicher Weise könnte man beim Spiel mit der elektrischen Eisenbahn (die zunächst aufgebaut werden muß) den Übergang zum Rollen- und Symbolspiel aufzeigen. Der Spannungscharakter der Spielhandlung liegt beim Bauen und Konstruieren in der Erfahrung des Kindes, daß das Vorhaben nicht gleich entsprechend seinen Vorstellungen gelingen mag.

Dynamische Akzente erhält das Bauspiel sodann durch die Art der Materialbehandlung. Diese reicht vom Pol der völlig freien, schöpferischen Gestaltung bis zur präzisen, realitätsadäquaten, modellhaften Abbildung der Wirklichkeit durch das geschaffene Werk.

Zum prozeß-/produktbezogenen Spiel gehören auch jene Verhaltensweisen, die von der traditionellen Spielpädagogik meist übersehen oder mißbilligend beurteilt werden: Das Demontieren, Auseinandernehmen, Zerlegen. Tätigkeiten dieser „analytischen" Objektbehandlung können sich auf die selbst geschaffenen Spielprodukte oder auf andere Gegenstände beziehen. Spielzeug, dessen pädagogische Funktion sich primär auf den Einsatz analytisch-demontierender Tätigkeiten bezieht, ist noch kaum auf dem Markt.

Effektbezogene Spielmittel verlangen vom Spieler in sehr unterschiedlichem Maße den Einsatz aktiven Handelns: Bestimmte Spielmittel bedürfen überhaupt keiner handelnden Einwirkung oder nur einer einmaligen vorbereitenden Handlung: Beim Warmluftspielzeug muß z. B. nur die Kerze angezündet werden, beim Brummkreisel und Aufziehspielzeug nur der Federmotor aufgezogen werden, und der effektproduzierende Vorgang läuft von selbst ab. Bei anderen Spielmitteln muß man das Ingangsetzen ständig wiederholen, um eine bestimmte Wirkung zu erzielen (Hampelmann, Klickerbahn). Bei einer weiteren Gruppe von Spielmitteln wird die feinmotorische Geschicklichkeit des Spielers herausgefordert, die zur Bewältigung des Bewegungseffektes notwendig ist (Jo-Jo, Diabolo, Becherball). Schließlich gehören zur Gruppe der effektbezogenen Spielmittel alle Spielgeräte und Fahrzeuge, die Körperbeherrschung, grobmotorische Leistungen, Körperkraft, Gewandtheit usw., also sportliche Fähigkeiten, verlangen, um das Medium zu „beherrschen": z. B. Roller, Rutschbahn, Schaukel, Scateboard u. a.).

Während prozeß-/produktorientierte Spielmittel eine engere Beziehung zum Symbol- und Rollenspiel haben, läßt sich in Parallele dazu eine nähere Verwandtschaft der effektbezogenen Spielmittel mit dem Regelspiel aufzeigen. Dies liegt darin begründet, daß der vom Spielmittel produzierte bzw. vom Spielenden manipulierte Effekt in seiner ständigen Reproduktion regelhaften Charakter annimmt: So läßt sich durch abwechselndes Ingangsetzen einer Klickerbahn durch zwei Spieler ein regelgebundener Spielablauf herstellen, allerdings ohne kompetitives Handlungselement. Spielmittel, die Geschicklichkeit oder sportliche Fähigkeiten zu ihrer Beherrschung verlangen, können zum Ausgangspunkt für kompetitive Regelspiele werden. Insofern ist das Spielerlebnis beim effektproduzierenden Spiel dem spannungsreichen Erleben des Regelspiels durchaus verwandt, wenn auch der Aktivierungszirkel meist kürzer und von geringerer Spannungsintensität ist; die Spielmotivation liegt hier vor allem in der funktionalen Beherrschung der gestaltenden Manipulation oder auch nur der Reproduktion kurzzeitiger Bewegungseffekte des betreffenden Spielmittels.

Eine Übersicht soll die Mehrperspektivität des Handlungssystems Spiel und die polare Struktur der pädagogischen Funktion der Spielhandlung nochmals verdeutlichen (Seite 227).

Erziehung – die allgemeine anthropologische Funktion von Spielmitteln
Unsere Betrachtung des Spielmittels unter den drei Aspekten des Erlebens, des Verhaltens und der im Spiel erbrachten Leistungen konkretisiert den besonderen Stellenwert von Lernprozessen in Spielhandlungen.

Spielen als mehrperspektivisches Handlungssystem (Übersicht):

Persönlich-keitsaspekt	Zugeordnete Spielform	Primäre pädagogische Funktion	Polaritäten im Spielhandeln
Erleben	Regelgebundene Spielformen	Aufbau von Leistungsmotivation und Erfolgserlebnissen durch Vollzug zirkulärer Handlungsschemata; Ausleben von Spannungszuständen; regelgebundene Konfliktbewältigung in der Gruppe	Regelgebundener Spielablauf/überraschende Wendungen im Spielgeschehen; kompetitives/kooperatives Verhalten; Erfolg (Gewinnen)/Mißerfolg (Verlieren)
Verhalten	Symbol- und Rollenspiel	Selbstdarstellung und Selbsterfahrung durch Nachvollzug bzw. Verarbeitung realer und imaginativer „Wirklichkeit"; Selbstregulierung von Interaktionen; Aufarbeiten von Konflikten	Imaginative Spielwelt/Realwelt; Selbstdarstellung/Fremddarstellung im Rollenhandeln; Vorgegebenheit/Veränderbarkeit von Rollen und Symbolen; Konflikt/Solidarität der Spielgruppe
Leistung	Objektspiel: Prozeß-/produktbezogene und effektbezogene Spielformen	Auseinandersetzung mit materialgebundenen Strukturen, Funktionen, Inhalten; Herstellung von imaginativen u. realitätsabbildenden Produkten; Manipulation von „Effekten"; Herausforderung zu leistungsbezogenes Verhalten durch funktionale Beherrschung des Spielmittels	Leistungserfolg/Leistungsmißlingen; funktionsgebunden-realitätsadäquate und schöpferisch-gestaltende Materialhandhabung; synthetisch-konstruierendes Verhalten/analytisches, auf Materialzerlegung gerichtetes Spielhandeln

Offenbar ist das Lernen im Spiel und das, was wir als die spezifisch didaktische Zielsetzung sog. Lernspiele bezeichneten, primär unter dem *Leistungsaspekt* und der ihm zugeordneten Spielformen operational nachprüfbar. Wenn didaktische Spiele als „Lernspiele" bezeichnet werden, so bedeutet dies den Versuch einer gezielten Kombination von motivierendem Spielerleben und lerneffektiven Spielinhalten. Motivation und Reproduktion im regelgebundenen Spiel werden genutzt, um lernrelevante, „mit didaktischer Absicht geladene" Inhalte (vermittelt durch Bilder, Zahlen-, Buchstaben-Symbole, passende Materialteile) durch ständige Wiederholung des zirkulär ablaufenden Handlungsschemas einzuüben.

Es ist unverkennbar, daß die Polarität der pädagogischen Funktion des Spielens beim „Lernspiel" zu einer mehr einsinnigen Zielbestimmung schrumpft: Vereinzelte (weil aus dem Gesamtzusammenhang der Wirklichkeit herausgenommene), logisch aufgebaute, funktionsgebundene, auf visuelle Präsentation angewiesene Lerninhalte rücken in den Vordergrund. Eine Erfahrungsbereicherung durch symbolhaft-ganzheitliche Verarbeitung von Eindrücken und eine imaginativ-schöpferische Spielgestaltung ist aus der Struktur didaktischer Materialien nicht ableitbar. Statt dessen steht beim didaktischen Material die kognitive und psychomotorische Funktionsschulung im Vordergrund.

Ist die Absicht, das Verhalten von Kindern im Sinne von Lernleistungen zu beeinflussen, beim didaktischen Spiel deutlich sichtbar und zumeist auch vor den Kindern auf Dauer kaum zu verbergen, so liegt eine zweite, wesentlich subtilere, indirekte Form der Beeinflussung in den *realitätsabbildenden Inhalten* sowohl des Symbol- und Rollenspiels als auch des Regelspiels. Daß Kinder in der Bundesrepublik „Baader-Meinhof-Bande" oder „Monopoly" spielen, ist ja nicht nur Reflex eines bestimmten soziokulturellen Zustandes unserer Gesellschaft, sondern bedeutet auch Nachvollzug und Identifikation mit jenen sozialen bzw. politischen Normen, die unsere Lebenssituation bestimmen. Am Beispiel des NS-Staates haben wir bereits aufgezeigt, daß in totalitären Staaten des 20. Jahrhunderts auch diese indirekten Möglichkeiten einer ideologischen Beeinflussung der Jugend durch Spielmittel planmäßig genutzt werden.

Ob und in welchem Umfang diese indirekten Formen der Beeinflussung durch spezielle, auf „Bewußtseinsschulung" abzielende Inhalte tatsächlich Effekte zeigt, ist global kaum zu beantworten. Aber sie müssen als mögliche Quelle der Verhaltensbeeinflussung berücksichtigt werden, auch wenn die Bedingungen und Effekte des Identifikationslernens im Spiel noch weitgehend ungeklärt sind. So fragt man sich einigermaßen verwundert, warum Kinder im Jahre 1977 allen Identifikationsangeboten des kapitalistischen Spielzeug-Marktes der Bundesrepublik wie auch der sozialistischen Erziehung in der DDR zum Trotz jene „von außen" kommenden Angebote jedenfalls nur teilweise akzeptieren: Denn nach wie vor gibt es zahlreiche Spieltraditionen, die in Ost und West, in Nord und Süd etwa dieselben sind und von den Kindern spontan wahrgenommen und weitergegeben werden (Holzach/Rautert 1977).

Mögliche Fehlschlüsse bei der Anwendung der Begriffe „spielendes Lernen" und „Lernen im Spiel" ergeben sich vor allem aus der Frage, inwieweit der Lernbegriff geeignet ist, zentrale, das Phänomen Spiel betreffende Aspekte darzustellen. Enthält ein Spielmittel direkt die Intention, bestimmte (vornehmlich kognitive) Lernprozesse durch Übung in Gang zu bringen, dann sind mögliche Lernzuwächse über entsprechende Leistungskontrollen objektivierbar. Wird die Intention der Verhaltensbeeinflussung nur indirekt durch funktionale Verarbeitung der Spielinhalte sichtbar, so sind Lern- und Identifikationsprozesse hypothetisch anzunehmen, wenn auch wesentlich schwieriger nachweisbar. Wie aber sind spontane (Spiel-)Aktivitäten und motivierende Spielerlebnisse, personale Selbstbestimmung, Selbstdarstellung, Bewußtseinserweiterung im Spiel als Lernprozesse faßbar? Der Versuch, „Lernen" auf den Aspekt der Selbsterfahrung im Spiel auszuweiten, birgt zumindest die Gefahr, daß der Lernbegriff an Präzision verliert.

Wenn von vielen Autoren auf die Unschärfe des Spielbegriffs hingewiesen wird, so zeigt unsere Darstellung des Verhältnisses von „Spielen" und „Lernen", daß mindestens ebenso große Unklarheiten über die Einschätzung des Lernbegriffes bestehen. Die Unsicherheit wird noch größer, wenn „Lernen" in bezug auf die Begriffe Erziehung und Bildung definiert werden soll: Im weiten Sinne kann sich Lernen sowohl auf Erziehungs- und Bildungsvorgänge beziehen, im engeren, alltagssprachlichen Sinne wird das Lernen des Kindes als Erwerb von Wissen und Fertigkeiten verstanden; der Lernbegriff wird hier also primär auf Bildungsprozesse bezogen.

Da der Spielwert und der Lernwert eines Spielmittels sich meist nicht zur Deckung bringen lassen, erscheint der Ansatz von Mieskes durchaus praktikabel, das Spielmittel in seiner allgemeinsten Funktion nicht als Lernmittel, sondern als *Mittel der Erziehung und Bildung des Menschen* anzusehen. In einer systematisch aufgebauten Pädagogik der Spielmittel werden somit die beiden pädagogischen Grundbegriffe der Erziehungswissenschaft, Erziehung und Bildung, wie in allen anderen Teilsystemen der Erziehungswissenschaft zu zentralen Bezugspunkten von Theorie, Forschung und Praxis.

Entscheidend für die Vorordnung des Erziehungs- und Bildungsbegriffs vor den Lernbegriff ist allerdings nicht der Gesichtspunkt der Praktikabilität, sondern die Möglichkeit, die pädagogische Grundfunktion der Spielmittel adäquat begrifflich zu erfassen. Jene zentralen, unter dem Aspekt des Erlebens und des selbstbestimmten Verhaltens beschriebenen Phänomene, für deren Deskription der Lernbegriff uns unzureichend erscheint, sind durchaus als Erziehungsphänomene interpretierbar. Es ist kein Zufall, daß sowohl das Phänomen Erziehung als auch das Phänomen Spiel – zumeist völlig unabhängig voneinander – als anthropologischer, d. h. dem Menschen wesenseigener Tatbestand beschrieben wurden. Spielen ist, sofern es nicht „verordnet" wird, sondern aus eigenem Entschluß geschieht, ein Akt der Selbstverwirklichung des Menschen, ist somit *selbstgesteuerter Vollzug von Erziehung* – ein Prozeß, der keineswegs nur auf die Jugendentwicklung beschränkt ist, sondern lebenslang andauert. Spielmittel sind *Medien der im Spiel vollzogenen Selbstverwirklichung*, d.h. ihre allgemeinste pädagogische Funktion ist Erziehung, die „funktional menschliche Selbstverwirklichung, intentional gesinnungsmäßige Menschenführung" bedeutet (Mieskes 1975, S. 14).

Daneben kommt es in jeder Spielhandlung – wie insbesondere der Leistungsaspekt verdeutlicht – zur Aktivierung von Wissen, Fähigkeiten, Fertigkeiten. Dies sind Bildungsprozesse. Zumeist ist im Spiel der Bildungsprozeß dem Erziehungsaspekt untergeordnet.

Den Aspekt des Lernens im Spiel dem Tatbestand von Erziehung und Bildung nachzuordnen bedeutet, den Spielbegriff für einen Handlungsraum offen zu halten, der sich den gesteuerten Beeinflussungsabsichten der Außenwelt entziehen kann, um selbstbestimmten, durch den Spielablauf determinierten Erlebnis- und Verhaltensweisen Raum zu geben. Dieser Raum selbstbestimmten Handelns hat Begrenzungen genug. Die These, Spielmittel seien als Erziehungsmittel Medien der personalen Selbstverwirklichung, würde bloße Leerformel sein, wenn der Erziehungsbegriff nicht in Situationen des Alltags und der gesellschaftlichen Wirklichkeit verankert ist: Bei allem pädagogischen Willen zur „Hinführung des Educandus zu sich selbst" ist der Erziehungsalltag bestimmt durch Konflikte, Abhängigkeiten, unerfüllte Hoffnungen und erzieherisches Fehlverhalten. So ist also auch jene Selbstverwirklichung des „Homo ludens" nur eine relative und muß in Beziehung gesetzt werden zu den Einflüssen, insbesondere auch den Normen und Wertsystemen, die in das Spiel und seine Mittler hineinwirken.

Vermittlung pädagogischer Normen durch Spielmittel

Geschlechterrolle

Die Personwerdung vollzieht sich über das Erlernen der Geschlechterrolle. Sich selbst als einen Jungen oder ein Mädchen zu begreifen und ein den Rollenerwartungen der Umwelt entsprechendes Verhalten zu zeigen, ist ein Prozeß, der in frühester Kindheit einsetzt, sich innerhalb weniger Jahre stabilisiert und für das weitere Leben von grundlegender Bedeutung bleibt. Bereits im Alter von 20 Monaten treffen Kinder eine ihrer Geschlechterrolle entsprechende Spielzeug-Wahl: Jungen bevorzugen typisches Jungen-Spielzeug, Mädchen typisches Mädchen-Spielzeug (Fein u. a. 1975). Spätestens mit vier Jahren bringt das Kind im Spiel und in der Bevorzugung von Spielmitteln zum Ausdruck, daß es die Rollenerwartungen der Umwelt internalisiert und sich mit ihnen identifiziert hat: Es zeigt im Symbol- und Rollenspiel, daß es Geschlechtsrollen trennen kann und festgefügte Vorstellungen über Verhaltenscharakteristika des eigenen bzw. des anderen Geschlechts besitzt (Conn 1951).
Eine Erziehung, die die Rollenerwartungen der erziehenden Bezugspersonen und das Verhalten des Kindes zur Entsprechung bringt, heißt rollenkonform. Das Erlernen der Geschlechterrolle erhellt diese wechselseitige Abhängigkeit von Verhaltenserwartung und tatsächlichem Verhalten in eindrucksvoller Weise.
Wenn empirische Untersuchungen erbracht haben, daß Mädchen im Vergleich zu Jungen höhere Angstbereitschaft, geringere Aggressivität, größeres Bedürfnis nach sozialer Bestätigung, stärkere Bereitschaft zur Einordnung und zur Kooperation zeigen, so entspricht dieser Befund dem bekannten Erwartungsbild der Erwachsenen vom mutigen, aktiven, sich durchsetzenden Jungen, „der einmal seinen Mann stehen wird", und vom „lieben", „anschmiegsamen", „häuslichen" Mädchen, in welchem man die künftige Hausfrau und Mutter sieht.
In der Literatur zur Sozialisationsforschung werden Spielverhalten und Spielmittel, die zur männlichen und weiblichen Rolle eine besondere Affinität besitzen, immer wieder als Beleg für eine geschlechtsrollenkonforme Erziehung angeführt:

„In unserem Kulturkreis können vielleicht nur sehr kleine Jungen gelegentlich mit Puppen ihrer Schwester spielen, ohne dafür verspottet oder getadelt zu werden. Ein siebenjähriger Junge, der gern seinem Teddy Kleider anzieht, wirkt leicht lächerlich, wenn er es zu oft macht. Ähnlich spielen Mädchen zwar sehr gern mit Spielzeugautos und Eisenbahnen, aber sie bekommen so etwas selten geschenkt. Ältere Mädchen werden davon abgehalten, wilde Spiele zu spielen, und sie werden als ‚Wildfang' bezeichnet, wenn sie sich den ruhigeren, sanfteren und weniger aggressiven Aktivitäten nicht anpassen, die man von ihnen erwartet. Jungen, die rauhe Spiele scheuen oder lieber lesen oder Klavier spielen, sind in Gefahr, ‚Heulsuse' genannt zu werden." (Millar 1973, S. 189; vgl. Danziger 1974, S. 49.)

Es scheint so, daß insbesondere figürliches Spielzeug und darüber hinaus alle Spielmittel mit geschlechtstypischer Abbildungsfunktion die Ausbildung des Rollenstereotyps unterstützen, und zwar in zweierlei Weise: Einmal hinsichtlich der Fähigkeit, zwischen beiden Geschlechtern und den sie typisierenden Eigenschaften zu unterscheiden, zum anderen hinsichtlich des Identifikationsprozesses mit der eigenen Geschlechterrolle.

Stimmen biologisches Geschlecht und die Vorliebe des Kindes für das zugehörige Rollenstereotyp nicht vollständig überein, zeigt also ein Mädchen „jungenhaftes", ein Junge „mädchenhaftes" Verhalten, dann kommt dies auch in typischen Spielmittelpräferenzen zum Ausdruck. So fand man bei Jungen, die von ihren Eltern in verschiedener Hinsicht als feminin beschrieben wurden, eine signifikant häufigere Benutzung von typischem Mädchenspielzeug als bei gleichaltrigen Jungen, für die eine Verhaltensbeschreibung als besonders maskulin vorlag (Green u. a. 1972).

Die geschlechtstypische Zuordnung bestimmter Spielmittelgruppen ist offenbar zu allen Zeiten und bei allen Völkern anzutreffen. Dennoch gibt es bislang keine Theorie, die die Rolle der Spielmittel im Prozeß der kindlichen Identifikation mit seiner Geschlechterrolle hinreichend deutlich macht, und wir haben allenfalls Vermutungen und Fragen in bezug auf den tatsächlichen Einfluß eines bestimmten Spielmittelangebotes auf das geschlechtstypische Rollenverständnis des Kindes. Haben Kinder, die konsequent im Sinne Montessoris erzogen wurden, also Sinnesmaterialien statt geschlechtstypischen Spielzeugs erhalten, größere Schwierigkeiten in der Findung ihrer Geschlechterrolle im Vergleich zu anderen Kindern? Offenbar kaum, zumindest ist darüber nichts bekannt.

Besteht bei Kindern, die fast ausschließlich geschlechtstypische Spielmittel erhalten, die Gefahr einer zu starken Rollenfixierung, oder besteht die Hoffnung einer besonders problemlosen Identifikation mit der Männlichkeits- bzw. Weiblichkeitsrolle? Dazu folgende Überlegung:

Wenn das Erlernen der überkommenen Geschlechterrollen ein Teil des elterlichen Erziehungskonzepts darstellt, werden die Eltern darin keine Gefahr sehen; ob ihre Hoffnung in Erfüllung geht, ist eine ganz andere Frage, die nicht nur von den Spielmitteln, sondern der gesamten Erziehungssituation des Kindes abhängt, z. B. von der sozial-emotionalen Beziehung zwischen Eltern und Kind, dem Entscheidungsraum des Kindes für Spiel und andere Aktivitäten, dem Grad des Identifikationsbedürfnisses mit den Eltern oder anderen Bezugspersonen. Dabei kommt es in den Beziehungen des Kindes zum Vater und zur Mutter durchaus auch zu gegengeschlechtlichen Bindungs- und Identifikationsbedürfnissen. Bekanntlich spielt gerade die Erwartung des Vaters eine bedeutsame Rolle für das Rollenselbstverständnis des Mädchens (Mussen/Rutherford 1963). Die Theorie-Ansätze, die derzeit als Erklärungsmodelle für die Entwicklung des „Selbst" zur Verfügung stehen – im wesentlichen die Konzepte der Rollentheorie, der Psychoanalyse und des symbolischen Interaktionismus –, sind teilweise zu allgemein, teilweise zu spekulativ, als daß aus ihnen Bedingungen für die Wirksamkeit geschlechtstypischer Spielmittel auf die Persönlichkeitsentwicklung abgeleitet werden könnten.

„Benachteiligung" der Mädchen?
Einige differenzierende Aspekte über die Rolle des Spielmittels als Vermittler geschlechtstypischer Erziehungsnormen können aus der empirischen Forschung gewonnen werden. Bislang wurden in viel stärkerem Maße die Spiele als die Spielmittel zum Gegenstand einer differentiellen Psychologie der Geschlechter gemacht. Aus amerikanischen Untersuchungen geht hervor, daß Jungen aus einem vorgegebenen Angebot Bauklötze und Personen in Uniform bevorzugen und damit vielfältige Szenen gestalten; Mädchen hingegen bevorzugen Personen ohne Uniform und bauen Familienszenen auf. Jungen bevorzugen manipulatives, mechanisches Spielzeug, während Mädchen mehr mit Stofftieren spielen (Keller/Voss 1976, S. 111).
Der Verfasser führte 1970, damals noch am Erziehungswissenschaftlichen Seminar der Universität Gießen tätig, eine Elternbefragung über Spielmittel durch, die über 2 300 Eltern aus allen Regionen der Bundesrepublik mit Kindern bis 16 Jahren erfaßte.
Die Ergebnisse der Gießener Untersuchung erbrachten in bezug auf Vorhandensein und Benutzungsfrequenz von Spielmitteln zwischen Nur-Jungen-Familien und Nur-Mädchen-Familien beträchtliche Unterschiede. Hochsignifikante Jungendominanz (größerer Prozentsatz sehr häufiger Benutzung, geringerer Prozentsatz des Nichtvorhandenseins im Vergleich zum anderen Geschlecht) zeigten die folgenden Spielmittel: Autos, Bälle, einfache Holzklötze, einfache Eisenbahn, technisches Spielzeug (Kran, Bagger u. a.), elektrische Eisenbahn, Autorennbahn, einfache Aufstellfiguren, Quartettspiele, Materialien für Rollenspiele, Experimentierkästen, Kriegs- und Astronautenspielzeug.
Eine hochsignifikante Mädchendominanz zeigten demgegenüber: Puppen und -zubehör, Material zum Malen und Zeichnen, Kinderhaushaltsgeräte, Kaufläden, Kinderpost, Spielmaterial zum Basteln und für Handarbeiten, Bilder- und Vorlesebücher.
Keine signifikanten Unterschiede in der Benutzungshäufigkeit zwischen Nur-Jungen-Familien und Nur-Mädchen-Familien zeigten sich bei: Kasperpuppen/Marionetten, Stoff-/Plüschtieren, Musikinstrumenten, Kinderdruckerei, Gesellschaftsspielen.

In den 39 vorgegebenen Spielmittel-Kategorien ergaben sich bezüglich der Benutzungshäufigkeit mehr Unterschiede als Gemeinsamkeiten zwischen Jungen und Mädchen. Dabei ist der Umkreis der jungendominanten Spielmittel größer. Die Mädchendominanz beschränkt sich auf jene Kategorien, die eng zur weiblichen Geschlechterrolle in Beziehung stehen.

Daß Mädchen einen Schwerpunkt im Puppenspiel, Jungen einen Schwerpunkt im Bereich des technischen Spielzeugs haben, war erwartet worden. Bemerkenswert ist jedoch, daß die Ergebnisse nahelegen, von einer *Benachteiligung der Mädchen* in bezug auf die allgemeine Grundausstattung an Spielmitteln zu sprechen: Ballspielen, das Bauen mit einfachen Holzbausteinen und mit Bausystemen (wie Lego, Constri, Fischertechnik) sind Spieltätigkeiten, die in einer ganz allgemeinen Weise die Fähigkeiten des Kindes fördern; den Mädchen hier weniger Spielmittel zur Verfügung zu stellen, erscheint pädagogisch kaum sinnvoll.

Man hat Grund zu der Annahme, daß sich diese „Benachteiligung" der Mädchen in bezug auf bestimmte Spielmittelgruppen viel weniger auf die Geschlechter-Rollenidentifikation als auf die Förderung (bzw. Nichtförderung) bestimmter Interessen und Begabungsrichtungen auswirkt. So könnte das Unterangebot an technischem Spielzeug und Baumaterialien durchaus dafür mitverantwortlich sein, daß Mädchen anscheinend in geringerem Maße technische Interessen entwickeln und die fehlende „technische Begabung" einen markanten Punkt im Stereotyp des weiblichen Geschlechts bildet.

In einer 1960 durchgeführten Befragung von 38 Mädchen und 42 Jungen (zwei Klassen einer Hamburger Schule) im Alter von sieben Jahren ergab sich ebenfalls eine eklatante geschlechtstypische Ungleichverteilung von Bau-Spielzeug: 16,7 % der Jungen, aber nur 5,3 % der Mädchen besaßen einen einfachen Baukasten, 66,7 % der Jungen, aber nur 23,7 % der Mädchen besaßen Lego-Bausteine (Herr 1960, S. 12).

Aus einer 1957 in Belgien durchgeführten Befragung von 1 000 sechs- bis zwölfjährigen Jungen und Mädchen geht die unterschiedliche Verteilung von Spielmitteln bei den Geschlechtern in ähnlicher Weise hervor. Nach dem Lieblingsspielzeug „als du noch klein warst" befragt, antworteten die Kinder (aus einer ländlichen Region stammend) wie folgt (Boulanger 1958, S. 249):

Jungen		**Mädchen**	
Auto	27 %	Puppe	65 %
Kinderrad	20 %	Kinderrad	8 %
Bär	14 %	Bär	7 %
Eisenbahn	11 %	Tiere	5 %
Waffen	4 %	Ball	4 %

Die Unterschiede zwischen Stadt- und Landkindern sind im Vergleich zu den Unterschieden zwischen Jungen und Mädchen gering. Ähnlich wie in der Gießener Elternbefragung wird deutlich, daß sich die Spielinteressen der Mädchen im

Kleinkindalter um die Puppe zentrieren, während die Jungeninteressen sowohl breiter streuen als auch das Mädchen-Spielzeug einschließen.

Interessant sind in diesem Zusammenhang die Befunde von Dannhauer (1973, S. 118), der für die DDR ebenfalls ausgeprägte geschlechtsspezifische Differenzen im Spielzeugbesitz von Jungen und Mädchen im Kleinkindalter feststellte: Die Jungen besitzen mehr große Fahrzeuge, kleine Autos, Eisenbahnen, die Mädchen haben mehr Puppen, Puppenkleider und Puppenwagen; Bausteine sind bei beiden Geschlechtern in etwa gleichem Maße beliebt beliebt.

Übereinstimmend mit Dannhauer stellten wir fest, daß mit zunehmendem Alter der Kinder der Ausprägungsgrad der Geschlechtertypik bei der Spielmittelbenutzung größer wird. Sofern Jungen im Vorschulalter überhaupt mit Puppen spielen, nimmt im Schulalter die Benutzungshäufigkeit stark ab, wie sie sich bei Mädchen noch ausgeprägter zeigt als im Vorschulalter. Auch bei Bällen, Bau-Systemen, Autos ergibt sich eine charakteristische Entwicklung: Zeigen sich hier bereits im Vorschulalter ausgeprägte Präferenzen seitens der Jungen, so nimmt die Benutzungshäufigkeit für diese Spielmittel im Schulalter bei Jungen weiter zu. Bei den Mädchen die entgegengesetzte Tendenz: Die geringere Benutzungshäufigkeit im Vorschulalter geht im Schulalter für diese Spielmittelkategorien noch weiter zurück.

Zur Rolle der Geschwister
Die genannten Befunde beruhen auf einer Gegenüberstellung von Jungen aus Nur-Jungen-Familien und Mädchen aus Nur-Mädchen-Familien. Man könnte vermuten, daß die konstatierte „Benachteiligung" der Mädchen in der Wahrnehmung eines möglichst breiten Spielmittel-Angebotes nicht gegeben ist, wenn sie einen Bruder haben, denn dann dürfte sowohl typisches Jungen- als auch typisches Mädchen-Spielzeug vorhanden sein. Aber die Frage stellt sich auch hier anders: Selbst wenn alle Spielmittel vorhanden sind, ist damit nicht gesagt, daß Mädchen mit dem Spielzeug des Bruders auch spielen dürfen bzw. entsprechende Spielbedürfnisse entwickeln.

Die überkommene Spielzeugpädagogik hat, soweit sie versuchte, Aussagen über Spielinteressen des Kindes zu formulieren, die Rolle von Geschwistern für die Ausbildung von Spiel-Präferenzen und Identifikationsbedürfnissen ziemlich vernachlässigt. Für die Geschwister-Beziehungen haben Spielmittel jedoch nicht nur die Bedeutung eines Instrumentes zur Fixierung der Geschlechterrolle, sondern sie dienen auch zur Abgrenzung persönlicher Wirksphären und bestimmter, an die Rollenfunktion gebundener Spielbezirke. Die Situation eines Einzelkindes ist in bezug auf „sein" Spielzeug und seine Spielinteressen anders als die Situation eines Kindes mit mehreren Geschwistern, wobei als weitere Differenzierungsfaktoren der Altersabstand und das Geschlecht der Geschwister von Bedeutung sind.

Wir haben aus unserem Untersuchungsmaterial alle Zweikind-Familien (N = 132), bei denen das Alter der Kinder zwischen vier uns sechs Jahren lag, gesondert analysiert und dabei Familien mit gleichgeschlechtlichen Geschwistern jenen mit verschiedengeschlechtlichen Geschwistern gegenübergestellt. Die verschiedengeschlechtlichen Geschwister wurden nochmals in die Kategorien „Junge älter als Mädchen" und „Mädchen älter als Junge" unterteilt. Somit ergaben sich vier verschiedene Geschwister-Konstellationen:

- „Nur Jungen" (J/J)
- „Nur Mädchen" (M/M)
- „Junge älter als Mädchen" (J/M)
- „Mädchen älter als Junge" (M/J)

Die vier Gruppen wurden in bezug auf ihr Spielverhalten entsprechend den Angaben der Eltern miteinander verglichen.
Ergebnisse: Die Unterschiede zwischen J/J und M/M betreffen die typischen, an die Geschlechtsrolle gebundenen Spielformen und zeigen sich insbesondere beim Zusammenspiel der Geschwister. Jungen bevorzugen mehr gemeinsame Bauspiele als Mädchen, wohingegen bei den Mädchen gemeinsame Rollenspiele mehr anzutreffen sind als bei den Jungen. Im Zusammenhang mit Puppenspiel und „Vater-Mutter-Kind"-Spielen war dieses Ergebnis durchaus zu erwarten. Unsere Hypothese, daß beim gemeinsamen Spiel verschiedengeschlechtlicher Geschwister diejenigen geschlechtstypischen Spielformen und Spielmittel dominieren, die dem Geschlecht des älteren Kindes entsprechen, konnte nur tendenziell bestätigt werden; die Mittelwertsdifferenzen zwischen J/M und M/J weisen zwar in die Richtung der Hypothese, sind aber auf dem 5%-Niveau nicht signifikant. Bemerkenswert ist jedoch, daß gemeinsames Spiel gegenüber Alleinspiel stärker in der „Mädchen-älter"-Konstellation als in der „Junge-älter"-Konstellation auftritt – ein Hinweis auf die „Bemutterungs"-Rolle des Mädchens gegenüber dem jüngeren Bruder.
Um zu überprüfen, inwieweit die gemeinsamen Spielformen sich mit zunehmendem Alter verändern, entnahmen wir unserem Untersuchungsmaterial alle Zweikindfamilien (N = 91), deren Kinder zwischen neun und zwölf Jahre alt waren, und unterteilten sie in die oben genannten vier Untergruppen. Die Hypothese von der Geschlechter-Rollendominanz des älteren Kindes für die Art des gemeinsamen Spiels konnte hier für Rollenspiele (Mädchen-älter-Dominanz) bestätigt werden, während überraschenderweise auch Bauspiele signifikant häufiger in der Konstellation M/J (im Vergleich zu J/M) anzutreffen sind.
Das gemeinsame Spiel zeigt sich zwar gegenüber dem Alleinspiel der Geschwister als vorherrschende Spielform, ist aber bei den Neun- bis Zwölfjährigen stärker ausgeprägt als bei den Vier- bis Sechsjährigen. Erstaunlich ist nun, daß in der J/M-Gruppe der Neun- bis Zwölfjährigen hervorstechend niedrige Werte für gemeinsames Spiel anzutreffen sind. Als Erklärung für beide Überraschungsergebnisse bietet sich die Hypothese an, daß die zunehmende Ausprägung geschlechtstypischer Spielformen in der gleichgeschlechtlichen Geschwisterkonstellation sich in

der gemischtgeschlechtlichen Gruppierung durch einen anderen Effekt überlagert: Ist das Mädchen älter als der Junge, so ist gemeinsames Spiel der Geschwister generell häufiger anzutreffen als im umgekehrten Fall. Diese Bereitschaft zum gemeinsamen Spiel mit dem jüngeren Bruder nimmt mit zunehmendem Alter kaum ab. Der ältere Junge dagegen hält es mit seiner Rolle nicht für vereinbar, noch mit seiner jüngeren Schwester zu spielen; statt dessen tritt für ihn an die Stelle des Geschwisterspiels wahrscheinlich stärker das Spiel mit Gleichaltrigen aus der Nachbarschaft.

Für die These von der Bemutterungsrolle des älteren Mädchens und der Unabhängigkeitsrolle des älteren Jungen in der gemischtgeschlechtlichen Geschwisterkonstellation sprechen vor allem die Ergebnisse zum Statement „Die Kinder spielen ein selbst ausgedachtes Phantasiespiel". Bei den Neun- bis Zwölfjährigen sind hochsignifikante Unterschiede zwischen M/M und J/J (im Sinne der Mädchen-Dominanz), sodann zwischen M/J und J/M (im Sinne der „Mädchen-älter"-Dominanz) festzustellen. Da freie Phantasie-Spiele weit unabhängiger vom Spielmittel-Angebot sind als andere Spielformen, kann dieses Ergebnis auch als Hinweis darauf gedeutet werden, daß Mädchen ein auf wenige Spielmittelgruppen eingeschränktes Angebot durch stärkere Betonung der freien Phantasiespiele kompensieren.

Geschlechtstypische Spiel- und Spielmittelpräferenzen in den USA
Unser Befund, daß den Jungen ein breiteres und interessanteres Spielmittel-Angebot zur Verfügung steht, findet eine Bestätigung durch Untersuchungen in den USA. Kürzlich untersuchten Rheingold/Cook (1975, S. 459 ff.) Ausstattung und Spielzeug der Zimmer amerikanischer Kinder unter sechs Jahren; jedes Kind der Stichprobe (48 Jungen, 48 Mädchen) hatte sein eigenes Zimmer. Die Autoren trafen in den Jungen-Zimmern mehr Fahrzeuge, Malsachen, Sportgeräte, Spieltiere, mechanisches und militärisches Spielzeug an, wohingegen in den Mädchenzimmern mehr Puppen, Puppenhäuser und Spiel-Haushaltsgeräte waren. Dies entspricht ziemlich den Verhältnissen in der Bundesrepublik, wie sie die Gießener Elternbefragung ermittelte.

Eine andere Studie von Goodman/Lever (1972) weist darauf hin, daß bereits die Spielzeug-Werbung in Wort und Bild darauf angelegt ist, beim Käufer geschlechtskonforme Einstellungen zu wecken. Aufgrund einer Content-Analyse von Spielzeug-Katalogen kommen die Autoren zu dem Schluß, daß die Spielzeug-Werbung sich in sehr viel stärkerem Maße des männlichen als des weiblichen Stereotyps bedient, um Spielmittel als besonders interessant und geeignet herauszustellen. Lediglich für die geringe Anzahl von Spielmitteln, die mit der Hausfrauen-/Mutterrolle eng verbunden sind, wird mit dem weiblichen Stereotyp geworben, wobei Aufmachung und Werbetexte für Mädchenspielzeug vergleichsweise bieder und konventionell erscheinen, während ideenreiche Spielzeugwerbung an das männliche

Stereotyp gebunden bleibt. Von daher liegt die Vermutung nahe, daß interessanteres Spielzeug eher für Jungen, einfaches, anspruchsloseres Spielzeug mehr für Mädchen gekauft wird.

Goodman/Lever wählten aus knapp 300 in Spielzeug-Katalogen angepriesenen Spielmitteln 18 aus, von denen jeweils sechs repräsentativ gelten können als typisch „männlich", typisch „weiblich" und typisch „neutral" (= für Jungen und Mädchen gleichermaßen geeignet). Sie ließen die 18 Spielmittel von verschiedenen Gruppen danach einschätzen, welche Verhaltensweisen durch sie gefördert werden.

Die Rating-Skala umfaßte die folgenden Dimensionen:

creative – non creative
educational – non educational
social – solitary
active – passive
complex – simple

Die erstgenannten Pole dieser fünf Begriffspaare definierten die Autoren als erwünschte, die zweitgenannten als unerwünschte Verhaltenseigenschaften.

Die Ergebnisse zeigen, daß das typische Jungen-Spielzeug gegenüber dem Mädchen-Spielzeug viel stärker in Richtung auf die wünschenswerten Verhaltenspole eingestuft wurde, dies vor allem bei den Eigenschaften „aktiv", „sozial" und „komplex". Kaum Unterschiede zwischen Jungen- und Mädchen-Spielzeug ergaben sich bei den Eigenschaften „kreativ" und „erzieherisch"; für beide Dimensionen erhalten die geschlechtstypischen Spielmittel mittlere Einstufungen, das „neutrale" Spielzeug hohe Einstufungen. Das heißt, daß Kreativität und der Umgang mit betont erzieherischem (didaktischem) Spielzeug keine geschlechtstypische Relevanz besitzen, sondern als beide Geschlechter in gleicher Weise betreffend beurteilt werden. Insgesamt erhalten das Jungen-Spielzeug und das geschlechtsneutrale Spielzeug wesentlich bessere, näher am Erwünschtheitspol der Eigenschaftspaare liegende Beurteilungen als das Mädchen-Spielzeug, das eher den Beurteilungspolen „passiv", „einfach" und „fürs Alleinspiel" (solitary) zugeordnet wird.

Dieses Ergebnis gilt für die aus allen sechs verschiedenen Beurteiler-Gruppen ermittelten Durchschnittswerte in der Beurteilungsskala; es ergeben sich aber auch zwischen den Beurteilergruppen Bewertungsunterschiede. So hatten zehnjährige Jungen und Mädchen (5th graders) eine extrem andere Einschätzung vorgenommen als ihre Eltern. Während nach Meinung der Kinder (auch der Mädchen!) das Mädchen-Spielzeug dicht am Unerwünschtheitspol, das Jungen-Spielzeug am Erwünschtheitspol rangierte, beurteilten die Eltern das Mädchen-Spielzeug in bezug auf die Eigenschaften „sozial", „komplex", „aktiv" besser als das Jungen-Spielzeug. Die Autoren meinen, daß dieses Ergebnis die Wunschvorstellung der Eltern widerspiegeln könnte, ein möglichst ruhiges, anpassungsbereites, fleißiges Kind zu haben, das dem Stereotyp des „braven" Kindes entspricht.

Goodman/Lever setzen sich für eine Erziehung ein, die durch ein ausgeglichenes Spielmittelangebot bestimmte, auf geschlechtstypisches Spielzeug zurückzuführende Verhaltensdifferenzen vermindert, d. h. das Mädchen soll stärker zum Umgang mit komplexen, aktivitätsfördernden Spielmitteln, der Junge stärker zum Umgang mit sozial-emotionales Verhalten fördernden Spielmitteln angeregt werden. Da die Einstellungen sowohl der Kinder als auch der Eltern durch das Geschlechterrollenstereotyp allzu fest fixiert erscheinen, sehen die Autoren die Chance für einen Einstellungswandel primär bei der Spielzeug-Industrie, die durch eine veränderte Werbung die Haltung der Käufer entscheidend beeinflussen könnte.

Sutton-Smith/Rosenberg (1971) verglichen ältere amerikanische Studien über geschlechtstypische Spielpräferenzen von 1896/1898 und 1921 mit einer eigenen, 1959 durchgeführten Studie zum gleichen Thema. Sie fanden, daß bestimmte Spiele, die früher ausschließlich dem männlichen Geschlecht vorbehalten waren, heute in starkem Maße auch von Mädchen bevorzugt werden (z. B. sportliche Mannschaftsspiele, Bauspiele, Geschicklichkeitsspiele); im Lichte der veränderten Stellung der Frau in der Gesellschaft schien dies auch erwartungsgemäß. Überrascht wurden die Autoren durch die Feststellung, daß Jungen heute weniger als früher an typischen Mädchenspielen partizipieren, dafür sich stärker auf die Jungen-Spiele beschränken, so daß nur extrem harte Sportarten wie Football, Boxen, Ringen als allein von Jungen ausgeübte „Spiel"-Tätigkeiten übrigbleiben. Es scheint demnach so, daß die Tendenz zur Ausweitung des Mädchen-Spiels auf bislang Jungen vorbehaltene Aktivitäten, die innerhalb eines Zeitraumes von mehr als sechzig Jahren in den USA festgestellt wurde, von den Jungen mit einer stärkeren Abgrenzung ihrer Geschlechterrolle beantwortet wurde. Heute, knapp zwanzig Jahre nach der Erhebung von Sutton-Smith/Rosenberg, kann sich die Situation durchaus wieder ganz anders darstellen (vielleicht im Sinne eines erneut erwachenden Jungen-Interesses an Mädchen-Spielen). Pädagogische Ratschläge für spielfreundliche Eltern enthalten heute jedenfalls auch die Aufforderung, „keinen Unterschied zwischen Spielzeug für Jungen und Mädchen" mehr zu machen (Arbeitsausschuß Gutes Spielzeug 1974, S. 12 f.).

Unsere eigenen Befunde zur Geschlechtstypik der Spielmittelpräferenzen legen den Schluß nahe, daß zwischen der von vielen Eltern bereits bekundeten positiven Einstellung zu einer nichtgeschlechtstypischen Spielmittel-Versorgung der Kinder und den tatsächlichen Spielzeug-Kaufgewohnheiten (gemessen am Vorhandensein bestimmter Spielmittel) noch eine spürbare Diskrepanz herrscht. Diese positive Einstellung zur Rollenflexibilität ist in den verschiedenen Sozialschichten unterschiedlich stark ausgeprägt, in der Mittelschicht stärker als in der Unterschicht. Andererseits werden auch bei „progressiv" eingestellten Akademiker-Familien geschlechtstypische Spielzeug-Präferenzen deutlich sichtbar, wenn man die Angaben über tatsächlich vorhandenes Spielzeug von Nur-Jungen-Familien und Nur-Mädchen-Familien der obersten Bildungsschicht einander gegenüberstellt.

Und die Erziehung der eigenen Kinder?
Der Verfasser bekennt, daß sein Versuch, die eigenen Kinder (vier Mädchen, drei Jungen) von Anfang an im Sinne einer völligen Spielmittel-Gleichberechtigung und in bewußter Ablehnung jedes Geschlechterstereotyps zu erziehen, offenbar völlig fehlschlug. Ganz deutlich zeigte sich bei den Jungen das starke Interesse am Bauen, Spielen mit Autos und technischem Spielzeug, bei den Mädchen trotz eines nur geringen Interesses an Puppen die Vorliebe für familienorientierte Rollenspiele; diese Interessen-Differenzierung ist von dem reichhaltigen, für alle Kinder zur Verfügung stehenden Spielmittel-Angebot her nicht begründbar. Als Erklärung für dieses Phänomen bieten sich zwei Vermutungen an: Erstens ist es, auch wenn man sich dies vornimmt, für Eltern unendlich schwer, sich von geschlechtsrollenkonformen Erwartungen in ihrem Verhalten gegenüber ihren Kindern zu lösen, da ja wesentliche äußere geschlechtstypische Kennzeichen wie Kleidung, Haartracht erhalten bleiben.

Zweitens ist der Einfluß der Umwelt (Nachbarn, andere Kinder, Medien) wahrscheinlich viel größer auf das heranwachsende Kind, als man meint. Dieser Einfluß kann kaum verhindert werden. Jedenfalls erscheinen die Erwartungen zu hoch gesteckt, mit einem „geschlechtsneutralen" oder ausgleichenden Spielzeug-Angebot könne bereits ein flexibles Geschlechtsrollenverhalten erreicht werden. Die Geschlechtsrolle wird eben durch sehr viele Faktoren bestimmt. Nicht auszuschließen ist, daß im Gemeinschaftsspiel der Kinder innerhalb der Gleichaltrigen-Gruppe durchaus strenger auf die Einhaltung eines geschlechtstypischen Rollenverhaltens geachtet wird, als dies die Eltern wissen oder befürworten.

Inwieweit das Erlernen geschlechtstypischer Einstellungen und Verhaltensweisen durch *Anlagefaktoren* begünstigt wird, ist trotz der Vorherrschaft lerntheoretischer Erklärungsansätze und mancher pseudowissenschaftlicher Polemik (Neumann-Schönwetter 1971; Scheu 1977) eine kaum endgültig beantwortbare Frage. Geschlechtsspezifische Verhaltensunterschiede, die bei Neugeborenen und Säuglingen mit wenigen Lebenswochen festgestellt wurden, lassen die Vorstellung, daß Kinder bei der Geburt geschlechtsneutrale Wesen sind, als ebenso unzutreffend erscheinen wie die These von der strikten biologischen Determination der Geschlechtsrollen (Arganian 1973).

Manche Forscher gehen davon aus, daß die beim männlichen Geschlecht beobachtete stärkere Neigung zu aggressivem Verhalten und das vorwiegend weibliche Interesse an Tätigkeiten, die die Verhaltensforschung als „Brutpflegeverhalten" bezeichnet, auch genetisch determiniert seien (Eysenck 1975, S. 203 ff.). Eine solche These ist nur durch Analogieschluß aufrechtzuerhalten und enthält einen beträchtlichen Grad an Spekulation. Sie zwingt andererseits nicht zu der Annahme, daß biologische Gegebenheiten auf soziokulturelle Rollen und pädagogische Normen in jedem Falle einen präskriptiv-determinierenden Einfluß haben müssen.

Schichtenspezifische Differenzen

Die sozialwissenschaftliche Forschung hat in den letzten Jahrzehnten eine Fülle von Material über Unterschiede der Lebenssituationen von Familien verschiedener sozialer Schichtzugehörigkeit erbracht. Insbesondere sind die ökonomische Situation, die inter- und intrafamiliären Umweltbeziehungen, die Wertorientierungen, die Erziehungspraktiken sowie zentrale Persönlichkeitsvariablen (Sprache, Leistungsmotivation, Selbständigkeitsstreben, sozial-emotionale und kognitive Entwicklung) zum Gegenstand der schichtenspezifischen Sozialisationsforschung gemacht worden. Die Ergebnisse dieser Forschungen können wir im Rahmen unserer Untersuchung als bekannt voraussetzen. Zumeist werden die Sozialisationsmodi von „Unterschichtkind" (Arbeiterkind) und „Mittelschichtkind" (Kind der bürgerlichen Familie) als schichtenspezifisch different einander gegenübergestellt. Wenn man in diesem Zusammenhang von der „sozialen Benachteiligung" des Unterschichtkindes spricht, so wird deutlich, daß die ökonomische Situation und die schichtenspezifischen Verhaltensmuster des Unterschichtkindes von den Standards unserer Leistungsgesellschaft her als defizitär interpretiert werden müssen.

Es überrascht, daß die Spielmittel, deren hoher Stellenwert in der heutigen Kindererziehung allgemein bekannt ist, von Sozialisationsforschern bislang kaum unter schichtenspezifischem Aspekt untersucht wurden. Aus diesem Grunde liegt zum Spielzeug als schichtenspezifischem Erziehungsfaktor kaum Datenmaterial vor. In der Bundesrepublik stehen im wesentlichen nur die Ergebnisse der Gießener Elternbefragung zur Verfügung (Retter 1973, S. 25 ff.).

Untersuchungshypothesen über schichtenspezifische Differenzen wurden hier zum einen hinsichtlich der ökonomischen Situation, zum anderen hinsichtlich Werteinstellungen und Erziehungspraktiken formuliert.

Ökonomische Aspekte

Unter ökonomischem Aspekt ist zu erwarten, daß Familien der sozialen Unterschicht (Grundschicht) weniger in der Lage sind, den Kindern ein reichhaltiges Spielmittel-Angebot zu machen als die finanziell besser situierten Familien der Mittelschicht. Der Begriff „soziale Schicht" wurde dabei durch den Bildungsabschluß des Familienvaters definiert, so daß sich drei Gruppierungen ergaben: Grundschicht (Volksschulabschluß bzw. -abgang), untere Mittelschicht (Mittlere Reife) und obere Mittelschicht (Abitur). Die Gesamtstichprobe der befragten Eltern hat insofern einen Sonderstatus, als es sich dabei um eine „positive Auslese" interessierter Eltern handelte, die den zugeschickten Fragebogen beantworteten.

Hochsignifikante Unterschiede zeigt die Beantwortung der beiden Statements: „Gutes Spielzeug zu kaufen ist vor allem ein finanzielles Problem", und „Wir haben Schwierigkeiten, das Spielzeug in der Wohnung überhaupt noch unterzubringen". Die Antworten wurden auf einer fünfstufigen Skala gegeben (1 = trifft vollkommen zu; 2 = trifft weitgehend zu; 3 = trifft teils zu, teils nicht zu; 4 = trifft eher nicht zu; 5 = trifft keinesfalls zu).

Die Beantwortung beider Fragen läßt ein klares schichtenspezifisches Gefälle der Durchschnittswerte im Sinne der Hypothese erkennen; danach reagieren Grundschichteltern auf beide Statements am positivsten, die Akademiker-Eltern am zurückhaltendsten. Daß die Spielzeugunterbringung von den Grundschichteltern als am schwierigsten empfunden wird, ist offensichtlich die Konsequenz der signifikant geringeren Wohnfläche im Vergleich zu den beiden anderen Schichten. Von einer tatsächlichen Überfüllung der Wohnung mit Spielmitteln kann allerdings bei allen Befragten nicht die Rede sein. Es zeigt sich vielmehr, daß alle Angaben über das Vorhandensein von Spielmitteln bei Mittelschichtfamilien höher liegen als bei Grundschichtfamilien. Bei Autos, Bällen, Stofftieren, Bausystemen und Bilderbüchern sind diese Differenzen nur gering, während Handpuppen, Knete, Musikinstrumente, einfache Holzbauklötze, Lotto- und Puzzle-Spiele in der Unterschicht 5 bis 15 % weniger vorhanden sind als in der oberen Mittelschicht. So treten schichtenspezifische Differenzen in der Spielmittelversorgung der Kinder vor allem bei jenen Kategorien auf, die nicht zum üblichen Spielzeug-Grundinventar gehören, sondern ein erweitertes Spielangebot darstellen.

Die in der Öffentlichkeit immer wieder zu hörende Behauptung, daß die Kinder heute mit Spielzeug überschüttet werden (Hülsenberg 1963; Wiedner 1966), findet durch unsere Ergebnisse keine Bestätigung. Möglicherweise beruht diese Ansicht auf einer Überinterpretation der Weihnachtseinkäufe.

Daß etwa Kasperpuppen, Knete, Puzzle-Spiele, Aufstell-Spielzeug zum Beleben von Bauspielen und Materialien fürs Rollenspiel (außer Puppen) jeweils bei einem Drittel (und mehr) der befragten Unterschicht-Familien nicht vorhanden waren, zeigt das Spielmittel-Defizit von Unterschichtkindern deutlich auf.

Zu fragen ist, ob die Eltern dies als Mangel empfinden, wenn bestimmte Spielmittel nicht vorhanden sind. Die Ergebnisse belegen, daß die Eltern der Unterschicht bei den meisten Spielmittelkategorien im Vergleich zur oberen Mittelschicht weniger häufiger auf das Statement „Davon sollte mehr vorhanden sein" positiv reagieren. Insgesamt gilt, daß Mittelschichteltern, die ihren Kindern reichlich Spielmittel zur Verfügung stellen, darüber hinaus stärker als Unterschichteltern der Ansicht sind, daß das bestehende Spielmittel-Angebot noch erweitert werden müßte.

Damit zeigt sich, daß die quantitativ geringere Spielmittel-Ausstattung von Unterschichtkindern *nicht ausschließlich* finanzielle Gründe hat, sondern in der Einschätzung des Spielzeugs für die Entwicklung des Kindes auch Unterschiede in den Wertorientierungen zwischen den Sozialschichten sichtbar werden.

Schichtenspezifische Einstellungen und Wertorientierungen
Unter Berücksichtigung der Befunde zur Schichtenspezifität elterlicher Erziehungseinstellungen sowie den Ergebnissen einer Voruntersuchung zur Gießener Elternbefragung (Retter 1971) wurden für die Hauptuntersuchung folgende Hypothesen zur Einschätzung der Spielmittel als Erziehungsfaktor formuliert:

1. Das Bewußtsein für die Bedeutung von Spiel und Spielzeug für die Erziehung des Kindes ist in der oberen Mittelschicht am stärksten, in der Unterschicht am geringsten ausgeprägt.
2. Die dem Geschlechterstereotyp entsprechende Zuordnung „Puppen für Mädchen", „technisches Spielzeug für Jungen" findet sich am stärksten ausgeprägt in der Unterschicht, am geringsten ausgeprägt in der oberen Mittelschicht.
3. Die Meinung, Eltern sollten das Spiel der Kinder kontrollieren, ist am stärksten in der Unterschicht ausgeprägt.
4. Die Meinung, daß das Spiel des Kindes freibleiben soll von den Leistungsanforderungen des Erwachsenen und gegenüber dem schulischen Lernen einen Eigenwert besitzt, wird am stärksten in der oberen Mittelschicht vertreten.

Die Ergebnisse der Elternbefragung führten überwiegend zu einer Bestätigung der Hypothesen im Sinne statistisch signifikanter Unterschiede zwischen den drei verglichenen Sozialschichten.
Das Bewußtsein der Mittelschicht-Eltern für die Bedeutung der Spielmittel als Erziehungsfaktor kommt in einer größeren Kritikfähigkeit gegenüber minderwertigem Spielzeug und in vielseitigeren Informationsbedürfnissen zum Ausdruck, als sie Unterschicht-Eltern offenbar besitzen. Eltern der oberen Mittelschicht kaufen relativ öfter ein Spielzeug, wenn sie das Gefühl haben, daß das Kind dies benötigt – und nicht nur zu Weihnachten oder zum Geburtstag des Kindes. Sie sind auch häufiger als Unterschichteltern Kunden von Spielzeugfachgeschäften, sind aber gleichzeitig viel stärkere Kritiker des Fachgeschäftes in bezug auf das Sortiment, Bedienung und Beratung.
Die Bereitschaft, technisches Spielzeug auch Mädchen, Puppen auch Jungen zum Spiel zu geben, liegt durchschnittlich im mittleren Antwortbereich der Skala, jedoch sind die Unterschiede zwischen den drei Sozialschichten hochsignifikant im Sinne der Hypothese. Während auch Unterschicht-Eltern überwiegend keine Bedenken haben, wenn Jungen Interesse am Puppenspiel zeigen, so ist bei ihnen die Zustimmung zum geschlechterkonformen Rollenspiel wesentlich stärker, die Zuordnung des technischen Spielzeugs zur Mädchen-Rolle wesentlich geringer ausgeprägt als in der oberen Mittelschicht; die Eltern der unteren Mittelschicht liegen mit ihren Antworten zwischen diesen beiden Gruppen. Übrigens sind quer durch die Sozialschichten Nur-Mädchen-Eltern stärker auf das bestehende Geschlechterstereotyp fixiert als Nur-Jungen-Familien.
Die Antwortverteilungen zur dritten Hypothese bestätigen die tendenziell stärker auf „Kontrolle" und restriktive Erziehungsmaßnahmen gerichtete Einstellung der Unterschichteltern. Insbesondere Eltern der oberen Mittelschicht geben ihren Kindern beim Spiel mehr freien Raum zum Selbstprobieren, Selbsterkunden, ohne daß sie eingreifen, wenn dem Kind etwas nicht gleich gelingt oder ihm erklären, wie man damit spielen soll. Das Bestreben des Kindes, im Spiel seine eigene Welt unabhängig vom Willen der Erwachsenen aufzubauen, wird signifikant stärker von Mittelschicht-Eltern unterstützt als von Unterschicht-Eltern. Die Tendenz, das Spiel

der Kinder stärker zu lenken, das Kind eher dazu anzuhalten, z. B. Bauwerke nach Bildvorlagen nachzubauen, ist in der Unterschicht stärker ausgeprägt als in der Mittelschicht. Falsch wäre es freilich, im Sinne einer idealtypischen Stereotypisierung schichtenspezifischer Differenzen zu meinen, Unterschicht-Eltern bestehen strikt auf dem Nachbauen von Vorlagen und sind gegen das freie, phantasievolle Gestalten mit Baumaterial.

Vielmehr herrscht in allen drei Gruppen weitgehend Einigkeit darüber, daß dem freien Gestalten wesentlich größere Bedeutung zukommt als dem Nachbauen einer Modellvorlage, aber beide Zielvorstellungen werden – und nur dies macht den charakteristischen „schichtenspezifischen" Unterschied aus – jeweils verschieden stark akzentuiert. Ähnlich differenziert müssen die Antwortverteilungen zu anderen Statements beurteilt werden. So stimmen Mittelschichtfamilien dem Statement weitgehend zu, daß Kinder lernen müssen, ihre Spielsachen wieder aufzuräumen, entscheidend ist aber, daß Unterschicht-Eltern diesen Grundsatz durchschnittlich fast *uneingeschränkt* bejahen. Der Nachdruck, mit dem Eltern auf dem Aufräumen der Spielsachen durch die Kinder bestehen, scheint ein außerordentlich gutes Trennkriterium für schichtenspezifische Erziehungseinstellungen zu sein. Sowohl in Vor- und Hauptuntersuchung der Elternbefragung als auch in einer Untersuchung von Gertrud Beck (1970, S. 250) zur politischen Sozialisation im Vorschulalter zeigen sich zu dieser Einstellungsvariablen ausgeprägte Unterschiede der Antworten-Verteilung. Demnach legen Mittelschichteltern nicht ganz so großen Wert auf die strikte Einhaltung von Ordnung im Kinderzimmer. Mittelschichtkinder dürfen auch in stärkerem Maße als Unterschichtkinder ihr Zimmer „auf den Kopf stellen", d. h. Möbel, Einrichtungsgegenstände usw. in ihr Spiel miteinbeziehen. Es ist kaum zu übersehen, daß dieser größere Freiheitsspielraum, den Mittelschichteltern ihren Kindern zubilligen, auch in Abhängigkeit von den Wohnverhältnissen steht. Bei einer kleineren Wohnung, mit der Unterschichteltern meist auskommen müssen, ist die Erziehung der Kinder zu Ruhe und Ordnung nicht lediglich ein autoritärer Willkürakt der Eltern, sondern trägt auch dazu bei, Konfliktanlässe, die durch das Zusammenleben auf engerem Raum zwangsläufig immer wieder gegeben sind, zu reduzieren.

Diese Ergebnisse unserer Befragung stehen in Einklang mit allgemeinen Befunden der schichtenspezifischen Sozialisationsforschung. Überraschenderweise wurden die beiden folgenden Statements von der Unterschicht am stärksten, von der oberen Mittelschicht am wenigsten bejaht (bei durchschnittlich weitgehender Bejahung):

„Die Eltern sollen ihren Kindern beim Spiel vollkommene Freiheit lassen."
„Mit Spielzeug sollen sich Kinder einfach freuen."

Wenn die Zustimmung zu diesen beiden Erziehungsgrundsätzen am größten bei der Unterschicht ist, so scheint dies in Widerspruch zu den schichtenspezifischen Differenzen in bezug auf die konkreten Erziehungspraktiken zu stehen. Dieser Widerspruch läßt sich nur so erklären, daß allgemeine Erziehungsgrundsätze wie der

Gedanke der Freiheit im Spiel bereits so stark im allgemeinen Bewußtsein verankert ist, daß eine Zustimmung bei Unterschicht-Eltern lediglich Nachvollzug einer tradierten und als sozial erwünscht betrachteten Meinung darstellt, was nicht besagt, daß das eigene erzieherische Handeln in der konkreten Alltagssituation tatsächlich von diesem Gedanken geleitet wird; in ähnlicher Weise läßt sich auch die Diskrepanz von Theorie und Praxis einer nonkonformen Geschlechterrollenerziehung erklären. Umgekehrt könnten Mittelschicht-Eltern, die in den konkreten, praxisbezogenen Statements stärker die Grundsätze einer liberalen Erziehungseinstellung erkennen lassen, deshalb zögern, die Forderung nach Gewährung von Freude und Freiheit im Spiel uneingeschränkt zu bejahen, weil sie die vielfachen Schwierigkeiten der Realisierung einer solchen Forderung als Problem empfinden.

Die Tendenz, daß allgemeinen Grundsätzen einer kind- und spielorientierten Erziehung von den Unterschichtsfamilien eher zugestimmt wird als bei Statements, die gleichsam praktische Konkretisierungen derartiger Prinzipien darstellen, fand sich teilweise auch zu den Aussagen zum Themenkomplex *Spiel und Leistung (Hypothese 4)*.

Während einige pädagogische Zielbestimmungen keine schichtenspezifische differente Reaktionstendenz ergaben („Spielzeug soll den Kindern Erfahrungen mit der Welt der Erwachsenen vermitteln", „Im Spiel soll das Kind von den Leistungsanforderungen der Erwachsenen verschont bleiben"), zeigen die Aussagen zum Problem „Spiel und schulische Leistung" deutliche Einstellungsunterschiede der drei Vergleichsgruppen. Der Äußerung, daß Schulanfänger mehr lernen, d. h. nicht mehr so viel spielen sollten und Eltern den Kindern nur dann freie Zeit zum Spielen geben sollten, wenn die Kinder gute Schulleistungen zeigen, wird – bei einer durchschnittlich eher ablehnend als zustimmend geäußerten Meinung – am stärksten von den Mittelschichteltern widersprochen. Offenbar verliert der Gedanke der Eigenwertigkeit des Spiels in der Mittelschicht auch beim Eintritt des Kindes in die Schule nicht seine Bedeutung. Unterschichteltern neigen demgegenüber eher dazu, die pädagogische Bedeutung des Spiels im Vorschulalter mit dem Gedanken der Erreichung bestimmter Lernziele zu verbinden, bei Schuleintritt des Kindes die Schulleistungen als wesentlich wichtiger als das Spiel anzusehen. Da Unterschichtkinder stärker von der Gefahr schulischen Mißerfolgs bedroht sind, ist diese Einstellung bei sozial aufstrebenden Unterschichtfamilien, zu denen wir unsere Befragten rechnen müssen, durchaus Ausdruck elterlicher Sorge um ihre Kinder.

Das anders akzentuierte Bildungsbewußtsein der Unterschichteltern im Vergleich zur Mittelschicht kommt insbesondere in der Stellungnahme zur vorschulischen Begabungsförderung zum Ausdruck. Die Befragten wurden gebeten, die folgenden Tätigkeiten und Materialien hinsichtlich ihrer Wichtigkeit für das Vorschulkind auf einer 5stufigen Skala einzuschätzen:

– Material zum Bauen und Konstruieren
– Malen, Zeichnen
– Spiel mit technischem Spielzeug

- Spiel mit Puppen bzw. Tieren
- Singen, Musikinstrumente
- Bilderbücher, Vorlesebücher
- Spielsachen für Rollenspiele
- Bastelarbeiten, Handarbeiten
- Turnen, Sport, Gymnastik
- Schwimmen
- Spiele zum Lesenlernen und Rechnenlernen
- Gesellschaftsspiele
- Puzzle, Einsetz-, Lottospiele
- Mit natürlichem Material draußen bauen und spielen.

Aufgrund von Ergebnissen der Voruntersuchung wurde erwartet, daß alle allgemeinen Aktivitäten stärker von der Mittelschicht, hingegen didaktische Materialien zum Lesen- und Rechnenlernen stärker von den Unterschichteltern als relevant angesehen werden. Es war überraschend, mit welcher Deutlichkeit die Ergebnisse der Hauptuntersuchung eine Bestätigung dieser Erwartung darstellten. Bei allen allgemeinen Aktivitäten und Spieltätigkeiten zeigt sich ein signifikantes schichtenspezifisches Gefälle der Antworten derart, daß die obere Mittelschicht diese Aktivitäten jeweils für wichtiger hält als die Unterschicht. Es scheint, daß Mittelschichteltern generell stärker als Unterschichteltern motiviert sind, den Aktivitäten des Kindes im Vorschulalter größere Beachtung zu schenken. Entscheidendes Ergebnis ist aber nun, daß dies für die Kategorie der Materialien zum Lesen- und Rechnenlernen *nicht* gilt. Hier zeigt sich ein Gefälle der Durchschnittswerte für die drei Gruppen in umgekehrter Richtung, d. h. diese Materialien werden von den Unterschichteltern für wichtiger eingeschätzt als von den Mittelschichteltern.

Auch durch weitere Statements zur Bedeutung des frühen Lesenlernens und unter dem Aspekt erwünschter Spielmittel kommt die größere Wertschätzung der Unterschicht für das Erlernen schulisch-relevanter Fertigkeiten durch Lernspiele zum Ausdruck.

Die Interpretation dieses Sachverhaltes hat mehrere Aspekte. Zunächst erscheint die Vermutung naheliegend, daß in der gehobenen Mittelschicht die „Begabungsförderung im Vorschulalter" eher verstanden wird als Darbietung eines breiten Angebots von Spielmitteln und Aktivitäten in den verschiedenen Lernbereichen, weniger aber als eine Zurüstung des Kindes für den Schulanfang durch vorzeitiges Erlernen der Kulturtechniken. Letzterer Aspekt wird von Unterschichteltern stärker betont. Gerade in bezug auf ein vorschulisches „Begabungstraining" besteht bei unseren Unterschichteltern ein spürbares Interesse – wenn es auch unterschiedlich stark zum Ausdruck kommt. Es ist aber durchaus auch möglich, daß die Unterschichteltern ihr Urteil stärker als die Mittelschichteltern in Abhängigkeit von der Bildungswerbung und den Massenmedien treffen, die in den letzten Jahren die Wichtigkeit einer schulvorbereitenden Vorschulerziehung immer wieder herausstellten. Daß Unterschichteltern etwas unkritischer gegenüber Identifikationsange-

boten von Mode, Werbung und Massenmedien urteilen, belegt nicht nur die positivere Einstellung zu modischen Teenager-Puppen (wie z. B. Barbie), sondern ebenso zur Frage, ob das Fernsehen den Kindern gute Spielanregungen gebe; die Urteile der oberen Mittelschicht sind hochsignifikant different im Sinne einer stärkeren Kritik an diesbezüglichen Statements.
Unterschicht-Familien orientieren sich in ihrem Meinungsbild offenbar stärker am Gegebenen, d. h. eher an Situationen, deren Identifikationsangebote direkt übernommen werden oder sich als Konsequenz der familiären „ökonomischen Lage" ergeben: Man ist darauf bedacht, sich an das anzupassen, was einem die Massenmedien und die soziale Umwelt als normen- bzw. rollengerechtes Verhalten „vorschreiben". In der Mittelschicht herrscht mit zunehmender Bildungshöhe dagegen eine eher selbstbestimmte Interpretation der „man-tut-das"-Normen vor. Diese größere Unabhängigkeit gegenüber den Erwartungen der Umwelt ist auf eine ausgewogenere Identitätsbalance zurückzuführen, die ihre Stabilität durch den Rückgriff auf *symbolische* Formen der Rollen- und Normendifferenzierung gewinnt. Die Fähigkeit zum „symbolischen Interagieren" erwirbt das Mittelschicht-Kind im Prozeß der primären Sozialisation, zum einen durch das Erlernen einer differenzierten Sprache, zum anderen durch Spiel.
Auf unsere Befunde angewandt, bedeutet dies: Freies Spielen auf der Grundlage eines breitgefächerten Spielmittel-Angebotes gewinnt in der Auseinandersetzung des Kindes mit der Umwelt eine persönlichkeitsstabilisierende Funktion, die auch die Eltern gegenüber normativen Ansprüchen der Umwelt unabhängiger machen. Man könnte von einer „Schutzwall-Funktion" des Spiels sprechen, die die Spielpraxis in der Familie abschirmt vor den vielfältigen normativen Zugriffen der Außenwelt: Weder schnellebige Spielzeug-Moden, neue Begabungstheorien zur Vorschulerziehung noch der Trend zum „didaktischen Spielmaterial" konnten diesen Schutzwall durchbrechen. Die unterschiedliche Einschätzung didaktischer Materialien in verschiedenen Sozialschichten kann als Indiz angesehen werden, daß die „Schutzwall-Funktion" der Spielerziehung in der Unterschicht weniger stark ausgeprägt ist als in der Mittelschicht.
In einer spielfreundlichen, nachsichtig-liberalen Erziehung ist im Grunde all das an pädagogischen Normen enthalten, was manche Pädagogen als „Schonraumideologie" bezeichnen. Sie treffen damit die Situation des Mittelschichtkindes und das „versteckte Curriculum", dem man bislang so erfolglos nachspürte, mehr, als die Kritiker der Schonraumpädagogik bisher zuzugeben bereit waren. Das breite Angebot an Spiel- und Betätigungsaktivitäten, das Mittelschichteltern im Rahmen vorschulischer Erziehung für sinnvoll halten, vermittelt dem Kind eine Lernwelt, die nicht der ständigen Einflußnahme durch den Erwachsenen unterliegt, sondern einen vielfältigen Umgang mit den verschiedensten anregenden (Spiel-)Materialien beinhaltet. Die auf indirektem Wege über Spielmittel erfolgende Lenkung des Kindes schafft dann auch eine günstige Motivationsbasis für das Erlernen spezieller Techniken und Fertigkeiten. Es ist deshalb nur scheinbar ein Widerspruch, daß eine schulvorbereitende Vorschulförderung bei Mittelschichtkindern größere Erfolge

aufweist, obwohl die Eltern die Bedeutung des Spiels viel höher einschätzen als den Erwerb von Kulturtechniken durch vorschulisches Training.

Aus England liegen zur Schichtenspezifität von Elterneinstellungen in bezug auf die Bedeutung von Spiel und Spielzeug ähnliche Ergebnisse vor. Jones/Bernstein (1974, S. 145 ff.) befragten Mütter von Schulanfängern unter anderem nach ihrer Einstellung zum Verhältnis von Spielen und Lernen. Die Ergebnisse zeigen signifikante Unterschiede zwischen „working class", „mixed class" und „middle class" dahingehend, daß die Wertschätzung des Spiels bei den Mittelschichteltern am ausgeprägtesten ist, eine Einschränkung des Spiels mit Schulbeginn am wenigsten gewünscht und die erzieherische Bedeutung des Spiels relativ am meisten geschätzt wird; andererseits betonen aber auch die Mittelschichtmütter die Bedeutung des Erlernens der Kulturtechniken und ein ausgewogenes Verhältnis von Spiel und Arbeit stärker als Unterschichteltern. In bezug auf die Einstellungen zum Spielzeug zeigen sich schichtenspezifische Unterschiede vor allem in der stärkeren Betonung des explorativen/imaginativen Aspekts durch Mittelschichteltern. Darüber hinaus sehen Mittelschichteltern eine größere Anzahl verschiedener Aspekte der Bedeutung von Spielmitteln im Vergleich zu Unterschichteltern.

Bernstein/Young fanden, daß Mittelschichtmütter den Zweck des Spielzeugs eher darin erblicken, daß Kinder ihre allgemeinen Fähigkeiten schulen, indem sie die allgemeine Beschaffenheit von Dingen erkennen, während für die unteren Sozialschichten in stärkerem Maße auch andere spielfremde Zweckbestimmungen wichtig sind (Spielzeug als Mittel schulischer Vorbereitung, Mittel der Selbstbeschäftigung, Entlastung der Mutter). Bernstein/Young fanden ferner, daß innerhalb der Arbeiterschicht ein signifikanter Zusammenhang zwischen der Auffassung der Mütter über den Zweck des Spielzeugs und der Intelligenz des Kindes besteht; die Autoren schließen daraus, daß diese Einstellungen zum Spielzeug nicht nur deshalb bekundet werden, weil sie den Befragten als sozial wünschenswert erscheinen, sondern darüber hinaus auch Folgen für die Einstellungen der Kinder haben. Offenbar erreichen jene Kinder eine höhere Intelligenzleistung, deren Mütter die *allgemeine* Erziehungs- und Bildungsfunktion des Spielzeugs betonen und seine Instrumentalisierung für andere Zwecke zurückweisen (Bernstein/Young 1971).

Hildegard Hetzer, deren Untersuchungen über „Kindheit und Armut" aus den zwanziger Jahren eine weitgehende Bestätigung heutiger Befunde zur Situation des Unterschichtkindes darstellt, macht darauf aufmerksam, daß bei einem Vergleich der Kinder aus verschiedenen Sozialschichten es nicht genüge, Spielpräferenzen oder den Spielzeugbestand festzustellen, vielmehr müsse die jeweilige Andersartigkeit des Spielverhaltens berücksichtigt werden.

„Die Kinder der Unterschicht sind ungeschickter in der Handhabung von angebotenem Spielzeug und beim Eingehen auf den Erwachsenen als Spielpartner, durch das übliche Spielzeug aus der Kinderstube der Mittelschicht oft befremdet und eingeschüchtert. Sie greifen seltener von sich aus zu, zeigen also weniger Initiative und sind weniger ansprechbar für den Aufforderungscharakter der Spielsachen. Es scheint wichtig zu sein festzustellen, daß Unterschiede schon sehr früh auftreten und daß sie keinesfalls nur das Niveau der

Spieltätigkeiten, Ungeschick im Umgang mit dem Spielzeug, mangelndes Verständnis für ein Spiel mit dem Erwachsenen, etwa das Hin- und Herrollen eines Balles, betreffen. Es handelt sich zweifellos auch um Unterschiede der Einstellung." (Hetzer 1972, S. 123 f.)

Ferner hebt Hetzer den größeren Anteil des Funktionsspiels, den geringeren Anteil des Darstellungs- und Rollenspiels sowie die geringere Verbalisierung von Spielinhalten beim Unterschichtkind hervor.

Fazit: Die Bedeutung von Spiel und Spielmittel ist in der sozialen Grundschicht eine andere als in der Mittelschicht, auch wenn sich dieses Anderssein oft nur in Akzentunterschieden nachweisen läßt. Die Forschungsergebnisse legen nahe, von einem Spiel- und Spielmitteldefizit des Unterschichtkindes zu sprechen. Aber diese pauschale Sichtweite verleitet allzu schnell dazu, den Bemühungen um eine ausgleichende Spielförderung Maßstäbe zu setzen, die am Mittelschichtkind gewonnen wurden, den sozialen Kontext des Unterschichtkindes verfehlen und deshalb fragwürdig sind. Allerdings kann auch die Meinung nicht aufrecht erhalten werden, daß Kinder aus einfachen Verhältnissen bessere Spielmöglichkeiten besitzen als spielzeugverwöhnte Mittelschichtkinder.

Kriegsspielzeug als Träger unerwünschter Verhaltensnormen

Alle Kritik am Spielmittel – angefangen von Weigels Verdammung der „garstigen Dockenwerke" über die Warnungen der Reformpädagogik vor der seriellen Massenware bis zur gegenwärtigen Verurteilung von Spielzeug, „das durch seine Konstruktion das Kind zum Zerstören und Vernichten anregt" (Gantner/Hartmann 1973, S. 69) – hat normativen Charakter: Wenn Spielmittel allgemein Verhalten beeinflussen, so können gegebenenfalls auch Verhaltensweisen gefördert werden, die mit den bestehenden Normen der Gesellschaft oder einzelner Gruppen nicht übereinstimmen.

Sowohl kriegerisches Spielzeug als auch all das, was heute als „entartetes Spielzeug" (Juliane Metzger) der pädagogischen Kritik anheimfällt, ist in der Vergangenheit vielfach gekauft und benutzt worden. Bleisoldaten gehörten bis zum Ersten Weltkrieg gleichsam zur Grundausstattung jedes Jungen aus bürgerlichem Hause. Und die historischen Beispiele für allerlei Grausamkeiten, die im Spielzeug real oder symbolhaft zu Unterhaltungszwecken verübt wurden, sind bekannt: Einige Jahrhunderte alt sind die „komischen Figuren", deren „automatische" Bewegungen durch darin eingezwängte Vögel verursacht wurden; kleine Guillotinen, mit denen Aristokratenpuppen geköpft werden konnten, kamen nach der Französischen Revolution in Mode. Der „Chinesenfresser" – ein ‚dicker' Japaner verschluckt einen kleinen Chinesen – war eine von deutschen Herstellern produzierte Figur, die in Japan zum Absatzschlager während des japanisch-chinesischen Krieges (1894/95) wurde (vgl. die Abbildung Seite 70; Metzger 1968, S. 136f.).

Galten in früheren Zeiten vor allem Spielkarten („Gebetbuch des Teufels") und Würfel als Träger unerwünschter Verhaltensweisen, weil sie zu unehrenhaftem Glücksspiel verleiteten, so hat sich dieses Bild im 20. Jahrhundert grundlegend gewandelt[4].

Heute stehen vor allem das Kriegsspielzeug und die in seinem Umkreis angesiedelten aggressionsbezogenen Spielmittel im Vordergrund pädagogischer Verbote und Bedenken.

Die Ächtung des Kriegsspielzeugs nach dem Zweiten Weltkrieg
Leitgedanken zur Ächtung des Kriegsspielzeugs sind folgende:

„1. Das Kriegsspielzeug ist unbedingt und unter allen Umständen zu verwerfen! Es verroht, ruft brutale Instinkte hervor und festigt sie.
2. Es läßt das Kind die Waffe nicht als Mordinstrument sehen, als Vernichterin heiligen und einmaligen Lebens, sondern glorifiziert sie als Heldeninstrument und Machtmittel, wodurch im Jugendlichen eine völlig falsche Einstellung zu ihr wie auch zum Weltgeschehen hervorgerufen wird.
3. Wenn andere Staaten das Kriegsspielzeug billigen und propagieren, so ist dies noch kein Beweis dafür, daß sie ethisch richtig handeln und daß wir dasselbe zu tun haben.
4. Als wahre Erzieher und Menschenfreunde haben wir die moralische Pflicht, die Jugend und die Eltern über dieses Thema aufzuklären und sie zur Einsicht zu bringen, daß das Spiel mit Kriegswaffen, auch wenn es noch so harmlos und bieder aussieht, in Wahrheit eine Scheußlichkeit darstellt, jedes Kulturmenschen unwürdig!" (Winternitz 1953, S. 504)

Zweifellos ist die besonders starke Ablehnung des Kriegsspielzeugs mit eine Reaktion auf den NS-Staat und den Krieg, die zu der späten Einsicht führte:
„Hätten wir schon damals Bleisoldaten, Säbel und Schießgewehre aus der Spielzeugkiste unserer Kinder verbannt, dann wäre unsere Jugend nicht so begeistert in den Krieg gezogen, dann hätte sich so mancher junge Mensch als Wachsoldat in den Konzentrationslagern nicht so bestialisch benommen." (Dopf 1950, S. 37)
Deutlicher noch als ästhetische Bewertungen, geschlechtstypische Rollenvorstellungen oder schichtenspezifische Erziehungspraktiken läßt die Diskussion um das Kriegsspielzeug die Gebundenheit der Spielmittel an pädagogische Wertvorstellungen erkennen.
Kann Kriegsspielzeug ebenso „Medium der Selbstverwirklichung" sein wie jedes andere Spielmittel?

---

4 Glücks- und Lotteriespiele sind die einzigen Spiele, die unter bestimmten Voraussetzungen der Genehmigungspflicht bzw. Gesetzesverboten unterliegen (§§ 284–286 StGB), da sie schutzwürdige Rechtsgüter der Bevölkerung gefährden und sozialschädliche Auswirkungen haben können. Eine pädagogische Diskussion dieses Themas findet derzeit kaum statt, ist aber unter freizeitpädagogischem Aspekt notwendig (siehe Abschnitt VIII); zu den rechtlichen Bestimmungen vgl. Astl/Rathleff 1965.

Auf der Gründungskonferenz des International Council of Children's Play in Ulm 1959, der Teilnehmer aus zwölf Ländern (darunter zwei aus der DDR) angehörten, wurde als erste Forderung erhoben: „Kein Spielzeug in die Hand der Kinder geben, das sie das Töten lehrt!" (zit. nach Schlitt 1960/61, S. 56).

Werbung für Kriegsspielzeug, Spielzeugmarkt, November 1974.

Angesichts der zunehmenden Bedrohung des Menschen durch Terror und kriegerische Gewalt scheint die Ablehnung von Kriegsspielzeug eine auch international anerkannte pädagogische Norm zu sein, die in Einklang steht mit einer Erziehung zum friedlichen Zusammenleben und zur Lösung von Konflikten mit nichtkriegerischen Mitteln, wie sie etwa in der Charta der Vereinten Nationen weltweite Zustimmung gefunden hat.

Werbung für Kriegsspielzeug, Spielzeugmarkt, November 1974.

Aber die Schlußfolgerung, daß die allgemeine Ablehnung des Kriegsspielzeugs von dem Vorhandensein *absoluter* ethischer Maßstäbe zeuge, von denen aus Spielmittel zu bewerten sind, ist unzutreffend. Dies offenbart nicht nur die Diskrepanz zwischen ethischen Ansprüchen und der Tatsache, daß es heute mehr denn je Kriegsspielzeug zu kaufen gibt; schwerer wiegt, daß auf dem Hintergrund differierender Gesellschafts- und Wertsysteme die Interpretation dessen, was als Kriegsspielzeug zu gelten hat, kaum zu lösende Probleme schafft.

Sozialistisches Wehrspielzeug – kein Kriegsspielzeug?
Die DDR-Pädagogik geht davon aus, daß das reichhaltige Angebot an Kriegsspielzeug in der Bundesrepublik und anderen westlichen Ländern Indiz für die revanchistischen Aggressionsabsichten der Nato-Staaten und der dahinterstehenden Monopole ist, die mit derlei Freizeitangeboten die Jugend kriegslüstern machen will, während die Soldaten, Panzer und Maschinenpistolen, die die volkseigene Produktion für DDR-Kinder bereithält, keinesfalls Kriegsspielzeug seien. Der „Klassencharakter des Spielzeugs" (Grenz 1967, S. 15, 18) bringt es mit sich, daß kapitalistisches Kriegsspielzeug und sozialistisches „Wehrspielzeug" nichts miteinander gemein haben, da sie entgegengesetzte Ziele verfolgen: Erstere erziehen zum Krieg, letztere erziehen – nach dem Selbstverständnis der sozialistischen Ideologie – zum Frieden:

„Wie die Erkenntnis längst Allgemeingut geworden ist, daß Waffe nicht gleich Waffe ist, sondern daß es davon abhängt, wer die Waffe trägt und für welchen Zweck sie getragen wird, werden wir auch Klarheit darüber zu schaffen haben, daß Spielzeug nicht gleich Spielzeug ist." (Hortzschansky 1957, S. 15.)

Durch die sozialistische Erziehung lernt das Kind „verstehen, daß es all das Große und Schöne, das es sieht und erlebt, unter Umständen verteidigen muß und, je mehr

es sich zu seinem Land mit all den für die Kinder geschaffenen Einrichtungen hingezogen fühlt, auch gern verteidigen wird. Die Erläuterungen des militärischen Spielzeugs und deren Funktionen ist dem jeweiligen Alter der Kinder anzupassen." (Spielzeug 1958, S. 120.)
Im Sozialismus gibt es in bezug auf das militärische Spielzeug – ebenso in allen anderen Spielmittelbereichen – keinerlei Diskrepanz der Auffassungen zwischen Pädagogen und Produzenten:

„Als Spielzeugindustrie haben wir die Aufgabe, die sozialistische Wehrerziehung unserer Kinder durch die Entwicklung und Produktion geeigneter Spielzeuge wirkungsvoll zu unterstützen." (Böttcher/Stolze 1969, S. 110.)

Von den Pädagogen wird allenfalls beklagt, daß Umfang und Qualität des sozialistischen Militärspielzeugs, das doch „besonders beim jüngeren Schulkind die emotionale Einstellung zur Volksarmee" fördere, noch nicht den erzieherischen Erfordernissen entspricht.
Der Umgang mit volkseigen produziertem Militärspielzeug, der DDR-Kindern anbefohlen wird, ist nichts anderes als ein Beitrag, „die dem Freund-Feind-Bild zugrundeliegenden Überzeugungen, die gleichzeitig Gestaltungselemente des sozialistischen Vaterlandsbewußtseins sind", zu festigen (Adam 1969, S. 839), um den „Klassenfeind" bekämpfen zu können. Für die sozialistische Pädagogik der DDR ist „sozialistisches Wehrspielzeug" also keineswegs Vermittler *unerwünschter* Verhaltensnormen, sondern steht im Dienst gezielter Verhaltensbeeinflussung im Sinne der sozialistischen Moral.
Demgegenüber wirft bei uns in der Bundesrepublik die pädagogische Kritik am Militär-Spielzeug einen beträchtlichen Normenkonflikt auf. Setzen sich auf der einen Seite Spielzeug-Pädagogen für die moralische Ächtung aller militärischen Spielmittel ein, so stehen andere Pädagogen (etwa Sozialkundelehrer) vor der Aufgabe, dem Jungendlichen Bundeswehr, Wehrpflicht und militärische Rüstung als Bestandteil unserer gesellschaftlichen Wirklichkeit verständlich zu machen. Ein Werbefeldzug für militärisches Spielzeug in der Bundesrepublik, um Kinder auf ihre späteren Aufgaben als „Staatsbürger in Uniform" vorzubereiten, hätte wohl kaum Chancen, von der Öffentlichkeit kritiklos aufgenommen zu werden. Denn dieses Spielzeug gilt bei uns nach wie vor als Zeichen der Aggression.

Zum Normenwandel in bezug auf Kriegsspielzeug
In den fünfziger und sechziger Jahren hat vor allem der Arbeitsausschuß Gutes Spielzeug (Ulm) vor dem Kriegsspielzeug gewarnt. Im gleichen Zeitraum nahmen verschiedene Jugendorganisationen insbesondere in den Großstädten gegen das Kriegsspielzeug Stellung. Umtauschaktionen für „Schmutz- und Schundhefte" wie auch für Kriegsspielzeug, das bei der Abgabe sogleich zerstört wurde, wurden veranstaltet (Kriegsspielzeug 1963).

Vertreter der Jugendbehörden wiesen zum einen auf das erhöhte Unfallrisiko mancher Spielzeugwaffen (wie Messer, Wurfpfeile u. ä.) hin, hielten es andererseits für unmöglich, das „seelisch und sittsam gefährdende Spielzeug" (Kriegsspielzeug, rassistisches Spielzeug) durch Gesetz verbieten zu lassen, da der Gesetzgeber kaum festlegen könne, welches Spielzeug dieser Art nicht in Kinderhände gehöre.

„Man sollte daher in erster Linie an die Verantwortung der Spielzeughersteller appellieren, auch die Gesichtspunkte des Jugendschutzes in ihre Überlegungen einzubeziehen. Auch sie tragen eine Mitverantwortung gegenüber der heranwachsenden Jugend." (Becker 1963, S. 95.)

Bereits 1950 scheiterte der Versuch einer Gruppe von Bundestagsabgeordneten, ein Verbot der Herstellung und des Vertriebes von Kriegsspielzeug gesetzlich zu erwirken: Weder das Bundeswirtschafts- noch das Bundesinnenministerium fühlten sich zuständig für diesen Antrag. Schließlich waren auch ökonomische Gründe für die Zurücknahme der Initiative verantwortlich. Nach dem Zusammenbruch des Dritten Reiches war die Nachfrage auf dem Weltmarkt nach Kriegsspielzeug groß wie selten zuvor; die deutschen Spielwarenhersteller produzierten auch weiterhin Soldaten und Waffen, die dem Exportgeschäft zugute kamen. In einem damaligen Pressebericht heißt es:

„Da die Ostzone ebenfalls Kriegsspielzeug ‚Made in Germany' exportiert, so würde ein Ausfuhrverbot für Westdeutschland wenig helfen, um der Welt gerade auf diese Weise unseren Friedenswillen zu demonstrieren." (Kriegsspielzeug 1950, S. 5.)

Anfang des Jahres 1963 kam es zu einer Kontroverse zwischen dem Nürnberger Kreisjugendring und der Leitung der Internationalen Spielwarenmesse in Nürnberg. Hatte der Kreisjugendring angekündigt, eine öffentliche Umtausch- und Vernichtungsaktion von Kriegsspielzeug vor den Messehallen zu starten, um gegen dessen Ausstellung zu protestieren, so warnte die Messeleitung vor diesem Vorhaben mit dem Hinweis, daß ausländische Hersteller kein Verständnis für solche Aktionen aufbringen und einen schlechten Eindruck über Deutschland mit nach Hause nehmen würden (Becker 1963, S. 94).
Offensichtlich lassen hier die ökonomischen Interessen eine Auseinandersetzung mit pädagogischen Argumenten kaum zu. Aber das Problem ist weitaus komplizierter, als daß der Vorwurf der pädagogischen Verantwortungslosigkeit gegenüber der Spielzeugwirtschaft gleichsam eine Alibifunktion für Erziehungsprobleme haben könnte, die aus einer Gesellschaft mit freier Marktwirtschaft und pluralistischer Wertordnung „systembedingt" erwachsen. Die endlose Diskussion um dieses Thema weist darauf hin, daß das Kriegsspielzeug zu einer Art Sündenbock geworden ist, der dafür herhalten muß, daß Krieg und Gewalt ein Stück unserer Realität sind. Wie anders ist es zu erklären, daß in Presse-Erzeugnissen einerseits gegen das Kriegsspielzeug polemisiert wird, andererseits in unseren Medien Guerillakrieg, Folterszenen oder Nato-Manöver in Wort und Bild breiten Raum einnehmen?

Wenn die Arbeitsgemeinschaft Spielzeug e. V. (Bamberg) als Interessenvertretung der Spielzeugwirtschaft mehrfach betonte, „daß Militärspielzeug soviel wie keine Bedeutung laut Angaben der Spielzeugfachhändler in der Bundesrepublik besitzt"[5] und „daß eine Reihe von Spielzeugfachgeschäften und Warenhäusern überhaupt kein Kriegsspielzeug führt"[6], dann wird durchaus das Bestreben spürbar, pädagogischer Kritik den Wind aus den Segeln zu nehmen. Für Fabrikanten und Händler ist ein Spielzeug so gut, wie es „ankommt" und verkauft wird. Die Tatsachen, daß Spielzeug mit „military look" nach wie vor gekauft wird, seit Mitte der siebziger Jahre sogar in steigendem Maße, liegt deshalb ebenso in der Verantwortung des Käufers. Das Kaufverhalten zeigt an, daß offenbar eine Normendiskrepanz zwischen besorgten Pädagogen und den Abnehmern von Kriegsspielzeug besteht.

Zweifellos haben bestimmte pädagogische Normen in den letzten zwanzig Jahren einen Wandlungsprozeß im Sinne der Anpassung an das Gegebene vollzogen. Was etwa im Bereich sexueller Verhaltensnormen als „Liberalisierung" beschrieben wird, kann man auch hinsichtlich der Einstellung gegenüber Spielmitteln feststellen, die zunächst starke Ablehnung hervorriefen. Wurden Barbie-Puppen, Astronauten-Spielzeug und „Kinderroboter" bei ihrem ersten Erscheinen mit dem Vorwurf bedacht, „einen mörderischen Einfluß auf die Entwicklung des Kindes auszuüben" (Spielzeug ohne Phantasie 1962, S. 11), so hat man sich an sie ebenso gewöhnt wie an Comic-Figuren, deren Sprache und Darstellung heute Bestandteil der offiziellen Schulbuchliteratur sind.

Durch einen ähnlichen Prozeß der Normenveränderung sind heute Spielzeugwaffen – zumindest in Form von Spritzpistolen und Zündplättchen-Gewehren – zum üblichen Bestandteil der Spielmittel-Ausrüstung von Kindern geworden. Dabei scheint die vielfach geäußerte Einstellung gegen Kriegsspielzeug mit dem tatsächlichen Verhalten oft in Widerspruch zu stehen. In der Gießener Elternbefragung wurde das Statement „Es ist bedenklich, wenn Eltern ihrem Kind Kriegsspielzeug schenken" fast uneingeschränkt bejaht. Wenn andererseits bei einem Drittel der Nur-Jungen-Familien „Panzer, Kanonen und anderes Soldatenspielzeug" als vorhanden angegeben werden, dann wird sichtbar, daß bestimmte Normen nur scheinbar akzeptiert werden und keineswegs immer den Maßstab des eigenen Handelns bestimmen. Es kann unterstellt werden, daß das Kaufmotiv für Kriegsspielzeug meist von Kinder ausgeht und viele Eltern sich diesem Wunsch nicht in jenem Maße entziehen können, das sie vielleicht selbst für geboten halten. Realistisch betrachtet muß aber das Motiv des Kriegsspielens bei Kindern so lange lebendig bleiben, wie die Welt der Erwachsenen Modelle der Nachahmung dafür liefert.

„Es hat wenig Sinn, gegen das Kriegsspielzeug zu Felde zu ziehen, wenn die Welt der Erwachsenen angefüllt ist mit Kriegsdrohungen. Man kann nicht gegen das gelebte Leben erziehen. Damit aber ist uns eine schwere Sorge auferlegt." (F. Beck 1961, S. 13.)

5 Pressedienst Arbeitsgemeinschaft Spielzeug, Woche des Spielens 1970, Nr. 14.
6 Pressedienst Arbeitsgsemeinschaft Spielzeug, Woche des Spielens 1972, Nr. 19.

Aggressionsbezogene Spielmittel – Spiegel der Realität
Unser „gelebtes Leben" enthält nicht nur die politische Realität einer weltweiten Rüstung und einer sprunghaft sich ausweitenden Gewaltkriminalität (auch politischen Ursprungs), vielmehr sind Terror, Mord und Gewaltakte jeglicher Art durch die Massenmedien bereits zur ständig konsumierten Unterhaltungsware geworden, die auch Kindern zugänglich ist.

In wirklichkeitsgetreuen Spielzeug-Modellen kehren die Sinnbilder der Gewalt dann ein zweites Mal zurück und verbleiben, wenn sie gekauft werden, den Kindern zum Dauergebrauch:

„Maschinengewehre, Bajonette, Eierhandgranaten, Stahlhelme mit Tarnnetz, Pistolen und sogar Handschellen! Was für ein fröhliches, echtes Verbrechertreiben kann sich bei den Konsumenten dieses Angebots in der Kinderstube entfalten. Alles ist hier echt, wie im wahren Leben des Kintopps." (Höller 1962, S. 17.)

Die Funktion des Kriegsspielzeugs hat sich aber heute spürbar gewandelt und ausgeweitet. War das klassische Kriegs- und Soldatenspielzeug in früheren Jahrhunderten vor allem Statussymbol für Kinder, so sind nach den beiden Weltkriegen mit der Ausweitung und Perfektionierung der militärischen Ausrüstung auch die Spielzeug-Modelle funktionsbetonter geworden, werden zum Teil Liebhaberobjekte für Modellbastler und Sammler. Der Kriegsspielzeug-Markt wendet sich damit auch an den Erwachsenen; dies gilt insbesondere für Strategie-Spiele, die – vor allem aus den USA kommend – militärische Auseinandersetzungen simulieren. Derartige Spielmittel erhalten ihr Design durch Spekulation auf eine Erinnerungs- und Nostalgie-Welle, die die Schlachten des Zweiten Weltkrieges nicht auslassen kann. Dazu folgende Beispiele:

„AFRICA CORPS. Hier können die Spieler die gewagtesten Vorstöße Rommels nach Bengasi, Tobruk und El Alamein nachvollziehen und gleichzeitig die Gegenmaßnahmen Montgomerys in Aktion setzen.
D-DAY ODER DER LETZTE TAG. Die kriegsentscheidende Invasion der Alliierten an der französischen Kanalküste; auch hier sind die Spieler die Taktiker, an denen es liegt, ob die Invasion auf dem Spielfeld gelingt oder abgeschlagen wird.
ARDENNEN-SCHLACHT. Die letzte große deutsche Offensive. Zusammenbruch. Jeder der Spieler, ob auf der Seite der Alliierten oder auf der Seite der Deutschen Wehrmacht, verfügt über seine Regimenter und muß sich eine Offensive-Taktik und Strategie überlegen, um gewinnen zu können."[7]

Eine andere Firma bringt unter dem Programmtitel „Gestern war's" 32 „Action"-Soldaten aus neun Ländern auf den Markt, die – in Verbindung mit einem Sammelalbum mit Kampfbildern und Kampfgeschichten – „ein realistisches Bild von der Härte des Kampfgeschehens im 2. Weltkrieg" (Vorwort) zeichnen will:

---

7 zitiert nach: Spielzeugmarkt 1976, H. 1, S. 138.

„Die 18 Zentimeter großen Soldaten, voll beweglich durch 14 Gelenke, mit jeweils detailgetreuer Landesphysiognomie, natürlich original einschließlich Zubehör ausgerüstet, sind authentische Figuren; in jedem Katalog, der den einzeln verpackten Soldaten beiliegt und die gesamte 32er Serie mehrsprachig vorstellt, ist über den Kampf zu lesen, an dem jeder dieser ‚tapferen Kerle' teilgenommen bzw. wie sie ihn bestritten haben."[8]

Inzwischen soll die Firma mangels Absatz diese Serie wieder zurückgezogen haben. Neben dem militärischen Spielzeug i. e. S. haben sich heute zwei weitere Bereiche aggressionsbezogener Spielmittel entwickelt: *Erstens* das große Arsenal an Spritzpistolen, Knallplättchen und Schreckschußpistolen, Luftgewehren usw., das dem effektbezogenen Spiel dient; Spielmittel zum Knallen, zum Zieltreffen und Umherspritzen besitzen vermutlich erhöhten Aufforderungscharakter, weil sie zum einen Effekte produzieren, zum anderen in den symbolischen Aggressions- und Kampfspielen (wie Indianer- und Räuberspiel) eine wichtige Funktion als Rollenmerkmal besitzen. Es scheint so, daß diese Gruppe von Spielmitteln heute jene Bedeutung als geschlechtsspezifisches Identifikationssymbol für Jungen besitzt, die früher Zinn- und Bleisoldaten hatten. Rollenspielmaterialien (Kleidung, Kopfbedeckung, Ausrüstung) kann man heute für alle Varianten von Kampfspielen – vom traditionellen Indianerspiel bis zum Science-Fiction-Kampf gegen Weltrauminvasoren – kaufen. Hier ist der Schritt zu einer *zweiten* Gruppe aggressionsbezogener Spielmittel, *dem Horror-Spielzeug*, nicht weit.

„Das amerikanische Gruselkabinett. Es sind etwa 30 cm große Gestalten aus Kunststoff, sehr naturalistisch in Form und Farbe: Da ist z. B. King-Kong, der Gorillamann, mit eingezogenen Schultern und gefletschten Zähnen drohend daherstampfend, die lebende Mumie in weißen Leichenbinden, das Phantom als Froschmensch, grausig, halb Mensch, halb Maschine, der Supermann, der aus brennenden Ruinen bricht u. a. m." (M. L. Fischer 1966, S. 7.)

Ein Großteil des Horror-Spielzeugs ist heute als funktionsgetreues „Action"-Spielzeug auf dem Markt und gewinnt von daher seinen Aufforderungscharakter. Im Vergleich zur Gesamtheit des Spielmittelangebotes kommt dem aggressionsbezogenen Spielzeug allerdings auch dann noch eine untergeordnete Bedeutung zu, wenn ein steigender Verkaufstrend zu beobachten ist. Die Begriffe „Kriegsspielzeug" und „Horror-Spielzeug" unterliegen in der Bundesrepublik immerhin einem starken Tabu. Die relativ bescheidene Reklame für militärisches Spielzeug hütet sich wohlweislich vor einer Verherrlichung des Krieges, sie wirbt vielmehr für ihre Produkte, indem sie das Unterhaltungsbedürfnis, ja sogar „kritische Auseinandersetzung", in den Vordergrund rückt. Kein Vater wird in ein Spielzeuggeschäft gehen und sagen: „Ich möchte für meinen Sohn ein Horror-Spielzeug!" – das von vielen Fachgeschäften aus Gründen der Image-Pflege (vielleicht auch wegen Absatzschwierigkeiten) nicht geführt wird und oft nur über Kataloge bestellbar ist.

---

8 zitiert nach: Spielzeugmarkt 1977, H.1, S. 179.

Modernes Horror-Spielzeug:
Das Monster „Gozilla"
Foto: Schade-Didschies

Pädagogisch gesehen stellt sich für diesen Bereich der aggressionsbezogenen Spielmittel (einschließlich des Action-Spielzeugs) das Problem der Bewertung auf zwei Ebenen: Die erste Ebene ist die ästhetische: Ist „Frankenstein in der Kinderstube" noch zu vereinbaren mit dem, was wir „guten Geschmack" nennen? Der Verfasser würde diese Frage persönlich verneinen, billigt aber anderen Auffassungen ebenfalls ihre Daseinsberechtigung zu, da sich über Geschmack bekanntlich streiten läßt.
Die zweite Ebene betrifft die Frage nach den pädagogischen Konsequenzen. Spielmittel, die zu aggressivem Verhalten oder zur Identifikation mit blutrünstigen „Helden" auffordern, widersprechen allen humanen Erziehungszielen. Zu klären ist, ob und in welchem Maße Spielmittel als Träger unerwünschter Verhaltensnormen *tatsächlich* das Verhalten des Kindes im negativen Sinne beeinflussen.

Aggressionsbezogenes Spielzeug und Aggressionstheorie
Macht aggressives Spielzeug Kinder aggressiver? Die Frage muß zunächst auf dem Hintergrund von zwei einander gegenüberstehenden Theorien zur Erklärung aggressiven Verhaltens diskutiert werden. Die der Psychoanalyse entstammende Katharsis-Theorie geht davon aus, daß jedem Menschen ein gewisses Maß an Aggressivität als Teil seines Affekt- und Trieblebens gegeben ist, dessen Entladung durch bestimmte Ereignisse, insbesondere durch Zwänge und Frustrationen,

ausgelöst wird; mit der Aggressionshandlung tritt eine Spannungsreduktion ein, die die Bereitschaft zu weiterem aggressivem Verhalten für eine gewisse Zeitspanne senkt. Die pädagogische Anwendung dieser Theorie besteht darin, Kindern im Spiel Möglichkeiten zum kanalisierten und zum kontrollierten Ausleben ihrer Aggressivität durch entsprechende Spiele und Spielmittel zu geben. Im Sinne der Katharsis-Theorie wird behauptet:

„Es ist völlig gleich, ob ein Kind sich beim Kasperletheater mit dem Krokodil identifiziert und die anderen Puppen frißt, ob es mit Pistolen Totschießen spielt oder mit Spielzeugautos zerstörerische Zusammenstöße fabriziert... ein Kind muß die Möglichkeit haben, seine Aggressionen loszuwerden. Kriegsspiele sind dazu ein Mittel wie andere Spiele auch. Kriegsspielzeug schafft beim Kind keine Aggression, sondern spricht nur vorhandene Aggressionen an."[9]

Wenn die Katharsis-Theorie zutrifft, wird durch aggressionsbezogenes Spiel die Wahrscheinlichkeit für das Auftreten von Aggressionen in Realsituationen gesenkt. Demgegenüber geht das lerntheoretische Erklärungskonzept davon aus, daß die Bereitschaft zu aggressivem Verhalten nicht triebbedingt, sondern Ergebnis von Lernprozessen ist. Insbesondere wird aggressives Verhalten gelernt durch Imitationslernen anhand entsprechender „Modelle" der Umwelt. Zu beiden Theorien wurden Hypothesen entwickelt, deren empirische Überprüfung unter anderem anhand von Spielbeobachtungen versucht wurde[10].

Die Ergebnisse dieser Forschungen kann man wie folgt zusammenfassen: Das direkte Ausleben von Aggressionen im Spiel vermindert nicht die Aggressionsbereitschaft, sondern erhöht die Wahrscheinlichkeit weiteren aggressiven Verhaltens. So zeigten sich bei einer Experimentalgruppe von 7- bis 8jährigen Kindern mit aggressiven Spielmitteln und Spielinhalten wesentlich mehr gegen die Spielkameraden und die Spielmittel gerichtete Aggressionen im Vergleich zu einer altersgleichen Kontrollgruppe mit „neutralem" Spiel; bei 5- und 6jährigen Kindern trat dieser Effekt, der der Katharsis-Theorie widerspricht, allerdings nicht auf; in einer Reihe von Untersuchungen konnte gezeigt werden, daß Aggressionen, welche Kinder im Film (oder durch Beobachtung anderer Kinder) erleben, für ihr eigenes Verhalten Modellwirkung besitzen: Diese Kinder zeigen in anschließenden Spielhandlungen in stärkerem Maße aggressives Verhalten als neutrale Vergleichsgruppen. Und ein weiteres Ergebnis: Je realistischer Kinder Aggressionen etwa in Filmszenen erleben, desto stärker wachsen auch Verstörung und Angst, anschließendes Spiel zeichnet sich dann nicht (nur) durch Aggressionen, sondern auch durch einen geringeren Konstruktivitätsgrad aus.

Andererseits gibt es einige erfolgversprechende, empirisch überprüfte Ansätze, durch *Phantasiespiel* aggressives Verhalten zu vermindern. Die Fähigkeit zur vielfältigen Symbolisation von Aggressionen scheint die Reduktion aggressiven

---

9 P. O. Wissalla in der Zeitschrift »TV-Hören und Sehen« zitiert nach: Spielzeugmarkt 1977, H. 6, S. 62.
10 Vgl. die Darstellung der Befunde bei Schmidtchen/Erb 1976, S. 83 ff.

Ein „Indianer-Kämpfchen" in voller Kriegsbemalung":
Symbolische Aggressionsabfuhr im Spiel.
Foto: Retter

(unerwünschten) Verhaltens eher zu ermöglichen als das freie Sichauslebenlassen von Aggressionen im Spiel. Zu dem gesamten Problemkomplex fehlen aber Längsschnittuntersuchungen, die nachweisen, daß das Lernen von Aggressionen ebenso wie die Möglichkeit der Aggressionsminderung durch Imaginationsspiel nicht nur eine kurzfristig wirksame Verhaltensänderung zur Folge hat, sondern die gesamte Persönlichkeitsentwicklung im Sinne habitualisierter Verhaltensweisen beeinflußt.
Fazit: Aggressionsspielzeug *kann* zum Lernanlaß für aggressives Verhalten werden, d.h. es bietet eher Gelegenheit zum Ausbruch als zur Verminderung von Aggressionen. Es kommt aber entscheidend darauf an, *wie* damit gespielt wird. So gesehen, könnte ein phantasievolles Spiel mit „Monstern" weniger aggressionsauslösend sein als der Knall einer Spielzeugpistole, mit dem jemand erschreckt werden soll.
Gerade Spielzeuggewehr und -pistole legen den Kindern nicht zuletzt aufgrund der in Film und Fernsehen ständig erlebten „Vorbilder" eine Form aggressiven Verhaltens nahe, die schnell vom Spiel in Ernst umschlagen kann. Ob damit die Kinder insgesamt aggressiver werden oder ob es sich – etwa bei der Drohgebärde des Schießens – nur um den Vollzug eines durch Imitationslernens erworbenen Verhaltensmechanismus handelt, dem die Umwelt sogar ein gewisses Verständnis entgegenbringt, sei dahingestellt. Die These, daß der Umgang mit Spielzeuggewehren die Aggressionsbereitschaft vermindert, erhält durch die empirische Forschung keine Unterstützung (vgl. S. 288).

Statussymbol „Schießprügel" – aus Legosteinen selbstgebaut.
Foto: Retter

Es ist ferner zu berücksichtigen, welchen Größenanteil das Aggressionsspielzeug im Spielmittelbestand des einzelnen Kindes repräsentiert und wie häufig es benutzt wird. Wenn jene Pädagogen Recht haben, die Plastik- und Blechspielzeug für unkindgemäß halten, weil es angeblich nur von kurzem Aufmerksamkeitswert ist und dann nicht mehr benutzt wird, dann dürfte man sich um das Kriegsspielzeug überhaupt keine Sorgen machen; aber in diesem Fall verlassen sich die Kritiker des Blechspielzeugs offenbar selbst nicht auf ihre Prognose. Die Verbreitung von harmlosen bis verletzungsgefährlichen Spielzeugwaffen ist heute so allgemein, daß in einem bestimmten Lebensalter Jungen, wahrscheinlich auch bei striktem Entzug käuflicher Waffen, sich ihre „Schießprügel" aus Stöcken, Metallschienen etc. selbst herstellen. Kinder, deren Eltern ein striktes Verbot aller Spielzeugwaffen verordnen, können durch ständige Frustrationen in der Peer group (in der eine Spritzpistole Statussymbol sein mag) zumindestens ebenso große Aggressionsbereitschaft entwickeln wie andere Kinder, die Spielzeugwaffen besitzen. Sinnvoll – auch um reale Verletzungsmöglichkeiten zu vermeiden – erscheint das elterliche Gebot, bei Benutzung von Spielwaffen niemals in Gesichter bzw. auf Menschen zu zielen.

Entscheidend ist also, wie gesagt, neben einem flexiblen und kontrollierenden Verhalten der Eltern die Art und Weise, *wie* Kinder mit diesen Spielmitteln umgehen. Ist das Kriegsspiel phantasiereiches Symbolspiel, bleibt das Bewußtsein „Dies ist Spiel – kein Ernst" in der Aggressionssymbolik erhalten, so ist eine „Erziehung zur Aggression" weniger zu befürchten, als wenn Spielmittel zum

Instrument von Realaggressionen zwischen Kindern werden. Empirische Befunde zur schichtenspezifischen Spielforschung legen nahe, bei Unterschichtkindern im Vergleich zu Mittelschichtkindern geringere spielbezogene Phantasietätigkeit und stärkere Anteile direkter Aggression im Spiel zu vermuten. Wahrscheinlich sind die Aggressionsmodelle, die das Fernsehen heute den Kindern bietet, für die habitualisierte Aggressionsbereitschaft wesentlich einflußreicher als das Kriegsspielzeug.
Es bleibt der pädagogischen Verantwortung der Eltern überlassen, in welchem Maße sie durch Bereitstellung eines ausgewogenen Spielmittel-Angebotes, durch eine gewisse Einschränkung der aggressionsauslösenden Spielmittel und durch ihr eigenes Erzieherverhalten dafür sorgen, daß den Kindern mehr Lernmodelle für prosoziales als für aggressives Verhalten zur Verfügung stehen.

Spielmittel im Dienst pädagogischen Handelns

Zwischen einer allgemeinen pädagogischen Handlungstheorie und der Vielfalt einzelner Ratschläge für die Spielpraxis eine Verbindung herzustellen, ist derzeit noch ein recht schwieriges Unterfangen. Dies vor allem deshalb, weil es kaum Erziehungstheorien gibt, die sich dem Spielmittel widmen. Auch jener Bereich, der in jüngster Zeit als „Medientheorie" bzw. „Theorie der audiovisuellen Hilfsmittel" zunehmende Bedeutung erlangte, ist am Spielmittel vorbeigegangen; der Gegenstandsbereich dieses pädagogischen Teilgebietes reicht von der Film- und Fernsehdidaktik bis zum computerunterstützten Unterricht und zeigt allenfalls Beziehungen zur Arbeitsmittelpädagogik[11]; für die Spielmittel fühlten sich Medienpädagogen bislang offenbar nicht zuständig.
Unsere eigenen Überlegungen zu einem Rahmenkonzept einer spielmittelbezogenen Theorie pädagogischen Handelns gehen aus von den drei Bezugspunkten:

– Erzieher
– Kind
– Spielmittel

Aus ihrer Gegenüberstellung ergeben sich drei verschiedene Fragenkomplexe für eine spielmittelbezogene Theorie des pädagogischen Handelns.
a) *Erzieher* ⟶ *Spielmittel/Kind:* Der Erzieher sieht sich mit einem Spielmittel (oder einem Angebot mehrerer Spielmittel) konfrontiert und fragt nach seiner pädagogischen Funktion: Welche Spielidee liegt ihm zugrunde, was bewirkt es? Für welches Kind bzw. für welche pädagogische Situation ist dieses Spielmittel besonders geeignet? Welche pädagogischen Intentionen lassen sich mit ihm realisieren?

---

11 Einzelne Hinweise auf die allgemeine Vermittlungsfunktion der Medien in der Weltbegegnung finden sich bei Döring 1967, S. 348.

Fragen dieser Art werden in der Situation der *Informationsgewinnung* gestellt, insbesondere beim Kauf von Spielzeug oder bei der Prüfung von Spielmittel-Angeboten. Die *Bewertung von Spielmitteln* stellt somit ein zentrales Problem im Aufgabenkatalog einer pädagogischen Handlungstheorie dar: Es müssen Beurteilungskriterien erstellt und begründet werden, die für die pädagogische Praxis Entscheidungshilfen geben.

b) *Erzieher* ⟶ *Kind/Spielmittel:* Hier steht die Fragestellung im Vordergrund, welche Spielmittel ein Kind mit bestimmter Entwicklungs- und Interessenlage benötigt und wie eine optimale Spielförderung erfolgen kann: In welcher Weise sollte der vorhandene Spielmittelbestand ergänzt oder verändert werden? Sind die situativen Bedingungen für die Nutzung der Spielmittel ausreichend oder verbesserungsbedürftig? Welche Konflikt- und Störfaktoren müssen berücksichtigt werden? Dies sind wesentliche Fragen, die die *Planung und Gestaltung von Spielsituationen* betreffen. Dabei können zwischen den Intentionen des Erziehers und den Intentionen bzw. Bedürfnissen des Kindes beträchtliche Unterschiede bestehen, die zu entsprechenden Konflikten führen.

Auf welche pädagogischen Theorie-Ansätze kann man bei der Entwicklung eines wissenschaftlichen Konzeptes, das diese pädagogische Praxis beschreibt und Erfolgsprognosen ermöglicht, zurückgreifen? Es läßt sich leicht zeigen, daß weder das klassische Erzieher-Zögling-Konzept noch die der soziologischen Forschung entstammenden Interaktionstheorien geeignet sind, einer *spielmittelbezogenen* Handlungstheorie gerecht zu werden – ganz einfach deshalb, weil sie die zentrale Funktion des Mediums Spielmittel außer acht lassen. Da die Pädagogik der Spielmittel darüber hinaus Formen des funktionalen Lernens und der indirekten Führung zu berücksichtigen hat, erscheint uns das *feldtheoretische Konzept* im Sinne einer differenzierten *pädagogischen Situationslehre* als derzeit bester Ansatzpunkt, die Praxis des Spiels zu analysieren, den Gebrauch von Spielmitteln zu untersuchen und Hilfen für das pädagogische Handeln zu entwickeln.

c) *Kind* ⟶ *Spielmittel/Erzieher:* Mit diesem dritten Fragenkomplex ist die Sichtweise des betroffenen Kindes angesprochen: Wie reagiert es auf die Intentionen des Erziehers? Welche Erwartungen hat das Kind in bezug auf bestimmte Spielmittel und Spielsituationen? Welchen Grad an Spielbefriedigung zeigt es? Welche Erziehungs- und Bildungseffekte können im Spiel bzw. durch Gebrauch eines bestimmten Spielmittels festgestellt werden? Unter diesem Aspekt ist der Erzieher vor allem aufmerksamer Beobachter. Er registriert nicht nur die geäußerten Wünsche des Kindes und sucht es aus seiner eigenen Situation zu begreifen, sondern registriert auch den Erfolg bzw. Mißerfolg seiner pädagogischen Intentionen. Erscheint die „neutrale" Beobachtung des spielenden Kindes als eine Methode, die dem Erzieher eine Rückmeldung über den Erfolg seiner Maßnahmen vermittelt, so bedeutet die Anwendung dieser Methode auf wissenschaftlicher Ebene die Initiierung einer breit angelegten *empirisch-pädagogischen Forschung*, die durch Beobachtung, Befragung und Experiment systematisch die Bedingungen und die Auswirkungen von Spielmittelgebrauch und Spielsituationen untersucht.

Anmerkung: Der Einfachheit halber haben wir vom „Erzieher" und vom „Kind" gesprochen. Es ist klar, daß mit dem ersteren Begriff auch und vor allem Eltern gemeint sind. Von einer spielmittelbezogenen Theorie pädagogischen Handelns ist darüber hinaus zu fordern, daß sie nicht auf die Kindheit beschränkt bleibt, sondern für *alle* Lebensaltersstufen, in denen der Umgang mit Spielmitteln Bedeutung hat, konzipiert wird. Insofern ist die Bezeichnung „Erzieher-Kind" ersetzbar durch allgemeinere Terme wie „Educator – Educandus", „Berater – Klient" u. a.

Die unter a), b) und c) genannten Aspekte betreffen drei typische, zeitlich aufeinanderfolgende Stadien pädagogischen Handelns: Die Informationsgewinnung über Spielmittel, die Planung und Durchführung von Spielsituationen und Spielmittel-Arrangements, die „Rückmeldung" über den Erfolg des pädagogischen Handelns aufgrund von Beobachtungen des Erziehers, Äußerungen des Kindes. Die Rückmeldung hat wiederum korrigierende Wirkung in bezug auf die Einschätzung und den Einsatz von Spielmitteln.

Auf wissenschaftlicher Ebene korrespondieren diese drei Aspekte mit drei verschiedenen Fragestellungen der pädagogischen Forschung: Für die Informationsgewinnung über Spielmittel bedarf es objektiver *Beurteilungskriterien*, die aufgrund systematischer Forschung erarbeitet werden.

„Systematische" Forschung meint hier sowohl die theoretische Auseinandersetzung mit den verschiedenen Termini, ihre Begrifflichkeit und Realitätsangemessenheit als auch die Auseinandersetzung mit Normen und Erziehungszielen. Inhaltliche Kriterien, die für einen „Bewertungskatalog" infrage kommen, können allerdings nur innerhalb eines durch Normen und Erziehungsziele definierten Bezugsrahmens erstellt werden. Systematische Forschung ist ferner notwendig, um die vorliegenden Ansätze einer allgemeinen *pädagogischen Situationslehre* aufzuarbeiten und auf die besonderen Bedingungen der Spielsituation und damit verbundener pädagogischer Intentionen anzuwenden.

Hier tritt neben die systematische Forschung die empirische Erforschung von Spielsituationen, ihren Wirkungen und situativen Bedingungen hinzu. Ein dritter Aspekt betrifft schließlich die *empirische Spielmittelforschung* als solche. Sie liefert durch Beobachtung, Befragung und Experiment empirisch abgesicherte Aussagen, die zum einen der pädagogischen Praxis, zum anderen der weiteren systematischen Forschung dienen (vgl. das folgende Schema).

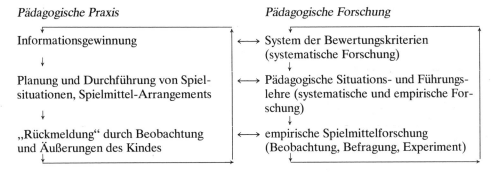

Da die Bewertung von Spielmitteln und empirische Forschungsergebnisse in den folgenden Abschnitten ausführlich behandelt werden, wenden wir uns zuerst dem Problem einer pädagogischen Situationslehre zu.

Obwohl der Situationsbegriff und das „situationsorientierte Curriculum" neuerdings wieder in Mode gekommen sind, ist man über ein allgemeines Verständnis dieses Begriffes im Sinne von „subjektiver Bewußtseinslage" (bzw. Bewußtseinslage des Kindes) selten hinaus gelangt. Ein konstruktiver Ansatz zu einer pädagogischen Situationslehre, der konsequent dann auch die pädagogische Führung und die „pädotropen Mittel" dieser Führung einschließt, stammt von Mieskes (1975). Er sei im folgenden skizziert.

Mieskes definiert pädagogische Situationen als „Vollzugseinheiten der Erziehung und Bildung im Raum und in der Zeit" (S. 32). Die Lebenswirklichkeit als „pädagogische Situation schlechthin" läßt sich nach Mieskes gliedern in Situationsbereiche (Familie, pädagogische Institutionen, Freizeit, Beruf usw.), Situationsfelder innerhalb dieser Bereiche (z. B. Spiel im Kinderzimmer, Unterrichtsstunde) und Situationsparzellen innerhalb dieser Felder; sie stellen kleinere situative Einheiten dar.

Das Gemeinsame aller pädagogischen Situation liegt inhaltlich im Vollzug von Erziehung und Bildung, strukturell in den situativen Gegebenheiten, die jede pädagogische Situation als ein „Kraftfeld" ausweist, dessen Dynamik durch „Impulse, Einflüsse, Aufforderungen, Motive, Willens- und Gefühlsbekundungen, Reize, Aktionen und Reaktionen" gekennzeichnet ist. Als „Grundmodell jeder Situation" bestimmt Mieskes die wechselseitige Beziehung zwischen den in ihr agierenden *Menschen (Situationspartnern)*, den *funktionalen* und *materialen Gegebenheiten* (S. 31). Je nach der Bereichsspezifität der Situation ergeben sich innerhalb dieses Grundmodells unterschiedliche Situationsstrukturen: Die schulische Unterrichtssituation hat eine andere Struktur als eine Spielsituation im Kindergarten; diese wiederum ist anders strukturiert als eine Spielsituation im familiären Umfeld. Generell kennzeichnet Mieskes die Spielsituation als ein „vernachlässigtes Problem in der Pädagogik". Er definiert:

„Die Spielsituation ist eine nach Raum und Zeit bestimmbare pädagogische Gestalts- und Geschehenseinheit (Struktur- und Funktionseinheit), in der sich im und durch Spielen Erziehung und Bildung ereignen." (S. 54)

Neben den (spielenden) Situationspartnern sind als materielle Gegebenheiten der Raum, die Einrichtung, insbesondere die Spielmittel und als funktionale Gegebenheiten das gesamte Situationsgeschehen zu nennen. Mieskes beschreibt sodann die wechselseitige Abhängigkeit dieser drei Faktorenkomplexe, deren dynamisches Zusammenwirken Erklärungsmodelle dafür liefert, daß etwa

– bestimmte Situationen nur bestimmte Spielweisen erlauben, andere dagegen ausschließen;
– die Spielsituation in bezug auf ihre Gestaltung und ihr Geschehensprofil eine hohe Variabilität besitzt und weder zeitlich streng determiniert erscheint noch auf „Ergebnisse" programmiert oder Ziele fixiert ist;

- der subjektiv erlebte Erfolg oder Mißerfolg eines Spielablaufs von Faktoren mitbestimmt wird, die den Spielenden selten voll bewußt sind, wie z. B. der pädagogischen Atmosphäre, dem Situationsumfeld, in die die Spielsituation eingebettet ist u. a. m. (Mieskes 1975, S. 65).

Unter Berücksichtigung der besonderen Rolle des Spielmittels stellt sich die Gesamtheit der „Gegebenheiten" in der Spielsituation wie folgt dar:

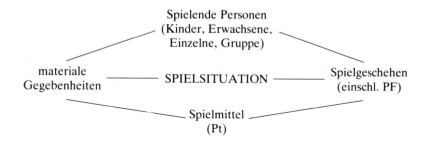

Aus: Hans Mieskes, Spielmittel – Situation – Führung (1975), S. 60.
(Abkürzungen: PF = Pädagogische Führung; Pt = Pädotropika)

Der entscheidende Punkt in diesem dynamischen Feldkonzept[12] besteht in dem engen Zusammenhang zwischen pädagogischer Situation und *pädagogischer Führung*. Nach Mieskes ist pädagogische Führung ein „Akt pädagogischer Menschenhilfe". Sie muß *personengerecht* (im Hinblick auf die Situationspartner bzw. die Gruppe), *sach- und inhaltsgerecht* (im Hinblick auf die Motive pädagogischen Handelns, die Inhalte und Ziele von Erziehung und Bildung), *handlungsgerecht* (hinsichtlich der Arten, Formen, Mittel, Methoden pädagogischer Hilfe und Einflußnahmen) und *situationsgerecht* sein (Mieskes 1975, S. 41 f.).

Mit letzterem ist die Abhängigkeit aller Führung von der Feinstruktur der jeweiligen Situation gemeint. Denn es bestehen nicht nur Unterschiede etwa zwischen Spiel- und Arbeitssituation – diese Unterschiede sind offenbar –, vielmehr können Spielsituationen für sich genommen ganz unterschiedlich strukturiert sein – und von daher jeweils andere Auswirkungen auf das „Bedingungsgefüge der pädagogischen Führung" (Mieskes) besitzen. Eine fruchtbare Anwendung dieses Konzeptes besteht unter anderem darin, die verschiedenen Spielformen (Regelspiel, Rollenspiel, Objektspiel) in ihrer typischen Struktur darzustellen und die Notwendigkeit der jeweils anders gelagerten pädagogischen Führung zu verdeutlichen (Beispiele dazu S. 302 ff.).

Mieskes nennt die folgenden Kriterien zur Unterscheidung pädagogischer Führungsformen:

---

12 Zum wissenschaftstheoretischen Hintergrund dieses Konzeptes vgl. Winnefeld 1965.

„Pädagogische Führung erfolgt
a) absichtlich – bewußt (intentional) oder unabsichtlich – unbewußt
b) planmäßig oder unplanmäßig
c) direkt oder indirekt." (1975, S. 43.)

Unschwer lassen sich die genannten Gegensätze auf allgemeine situationsrelevante Variablen zurückführen:
Es handelt sich a) um den Ausprägungsgrad der pädagogischen Intention, b) den Grad der Planbarkeit von (Spiel-)Situationen, c) das Ausmaß, in dem pädotrope Mittel (Spielmittel) an die Stelle direkter Einflußnahme treten.
Die von Mieskes aufgeführten Begriffspaare können auch in der Weise verstanden werden, daß sie jeweils die Endpunkte einer in sich abgestuften Skala von Ausprägungsgraden des betreffenden Kriteriums bilden. Da Spielsituationen zumeist eine beträchtliche personale und materiale Fluktuation besitzen, bedarf es eines entsprechend differenzierten wissenschaftlichen Begriffsapparates, um sie realitätsadäquat zu erfassen. In bezug auf die Art der pädagogischen Einflußnahme bzw. Führung dürfte eine Verhaltensbeschreibung aufgrund mehrdimensionaler Skalierung von Kriterien am geeignetsten sein.
Noch vor wenigen Jahren bemerkte Günther Bittner, daß es „zu einer Theorie des Alltagsspielzeugs, das Kindern ohne bewußte erzieherische Absicht gegeben wird ... noch nirgends gekommen sei" (Bittner 1973, S. 221). Doch ist zu fragen, ob eine Unterscheidung in Spielzeugtheorien „mit" und „ohne" erzieherische Absicht der vielschichtigen Realität überhaupt gerecht werden kann. Unter systematischem Aspekt erscheint es zumindest geboten, die „erzieherische Absicht" (= pädagogische Intention) nach *Grad* und *Richtung* zu unterscheiden und als einen von mehreren Faktoren zu betrachten, die die Auseinandersetzung des Kindes mit Spielmitteln bestimmen.
In bezug auf die Richtung der pädagogischen Intention kann danach unterschieden werden, ob bei der Auswahl eines Spielmittels primär der Gedanke der Unterhaltung, des lustvollen, aktiven Zeitvertreibs oder der allgemeine Gedanke der Entwicklungshilfe, d. h. der Förderung von Fähigkeiten und Fertigkeiten im Vordergrund steht. Drittens schließlich kann auch eine gezielte therapeutische Absicht mit einem Spielmittel verbunden sein, wenn bestimmte Verhaltens- oder Leistungsdefizite Anlaß dazu geben.
Dementsprechend können Spielmittel primär als Unterhaltungsmittel, Mittel der Entwicklungsförderung oder als therapeutische Mittel eingesetzt werden; unter jedem dieser drei Aspekte sind sie Mittel der Erziehung und Bildung.
Der Ausprägungsgrad der pädagogischen Intention ist durchaus unterschiedlich. Gerade in bezug auf Spiel und Spielmittel ist es schwierig, die „erzieherische Absicht" gleichsam als eine feste Größe zu betrachten; vielmehr sind unbewußte Motive und bewußte Absichten in vielfältiger Wiese miteinander verbunden, werden von den personalen, funktionalen und materialen Gegebenheiten einer Situation beeinflußt, wirken auf diese Gegebenheiten ein und werden durch „Rückmeldung" selbst verändert.

Die Spielsituation „eröffnet einen weiten Raum für Entscheidungsfreiheit, Spontaneität, Selbständigkeit und freie Aktivität" (Mieskes 1975, S. 64).

Auf die Notwendigkeit einer langfristigen Planung von Spielsituationen (präsituative Führung), die einerseits bestimmte situative Gegebenheiten festlegt (z. B. Raumausstattung, Spielmittel-Angebot), andererseits den Spielpartnern genügend Handlungsfreiheit im Spiel läßt, hat Mieskes besonders hingewiesen. Schließlich bedeuten „pädagogische Führung" und „pädagogische Planung" für den Erzieher immer auch, die eigene pädagogische Intention überflüssig zu machen und der Selbstbestimmung des Educandus Raum zu geben.

Zwischen den psychologischen Beschreibungen der Struktur von Spielsituationen (Heckhausen, Sutton-Smith u. a.) und den – überwiegend von Pädagogen aufgestellten – Grundsätzen pädagogischer Spielführung besteht eine bemerkenswerte Affinität, die indirekt einer Bestätigung der These vom Zusammenhang zwischen pädagogischer Situation und pädagogischer Führung gleichkommt: Wird von psychologischer Seite der eigenartige, durch Gegensätze bestimmte Erlebnis- und Spannungszustand hervorgehoben, in den jede echte Spielsituation die Spielpartner versetzt, so legen die pädagogischen Handlungsanweisungen zur rechten Spielpflege dem Erzieher ebenfalls ein Verhalten nahe, das von Intentionen getragen ist, die erst in ihrer Gegensätzlichkeit den eigentlichen Ausgleich in einer dynamisch strukturierten Situation bringen. Vertreter der geisteswissenschaftlichen Pädagogik haben dieses Erzieherverhalten in allgemeiner Form sehr feinsinnig beschrieben und als „dialektisch" gekennzeichnet.

Die Spielsituation kann als Paradigma für dialektisches Erzieherverhalten gelten. So weist Hetzer (1972, S. 51 f.) darauf hin, daß Spiel „freies und zugleich auch geordnetes Tun" ist und jede Spielführung den richtigen Ausgleich zwischen Freiheit und Bindung im Spiel finden muß; Mieskes hebt das Wechselspiel von direkter und indirekter Führung hervor; auch die allgemein anerkannte Forderung, daß Spielmittel entwicklungsgerecht sein müssen, erweist sich bei näherem Hinschauen als in sich gegensätzlich. Denn sie bedeutet, daß das Spielmittel sowohl den Fähigkeiten des Kindes angemessen sein soll, gleichzeitig aber auch beitragen möge, den Erfahrungskreis des Kindes ein wenig zu erweitern; ja, es zeigt sich sogar, daß dort, wo diese dialektische Normenstruktur pädagogischen Handelns nicht beachtet wird, sehr leicht Einseitigkeit und pädagogischer Dogmatismus auftreten: Das Einfachheitspostulat, das wir in der Historiographie der Spielmittelpädagogik über Jahrhunderte verfolgten, ist dafür ebenso ein Beleg wie der Trend zur Didaktifizierung der Spielmittel.

Zur pädagogischen Bewertung von Spielmitteln

Was ist „gutes" Spielzeug?

Die Notwendigkeit, Spielmittel hinsichtlich ihres pädagogischen Wertes zu beurteilen, ergibt sich in der Praxis vor allem in zwei Situationen: Einmal im Spielzeug-Ge-

schäft, wo angesichts eines unübersehbaren Angebots an Spielmitteln bestimmte Kaufentscheidungen gefällt werden müssen, andererseits in Spielsituationen, etwa wenn sich Eltern oder Pädagogen fragen, welche Ausstattung an Spielmitteln vorhanden sein muß, damit die Kinder in optimaler Weise ihr Spiel entfalten können. In beiden Fällen ist die Pädagogik aufgefordert, den ratsuchenden Erziehern Entscheidungshilfen in der Form von wissenschaftlich begründeten Bewertungskriterien zu geben, damit Fehlentscheidungen vermieden werden. Auch für die Neukonstruktion von Spielmitteln können derartige Kriterien nützlich sein.
Vorweg sei gesagt: Es gibt keine Methode, mit deren Hilfe man den pädagogischen Wert eines bestimmten Spielmittels *eindeutig* ermitteln könnte. Aber es gibt vielleicht die Möglichkeit, Wege aufzuzeigen, wie man das Dickicht von subjektiven Meinungen und Vorurteilen über Spielmittel etwas aufhellen könnte, um an die Stelle von Behauptungen empirisch gesicherte Informationen, an die Stelle von Ideologie jenes Maß an pädagogischer Vernunft zu setzen, das notwendig ist, um auch die eigenen pädagogischen Zielvorstellungen einer kritischen Reflexion zugänglich zu machen.
Bewertungsmaßstäbe für Spielmittel hängen in starkem Maße von erzieherischen Leitbildern ab. Finden allgemeine Bestimmungen dieser Leitbilder in Formulierungen wie „Erziehung zur selbständigen Persönlichkeit, zum mündigen Bürger" heute kaum Widerspruch, so führt eine genaue Prüfung dessen, was sich konkret hinter diesen allgemeinen Begriffen verbirgt, zu beträchtlichen Meinungsunterschieden.
Ein Anhänger der Montessori-Pädagogik wird etwa dafür eintreten, Kindern im vierten Lebensjahr vor allem ein Angebot an Sinnesmaterialien bereitzustellen; eine reichhaltige Auswahl an Puppen, Autos und Baumaterialien würde in der Montessori-Pädagogik eher auf Kritik stoßen. Demgegenüber wissen wir von der Waldorfpädagogik, daß sie es ablehnt, den Kindern in den ersten sieben Lebensjahren überhaupt „künstliche" Sinnes- oder Spielmaterialien zu geben; wir kennen Rudolf Steiners massive Kritik am Baukasten, der angeblich die Phantasie des Kindes zerstört; natürlich trifft die Kritik Steiners die Übungsmaterialien Montessoris in noch stärkerem Maße.
Damit ist deutlich gemacht, daß die Bewertung einer Puppe, eines Autos oder eines Puzzle-Spiels nicht lediglich von dem Objekt selbst, sondern von vorlaufenden Erziehungsleitbildern und deren Normierungen abhängt. Diese Normierungen bestimmen, was als „kindgemäß" zu gelten hat, sie sind von daher auch für die Bewertung von Spielzeug entscheidend.

Der Arbeitsausschuß „Gutes Spielzeug"
1954 wurde der Arbeitsausschuß Gutes Spielzeug e. V. (Ulm) gegründet. Seine zwölf Gründungsmitglieder waren überwiegend Sozialpädagogen, Psychologen und dem Deutschen Werkbund nahestehende Formgestalter. Als seine Hauptaufgabe sah und sieht der Arbeitsausschuß Gutes Spielzeug, sowohl die Bevölkerung als auch

die Spielzeugwirtschaft über gutes Spielzeug aufzuklären, „um die Kinder vor der immer stärker werdenden Überflutung mit ungeeigneten Spielsachen zu bewahren und ihnen das für ihre körperliche, seelische und geistige Entwicklung geeignete Spielzeug zu verschaffen" (Peé 1958, S. 192).

Zu diesem Zwecke überprüft der Ulmer Arbeitsausschuß den pädagogischen Wert von Spielmitteln und zeichnet das von ihm als empfehlenswert angesehene Spielzeug mit der Plakette „spiel gut" aus. Hersteller können die Plakette nach erfolgreicher Prüfung erwerben und zu Werbezwecken gebrauchen. Außerdem gibt der Arbeitsausschuß eine Aufklärungsbroschüre über gutes Spielzeug heraus, stellt Wanderausstellungen mit gutem Spielzeug zusammen und veranstaltet Spielzeugvorträge. Keine andere pädagogische Institution hat wahrscheinlich so nachhaltig auf das Bewußtsein von Eltern und Pädagogen innerhalb der letzten Jahrzehnte eingewirkt und den Gedanken vom guten, kindgemäßen Spielzeug wachwerden lassen wie der Ulmer Arbeitsausschuß, dessen pädagogische Grundsätze zum Spielzeugeinkauf insbesondere in der Vorweihnachtszeit von den verschiedenen Massenmedien alljährlich verbreitet werden. Der Arbeitsausschuß betont seine Unabhängigkeit gegenüber der Spielzeugwirtschaft; die von ihm herausgegebene Liste der mit der Plakette „spiel gut" ausgezeichneten Spielmittel umfaßt heute mehrere hundert Artikel.

So berechtigt die Forderung nach gutem Spielzeug erscheinen mag, so muß nach dem normativen Hintergrund dessen gefragt werden, was im einzelnen als „gut" angesehen wird und was nicht. Die Antwort ergibt sich aus der vom Ulmer Arbeitsausschuß über fünfzehn Jahre hinweg benutzten Definition:

Gutes Spielzeug ist „von echtem und dauerndem Spielwert, einwandfrei gearbeitet, einfach und schön in Farbe und Form"[13].

Wenn man diese Definition auf ihren theoretischen Hintergrund hin analysiert, wird man gewahr, daß die normierenden Bestimmungselemente für gutes Spielzeug der reformpädagogischen Tradition entstammen. Hatte die Reformpädagogik mit der Forderung nach ästhetischer Qualität und Kindgemäßheit der Spielmittel einen pädagogischen Normenhorizont aufgebaut, der zur Ablehnung von allzu kompliziertem, technisch perfektionierten, gekünstelten, geschmacklos-kitschigen Spielzeug aufrief und vor pädagogischen „Verfrühungen" warnte, so erscheint das Leitbild für gutes Spielzeug, das aus den Intentionen des Ulmer Arbeitsausschusses ablesbar ist, gleichsam als Zusammenfassung und Strukturierung eben dieser Bewertungstendenzen, die vorher immer nur vereinzelt bei den verschiedenen Spielzeug-Autoren deutlich wurden. Die Attribuierung des guten Spielzeugs mit den Eigenschaften des Echten (= Natürlichkeit!), des Dauernden (= Zeitlosigkeit!), des Einfachen (Einfachheitspostulat!), des Haltbaren und Schönen (vgl. Kunsterziehungsbewegung!) legt es nahe, daß die Vorbilder für kindgemäße Spielmittel weniger in den industriellen Massenprodukten, sondern eher im

---

13 Arbeitsausschuß Gutes Spielzeug (Hg), Kleines Handbuch für die richtige Wahl. 10. Aufl. 1969, S. 3.

handwerklich hergestellten, mit den Mitteln der einfachen Volkskunst gestalteten Spielzeug erblickt werden.

Die offensichtliche Diskrepanz zwischen diesem Leitbild und der Realität des Spielzeugmarktes war dem Arbeitsausschuß Gutes Spielzeug von Anfang an klar, wenn er darauf hinwies, daß es ihm keineswegs um eine „Beschränkung des Spielzeugs auf einige Holzklötze und Stofftiere" gehe, vielmehr um das in großer Stückzahl seriell hergestellte Spielzeug, da es wichtiger sei, „die Eltern auf gute Spielzeuge hinzuweisen, die sie dann auch tatsächlich kaufen können, als sie mit oft sehr schönen, aber unerreichbaren Dingen bekannt zu machen" (Peé 1961, S. 10). Doch derartige Entgegnungen verdecken nicht, daß die Bewertungsmaßstäbe für das „Gute" am Spielzeug in starkem Maße an die bewährten Spielmittel der vorindustriellen Epoche sowie an eine implizite Theorie der Kulturkritik gebunden sind, wie sie vor allem Stefan Hirzel – ebenfalls Gründungsmitglied des Ulmer Ausschusses – in seinem Buch „Spielzeug und Spielware" darstellte. Äußerungen von Ausschußmitgliedern,

- daß man der Verbreitung von Blechspielzeug „heute aus pädagogischen und geschmacklichen Gründen entschieden engegentreten muß" (Hetzer 1955, S. 508),
- daß Holz für sehr viele Spielsachen des Kleinkindes „das geeignete Material" darstelle (Peé 1962, S. 44),
- daß technisches Funktionsspielzeug (z. B. ‚Sputniks und Raketenspielsachen') einen Ansatzpunkt zur gedankenlosen und bedenkenlosen Haltung darstellt, „die geistige Auseinandersetzungen, die zum Menschlichen wesentlich gehören, unnötig macht" (Zorell 1961, S. 375),

belegen, daß jene klassischen Materialien und Gestaltungsgrundsätze für Spielmittel, die in der Kleinkinderziehung der letzten 130 Jahre ihren Niederschlag fanden, normierende Bedeutung besitzen.

Der zentrale Begriff des „Spielwertes" zeigt vollends die Orientierung des Ausschusses an der Tradition der einerseits auf Förderung der Eigenaktivität des Kindes, andererseits auf Bewahrung vor nichtkindgemäßen Einflüssen zielenden Kleinkinderziehung in der Nachfolge Fröbels und der Reformpädagogik. Das Kriterium der Durchschaubarkeit und Beherrschbarkeit des Spielzeugs ist dabei ebenso ein positives Wertungsmoment wie die vielseitige Verwendbarkeit. Demgegenüber wird der Spielwert von Materialien, die nur in Gang gesetzt werden und dann automatisch ablaufen, als gering eingeschätzt.

Entsprechend der Theorie von den Entwicklungsphasen wird die Interessendifferenz zwischen Vorschulkind und Schulkind relativ stark betont:

„Erst das Schulkind sucht modellgetreue Nachbildungen. Je reichere Spielmöglichkeiten ein Spielzeug bietet, um so interessanter ist es für das noch nicht spezialisierte Kind. Ein Holzlastauto kann das Kind beladen und entladen und dabei vielerlei Dinge befördern, mit einem Straßenbahnmodell im Grunde immer nur den gleichen Spielvorgang wiederholen." (Thun 1955, S. 112)

Man fragt sich unwillkürlich, ob ein Vierjähriger, der immer wieder zu einem technischen Spielzeugmodell statt zum Holzauto greift, aus dieser Sicht als verhaltensgestört eingestuft werden muß; die Gefahr einer allzu pauschalen Betrachtungsweise ist hier wohl nicht ganz von der Hand zu weisen.
Es leuchtet ein, daß das Verständnis von „Spielwert", das der Ausschuß zugrundelegt, dem selbstgemachten Spielzeug gegenüber dem käuflichen Spielzeug einen relativ hohen Stellenwert zuweist:

„Jedenfalls regt es die Phantasie mehr an und es macht sehr viel mehr Spaß, als immer nur mit den fest vorgeformten Spielsachen zu spielen. Das lebendige Kind möchte sich immer Neues zusammenstellen und ausdenken." (Seelmann 1956, S. 531)

Die Warnung vor zu vielem und zu früh gekauftem Spielzeug ist ebenfalls ganz der reformpädagogischen Tradition verbunden:

„Wie zuviel Süßigkeiten aus dem Konditorladen dem kindlichen Magen schaden, so bekommt ein wahlloses Zuviel an Spielsachen der seelischen Gesundheit schlecht. Kinder, die zuviel oder auch wertloses und nicht ihrem Alter entsprechendes Spielzeug haben, werden übersättigt und träge, verdrießlich und launisch, anspruchsvoll." (Zorell 1961, S. 375)

Die Vorstellungen des Arbeitsausschusses Gutes Spielzeug über die Grundausstattung an Spielmitteln, über die *jedes* Kind verfügen soll, beschränken sich auf folgende Kategorien:

„1. Spielzeug zum Gernhaben (z. B. Puppe oder Teddybär)
2. Spielzeug zum Sichbewegen (z. B. Ball oder Roller)
3. Spielzeug zum Werken und Gestalten (z. B. Plastilin oder Baukasten)
4. Spielzeug zum gemeinsamen Spielen (z. B. Brett- oder Reisespiele)." (Seelmann 1956, S. 531)

Das Problem der Entwicklungsgemäßheit von Spielmitteln versuchte der Arbeitsausschuß zu lösen, indem er eine Tabelle erstellte, in der die als wichtig angesehenen Spielmittel-Gruppen schwerpunktmäßig bestimmten Alterszeiträumen zugeordnet wurden, um Eltern eine Hilfe beim Spielzeugeinkauf zu geben.
Derartige Vereinfachungen, wie sie die genannten Spielzeug-Kategorien oder die Gleichsetzung von Entwicklungsgemäßheit mit einem bestimmten Lebensalter darstellen, haben offenbar die Funktion, komplexe Sachverhalte breiten Bevölkerungskreisen im Rahmen pädagogischer Aufklärungsarbeit verständlich zu machen. Andererseits können sie in der Praxis dazu beitragen, einem pädagogischen Schematismus zu verfallen, der die Individual-Situation des Kindes zu wenig berücksichtigt. Man sollte dieses Bild vom „guten" Spielzeug nicht absolut setzen, ohne die Relativität und historische Bedingtheit des explizit kaum reflektierten Normenhorizontes für die Bewertung des „Guten" zu berücksichtigen.
Mit der Hervorhebung des „guten" Spielzeugs wird auf der anderen Seite – ungewollt – der Eindruck erweckt, daß jener größere Teil von Spielmitteln, der nicht

ausgezeichnet wird, zur Kategorie des „schlechten" Spielzeugs gehört. So berichtet ein Besucher über die Wanderausstellung des Ulmer Ausschusses:

„Der Titel der Ausstellung hieß ‚Gutes Spielzeug' – das heißt eigentlich hätte er heißen müssen: Das gute und das schlechte Spielzeug, denn beides war sorgsam voneinander getrennt. Auf der einen Seite fanden wir all das, was als Kriegsspielzeug oder als mechanisch angetriebenes Gerät unsere Ablehnung verdient... Man wird sich schließlich ganz sicher und fühlt sich in seiner anständigen Gesinnung bestätigt, wenn man noch einige Reden hört und Prospekte liest, in denen das gute gelobt und das schlechte getadelt wird, das gute und das schlechte Spielzeug natürlich. Dann geht man hinaus aus dieser Pracht des Kinderparadieses und schaut hinaus in die Welt der Erwachsenen." (F. Beck 1961, S. 12f.)

Diese kritische Bemerkung will bewußt machen, daß die Erwachsenen sich mit einer Schau des „guten Spielzeugs" allzu leicht ein Alibi für die Bösartigkeit unserer gesellschaftlichen Realität verschaffen könnten – zweifellos eine provozierende Interpretation. Sie ergibt sich aus der *moralischen* Ausdeutung des Begriffs „gut", der vom Arbeitsausschuß im Sinne von „angemessen" bzw. „kindgemäß" verstanden wird.

Letztlich liegt das Problem bei der Bewertung „guten" Spielzeug darin, daß ein Werturteil abgegeben wird, ohne differenzierende Beschreibung der zugrundeliegenden Bewertungsnormen und der pädagogischen Funktion des Spielmittels (Mieskes 1970, S. 24). Der Begriff des Guten ist ja nicht nur in bezug auf den dahinterstehenden Normenhorizont, sondern ebenso in bezug auf die pädagogische Intention und die Individuallage des Kindes relativ. Denn es ist durchaus möglich, daß das, was für das eine Kind „gut" sein soll, für ein anderes Kind relativ belanglos ist. Dazu sind einige Befunde aus der Gießener Elternbefragung recht aufschlußreich (Retter 1973, S. 67 ff.).

Es gibt kaum ein Spielmittel, das von allen befragten Eltern uneingeschränkt als pädagogisch wertvoll angesehen wird. Bei der Frage nach einem Spielmittel, das wirklich empfehlenswert sei, wurde am häufigsten Lego genannt; auch wenn Lego heute, acht Jahre nach dem Zeitpunkt der Befragung, durch andere Spielsysteme einer starken Konkurrenz ausgesetzt ist, stellt es gegenwärtig immer noch „das am meisten verbreitete Spielzeug auf der Welt" dar, das „mehr als 50 Millionen Familien in allen Erdteilen" besitzen[14].

Die Eltern begründeten ihre Empfehlung von Lego damit, daß es vielseitige Beschäftigungsmöglichkeiten biete, die Phantasie anrege, hygienisch sei, eine angenehme farbliche Gestaltung besitze; noch viele andere Argumente wurden genannt. Andererseits rechnete ein wenn auch viel kleinerer Prozentsatz von Befragten Lego zu den Spielmitteln, die man *nicht* empfehlen könne. Diese Eltern lehnten Lego ab, weil ältere Kinder angeblich damit nichts anfangen könnten, für die Jüngeren sei das Auseinandernehmen der Teile zu schwierig, die Teile würden nach längerem Gebrauch auseinanderfallen, das System zeige einen Trend zum Erwachsenen, die Firma sollte lieber das Grundsystem ausbauen und technische Dinge weglassen.

14 Spielzeugmarkt, 1977, H. 3. S. 36.

Ein ähnlich differenziertes Bild zeigen die Äußerungen der Eltern zu fast allen anderen Spielmittel-Gruppen. Am stärksten kritisiert wird billiges Blech- und Plastikspielzeug sowie reparaturanfälliges technisches Spielzeug (Verletzungsgefahr, schnelle Abnutzung, hygienische Mängel). Bei vielen Spielmitteln zeigt sich jedoch, daß weder das Material noch die pädagogische Funktion des Spielmittels, sondern die jeweilige familiäre Situation für das Urteil „empfehlenswert" bzw. „nicht empfehlenswert" ausschlaggebend ist: Was in der einen Familie Anlaß zu ständigen Streitigkeiten wird, ist in der anderen Familie Gegenstand gemeinsamen Spiels und dient nach Ansicht der Eltern dem Erlernen der Selbstbeherrschung und des sozialen Verhaltens.

Fazit: Gutes Spielzeug im Sinne eines absoluten Wertmaßstabes gibt es nicht. Um Mißverständnissen aus dem Weg zu gehen, ist es vielleicht sinnvoller, das apodiktische Werturteil „gut" durch eine abgestufte Beurteilungsskala zu ersetzen, die von „sehr empfehlenswert" bis „nicht empfehlenswert" reicht. Aber auch dieses Gesamturteil kann nur relativ sein, bedarf der differenzierten Beschreibung einzelner Prüfkriterien, wie z. B. Materialverarbeitung, Spielidee, Angemessenheit in bezug auf bestimmte Benutzergruppen usw. Schließlich muß gesehen werden, daß die Prüfkriterien selbst eine gewisse Relativität besitzen und von den vorlaufenden Normierungen des Erziehungsleitbildes abhängen. So besteht wohl von vornherein kaum eine Chance, daß der Arbeitsausschuß Gutes Spielzeug ein einfaches Aufziehspielzeug mit der Plakette „spiel gut" auszeichnet – auch wenn die Kinder damit längere Zeit spielen –, weil diesem Spielzeug grundsätzlich ein geringerer Spielwert zugebilligt wird als etwa einem Baukasten.

Bewertungssysteme und ihre Hintergrundtheorien

Der Begriff „Bewertungssystem" ist an sich zu anspruchsvoll für die vielfachen Bemühungen, etwas über den pädagogischen Wert von Spielmitteln auszusagen. Denn in der einschlägigen Literatur werden meist nur pädagogische Forderungen oder Bewertungsgesichtspunkte für Spielmittel genannt, die man „beachten soll", ohne daß über den Stellenwert dieser Gesichtspunkte etwas ausgesagt wird.

Die Bewertungsgrundsätze des Arbeitsausschusses „Gutes Spielzeug"
Wir geben im folgenden die vom Arbeitsausschuß Gutes Spielzeug verbreiteten „12 Grundsätze für die Beurteilung von Spielzeug" in Kurzform wieder und versehen sie mit einem kritischen *Kommentar,* der die Notwendigkeit einer differenzierten Betrachtung dieser Bewertungsgesichtspunkte aufzeigen soll[15].

15 In dieser Form fanden die Grundsätze des Arbeitsausschusses auch in der Sekundärliteratur weite Verbreitung. In der 12. Auflage der Broschüre »Gutes Spielzeug« wurden die Formulierungen etwas abgeändert.

1. Das *Alter des Kindes* ist für die Auswahl des Spielzeugs von grundlegender Bedeutung.
Kommentar: Man wird zwar als allgemeine Orientierungsnorm auf die Altersangabe nicht verzichten können, sie ist aber eine relativ ungenaue und unzuverlässige Größe. Genauere Kriterien für die Entwicklungsangemessenheit von Spielmitteln sind in den spezifischen Interessen und bisherigen Spiel- und Lernerfahrungen der Kinder zu sehen.

2. Es ist ungemein wichtig, der *Phantasie* des Kindes freien Spielraum zu lassen. Man wird dem Kind z. B. keine Klötze mit angemalten Fenstern und Türen, fertige Dächer oder ornamentierte Giebel geben. Sie stören sein freies Gestalten. Erst das Schulkind bevorzugt Spieldinge, die der Wirklichkeit modellgetreu nachgeformt sind.
Kommentar: Phantasie und Kognition werden wesentlich stärker gefördert durch ein differenziertes Materialangebot, das sowohl einfache, als auch komplex gestaltete Formen enthält. Von Anfang an sollten bestimmte Materialien mit realitätsabbildender Funktion (z. B. Modell-Autos, Foto-Abbildungen von Tieren, Gegenständen, Szenen auf Spiel-Karten; technisches Spielzeug wie Kran, Bagger usw.) dem Kind zur Verfügung stehen, die dem Ziel dienen, eine vertiefte Auseinandersetzung mit der Realität zu ermöglichen.

3. Je reichere *Spielmöglichkeiten* ein Spielzeug bietet, um so interessanter ist es für das Kind.
Kommentar: Das trifft keineswegs für alle Spielmittelgruppen zu. Viele Spielmittel sind in ihrer Funktion eindeutig festgelegt und besitzen in dieser Eindeutigkeit durchaus großen Aufforderungscharakter für das Kind (z. B. Puzzle). Kreative Formen des Spiels sind in allen Versuchen zu sehen, scheinbar eindeutig determinierten Spielmitteln einen neuen Spielsinn zu geben.

4. Die *Spielinhalte* müssen dem Kind verständlich sein. Sie sollten aus der selbsterfahrenen Umwelt stammen, damit eine vertiefte Beschäftigung mit Bekanntem möglich ist.
Kommentar: Die Bekanntheit der Spielinhalte muß Anknüpfungspunkt für die Möglichkeit sein, Neues, Unbekanntes kennenzulernen.

5. Wichtig ist die richtige *Größe* des Spielzeugs. Dem Kleinkind sollten eher große Formen gegeben werden; erst das Schulkind bewältigt aufgrund seines differenzierteren Gestaltungsvermögens und seiner entwickelteren manuellen Geschicklichkeit kleine Formen ganz.
Kommentar: Auch hier ist der Grundsatz eines differenzierteren Angebotes wichtiger als die eindeutige Zuordnung „Kleinkind ‚groß' – Schulkind ‚klein'!" Für Fünfjährige spielt z. B. der Gesichtspunkt des manuellen Unvermögens beim Umgang mit kleinen Formen (Bausteinen, Autos etc.) kaum eine Rolle mehr. Durch

ein Spielzeug-Angebot, das eine vielfältige Variation der Größen anstrebt, werden gerade feinmotorische und optische Lernprozesse der Differenzierung möglich.

6. Die *Menge des Spielzeugs* muß im richtigen Verhältnis zur Aufgabe stehen, die es zu erfüllen hat.
Kommentar: Befürchtungen, zuviel Spielmittel können dem Kind schaden (Reizüberhäufung, Abnahme des Interesses, Zerstörung), sind relativ zu sehen. Finanzielle und räumliche Begrenzungen bilden meist entscheidendere Hemmnisse für ein hinreichend differenziertes Spielmittelangebot.

7. Das *Material* des Spielzeugs ist von Bedeutung. Holz und Stoff bleiben für das Kleinkind die wichtigsten Materialien. Kunststoffe verführen oft zur Nachahmung anderer Materialien und zur Massenherstellung billiger, aber oftmals ungeeigneter und häßlicher Spielsachen.
Kommentar: Es erscheint einseitig, Holz und Stoff von vornherein für „kindgemäßer" als andere Materialien zu halten. Sinnvoller dürfte es sein, das Kind mit verschiedenen Materialstrukturen bekannt zu machen. Kriterium für die Verwendung eines bestimmten Materials kann nur die Frage sein, inwieweit damit der optimalen Erfüllung der Spielfunktion gedient ist.

8. *Form und Farbe* üben eine große, häufig übersehene Wirkung aus. Die Entwicklung des Farbempfindens wird aber durch eine Überfülle von Farben erheblich gestört oder verzögert. Darum ist elementaren Grundfarben der Vorzug zu geben.
Kommentar: In der Tat herrscht im Spielmittel-Angebot derzeit eine übersteigerte „Farbenpracht", die weniger am einzelnen Spielzeug als in der Gesamtheit der dem Kinde zur Verfügung stehenden Spielmittel zum Ausdruck kommt. Dieser Eindruck der undifferenzierten, ja sogar langweilig zu nennenden Buntheit wird im wesentlichen dadurch verursacht, daß gerade die „elementaren Grundfarben" dominieren. Zu fordern wäre eine realitätsbezogene bzw. nuancenreiche Farbgebung (je nach Funktion des Gegenstandes), die der Sensibilisierung der Wahrnehmung und der vertieften ästhetischen Kommunikation dient; die Grundfarben spielen dabei eine untergeordnete Rolle.

9. Die *Haltbarkeit* des Dauerspielzeugs muß dem rauhen Alltagsgebrauch gewachsen sein.
Kommentar: Eine sinnvolle Forderung, aber überwiegend aus ökonomischen Gründen. Bei aller Erziehung zum pfleglichen Umgang mit Spielsachen sollte man bedenken, daß Spielzeug ein Konsum-Artikel „auf Zeit" ist – auch das sog. Spielzeug „zum Liebhaben".

10. *Konstruktion und Mechanik* des Spielzeugs sollten dem Kind klar und verständlich sein. Für verkapselte und geheimnisvolle Mechanismen begeisterten

sich vor allem Erwachsene. Erst dem größeren Schulkind, das die technischen Zusammenhänge zu übersehen vermag, kann man komplizierte Modelle geben.
Kommentar: Erkundungsbedürfnis, Verständnis und Konstruktionsvermögen des jüngeren Kindes werden meist unterschätzt. „Geheimnisvolle Mechanismen" sind für das Kind mindestens ebenso anziehend wie für den Erwachsenen.

11. Absolute *Sicherheit* gegen Unfälle und Verletzungen gibt es auch beim Spielzeug nicht, sinnvolle Vorkehrungen können aber getroffen werden.
Kommentar: In der Tat. Es gibt trotz Sicherheitsnormen der Industrie auch heute noch genügend Beispiele für scharfe Kanten, Metallspitzen und zerbrechliche Plastikgehäuse.

12. Der *Preis* soll nach Bedeutung und Lebensdauer des Spielzeugs beurteilt werden. Teures Spielzeug, das länger in Gebrauch bleibt, ist wirtschaftlich billiger als billiges, das schnell kaputt geht.
Kommentar: Man sollte nicht vorschnell vom Preis auf die Materialqualität schließen. Das Problem der Preisangemessenheit von Spielzeug stellt sich in den einzelnen Spielmittelbereichen sehr unterschiedlich (bei Bodenfahrzeugen anders als bei Puzzles). Es bedarf im Einzelfall eines konkreten Preis- und Qualitätsvergleiches unter Berücksichtigung der pädagogischen Funktion, die ein bestimmtes Spielmittel ausüben soll.

Diese Bewertungsgesichtspunkte des Ulmer Ausschusses, die nicht nur Eltern eine Orientierungshilfe z. B. beim Spielzeugeinkauf bieten sollen, sondern auch Prüfkriterien für die Verleihung der Plakette „spiel gut" darstellen, stehen unverkennbar im Zusammenhang mit dem im vorigen Abschnitt dargestellten Leitbild von Kindgemäßheit. Dabei kann es gar nicht darum gehen, dieses – oder irgendein anderes – Leitbild von Kindgemäßheit zu kritisieren; dies wäre allein schon deshalb unsinnig, weil die Erziehungsleitbildern zugrundeliegenden Normen wohl weltanschaulich, aber nicht wissenschaftlich begründbar sind. Vielmehr muß es darum gehen, die Relativität dessen aufzuzeigen, was jeweils unter „kindgemäß" verstanden wird. Bewertungskriterien für Spielmittel sind nur dann voll interpretierbar, wenn sie im Kontext ihrer (zumeist nur implizit vorhandenen) Hintergrundtheorien dargestellt werden. Mit Recht fordert Höltershinken (1976, S. 83) deshalb, daß die Normen bei der Auswahl und Beurteilung von Spielmitteln in einem Diskurs der Beteiligten offengelegt werden sollen.

Beurteilung von Spiel- und Lernmaterialien nach Schüttler-Janikulla
Speziell für „Spiel- und Lernmaterialien im Vorschulalter" hat Schüttler-Janikulla (1972) zwölf Forderungen erhoben, die einerseits eine gewisse Pragmatik zeigen, andererseits einige weitere Aspekte der Spielmittel-Bewertung verdeutlichen. In

diesen Gesichtspunkten spiegelt sich der Einfluß der „Frühlernbewegung" auf die Vorschulerziehung wider (zusammenfassende Wiedergabe):

1. Spiel- und Arbeitsmaterialien sollen nicht streng auf das Alter des Kindes bezogen, sondern entsprechend dem sach- und motivationsstrukturellen Entwicklungsstand des Kindes eingesetzt werden;
2. Die Materialien sollten ein offenes Arrangement und variable Spielmöglichkeiten bieten, so daß individuelle Wünsche und Bedürfnisse der Kinder befriedigt werden können;
3. Materialien sollten nicht nur eindimensionale, sondern multidimensionale Bearbeitungs- und Lösungswege anbieten;
4. Die mit Spielmitteln verbundenen Inhalte sollten realitätsbezogen sein;
5. Das Material sollte einen Fähigkeitserwerb begünstigen, der zu Transferprozessen führt;
6. Das Material sollte einen hohen Aufforderungscharakter besitzen und beim Kind weiterführende Spielaktivitäten fördern;
7. Das Material sollte Erfolgserlebnisse vermitteln;
8. Das Material sollte weitgehend unabhängig von dem Lehrer (bzw. von der Bezugsperson; H. R.) Anwendung finden;
9. Mit den Materialien sollten die Kinder im Sinne einer „kreativen Umfunktionierung" neue, vom Hersteller nicht beabsichtigte Spielmöglichkeiten entdecken können;
10. Spiel- und Lernmittel sollten in Struktur und Konzeption materialgerecht sein;
11. Die Materialien sollten durch ihren Aufbau nicht zu zusätzlichen Zwängen in der Welt des Kindes führen;
12. Die künstlerisch-ästhetische Gestaltung des Spielmittels sollte auch dort beachtet werden, wo ästhetische Lernziele nicht unbedingt im Vordergrund stehen.

Vergleicht man diese Forderungen mit denen des Ulmer Ausschusses, fallen einige bemerkenswerte Unterschiede auf. So wird bei Schüttler-Janikulla der Aspekt der Phantasie – ein zentrales Inhaltskriterium des Ulmer Ausschusses – kaum erwähnt und für die Spielinhalte ausdrücklich Realitätsbezogenheit gefordert. Schüttler-Janikulla bezieht seine Kriterien offenbar stärker auf Situationen des realitäts- und *leistungsbezogenen* Spiels mit dem Ziel des Erwerbs von generalisierbaren Erfahrungen und Fähigkeiten.

Somit stehen einige Spielmittelbereiche außerhalb der Betrachtung, insbesondere jene Spielmittel, die keine kognitive Problemlösestruktur besitzen und von daher auch keine Bearbeitung von Lösungswegen verlangen. Spiel als imaginatives Handeln ist hier kaum gefragt; Emotionalität und Expressivität werden dem Lernen untergeordnet. Dies spiegelt sich auch in der Forderung nach Erfolgserlebnissen wider; denn vor allem beim aufgabenbezogenen Spiel ist die Möglichkeit der Überforderung und damit der Frustration gegeben.

Nur scheinbar in Widerspruch dazu steht Schüttler-Janikullas Bekenntnis zu Fröbels Spielbegriff, seine Warnung vor der Überschätzung der kognitiven

Begabungsförderung und die unter Berufung auf Mieskes vorgenommene kritische Einschätzung von „didaktischem Spielzeug". Derlei Hinweise scheinen vor allem die Funktion zu haben, das von Schüttler-Janikulla im Anschluß an seine erste Sprachtrainingsmappe entwickelte Konzept „Begabung, Sprache, Emanzipation" ins rechte Licht zu rücken. Doch ist offensichtlich, daß auch dieses Material – nun mit dem Anspruch von „Emanzipation" versehen – den Kindern kognitive Fertigkeiten vermitteln soll (Retter 1976a, S. 80 ff.). Daß Schüttler-Janikulla den Begriff „Spiel- und Lernmaterial" stärker im Sinne von didaktischem Material als im Sinne von Spielzeug versteht, geht auch aus dem Bericht von einer Unesco-Tagung hervor, auf der Schüttler-Janikulla/Westermann Beurteilungskriterien für Spiel- und Lernmittel (1972) vorstellen, die einem unveröffentlichten Gutachten für den Deutschen Bildungsrat von Kirst/Dieckmeyer (1970) entnommen sind.

Höltershinken bewertet den Diskussionsbeitrag von Schüttler-Janikulla/Westermann als Beispiel „eines relativ geschlossenen, psychologisch-funktionalistischen Ansatzes, bei dem es letztlich um die rechte Organisation des Funktionstrainings von Persönlichkeitsmerkmalen, vornehmlich im kognitiven Bereich, über geeignete Inhalte und Materialien geht... Die Autonomie des Kindes ist jedoch offensichtlich verlorengegangen, nach ihr wird ebenso wenig gefragt wie nach der Legitimation eines Ansatzes, der von der Lebenssituation des Kindes weitgehend abstrahiert und letztlich nur aus lerntheoretischen Voraussetzungen erfolgt." (1976, S. 79 und 81.) Eine gewisse Tendenz, sich des Spielbegriffs lediglich zur Ummäntelung von Lernforderungen zu bedienen, ist in den für die Vorschulerziehung produzierten Materialien zweifellos gegeben. Marianne Grond, die speziell im Bereich der Lernspielmaterialien eine Bestandsaufnahme vornahm, fordert denn auch (1975, S. 170):

„Lernspielmaterialien für die Vorschulerziehung müssen zum Spielen geeignet sein, soll der Begriff überhaupt einen Sinn haben. Spielen wird dabei verstanden als lustvolle, freie, völlig von der intrinsischen Motivation getragene Tätigkeit."

Die „Grundsätze" der Arbeitsgruppe Vorschulerziehung

Die Arbeitsgruppe Vorschulerziehung des Deutschen Jugendinstitutes (München) entwickelte für die institutionalisierte Vorschulerziehung „Grundsätze für die Auswahl und Beurteilung von Ausstattungsgegenständen und Materialien" (1974, S. 9 ff.). Obwohl vornehmlich auf die Institution Kindergarten bezogen, sind diese Prinzipien generell auf die Versorgung des Vorschulkindes mit geeigneten Spielmitteln anwendbar. Es werden drei verschiedene Kriterien-Gruppen unterschieden (zusammenfassende Wiedergabe):

1. Allgemeine pädagogische Kriterien: Grundsatz der *Selbsttätigkeit* des Kindes (Die Materialien sollen selbständigen Umgang ermöglichen; alters- und verhaltensspezifischen Maßstäben entsprechen; teils Bekanntes, teils Unbekanntes, Unge-

wohntes und Unfertiges beinhalten; teils haltbar/stabil, teils veränderlich/zerstörbar sein; Umfunktionierungen ermöglichen; in ihren Konstruktionsprinzipien durchschaubar für das Kind sein); Grundsatz der *Wahlfreiheit* des Kindes (Allen Kindern ist ein differenziertes, räumlich-materiales System verfügbar, das sowohl Wahlfreiheit für bestimmte Aktivitäten und Bezugsgruppen als auch individuelle Rückzugsmöglichkeit bietet);
Grundsatz der *Erfahrung konkreter Lebenssituationen* des Kindes (Verarbeitung auftretender Konflikte; nicht Ausschaltung, sondern kontrollierte Erfahrung von Gefahren im Umgang mit räumlichen Elementen und Gegenständen; Beziehbarkeit des ausgewählten Materials auf Umweltgegebenheiten, Erfahrungen und Situationen des Kindes).

2. Kriterien zur materialen Eignungsbewertung: Grundsatz der *Sicherheit* (Ausschaltung von nicht kalkulierbaren Risiken; Gewährleistung gesundheitlicher Sicherheit; Haltbarkeit);
Grundsatz der *Veränderbarkeit* (Materialien sollen: nicht ausschließlich auf spezifische Einzelfunktionen verwendbar sein; zum Träger von Aktivitäten werden, die ihnen neue Bedeutungen in Handlungszusammenhängen zuweisen; auch dinglich veränderbar sind; keinen allzu hohen Strukturiertheitsgrad aufweisen).

3. Kriterien zur Förderung psychischer Funktionen: Grundsatz der *sozialen* Förderung (Beinhaltet das Ziel, mit den bereitgestellten Materialien den Kindern auch Strategien zur Bewältigung von Situationen und zum Erwerb sozialer Kompetenz verfügbar zu machen);
Grundsatz der *emotionalen* Förderung (Bestimmte Materialien sollen: zum Erkennen fremder und zum Ausdruck eigener Gefühle anregen; Expression und Erkennen von Zärtlichkeiten erlauben; der eigenen Spontaneität – auch Aggressivität – Ausdruck verleihen);
Grundsatz der *intellektuellen* Förderung (Umgebung und Material-Angebot reizen zum selbständigen Stellen und Lösen von Aufgaben; bauliche und materielle Vorgaben begünstigen das eigene Organisieren und Strukturieren des Denkens);
Grundsatz der *körperlichen* Förderung (Bauliche und materiale Voraussetzungen für rhythmische Bewegung und für die verschiedenen fein- und grobmotorischen Bewegungsbedürfnisse werden geschaffen).

Bemerkenswert an diesen Grundsätzen ist die konsequente Einbeziehung der Spielmittel (und aller sonstigen Materialien) in ein Planungskonzept, das von der Gestaltung des dem Kinde zur Verfügung stehenden Gesamtraumes im Innen- und Außenbereich ausgeht. Die Grundsätze schließen die ganze Breite des möglichen Materialangebotes ein, also sowohl „Spielzeug" als auch „didaktische Mittel", Möbel und sonstige Ausstattungsobjekte. Durch die Unterscheidung von Bewertungsgesichtspunkten, die sich auf das Kind als Ganzes richten (Selbsttätigkeit, Wahlfreiheit), auf das Material (Sicherheit, Veränderbarkeit) und auf die Förderung einzelner psychologischer Funktionen (sozialer, emotionaler, kognitiver, körperlicher Bereich) stellen diese Prinzipien ein *Bewertungskonzept von relativer Systematik und Vollständigkeit* dar, das geeignet ist, andere Bewertungskataloge in sich aufzunehmen bzw. deren Unvollständigkeit aufzuzeigen. Aber auch hier ist eine *spezifische Hintergrundtheorie* auszumachen, die ihre Abhängigkeit von einem bestimmten Erziehungsleitbild deutlich macht und damit auch Präferenzen für die Spielmittelbewertung setzt. Dieses Leitbild wurde von der Autorengruppe an anderer Stelle ausführlich dargestellt und ist auf die Formel „Erziehung zu Autonomie und Kompetenz" gebracht worden (Arbeitsgruppe Vorschulerziehung 1973).

Die beiden Begriffe Autonomie und Kompetenz sind in den Grundsätzen zur Materialienbewertung der Arbeitsgruppe Vorschulerziehung als implizite Bezugspunkte auszumachen: Die Kriterien zur Förderung der psychischen Funktionen dienen primär dem Kompetenzerwerb in den verschiedenen Persönlichkeitsbereichen. Für sich allein betrachtet impliziert diese Kriterien-Gruppe den Ansatz zu einer auf das Training einzelner psychischer Funktionsbereiche ausgerichteten Erziehungstheorie, in der z. B. auch das Konzept von Schüttler-Janikulla seinen Ort hätte. Dieser Kriterien-Gruppe vorgeordnet sind jedoch die allgemeinen pädagogischen Kriterien. Und hier ist neben den aus der klassischen Spielmittel-Pädagogik stammenden Prinzipien der Selbsttätigkeit und der Wahlfreiheit das Kriterium „Erfahren konkreter Lebenssituationen" entscheidend.

Sind die Grundsätze für die Spielzeugbewertung des Ulmer Arbeitsausschusses verständlich auf dem Hintergrund einer Spielpädagogik, die Selbsttätigkeit und Imagination durch Abschirmung des Kindes vor verfrühenden und schädlichen Einflüssen der Erwachsenenwelt erreichen will, so gewinnt im Leitbild der Arbeitsgruppe Jugenderziehung das Kind seine Unabhängigkeit nicht durch Schaffung eines pädagogischen Schonraumes, sondern durch Auseinandersetzung des Kindes mit Realitätsproblemen seiner Umwelt, insbesondere mit seinen eigenen Konflikten, die im Zusammenhang mit der sozialen Wirklichkeit gesehen und aufgearbeitet werden sollen; indem das Kind diese Konflikte erkennen und bewältigen lernt, gewinnt es seine Autonomie.

Alle Materialien und Geräte, also auch Spielmittel, sind so gesehen, Orientierungs- und Bewältigungshilfen für konkrete Probleme und Konflikte. Ausdrücklich wird der *emanzipatorische Charakter* des zugrundeliegenden Erziehungsleitbildes hervorgehoben:

„Erziehung setzt sich zum Ziel, zur Emanzipation von Fremdbestimmung zu verhelfen und die Solidarität der an der Entfaltung ihrer Person Gehinderten zu stärken, indem sie die Vermittlung von Kompetenz als die Vermittlung eines Instrumentariums zur Aufklärung fremdbestimmter Situationen und zur Realisierung entsprechender Situationsbeeinflussung auffaßt." (Zimmer 1973, Bd. 1, S. 28 f.)

Es ist klar, daß damit auch eine bestimmte Auswahl von Tätigkeitsformen und Spielmitteln erfolgt. In diesem Konzept werden insbesondere solche Spiel- und Lernformen den Vorzug bekommen, die geeignet sind,

„– Abhängigkeiten des Kindes von Bezugspersonen zu mindern;
– Angst des Kindes abzubauen;
– freie Bindungsfähigkeit des Kindes aufzubauen;
– Konflikte des Kindes zum Austrag zu bringen;
– kooperatives Handeln des Kindes anzuregen;
– zur Bewältigung von Mißerfolgserlebnissen des Kindes beizutragen;
– Wahlmöglichkeiten des Kindes zu erweitern." (Zimmer 1973, Bd. 1, S. 258.)

Die Wertigkeit eines bestimmten Spielmittels hängt in diesem Konzept also davon ab, inwieweit mit ihm die Erwartung verknüpft wird, einen Beitrag zu „Autonomie und Kompetenz" im Sinne der genannten Kriterien zu leisten. Daß diese Erwartung auch für Materialien ausgesprochen wird, die eine kontrollierte Erfahrung von Konflikt, Gefahr und Aggression erlauben, kennzeichnet die hier zugrundeliegende Auffassung von „Kindgemäßheit" als eine Alternative zum reformpädagogischen Verständnis dieses Begriffs. Ob die beabsichtigte Befreiung von Abhängigkeiten nicht selbst wiederum in Zwang umschlagen kann, wenn „politisch-emanzipatorisches Verhalten mit pädagogischem kurzschlüssig gleichgesetzt wird" (Höltershinken 1976, S. 83), möge dahingestellt bleiben.
Die drei beschriebenen Ansätze können jeweils als Paradigma für das Spiel- und Spielmittelverständnis einer auf Behütung und Reifung angelegten Erziehung reformpädagogischer Tradition (Arbeitsausschuß Gutes Spielzeug), einer instrumentalistisch verstandenen Lernpsychologie (Schüttler-Janikulla) und einer politisch-emanzipatorischen Pädagogik (Arbeitsgruppe Vorschulerziehung) angesehen werden, obwohl derartigen Etikettierungen immer eine gewisse Oberflächlichkeit anhaftet. Jedem dieser Konzepte für die Bewertung von Spielmitteln liegt eine implizit enthaltene oder explizit ausformulierte Hintergrundtheorie zugrunde. Es scheint sowohl notwendig zu sein, die Relativität dieser Bewertungssysteme zu erkennen als auch in einem Diskurs der Beteiligten die zugrundeliegenden Normen offenzulegen und zu diskutieren (Höltershinken 1976, S. 83).

Die „Skala der Kriterien" von Mieskes
Stellen die bislang besprochenen Bewertungskonzepte Spielmittel Prinzipien- oder Forderungskataloge dar, deren Kriterien inhaltlich determiniert sind, so ist die von Mieskes entwickelte Skala von Beurteilungskriterien für Spielmittel zunächst an der *formalen Beschreibung* von materialen und funktionalen Merkmalen des Spielmittels interessiert, wie sie mit den Mitteln der empirischen Forschung gewonnen werden können. Diese Funktionsbeschreibung wird mit ebenfalls auf empirischem Wege gewonnenen Aussagen zur Bildungs- und Erziehungsthematik verbunden. Die Hauptkriterien wurden von Mieskes (1970, S. 31) in folgender Weise zusammengefaßt:

Skala der Kriterien zur Beurteilung von Spielmitteln (Überblick)

A. *Die Materialität*
I. Statisch-technische Merkmale
   1. Materielle Beschaffenheit
   2. Haltbarkeit
   3. Größe
      Form
      Schwere
II. Konstruktionsmerkmale (Strukturelle Merkmale)
III. Hygienische Merkmale
IV. Künstlerische Merkmale
V. Ökonomische Verhältnisse
B. *Die pädotrope Funktionalität (pädofunktionale Gesichtspunkte)*
I. Allgemeine Funktionsmerkmale
   1. Aufforderungscharakter
   2. Umkreis der funktionalen Zuordnungen
   3. Der formale Funktionsfächer
II. Bildungsfunktion (-effekt)
III. Erziehungsfunktion (-effekt)
IV. Situations- und Führungsprobleme

Die entscheidenden Beurteilungskriterien befinden sich zweifellos im Teil B der Skala. Dazu noch einige Erläuterungen. Mit Funktionalität bezeichnet Mieskes (1970, S. 29 f.) „die Gesamtheit der pädagogischen (erzieherischen und bildnerischen) Möglichkeiten (Potenzen), die mittels eines Spielzeugs in einer konkreten Situation aktiviert werden können. Der Umfang und die Qualität solcher Realisierung bestimmt die konkrete Bedeutung eines Spielmittels."

Beschreibungskategorien der pädagogischen Funktionalität (vgl. B I.2. der Kriterienskala) sind die „pädagogische Potenz" („Welche Intention hat das Spielmittel? Durch welche materiellen und ideellen Grundkonstanten ist die pädagogische Potenz bestimmt?"), die „Modalität" (Ist das Spielmittel in seiner Struktur veränderbar oder unveränderbar?) und die „Praktikabilität" (Mieskes 1973, S. 306).

Der *Aufforderungscharakter* ergibt sich aus der – durch unabhängige Beobachter anhand einer mehrstufigen Rating-Skala einzuschätzenden – Intensität des Handlungsimpulses (d. h. der „Aufforderung"), mit dem betreffenden Spielmittel zu spielen. Der Aufforderungscharakter ist abhängig von anderen Variablen, wie der Verpackung des Spielmittels, dem Image, der „Konkurrenzstellung" zu anderen zur Wahl stehenden Spielmitteln, der Beeinflussung durch Situationspartner.

Der *formale Funktionsfächer* bezieht sich auf die Breite der Gestaltungs- und Verwendungsmöglichkeiten des Spielmittels. Die pädagogische Bewertung i.e.S. ergibt sich aus der Untersuchung der Erziehungs- und Bildungsfunktion und der in konkreten Spielsituationen auftretenden situations- und führungsspezifischen Probleme.

Während in den bisher dargestellten Ansätzen zur Spielmittelbewertung der Zusammenhang mit einer zugrundeliegenden Erziehungstheorie teilweise erst durch eine Sekundäranalyse sichtbar wurde, hat Mieskes diese Kriterienskala ausdrücklich als ein *erziehungswissenschaftliches Teilsystem* konzipiert, das eng auf die anderen Teilsysteme der Erziehungswissenschaft, insbesondere das System der Pädotropika und der Situations- und Führungslehre, bezogen ist (vgl. S. 213ff. und S. 264ff.). Mit der Skala werden *alle* Spielmittel ohne Bevorzugung eines Lebensalters oder einer Spielkategorie erfaßbar. Sie enthält darüber hinaus die Intention, grundsätzlich auch für die Bewertung anderer „pädotroper" Mittel (Arbeitsmittel, Therapeutika u. a.) Anwendung zu finden, evtl. ergänzt durch weitere, auf die besondere Funktionalität des Mittel abgestimmten Kriterien.

Hingewiesen werden muß ferner auf die Unterscheidung von Erziehung und Bildung. Beide Begriffe sind in diesem Verständnis sowohl beschreibende Verhaltensbegriffe als auch wertbestimmte Zielbegriffe. Daß das System der Erziehungswissenschaft von Mieskes in der Verbindung von systematischem, empirischem und pädagogisch-praktischem Interesse selbst wiederum einen bestimmten geistigen Ort hat, der Bezüge zur Pädagogik Peter Petersens aufweist, braucht an dieser Stelle nicht weiter ausgeführt zu werden[16].

Notwendigkeit empirischer Forschung
Die Gewinnung von Beschreibungs- und Gütekriterien ist nur die eine Seite des Problems der Spielmittelbewertung. Die andere Seite besteht in der objektiven Überprüfung des Spielmittels unter dem Aspekt der einzelnen Kriterien in konkreten Spielsituationen. Der Arbeitsausschuß Gutes Spielzeug verleiht die Plakette „spiel gut" erst nach einer derartigen Prüfung. Dazu heißt es:

„Spielzeug im weiteren Sinn – von der Babyrassel bis zum Experimentiermaterial – wird in Familien und Institutionen ausprobiert, das Ergebnis von Fachleuten diskutiert und kommentiert. Empfehlenswertes erhält die Auszeichnung „spiel gut". Mängel werden dem Hersteller mitgeteilt, auch Verbesserungsvorschläge." (Arbeitsausschuß Gutes Spielzeug 1974, S. 7).

Angaben über die Untersuchungsmethoden, Stichprobenzusammensetzung, Art der pädagogischen Institution, Form der Darbietung usw. sind notwendig, wenn das Prüfverfahren Anspruch auf wissenschaftliche Objektivität beansprucht. Mieskes, dessen Spielmittelbewertung nicht auf das Endurteil „gut" bzw. „nicht gut", sondern auf eine differenzierte Begutachtung abzielt, hat in seinem Gießener Institut eine Reihe von Methoden und Versuchsplänen entwickelt, die auf die „Skala der Kriterien" bezogen sind und zu einer empirisch begründbaren Beurteilungspraxis geführt haben. So werden im Rahmen der Gießener Spielmittelbewertung durchgeführt:

---

16 Wir verweisen auf Mieskes 1973.

- Untersuchungsreihen zum Aufforderungscharakter, zur Bildungs- und Erziehungsfunktion;
- Material- und Funktionsanalysen;
- Befragungen und Beobachtungen im „erweiterten Sozialraum" (insbesondere in Familien);
- Praktika zur Einführung in die Methoden der Spielmitteluntersuchung, insbesondere im Rahmen von Ausbildungsgängen für Lehrer, Diplompädagogen, Sozialpädagogen (Mieskes 1973, S. 317 ff.; Mieskes o. J.).

Das klingt vielversprechend. Aber gerade dort, wo die Bewertung von Spielmitteln auf der Grundlage empirischer Forschung ernsthaft in Angriff genommen wurde, sind diesem Vorhaben enge Grenzen durch finanzielle, personelle und institutionelle Beschränkungen auferlegt. Es fehlt eine zentrale Institution, die speziell die Bewertung von Spielmitteln mit einem breitgestreuten Inventar von Prüfmethoden vornimmt. Letztlich braucht eine differenzierte Bewertung von Spielmitteln nicht anders zu sein, als sie für Konsumartikel etwa von der Stiftung „Warentest" (die gelegentlich auch Spielmittel überprüft) durchgeführt wird: Laborversuche zur Untersuchung des materialen Aspekts müssen ergänzt werden durch Feldforschung (Beobachtung von Kindern im Umgang mit Spielmitteln) und die Befragung der „Betroffenen" (Kinder, Eltern, Erzieher).

Es hat weder Sinn, den pädagogischen Wert von Autos mit dem von Puppen vergleichen zu wollen – dies mag Angelegenheit einer Normendiskussion über die Frage „Welche Spielmittel braucht das Kind?" sein –, noch erscheint es sinnvoll, *absolute* Aussagen über ein bestimmtes Spielmittel treffen zu wollen; viel informativer ist es, die pädagogische Funktion eines Spielmittels in Relation zu setzen mit vergleichbaren anderen Typen derselben Spielmittel-Kategorie. Ein gutes Beispiel dafür findet sich in der Zeitschrift der Stiftung „Warentest" vom Dezember 1972: ein Report über Baukästen und Bausysteme aufgrund einer empirischen Untersuchung, die am Gießener Institut durchgeführt wurde. Es sollten also erst formale Beschreibungskriterien erarbeitet werden, bevor mit inhaltlichen Wertungen begonnen wird.

Eigener Versuch eines Modells zur Evaluation von Spielmitteln
Der nachfolgende Beitrag entstand im Rahmen eines von 1972–1975 laufenden Forschungsprojektes an der Pädagogischen Hochschule Schwäbisch Gmünd, dessen Aufgabe unter anderem die Evaluation (Bewertung) von Spielmitteln und Lernmitteln für den Bereich Kindergarten/Schuleingangsstufe umfaßte. Der Verfasser, der dieses Projekt leitete, faßte in einem Gutachten zum Thema „Spielmittel" (Retter 1975, S. 232 ff.) für den Ausschuß „Eingangsstufe" des Deutschen Bildungsrates die im Schwäbisch Gmünder Forschungsprojekt unter diesem Aspekt gewonnenen Erkenntnisse zusammen.

Die Entwicklung eines Evaluationsmodells kann von zwei verschiedenen Ansätzen her erfolgen: Ausgehend von allgemeinen Leitbildern der Erziehung könnte ein System von Normen und Anforderungen deduziert werden, an dem das bestehende Spiel- und Lernmittelangebot zu messen ist und auf das hin neue Materialien entwickelt werden (deduktiver Ansatz). Umgekehrt ist es möglich, vom Spielmittel und von der Situation des spielenden Kindes auszugehen und gleichsam am Ende eines zunächst empirisch-deskriptiven Verfahrens der Analyse von Spiel- und Lernmitteln die gefundenen Tatbestände mit den eigenen bzw. den gesellschaftlichen Erziehungszielen zu vergleichen (induktiver Ansatz). Beide Ansätze ergänzen sich notwendig.

Bei der Bewertung von Spielmitteln sollte man zunächst eine Reihe von Tatbeständen berücksichtigen, die die Unvollkommenheit aller Evaluationsbemühungen deutlich macht. Wir gehen davon aus, daß

— Spiel nicht in allen Punkten mit Begriffen des Lernens operational faßbar ist, aber auch dann als wesentlich für die Entwicklung des Kindes anzusehen ist;
— eine „kritisch-emanzipatorische" Erziehung im Sinne der Bewußtmachung von Konflikten, ökonomischer Abhängigkeit, sozialer Benachteiligung für die Gestaltung von Spielmitteln vor allem dort Bedeutung besitzt, wo Inhalte dargestellt werden, aber allen anderen Spielmitteln (z. B. im Bereich des imaginativen Gestaltens, des Konstruierens usw.) deshalb nicht geringere pädagogische Bedeutung zukommt;
— große Anteile des Spiels im Dienst der Funktionslust und der Bedürfnisbefriedigung stehen, denen hinreichend Raum gewährt werden muß.

Das empirisch-induktive Evaluationsmodell entspricht in seinem Aufbau dem methodischen Weg sozialwissenschaftlicher (empirischer) Forschung.

Vier Aussagenebenen sind zu unterscheiden:

1. Deskription des Materials hinsichtlich materialer, funktionaler und situativer Gegenheiten
2. Hypothesenbildung bezüglich einzelner Variablen
3. Empirische Überprüfung der Hypothesen (Befragung, Beobachtung, Experiment)
4. Bewertung der im Experiment erbrachten Ergebnisse nach drei Gesichtspunkten:
a) Verifikation bzw. Falsifikation der unter (2) genannten Hypothesen;
b) Bewertung der Effektivität des Materials hinsichtlich der vom Hersteller angegebenen und der materialimmanenten Intentionen;
c) Einschätzung des Stellenwertes des betreffenden Spielmittels im pädagogischen Gesamtkonzept, in dem es zum Einsatz kommt.

Versteht man diese vier Aussagenebenen als die vier Spalten einer Matrix, so bilden die Zeilen dieser Matrix die folgenden, am Spielmittel gewonnenen Variablenkomplexe, die wir in einem Schema im Anschluß an Mieskes wie folgt zusammenfassen:

A. Materialität:
- Materiale Beschaffenheit (Konstruktionsmerkmale)
- Praktikabilität/Haltbarkeit
- Hygiene
- ästhetische Gestaltung
- Preis

B. Funktionalität
- Aufgabenstellung
- Angesprochene Lernbereiche und Lernziele
- Adressatengruppe und deren Lernvoraussetzungen
- Anleitung und Begleittexte (werbetechnische Aufmachung; mögliche Diskrepanz zwischen Werbung und Wirklichkeit)

C. Situative Determinanten
- Darbietungsformen (zeitlich-räumliches Arrangement)
- Mögliche Spielformen (Gruppenstruktur, Rolle des Lehrers/ Erziehers)
- Didaktische Einsatzmöglichkeiten

D. Pädagogische Effektivität

Die Aussagen zur pädagogischen Effektivität stehen als Zusammenfassung der zu den Komplexen A. B. C. getroffenen Bemerkungen unter besonderer Berücksichtigung der folgenden Gesichtspunkte:
- Stärke des Aufforderungscharakters (in Abhängigkeit von Aufgabenstellung, Adressatengruppe usw.)
- Auswirkungen des Spielmittels auf das Verhalten seiner Benutzer (kognitiver, affektiver, psychomotorischer, sozialer Verhaltensaspekt; Darstellung aufgetretener Funktions- und Materialmängel)
- Einstufung des Spielwertes in bezug auf andere Materialien derselben Spielmittelkategorie.

Empirisches Evaluationsmodell zur Bewertung von Spiel- und Lernmittel:

Übersicht

Stadien der empirischen Verifikation:

Variablenkomplexe:	Deskription	Hypothesenbildung	Empirische Überprüfung	Bewertung
A. Materialität	⟶	⟶	⟶	
B. Funktionalität	⟶	⟶	⟶	
C. Situative Determinanten	⟶	⟶	⟶	
D. Pädagogische Effektivität – Aufforderungscharakter – Auswirkungen im kognitiven, affektiven, psychomotorischen, sozialen Verhalten; Erziehungs- und Bildungseffekte – Stellenwert innerhalb des pädagogischen Gesamtkonzeptes				⟵

Folgende Spezifikationen müssen hinsichtlich der Anwendung dieses Modells genannt werden:

1. Völlig „voraussetzungslos" ist die empirische Überprüfung von Hypothesen insofern nicht, als der bisherige Wissenstand zu einem Spielmittel bzw. zu bestimmten Variablen auf der Ebene der Deskription bereits zur Geltung kommt und dann auch Vorentscheidungen für die Hypothesenbildung liefert.
2. Nicht alle einzelnen Spielmittel-Variablen sind gleich gut auf allen Ebenen der empirischen Verifikation darstellbar; oft begnügt man sich damit, einzelne Variablen nur deskriptiv zu erfassen (z. B. Haltbarkeit, Preis) und dann gleich eine Bewertung vorzunehmen.
3. Die wechselseitige Abhängigkeit zwischen materialen, funktionalen und situativen Variablen kommt in der vorliegenden Matrix nicht zum Ausdruck; in der genannten Reihenfolge steigt der Komplexitätsgrad der Variablen sowie der – zu ihrer Untersuchung notwendigen – Versuchspläne zunehmend an.
4. Bei Feldbeobachtungen zeigt sich oft, daß neue zusätzliche Ergebnisse anfallen, die vorher weder deskriptiv noch in Form von Hypothesen zur Darstellung kamen.

Ein Beispiel für die praktische Anwendung dieses Modells wurde an anderer Stelle gegeben (Retter 1975, S. 235 f.).

Zum gegenwärtigen Stand der Spielmittelforschung

Unser Wissen über die pädagogische Effektivität von Spielmitteln ist erstaunlich gering – vor allem deshalb, weil es eine empirische Spielmittelforschung im eigentlichen Sinne noch nicht gibt. Einer Vielzahl von Behauptungen, Vermutungen und subjektiven Erfahrungen steht eine geringe Anzahl von empirischen Erhebungen gegenüber, deren Ergebnissen selten ein höherer Verbindlichkeitsgrad zukommt. Deshalb wird ein Bericht über den Stand der Spielmittelforschung kaum mehr sein können als ein Hinweis auf einige Untersuchungen, die sich wie kleine, sporadisch verstreute Farbtupfer auf einer riesigen Landkarte unerforschten Gebiets ausnehmen.

Soziales Verhalten
Gesichert erscheint die Annahme, daß Menge, Art und Anordnung der Spielmittel Einfluß auf das Spielverhalten der Kinder haben: Drei- bis Sechsjährige, deren Verhalten auf drei Spielplätzen beobachtet wurde, verhielten sich je nach Art der Geräte-Ausstattung unterschiedlich: Bei geringerer Geräte-Anzahl nahmen die Kinder in stärkerem Maße soziale Kontakte untereinander auf, bei Vergrößerung

der Spiel- und Betätigungsmöglichkeiten ging die Zahl der Sozialkontakte zurück, statt dessen zeigten sich stärker Verhaltensweisen des individuellen Erkundens und Erprobens der Spielangebote. Jedoch gehen in die Untersuchungsergebnisse unkontrollierte Effekte ein, die aus der Veränderung des jeweiligen Spielplatzes (Vermehrung bzw. Verminderung der Spielgeräte) herrühren (Johnson 1935).
Zu den bereits mitgeteilten Befunden zum Thema „Spielmittel und aggressives Verhalten" (vgl. S. 257 ff.) sei noch folgendes ergänzt:
Destruktives Spiel tritt bei einer vom Erwachsenen arrangierten Aufstellung von Spielmaterialien im anschließenden Puppenspiel häufiger auf, als wenn die Kinder selbst ihre Materialien organisieren; wird die Erzieher-Kind-Interaktion beim Spiel von Erwachsenen stärker intensiviert, so treten ebenfalls in stärkerem Maße Aggressionen beim Kind auf, als wenn eine lockere Kommunikationsform vorherrscht (Holding Pintler 1945).
Turner/Goldsmith (1976) untersuchten die Effekte von aggressivem Spielzeug (Gewehr) und nichtaggressivem Spielzeug (Flugzeugmodell) auf das Sozialverhalten von fünfjährigen Kindergartenkindern. Zusätzlich zur normalen Spielzeug-Ausstattung des Raumes fanden die zehn Jungen und Mädchen der Gruppe an einigen Tagen neue Spielzeuggewehre, an anderen Tagen attraktive Flugzeuge zum Freispiel vor (pro Person ein Objekt). In den halbstündigen Beobachtungszeiten wurden die antisozialen, nicht spielbezogenen Verhaltensweisen bei den Kindern protokolliert.
Ergebnis: An den „Gewehr-Tagen" nehmen, bedingt durch den Umgang mit den neuen Spielobjekten, die aggressiven Verhaltensweisen zu. Nach den „Gewehr-Tagen" (bei normalem Spielzeug) nehmen sie schlagartig ab. Auch an den „Flugzeug-Tagen" zeigt sich gegenüber den „normalen Tagen" eine erhöhte Aggressionsrate, die allerdings niedriger liegt als bei den „Gewehrtagen". Offenbar hat die durch die Neuheit des Objektes bedingte intensivere Interaktion der Kinder auch eine höhere Bereitschaft zu verbalen oder tätlichen Aggressionen zur Folge. Andererseits ist die noch höhere Aggressionsrate beim Spiel mit Gewehren nicht (nur) auf deren Neuheitsreiz zurückzuführen, sondern unterstützt die These, daß das Gewehr an sich zu aggressivem Verhalten stimuliert. In einer Wiederholungsstudie mit anderen Kindern gleichen Alters zeigte sich diese Tendenz verstärkt.
Daß Puppen und Spielfiguren ausgezeichnete „Auslöser" für prosoziale und sprachliche Kontakte für Kinder darstellen, ist schon vor längerer Zeit nachgewiesen worden (v. Alstyne 1932). Mit Recht weist jedoch Millar (1973, S. 215 ff.) darauf hin, daß die Puppe von der psychologischen Forschung vor allem unter der Fragestellung untersucht wird, wie Kinder im Puppenspiel ihre Gefühle projektiv ausdrücken, während über die Merkmale der Puppen und die Effekte des Puppenspiels kaum experimentelle Befunde vorliegen.
Wade et al. (1973) untersuchten den Biorhythmus von sechzehn Kindern – die Herztätigkeit wurde über Monitor aufgezeichnet und einer Spektralanalyse unterzogen –, die allein, in einer Zweier- oder einer Vierergruppe miteinander spielten, und zwar einmal in einer spielzeugreichen, zum anderen in einer relativ spielzeugar-

men Umgebung. Es zeigte sich die Tendenz zur Ausbildung eines Fünfzehn-Minuten- (hohe Frequenz) und eines Vierzig-Minuten-Biorhythmus (niedrige Frequenz). Der höchstfrequente Biorhythmus stellte sich beim Spiel von Zweiergruppen ein. Die Menge der Spielmittel hatte keinen Einfluß auf die Ausprägung des Biorhythmus der Kinder; wohl aber zeigten die Kinder bei geringer Spielzeug-Ausstattung des Raumes variablere Formen des gemeinsamen Spiels als bei einem sehr großen Spielzeugangebot.

Quilitch/Risley (1973) bildeten zwei Kategorien von Spielmitteln, solche für gemeinsames Spiel und für Alleinspiel. Aus über 150 Spielmitteln wählten sie jeweils sechs für jede der beiden Kategorien aus. In der ersteren befanden sich – neben weiteren Spielsachen – Gesellschaftsspiele, Dame, Spielkarten; zur zweiten Kategorie (Alleinspielzeug) gehörten Puzzle, Bastelmaterial, Kreisel. Innerhalb einer Gesamtzeit von 45 Minuten, die in drei Spielabschnitten eingeteilt war, wurde einer Gruppe von sechs Kindern zuerst das Gemeinschaftsspielzeug zum Freispiel angeboten, nach einer Viertelstunde erhielten sie das Alleinspielzeug, nach einer Viertelstunde wiederum das Gemeinschaftsspielzeug. Der Vorgang wurde jeweils mit vier Gruppen durchgeführt, zwei Gruppen hatten am Anfang und am Ende der Spielzeit das Gemeinschaftsspielzeug, zwei das Alleinspielzeug zur Verfügung. Die Autoren stellten beim Übergang zum Alleinspielzeug eine rapide Abnahme des gemeinsamen Spiels fest, das beim Wechsel zum Gemeinschaftsspiel wieder rasch zunahm: Bei der Darbietung von Alleinspielzeug war nur 16 % der Beobachtungszeit durch kooperatives Spiel ausgefüllt, bei der Darbietung von Gemeinschaftsspielzeug aber 78 %. Auch die Wiederholung dieses Experimentes nach neun Tagen unter Ausdehnung der Spielzeiten für jede Kategorie brachte grundsätzlich dieselben Ergebnisse. Sie bestätigen die auf der Hand liegende Vermutung, daß Spielmittel in unterschiedlichem Maße zum *gemeinsamen* Spiel geeignet sind.

Noch stärkere Auswirkung in bezug auf die soziale Konstellation des Spiels dürften das Montessori-Material und die „vorbereitete Umgebung" des Montessori-Kinderhauses haben. Jedoch liegen hierüber keine vergleichenden Untersuchungen vor. Ein bezeichnender Hinweis findet sich bei Winnefeld (1967), der berichtet, wie Piaget das soziale Verhalten von Kindern im Maison des Petits in Genf beobachtete; aufgrund von Beobachtungen sei Piaget zu dem Schluß gekommen, bei Kindern im Alter von vier bis sieben Jahren trete noch kein eigentliches soziales Sprechen im Sinne eines wechselseitigen Steuerungsprozesses auf, vielmehr sprächen die Kinder in einer Art ‚Kollektivmonolog' miteinander. Die Nachprüfung dieses Befundes in deutschen und österreichischen Kindergärten, insbesondere Fröbel-Kindergärten, habe jedoch keine Bestätigung dieser These ergeben, die Beobachtungsergebnisse erbrachten bei Kindern dieser Altersstufe vielmehr ein starkes Gemeinschaftsbedürfnis und einen entsprechend hohen sprachlich-sozialen Verkehr. Weitere Nachforschungen zur Erklärung dieser Diskrepanz ergaben schließlich, daß Piaget seine Beobachtungen an Kindern eines Montessori-Kindergartens anstellte.

Daß die Struktur einer Freizeitbeschäftigung nicht nur die daran gekoppelten spezifischen Handlungen, sondern darüber hinaus auch das Sozialverhalten determiniert, ist einer Studie von Gump/Sutton-Smith (1971) zu entnehmen. Die Autoren untersuchten die sozialen Interaktionen einer Gruppe von 23 Jungen eines Ferienlagers im Alter von neun bis zwölf Jahren, und zwar einmal beim Basteln in einer Werkstatt (Bootsbau), zum anderen beim Schwimmen. Es wurden die folgenden Verhaltensweisen protokolliert: das Einbeziehen einer anderen Person in eine Aktion oder ein Erlebnis; um Hilfe bitten oder gebeten werden; Anerkennung suchen oder dem anderen gewähren; sich anderen verweigern oder deren Tätigkeit blockieren; Forderungen an andere stellen; andere verbal oder tätlich angreifen oder selbst angegriffen werden. Die Ergebnisse zeigen, daß beim Schwimmen signifikant mehr Interaktionen auftraten als beim Basteln, nur die Kategorie des „Helfens" kam beim Basteln häufiger vor als beim Schwimmen – ein Hinweis darauf, daß das gemeinschaftliche Schwimmen Gleichaltriger in stärkerem Maße „robustere" Formen der Interaktion bedingt. Die Autoren machen ferner darauf aufmerksam, daß die Interaktionen von situativen Gegebenheiten des Aktivitätsfeldes abhängen: Ist z. B. nur eine Säge vorhanden, die von allen benötigt wird, so verläuft die Situation des Bastelns konfliktreicher als bei ausreichend vorhandenem Werkzeug.

Es drängt sich geradezu auf, den hier gewählten methodischen Ansatz, der Verhalten als Funktion der Handlungs- und Interaktionsbedingungen des jeweiligen Aktivitätsfeldes betrachtet, auf die Spielmittel zu übertragen und deren Wirkspektrum auf das Sozialverhalten zu untersuchen.

In diesem Zusammenhang verdient vor allem die Untersuchung von Updegraff/Herbst (1933) Beachtung. Die Autorinnen gingen der Frage nach, ob Bausteine oder Knetmasse (Ton) bessere Anregungen für kooperatives Spiel im Kleinkindalter bieten. Dazu wurden achtundzwanzig zwei- und dreijährige Kinder beim Spiel beobachtet. Jedes Kind wurde mit einem gleichaltrigen Kind gepaart; beide Kinder spielten in einem Zimmer, in dem entweder nur Tonmasse oder nur Bauklötze als Spielmaterial zur Verfügung standen. Insgesamt wurden achtundzwanzig Paarlinge von Zweijährigen und vierunddreißig Paarlinge von Dreijährigen beobachtet.

Ergebnisse: Der Ton regte die Kinder mehr zur gegenseitigen Beobachtung und zur Nachahmung der Gestaltungen an, als es die Bausteine taten. Beim Spiel mit Bausteinen kam es häufiger vor als beim Spiel mit Ton, daß das eine Kind Vorstellungen des anderen nicht akzeptierte; dieser größere Anteil nichtkooperativen Verhaltens ging aber im Bauspiel einher mit einer größeren Bereitschaft der wechselseitigen Beeinflussung der Spielgestaltungen, während beim Gestalten mit Ton solche wechselseitigen Aktivitäten (z. B. Gespräche) viel häufiger *ohne* Bezug zum Spiel bzw. Spielmaterial auftraten. Bei den Dreijährigen zeigte sich gegenüber den Zweijährigen eine deutlich stärkere Tendenz, auf den Spielpartner einzugehen, mit ihm zu sprechen und sich kooperativ zu verhalten.

Kreativität und exploratives Verhalten
Obwohl auf den Zusammenhang zwischen Spielfreude und Kreativität seit den Untersuchungen von Nina Liebermann (1965) in der Literatur immer wieder hingewiesen wird, sind Spielmittel hinsichtlich ihrer kreativitäts- und aktivitätsfördernden Eigenschaften noch kaum systematisch untersucht worden.

Eine Studie von Sutton-Smith (1968) weist nach, daß der häufige Umgang mit Spielmitteln vielfältige Erfahrungen vermittelt, die offenbar weniger mit der Steigerung der Intelligenz als mit der Erweiterung des Handlungsrepertoires, der Flexibilität und der Kreativität des Kindes zu tun haben. Es wurden neun Kinder, zwischen fünf und sechs Jahre alt, aufgefordert, einige bekannte Spielmittel (Holzauto, Bauklötze, Puppe, Puppenteller) zu beschreiben. Die Aufforderung war eingekleidet in die Form des „Blinder-Mann-Spiels" (Versuchsleiter: „Nimm an, ich bin blind; sage mir, wie dieses Spielzeug aussieht, das ich nicht sehen kann. Was kann man alles damit machen?"). Die für die Untersuchung ausgewählten Spielmittel waren allen Kindern bekannt, aufgrund ihrer Geschlechtstypik konnte aber davon ausgegangen werden, daß Jungen und Mädchen jeweils unterschiedliche Spielerfahrungen mit ihnen hatten. Die Untersuchungshypothese, daß in der bloßen Beschreibung der Spielmittel zwichen Jungen und Mädchen kaum Unterschiede auftraten, wohl aber in der Anzahl und der Originalität der aufgezählten Verwendungsmöglichkeiten in Abhängigkeit von der Spielerfahrung, konnte bestätigt werden: Die Jungen waren ideenreicher in bezug auf die Verwendbarkeit von Auto und Bausteinen, die Mädchen in bezug auf Puppe und Puppenteller. Dieses Ergebnis legt die Annahme nahe, daß kreatives Verhalten im Spiel nicht „aus heiterem Himmel", sondern auf der Grundlage des ständigen Umganges mit vertrauten, aber in verschiedener Hinsicht einsetzbaren Spielmitteln erwächst – als Folge der Ausweitung und Neukombination bekannter Handlungsmöglichkeiten.

Werden Kinder vor die Wahl gestellt, mit einem abwechslungsreicheren oder mit einem einfacheren, weniger aktivitätsanregenden Spielzeug zu spielen, so wird eindeutig das erste Spielzeug bevorzugt. Irmgard Moosmann (1975) fand diese Hypothese in einer Untersuchung von 109 drei- bis sechsjährigen Kindergartenkindern bestätigt, denen neun verschiedene Spielzeugpaare im Sinne der o. a. Definition zur Wahl vorgelegt wurden. Das Interesse am aktivitätsanregenden Spielzeug prägt sich mit zunehmendem Alter der Kinder stärker aus.

Untersuchungen zur Exploration von Spielzeug bei Kleinkindern liegen bereits für das Alter von zwölf Monaten vor. So fand Ross (1974) an zwanzig Kindern dieses Alters, daß

a) neues Spielzeug (gegenüber vertrautem Spielzeug),
b) ein neuer Spielzeug-Raum (gegenüber dem vertrauten Spielzimmer),
c) ein komplexeres, größeres Spielzeug-Angebot (gegenüber einem einzigen Spielzeug)

jeweils längere Erkundungs- bzw. Aufenthaltszeiten zur Folge hatte.

Daß der Faktor „Manipulierbarkeit" des Spielmittels eine positive Auswirkung auf das Spiel- und Explorationsverhalten bei Vorschulkindern bewirkt, konnte von Gramza (1971) bestätigt werden. Er untersuchte die Reaktionen von achtzig vier- bis fünfjährigen Kindern auf ein einfaches Kletterseil, das in einem Spiel- und Turnzimmer einmal mit geringer Manipulierbarkeit (festgebunden), zum anderen mit hoher Manipulierbarkeit (lose) im Raum ausgelegt war und den Kindern zur Verfügung stand. Es ergab sich eine klare Bevorzugung für das Seil mit hoher Manipulierbarkeit.

Gilmore (1971) fand, daß ängstliche Kinder in bezug auf „ängstlichkeitserregende" Spielmittel teils eine stärkere Bevorzugung, teils eine stärkere Meidung als „normale" Kinder zeigen. *Neue* Spielmittel regen nach Gilmore Interesse und exploratives Verhalten *aller* Kinder (ängstlicher wie nichtängstlicher) an; dies ist eine Bestätigung vieler anderer Untersuchungen zum kindlichen Erkundungsverhalten.

Scholz/Ellis (1975) konnten die Hypothese, daß allein schon der wiederholte Umgang mit Spielmitteln eine bleibende Zuwendung des Kindes zu diesen Spielobjekten zur Folge haben kann, nach zwei Seiten hin differenzieren:

Vierzig vier- und fünfjährige Kindergartenkinder, die in Spielgruppen zu zehnt eingeteilt waren, spielten über drei Wochen hinweg täglich sowohl in einem einfach ausgestatteten Spielzimmer als auch in einem Raum mit vielen komplexen Spielangeboten. Die Filmauswertungen erbrachten, daß mit Abnahme des Neuheitswertes der Spielmittel sich das Spiel der Kinder stärker von den Spielobjekten auf das objektunabhängige Miteinanderspiel verlagerte. Je komplexer das Angebot war, desto länger blieb das Interesse an den Spielmitteln erhalten.

Komplexe Spielangebote sind offenbar geeignet, das Interesse des Kindes an Erprobung, Erkundung und Manipulation der Objektwelt in starkem Maße zu fördern. Unter diesem Aspekt bedarf das „Einfachheitspostulat" der traditionellen Spielzeugpädagogik wohl einer Korrektur.

Der in diesem Zusammenhang weitverbreiteten Behauptung, daß unstrukturiertes Material (z. B. Bauklötze) der Imagination im gestaltenden Spiel bessere Möglichkeit biete als hochstrukturiertes Spielzeug (z. B. die Barbie-Puppe), ging Spencer Pulaski (1970) nach. Sie fand bei Fünf- bis Siebenjährigen, deren Phantasiereichtum zuvor durch verschiedene Testverfahren festgestellt wurde, keinen Zusammenhang zwischen der Phantasie-Produktivität ihres Spiels und dem Grad der Strukturiertheit des dargebotenen Spielzeugs. Vielmehr zeigten phantasiereiche Kinder sowohl bei hoch- als auch bei geringstrukturierten Spielmitteln signifikant bessere Phantasie-Leistungen als phantasiearme Kinder.

Einige Befunde belegen, daß Spielaktivität und Spielinteresse nicht nur von dem betreffenden Spielmittel, sondern auch von anwesenden Interaktionspartnern abhängig sind:

Rabinowitz et al. (1975) stellten fest, daß drei- bis fünfjährige Kinder in einer Wahlsituation zwischen vertrautem Spielzeug und einem neuen auffallenden Spielzeug mit versteckten Manipulationsmöglichkeiten sich in Gegenwart eines gleichgeschlechtlichen anderen Kindes länger und erfolgreicher (in bezug auf die

Entdeckung der Manipulanda) mit der Exploration des neuen Spielmittels beschäftigen als in der Alleinspielsituation.

Rubinstein/Howes (1976) beobachteten das häusliche Freispiel von Kindern im Alter von siebzehn bis zwanzig Monaten, einmal in der Alleinsituation, zum anderen in Gegenwart eines vertrauten gleichaltrigen Spielkameraden. Die Beobachtungsergebnisse belegen eindrucksvoll, daß bereits in diesem Alter, in dem nach bisheriger Ansicht soziale Interaktionen zwischen Gleichaltrigen noch kaum stattfinden, solche Kontakte vorhanden sind, die eine wichtige Bedeutung für das Spielverständnis des Kindes im zweiten Lebensjahr besitzen: In Anwesenheit eines Gleichaltrigen zeigten die beobachteten Kinder ein höheres Niveau des Gebrauchs von Spielzeug als in dessen Abwesenheit; das Miteinanderspiel, das Nachahmungsverhalten und das Anbieten von Objekten war gegenüber dem gleichaltrigen Besuch signifikant stärker ausgeprägt als gegenüber der Mutter in ähnlichen Situationen ohne gleichaltrigen Partner.

Zivin (1974) untersuchte das Spielinteresse von 72 Kindergartenkindern und Schulanfängern bei der Wahl von Spielmitteln. In einer Einzelsituation standen dem Kind drei Spielmittel zum freien Spiel zur Verfügung: Ein Wortkartenspiel; Styropor-„Schlangen", die zuvor als Verpackungsmaterial gedient hatten; ein Magnetspiel. Während der fünfzehnminütigen Spielzeit wurde das zeitliche Ausmaß des Interesses für jedes der drei Spielmittel festgehalten. Danach wurden die Kinder der Versuchsgruppe einzeln mit jenem Spielmittel konfrontiert, das die geringste Aufmerksamkeit erregt hatte, und gebeten, alle imaginativen Aktionsmöglichkeiten zu nennen, die dieses Spielzeug bieten würde. Die Kinder der Kontrollgruppe hatten statt dessen bekannte TV-Sendungen aufzuzählen. Anschließend fand für die Kinder beider Gruppen eine zweite, gleich lange Spielzeit mit denselben Spielmitteln statt; wiederum wurde das Ausmaß des Spielinteresses registriert.

Ergebnis: Die Gesamtspielzeit aller Kinder war auf die drei Spielmittel etwa gleich verteilt, es gab also kein *absolut* „langweiligstes" Spielzeug. Während sich bei der K-Gruppe für das jeweils uninteressanteste Spielzeug der ersten Spielphase ein signifikanter Zuwachs des Spielinteresses in der zweiten Phase einstellte, wurde bei den Kindern der V-Gruppe überraschenderweise eine entgegengesetzte Tendenz festgestellt: Das jeweils langweiligste der drei Spielmittel wurde durch Verbalisierung von Aktionsmöglichkeiten nicht attraktiver, sondern verlor in der zweiten Spielphase noch stärker an Reiz. Offenbar scheint eine solche vom Erwachsenen gelenkte pädagogische Maßnahme der Verbalisierung einen negativen Einfluß auf die Explorationstätigkeit für diese Altersstufe zu haben und das Spielinteresse zu reduzieren.

Dieses Ergebnis ist deshalb bemerkenswert, weil die bekannten Untersuchungen von Sarah Smilansky zur Förderung des Rollenspiels bei kulturell depravierten Kindern[17] einen gezielten Eingriff des Erwachsenen zur Vermittlung von Spieltechniken gerechtfertigt erscheinen lassen, um spielunvertraute Kinder anzuleiten. Eine

---

17 Smilansky 1968, auszugsweise übersetzt in A. Flitner 1973.

Interpretation der Befunde Smilanskys im Sinne einer generellen Didaktifizierung des Spiels erscheint jedoch unzulässig. Zivins Ergebnisse belegen jedenfalls, daß die pädagogische Absicht des Erwachsenen, den Prozeß einer allmählichen Interessensteigerung des Kindes an Spielmitteln mit zunächst geringerem Aufforderungscharakter durch Verbalisierung zu beschleunigen, eher das Gegenteil bewirkt. Damit werden auch die Grenzen einer Vorschulerziehung aufgezeigt, die die Förderung von Selbständigkeit und Kreativität im Spiel analog eines kognitiven Förderungsprogramms organisieren will.

Didaktische Materialien
Der Verfasser (Retter 1973a) führte 1971 eine Befragung durch, in der 81 Erzieherinnen zu ihrer Arbeit mit den „Arbeitsmappen zum Sprachtraining und zur Intelligenzförderung" von Schüttler-Janikulla Stellung nahmen; dieses Material fand seit Ende der sechziger Jahre in Millionenauflage Eingang in Kindergärten und Familien. 82 % der Befragten gaben an, daß sich in ihrer Gruppe sprachlich besonders förderungsbedürftige Kinder befinden; 69 % meinten, daß bei diesen Kindern ein gewisser Erfolg durch das Sprachtraining eintrat; 31 % hatten keinen Erfolg festgestellt. Ein solches Urteil sagt natürlich nichts über die tatsächliche Effektivität des Materials aus und ist nicht zuletzt Ergebnis der Erwartungshaltung der Befragten. Eine Effektivitätsuntersuchung dieses Sprachtrainingprogramms von Schüttler-Janikulla unter kontrollierten Bedingungen wurde von Heidi Eppel (1974) durchgeführt. Sie bildete drei Gruppen von achtundzwanzig Kindergartenkindern, die aus der (oberen und unteren) Unterschicht stammten:

(1) Die *Trainingsgruppe* nahm an ca. 23 Kleingruppensitzungen (zu vier bis sechs Kindern) von jeweils 30 bis 45 Minuten Dauer teil. In dem Gesamtzeitraum von zwölf Wochen wurden so unter Trainingsleitung der Erzieherin drei bis vier Bilder mit Nebenblättern bearbeitet.
(2) In der *Zuwendungsgruppe* fand unter vergleichbaren Bedingungen eine angeleitete Beschäftigung statt, bei der sich die Erzieherin nicht auf Leistung, sondern auf Zuwendung und Ermutigung konzentrierte.
(3) Eine *Kontrollgruppe* hatte keine besondere vorschulische Kleingruppenförderung. Die Kinder aller drei Gruppen wurden einem Intelligenz- und Wortschatztest sowie einer Überprüfung der gesprochenen Sprache (Bildnacherzählung) vor und nach dem Trainingszeitraum unterzogen.

Die Ergebnisse lassen erhebliche Zweifel an der kompensatorischen Wirkung des Materials aufkommen. Sowohl bezüglich Intelligenz als auch Wortschatz zeigte sich im Nachtest keine Überlegenheit der Trainingsgruppe gegenüber beiden anderen Gruppen; während die Zuwendungsgruppe ihren Wortschatz verbesserte, war dies in der Trainingsgruppe nicht der Fall; lediglich beim Merkmal „sprachliche Komplexität" zeigten die intelligenteren Kinder der Trainingsgruppe gegenüber allen übrigen intelligenteren und wenifer intelligenten Kindern der beiden anderen Gruppen eine signifikante Verbesserung; dieses Ergebnis korreliert auch mit dem Status der Eltern in der Trainingsgruppe: Kinder der oberen Unterschicht profitieren mehr vom Training als die der unteren Unterschicht. Die Behauptung, daß ein derartiges Sprachtraining, wenn sich denn überhaupt meßbare Leistungsverbesserungen einstellen sollten, am ehesten bei intelligenteren und sozial höher gestellten Kindern zeigen, scheint also nicht völlig unberechtigt zu sein.

Marie-Luise Bödiker (1972) wies nach, daß ein regelmäßiges Training mit der von Tausch entwickelten „Worterkennungsleiste" (Wort-Bild-Zuordnungen) bei Vorschulkindern einen nachweisbaren Effekt auf die Worterkennungsleistung sowie auf die Leistung in einem Wahrnehmungs- und Gedächtnistest ausübt.

Allerdings bleibt hier die Frage offen, ob der nach einer Übungszeit von zehn Wochen (täglich zehn Minuten) festgestellte Lernzuwachs auch längerfristig erhalten bleibt. Generell zeigte sich beim Training einzelner psychischer Funktionen durch Programme zur „kompensatorischen Vorschulerziehung" das Problem, daß Lerneffekte allenfalls solange nachweisbar waren, wie das Programm lief, sich aber nachher wieder verflüchtigten (Bronfenbrenner 1974). Bezeichnend ist auch der Hinweis Bödikers, daß nur bei etwa 60 % der Kinder das Interesse „ohne zusätzliche Anregungen von seiten des Erziehers" bis zum Ende der Trainingszeit vorhielt.

Demgegenüber scheint die Annahme berechtigt, daß Spieltätigkeiten, die sich über das gesamte Vorschulalter täglich ereignen, eine dauerhaftere Wirkung auf die Persönlichkeitsentwicklung des Kindes haben, wenn auch diese Wirkung sehr komplex erscheint und kaum operationalisierbar ist.

Vagt/Müller (1976) wiesen auf das Dilemma hin, daß von didaktischen Materialien nur dann meßbare Effekte erwartet werden können, wenn die Überprüfungsinstrumente mit dem Material übereinstimmen und mehr Trainings- als Spielobjekt sind. Sie überprüften ein Material, das einerseits den Anspruch eines didaktischen Materials besitzt, aber in stärkerem Maße Spielmöglichkeiten bietet als reine Übungsmittel: Die „Bunte Lernspielkiste 2" (Schroedel): 64 vier- bis sechsjährige Kinder, die sich zu Erholungskuren in einem Kinderheim aufhielten, spielten drei Wochen lang täglich zwanzig Minuten mit dem Material. Eine vergleichbare Kindergruppe desselben Heimdurchgangs bildete die Kontrollgruppe, die das normale Heimprogramm (primär körperliche Erholung) durchführte. Versuchs- und Kontrollgruppe wurden vor und nach der Behandlungszeit mit Intelligenz- und Wahrnehmungstests untersucht. Im Nachtest traten weder signifikante Unterschiede zwischen beiden Gruppen auf noch wurden differentielle Effekte zwischen Untergruppierungen festgestellt. Die Autoren schlossen, daß das Material nicht geeignet ist, die kognitive Leistungsfähigkeit von Kindern im Vorschulalter zu steigern.

Die bislang umfangreichste Erhebung über die Effektivität didaktischer Materialien wurde von Klinke durchgeführt. Aus der Grundgesamtheit von 1 176 in der BRD produzierten didaktischen Materialien für Drei- bis Zehnjährige, die Klinke erfaßte (Stichtag: 1.6.1971), wurde eine Repräsentativ-Stichprobe von 125 Materialien gebildet, die sich etwa zu einem Drittel aus Arbeitsmitteln (Trainingsmaterial), zu zwei Dritteln aus „Spielmitteln mit betontem Lerneffekt" zusammensetzte. Klinke benutzte die Methode der „teilnehmenden Beobachtung", um im Rahmen von vierzehn Fallstudien die „pädagogische Funktionalität" der Materialien entsprechend der „Skala der Kriterien" von Mieskes zu untersuchen. Obwohl diese Studie stärker deskriptiv als experimentell angelegt ist, erbringt sie eine Fülle von Belegen für die Unzulänglichkeit der Mehrzahl der untersuchten didaktischen Materialien.

Spiele und Spielmittel im Unterricht
Auch der Bereich „Spiel im Unterricht" ist hinsichtlich der Effektivitätskontrolle einzelner Spielmittel und „Spiele" nahezu unerforscht. Einige Befunde liegen über amerikanische Simulationsspiele vor, die zu Unterrichtszwecken entwickelt wurden. Boocock/Coleman (in Lehmann/Portele 1976) berichten über drei für die Sekundarstufe entworfene Simulationsspiele („Karriere", „Parlament", „Katastrophe"), daß sie bei den Beteiligten zu einer beträchtlichen Motivations- und Aktivitätssteigerung führten. Zum generellen Lerneffekt der Spiele stellten die Autoren fest, „daß ein umfassenderes und zutreffenderes Bild der Umweltsituation erworben wird, mit denen die Schüler sich als Erwachsene konfrontiert sehen".
Die Gegenüberstellung von Fragebogenergebnissen vor und nach dem jeweiligen Spiel ließ Veränderungen der Einstellung und Erhöhung des praktischen Wissens im Sinne des erwünschten Spielziels erkennen. Aber die gefundenen Differenzen zwischen Experimental- und Kontrollgruppen lagen oft im Zufallsbereich. Ein Vergleich mit herkömmlichen Unterrichtsmethoden fand nicht statt.
Cherryholmes (1976) analysierte sechs Untersuchungen über Simulationsspiele, bei denen überwiegend Kontrollgruppen mit herkömmlichen (themengleichen) Unterrichtsmethoden arbeiteten. Ergebnis: „Simulation ruft tatsächlich Motivation und Interesse bei den Studenten hervor, aber es zeigen sich keine konsistenten oder signifikanten Unterschiede im Lernen, Behalten, kritischen Denken und in Einstellungsänderungen".
Genau besehen ist dieser Befund weniger enttäuschend, als es manchem Anhänger der Spielbewegung zunächst erscheinen mag. Denn abgesehen davon, daß dieses „magere" Ergebnis in Abhängigkeit von dem kaum befriedigend lösbaren Evaluationsproblem zu sehen ist, so läßt sich doch der Sachverhalt positiv formulieren: Die Spielmethode scheint bezüglich des Lernens und Behaltens von Wissensbeständen in thematisch begrenzten Bereichen nicht schlechter zu sein als die herkömmliche Methode.
Dies belegen auch zwei Untersuchungen von Humphrey (1965; 1966). Der Autor überprüfte den Lernstand von zwanzig Erstklässlern in bezug auf acht Zahlenkonzepte jeweils vor und nach (didaktischen) Spielen, die diese Konzepte vermittelten. Es ergaben sich nach dem Spiel signifikante Lernzuwächse, die bei Jungen stärker ausgeprägt waren als bei Mädchen. In einer zweiten Studie verglich Humphrey die

normale „Buchmethode" mit der Spielmethode. Das Ziel war das Erlernen bzw. Richtigschreibenkönnen von zwölf Wörtern mit „s"-Laut, der entweder als „c" oder „s" geschrieben wird. Zwanzig Drittklässler wurden in zwei Parallelgruppen eingeteilt. Während der Buchgruppe das Unterrichtsziel über eine Lektion des Übungsbuches mit Buchstabier- und Schreibübungen nahegebracht wurde, führte die Spielgruppe ein Laufspiel durch, das das Unterrichtsziel in verkleideter Form enthielt. Der Vergleich von Vor- und Nachtest in beiden Gruppen zeigte signifikante Lernzuwächse für die beiden Gruppen, für die Spielgruppe war der Lernzuwachs aber größer als für die Buchgruppe.

Der Autor belegt durch Fallstudien, daß vor allem Kinder, die relativ langsam lernen, von Unterrichtsspielen profitieren (Humphrey/Sullivan 1973).

Gelernt werden kann offenbar über viele Methoden. Ob es sinnvoll (und vom Aufwand her lohnenswert) ist, herkömmliche Unterrichtsmethoden durch Spielmethoden zu ersetzen, kann nicht von derartigen Forschungsergebnissen, sondern nur von der pädagogischen Zielvorstellung und der aktuellen pädagogischen Situation her – auch unter Abwägen möglicher Nachteile, die dann in Kauf zu nehmen sind! – entschieden werden. In der Literatur wird vor allem darauf verwiesen, daß der Einsatz von Spielen und Spielmitteln Verhaltensweisen fördert, die durch herkömmlichen Unterricht nicht erreicht werden. Insbesondere die *Selbstevaluation* von Simulationsspielen in Form von Teilnehmeraussprachen und Befragungen, die zum Teil erst einige Wochen nach dem Spiel durchgeführt wurden, unterstützt diese Hypothese. Die im Spiel gewonnenen (Selbst-)Erfahrungen scheinen auch in stärkerem Maße *überdauernden* Charakter zu haben (Lehmann/Portele 1976).

„Gute" Spieler haben gegenüber weniger guten Spielern andere Persönlichkeitseigenschaften (z. B. hohes vs. geringes strategisches Verständnis bei Regelspielen), die aber in keinem direkten Zusammenhang mit der Intelligenz oder der Schulleistung stehen, d. h. auch schlechte Schüler können gute Spieler sein.

Inbar/Stoll (1976) folgern daraus, daß Spiele (games) nichtverbale intellektuelle Fähigkeiten anregen und sie deshalb „besonders für leistungsschwache, sprachlich wenig versierte oder im kognitiven Bereich schwächere Schüler wertvolle Hilfsmittel sind.

Aber auch diese einleuchtende Schlußfolgerung müßte durch weitere empirische Forschung erst noch bestätigt werden.

Normale, verhaltensgestörte und geistig behinderte Kinder
Toličič (1963) wies in einer Untersuchung an 95 normal entwickelten Kindern im Alter von 3;6 bis 6;11 nach, daß mit zunehmendem Lebensalter bzw. Intelligenzalter auch die komplexeren Spielformen gegenüber einfachen Formen des Spiels zunehmen. Unter „einfacher Spielform" wurde dabei das bloße Betrachten von Spielmitteln oder der Gebrauch einer einfachen Funktion verstanden (z. B. ein Auto schieben, auf einer Pfeife blasen); „komplexe Spielform" bedeutete das Kombinie-

ren von Spielfunktionen, das bewußte Gestalten einer Spielhandlung, den Einsatz produktiver, schöpferischer Phantasie.

Der Zeitanteil für komplexe Spielformen war in jeder der untersuchten, nach dem Intelligenzalter (Valentine-Intelligenztest) eingeteilten vier Gruppen gegenüber den einfachen Spielformen wesentlich geringer, nahm aber mit zunehmendem Intelligenzalter (IA) der Kinder deutlich zu. Das heißt, auch mit einem IA von sieben Jahren zeigten die Kinder noch Freude an jenen einfachen Spielformen, die mit einem IA von drei und vier Jahren fast ausschließlich gespielt werden. Für die Erziehung folgt daraus, daß vom Erzieher ein breites Spielmittel-Angebot zur Verfügung gestellt werden muß, das sowohl einfaches Spielzeug enthält, als auch der Förderung komplexerer Spielformen dienlich ist.

Schmidtchen et al. (1976, S. 110 ff.) untersuchten im Zusammenhang von siebzehn erfolgreich verlaufenen nicht-direktiven Einzeltherapien bei verhaltensgestörten Kindern im Alter von 9;0 bis 12;6 (es waren zwölf Jungen, fünf Mädchen) Aufforderungscharakter und Funktion der dabei benutzten Spielmittel. Von 91 zur Verfügung stehenden Spielmitteln (bei durchschnittlich etwa zwanzig Therapiekontakten) waren, gemessen an der Benutzungshäufigkeit, die beliebtesten: Sandkiste, Gewehr/Colt, Trecker, Fort, Wasser, Kran und Bagger, Autos, Glockenspiel, Dux-Kino, Schreibmaschine, Tafel, Ball, Puppen usw. Gemessen an der durchschnittlich gespielten Zeitdauer ergab sich jedoch eine völlig andere Reihenfolge der Spielmittel: 1. Zootiere und Bauklötze; 2. Sandkiste, Kran und Schaufel; 3. Sandkiste, Sieb und Bauklötze; 4. Gewehr, Geld und Wasser; 5. Karten – Memory (usw.). Den Unterschied beider Rangreihen erklären die Autoren damit, daß die „Spitzenreiter" der zweiten Reihe zunächst über längere Zeiträume hinweg benutzt wurden, später aber kein Interesse mehr fanden. Unter dem Aspekt der Kombinationsmöglichkeiten dominierten: Sandkiste (25 Kombinationen); Gewehr (12); Wasser (9); Fort/Figuren (8); Trecker (7); Bagger/Kran (6) usw.

Obwohl für die Interpretation der Ergebnisse eine geschlechtsspezifische Differenzierung notwendig wäre, kann diese Mitteilung als Beleg dafür dienen, daß eine Auswahl von Materialien mit einerseits hoher „Modalität" (sensu Mieskes), andererseits hoher Strukturiertheit bei vielfältigen funktionalen Einsatzmöglichkeiten eine große „pädagogische Potenz" beinhaltet, die vermutlich nicht nur in der therapeutischen Situation, sondern ebenso in der normalen Spielsituation zur Wirkung kommt.

Die dargestellten Untersuchungen haben auch Bedeutung für Diagnose und Behandlung *geistig behinderter Kinder*. In der Heil- und Sonderpädagogik ist das Forschungsdefizit in bezug auf die Eignung von Spielmitteln besonders spürbar. Seit Jahrzehnten werden Spiel- und Beschäftigungsmaterialien zu therapeutischen Zwecken eingesetzt – und doch steckt auch hier die Spielmittelforschung erst in den Anfängen. Deutsch- wie englischsprachige Veröffentlichungen zum Thema „Spielmittel für Behinderte" geben vorwiegend die an normalen Kindern gewonnenen Theorien und Befunde wieder (Kluge/Patschke 1976; Wehman 1976) oder stellen jene Materialien für Behinderte zusammen, denen erfahrungsgemäß eine pädagogisch-therapeutische Bedeutung zukommt (K.-J. Kluge 1972; Buist/Schulman 1969).

Nur wenige Berichte über die *Entwicklung neuer Spiel- und Beschäftigungsmittel für Behinderte* liegen vor: Sokolow/Urwin (1976) beschreiben ein „Spiel-Mobile" für blinde Kinder, das in den ersten Lebensjahren kognitive und motorische Fähigkeiten fördern soll; an einer Stange befestigt hängen verschiedene Spielgegenstände, die bestimmte taktile und akustische Stimuli präsentieren. Für (körperlich-geistig) Mehrfachbehinderte wurde eine „Stimulus-Box" entwickelt. Das ist eine an der Schmalseite offene Kiste (Größe: 104 × 53 × 51 cm), in die ein Kind hineinkriechen kann; Spielmittel hängen von (Kisten-)Decke und Wänden herunter und können vom Kind manipuliert werden (White 1976).

Im Rahmen eines Forschungsprojektes wurden kreative technische Hilfsmittel für lernschwache Schüler entwickelt, unter anderem ein „magischer Lichtschreiber", der die Auge-Hand-Koordination fördern soll: Mit dem Stift fährt das Kind verschiedene vorgegebene Formen bzw. Linien nach, wobei der Schreiber aufleuchtet; er erlischt jedoch, wenn er vom vorgeschriebenen Wege abkommt (Cook Driscoll 1975).

Untersuchungen der Effekte einzelner Spielmittel, die in der Betreuung geistig Behinderter relevant sind, besitzen Seltenheitswert. Flavell (1973) konnte zeigen, daß der Umgang mit einem Steckbrett (in dessen Vertiefungen Holzstäbe zu stecken sind) bei geistig Behinderten mit starken Bewegungsstereotypien eine Reduzierung dieser Stereotypien bewirkt.

Tilton/Ottinger (1964) verglichen das Spielverhalten von dreizehn autistischen, zwölf schwachsinnigen und achtzehn normalen Kindern (Durchschnittsalter: fünf Jahre). Den Kindern wurde ein vielseitiges Arrangement an Spielmitteln (Puppe, Stoffbär, Puppenkleider, Tee-Service, Steckbrett, Bauklötze, Holz-Eisenbahn, Cowboy-Hut, Seil, manipulatives Spielzeug) in der Einzelsituation zum freien Spiel dargeboten. Aus 321 spezifischen Arten des Spielzeug-Gebrauchs, die in vorangegangenen Versuchen ermittelt wurden, bildeten die Autoren neun Hauptkategorien und klassifizierten das beobachtete Spielverhalten der Kinder der drei Versuchsgruppen dementsprechend; die Beobachtungszeit von zwanzig Minuten wurde zu diesem Zweck in sechzig Fünfzehn-Sekunden-Einheiten zerlegt. Es handelte sich um die folgenden Hauptkategorien des Spielzeug-Gebrauchs: Spielzeug-Kombination; separater Gebrauch von Spielzeug-Teilen; Manipulation von Spielzeug-Teilen; personalisierter Gebrauch von Spielzeug; Stoßen-Ziehen; Werfen, Spielzeug als Schlaginstrument benutzen; Wiederholungsbewegungen; oraler Gebrauch; undefinierbarer Spielzeug-Gebrauch.

Als wesentliches Ergebnis der Studie kann angesehen werden, daß die von den Autoren entwickelte Methode eindeutige Unterschiede zwischen den drei Gruppen erkennen läßt:

Kennzeichnend für die autistischen Kinder gegenüber den beiden anderen Gruppen war der hohe Anteil von Wiederholungsbewegungen, Stereotypien und von oralem Spielzeug-Gebrauch; die Schwachsinnigen zeigten gegenüber den beiden anderen

Gruppen einen höheren Anteil des Umherschlagens mit Spielzeug. Die entscheidende Kategorie zur Unterscheidung der drei Gruppen bildete die Kategorie „Kombination": Der kombinierte Gebrauch von Spielmitteln war bei den Normalen nicht nur die absolut meistregistrierte Spielkategorie; diese Kategorie trat bei den Schwachsinnigen signifikant weniger häufig auf und war bei den autistischen Kindern am geringsten vertreten.

Aufbauend auf diesen Befund verglichen Weiner/Weiner (1974) das Spielverhalten von zwanzig geistig behinderten Kindern (IQ zwischen 33 und 75; Durchschnittsalter: sechseinhalb Jahre) mit zwanzig normalen Dreijährigen und zwanzig normalen Sechsjährigen. Das (leicht abgeänderte) Spielzeug-Arrangement und die Beobachtungskategorien von Tilton/Ottinger wurden übernommen. Auch in dieser Untersuchung erwies sich die Kategorie „Kombinieren von Spielzeug" als der am besten differenzierende Prediktor: Normale Sechsjährige verwenden signifikant mehr Spielzeug-Kombinationen als normale Dreijährige; normale Dreijährige zeigen signifikant mehr Spielzeug-Kombinationen als sechsjährige Geistigbehinderte. Die Autoren kommen zu dem Schluß, daß Spielzeug ein gutes Diagnose-Instrument für die Unterscheidung von normalen und geistig behinderten Kindern darstellt. Ein weiterer Ansatz, das Spielverhalten und den Umgang mit Spielmitteln als Diagnose-Instrument einzusetzen, stammt von Susan H. Knox (1974). Sie entwickelte ein Inventar zur Beschreibung des Spiels auf einer bestimmten Altersstufe, dem sie folgende Hauptdimensionen zugrundelegt:

(1) Körper- und Raumbeherrschung,
(2) Materialbehandlung,
(3) Imitationsverhalten,
(4) Partizipation (interaktives vs. egozentrisches Verhalten).

Unter dem zweitgenannten Aspekt wird im wesentlichen der Umgang mit Spiel- und Betätigungsmaterialien verstanden, wobei Fortschritte der Materialbehandlung die Rangreihe der folgenden Verhaltensweisen wiedergibt:

(a) Selbstexploration und Exploration anderer Objekte durch orale und taktile Kontakte mit Betonung des Sinneserlebnisses.
(b) Ausdehnung des taktilen Sinneserlebens auf den manipulativen und konstruktiven Umgang mit dem Material unter Betonung des Handlungs*prozesses*;
(c) Verbesserung der Fertigkeiten durch verfeinerte Objektmanipulation und -konstruktion mit Betonung des Handlungs*ergebnisses*.

Mit Hilfe der genannten vier Dimensionen beschrieb die Autorin das Spielverhalten normaler Kinder von 0 bis sechs für jede Altersstufe und wandte sie dann für die Diagnose von geistig behinderten und mehrfach behinderten Kindern an. Sie belegte ihre These, daß das Spielverhalten behinderter Kinder ihr allgemeines geistiges Entwicklungsniveau widerspiegelt, durch Darstellung einzelner Fallbeispiele.

Fazit: Die in diesem Kapitel mitgeteilten Forschungsergebnisse sind Einzelbefunde, die im Zusammenhang jeweils unterschiedlicher Theorie-Ansätze stehen. Schon von daher verbietet es sich, aus ihnen allgemeine pädagogische Forderungen abzuleiten. Selbst dort, wo verschiedene Untersuchungen zu ähnlichen Folgerungen gelangen, sind Einschränkungen zu machen. So ist es fragwürdig, aus der Erkenntnis, daß eine Puppe das Sozialverhalten besser fördert als ein Puzzle, ableiten zu wollen, daß letzterem unter dem Aspekt der Sozialerziehung nur geringen Wert besitzt. Denn oft wird soziales Verhalten in der Kindergruppe gerade dadurch gefördert, daß *beide* Möglichkeiten, gemeinsames Spiel und Alleinspiel, vorhanden sind. Darüber hinaus werden im Alleinspiel andere, aber nicht weniger wichtige Fähigkeiten entwickelt.

Wenn im folgenden Kapitel der Blick auf einige Praxisbereiche der Spielmittelpädagogik gelenkt wird, so geschieht dies weniger auf der Grundlage wissenschaftlich gesicherter Erkenntnisse als auf der Basis von „Erfahrungen" und „Meinungen", die der eigenen „pädagogischen Ideologie" des Verfassers und einer kritischen Literaturdurchsicht entspringen.

VII. Spielmittel in einzelnen pädagogischen Praxisfeldern

Die Familie

Allgemeine spielpädagogische Hinweise

Spielmittel wurden schon immer in erster Linie für die Familie produziert und gekauft. Wenn sie heute zu unverzichtbaren Hilfsmitteln der familiären Erziehung geworden sind, so ist dies nicht allein auf die Aufklärungsbemühungen von Pädagogen oder das vergrößerte Spielzeugangebot zurückzuführen. Vielmehr spielen auch Faktoren eine Rolle, die mit den besonderen Lebensbedingungen der Familie in der Industriegesellschaft zusammenhängen.

Zur kompensatorischen Funktion der Spielmittel
Die Situation des Kindes in der modernen Kleinfamilie ist – unabhängig vom Problem der schichtenspezifischen Sozialisation – durch Einschränkungen geprägt, die vor hundert Jahren in dieser Weise kaum spürbar waren: Die Kinder wachsen heute weitgehend isoliert von der Berufs- und Arbeitswelt der Erwachsenen auf. Sie erleben den Vater lediglich am Wochenende und in den Abendstunden als anwesend. Generell können soziale Beziehungen in der Kleinfamilie nur zu wenigen Bezugspersonen geknüpft werden. Die familiären Außenbeziehungen zur Nachbarschaft sind zumeist auf kurze Zufallskontakte beschränkt.
Die aktive Auseinandersetzung mit der näheren Umwelt erscheint heute für Kleinkinder in besonderem Maße eingeschränkt: Innerhalb der Wohnung sind durch den Einzug der Technik in den Haushalt zusätzliche Tabuzonen entstanden (Steckdosen, Kühlschrank, Haushaltsgeräte), deren Erkundung aus verständlichen Gründen verboten ist. Außerhalb des Hauses ist dies kaum anders: Diejenigen Kinder, die draußen durch die natürliche Umgebung oder durch entsprechende Spielplatz-Anlagen ein ausreichendes Angebot an Spiel-, Explorations- und Bewegungsmöglichkeiten haben, sind in der Bundesrepublik keineswegs in der Mehrzahl. Der weithin fehlende Zugang zur Natur, die Gefährdungen des Straßenverkehrs, die Spielfeindlichkeit moderner Wohnsiedlungen, in denen die wenigen Spielplätze bestenfalls Alibifunktion besitzen – dies alles bedeutet für die Kinder einen *Verlust an Primärerfahrungen,* um deren Ausgleich Eltern bemüht sein müssen.

Das Spiel verbleibt als eines der wenigen Erfahrungsfelder, in dem Kinder spontanes Handeln praktizieren und selbständige Entscheidungen treffen können.
Kinder benötigen heute mehr denn je einen *Freiraum des Handelns,*

- in dem sie, geschützt vor äußeren Gefährdungen, im Gefühl emotionaler Sicherheit Beziehungen zu ihrer Umwelt aufnehmen;
- der ihrem Bedürfnis nach Nachahmung, Imagination und dem Aufsuchen von Spannungserlebnissen durch Spielmöglichkeiten Rechnung trägt;
- der ihnen entwicklungsgerechte Modelle einer für sie nicht erreichbaren komplexen gesellschaftlichen Wirklichkeit in Form von Spielmitteln anbietet, die ein symbolisches Erfassen dieser Wirklichkeit ermöglichen.

Spielförderung auf der Grundlage eines vielseitigen Spielmittel-Angebotes bietet sich heute als ein Erziehungskonzept an, das geeignet erscheint, sowohl gewisse Mängelerscheinungen der Leistungsgesellschaft zu kompensieren als auch Eigenschaften zu fördern, die für das Leben in dieser Gesellschaft besonders wichtig sind. Spielmittel sind dabei in einer doppelten Funktion wirksam: Einmal als Anregungs-, Entfaltungs- und Kommunikationsmittel, die von den Wünschen und Absichten des Kindes „besetzt" sind, zum anderen als symbolträchtiger Mittler gesellschaftlicher „Abbilder", Normen und Konflikte.
Das gesteigerte Interesse von Eltern an Spielmitteln beweist allerdings noch nicht, daß die Spielbedürfnisse der Kinder voll ausgeschöpft und befriedigt werden. Es gibt Anzeichen dafür, daß der vermehrte Kauf von Spielmitteln in den letzten Jahrzehnten auch eine Überkompensation erzieherischer Unsicherheiten darstellt, vielleicht sogar manchmal den Versuch, Kinder einfach „abzuschieben" in die Selbstbeschäftigung, ohne daß die Eltern sich entsprechend Zeit für das Spiel mit den Kindern nehmen.

Spielenlernen – eine Aufgabe für die Eltern
Die Forderung, Kindern ausreichende Spielmöglichkeiten zu geben, findet heute zwar überall breite Zustimmung, wird aber keineswegs überall verwirklicht. Spielenkönnen ist für viele Kinder gar nicht etwas so Selbstverständliches, wie man gemeinhin annimmt. In vielen Familien treten Erziehungsprobleme auf, ohne daß die Eltern sich fragen, ob die Ursachen dafür nicht in einer unzureichenden Spielförderung der Kinder liegen können. Oft sehen die Eltern zu wenig die Spielbedürfnisse des einzelnen Kindes, oft wissen sie nicht genau, was und wie sie mit dem Kind spielen sollen. Was also müssen Eltern lernen, damit Kinder richtig spielen können?
Zuerst sollten einige Vorurteile abgebaut werden: Weitverbreitet ist die irrtümliche Meinung,

- das Kind spiele von selbst, als Erwachsener habe man allenfalls für eine Spielecke zu sorgen und darauf zu achten, daß die häusliche Ordnung durch das Spiel des Kindes nicht gestört werde;

- Spielen sei ein zwar unterhaltsames, aber doch unnützes Tun, das gegenüber dem Lernen in der Schule von geringerer Bedeutung sei;
- für den Erwachsenen sei es angebracht, mit dem Kind erst zu spielen, wenn es einen gewissen Entwicklungsstand erreicht (z.B. laufen und sprechen gelernt) habe und in das sogenannte „Spielalter" gekommen sei.

„Spielende Kinder sind glückliche Kinder", so heißt es oft. Auch wenn dieser Satz die vielen Konflikte, die im Kinderspiel auftreten können, unberücksichtigt läßt, so besteht doch kein Zweifel daran, daß Spielen zu den positiven, wünschenswerten Lebensäußerungen des Kindes gehört. Aber ein Kind kann nur dann selbständig spielen, wenn ihm Gelegenheit geboten wurde, dies in den ersten Lebensjahren auch zu *lernen*. Denn Spielfähigkeit ist keine Eigenschaft, die plötzlich – etwa im Sinne eines angeborenen Spieltriebes – vorhanden ist. Sie entwickelt sich vielmehr in dem Maße, wie die Bezugspersonen des Kindes für entsprechende Anregungssituationen sorgen. Das bedeutet für den Erwachsenen, möglichst viel mit dem Kind in den ersten Lebensjahren zu spielen. Das spätere schulische Lernschicksal des Kindes dürfte in starkem Maße davon abhängen, ob ihm in der vorschulischen Entwicklung eine an mitmenschlichen Kontakten und sachlichen Anregungen reiche Spielwelt zur Verfügung stand.

Spielen ermöglicht personale Nähe und Distanz zugleich. Eltern, die mit ihren Kindern spielen, befinden sich in einem spannungsreichen Beziehungsfeld, in dem die Spielpartner immer einen „mittleren Abstand" voneinander haben. Dies bewahrt vor allem erziehungsunsichere Eltern vor extremen Haltungen: das Kind zu sehr beschützen zu wollen oder – das andere Extrem – zu große Leistungsanforderungen zu stellen. Im Spiel mit den Kindern können Eltern jenes Selbstvertrauen gewinnen, den richtigen Mittelweg in der Erziehung einzuschlagen, denn das Miteinanderspielen öffnet den Blick für die Individualität und Personalität eines jeden Menschen.[1]

So wird deutlich, daß die Rede vom „Lernen im Spiel" nicht nur auf die Kinder, sondern ebenso auf die Eltern anwendbar ist. Im Spiel lernen Eltern die Einstellungen, die Fähigkeiten und den Entwicklungsstand ihres Kindes kennen. Sie lernen, seine Spielentscheidungen zu respektieren, beobachten seine Spielfortschritte, gegebenenfalls auch auftretende Schwierigkeiten oder Ängste.

Damit Kinder sich wohlfühlen können beim Spielen, muß eine Anzahl von Erfahrungsregeln beachtet werden.

Zunächst ist entscheidend, daß das Kind Zutrauen zu seiner Umwelt hat. Die Situation, in der es sich befindet, muß frei sein von äußeren Zwängen und Belastungen. Ein Kind, das z.B. hungrig ist oder dessen Wohlsein in anderer Weise beeinträchtigt ist, kann ebensowenig sein Spiel entfalten wie ein Kind, das sich in einer fremden, ihm unvertrauten Umgebung befindet oder störenden Reizen der Umwelt ausgesetzt ist. Eine Grundvoraussetzung für das Gelingen von Spielhandlungen besteht also darin, eine entspannte (Ausgangs-)Situation zu schaffen. Nur

---

1 Diesen Hinweis und einige weitere Spielanregungen entnehmen wir Sutton-Smith/Sutton-Smith 1974.

dann können jene dynamischen Ungleichgewichtszustände des Erlebens auftreten, die den motivierenden Spannungscharakter jedes Spiels ausmachen.

Gerade auch ältere Kinder benötigen einen von äußeren Störeinwirkungen und Elternverboten abgeschirmten Spielraum, in dem sie sich gern aufhalten und von dem sie wissen: Hier kann ich ungestört spielen. Bei fehlendem Kinderzimmer bietet sich vor allem das (Eltern-)Schlafzimmer als ein solcher Raum an. Wenn die Bezugsperson in unmittelbarer Nähe ständig erwünscht ist (insbesondere bei Kleinkindern), erscheint die Einrichtung einer Spielzone im Wohn- und Küchenbereich mindestens ebenso günstig wie ein separates Spielzimmer. Bei mehreren Geschwistern sind Absprachen zu treffen, denn jedes Kind hat einen Anspruch auf Spielraum. Wichtig ist, daß das einzelne Kind eine „Rückzugsmöglichkeit" hat – einen Raum oder eine Ecke, wohin es, von anderen nicht gestört, sich begeben kann, wenn immer es dies wünscht.

Kinder brauchen genügend Platz zum Spielen, genügend Zeit zum Spielen und Spielgefährten. Alle Eltern sollten sich fragen, ob sie genügend dafür tun, um diesen Faktoren Rechnung zu tragen. Bei beengten Wohnverhältnissen sind die *objektiven* Voraussetzungen für die Herstellung einer spielfreundlichen Umgebung für alle Beteiligten nicht immer optimal erfüllbar. Um so mehr käme es dann auf die *subjektive* Einstellung der Eltern an, d.h. auf eine verständige Haltung gegenüber den kindlichen Spielbedürfnissen. Der entscheidende Punkt ist, ob die Eltern dem gemeinsamen Spiel in der Familie genügend Zeit einräumen. Daß Kinder auch allein spielen wollen (und sollen) und ab einem bestimmten Alter andere Kinder als Spielpartner benötigen (wofür die Eltern Sorge tragen müssen), ist damit nicht in Abrede gestellt.

Spielfreundliche Eltern brauchen oft ein hohes Maß an Geduld und Selbstdisziplin, etwa wenn die Kinder sich beim Spielen schmutzig machen, lärmen, streiten oder ihre Spielsachen nicht aufräumen. Eine tolerante, helfende und auf Ausgleich bedachte Einstellung der Eltern ist dazu angetan, mögliche Konflikte zu entschärfen. Das Elternverhalten beim Streit der Geschwister um Spielzeug oder bei der leidigen Frage des Aufräumens dürfte in hohem Maße „Modellwirkung" für das Verhalten der Kinder haben. So wird etwa viel mehr damit erreicht, wenn die Mutter einem aufräumunwilligen Kind, das sich selbst nicht mehr wohlfühlt in dem Durcheinander (und das soll viel heißen!), beim Aufräumen etwas mithilft, anstatt – aus Prinzip – auf der Forderung des Alleinaufräumens zu bestehen.

Eltern mit mehreren Kindern werden beobachten, daß die Geschwister ein recht unterschiedliches Verhältnis zur Ordnungsliebe entwickeln: Ist das eine Kind sehr penibel und fühlt sich durch Unordnung gestört, so mag das andere davon überhaupt nicht beeindruckt sein, daß seine Spielsachen ständig überall verstreut umherliegen. Häufig neigen die Eltern dann dazu, dem „Ordnungsmuffel" das Vorbild seines ordentlichen Bruders (bzw. der Schwester) immer wieder vorzuhalten, was zwischen Geschwistern zu einem lebenslangen Konflikt führen kann. Eine andere Möglichkeit besteht für die Eltern darin, das Aufräumproblem nicht ganz so ernst zu sehen, d.h. das Kind nicht ständig zum Aufräumen zu zwingen, es andererseits aber auch wissen zu lassen, daß man sich über ein aufgeräumtes Zimmer sehr freuen würde. Wer eine solche tolerante Einstellung über einige Zeit durchzuhalten in der Lage ist, wird schließlich eine Überraschung erleben: Daß das Kind eines Tages von selbst kommt und sagt: „Ich habe heute meine Spielsachen aufgeräumt!" Ähnliche Überlegungen gelten für das Kaputtgehen von Spielmitteln.

Wenn etwas dem Erkundungsdrang des Kindes nicht standgehalten hat, dann sollte dies kein Anlaß für eine Bestrafung sein, sondern eher der Überlegung Platz machen, ob die richtigen Materialien für ein gefahrloses Ausleben dieses Bedürfnisses zur Verfügung stehen. Aber auch wenn diese nicht vorhanden sind: Eine Puppe, die beim Erproben eines Schraubenziehers ihr Innerstes preisgibt, ist immer noch ein vergleichsweise günstigeres Erkundungsobjekt als der Wohnzimmersessel!

Eine wichtige Regel für die Spielführung lautet: Spielhandlungen dürfen durch elterliche Anordnung („Mittagessen!", „Schlafenszeit!") nicht plötzlich unterbrochen werden. Erzwungene Spielabbrüche gehören zu den deprimierendsten Erfahrungen für das Kind. Welche Frustration ein Kind erfährt, wenn es ein Puzzle nicht zu Ende legen darf, weil es sofort zu Tisch kommen soll, machen sich Eltern selten klar. Ähnliche Gefühle dürften bei den Eltern auftreten, wenn ihnen ihr Sprößling den Fernseh-Krimi kurz vor dem Ende mal eben abschaltet!

In ebenso verständnisvoller Weise muß der Erwachsene als *Beteiligter im Spiel* sein Verhalten gegenüber dem Kind steuern. Er ist Spielpartner, der einerseits Anregungen gibt, andererseits sich ganz dem Spielgeschehen und den Spielentscheidungen des Kindes unterzuordnen hat. Er nimmt Anteil an den im Spiel erbrachten Leistungen des Kindes. Dabei geht es nicht um überschwengliche Lobpreisungen, sondern um eine stetige, positiv-sachliche Beurteilung, einen freundlichen Blick, ein Wort der Ermutigung. Je ängstlicher und selbstunsicherer das Kind ist, desto mehr werden wir seine Spielfortschritte durch jenes Maß an Zuwendung und Erfolgsbestätigung begleiten, die es von uns verlangt.

Einer der folgenschwersten Erziehungsfehler besteht in der Neigung des Erwachsenen, das Kind im Spiel zu gängeln, d.h. ihm zeigen zu wollen, wie man „richtig" spielt. Der inadäquate Funktionsgebrauch eines Spielzeugs, subjektive Regelveränderungen im Regelspiel, selbst der Versuch zu „mogeln" brauchen noch kein Grund zu sein für einen Spieleingriff des Erwachsenen. Viel günstiger ist es, entweder gar nicht zu reagieren (der Egozentrismus im kindlichen Spiel tritt mit zunehmender Entwicklung von selbst zurück!) oder dem Kind Alternativen anzubieten (deren Befolgung vom Kind aber nicht erzwungen werden sollte).

Eine andere Situation ergibt sich allerdings, wenn der Erwachsene mit *mehreren* Kindern spielt, da hier sowohl die Einzelansprüche jedes Kindes als auch die aus unterschiedlichen Altersstufen sich ergebenden Unterschiede im Spielverständnis berücksichtigt werden müssen. Gerade hier kommt auf die Eltern die Aufgabe zu, Streitfälle zu schlichten und zu versuchen, den Kindern Anregungen zur Selbstregulierung von Konflikten zu geben. Aber auch dann sollte der Erwachsene – Vater und Mutter jeweils in ihrer spezifischen Rolle – immer bereit sein, bei auftretenden

Schwierigkeiten Bezugsperson für die Kinder zu sein, die ihnen Vertrauen, Liebe und Geborgenheit schenkt.

Fazit: Kinder sind im ersten Lebensjahrzehnt, besonders aber in den ersten Lebensjahren angewiesen auf das Spiel mit den Eltern. Der Kauf von Spielzeug kann kein Ersatz für dieses gemeinsame Spiel sein. Spielzeug ist andererseits ein echtes und notwendiges Erziehungsmittel, wenn es entsprechend den alterstypischen und individuellen Bedürfnissen des Kindes gekauft wird. Es verpflichtet die Eltern eher noch mehr – nicht weniger! –, mit den Kindern zu spielen.

Eltern bedenken oft nicht, daß Spielmittel für ihr Kind ebenso wichtig sind wie Nahrung und Kleidung, vergleichsweise notwendiger als die täglichen Zigaretten des Vaters oder die Dauerwelle der Mutter. Damit ist nicht gesagt, daß alle Spielmittel, die entwicklungspsychologisch sinnvoll sind, auch gekauft werden *müssen* – und schon gar nicht alle auf einmal. Besser ist es, die Kinder bei ihrem Spiel genau zu beobachten und ihnen immer dann eine Spielidee oder ein neues Spielmittel anzubieten, wenn deutlich wird, daß eine neue Anregung sie weiterführt. Deshalb ist die übliche Praxis, das Weihnachtsfest oder den Geburtstag zum Spielzeug-Geschenktag zu machen, auch weniger günstig als ein die Jahreszeit berücksichtigendes, gleichmäßig verteiltes – aber nicht zu knappes! – Spielzeug-Angebot. Einiges kann man sich auch selbst machen, kann Naturmaterial ebenso wie „Industrie-Abfall" in kindgerechtes Spielmaterial verwandeln, wenn auch die meisten Eltern sich dazu zu wenig Zeit nehmen. Dessen ungeachtet gibt es viele Spielmittelbereiche, bei denen es sinnvoller ist, dem käuflichen Angebot den Vorzug zu geben.

Der Einkauf von Spielzeug sollte sorgfältig geplant werden. Spielmittel sind um so höher zu bewerten, je mehr sie dazu beitragen,

– Spaß, Freude, spannungsreiche Unterhaltung zu vermitteln;
– die Entwicklung von Fähigkeiten und Fertigkeiten zu unterstützen;
– dem Kind die Welt besser „begreifbar" (interpretierbar) zu machen;
– zur Selbstdarstellung und freien Kommunikation mit anderen aufzufordern;
– zur Umgestaltung und zur symbolischen Neuschöpfung von Realität anzuregen.

Beim Spielzeug-Einkauf sollten derartige Beurteilungskriterien – der Katalog erhebt keinen Anspruch auf Vollständigkeit – immer bezogen sein auf Fragen, die sich aus der konkreten Situation des betreffenden Kindes ableiten, für das das Spielmittel gedacht ist (Welche Spielmittel sind schon vorhanden? Welche Interessen und Fertigkeiten sind Anknüpfungspunkte für das zu kaufende Spielzeug?).

Das erste Lebensjahr

Das Neugeborene benötigt vom ersten Lebenstag an die persönliche Zuwendung der Eltern und Anregungen aus der Umwelt. Schon in den ersten Lebenswochen und

-monaten wird das Spiel zu einer Möglichkeit für den Erwachsenen, zum Kind ein enges personales Bezugsverhältnis zu entwickeln. Etwa im Alter von vier bis fünf Wochen beginnt das Kind, sein Wohlbefinden durch ein „Gurren" oder ähnliche Laute zu bekunden. Man kann sich dann dem Baby zuwenden und durch ebensolche Laute „antworten". Nach weiteren Wochen läßt sich dieses Spiel auch umkehren: Beginnt der Erwachsene zu gurren, dann reagiert das Kind darauf und antwortet mit eigenen Lauten. So können Eltern bereits lange Zeit, bevor das Kind sprechen kann, mit ihrem Kind ein unterhaltsames Zwiegespräch in Form eines Spieles führen.

Ein wichtiger Abschnitt der Spielentwicklung ist erreicht, wenn das Kind mit etwa sechs bis acht Wochen beim Erscheinen der Mutter (oder einer anderen Person) lächelt, sie dann auch wiedererkennt und zunehmend mehr auf Sprache und Mimik des Erwachsenen reagiert. Das Kind beginnt nun auch, eine über das Bett gespannte Spielleine zu berühren.

Nach etwa zwölf Wochen kann man bereits eine ganze Anzahl von Spielen mit dem Kind erproben,

– wenn beim Wickeln die Windel vom Kind weggestoßen, von der Mutter immer wieder hingelegt wird;
– wenn man den Finger in den Mund des Kindes steckt und ihn schnell herauszuziehen versucht, bevor das Kind zuschnappt;
– wenn man sich zum Kind so herunterbeugt, daß es an den Haaren des Erwachsenen ziehen kann.

Manche Eltern lassen das Kind in den Wachzeiten längere Zeit allein im Kinderzimmer. Das ist aber kaum empfehlenswert. Jedes Kind sollte, sobald es wach ist, von Anfang an in der Nähe der Bezugsperson sein. Mütter haben am Vormittag nicht viel Zeit, wenn sie den Haushalt versorgen, aber man kann das Kinderbett ins Wohnzimmer oder an die Küchentür in Sichtweite stellen, so daß das Kind seinen „Stammplatz" in der vertrauten Umgebung einnimmt, von dem aus der Kontakt zur Mutter oder zur betreuenden Pflegeperson (Großmutter, Nachbarin, Haushaltshilfe) nie abbricht. Neben der Hausarbeit gelegentlich einen freundlichen Blick für das Kind haben, ein paar Worte zu ihm sprechen, auch einen Moment Zeit haben für ein „Guckuck"-Spiel (das Gesicht verschwinden lassen, plötzlich wieder das ein) – das braucht das Kind ebenso wie eine anregend gestaltete Umgebung: ein Mobile, das betrachtet wird, und interessante Gegenstände (Klapper, Beißringe, Kugelkette), die betastet, bewegt oder gelutscht werden können.

Auge, Hand und Mund sind in diesem Alter die Hauptspielwerkzeuge des Kindes. Alles Vertraute schaut es sehr gerne an, alle Dinge, deren es habhaft wird, steckt es in den Mund.

Nicht nur die Mutter, sondern ebenso der Vater soll mit dem Kind von den ersten Wochen an spielen und mit ihm zusammensein. Väter sind auch nach der Arbeit oft mit beruflichen Problemen beschäftigt, haben deshalb zu wenig Zeit für die Familie oder suchen Entspannung ausschließlich beim Zeitunglesen oder beim Fernsehen.

Das Spiel mit den Kindern kann ebenso entspannend sein – was jeder Vater selbst ausprobieren sollte!

Allerdings muß man das Kind beim Spielen genau beobachten. Kinder reagieren in diesem Alter bereits sehr individuell. Manche mögen ein ruhiges Verhalten des Erwachsenen, andere lieben's „heiß" und sind sofort dabei, wenn man etwas wildere Späße macht. Vielleicht war der Vater etwas zu ungestüm oder das Kind gerade nicht gut aufgelegt: Wenn keine positive Reaktion, kein erwiderndes Lächeln auf ein Spielangebot erfolgt und das Gesicht sich in Falten zieht, ist es bis zum Weinen meist nicht mehr weit. Man nimmt dann am besten das Kind sogleich auf den Arm, schmiegt es an sich und redet ihm tröstend zu.

In der zweiten Hälfte des ersten Lebensjahres wird zunehmend mehr die Sprache des vorgesprochenen Kinderreims ein wichtiges Spielelement. Der Reim gibt die „Spielregel" vor, z.B. beim Hoppe-hoppe-Reiter. Bereits in diesem Alter hat das Kind Spaß am Nachvollziehen einer erlebnisreichen, durch einen überraschenden, aber „guten" Ausgang bestimmten Spielregel. Alle Reimspiele, die mit Bewegung und körperlichen Kontakten verbunden sind, funktionieren nach diesem Prinzip, und selbst Dreijährige haben noch Freude daran, wenn der Erwachsene sie mit ihnen spielt (wie z.B. das Fingerspiel „Das ist der Daumen, der schüttelt die Pflaumen ..."). Auch wenn Eltern glauben, unmusikalisch zu sein (das Kind merkt das nicht!), sollten sie versuchen, dem Kind einfache Kinderlieder vorzusingen oder mit ihm auf dem Arm nach Musik zu tanzen; Walzer und Märsche sind dafür besonders gut geeignet!

Mit sieben bis neun Monaten, wenn das Kind beginnt, in der Wohnung herumzukrabbeln, verändern sich auch seine Spielmöglichkeiten. Es erkundet alles, was in seiner Reichweite ist. Grundsätzlich sollten Kinder im Krabbelalter bei ihren Ausgriffen in die nähere Umwelt möglichst viele Erfahrungen sammeln und die ganze Wohnung in Besitz nehmen dürfen. Ein Erwachsener muß dann immer in unmittelbarer Nähe sein. Er sollte es ertragen können, wenn einmal einige Bücher zerknautscht sind oder der Abfalleimer umgekippt wird. Bei derartigen Erkundungen erfährt das Kind zum ersten Male auch Verbote und Einschränkungen. Tatsächlich können Kindern dieses Alters Gegenstände, wie z.B. Murmeln, Nadeln, Plastiktüten, gefährlich werden; sie sollten unbedingt außer Reichweite liegen.

Leider räumen die Eltern – der „heiligen Ordnung" wegen – meist zu viele interessante Dinge vor dem Kind weg oder lassen bei dem geringsten Durcheinander gleich ein strenges „Nein!" ertönen. Es sollte bedacht werden, daß jede dieser Probiertätigkeiten für das Kind fundamentale Lernerfahrungen vermittelt. Sie sind die Grundlage für jede spätere Kreativität und für das technisch-konstruktive Denken. Das Kind in den Laufstall zu geben, ist deshalb keine gute Dauerlösung, auch wenn manche Kinder sich anscheinend damit abfinden. Besser, man läßt zuweilen das Kind den Küchenschrank oder das Wäscheregal ausräumen, oder man gibt ihm ungefährliche Haushaltsgegenstände, mit denen es sich beschäftigen kann – wobei das Kind aber nicht längere Zeit alleingelassen werden sollte.

Spielmittel
Wenn von Spielmitteln für das erste Lebensjahr noch kaum die Rede war, so deshalb, um deutlich zu machen, daß die Bereitstellung von entwicklungsfördernden Spielmaterialien nicht isoliert gesehen werden darf, sondern von Anfang an eingebettet ist in eine Fülle von anderen möglichen Spielaktivitäten der Eltern. Spielmittel im ersten Lebensjahr haben die Aufgabe,

– einfache Effekte hervorzubringen und dem Kind ein differenziertes Angebot an Sinneserfahrungen (im optischen, akustischen, taktilen Bereich) zu machen,
– den feinmotorischen (Greifen) und grobmotorischen Bewegungsvollzügen Anreize zu geben,
– die emotionale Bindungsfähigkeit und Expressivität zu unterstützen.

Zu den ersten Spielgegenständen gehören neben der Spielleine ein Mobile, ein Luftballon oder ein aufgehängtes Spieltier, deren Bewegungen mit den Augen verfolgt und oft mit einem Lächeln begleitet werden. Im vierten bis sechsten Monat können dann ein Beißring, eine Klapper und andere einfache, aber farbig eindrucksvoll gestaltete Spielgegenstände zum Greifen, Lutschen und Betasten hinzutreten. Ein weiches Stofftier mit eingebauter Spieluhr (die noch viele Jahre später von den Kindern immer wieder gern aufgezogen wird) verbindet das Gewahrwerden von Klängen mit jenem als angenehm empfundenen Eindruck des flauschig-anschmiegsamen Stoffes. Quietschtiere und Stoffpuppe beginnen das Kind im Alter von etwa vier bis sechs Monaten (wenn auch noch sehr unspezifisch) zu beschäftigen.

In der zweiten Hälfte des ersten Lebensjahres treten weitere Spielmittel in den Erlebniskreis des Kindes. Bereits im Krabbelstadium kann ein Ball (es muß kein Plüschball sein!) viel Kurzweil bringen, gerade wenn der mitspielende Erwachsene es versteht, ihn als gemeinsamen Kommunikationsgegenstand zu benützen und immer neue Überraschungen für das Kind hervorzurufen. Ein Satz einfacher Steckbecher oder Hohlwürfel dient zunächst zum Hantieren, Füllen, Auskippen; das Bauen eines Turmes aus den Hohlkörpern darf erst im zweiten Lebensjahr erwartet werden.

Im Umgang mit den ersten Spielobjekten lernt das Kind sehr unterschiedliche Materialqualitäten kennen, lernt sie zu unterscheiden und wiederzuerkennen: Hartes Holz und weichen Stoff, rubbelig-griffigen Frottée und kühl-glatten Kunststoff. Formen, Farben, Klänge der Spielgegenstände bewirken in der Psyche des Kindes eine Fülle von emotional verankerten Anmutungserlebnissen. Gleichzeitig bewirkt das Kind selbst etwas mit den Spielobjekten: Es greift danach, wenn sie in Reichweite sind, zieht sie zu sich heran, läßt sie fallen, usw. Das alles geschieht anfangs weitgehend unkoordiniert und ungezielt; Versuche des gezielten Greifens nach Objekten beginnen im fünften Lebensmonat, wenn das Auge die sensorische Kontrolle der Greifbewegung übernimmt. Aber erst mit einem Jahr gelingt dem Kind dieser Vorgang bewegungsökonomisch richtig: Es kann nun direkt und präzise mit Daumen und Zeigefinger ein Spielobjekt greifen (Pinzettengriff).

Im Alter von vier bis zehn Monaten spielen das Wahrnehmen, Wiedererkennen und Vertrautwerden mit Spielobjekten eine wichtige Rolle. Das Kind versucht in diesem Entwicklungsstadium, Handlungen zu wiederholen, die zu interessanten Effekten führen (z.B. das Schütteln einer Klapper). Die Spielgegenstände gewinnen einen Bedeutungsgehalt durch jene einfachen Effekte, die mit ihnen erzielt werden können. In weiteren Entwicklungsschritten wird das Kind sich allmählich bewußt, daß es diese Effekte selbst hervorbringt und verändern kann.

Ein bedeutsamer Schritt in der geistigen Entwicklung ist mit dem Erwerb der *Objektpermanenz* vollzogen (etwa mit zehn Monaten). Das Kind weiß nun, daß ein aus seinem Gesichtsfeld verschwundener Gegenstand weiter existiert, es sucht nach ihm (was es vorher nicht getan hat). Das Kind beginnt nun, einfache Formen des Mittel-Zweck-Handelns zu praktizieren, d.h. es versucht jetzt nicht mehr bloß, bestimmte, von Spielobjekten ausgehende Effekte zu wiederholen oder aufrechtzuerhalten, sondern wendet sich nunmehr auch Zielen zu, die nur über einen Umweg (z.B. durch das Beiseiteschieben eines Hindernisses) erreicht werden können.

Spielobjekte erfahren in diesem Entwicklungsabschnitt, der in das zweite Lebensjahr hinüberleitet, eine Bedeutungserweiterung, indem sie zum Mittel der Erreichung einfacher Handlungsziele werden und in dieser Funktion auf ihre besonderen Spiel- bzw. Verwendungsmöglichkeiten hin überprüft werden.

Das zweite und dritte Lebensjahr

Experimentier- und Objektspiel
Das zweite Lebensjahr ist für das Kind die *Zeit der großen Entdeckungen*: Es lernt laufen und beginnt, sich in seiner Umwelt räumlich zu orientieren. Unverkennbar steht das Bedürfnis im Vordergrund, die eigenen Kräfte zu erproben, z.B. beim Laufen, Klettern, Rutschen, Stoßen, Ziehen, Werfen. Die Erkundung der materialen Umwelt und der Funktion einzelner Objekte erfolgt zielbewußter. Das Kind setzt sich nun für eine gewisse Zeitspanne mit einem bestimmten Gegenstand intensiv auseinander: Es füllt und entleert den Sandeimer; es türmt Klötze auf und wirft sie um, es dreht den Wasserhahn auf und zu, es öffnet und schließt eine Schachtel. Bei diesen Experimentierspielen werden grundlegende Erfahrungen über die Funktionsweise einzelner Gegenstände gesammelt. Das Nichtgelingen einer Probierhandlung (z.B. das Schließen einer Schachtel) macht dem Kind dabei noch kaum etwas aus; es versucht sie immer wieder, wendet sich schließlich einem anderen Gegenstand zu oder holt den Erwachsenen zu Hilfe.

Spielmittel haben auf dieser Entwicklungsstufe die Aufgabe, dem Kind Möglichkeiten des Hantierens, Bewegens, einfachen Gestaltens anzubieten. Dabei wird dem Kind der Zusammenhang zwischen den Gebrauchsmöglichkeiten eines Spielobjektes und den damit zu erzielenden Wirkungen deutlich. Es lernt, Beziehungen herzustellen zwischen verschiedenen Materialeigenschaften (Formen, Farben,

Größen, Gewicht). Haushaltsgegenstände, wie z.B. Dosen, Garnrollen, Papier, Schachteln, Flaschen, Trichter, schwimmfähige Objekte sind für diese Experimentierspiele gut geeignet und sollten dem Kind zur Verfügung stehen. Spielmittel können darüber hinaus das Erfahrungsfeld des Kindes in einer Weise erweitern, wie dies Gebrauchsgegenstände nicht zu leisten in der Lage sind: Eine standfeste Kugelbahn etwa wird unermüdlich benutzt. Ebenso sollten Großbausteine (auch aus Schaumstoff) und einfache Holzbauklötze vorhanden sein.

Spielzeug für die Zwei- und Dreijährigen muß robust, handlich, abwaschbar und angenehm in der farblichen Gestaltung sein. Eine Bemerkung zur *Sicherheit von Spielmitteln* erscheint hier notwendig: Beim Einkauf ist vor allem – dies gilt für alle Altersstufen – darauf zu achten, daß Spielmittel keine hygienischen Probleme und Unfallrisiken darstellen. Wichtig sind insbesondere

– ungiftige, schweiß- und speichelfeste Farben bzw. Lacke;
– keine hervorstehenden Spitzen, scharfe Kanten oder leicht zerbrechliche Plastikmasse;
– keine Möglichkeiten zum Einklemmen oder Quetschen von Fingern;
– ungefährliche Füllungen von Puppen und Spieltieren;
– Funktionssicherheit von elektrischen Spielgeräten, Fahrzeugen und Turngeräten.

Das Kind benützt nun auch die Spielfunktionen von realistischem Spielzeug: So werden Fahrzeuge wichtig, etwa ein großes Holzauto zum Beladen, auf das sich das Kind auch selbst draufsetzen kann. Ebenso Baukran und weitere einfache Maschinenmodelle bieten gute Spielmöglichkeiten, wenn sie keine komplizierte Mechanik besitzen. Das Kind spielt übrigens nicht nur mit großen Gegenständen gern. Manchmal werden auch recht kleine Spielobjekte bevorzugt; sie müssen aber der Feinmotorik des Kleinkindes angepaßt sein. Recht beliebt – allerdings auch nicht bei allen Kindern! – sind Nachziehtiere, zumal, wenn sie einen besonderen Bewegungseffekt produzieren (Wackelente). Immer gefragt sind dagegen Schaukelpferd und Dreirad; letzteres sollte in keiner Wohnung fehlen.

Neben dem Spielzeug zum Bewegen und Fortbewegen gibt es Spielmittel, die insbesondere die Wahrnehmung, die Feinmotorik und die Koordination von Auge und Hand fördern. Dazu gehören Materialien zum Malen und Kritzeln (Fingerfarben, Wachsmalblöcke), ferner Baubecher, Hohlwürfel und Formensteckspiele (z.B. „Schlüsselhaus", Steckbrett-Puzzle).

Dem Kind sollte erlaubt werden, den Kühlschrank oder eine Fensterscheibe bemalen zu dürfen, denn zum Kritzeln und Malen sind auch große Flächen notwendig; auch Wandtafel oder Staffelei helfen hier. Im dritten Lebensjahr beginnen die Vorformen des Bastelns und Formens: Papiere, Streichholzschachteln und andere interessante Objekte können aufeinandergetürmt und mit Kleister befestigt werden. Dabei ist es wichtig, daß der Erwachsene viele neue Anregungen gibt, die die Kinder zur Nachahmung reizen (eine Wurst oder ein Männchen aus Knetmasse formen, große Kieselsteine anmalen). Die ersten Bilderbücher, die

Malen ist kreativ!
Foto: Retter

gemeinsam mit Vater oder Mutter betrachtet werden, sind für die Sprachentwicklung von kaum zu unterschätzender Bedeutung. Schließlich dürfen Spielmittel nicht fehlen, zu denen die Kinder intensive gefühlsmäßige Bindungen entwickeln: einige Puppen verschiedener Größe (z.B. auch ein Schlummerle) und Tiere (aus Stoff, Plüsch, Frottée).
Am Beispiel der Puppen kann gezeigt werden, daß Kinder im zweiten Lebensjahr bereits ein sehr individuelles Verhältnis zu ihren Spielmitteln besitzen: Viele Kinder schleppen eine bestimmte Puppe ständig mit sich herum, nehmen sie abends mit ins Bett oder verlangen nach ihr, wenn sie ihren Schmerz ausweinen. Bei anderen Kindern übernimmt ein Stoffetzen oder sonst ein Gegenstand diese Rolle des „Trösters" und Bettgefährten. Manche Kinder wiederum haben offenbar keine engen Beziehungen zu diesem Spielzeug „zum Liebhaben". Sie spielen stattdessen z.B. mit Baumaterial, können später aber durchaus auch Interesse am Rollenspiel gewinnen.
Im zweiten Lebensjahr wird das Spiel immer mehr nach draußen verlagert; Sandkasten, Spielplatz und die Natur bieten neue Spielmöglichkeiten. Zum Sandspielen, Matschen und Planschen muß das Kind ausgiebig Gelegenheit erhalten, auch wenn es sich dabei schmutzig macht. Jedenfalls sollte das Kind so angezogen sein, daß es sich schmutzig machen darf. Wenn das Kind eine Wasserlache entdeckt und zu planschen beginnt, sollte man nicht vorschnelle Verbote aussprechen. Schmutzige Kinder machen etwas mehr Arbeit, aber der

Umgang mit Naturmaterialien im Kleinkindalter, das Sichauslebenkönnen in Sand und Wasser, gehört nun einmal zu den wichtigen Voraussetzungen einer gesunden seelischen Entwicklung und fördert die schöpferische Produktivität späterer Entwicklungsstufen. Auch die Freude am Baden und Planschen sollte vom ersten Lebensjahr an beim Kind verstärkt werden. Schwimmtiere und anderes Wasserspielzeug werden gern benutzt.

Konflikte beim Spielen
Am Sandkasten kommt das Kind erstmals auch mit fremden gleichaltrigen Kindern in Berührung. Zweijährige spielen noch kaum mit fremden Gleichaltrigen gemeinsam, meist bleibt jedes Kind für sich. Dabei kommt es vor, daß ein Kind ungewollt in den Spielbezirk des anderen eindringt oder ein Spielzeug wegnimmt. Auch wenn gar keine aggressive Absicht vorliegt, kann ein Konflikt entstehen, den beide Kinder noch nicht lösen können. Deshalb muß in einem solchen Falle der Erwachsene behutsam eingreifen und jedem Kind seinen Spielraum sichern.
Dasselbe Problem ergibt sich daheim, wenn der Anderthalbjährige ältere Geschwister beim Spiel stört, z.B. ein Bauwerk des älteren Bruders kaputtmacht. Hier geht es erfahrungsgemäß kaum ohne Konflikte ab, auf die sich die Eltern einstellen müssen, um sie möglichst abzumildern.
Für das jüngere Kind ist es meist eine schmerzliche, aber kaum zu umgehende Erfahrung, daß es Spielsachen gibt, die ihm nicht gehören, deretwegen man die älteren Geschwister um Erlaubnis fragen muß. Dabei können die Eltern den Kindern helfen: Dem Jüngeren klarmachen, daß er nicht alles sogleich haben kann, und vermittelnd beim Älteren um Verständnis für den Jüngeren werben. Man kann versuchen, einen Teil der Spielmittel zum gemeinsamen Eigentum der Geschwister zu erklären. Dies gelingt bei gelegentlich benutzten „neutralen" Materialien wie Knete oder Malstiften ganz gut, aber kaum bei Spielmitteln, mit denen alle Kinder oft spielen und die sie sehr schätzen. Ungeklärte Besitzverhältnisse würden den Konflikt vergrößern. Manchmal ist eine „Doppelanschaffung" ein Mittel zur Konfliktbereinigung. Es ist aber kaum sinnvoll (nicht nur aus finanziellen Gründen), jedem der Geschwister grundsätzlich dasselbe Spielzeug zu kaufen.
Das nur einmal vorhandene Spielzeug wird zum Anlaß für wichtige soziale Lernprozesse: Die Kinder werden daran gewöhnt, mit anderen zu teilen, Rücksicht zu nehmen und persönliches Eigentum anderer zu achten. Neben der Kleidung – die seltener Gegenstand von Streitigkeiten ist – findet das Kind in seinem Spielzeug das erste persönliche Eigentum vor, für das es verantwortlich ist. Nicht zuletzt deshalb gewinnen Spielmittel – leider! – manchmal die Rolle von Statussymbolen, vor allem innerhalb der Gleichaltrigen-Spielgruppe. Jedenfalls eröffnet der Streit um Spielzeug ein weites Feld für Konfliktregulierungen, die trotz aller Auseinandersetzung die Bereitschaft zu kooperativem Verhalten verstärken.
Begabungen und Fähigkeiten des Kindes entwickeln sich in dem Maße, wie bestimmte Spielmittel, die diese Fähigkeiten fördern, bevorzugt gebraucht werden

(bzw. ihr Gebrauch Einschränkungen unterlegen ist). Dabei spielt neben der Geschwisterfrage vor allem das Geschlecht des Kindes eine Rolle. Am Ende des zweiten Lebensjahres beginnt sich das Kind darüber klar zu werden, daß es ein „Junge" oder ein „Mädchen" ist. Von der notwendigen Gleichberechtigung der Geschlechter bei der Spielzeug-Anschaffung war bereits die Rede (vgl. S. 232ff.). Wenn nun immer wieder in progressiven Spielzeug-Ratgebern zu lesen ist, Jungen und Mädchen sollten bei der Auswahl von Spielmitteln nicht unterschiedlich behandelt werden, so ist das zwar grundsätzlich sinnvoll, darf aber in der konkreten Situation nicht dazu führen, daß die Spielwünsche der Kinder, die meist geschlechtsrollenkonform ausfallen, negiert werden. Es geht vielmehr darum, geschlechtstypisch abweichende Spiel- und Spielmittelbedürfnisse zu tolerieren, falls sie auftreten, auch zu fördern, wenn das Kind längeres Interesse daran zeigt; insbesondere die Anregung, Mädchen technisches Spielzeug (Bagger, Kran, Bausysteme) ausreichend zur Verfügung zu stellen und das mögliche Interesse der Jungen an Puppen und weiblichen Rollen im Spiel nicht weniger zu verstärken als andere rollenkonforme Jungen-Spiele, sollte aufgegriffen werden.

Gegen Ende des zweiten Lebensjahres treten bedeutsame Entwicklungsveränderungen auf: Dem Kind wird bewußt, daß es eine eigene Person ist und einen eigenen Willen besitzt. Den Wünschen und Absichten der Eltern wird nun oft betont Widerstand entgegengesetzt. Beim Spiel zeigt sich dies insbesondere darin, daß das Kind jetzt alles selbst machen will und die Hilfe des Erwachsenen betont ablehnt. In dieser Situation sind Eingiffe der Eltern in die Spielvorstellungen des Kindes besonders konfliktträchtig, Wut- und Trotzausbrüche sind meist die Folge. Sinnlos und erzieherisch bedenklich wäre es, den vermeintlichen Eigensinn des Kindes brechen zu wollen. Die Eltern sollten sich vielmehr im klaren darüber sein, daß mit dem Auftreten dieser Trotzhaltung ein Entwicklungsstadium erreicht ist, in dem das Kind erstmals fähig wird, *bewußt* bestimmte Entscheidungen zu treffen und durchzusetzen. Auf dem Weg zur personalen Selbständigkeit ist dies ein wichtiges Stadium, das respektiert werden muß.

Wenn der Erwachsene diesen Entwicklungsschritt vom reinen Übungs- und Experimentierspiel zur bewußten selbständigen Spielhandlung anerkennt, dann zeigt sich bald eine weitere charakteristische Stufe des Spielverhaltens: Eigene Leistungen, die das Kind im selbstgestalteten Spiel vollbringt, will es den Eltern – mit sichtlichem Stolz – auch als Eigenleistung vorzeigen. Jede Erfolgsbestätigung der im Spiel erbrachten Leistungen durch die soziale Umwelt gibt dem Kind wiederum Zuversicht und emotionale Sicherheit, die für die Ausprägung von Leistungsmotivation ungemein wichtig sind.

Rollenspiel

So sehr die Bedeutung der Spielmittel im zweiten Lebensjahr zunimmt, sollten die Eltern nicht vergessen, daß ihr eigenes Spiel mit den Kindern nicht zu kurz kommen darf. Das Kind ist im Vergleich zum ersten Lebensjahr ein deutlich aktiverer

Spielpartner und übernimmt nun bereits eine ganz bestimmte Rolle im Spiel: Es weiß z.B., daß der Vater sich hinter der Gardine versteckt hat, es sucht und findet ihn. Das selbständige Verstecken in der Erwartung gesucht zu werden, tritt ohne Zutun Erwachsener entwicklungspsychologisch später auf, noch später die Fähigkeit, in einem regulären Versteckspiel mit Gleichaltrigen beide Rollen im Wechsel zu übernehmen: Mit Hilfe der Eltern kann das Kind aber – dies ist entscheidend! – *von Anfang an beide Rollen erlernen*: Hat der Vater sich mit dem Töchterchen einmal hinter der Wohnzimmertür versteckt und läßt sich von der Mutter (oder einem der älteren Geschwister) suchen, so führt die Kleine den Vater immer wieder in dieselbe Ecke und ist begeistert von dem Überraschungseffekt, gefunden zu werden. Für das anderthalb- bis zweijährige Kind treten dabei die folgenden alterstypischen Charakteristika des Spielverhaltens auf:

– der Wunsch, den einmal lustvoll erlebten Überaschungseffekt *ständig zu wiederholen*,
– die Erwartung, gefunden und durch den Anblick der suchenden Person überracht zu werden (das Unentdecktbleibenwollen ist noch kein Ziel des Versteckspiels!),
– das Bedürfnis, die starke Erlebnisspannung und die Spannungslösung *in emotionaler und körperlicher Nähe* des Erwachsenen abzureagieren,
– das Bedürfnis, den Wiederholungsvorgang *unter den gleichen (räumlich-personell-situativen) Bedingungen* des Wahrnehmungsfeldes ablaufen zu lassen: Das Kind spielt das Spiel am liebsten *immer wieder in derselben Versteck-Ecke*; es läßt sich zwar auch darauf ein, daß der Erwachsene die Verstecke auch einmal wechselt; tritt der Spielwunsch nach mehreren Tagen erneut auf, dann führt das Kind den Erwachsenen wiederum in das „richtige" Versteck.

Der zuletzt genannte Punkt weist auf eine allgemein bekannte Entwicklungstatsache bei Zwei- und Dreijährige hin: In diesem Alter sind die Kinder sehr *abhängig von ihrem Wahrnehmungsfeld*, ja, reagieren mit Protest, wenn eine bestimmte Anordnung der Situation geändert wird (bei Tisch z.B. die Sitzordnung anders ist als gewohnt). Auch beim Spiel muß für das Kind „alles seine Ordnung haben": Es werden mit Erwachsenen und älteren Kindern regelhafte Reigenspiele wie „Ringel, Ringel, Reihe" oder „Häschen in der Grube" sehr gern gespielt – aber sofort erhebt sich Widerstand, wenn die Mitspieler von dem einmal gelernten Handlungsschema plötzlich aus irgendeinem Grund abweichen.

Der Spielforscher Château spricht in diesem Zusammenhang von der „Ordnungsliebe" des Kindes; (daß Kinder später in bezug auf das Wegräumen ihrer Spielsachen sich durchaus als wenig ordnungsliebend zeigen können, steht allerdings auf einem anderen Blatt). Ebenso hat Montessori den „Sinn für Ordnung" in diesem Alter als eine Entwicklungstatsache erkannt und in ihrer „vorbereiteten Umgebung" Rechnung getragen.

In diesem charakteristischen *Bedürfnis nach Aufrechterhaltung eines regelhaften Spiel- bzw. Situationsablaufes liegt der gemeinsame Ausgangspunkt von Regelspiel und Rollenspiel*. Auch der Rollenwechsel, den das Kind beim Fangen und

Ausreißen, beim Suchen und Sichverstecken allmählich mitvollzieht, ist Teil dieser festgefügten Spielordnung. Deshalb sollten die Eltern nicht auf den Gedanken verfallen, das Kind mit möglichst vielen Veränderungen von Rollen oder räumlichen Anordnungen zu konfrontieren. Eine Ausweitung des Rollenverhaltens ergibt sich mit zunehmendem Spielverständnis und dem sich differenzierenden Orientierungsvermögen fast von selbst.

Das Erlernen verschiedener Rollen im regelgebundenen Bewegungsspiel hat für die Entwicklung des Sozialverhaltens große Bedeutung. Ähnliche Möglichkeiten des allmählichen Rollentausches ergeben sich bei Partnerspielen wie „In welcher Hand ist der Stein?". Dabei wird zwischen dem Kind und dem Erwachsenen zunehmend mehr die *sprachliche Verständigung* von Bedeutung. Die Sprache verstärkt die Spieldynamik („Na warte, jetzt fang' ich dich aber!"), sie macht dem Kind aber ebenso möglich, Spielabsichten differenzierter auszudrücken; darüber hinaus erweitert sich das Sprachvermögen des Kindes vor allem, wenn der Erwachsene während des Spielgeschehens mit ihm spricht. In diesen ersten verbalen Kommunikationsformen im Spiel werden nicht nur die emotionalen Bezüge (durch die Ausdruckshaftigkeit der Sprache und ihre Gebundenheit an die subjektive Befindlichkeit) zur Bezugsperson differenziert; das Kind wird vor allem auch mit „Begriffen" und „Deutungen" von Handlungen und Objekten vertraut, die seine weitere geistige Entwicklung anregen.

Die zweite Wurzel des Rollenspiels ist die Fähigkeit des Kindes zur Nachahmung. Während des zweiten Lebensjahres wird immer deutlicher, wie das Kind versucht, Handlungen der Erwachsenen nachzuahmen. Aus diesen Nachahmungshandlungen entwickelt sich im dritten Lebensjahr zunehmend mehr das Symbol- und Rollenspiel. Alles, was dem Kind interessant erscheint – die eigene Familiensituation ebenso wie der Einkauf im Supermarkt, der Arztbesuch oder Fernsehsendungen – wird im Spiel nachvollzogen, aber auch im eigenen subjektiven Erleben umgestaltet. Im dritten Lebensjahr kommt es zu einem charakteristischen Nebeneinander zwischen „Realität" (in der das Kind Personen von Dingen unterscheidet) und „Imagination", (in der Personen und Dinge als lebende Wesen handeln). Typisch für dieses Stadium ist einmal der ständige Wechsel zwischen Realität und Phantasiewelt, den das Kind im Spiel vollzieht. So kann ein fehlender Spielpartner durch einen imaginativen (z.B. eine Puppe) ersetzt werden oder die Realität „Familie" im Rollenspiel „Vater-Mutter-Kind" eine Verdopplung erfahren. Zum anderen gewinnt auch das Angsterregende und Unheimliche an Bedeutung im Rollenspiel, wobei solche „gefahrbringenden" Erlebnisse sowohl der Welt des Märchens als auch der Realwelt entnommen sein können. Sie im Spiel nachzuerleben und auszugestalten, ist eine Möglichkeit für das Kind, innere Konflikte zu verarbeiten, seelische Spannungen auszuleben und die in der Realität unerfüllbaren Wünsche wenigstens im Spiel symbolisch befriedigt zu sehen.

Umgekehrt kann sich das Kind von einem allzu unheimlich ausgemalten Phantasiespiel ungefährdet in die weniger bedrohlich erscheinende Wirklichkeit zurückziehen. Der Vorgang der Angstentlastung und der Spannungsminderung kann auf dieser Entwicklungsstufe wechselseitig einmal von der Realwelt, einmal von der Spielwelt geleistet werden.

Im Laufe des dritten Lebensjahres findet im Rollenspiel meist schon ein lockeres Miteinander mit älteren Geschwistern oder Nachbarkindern statt. Auch hier hat der Erwachsene die Aufgabe, immer dann regulierend einzuspringen, wenn die Kinder Kooperationsprobleme haben, die zwischen Jüngeren und Älteren auftreten können, vor allem, wenn die Kinder sich noch nicht sehr gut kennen. Je mehr in den ersten drei Lebensjahren durch das soziale Spiel zwischen Erwachsenem und Kind dessen Selbstvertrauen, Kontaktfreudigkeit und Kommunikationsfähigkeit entwickelt wurden, desto besser kann sich der Drei- und Vierjährige in die Gruppe der Gleichaltrigen im Kindergarten oder in der häuslichen Spielgruppe einfügen. In einer Spielgemeinschaft leben zu können, bedeutet für das Kind, zweierlei zu lernen: sich einzuordnen und auf andere zu hören, andererseits zu versuchen, seine eigenen Vorstellungen im Spiel durchzusetzen und sich notfalls auch zu behaupten.

Jedes Rollenspiel ist Kommunikation und sprachlicher Austausch: Das Kind muß sowohl seine eigenen Spielabsichten den anderen begreifbar machen als auch die Handlungen der Mitspieler richtig verstehen und sie akzeptieren. Das Rollenspiel leistet also den entscheidenden Beitrag zur Sozialerziehung des Kindes. Um das Rollenspiel zu fördern, können dem Kind entsprechende Materialien, z.B. Kleidungsstücke, Spielmöbel, Gegenstände zur Ausgestaltung der Puppenecke, gegeben werden. Die Eltern sollten zulassen, daß gelegentlich die Wohnung (zumindest das Kinderzimmer) „umgekrempelt" wird, wenn die Kinder sich z.B. Höhlen bauen oder sich eine eigene Spielwohnung aus Polstern, Kissen und Decken einrichten. Bei diesen Spielformen wird der Erwachsene mitmachen, wenn das Kind dies wünscht oder das Spielgeschehen durch eine neue „Idee" weitergeführt werden kann.

Ganz neue Möglichkeiten des Rollenspiels zwischen Kind und Erwachsenem bieten Handpuppen; hier lassen sich die Kinder zunächst sehr gerne etwas vorspielen, wollen z.B. Kasper-Geschichten hören, was die Eltern nötigt, ihrer Phantasie freien Lauf zu lassen. Einzelne Figuren haben ihren besonderen Reiz, z.B. das Stoffkrokodil, dessen Unheimlichkeit gleichzeitig anziehend wirkt. Im Umgang mit Handpuppen, zu denen die Kinder dann auch selbst greifen, lernen sie nicht nur, sich sprachlich in eine bestimmte Rolle hineinzuversetzen, sondern auch ihre emotionale Erregung und Ängste zu verarbeiten (z.B. beim Umgang mit Krokodil und Hexe). Unterstützt wird dies von Schallplatten und Bilderbüchern (hier sind auch bereits erste Sachbilderbücher, wie z.B. „Brockhaus-ABC", empfehlenswert). Sie sind wichtige Bildungsmittel, die die Imagination ebenso fördern wie die sprachliche und soziale Entwicklung des Kindes.

Bauen und Baumaterial
Der Übergang vom bloßen Experimentier- und Nachahmungshandeln zum Symbol- und Rollenspiel wird auch in den Bauspielen des Kindes sichtbar: Bauklötze werden nicht mehr wahllos aufeinandergetürmt oder aneinandergereiht, sondern mit ihnen

wird etwas dargestellt. Das Bauwerk braucht dabei weder einen realen Gegenstand (z.B. Turm oder Haus) zu symbolisieren noch überhaupt etwas, was das Kind erklären oder mit einem einzigen Begriff bezeichnen könnte.

Geglättete naturfarbene Holzbausteine, wie sie ideal etwa der Dusyma-Bauwagen bietet, sind nach wie vor das empfehlenswerteste Baumaterial, mit dem das Kind – weit über das Vorschulalter hinaus – alles das erschaffen kann, was seinem Gestaltungswillen entspringt. Auch von einigen bewährten Kunststoff-Bausystmen gibt es Großformen, die schon für das Kind im dritten Lebensjahr geeignet sind, aber gegenüber Holzklötzen ist mit diesen Systemen schon wieder eine gewisse Spezialisierung der Gestaltungsmöglichkeiten gegeben. Deshalb sollte Bauklötze das Kind in jedem Falle und in ausreichender Menge haben – unabhängig von der Frage, welche weiteren Bausysteme man hinzuzieht (vgl. S. 323f. und 355ff.).

Nirgendwo kann das Kind seiner Phantasie und seiner Gestaltungsabsicht so frei Ausdruck verleihen wie beim Spiel mit Holzklötzen. Sie besitzen eine gewisse Schwere und sind von daher sowohl fest aneinander fügbar als auch problemlos voneinander lösbar. Bei keinem anderen Bausystem ist das Kind durch die Materialstruktur (bzw. die Art der Verknüpfung der Materialelemente) so wenig festgelegt, von einem bestimmten Punkt aus in die Höhe, Breite oder Länge zu bauen. Auch in bezug auf das, was gebaut werden soll, bieten Bauklötze die größte Freiheit; da sie als Einzelelemente keine Realität abbilden, kann das Kind mit ihnen sowohl realitätsabbildende Gestaltungen (z.B. ein Haus) oder völlig freie Phantasiegebilde herstellen. Freies Bauen ist also direkter Ausdruck der Schöpferkraft und der Kreativität des Kindes. Die Eltern sollen sich dabei so verhalten, daß jegliches Gängeln und Beeinflussenwollen unterbleibt. Dies ist beim Bauspiel wichtiger noch als bei anderen Spielformen, fällt aber hier besonders schwer. Das freie Bauen des Kindes ist gleichsam der Prüfstein, an dem ermessen werden kann, ob der Grundsatz, dem Kind in seinem Spiel größtmögliche Freiheit zu gewähren, überhaupt ernst genommen wird. In der folgenden Übersicht werden *typische Formen des Gängelns und der Störung durch vorzeitige Eingriffe des Erwachsenen* aufgeführt:

Vor dem Bauen:
Der Erwachsene ...
– zeigt dem Kind Bauvorlagen;
– fordert das Kind auf, etwas nach der Bauvorlage zu bauen;
– zählt auf, was das Kind alles bauen könne;
– fragt das Kind, was es bauen wolle.

Während des Bauens:
Der Erwachsene ...
– kritisiert einen bestimmten Teil des Bauwerkes;
– fragt, was das noch unfertige Bauwerk bedeuten soll;
– will dem Kind zeigen, wie man etwas besser machen kann;

– läßt das Kind etwas üben, was es seiner Meinung nach noch nicht richtig gemacht hat;
– fordert das Kind auf, das Bauen zu unterbrechen, „weil es Zeit ist" (zum Essen, Schlafen o.ä.).

Nach Vollendung des Bauwerkes:
Der Erwachsene ...
– fragt das Kind sogleich, was das Bauwerk bedeuten soll;
– stellt weitere Fragen nach der Bedeutung des Bauwerkes, wenn das Kind keine oder eine unbestimmte Antwort gibt;
– kritisiert das Bauwerk und/oder die Erklärung des Kindes;
– läßt das Kind nicht mit dem Bauwerk weiterspielen;
– verbietet eine vom Kind beabsichtigte Zerstörung;
– läßt das Bauwerk nicht bzw. nicht lange genug stehen, räumt auf.

Kindgemäß verhalten sich die Eltern dagegen, wenn sie dafür sorgen, daß das Kind ungestört bauen kann und sich mit ihm einfach freuen über das, was am Ende dabei herauskommt. Dazu gehört auch, daß andere Personen auf das Bauwerk aufmerksam gemacht werden, die ebenfalls gemeinsame Freude und Anerkennung äußern. Das Eingreifen des Erwachsenen in das Bauspiel ist erst dann gerechtfertigt, wenn das Kind dies ausdrücklich wünscht.

Materialien für regelgebundenes Spiel
Der Sinn des Kindes für formale Ordnungen und regelhafte Spielabläufe schlägt sich auch in einem zunehmenden Interesse an allen Materialien zum Legen, Ordnen, Einpassen, Zusammensetzen nieder. Für den Zwei- und Dreijährigen sind Rahmenpuzzles mit verschiedenen Schwierigkeitsgraden (und interessanten Bildmotiven!), einfache Lottospiele (z.B. „Farben und Formen"), Materialien zum Auslegen von Ornamenten („Varianta", „Ornamenta" u.a.) geeignet; reizvoll sind Legespiele wie „Der Spielgarten". Spiele dieser Art sind in mehrerer Hinsicht entwicklungsfördernd: Sie regen sowohl die intellektuellen Funktionen (Wahrnehmung, Denken, Gedächtnis) an als auch das kreative Gestaltungsvermögen, die Fähigkeit zum Alleinspiel (Konzentration!) ebenso wie das Bedürfnis, gemeinsam mit anderen ein bestimmtes Spielziel zu verfolgen (was freilich mit drei Jahren noch kaum gelingt!). Es ist erstaunlich, wieviel Übung und Konzentration bereits Zweijährige entwickeln, wenn sie Farben-/Formenkärtchen einander zuordnen oder schwierigere Puzzles bewältigen. Insbesondere das kurzzeitige optische Gedächtnis unterliegt einer erstaunlichen Übbarkeit, die wenige Jahre später dazu führen kann, daß Eltern sich gegenüber ihren Kindern – etwa in einem Memory-Spiel – geschlagen geben müssen. Alle Spiele, die nach dem Puzzle-, Lotto-, Dominoprinzip funktionieren, bereiten das Verständnis für eigentliche Regelspiele vor.

Bei Dreijährigen ergibt sich oft das Problem, daß sie gern bei den Älteren Memory, „Fang den Hut" und andere Regelspiele mitspielen wollen, ohne daß sie in der Lage sind, sich so zu verhalten, wie Spielregeln dies fordern: sie können z.B. nicht warten, bis sie dran sind, wollen den Würfel nicht hergeben oder setzen ihren Spielstein einfach dahin, wo es ihnen günstig erscheint. Dies führt unausweichlich zum Konflikt, der meist den Ausschluß des Kleinen zur Folge hat. Trotzdem sollte das Verlangen des Kindes nach gemeinsam gespielten Regelspielen ernst genommen werden. Der Erwachsene wird hier in besonderem Maße als Spielpartner benötigt. Eltern können mit ihrem Zwei- oder Dreijährigen etwa ein Lottospiel durchaus so spielen, daß sein Spieldrang voll befriedigt wird: Wenn nämlich das Kind selbst die Regel bestimmen darf, nach denen gespielt wird (z.B. kommt das Kind mehrmals hintereinander dran, der Erwachsene nur ab und zu!).

Für Brettspiele zeigen schon die Jüngsten Interesse – kein Problem, wenn der Erwachsene die „Spielregeln" des Kindes akzeptiert.
Foto: Retter

In dieser Phase des Spielverhaltens handelt das Kind noch ganz *ichbezogen*, es ist noch nicht in der Lage, seine Handlungsimpulse einer objektiven Spielregel zu unterwerfen, es fühlt sich selbst als der alleinige Mittelpunkt im Spiel. Der für dieses Alter typische *Egozentrismus im Spiel* hat aber seinen guten Sinn: Selbstbestimmen bedeutet, daß das Kind eine bestimmte (Spiel-)Regel festlegt, gleichzeitig aber auch das eigene Verhalten dieser Regel unterwirft.

Das vierte bis sechste Lebensjahr

Im vierten bis sechsten Lebensjahr haben sich die Möglichkeiten zum Bewegungsspiel, Rollenspiel, Bauen und Konstruieren erweitert, die Kinder sind nun geistig so weit entwickelt, daß sie ihre Spielbedürfnisse auch selbst sehr klar formulieren, so daß die Eltern manchmal einer Vielzahl von Wünschen gegenüberstehen. Das Regelspiel tritt in dieser Altersstufe als neue Spielform hinzu, worauf gesondert einzugehen ist.
Solche Regelspiele lernen die Kinder nun auch draußen, z.B. in Bewegungsspielen mit Nachbarskindern oder durch Zuschauen bei Älteren kennen. Die Eltern sollten berücksichtigen, daß Vier- bis Fünfjährige bereits einen Teil ihrer Spielzeit außerhalb der Wohnung im Nachbarschaftsbereich in der Gleichaltrigengruppe verbringen; dazu sollte ihnen jedenfalls Gelegenheit geboten werden. Ab dieser Zeit werden die Spielerfahrungen der Kinder nicht mehr nur innerhalb der Familie, sondern zunehmend stärker durch Spielerlebnisse mit Freunden und Nachbarskindern geprägt.

Ausweitung des Objekt- und Rollenspiels
Ein Grundproblem für die Drei- bis Sechsjährigen besteht darin, daß sie einen ausgesprochen starken Bewegungsdrang besitzen, der sowohl drinnen in der engen, hellhörigen Wohnung, als auch draußen in der „Asphaltlandschaft" immer geringere Möglichkeiten zur Entfaltung findet. Roller, Rollschuhe, Fahrrad, Kett-car können aufgrund des Straßenverkehrs und der zahlreichen Spielverbote von den Kindern selten voll ausgenutzt werden. Aber in jeder Wohnung kann mit einfachen Mitteln ein Tür-Reck befestigt werden, an das sich Kinder hängen, an das auch Ringe oder eine Schaukel befestigt werden können. Auch ein Hüpfball sollte nicht fehlen. Ideale Möglichkeiten der Bewegungsförderung bieten der Turnturm und das Kindertrampolin (Eibe), so daß die Kinder in der Wohnung hüpfen, klettern und springen können. Wer ein Auto hat, sollte möglichst oft mit den Kindern hinaus in die Natur fahren, Waldspielplätze sind ein ausgezeichnetes sportliches Feld für gemeinsame Spiele von *Eltern* und *Kindern.*
Für das *Bau- und Konstruktionsspiel* bietet sich eine ganze Reihe von bewährten Systemen an, auf die auf den Seiten 354 ff. näher eingegangen wird. Jedes Bausystem hat seine Vorzüge (bzw. Nachteile), Gestaltungsfähigkeit und Bauinteresse werden jeweils von anderen materiellen und funktionalen Strukturen bestimmt. Man sollte beim Kauf vor allem auch darauf achten, daß das Bausystem noch in späteren Altersstufen seinen Spielreiz nicht verliert. Grundsätzlich benötigt das Kind von einem Material genügend Bauelemente, um wirklich damit etwas bauen zu können. Weil aber Bausysteme relativ teuer sind und immer wieder Ergänzungselemente zur Spielerweiterung notwendig werden, bleiben die Eltern meist bei einem einzigen System, was eine gewisse Einseitigkeit bedingt. Wünschenswert wäre, daß das Kind

die Möglichkeit hat, mindestens zwei funktionell unterschiedliche Bausysteme kennenzulernen und damit zu spielen.

Schon der Dreijährige möchte beim Bauspiel bereits verschiedene *Zusatzmaterialien* einsetzen. Deshalb sollten kleine Bäume, Häuser und Figuren und anderes Aufstellspielzeug vorhanden sein. Dasselbe gilt auch für technisches Spielzeug mit einfachen Bedienungsfunktionen: z.B. ein Kran, der Bausteine befördert, kleine Modell-Autos, ein Flugplatz oder eine Tankstelle. Gute Spielmöglichkeiten bietet auch die Brio-Holzeisenbahn mit magnetischen Wagenkupplungen. Ist der Zwei- und Dreijährige vor allem an der wiederholten Ausübung der technischen Spielfunktion interessiert, so sind technische Modelle beim Vier- und Fünfjährigen Gestaltungselemente einer vom Kind aufgebauten Spielszene. Rollenspiel und gestaltendes Objektspiel gehen dann ineinander über.

Nach dem vierten Lebensjahr werden auch die Rollenspiele viel differenzierter. In der Gleichaltrigengruppe legen die Kinder nun untereinander die verschiedenen Rollen selbst fest, die sie spielen wollen (der Erwachsene sollte ihnen dabei keinesfalls dreinreden!). Ein wichtiger Aspekt des Rollenspiels ist das Verkleiden, das Kinder besonders lieben, Dazu eignen sich Tücher, Kopfbedeckungen, Gardinenreste und unbenutzte elterliche Kleidungsstücke. Auch alte Handtaschen

Verkleiden macht Spaß!
Foto: Retter

Gemütliches Vorlesen in der selbstgebauten Wohnhöhle.
Foto: Retter

und ähnliche Utensilien sind sehr gefragt. Eine wunderbare Sache für die Ausgestaltung des Rollenspiels sind große Schaumstoffpolster, mit denen die Kinder sich eine Spielhöhle bauen können, die aber ebenso zum Schlafen benutzt werden können oder zum Bau eines Turmes, von dem man herunterspringen kann.
Neben der kreativen Umfunktionierung von Gebrauchsgegenständen zur phantasievollen Ausgestaltung des Rollenspieles besteht bei Vier- bis Sechsjährigen schon ein stärkeres Bedürfnis nach *Materialien und Einrichtungen für realistisches Rollenspiel*: Zu den Puppen kann nun eine Vielzahl von wirklichkeitsnah ausgestalteten Zusatzobjekten treten: Puppenecke, Puppenmöbel, Puppenwagen – und was an kindgerechten Ergänzungssets für das Puppenspiel in Frage kommt.
Alle Kinder dieses Alters wollen gern kochen: Statt einer Puppenküche empfiehlt sich die Anschaffung einer Kinderkochplatte, auf der die ersten „Süppchen" selbst gekocht werden können.
Eine Funktionspuppe, die laufen und sprechen kann (und noch einiges mehr), ist sicherlich *nicht* schädlich, zumal, wenn das Kind genügend weitere Spielmittel zur Verfügung hat, aber sie ist wohl auch nicht besonders sinnvoll. Und weil es wichtigere Dinge für den ohnehin knappen Spielzeug-Etat der Familie zu kaufen gibt (z.B. gute Bilderbücher!), sollte man sich das erst gründlich überlegen. Realistisches Rollenspiel wird besser gefördert durch einen Kinderkaufladen, eine Arzt-Spielausstattung, eine Kinderpost oder ähnliche Einrichtungen.
Die traditionellen Rollenspielmaterialien haben heute Konkurrenz erhalten durch technologisch perfektionierte Spielausrüstungen mit beweglichen Funktionsfiguren und modernem Fahrzeugpark, die meist eine besimmte Situation aus der Welt des Abenteuers, der Katastrophenbewältigung oder des Science-fiction im Spiel nachvollziehbar machen sollen. Playmobil- oder Bigplay-Figuren sind geradezu zu einem Modeartikel geworden. Diejenigen, die solche Spielsets als Ausgeburt des Unkindlichen verdammen, wollen offenbar nicht sehen, daß schon Vier- bis Sechsjährige sehr intensiv mit solchen Figuren und Anlagen spielen. Andererseits gibt es keine Anhaltspunkte dafür, daß die superrealistischen Spielsets bessere Spielmöglichkeiten bieten als jene traditionellen Rollenspielmaterialien, die mit relativ geringerem Kostenaufwand erworben oder gar selbst hergestellt werden können. Schließlich gibt es heute viele Wege, Kinder zum Rollenspiel anzuregen. Man kann der gerade vorherrschenden „Mode" folgen – muß es aber nicht.
An dieser Stelle sei ein Hinweis auf das Problem der *Altersgemäßheit von Spielmitteln* eingeschoben. Darüber ist – zumeist in Verbindung mit der Warnung vor „Verfrühungen" bei Spielzeug-Geschenken – sehr viel geschrieben worden. Letztlich handelt es sich dabei um ein Scheinproblem, denn bei einer kindgerechten Spielführung löst sich dieses vermeintliche Problem meist von selbst. Ein Zweijähriger, dem Baufix-Elemente gegeben werden, wird damit kaum sinnvoll bauen können, da er die Holzschrauben noch nicht einschrauben kann. Er wird sich von diesem Material wieder abwenden und auch keine Enttäuschung verspüren – wenn zwei Voraussetzungen erfüllt sind: Erstens muß genügend weiteres, für das Kind praktikales Baumaterial vorhanden sein; zweitens dürfen die Eltern nicht mit ihren –

vielleicht enttäuschten und zu hoch gesteckten – Erwartungen diese Reaktion des Kindes beeinflussen. Sind diese Voraussetzungen erfüllt, dann wird das Kind von selbst zu diesem Material greifen, wenn es dazu fähig ist und Lust dazu verspürt.

Die untere Grenze für die Altersgemäßheit von Spielmitteln wird vollends verwischt, wenn die Eltern aktiver Spielpartner sind und das Kind sich des Erwachsenen als Helfer bedient, wann immer es dies für nötig erachtet. Nehmen wir etwa den Kinder-Kaufladen: Er wurde von uns (und anderen Autoren) der Altersgruppe der Vier- bis Sechsjährigen zugeordnet, aber bereits im Alter von zwanzig Monaten spielt das Kind im Beisein eines Älteren begeistert die Rolle des Verkäufers im Kinderladen (die es zuvor beim Verkäuferspiel der Geschwister beobachtet hat), drückt auf den Knopf der Registrierkasse, holt das gewünschte Päckchen Zucker aus vielen anderen Päckchen richtig herunter usw. Dies alles gelingt ihm umso besser, je mehr der Erwachsene (oder eines der älteren Geschwister) echter Spielpartner ist. So erscheint dieses Spielobjekt für den Zweijährigen beim gemeinsamen Spiel mit Älteren durchaus geeignet, erhält aber in der Gleichaltrigen-Gruppe erst einige Jahre später Bedeutung. Ähnliches gilt für die vielfach gescholtene elektrische Eisenbahn (die allein aus finanziellen Gründen kaum zur Spielmittel-Grundausstattung zu rechnen ist, aber dennoch einen Hinweis verdient): Die Lehmann-Gartenbahn etwa kann bereits für den Vier- und Fünfjährigen im gemeinsamen Spiel mit dem Erwachsenen von großem Spielwert sein, wenn dieser es versteht, seine eigenen Absichten und Wünsche denen des Kindes unterzuordnen bzw. sich anzupassen.

Neben den eigentlichen Spielhandlungen werden im vierten bis sechsten Lebensjahr all jene Aktivitäten bedeutsam, die einen Übergang zu Arbeitstätigkeiten bilden: Zum Malen und Bilderbuchanschauen treten nun auch das *Basteln, Formen* (z.B. mit Knet oder Plastica) und der Gebrauch *einfacher Werkzeuge* stärker in den Vordergrund.

Das Kind soll nicht nur die Schere (Kinderschere), sondern ebenso den Hammer, die Säge und anderes Werkzeug in ihrem Gebrauch kennenlernen. Das Zusammennageln von Holzstücken zu einem Schwert oder einem Flugzeug macht den Fünfjährigen großen Spaß, auch wenn hier einmal ein Schlag auf den Finger geht. Eine zu sehr auf Beschützung angelegte Erziehung, die das Kind vor jedem Ungemach bewahren will, ist mindestens ebenso falsch wie eine Erziehung, die das Kind vollkommen sich selbst überläßt und die Unfallgefährdung des Kindes dabei zu leicht nimmt. Der Erwachsene muß dem Kind gestatten, daß es seine eigenen Erfahrungen gewinnt, aber er muß hinter dem Kind stehen, um eventuell helfen zu können, wenn es gewünscht wird oder wenn eine ernste Gefährdung des Kindes vorauszusehen ist. Bei dieser Erziehung mit „kalkuliertem Risiko" gewinnt das Kind eine viel größere Selbständigkeit und ein viel größeres Selbstvertrauen, als wenn Ängstlichkeit oder ein allzu starker Autoritätsanspruch der Eltern dazu führen, daß ihm für jedes Spiel und jede Form der Selbsttätigkeit Vorschriften gemacht werden.

Leistungsmotivation und kompetitives Regelspiel
Der Prozeß des kindlichen Selbständigwerdens im Spiel zeigt in den ersten Lebensjahren typische Phasen bzw. Erscheinungsformen, die als Vorformen des Leistungsverhaltens gelten können. Im zweiten und dritten Lebensjahr sind das „Selbermachenwollen", das „Immer-wieder-machen-wollen" und das spontane Nachahmen der Handlungen Älterer solche Erscheinungen. Wenn die Eltern das kindliche Selbständigkeitsstreben durch eine positive Verstärkung von Erfolgserlebnissen und Ermutigung zum Erkunden der Dinge unterstützen, so leisten sie damit auch einen Beitrag zur Entwicklung der *Leistungsmotivation* des Kindes.

Von Leistungsmotivation i.e.S. kann man sprechen, wenn das Kind in der Lage ist, Erfolg und Mißerfolg seiner Handlungen als Ergebnis seiner eigenen Tüchtigkeit zu erleben. Die ersten Ansätze dazu zeigen sich im vierten Lebensjahr: Das Kind beginnt nun, seine eigenen Leistungen (z.B. seine Bauwerke oder seine selbstgemalten Bilder) mit den Leistungen anderer Kinder zu vergleichen. Aber auch, wenn kein Vergleichsojekt vorhanden ist, fängt das Kind nun an, seine Handlungen unter dem Aspekt von Erfolg und Mißerfolg zu bewerten. Es setzt sich für seine Bewertung einen gewissen „Gütemaßstab" und ist enttäuscht, wenn eine bestimmte Spielaufgabe ihm nicht gelingt oder anderen Kindern besser gelingt. Das Bestreben, Erfolg zu haben und dem Mißerfolg aus dem Wege zu gehen, zeigt sich am deutlichsten in kompetitiven Regelspielen.

Kompetitive Regelspiele, also Spiele mit konkurrierenden Spielpartnern, haben einen fest definierten Ausgang (im Gegensatz zum Rollenspiel), der den einen Spieler zum Sieger, den (oder die) anderen zum Verlierer erklärt. Für Vier- bis Sechsjährige liegt der Gütemaßstab, mit dem sie den Erfolg ihres Spielhandelns bewerten, in der Frage, ob sie Gewinner oder Verlierer sind. Daß Verlieren nicht schön ist, Gewinnen aber erstrebenswert, können bereits Zwei- und Dreijährige lernen, wenn sie bei Ältern längere Zeit zuschauen oder gar mitspielen. Ihnen selbst macht es aber noch gar nichts aus, Verlierer zu sein. Es kann durchaus vorkommen, daß der Dreijährige, dem seine ältere Schwester freundlich mitteilt, er habe verloren, nun stolz verkündet: „Mutti, ich war der Verlierer!" Hier beruht das Verständnis von Gewinnen und Verlieren allein auf Nachahmung. Ein Jahr später wird diese Reaktion nicht mehr anzutreffen sein.

Das große Interesse an kompetitiven Spielen, das mit vier bis sechs Jahren sich auszubilden beginnt (und sich im Schulalter weiter ausprägt), hat eine soziale und eine persönlichkeitspsychologische Erklärungskomponente. In sozialer Hinsicht spiegeln Regelspiele auf dieser Altersstufe die sich ausbildende Ich-Identität und die Beziehungen zu anderen Mitgliedern der Gleichaltrigen-Gruppe wieder. Diese Beziehungen sind noch ungefestigt, von emotional bestimmten Reaktionen der Anerkennung und Ablehnung, des Angriffs und der Verteidigung, des Erfolges und des Versagens bestimmt.

Regelspiele sind nicht nur symbolische Abbilder der sozialen „Antithesen", in denen sich das Kind ständig bewegt, sie stellen auch eine bestimmte „Balance" zwischen dem Selbstbild und der Einschätzung durch die Gleichaltrigengruppe her.

Persönlichkeitspsychologisch ist dabei auf den labilen Affektzustand, den vorherrschenden Egozentrismus und die aufbrechende Leistungsmotivation des Kindes hinzuweisen. Das Zusammenwirken dieser Faktoren bedingt eine durchaus schwankende und spannungsgeladene Erlebnisdisposition. Das Kind ist in diesem Alter noch nicht in der Lage, sich in die Rolle eines anderen Mitspielers (z.B. des Verlierers) zu versetzen. Es will im Spiel ein spannungsreiches Geschehen erleben und erfolgreich sein. So sehr das Selbstwertgefühl des Kindes durch den erfolgreichen Spielausgang gestärkt wird, so wenig ist es in diesem Alter aber in der Lage, die Verliererrolle im Spiel zu ertragen. Verlieren bedeutet für den Fünfjährigen, eine persönliche Niederlage zu erleiden, die für einige Zeit beim Kind einen tiefen seelischen Schmerz verursacht. Aus diesem Grund haben kompetitive Spiele auf dieser Altersstufe eine besondere Problematik.

Gelegentlich wurde versucht, Wettbewerbsspiele damit zu rechtfertigen, daß die Kinder damit lernen würden, *gute* Verlierer zu sein; sie könnten damit auch die späteren Enttäuschungen des Lebens besser verkraften lernen. Diese Ansicht ist entwicklungspsychologisch nicht begründbar und pädagogisch bedenklich. Vor der Meinung, daß man umso besser lernt, ein „guter" Verlierer zu sein, je öfter man im Spiel der Unterlegene ist, muß ausdrücklich gewarnt werden; das Gegenteil ist richtig: Wenn ein Kind im Spiel ständig zum Verlierer abgestempelt wird, verliert es nicht nur die Spielmotivation, sondern verändert auch sein Selbstbewußtsein und sein soziales Verhalten in negativer Weise, so daß echte Persönlichkeitskrisen und Verhaltensauffälligkeiten die Folge sein können.

Kompetitive Regelspiele sind gleichsam „programmierte Konflikte" in den Grenzen der Spielwirklichkeit. Regelspiele sollten deshalb von den Eltern sehr behutsam eingeführt werden. Das Kind merkt zwar bald, ob die Mutter „ernst" spielt oder nicht, aber der Erwachsene kann es der Entscheidung des Kindes überlassen bzw. vom Grad seiner Frustrationstoleranz (der Fähigkeit, Enttäuschungen zu verkraften) abhängig machen, welches Spielniveau zu wählen ist. Nur wenn das Kind sehr viele Regelspiele *erfolgreich* gespielt und ein entsprechendes Selbstvertrauen entwickelt hat, wird es allmählich fähig, auch einmal Verlierer zu sein; in der konkreten Situation ist es möglich, dem Kind „Vorgaben" zu machen oder, mehrere Partien desselben Spiels zu spielen, von denen eine der Anfangspartien für das Kind ungünstig ausgehen kann; am Ende sollte aber doch sein Erfolg feststehen. Das Kind hat damit auch die Möglichkeit, sich gegenüber der Übermacht des Erwachsenen im Erziehungsalltag einmal als der Überlegene zu fühlen. Unrealistisch wäre es, aufgrund der Konfliktträchtigkeit von Regelspielen das Kind davon so lange wie möglich fernhalten zu wollen, etwa mit der pädagogischen Begründung, das Kind werde nur zum Egoisten erzogen. Aufgrund ihrer Dynamik, d.h. der wechselnden Spiellagen, der möglichen Überraschungen und der Ungewißheit des Ausganges besitzen diese Spiele einen hohen Aufforderungscharakter. Wenn sie nicht ausschließlich gespielt werden, sondern eingebettet sind in die Fülle anderer Spiel- und Beschäftigungsmöglichkeiten für Kinder dieser Altersstufe, ist auch die Befürchtung der Einseitigkeit solcher Spiele gegenstandslos. Dem Erwachsenen kommt in jedem Falle die Aufgabe zu, die Dynamik des Spiels in lustvoller Spannung zu erhalten und konkurrierendes Verhalten immer auch zugunsten von Möglichkeiten des kooperativen Zusammenarbeitens während des Spiels zu begrenzen. Dies ist auf vielfältige Weise realisierbar, vor allem dann, wenn mehrere Spieler mitmachen und die Spielregel dies erleichtert oder sogar vorschreibt.

Eine besondere Gruppe unter den Regelspielen sind die Zufallsspiele. Hier sind für *jeden* Mitspieler gleiche Gewinnchancen, deshalb ist der jüngste gegenüber dem ältesten Spieler in der Gruppe nicht benachteiligt. Gerade hier stellt sich aber am Anfang das Problem, daß Kinder zwar die Regel verstehen, aber, wenn sie vom Glück nicht begünstigt werden, enttäuscht sind und vielleicht mogeln oder die Regel zu ihren Gunsten auszulegen versuchen. Die Fähigkeit, sich in die Situation des konkurrierenden Mitspielers zu versetzen, kann auch beim Übergang vom Vorschulalter ins Schulalter noch nicht erwartet werden, sie wird aber durch das gemeinsame Spielen von Regelspielen vorbereitet. Der erste Schritt dazu ist getan, wenn das Kind in der Lage ist, die objektive Spielregel auch in einer für den Augenblick ungünstigen Spiellage zu akzeptieren.

Es gibt neuerdings Würfelspiele, die das Konkurrenzprinzip dadurch in ein Kooperationsprinzip umwandeln, daß die Mitspieler gemeinsam den Zufall zum Gegner haben, also per Zufall entweder gemeinsam gewinnen oder verlieren (z.B. „Drachenspiel", Herder Verlag). Hier werden Konflikte unter den Spielern weitgehend vermieden. Mitspieler können einander sogar aushelfen. Deshalb sind solche Spiele durchaus empfehlenswert, aber sie machen andere kompetitive Regelspiele damit keineswegs überflüssig.

Spielmittel (Regelspiele)
Einfache Zufallsspiele mit dem Farbwürfel spielen schon Drei- und Vierjährige sehr gern, z.B. „Farbentürmchen", „Bunte Ballone", die Sammlung „Vier erste Spiele" (Verlag Maier). Die meisten anderen Regelspiele gewinnen ihren kompetitiven Charakter, indem sie den Spielern im Denken, im Erinnerungsvermögen, der Geschicklichkeit u.ä. bestimmte Leistungen abverlangen. Als Beispiele für Spielmittel mit reizvoller Spieldynamik und starkem Aufforderungscharakter, die auch im Grundschulalter noch gern benutzt werden, seien genannt: „Junior Memory", „Koffer packen" (Gedächtnis, optische Merkfähigkeit), „Hasch mich", „Schnipp schnapp" (Reaktionsschnelligkeit), „Packesel", „Mikado" (Handgeschicklichkeit), „Bambuli" (Sachwissen/Reaktionsschnelligkeit); „Contact" (Vorausdenken). Bei den genannten Spielmitteln ist beim Spielerfolg bzw. -mißerfolg teilweise auch der Zufall beteiligt. Man kann sie im besten Sinne als *Lernspiele* bezeichnen, weil die im Spiel geforderten psychischen Funktionen einem gewissen Übungseffekt unterliegen dürften. Gegenüber dem Spaß im Spiel sollte dies jedoch von untergeordneter Bedeutung sein.

Einfache Kartenspiele, wie z.B. Quartette mit anziehenden Motiven, finden bei Vier- und Fünfjährigen schon große Resonanz. Mit fünf bis sechs Jahren interessieren sich die Kinder dann auch schon für strategische Spiele, wie sie in den einfachsten Formen der klassischen Gesellschaftsspiele vorhanden sind („Wolf und Schafe", „Mühle", „Domino", „Reversi" u.a.. Auf eine strenge Regelauslegung sollte bei diesen Spielen zunächst verzichtet werden. Schließlich sollen die vielen anderen regelgebundenen Spielmittel, die bereits für Zwei- bis Dreijährige infrage kommen, nicht vergessen werden; sie können für die Vier- bis Sechsjährigen nun mit einem erhöhten Schwierigkeitsgrad angeboten werden: z. B. Puzzle, Lege-, Steck-, Knüpfmaterialien.

Auf didaktische Spielmaterialien, die unter dem Aspekt der Vorübung schulbezogener Fertigkeiten entwickelt wurden, kann daheim weitgehend verzichtet werden. Auf sie wird im Abschnitt „Kindergarten/Vorklasse" gesondert eingegangen (vgl. S. 349ff.).

Vom siebten bis zehnten Lebensjahr

Der Eintritt des Kindes in die Schule bringt grundsätzliche Veränderungen für seine Spielgewohnheiten. Die Schule wird zur ernsthaften Konkurrenz für Spiel und Freizeit, da Schulzeiten und Hausaufgaben in jedem Falle eine Beschränkung der frei verfügbaren Spielzeit zur Folge haben. Die Schule, insbesondere die Klassengruppe, wird zu einem neuen sozialen Erfahrungsraum, in dem das Kind sich zunächst zurechtfinden und behaupten muß. Spielerfahrungen und entsprechend entwickelte Handlungsrepertoires, die das Kind aus der Vorschulzeit in den Gruppenprozeß der Schulklasse miteinbringen kann, sind für den Aufbau sozialer Beziehungen, für das Bedürfnis nach Anerkennung in der Gruppe sehr wesentlich. Es werden neue Freundschaften unter Kindern geschlossen, neue Konflikte treten auf. Die Klassengemeinschaft, die Gleichaltrigen-Gruppe in der Nachbarschaft und die Familie repräsentieren sich als drei verschiedene soziale Systeme, in denen das Kind – unter anderem – Spielerfahrungen gewinnt, solche aber gleichzeitig von sich aus an andere weitergibt.

In entwicklungspsychologischen Lehrbüchern wird die Zeit vom Schulanfang bis zur Vorpubertät als ein relativ geschlossenes Stadium der Ausdifferenzierung und Festigung der bislang erworbenen Verhaltensschemata beschrieben; vor allem wird auf die starke Zuwendung des Kindes zur Realität hingewiesen, die ihren Niederschlag in einer Vielzahl neuer Lernerfahrungen findet. Dies hat auch Konsequenzen für das Spielverhalten des Kindes: Rollen-, Regel- und Objektspiele differenzieren sich nun viel stärker aus als im vorschulischen Alter. Andererseits gewinnen neben dem Spielhandeln im engeren Sinne andere Formen der Freizeitbeschäftigung zunehmend an Eigenbedeutung: Das Lesen, Sammeln, Experimentieren, Basteln, Sporttreiben, Malen, Musikhören, Fahrradfahren, Naturerkunden. Werden Tätigkeiten dieser Art noch weitgehend in Abhängigkeit vom Vorbild der Eltern oder anderer Bezugspersonen ausgeübt, so sind damit doch die wesentlichen Interessenrichtungen für die Entwicklung von Freizeitaktivitäten im Jugend- bzw. Erwachsenenalter grundgelegt.

Trotz der stärkeren Hinwendung des Grundschulkindes zu außerfamiliären Wirklichkeitsbereichen bleibt die Familie nach wie vor ein Hauptort seines Spiels – wenn Eltern einsichtig genug sind, dafür Sorge zu tragen. Weil die Kinder in der heutigen Schule mehr denn je zum Stillsitzen verurteilt sind und unter permanentem Leistungsdruck stehen, sollte ihnen wenigstens außerhalb des Unterrichts genügend Gelegenheit zum Herumtollen und freien Spielen geboten werden. Kinder brauchen auch Zeit für ihre Freunde. Die drastische Einschränkung der Spielzeit zugunsten etwa von „Pflichten" hätte zur logischen Konsequenz, daß Kinder in stärkerem Maße versuchen würden, die verbleibende Freizeit außerhalb der elterlichen Direktkontrolle zu verbringen. Ausreichende Spielzeiten bei einem entsprechenden Spielmittelangebot vermindern erfahrungsgemäß das Konfliktpotential.

Im Grundschulalter beginnt das Kind, seine sozialen Beziehungen zu den anderen Familienmitgliedern *bewußt* zu erleben und zu gestalten. Diese Beziehungen sind für das Kind oft mit der Beachtung von Geboten und Pflichten verbunden; insbesondere wenn Eltern allzu ehrgeizige Wünsche in bezug auf die spätere Zukunft des Kindes hegen und hohe Leistungserwartungen haben, kann es zu beträchtlichen familiären Problemen kommen. Gemeinsames Spiel der Eltern mit den Kindern ist mehr als jede andere Form der Freizeitgestaltung geeignet, solche elterlichen Fehlhaltungen kaum aufkommen zu lassen.

Vor allem die Rolle des Vaters wird für das Kind im Grundschulalter zu einem entscheidenen „Modell" für sein eigenes Verhalten, für den Jungen in nicht geringerem Maß als für das Mädchen. Da das Fernsehen in zunehmendem Maße die

Stelzenlaufen will gelernt sein!
Foto: Retter

freie Kommunikation unter den Familienmitgliedern unterbindet, bleibt das Spiel als eine der wenigen Möglichkeiten des zwanglos-unterhaltsamen Miteinandersprechens und -handelns, ohne dabei unter Leistungszwängen zu stehen.

Für die *Spielführung der Eltern* ergeben sich aus dieser Situation zwei Hauptaufgaben: Zunächst geht es darum, genügend Zeit für gemeinsames Spiel mit den Kindern zu haben. In vielen Familien wird dies den Kindern allenfalls als „Belohnung" für die besonders gute Erfüllung von „Pflichten" gewährt – und sollte doch eine Selbstverständlichkeit sein. Partnerschaftliches Verhalten zwischen Eltern und Kindern entwickelt sich am besten, wenn die Eltern selbst bemüht sind, auch solche Spielformen und Spielmittel, die ihnen bislang unbekannt waren, für das gemeinsame Spiel mit den Kindern zu erlernen. Die Reihe der Spieltätigkeiten, die insbesondere die Väter erlernen können, reicht vom Stelzenlaufen bis zu klassischen Gesellschaftsspielen (z.B. Schach) – je nach den eigenen Vorerfahrungen.

Ein zweiter Aspekt der Spielführung betrifft die Bereitstellung eines entsprechenden Spielmittelangebotes, sei es für das Spiel innerhalb der Familie, für das Spiel des Kindes mit Gleichaltrigen oder für sein Alleinspiel.

Das Grundschulkind befindet sich in einem Entwicklungsabschnitt, in dem alle Spielformen, die die motorischen Grundeigenschaften (Geschicklichkeit, körperliche Gewandtheit, Reaktionsschnelligkeit) betreffen, größtes Interesse finden. Dem Kind sollte Gelegenheit gegeben werden, eine Vielfalt sportlicher Bewegungsmöglichkeiten im freien Erproben kennenzulernen. Das Angebot an Spielgeräten und Fahrzeugen ist groß, setzt aber z.T. entsprechende Raum- und Platzverhältnisse voraus: Fahrrad, Schlittschuhe, Rollschuhe, Springseil, Stelzen, Bälle, Reifen – die Aufzählung ist keineswegs vollzählig. Falls kein Platz für eine Tischtennisplatte ist, so kann man zumindest Federball auch auf begrenztem Raum draußen spielen. Tischtennis, Federball, Fußball und andere sportliche Spiele erlernt das Kind am besten mit einem spielerfahrenen älteren Kind oder eben mit dem Erwachsenen; dabei kommt es ja anfangs nur auf die Körperbeherrschung für das Erlernen der Spieltechnik an, erst dann hat es Sinn, nach einer Spielregel zu spielen.

Kinder dieses Alters sind noch kaum in der Lage, ohne Führung durch einen Erwachsenen in „Mannschaften" gegeneinander zu spielen; dies geschieht vor allem in altersheterogenen Gruppen gemeinsam mit älteren Kindern. Dennoch gibt es eine Fülle von Bewegungsspielen, die Kinder im Grundschulalter auf der Straße spielen; sie stellen eine Vorstufe der eigentlichen Mannschaftsspiele (wie Fußball oder Schlagball) dar: Schwarzer Mann, Jäger und Hasen, Halli-Hallo, Verstecken, Meister-gib-mir-Arbeit, und viele andere. Auch diese Spiele sind kompetitive Regelspiele, nur ist hierbei das Gewinnen der einen und das Verlieren der anderen Partei nicht das dominante Spielmerkmal; das Konkurrenzprinzip zeigt sich lediglich punktuell, indem ein Kind gegen die restliche Gruppe (oder gegen einen anderen Spieler) jeweils eine bestimmte „antithetische Rolle" vertritt (z.B. als Fänger gegenüber der ausreißenden restlichen Gruppe), dies aber immer nur kurze Zeit und in ständiger Weitergabe der Gegenspieler-Rolle an andere. Diese Form des kompetitiven Regelspiels ist einerseits dynamischer, andererseits aber auch weniger konflikthaft als jene Regelspiele, bei denen es im wesentlichen um das Spielziel „Gewinnen" geht.

Eine solche Vorbemerkung scheint nötig, um auf eine gewisse Einseitigkeit der „Gesellschaftsspiele" (Karten-, Brett- und Würfelspiele) hinzuweisen. Die Verwandtschaft mit dem sportlichen Bewegungsspiel ergibt sich aus dem Wettkampfprinzip und der Spielregel. Bei den von der Spielindustrie produzierten Gesellschaftsspielen hat der eindeutige Ausgang (Gewinnen/Verlieren) eine viel zentralere Bedeutung als bei den genannten Bewegungsspielen und birgt deshalb für Kinder ein etwas größeres Konfliktrisiko. Die Neukonstruktion von Gesellschaftsspielen entsprechend dem oben beschriebenen Vorbild von Bewegungsspielen steht noch aus – wahrscheinlich, weil für alle heutigen Gesellschaftsspiele die klassischen Brett- und Kartenspiele immer noch das alleinige Vorbild darstellen.

Gesellschaftsspiele ohne Wettbewerbscharakter gibt es zu wenig. Das Klickerspiel („Avalanche") macht auch ohne Gewinnziel Spaß!
Foto: Retter

Alle kompetitiven Regelspiele, die das Kind gegen Ende des Vorschulalters beherrscht, werden auch im Grundschulalter gern weitergespielt, wenn auch mit steigendem Anspruchsniveau, von Puzzle und Memory bis hin zu den strategischen Spielen. Viele Sechsjährige interessieren sich bereits für Schach, auch wenn das Spielniveau sich erst allmählich entwickelt, sollte das vorhandene Interesse gefördert werden. Die bekanntesten Gesellschaftsspiele sind heute in preiswerten Spielesammlungen zugänglich. Am meisten für Spieldynamik und Abwechslung sorgen wohl jene Regelspiele, die aus einer wohldurchdachten Mischung von strategischem Verhalten und Zufallsereignissen bestehen (Beispiel „Malefiz"). Zunehmende Bedeutung besitzen im Grundschulalter vor allem auch Kartenspiele (Quartett, Elfer raus, Rommé).

Im Bereich des Symbol- und Rollenspiels findet eine ähnliche Differenzierung und Spezialisierung wie bei den Regelspielen statt. Autos, Puppen und andere Spielfiguren werden jetzt genau in ihrem Aussehen und ihren Funktionen geprüft. Kinder dieses Alters beginnen, von diesen Spielgegenständen gern eine ganze „Sammlung" anzulegen, es beginnt das Tauschen und Suchen nach ganz bestimmten Puppen oder Autotypen.

In der Literatur wird darauf hingewiesen, daß der Höhepunkt des Symbol- und Rollenspiels im zweiten bis vierten Lebensjahr liege, aber im Grundschulalter zunehmend zurücktritt gegenüber dem Regelspiel (Piaget 1969, S. 183 ff.). Diese Beobachtung ist aber keinesfalls ein feststehendes entwicklungspsychologisches Gesetz, sondern hängt sehr viel mehr von der Art der Spielanregungen und den Spielmitteln ab, die das Kind zur Verfügung hat. Gerade im Grundschulalter werden Kinder durch das höhere sprachliche und kognitive Niveau zu differenzierten Rollenspielen befähigt – wenn sie vorgängige Spielerfahrungen und eine geeignete materiale Umwelt dazu anregen. Solche Anregungen bieten *drinnen* Sachen zum Verkleiden, Rollenspielzubehör, Handpuppen, Polster, Baumaterialien, während *draußen* den Kindern ebenfalls entsprechende Gestaltungsmöglichkeiten z.B. zum Höhlen- oder Hüttenbau zur Verfügung stehen sollten. Wo die Umwelt dazu keine natürlichen Möglichkeiten bietet, sollten entsprechende Vorkehrungen bei der Einrichtung von Spielplätzen getroffen werden. Der „Aktivspielplatz" oder „Abenteuerspielplatz" ist hierbei eine echte Bereicherung des Spielangebotes.

Im Rollenspiel wie auch beim Bauen und Konstruieren treten jetzt sehr realistische Nachahmungen auf. Waren Kinder im Vorschulalter damit zufrieden, daß Bauwerke überhaupt „etwas" darstellen und man damit spielen konnte, so kommt es dem Kind nun in stärkerem Maße darauf an, ein möglichst funktionstüchtiges, realistisches Abbild zu schaffen. Realistisch gestaltete Spielanlagen – wobei dieser „Realismus" oft die Kopie irrationalistischer Fernseh-Sendungen darstellt –, wie z.B. Burgen, Indianerforts, Verkehrsanlagen, „Abenteuer-Sets" mit vielen Figuren und Detail-

Technisches Spielzeug als Anlaß für gestaltendes Spiel: Die Eisenbahn ist Bestandteil einer selbstgebauten Spiel-Landschaft.
Foto: Retter

funktionen, gewinnen Interesse, wie überhaupt eine Hinwendung des Kindes zu technischem Spielzeug erfolgt. Modell-Autorennbahn und Modelleisenbahn sind spätestens am Ende des Grundschulalters sinnvolle Spielmittel-Angebote; diesem Trend folgend, hat auch die Spielmittelindustrie für diesen Bereich einen weiten Zubehörmarkt entwickelt. Aber man kann auch gut ohne Zubehörteile auskommen, wenn die Kinder sich mit Hilfe von Baukästen und selbstgebastelten und -bemalten Häusern, Figuren, usw. eine eigene Spiellandschaft entwickeln.

Das Malen und Basteln, wofür ebenfalls entsprechende Materialien vorhanden sein müssen, kann also auch direkt in den Dienst von Spielgestaltungen gestellt werden. Ein Drachen kann im Laden erworben werden, Vater und Kinder können ihn ebenso selbst bauen, was dem Kind wertvolle Lernerfahrungen vermittelt. Gleiches gilt für ein kleines Segelboot oder andere Spielgegenstände, die mittels entsprechendem Werkzeug vom Kind allein hergestellt werden. Wenn Eltern selbst ein bestimmtes

Ein Hobby für Tüftler: Schiffsmodellbau.
Foto: Retter

handwerkliches Hobby in ihrer Freizeit pflegen, kann dies auch die Quelle zwangloser Selbstbetätigung für die Kinder sein, vorausgesetzt, diese Tätigkeit wird dem Kind nicht durch Gängeln „vermiest". Gute Gelegenheit zum Selbsterproben und Experimentieren bietet eine Sammlung von einfachen „Zaubertricks" oder ein „Junior"-Physik-/Chemiekasten, der bereits für Neun- und Zehnjährige kleine Experimente bereithält, die mit großem Eifer durchgeführt werden.

Natürlich haben auch die in der Schule erworbenen Kulturtechniken einen Einfluß auf die Spielinteressen: Lesen, Schreiben und Rechnen erschließen für das selbständige Spiel der Kinder neue Möglichkeiten: Spielkärtchen können selbst gelesen, Spielpunkte selbst berechnet werden. Sprach- und Denkspiele, die eine gewisse Beherrschung der Kulturtechniken zur Voraussetzung haben, können nun in den Erfahrungskreis der Kinder treten (Beispiel: „Scrabble").

In den letzten Jahren sind gut illustrierte Kinderbücher mit Geschichten zum Selbstlesen für Lese-Anfänger entwickelt worden. Sie dürften bei Schulanfängern größere Aufmerksamkeit finden als irgendwelche Leselernspiele. Der Wissensdurst des Grundschulkindes in bezug auf fremde Länder, Tiere, Pflanzen mutet geradezu unerschöpflich an, es gibt für diese Altersstufe bereits ausgezeichnete Sachbücher (z.B. die „Kosmos"-Reihe), die dieses Interesse befriedigen.

Nach dem zehnten Lebensjahr

In den Jahren nach dem zehnten Lebensjahr treten weitere Veränderungen im Spielverhalten auf. Im Übergang zum Jugendalter können sich Kinder in die Empfindungen und Interessen anderer Personen einfühlen. Sie beginnen nun auch, auf ihr Äußeres zu achten, beginnen ihr Erscheinungsbild und die eigenen Fähigkeiten kritisch einzuschätzen und beginnen darüber zu reflektieren, wie ihr eigenes Verhalten von anderen bewertet wird.

Das Bestreben, im Spiel egozentrisch zu handeln, findet nun eine gewisse rationale Kontrolle. Der Zwölfjährige etwa wird versuchen, eine Niederlage schon mit etwas Selbstbeherrschung zu ertragen, und wenn er mit jüngeren Kindern ein Gesellschaftsspiel spielt, dann wird er diese nicht ständig in die Unterlegenheitsrolle drängen – aus der Einsicht heraus, daß dann das Spiel schnell zu Ende ist. Er lernt, Spielzüge des Gegners über mehrere Schritte vorauszuberechnen und findet selbst neue Strategien. Er kann über den Sinn von Spielregeln diskutieren und gegebenenfalls neue Regeln einführen, wenn damit eine bessere Spieldynamik erreicht wird. Er lernt, in einer Mannschaft sich einzufügen und sein Verhalten den Spielzügen der eigenen und der gegnerischen Mannschaft anzupassen. Er wird fähig, kompliziertere Brettspiele und Kartenspiele zu erfassen und sie erfolgreich zu bewältigen. Ein größeres Regelverständnis setzen auch jene Spiele voraus, die bestimmte wirtschaftliche Zusammenhänge zum Modell für konkurrierendes bzw. koalierendes Verhalten im Spiel machen; das bekannteste Beispiel ist „Monopoly", das bereits von Kindern im Grundschulalter (oft in der Gemeinschaft Älterer) gespielt wird. Eine Zeitlang waren „Wirtschaftsspiele" gerade im Bereich des Erwachsenenspiels sehr dominierend, das Interesse für sie ist aber nach Abklingen des Neuheitsreizes wieder abgeflaut.

Gegen diese Art kommerzialisierter Gesellschaftsspiele ist von pädagogischer Seite wiederholt Kritik laut geworden: Sie seien „bedenklich" für Kinder, ihr Informationsgehalt sei „meistens dürftig, irreführend oder falsch", sie leisten einer „durch Sachzwänge entfremdeten Kommunikation" Vorschub (Arbeitsausschuß Gutes Spielzeug 1974, S. 47; Gold u.a. 1975, S. 71).

So schwerwiegend diese pädagogischen Bedenken sind, erscheinen sie vielleicht auch etwas übertrieben – ebenso wie die Hoffnung, mit anderen Inhalten und anderen Regeln könnten Kinder bzw. Jugendliche dazu gebracht werden, aus der Haltung des „kleinen kapitalistischen Ausbeuters" (Monopoly) in die des „hilfsbereit und solidarisch handelnden Menschenfreundes" zu gelangen. Jeder sollte sie einmal gespielt haben, um dann über den „symbolischen" Charakter dieser Spiele nachzudenken. Dies gilt für Monopoly ebenso wie für „Provopoli" und andere (progressive) Alternativ-Spiele.

Spielen in jenem ursprünglichen Sinne, wie er für das Vorschul- und Grundschulkind charakteristisch ist, engt sich im beginnenden Jugendalter immer mehr ein auf kompetitive Regelspiele, die drinnen als Brett- oder Kartenspiele, draußen als sportliche Spiele gespielt werden. Das freie Symbol- und Rollenspiel wird zugunsten von Hobbies zurückgedrängt, wozu der Bau von Marionetten-Puppen ebenso gehören kann wie das Briefmarkensammeln, der Modellbau, der Umgang mit der Technik, das Interesse an Film und Theater. Derartige Interessengebiete verlangen bereits einen so großen zeitlichen Aufwand und eine derartige Spezialisierung des Könnens, daß meist nur ein einziges Hobby im Vordergrund steht.

Das Freizeitverhalten im Erwachsenenalter ist weitgehend bestimmt durch Interessengebiete, die man sich in der Jugendzeit erschlossen hat. Andererseits ist offensichtlich, daß ein Großteil der heutigen Jugendlichen, deprimiert durch schlechte Berufsaussichten und drohende Arbeitslosigkeit, in viel zu geringem Maße in der Lage sind, aktive Freizeitinteressen wahrzunehmen. Die Gefahr ist groß, sich nur rezeptiv zu verhalten. Deshalb sollten Eltern Sorge tragen, daß ihre Kinder nach dem zehnten Lebensjahr sinnvolle Freizeitinteressen entfalten können. „Sinnvoll" ist aber vor allem das, was Jugendlichen Spaß macht. Neben den genannten Beispielen für Freizeitaktivitäten bieten vor allem der Sport und die Musik solche Möglichkeiten. Viele Eltern begehen den Fehler, Kinder in einem Alter mit dem Erlernen eines Musikinstrumentes zu quälen, in dem sie das Üben als lästigen Zwang empfinden und schließlich nur noch ein gestörtes Verhältnis zur Musik entwickeln. Entgegen der Meinung, man müsse bereits im Vor- und Grundschulalter anfangen, sei hier mit Nachdruck gesagt, daß dies allein vom Interesse des Kindes abhängig zu machen ist und auch mit zwanzig Jahren (und später) jedes Musikinstrument so erlernbar ist, daß der Betreffende diesem Hobby mit großer Zufriedenheit nachgehen kann.

Die Spiel- und Freizeitanregungen, die der Heranwachsende in seinem Elternhaus während seiner Kindheit erfahren hat, erfüllen eine doppelte pädagogische Funktion: Sie gestalten sein Leben interessanter, aktiver, abwechslungsreicher; gleichzeitig sind diese Spielerfahrungen die Grundlage für die Erziehung der eigenen Kinder.

Kindergarten und „Vorklasse"

Spielführung bei verhaltensauffälligen Kindern

Der Kindergarten für Drei- bis Sechsjährige ist eine familienergänzende Institution, er bekennt sich zu denselben Erziehungsprinzipien, die das Kleinkind in der intakten Familie erfährt: Eine umsorgende und beschützende Erziehung, eine enge Bindung an die familiären Bezugspersonen, eine Bildung, die sich in der spielenden Erkundung der näheren Umwelt, in Erlebnissen und Erfahrungen mit dem Bezugspersonen vollzieht. Der Kindergarten ergänzt die familiäre Erziehung in zweierlei Hinsicht: Die durch den Wandel zur hochtechnisierten Leistungsgesellschaft sich abzeichnenden negativen Auswirkungen auf die Kleinkinderziehung sollen ausgeglichen und aufgearbeitet werden; zum anderen soll der Umkreis der häuslichen Erfahrungswelt durch neue Sozialkontakte und Bildungsangebote erweitert werden. Von daher kommt dem Spiel und den Spielmitteln im Kindergarten eine hervorragende Bedeutung zu.

Trotz des Bekenntnisses zur Familienbezogenheit ist der Kindergarten notwendig ein anders organisiertes Erfahrungsfeld, als es die Familie ist. Für den Dreijährigen, der in den Kindergarten kommt, ergibt sich im Vergleich zur Situation im Elternhaus eine gewisse Einschränkung:

- Er ist erstmals für mehrere Stunden pro Tag getrennt von der häuslichen Umgebung und den Eltern.
- Er ist mit einer großen Gruppe Gleichaltriger zusammen und macht neue, zum Teil konflikthafte soziale Erfahrungen.
- Er muß sich den Erzieher als Bezugsperson mit der ganzen Gruppe teilen.
- Er ist bei aller Freiheit, die gewährt wird, der Ordnung des Kindergartens unterworfen.

Der Erziehungs- und Bildungsauftrag des Kindergartens richtet sich besonders an Kinder, denen eine optimale häusliche Förderung fehlt. Die Betreuung sozial benachteiligter oder entwicklungsgestörter Kinder ist mit besonderen Schwierigkeiten verbunden. Sie wird nur langfristig und nur in enger Zusammenarbeit zwischen Kindergarten und Elternhaus zum Erfolg führen. Das Spielen und der Einsatz entsprechender Spielmittel können dabei die Grundlage einer ausgleichenden Erziehung darstellen.

Dies gilt ebenso für „Vorklassen" und Schulkindergärten, die zwar in größerer räumlich-organisatorischer Nähe zur Schule stehen, aber dennoch an den allgemeinen Prinzipien der Kindergartenpädagogik orientiert sein sollten.

Am Anfang jeder pädotherapeutischen Maßnahme stehen Beobachtung und Diagnose. Der Erzieher sollte die Kinder beim Spiel über längere Zeit hinweg beobachten und sich bei jedem die Frage stellen: Wie kommt das einzelne Kind beim Zusammensein mit den anderen Kindern zurecht (in der Tischgruppe, beim

Freispiel, beim Frühstücken usw.)? Welche Stellung nimmt es in der Spielgruppe ein (z.B. „Bestimmer", „Mitmacher", „Clown", „Einzelgänger")? Welchen Tätigkeiten, Spielen und Spielmitteln steht das Kind ablehnend, gleichgültig oder besonders interessiert gegenüber?
Bei der Auswertung von Spielbeobachtungen muß berücksichtigt werden, daß jedes Kind ein Individuum ist; es ist völlig normal, wenn größere Unterschiede im Spielverhalten gleichaltriger Kinder auftreten. Das gilt vor allem für bestimmte Spielinteressen. Für die Entwicklung der Interessen und Abneigungen sind oft bestimmte Ersterlebnisse und Ersterfahrungen maßgebend, die für das Kind sehr erfolgsmotivierend oder aber mit Angst und Mißerfolg verbunden sind. Wenn das Kind genügend Spielmöglichkeiten besitzt, dann werden einzelne Mißerfolgserlebnisse sicherlich noch kein Grund für auffälliges Verhalten oder eine seelische Störung sein. Man kann trotzdem versuchen, dem Kind nach und nach auch Spielangebote zu machen, die bislang sein Interesse nicht fanden. Grundbedingung ist, daß das Kind seine Entscheidungsfreiheit behält.
Es ist nicht eindeutig festzulegen, ab welchem Ausprägungsgrad ein bestimmtes Verhalten als „auffällig" zu betrachten ist. Die Übergänge zum Normalverhalten sind fließend. In der Praxis der vorschulischen Erziehung treten vor allem Aggressivität, Angst und allgemeine Teilnahmslosigkeit als Merkmale bestimmter Verhaltensauffälligkeiten auf. In jüngster Zeit häufen sich Klagen, daß viele Kinder *aggressiv* sind, sei es gegenüber den Spielkameraden, daß sie das Spiel der anderen zu stören versuchen, Spielwerke zerstören, andere Kinder schlagen. Aggressive Kinder sind meist auch sehr egozentrisch, d.h. sie wollen alles für sich haben, geben nichts ab, können ihre eigenen Wünsche nicht auf einen späteren Zeitpunkt verschieben, zeigen bei jedem Wunschversagen gesteigerte Trotzreaktionen und Wutanfälle.
Eine zweite Form des auffälligen Verhaltens zeigt das entgegengesetzte Erscheinungsbild: Wir begegnen ihm in *ängstlichen* und *kontaktscheuen* Kindern. Diese Kinder sind meist passiv und schweigsam, haben Rückstände in der Sprachentwicklung, spielen abseits von anderen Kindern, sind meist allein, oder aber sie hängen sich die ganze Zeit an den Erzieher. Ängstliche Kinder beginnen bei dem geringsten Anlaß zu weinen und besitzen kaum die Aktivität und Selbständigkeit gleichaltriger normalentwickelter Kinder.
Beide Formen der Verhaltensauffälligkeit zeigen sich im Spiel in charakteristischer Weise, denn in beiden Fällen kommt kaum echtes Spiel zustande. Sowohl die aggressiven als auch die kontaktarmen Kinder sind meist typische Außenseiterkinder in der Spielgruppe und führen damit auch zu Störungen des Gruppenlebens. Wird das aggressive Kind durch die übrige Gruppe abgelehnt, so versucht das Kind, sich dadurch Beachtung zu erzwingen, daß es noch stärkere Aggressionen zeigt, so daß ein Teufelskreis entsteht.
Sowohl beim kontaktarmen als auch beim aggressiven Kind sind die Ursachen der seelischen Störung oft in den Sozialisationsprozessen der ersten Lebensjahre zu suchen. Es kann in beiden Fällen durchaus sein, daß bestimmte Spielbedürfnisse des

Kindes nicht ausgelebt wurden, weil die Eltern nicht das Spiel, sondern die Gewöhnung des Kindes an feste Ordnungen, die unbedingte Anpassung des Kindes an den elterlichen Willen in den Mittelpunkt der Eziehung stellen. Der Erwerb von Gewohnheiten ist zwar sehr wichtig für das Kind, denn Gewohnheiten verleihen eine gewisse Sicherheit; auf der anderen Seite ist dieser Anpassungsprozeß mit Triebverzicht und mit der Aufschiebung von Bedürfnissen verbunden. Ein Zuviel an Zwang und ein Zuwenig an Spiel, ein Zuviel an Leistungserwartungen und ein Zuwenig an Erfolgsbestätigung kann zur Entmutigung beim Kind führen, kann sich dann aber auch in aggressiven Ersatzhandlungen äußern, die schließlich habitualisiert werden, d.h. Selbstzweck werden. Sowohl ängstliches als auch aggressives Verhalten bedeutet einen Verlust an Realitätsbeziehung. Spiel und Spielmittel bieten pädotherapeutische Möglichkeiten, den gestörten Realitätsbezug wieder herzustellen.

Beim ängstlich-selbstunsicheren Kind kommt es zunächst darauf an, die Fähigkeit zum freien Spiel überhaupt erst einmal zu wecken. Es benötigt viel persönliche Wärme und Zuspruch, es braucht Anregungen, die es aus seiner Isolation herauslocken, es braucht vor allem Stärkung seines Selbstvertrauens. Die Beschäftigung mit einem bestimmten Legespiel, mit der Klickerbahn oder mit jedem anderen Spielgegenstand, den das Kind akzeptiert, kann zu einfachen Handlungserfolgen führen, die es selbständiger machen und schließlich auch unabhängiger von der Führung des Erwachsenen. Wir müssen gerade bei einem unselbständig-inaktiven Kind auch die anderen Kinder der Spielgruppe motivieren, es mitmachen zu lassen, ihm eine bestimmte Rolle zuzuweisen, die es erfüllen kann.

Bei einem aggressiven Kind sollten die Situationen, in denen aggressive Handlungen auftreten, genauer untersucht werden. Oft sind Aggressionen eine Antwort auf eine ganz bestimmte Situation, die das Kind nicht anders verkraftet. Ist allerdings das Verhalten des Kindes durchgängig aggressiv, zeigt es *ständig* eine dranghafte Unruhe und kaum Anzeichen der inneren Beteiligung an den Personen und Dingen in seiner Umgebung, dann sollte man in jedem Falle ärztliche und psychotherapeutische Hilfe in Anspruch nehmen; hier könnte z.B. auch ein Intelligenzdefekt oder eine hirnorganische Störung als Ursache des auffälligen Verhaltens in Betracht kommen.

Aggressives Verhalten normal entwickelter Kinder ist zum großen Teil auch durch Nachahmung erlernt; Kinder sehen, wie andere Kinder Raufspiele veranstalten, oder sie schlagen selbst und werden geschlagen. Leider können auch die meisten Eltern auf einen Klaps nicht verzichten. Kinder lernen dabei, daß man Schwächeren mit Erfolg weh tun kann und zeigen ebenfalls aggressives Verhalten.

Das Spiel bietet grundsätzlich die Möglichkeit einer „Umwandlung" aggressiver Handlungen in sozial wünschenswertes Verhalten. Dies geschieht, indem dem Kind Spielangebote gemacht werden, die ein begrenztes Ausleben von aggressiven Impulsen *in symbolischer Form* ermöglichen. Inhaltlich sollten solche Spielangebote direkt aus der Erfahrungswelt des betreffenden Kindes entnommen sein. Ein aggressives Kind, das z.B. in seinen Aggressionen ständig Elemente von Fernseh-

Krimis, die es gesehen hat, aufweist, kann behutsam in ein Rollenspiel ähnlichen Inhalts gebracht werden – mit dem Ziel, seine aggressiven Impulse so zu lenken, daß sie nur noch als Spielhandlung zum Ausdruck kommen. Neben der inhaltlichen Symbolisation im Rollenspiel ist auch eine handlungsorientierte Symbolisation z.B. durch Matschen mit Sand und Wasser und andere Tätigkeiten möglich.

Besondere Probleme ergeben sich, wenn Verhaltensauffälligkeiten als Folge einer sozialen Vernachlässigung des Kindes im Elternhaus auftreten: Kulturell deprivierte Kinder aus den untersten Randschichten der Bevölkerung können in ihrem Verhalten vielfach auf Unverständnis beim Erzieher stoßen, wenn dieser nicht weiß, daß bestimmte Verhaltensformen, bestimmte Erfahrungen mit Spiel und Spielzeug, die andere Kinder in den Kindergarten miteinbringen, hier völlig unbekannt sind. In ihrer Spracharmut, ihrer geringen Spontaneität und Teilnahmslosigkeit gegenüber den üblichen Spielangeboten des Kindergartens sind diese Kinder besonders schwer anzusprechen. Bei ihnen geht es insgesamt darum, das Spielenkönnen, das für andere Gleichaltrige selbstverständlich sein mag, überhaupt erst einmal zu lernen. „Spielenkönnen" bedeutet hierbei die Fähigkeit, einer Spielgruppe oder einem Spielmittel Interesse abzugewinnen, eine Spielhandlung über eine gewisse Zeit hinweg durchzuhalten und Befriedigung über das Ergebnis zu verspüren.

Bestimmte Spielmittel, die zunächst rezeptiv erfahren werden, aber dennoch eines Handlungsimpulses bedürfen (wie z.B. Klickerbahn, optisches und Bewegungsspielzeug), können ein erster Anfang der Weckung von Interesse sein. Ein zweiter Schritt wird darin bestehen, mit der allmählich aufkeimenden Spielfreude auch die Imaginationsfähigkeit zu fördern, etwa durch gestaltendes Bauspiel und durch Rollenspiele mit Figuren und Gestaltungsmaterial. Gerade im Bereich der Phantasie und Vorstellungsfähigkeit besteht bei sozial benachteiligten Kindern ein deutliches Minus gegenüber anderen Kindern.

Die weitere Erschließung der Umwelt im Spiel kann auf zwei Ebenen erfolgen: Zum einen auf der Ebene des Alleinspiels mit einfachen Tätigkeiten, deren Abschluß als erfolgreich erlebt wird: Das Stecken von Formen in ein Steckbrett, das Legen eines Puzzles mit großen Teilen, das Ingangsetzen eines Brummkreisels. Die zweite Ebene ist die des gemeinsamen Spiels in der Kleingruppe. Hier bieten sich gemeinsam durchgeführte Zuordnungsspiele (z. B. Lotto) ohne Konkurrenzprinzip, oder – auf der einfachsten Ebene des kompetitiven Regelspiels – ein Glücksspiel an, das die Gewinnchancen gleich verteilt (z. B. Farbentürmchen).

Zur Unterscheidung verschiedener Sozialformen des Spielverhaltens eignen sich die von Parten (in Berlyne 1969, S. 827) entwickelten Kategorien:

1. Ungerichtetes Verhalten – das Kind beobachtet irgendwelche Vorgänge, die sein Interesse erwecken, ohne sich einer spezifischen Tätigkeit zuzuwenden.
2. Einzelspiel – das Kind spielt für sich allein, unabhängig von anderen Kindern.
3. Zuschauen – das Kind sieht die meiste Zeit anderen Kindern beim Spiel zu und unterhält sich gelegentlich mit ihnen.

4. Paralleles Spiel – das Kind übt Spieltätigkeiten aus, die denen anderer benachbarter Kinder ähneln, ohne daß es zu Interaktionen kommt.
5. Assoziatives Spiel – das Kind nimmt in einer Spielgruppe an demselben Spielgeschehen teil, aber das Spiel der Kinder ist in keiner Weise koordiniert.
6. Kooperatives Spiel – das Kind nimmt in einer Spielgruppe an einer Gruppenaktivität teil, die ein Gewinnziel oder ein anderes allgemeines Ziel besitzt und von daher Arbeits- und Rollenverteilung zur Voraussetzung hat.

Diese Spielformen zeigen in der aufgeführten Reihenfolge eine zunehmende Strukturdifferenzierung; in bezug auf das Lernverhalten des Kindes sind allerdings alle sechs Situationen von etwa gleichwertiger Bedeutung, d.h. es wäre falsch, Spielsituationen und -materialien nur immer im Hinblick auf „kooperatives" Spiel arrangieren zu wollen, da dies leicht (weniger bei Rollenspielen, stärker bei Regelspielen) zum „Spielzwang" führen könnte und viele Handlungsqualifikationen etwa auch durch Zuschauen erworben werden. Gerade die heute verstärkt feststellbare Tendenz zum „didaktischen" und zum kompetitiven Regelspiel bringt das Problem mit sich, daß durch Verlieren und Gewinnen echte Konflikte im Spiel erzeugt werden, für deren Abbau und Ausgleich der Erzieher unbedingt Sorge zu tragen hat (indem z. B. Zuschauer oder Mitspieler kooperative Strategien entwikkeln).

Dem Erzieher kommt hierbei eine sehr vielschichtige Führungsfunktion zu. Er muß sich jedem einzelnen Kind einmal für eine gewisse Zeit widmen, er darf aber auch die Interessen der Gruppe als Ganzes nicht übersehen. Er muß versuchen, Konflikte innerhalb der Gruppe gemeinsam zu besprechen und zu lösen. Die Situationen auf die sich pädagogische Führung erstreckt, sind aber noch wesentlich weitgespannter. So wird der Erzieher auftreten:
– als Arrangeur von Spielsituationen (Bereitstellung von Aufgaben, Spielregeln und Spielmitteln);
– als gleichberechtigter Spielpartner beim Regel- und Rollenspiel;
– als „Lernmodell" für zuschauende Kinder beim gestaltenden und materialbezogenen Spiel;
– als Helfer bei auftretenden Schwierigkeiten und ausgleichender „Regler" für die Aufrechterhaltung der Spieldynamik;
– als Verteiler von Bewertungen und Erfolgsbestätigungen im Sinne der Ermutigung des einzelnen Kindes;
– als Bezugsperson, die dem Kind Vertrauen, Liebe und Geborgenheit vermittelt.

Von besonderer Tragik für sozial benachteiligte Kinder ist es, daß die Spielförderung durch den Eintritt in die Schule abrupt beendet wird und jenes Sachinteresse, das durch Spiel geweckt wurde, angesichts allzu hoher schulischer Leistungsanforderungen wiederum umschlägt in Resignation und Teilnahmslosigkeit. Eine dauerhafte Hilfe für sozial benachteiligte Kinder wird nur möglich sein, wenn die Eltern selbst Hilfen erhalten, ihre Erziehungssituation zu verändern. Der Kindergarten ist

deshalb in starkem Maße auf die Zusammenarbeit mit dem Elternhaus angewiesen. Er muß seine Spielangebote auch ins Elternhaus hineintragen, den Eltern zeigen, wie sie mit dem Kind spielen können.
Fazit: Verhaltensauffällige Kinder sind heute im Kindergarten eher die Regel als eine Ausnahmeerscheinung. Folgende Maßnahmen bieten sich dem Erzieher an:
1. Er nimmt Kontakt mit dem Elternhaus auf und versucht, mögliche Schwierigkeiten in der familiären Situation durch Gespräche mit den Eltern des Kindes zu klären.
2. Er bespricht das Problem, daß z. B. ein Kind Außenseiter in der Spielgruppe ist, mit der Kindergruppe und versucht, die Verantwortung der Gruppe für die Integration des Außenseiters zu wecken.
3. Er denkt nach über sein eigenes Verhalten, ob es beiden Seiten gerecht wurde. Erfahrungsgemäß neigen Pädagogen dazu, aggressives Verhalten lediglich durch Strafe zu ahnden und auf kontaktscheue und teilnahmslose Kinder doch vielleicht zu gleichgültig zu reagieren.
4. Der Erzieher versucht, durch besondere Spiel- und Tätigkeitsangebote der individuellen Situation jedes Kindes gerecht zu werden. Dies bedeutet für manche Kinder, überhaupt erst einmal bestimmten Spielangeboten Interesse abzugewinnen, ein kleines Erfolgserlebnis aufgrund einer Spielhandlung zu haben, die Scheu gegenüber anderen abzulegen. Für aggressive Kinder sollen Spielangebote die Möglichkeit einer Reduktion von Aggression durch Symbolisation in der Spielhandlung bieten. Folgende Spiel- und Beschäftigungsangebote leisten dazu einen Beitrag:

– Imaginatives Rollenspiel, Ausgestaltung bestimmter Einzelrollen;
– Nachspielen von Konfliktsituationen aus der Erlebniswelt des Kindes;
– Matschen mit Sand und Wasser;
– Fingerfarbenmalen, freies Malen und Schmieren auf großern Flächen;
– großräumiges Bauen (und Zerstörendürfen);– Erfinden neuer Materialgebilde;
– Tierpflege und Umgang mit Tieren.

Grundsätzlich haben alle Spielmittel, die in der familiären Erziehung sinnvoll sind, auch im Kindergarten ihre Bedeutung. Aber vielleicht kann der Kindergarten darüber hinaus ein Spiel- und Lernangebot bereitstellen, das auf den häuslichen Spielaktivitäten des Kindes aufbaut und sie weiter fördert. Im folgenden werden derartige Spiel- und Lernangebote beschrieben. Dabei steht die Gruppe der älteren Kinder (Fünfjährige) im Vordergrund.[2]

Materialien zum Rollenspiel

Das Leben in der Kindergruppe vollzieht sich generell in ständiger Interaktion und Kommunikation der einzelnen Gruppenmitglieder. Durchgängig lassen sich deshalb

---

[2] Die nachfolgende Darstellung stützt sich auf ein Gutachten, das der Verfasser für den Deutschen Bildungsrat verfaßte, vgl. Retter 1975.

bei allen Spielmitteln und in allen Grundformen des Spiels soziale Aspekte des Lernens aufzeigen, wenn auch das Ziel der Kommunikationsförderung je nach Spielform von etwas anderen Akzenten bestimmt ist.

Der problemloseste Zugang zum sozialen Lernen ist im Rollenspiel gegeben. Im Rollenspiel des Kindes vollziehen sich fundamentale Sozialisationsprozesse. Das Rollenspiel ist dabei nicht nur für den Aufbau regelgebender Kommunikationsmuster und die kognitive Steuerung von Interaktionen von Bedeutung, sondern ebenso für alle emotionalen Bezüge sozialen Verhaltens in der Gruppe. Die Wahrnehmung und rollengemäße Durchsetzung von eigenen Bedürfnissen, das Abwägen eigener Interessen mit den Interessen von Spielpartnern, das Erlebnis der Geborgenheit im solidarischen Handeln, aber ebenso das Abweichen von Verhaltenserwartungen, die Verweigerung von Rollenkonformität und der Rollenkonflikt sind zutiefst von emotional bestimmten und wertbezogenen Handlungsantrieben begleitet, die das Verhalten des Kindes in zunehmendem Maße strukturieren und differenzieren.

Um Rollenspiel anzuregen und auszugestalten, bedarf es eines entsprechenden materialen Hintergrundes
- zum „symbolischen" Umgang mit personalen und materialen Objekten;
- zum Nachvollziehen und imaginativen Ausgestalten von realen Situationen und Erlebnissen (auch Konfliktsituationen);
- zum Nachvollziehen und imaginativen Ausgestalten typischer Rollen der gesellschaftlichen Welt aus der Erlebnisperspektive der Kinder;
- zum Erfinden neuer Rollen, Handlungssituationen und Strategien zur Konfliktlösung;
- zum Durchspielen jener Rollen, die von den in unserer Gesellschaft bestehenden Rollenerwartungen abweichen oder konträr zu ihnen stehen (Rollentausch z. B. der Geschlechter, Außenseiterrollen, usw.);
- zum Ausdrücken emotionaler Bedürfnisse, Zärtlichkeiten, Zuneigungen.

Ecke oder Zone für Rollenspiele: Durch Raumteiler, Wandschirm, ein Spielhaus mit variabel stellbaren Wänden oder ein klapp- oder faltbares „Wegstellhäuschen" werden für das Rollenspiel gute räumliche Voraussetzungen geschaffen. Typische Situationen die entsprechend realitätsadäquater Utensilien bedürfen, sind Puppenecke, Kaufmannsladen und Arztspiel.

Der Puppenhaushalt benötigt funktionsgerechtes Mobiliar: Kleiderschrank oder Kommode, Abstellflächen (Regal), Bett, Wiege und/oder Puppenwagen, Tisch und Stühle, Töpfe, Küchengeschirr, Besteck. In Verbindung mit der – unverzichtbaren – echten Kochgelegenheit sollen „Realien" als Töpfe, Geschirr, Koch-, Backmaterial usw. verwandt werden. Zum („kalten") Spielkochen eignen sich kleine Kunststoffbausteine, Stecker, Knöpfe, usw., die in einen wassergefüllten Eimer geschüttet und mit einem Rührlöffel umgerührt werden.

Puppen: Große Steh- bzw. Sitzpuppen mit frisierbarem Haar; an- und ausziehbare Mädchen- und Jungenpuppe, die dritte Puppe evtl. als besonders große Puppe (Baby) zum Baden, zum Arztspielen und für Verkleidungen. Ferner ein Schlummerle, vier bis fünf Biegepüppchen und zwei bis drei Stofftiere, die auch außerhalb der

Puppenstube als Handlungsträger im Rollenspiel Verwendung finden; Stofftiere bringen keine größere Hygienegefährdung mit sich als andere Textilien. Dazu entsprechende Puppenkleidung, Stoffreste zum Selbstherstellen der Kleidung. Bei der äußeren Gestaltung der Puppen ist auf Realitätsangemessenheit einerseits, Praktikabilität hinsichtlich der zu erfüllenden Funktionen andererseits zu achten. Auf technisch perfektionierte Puppen (Lauf-, Sprechpuppe) sollte verzichtet werden.

Für das Kaufladenspiel bzw. den Verkaufsstand sind notwendig: Eine Ladentischfläche, Fächer und Gefäße zur Aufbewahrung der Ware, Waren der verschiedensten Art, Spielgeld, Registrierkasse, Waage.

Für die Darstellung typischer Rollen des öffentlichen Lebens bieten sich an: Arzt (Kittel, Hörrohr, Arztkoffer mit Verbandzeug, Spritze, „Medizin"), Post-, Bahnbeamter, Polizist; aber auch „Astronaut" kann (z. B. mit Hilfe eines mitgebrachten Motorradhelms) gut gespielt werden.

Eine Vielzahl von Materialien und vor allem Kleidungsstücke, die im Alltag nicht mehr gebrauchsfähig sind, können von den Kindern mitgebracht werden; sie regen zur Material-Improvisation und zum Rollenspiel an. Besonders geeignet sind Hüte und charakteristische Kopfbedeckungen (Zylinder, Schaffnermütze), größere Stoffreste, Decken und nicht zuletzt Gardinenreste, die für Verkleidungen bzw. Neukreationen von Rollen aller Art (Hochzeitsschleier, Vermummung als „Höhlenmensch", Gespenst) Verwendung finden.

Bauen von Schlupfwinkeln und Wohnhöhlen, Rita Haberkorn, Rollenspiel im Kindergarten, München 1978, Foto: Schulz-Dornburg.

Ungemein kommunikationsanregend und für viele Zwecke verwendbar sind glatte Polster (70×70×11 cm). Mit zehn bis zwölf Polstern können eine Höhle bzw. ein Haus gebaut, ein „Sprungturm" errichtet, eine Matte zum Purzelbaumschlagen gelegt oder Flächen zum Sitzen und Liegen hergerichtet werden.

Materialien zum Bauen und Konstruieren sind in zweifacher Hinsicht Träger von Interaktionsprozessen: Im Stadium der Herstellung von Objekten bieten sie Anregungen für Planungen, gemeinsames Tun, Diskussion, Bewertungen; mit dem Zeitpunkt der Werkvollendung gehen die Interaktionen meist über in Formen des Rollenspiels, in denen die hergestellten Gebilde zentrale Funktionen übernehmen. Um im Spiel mit Bauelementen Rollenspiele optimal auszugestalten, sind sowohl die verschiedensten Zusatzmaterialien als auch funktionstüchtige Fahrzeuge notwendig.

Eine ähnliche, für soziales Lernen fundamentale Funktion besitzen alle Objekte, die Träger visueller Kommunikation sind. Hier handelt es sich sowohl um Schautafeln, Bilderbücher, Dia-, Filmmaterial als auch um Materialien, die zur Förderung der ästhetischen Erziehung (Kunst) eingesetzt werden. Bilder aus Illustrierten, Werbeplakate, Posters und Fotos seien in ihrer kommunikativen Funktion besonders hervorgehoben. Derartige Materialen können auch zur Selbstherstellung von regelhaften Spielen (z. B. Kartenspielen) verwandt werden.

Regelgebundene Spielformen

Eine fundamentale kommunikative Funktion besitzen alle Materialien, die eine gewisse Funktionslust am Ordnen und Zuordnen von Material-Elementen befriedigen und von daher regelhaftes Verhalten erfordern. Wir rechnen zu dieser Material-Gruppe Montessori-Material und alle Formen von Lege-, Such- und Geschicklichkeitsspielen, Kartenspiele sowie alle Regelspiele, die von vornherein mehrere Mitspieler erfordern. Von den Tätigkeitsformen her gesehen handelt es sich insbesondere um
– Stecken (Formenbretter, Steckmaterial),
– Knüpfen (Knüpfmaterial),
– Aufreihen, Auffädeln (Perlen),
– Sortieren (Farbtäfelchen, Sortierkasten),
– Legen von Mustern, Ornamenten,
– Einpassen (Puzzle, Steckbrett),
– Zuordnen von gleichartigen bzw. ähnlichen Materialteilchen (Lotto, Domino), schnelles Reagieren und manuelle Geschicklichkeit,
– miteinander Kooperieren und Konkurrieren (Gesellschaftsspiele).

Wir haben mit dieser Aufzählung vor allem auch „didaktische Spielmaterialien" erfaßt. Wesentlicher als die mit ihnen angestrebte Schulung von Wissen, Fertigkeiten und psychischen Funktionen ist die Beobachtung, daß bestimmte „didaktische Materialien" der kindlichen Funktionskunst weitgehend entgegenkommen, sind Bedürfnisbefriedigung, Erfolgserlebnisse und die Freisetzung von Leistungsmotivation mit starker Erfolgszuversicht beim Zuordnen der „richtigen" Teile.

Wenn mit diesen Materialien darüber hinaus eine gewisse Differenzierung der Wahrnehmungs- und Denkschemata, eine Förderung der Psychomotorik, des

Gedächtnis, der Konzentration usw. erreicht werden kann, so ist dafür die wirklich freie, motivierte Zuwendung zum Material Voraussetzung.

Lege-, Sortier- und Zuordnungsmaterial stellt neben Baumaterial die wesentlichste materialbezogene Verbindung zwischen den Spielmitteln des Elementar- und Primarbereichs dar; erfahrungsgemäß ist der Umgang mit solchen Materialien für manche Kinder die Form der spielerischen Auseinandersetzung mit der Objektwelt, mit der sie Lernvoraussetzungen für differenziertere, auf freie Gestaltung abhebende Spielformen erwerben. Die soziale Funktion von Steck-, Lege-, Sortiermaterial ist nicht zuletzt darin zu sehen, daß sie dem Kind Möglichkeiten des Wechsels der Gesellungsform, auch ein zeitweiliges Sichzurückziehen im Spiel zwanglos ermöglichen.

Wer diesen Bewertungsgesichtspunkten zustimmt, wird allerdings in Kauf nehmen müssen, daß besonders Steck-, Lege- und Sortiermaterialien offenbar selten voll „genutzt" werden, weil die Kinder sich oft für andere Spielaktivitäten entscheiden. So kann man beobachten, wie ein bestimmtes Material, das bei seiner Erstdarbietung einen starken Aufforderungscharakter besaß, bald uninteressant erscheint und dann wochenlang nicht beachtet wird. Das Zulassen solcher Erscheinungen ist ganz wesentlich für das Erreichen allgemeinpädagogischer Zielsetzungen im Kindergarten. Vielfach werden nach Zeiten anscheinenden Desinteresses plötzlich Motivationen geweckt, sich einem bestimmten Spielmittel erneut zuzuwenden – ein Phänomen, das nicht nur individuell, sondern als Resultat „sozialer Ansteckung" auch als Gruppenerscheinung zu beobachten ist; das erneute Interesse ist dann meist recht intensiv und beim einzelnen Kind mit sichtbaren Fortschritten in der Materialbehandlung verbunden.

Stern-Legetäfelchen und geometrische Legetäfelchen aus Holz, Legebretter für Farben und Formen, Muggelsteine, große und kleine Perlen zum Auffädeln (Nylonschnüre) und sonstige Plättchen- und Legematerialien sollten in ausreichender Menge vorhanden sein.

Bei den meist sehr beliebten *Puzzle*-Spielen ist die Gefahr, daß Teile verloren gehen oder beschädigt werden (absplitterndes Holz, knickende Pappe), nie ganz zu beseitigen. Hier sollte ein nach Schwierigkeitsgraden abgestuftes Angebot (16, 30, 50, 80, 200 Teile) vorliegen mit inhaltlich interessanten Bilddarstellungen aus der Natur, der sozialen Welt, der Technik usw. Rahmenpuzzles, bei denen die Legeteilchen umrißhaft vorgegeben sind, motivieren besonders gut.

Viele Legespiele können als Einzel- oder als Gruppenspiel, kooperativ oder kompetitiv durchgeführt werden. Ihr Kommunikationswert ist besonders hoch, wenn alle Spielkärtchen auf dem Tisch ausgebreitet werden (Such- bzw. Zuordnungsspiele) und sich eine große Spielgruppe gleichzeitig in der Rolle des Spielers und des Zuschauers befindet.

Auf die Bedeutung einfacher Strategie- und Würfelspiele für Vier- bis Sechsjährige ist bereits hingewiesen worden (vgl. S. 327 ff.).

Kommunikation und soziale Interaktion ermöglichen schließlich alle Geschicklichkeitsspiele und Spielmittel, von denen gewisse Überraschungseffekte ausgehen. Zu den *Geschicklichkeitsspielen*, die sich seit langem im Kindergarten bewährt haben, gehören „Packesel" und „Mikado", sie erfordern ein gewisses Planungsverhalten und differenziertere feinmotorische Leistungen. Andere Spielmittel, wie das Kartenspiel „Schnipp Schnapp" oder das Gesellschaftsspiel „Haschmich" verlangen schnelles Reagieren der Spielpartner. Sie erscheinen im besonderen Maße erlebnisstimulierend.

Eine Reihe von Spielmitteln erfüllt ihre Funktion primär darin, daß sie „in Gang gesetzt" werden und teilweise unerwartete Verlaufsgestalten hervorbringen, teilweise aber auch „steuerbar" sind. Zu dieser Gruppe der Effekte erzeugenden Spielmittel zählen alle Formen von Vertausch- und Verwechslungsspielmitteln wie „Mix-Max" oder das Bilderbuch „Kunterbunter Schabernack" von Schröder/Blecher. Ferner gehören dazu die Klickerbahn, das „Klettermännchen", das Kaleidoskop, das Sandrad, das Flugrad sowie alles „Bewegungsspielzeug". Eine wichtige kommunikative Funktion erfüllen Spiegel (für Ausdrucksstudien, zum „Gesichtermachen", für Mehrfachspiegelungen); Hampelmann, Papierflieger, Windrädchen, Lauge zum Aufsteigenlassen von Seifenblasen kann auch selbst hergestellt werden. Der Wert dieser Spielmittel liegt nicht nur in der Förderung von Neugierverhalten, sie stiften bei den zuschauenden Kindern auch ein Gefühl der Verbundenheit im gemeinsamen Erleben und regen zum kommunikativen Austausch subjektiver Empfindungen an.

Verkehrserziehung

Der Transfer vom „Wissen im Spiel" zum tatsächlichen Verhalten im Straßenverkehr darf nie überschätzt werden, vor allem deshalb nicht, weil dieses Verhalten noch durch ganz andere Faktoren bestimmt ist, die sich teils aus der begrenzten biologisch-physiologischen Leistungsfähigkeit des Kindes teils aus der aktuellen Situation selbst ergeben. Wirkungsvolle Bemühungen um ein verkehrssicheres Verhalten des Kindes werden primär nur durch pädagogisch vorbereitete und kontrollierte Teilnahme des Kindes am Verkehrsgeschehen selbst zu leisten sein.
Trotz dieser Einschränkungen ist es unerläßlich, im Freispiel entsprechende Spielmittel-Angebote zur Verkehrserziehung bereitzustellen. Sie sind nicht nur eine Hilfe, das Aufsuchen realer Verkehrssituationen mit der Kindergruppe vorzubereiten, vielmehr wird im Spiel mit verkehrsbezogenen Materialien dem Kind die generelle Bedeutung des Phänomens Verkehr als Teil unserer gesellschaftlich-sozialen Wirklichkeit verdeutlicht. Das geschieht im symbolhaften und Rollenspiel, im Umgang mit „Modellen" der Verkehrswirklichkeit und durch themengerechte didaktische Spielmittel.
Im gestaltenden Spiel werden zunächst Straßen und Verkehrsanlagen (Tunnel, Brücke, Flugplatz) gebaut, sodann die verschiedenen Fahrzeuge eingesetzt. Alle Verkehrsmittelarten (Auto, Schiff, Flugzeug, Eisenbahn), aber auch Zubehörmaterial sollten im Spielmittelangebot vorhanden sein. Stabile Holzautos mit großen

Ladeflächen und kleinere, naturgetreue Metall-Modelle verschiedener Autotypen dürfen nicht fehlen. Kran, Bagger und andere Maschinen-Fahrzeuge mit einfacher, für Fünfjährige einsichtiger Mechanik besitzen nicht nur hohen Aufforderungscharakter, sondern vermitteln auch erste spielerische Erfahrungen im Umgang mit technischen Funktionen.

Für das Rollenspiel im Bereich der Verkehrserziehung sind die von einschlägigen Verlagen angebotenen Requisiten – wenn auch in gezielter Auswahl – zu empfehlen. Die „Verkehrstischdecke" bietet ein gutes Real-Modell für die Verkehrswirklichkeit. Einige Puzzle sollten Verkehrsthemen zeigen. Für das Kennenlernen der Verkehrszeichen bieten sich auch bestimmte Regelspiele an, wie das „Verkehrszeichen-Memory", wenn auch anfangs nicht alle 60 Kartenpaare, sondern nur eine sinnvolle Auswahl zur Verfügung gestellt werden sollte.

Sprachliche Kommunikation

Der Sprache kommt sowohl in kommunikativer Hinsicht (Ausdruck-, Mitteilungs-, Darstellungsfunktion) als auch in soziokulturell-geistiger Hinsicht (Begriffsbildung, Denken, Erkennen) eine fundamentale Funktion für die Persönlichkeitswerdung des Kindes zu. Wenn auch vorausgesetzt werden kann, daß im gemeinsamen Umgang mit Spielmitteln allgemein, vor allem in den sozialen Interaktionen des Regel- und Rollenspiels, große Anteile der Kommunikation sprachlicher Natur sind, gibt es Materialien, die direkt mit dem Anspruch auftreten, Sprachförderung über Spielhandlungen zu ermöglichen. Wir werden derartige Medien umso positiver beurteilen, je mehr
- sie zu intrinsisch motivierter Produktion und Rezeption sprachlich vermittelter Erfahrungen anregen;
- die vermittelten Sprachformen und -inhalte der Erfahrungswelt des Kindes adäquat und in sie integrierbar sind;
- sie einen Beitrag zur Differenzierung (Bereicherung, Weiterentwicklung) der über Sprache vermittelten Welt- und Selbsterfahrung des Kindes leisten.

„Natürliche" Medien der Sprachförderung, die im Kindergarten Berücksichtigung finden, sind Bilderbücher, Vorlesebücher, Schallplatten. Auch Puppentheater, Kasper- und Handpuppen aller Art gehören hierher. Vorhanden sein sollten die typischen Charaktere des Märchenspiels: Kasper, Seppl, Großmutter, König, Prinzessin, Hexe, Räuber, Polizist, Krokodil (Aggressionsabfuhr!). Handpuppen, die Rollen realer Personen verkörpern (Vater, Mutter usw.), sind mit einfachen Mitteln auch selbst herzustellen (aus Knetmasse, Kartoffel, Plastica). Bei gekauften Puppen ist in jedem Falle auf eine ästhetisch befriedigende, Gesichtszüge möglichst individuell zum Ausdruck bringende Gestaltung zu achten; die Puppenköpfe dürfen nicht zu schwer sein, sonst können die Kinder sie nicht auf Daumen, Zeige- und Mittelfinger stecken.

Das Handpuppenspiel bedarf der Einführung und einer zum Imitationslernen anregenden Unterstützung durch den Pädagogen, damit die Kinder die Technik der Handhabung erlernen, Situationen über einen gewissen Zeitraum produzieren und sprachlich zu fördernde Kinder durch die Sprachgewandten nicht sogleich in eine passive Rolle gedrängt werden.

Ähnliches gilt für den „Fernsehansager": Das Gehäuse eines ausgedienten Fernsehers (aus Karton auch selbst herstellbar) gibt motivierende Impulse, als „Ansager" oder „Moderator" aufzutreten und sich sprachlich zu produzieren; sowohl der Prozeß der Verarbeitung von Fernseherlebnissen als auch die Motivierung sprachlich zurückgebliebener Kinder bedarf hierbei in besonderem Maße der behutsam pädagogischen Führung des Erziehers. „Singende Röhren", die die Naturtonreihe produzieren, wenn sie in eine kreisende Bewegung versetzt werden, eignen sich auch als sprachliche Kommunikationswerkzeuge. Abwechselndes Sprechen und Hören mit der Röhre machen mindestens ebenso Spaß wie ein fiktives Telefongespräch. Eine ausgediente Telefonanlage sollte in jedem Fall vorhanden sein. Eine einfache Form der Selbstherstellung besteht in der Befestigung eines Bindfadens an zwei Konservendosen (oder Pappschachteln), die als Hör- und Sprechgerät dienen; bei gespanntem Faden wird der Schall von der Sprech- zur Hördose übertragen. Das Tonbandgerät bzw. der Kassettenrecorder sind aufgrund der Vielzahl von Einsatzmöglichkeiten der ständigen Reproduzierbarkeit von Aufnahmen und der damit verbundenen Kontrollmöglichkeiten für die Förderung sprachlichen Lernens unentbehrlich.

Der „Fernsehansager" – eine beliebte Rolle, Eingangsstufenprojekt Schwäbisch Gmünd (Kindergarten).

Allgemein gilt von den beschriebenen Medien, daß ihr zu häufiger Gebrauch sich motivationsschwächend auswirkt und leicht in unterrichtsähnliche Situationen ausmündet; Sprachlernsituationen sollten im gesamten Spiel- und Lernangebot zwanglos eingestreut sein und die benutzten Medien öfter gewechselt werden.

Materialien zum „Sprachtraining"
Viele didaktische Materialien beanspruchen die kognitiven Funktionen durch Leistungen des Zuordnens oder des Ergänzens von abgebildeten Gegenständen,

Farben, Formen, Symbolen. Leistungen dieser Art setzen oft das Vorhandensein von Begriffen voraus: Im einfachsten Fall wird z. B. ein abgebildeter Gegenstand durch Zuordnung des zutreffenden Begriffs identifiziert. Andere Materialien variieren das Prinzip, indem sie die Zuordnung von Eigenschaften zu einem abgebildeten Objekt, Benennung von Lagebeziehungen (oben, hinten usw.), die Bildung von Oberbegriffen, Elimination von „unrichtigen" Teilen oder die Ergänzung fehlender Teile zum Ganzen verlangen.

Zweifellos wird mit derartigen Spielen, sofern sie auf den richtigen Gebrauch einzelner Begriffe abzielen, etwas praktiziert, das man im weitesten Sinne als „Sprachtraining" bezeichnen kann. Durch ständige Reproduktion im Spiel werden Begriffe „gelernt" oder gefestigt. Die mit ihnen aufgebauten Strukturen sind das Ergebnis relativ einfacher, assoziativer Lernprozesse (Verknüpfungen). Die Sprache erscheint aus dem ganzheitlichen Vermittlungszusammenhang zwischen Subjekt und Objektwelt herausgelöst, in begriffliche Elemente zerlegt und durch eine einfache logische Operation synthetisiert. Sprachliches Lernen bezieht sich dabei meist nur auf den lexikalischen Aspekt und auf Begriffe, die bildhaft darstellbar sind.

Eine Bewertung dieses Sprachtrainings hat nicht nur nach seinem unmittelbaren Lernerfolg, sondern nach seiner Bedeutung für die Erlebnis- und Erfahrungswelt des Kindes zu fragen. Bei entsprechend guten, d.h. realitätsadäquaten Abbildungen und einem motivierenden Spielfluß ist der Gebrauch derartiger Spielmittel aus allgemeinpädagogischer Sicht durchaus sinnvoll: Es macht den Kindern einfach Spaß, neue Objekte, Lebewesen usw. kennenzulernen, sie zu benennen, mit ihnen im Spiel umzugehen – vorausgesetzt, die Spielidee besitzt genügend großen Aufforderungscharakter.

Dabei mögen dann auch der Wortschatz und das Verständnis für elementare begriffliche Zuordnungen erweitert werden; diesbezügliche Lernerfolge im Spiel sind allerdings dort am wahrscheinlichsten, wo durch einen relativ hohen Stand des sprachlichen Niveaus keine Schwierigkeiten bestehen, die anzuwendenden Begriffe aufzunehmen und in den Sprachhaushalt des Kindes zu integrieren.

„Sprachbarrieren", d.h. Sprachdefizite, die als Ergebnis eines in sprachlicher und sozial-emotionaler Hinsicht anregungsarmen Erziehungsmilieus anzusehen sind, können durch Bildkärtchen, die den sozialen Kontext der Sprache des Kindes außer acht lassen, schwerlich ausgeglichen werden.

So gesehen, stellt sich die Fähigkeit, z. B. die Elemente eines selbst erprobten technischen Baukastens richtig benennen zu können, die entdeckten technischen Funktionen und geschaffenen baulichen Produkte begrifflich zu fixieren, über den Herstellungsvorgang zu berichten, als eine höher zu bewertende Form des sprachlichen Lernens im Spiel dar als das Lernen von Begriffen durch Bildkärtchen: Sprachliches Lernen erscheint dann nicht lediglich als Ergebnis einer relativ isolierten Zielsetzung, Begriffe zu lernen, sondern besitzt seinen Ursprung in der Auseinandersetzung des Kindes mit der Objektwelt selbst, womit eine wesentlich stärkere Beziehung zwischen Sprache, Erleben und Gestalten hergestellt ist.

Wir werden aber Material-Angebote zur Begriffsschulung, zum Erkennen und Benennen von Formen und Farben, Objekten usw. nicht völlig außer acht lassen, weil Spiele, wie „Farben und Formen", „Sehen und Begreifen", „Bambuli" – und eine Reihe anderer bereits genannter Legematerialien – von Aufbau und Spiel-Lernmöglichkeiten her gesehen, nicht ohne Spielreiz sind. Den relativ wenigen Materialen, die den phonetischen Aspekt und die akustische Differenzierung ansprechen, sollte besondere Aufmerksamkeit gewidmet werden (Beispiel: „Sprich genau – Hör genau", „Mordsrabbatz").

Sprachtraining durch didaktische Materialien wird auch in der Darbietung von Bildkärtchen–Reihengeschichten praktiziert: In richtiger Reihenfolge gelegt, geben die Kärtchen einen logisch aufgebauten Situationsablauf wieder. Die Kinder sollen dabei sowohl die richtigen Zuordnungen treffen, als auch vor allem die abgebildete „Geschichte,, erzählen. Wiederum: Nicht um des sehr begrenzten didaktischen Lernzieles willen, sondern vielmehr um der Abwechslung und der Spielmöglichkeiten willen ist es sinnvoll, einige Materialien dieser Art im Spielmittel-Angebot zu besitzen; durch Ausschneiden von Cartoons oder Comics ist auch Selbstherstellung von Bildgeschichten möglich. Sie lediglich zum Sprachanlaß werden zu lassen, ist weniger zu empfehlen, als zu versuchen, etwa eine dem Kind verständliche, in der Bildgeschichte dargestellte Situation zum Anlaß für Rollenspiel-Versuche zu nehmen.

Heute gibt es eine große Anzahl von sog. „Lernspiel-Heften" oder Materialien zur „Begabungsförderung", deren Qualität sehr unterschiedlich, oft jedoch nicht akzeptabel ist. Das gilt auch für Bildmaterial, das soziale Konflikte aus dem Erlebnisumkreis des Kindes darstellt und zum Erkennen, Reflektieren und Bewerten von Rollen- bzw. Normenkonflikten führen will. Eine teilweise allzu statische, teilweise aber auch übertrieben-komische Darstellung von „emazipiertem Verhalten" macht es wenig glaubhaft, daß ein möglicher Gewinn an Sprechmotivierung in gleichem Maße auch einen Gewinn an „emanzipiertem Bewußtsein" bedeutet. Darstellungen von Realsituationen durch fotographisches Bildmaterial leisten hier wahrscheinlich mehr als gezeichnete Situationen. Den Kindern die Realkonflikte und Abhängigkeiten des eigenen Sozialisationsprozesses verständlich zu machen, Sensibilität zu entwickeln für „Interessen" und „Interessenkonflikte", ist eine derart schwierige Aufgabe, daß „Materialien" hier nur sehr behutsam einzusetzen sind. Wenn überhaupt, sind sie immer nur als Anregung, Ergänzung und Weiterführung von Problemstellungen anzusehen, die aus der realen Erlebniswelt der Kinder – innerhalb und außerhalb des Kindergartens – selbst stammen sollen, um dann in der Gruppe diskutiert und aufgearbeitet zu werden. Es gibt derzeit kein didaktisches Material, von dem gesagt werden kann, daß es bessere Möglichkeiten der allgemeinen Sprachförderung bietet, als die „konventionellen" und vom Kind schon immer akzeptierten Mittel des Erzählkreises, des Bilderbuches, des Regel- und Rollenspiels.

Vorbereitung des Lesens und Schreibens
Eine Reihe von Lernspielen hebt ab auf die Differenzierung der Wahrnehmung, das Unterscheidenkönnen zwischen identischen und ähnlichen Abbildungen, Bemerken von Unterschieden. Mit der Schulung der Diskriminationsfähigkeit werden kognitive Funktionen angesprochen, deren Entwicklung unter anderem auch eine maßgebliche Voraussetzung des Leselernprozesses ist. Spiele dieser Art funktionieren meist nach dem Lottoprinzip. Sie erfordern Zuordnungsoperationen, die genaues Hinschauen und Vergleichen erfordern, um mit dem „Merkmalskärtchen" das „richtige" Bild aus einer Anzahl ähnlicher Bilder herauszufinden (Beispiel: „Schau genau", „Wir suchen Paare"); eine Variante des Zuordnens besteht im Auflegen von durchsichtigen Gegenstandskärtchen auf passende Hintergrundkarten, so daß beides sich zu einem neuen Bild ergänzt („posi nega", „Sehen und Ergänzen").

Der Umgang mit solchem Material wird von den Kindern überwiegend als aufgabenbezogen erlebt; sind sie anfangs stärker motiviert, die durch Kontrollmerkmale oder -blätter leicht feststellbaren Fehler zu reduzieren, so läßt der Aufforderungscharakter der Spieltätigkeit rasch nach. Gerade weil diese Materialien von vielen Pädagogen ausschließlich unter der didaktischen Zielsetzung des vorbereitenden Lesens eingesetzt werden, dürfen sie keine Überbewertung erfahren, sondern müssen in ihrem Wert primär am Interesse des Kindes gemessen werden.

Die Differenzierung der Wahrnehmung vollzieht sich im übrigen auch in vielen anderen Spieltätigkeiten. Obwohl planmäßiges Lesenlernen im Kindergarten heute keine Rolle spielt, sollten ein Buchstabenstempelspiel, Einzelbuchstaben (Gemischt-Antiqua) und einige Wortbildkarten vorhanden sein; das erwachende Interesse am Erlesen von Buchstaben und Wörtern, das bei einzelnen Kindern auftritt, braucht durchaus nicht unterdrückt zu werden, wenn diese Materialien integrierter Bestandteil des Freispiel-Angebotes sind.

Die Vorbereitung des *Schreibenlernen* vollzieht sich im Spiel in allen Formen der Auseinandersetzung mit Materialien, die die Feinmotorik beanspruchen, feinmotorische Leistungen erfordern oder koordinieren.

Wenn auch fast alle Spiel- und Lernformen mit motorischer Aktivität verbunden sind, so stellen „Bewegung, Rhythmik, Sport", „bildnerisches Gestalten" und „Bauen und Konstruieren" Aktivitätsbereiche dar, die in besonderem Maße der Entwicklung der (Fein-)Motorik dienen. Nicht nur das Kritzeln und Malen, sondern ebenso das Matschen mit Lehm und Sand, Formen mit Knete, das Bauen mit einem technischen Baukasten, das An- und Ausziehen einer Puppe, das Klettern und Kriechen, verlangen Koordinationsleistungen der Hand und des ganzen Bewegungsapparates, die auch als „Vorübung" des Schreibenlernens fundamental sind.

Besondere Materialien, die „spielend" auf das Schreiben vorbereiten wollen, indem Schwungformen auf vorgegebenen Spurblättern mit dem Stift nachgefahren oder fortgesetzt werden, bedarf es im Kindergarten ebenso wenig wie Buchstaben-Schablonen zur Vorbereitung der Druckschrift. Demgegenüber sind einige klassische Montessori-Materialien, Tastbrett, Einsatzzylinder und das Kneten durchaus sinnvoll, weil die haptischen und feinmotorischen Erfahrungen, die dabei gewonnen werden, eine allgemeine „sensibilisierende" Wirkung haben, die das Kind gerne an sich erfährt.

Mathematische Früherziehung

Viele didaktische Materialien sind nach Prinzipien aufgebaut, die sie in besonderem Maße für das Erfassen mathematischer Beziehungen geeignet erscheinen lassen. Das gilt nicht nur für das Montessori-Material, sondern für alle Medien, die Leistungen des Vergleichens, Ordnens und Zuordnens, des Herstellens von Beziehungen, des Anordnens nach verschiedenen Merkmalen zulassen. Mathematische Früherziehung als Befähigung zum Denken in Strukturen und Befähigung zum problemlösenden Verhalten betrachtet den Umgang mit Materialien, denen eine logisch aufgebaute Merkmalstruktur innewohnt, sowie alle regelgebundenen Spieltätigkeiten als wichtige Voraussetzung für den Aufbau „operativer Denksysteme".

Als „Materialien", die Operationen im oben angegebenen Sinne erlauben, bieten sich zunächst Spielgegenstände an (kleine Autos, Puppen, Holztiere usw.) und alle Formen des Steck- und Legematerials (Steckbretter, Knöpfe, Muggelsteine, Farbplättchen, Gegenstandskärtchen, Bausteine). In jüngster Zeit ist darüber hinaus im Rahmen der modernen Mathematik eine Vielzahl von Lernmitteln entwickelt worden, mit deren Hilfe sowohl logische Regeln und Strukturen veranschaulicht, als auch Erfahrungen mit Flächen, Formen, räumlichen Beziehungen gewonnen werden können.

„Strukturiertes Material" wird von einer Vielzahl von Verlagen angeboten. Sein pädagogischer Wert hängt davon ab, in welchem Maße es das Kind zum experimentierenden Gestalten auffordert, so daß im Spiel mathematische Vorerfahrungen der verschiedensten Art gesammelt werden können. Das ist dort der Fall, wo das Material als Baumaterial gebraucht werden kann, als Auslegematerial einen relativ hohen Aufforderungscharakter besitzt oder auch für Regelspiele geeignet ist.
Didaktisches Material, das Erfahrungen mit elementaren mathematischen Ordnungsprinzipien, Mengen, Flächen, Formen, Größen und räumlichen Beziehungen vermittelt, besitzt also einen umso höheren pädagogischen Wert,
– je mehr es freies Spiel und entdeckendes Lernen ermöglicht,
– je klarer die in es hineingelegten „Strukturen" erkennbar sind,
– je stärker es die Übertragung gewonnener Einsichten auf andere Spielmaterialien begünstigt,
– je zwangloser es im Spiel die Zuordnung von Zahlen zu Gegenständen und Mengen erlaubt. Vorschulkinder zeigen ein großes Interesse am Umgang mit Zahlen, was nicht zuletzt bedingt ist durch häusliche Erfahrungen mit dem Tauschwert des Geldes („Einkaufen") und jene Gelegenheiten, bei denen Zah-

len zumindest einen Kommunikationswert besitzen (Abzählreim, Würfelspiele, Toto-/Lotto-Zahlen). Zahlenwürfel, Ziffern-/Mengen-Lottos und alles Sortiermaterial bieten besondere Möglichkeiten zur Zahl- und Mengenerfassung.

Freies Bauen mit „Logischen Blöcken", Eingangsstufenprojekt Schwäbisch Gmünd (Kindergarten)

Bauen und Konstruieren

Das Bauen und Konstruieren ist nicht nur wesentlicher Teil technischer Elementarerziehung, sondern greift in fast alle Lernbereiche hinein: Begriffsbildung, logisches Denken, Raumvorstellung, bildnerischer Gestalten, naturwissenschaftliches Experimentieren werden durch das Bauen gefördert. Wegen seiner grundsätzlichen Bedeutung sollte dieser Tätigkeitsbereich des Kindes auch in der Schule mehr Berücksichtigung finden. Bei der Auswahl eines differenzierten Spielmittel-Angebotes sind folgende Aspekte zu berücksichtigen:
1. Material
– Materialbeschaffenheit: Holz, Kunststoff, Metall;
– Farbigkeit: naturfarben, einfarbig, mehrfarbig;
– Anzahl: ein einziges/wenige/viele Grundelemente;
– Form: Quader, Würfel, Achsen, Räder usw.;
– Größe: große/kleine Elemente.
2. Herstellung
– Tätigkeiten: Stecken, Schieben, Drücken, Schichten, Einpassen, Verbinden, Hämmern, Schrauben, Versetzen;

Gemeinsamer Turmbau, Eingangsstufenprojekt Schwäbisch Gmünd. (Kindergarten).

- Gestaltungsmöglichkeiten: starke/geringe Variabilität in der Anordnung von Elementen bzw. in der Herstellung von Produkten;
- Materialwiderstand: (zu) großer / (zu) geringer Materialwiderstand.

3. Bauprodukt
- Art des Bauproduktes: mehr technisch-funktionsbezogen/mehr imaginativ-schöpferisch bezogen/mehr gegenständlich;
- Verwendbarkeit des Bauprodukts: mehr für Darstellung technischer Funktionen/mehr für gestaltendes Spiel;
- Haltbarkeit des Bauprodukts: eher haltbar/eher anfällig gegenüber äußeren Einwirkungen;
  Demontierbarkeit des Bauprodukts: für das Kind gut in die Materialelemente zerlegbar/für das Kind schwierig in die Materialelemente zerlegbar.

4. Sonstige Aspekte
- größere/geringere Abhängigkeit von Zusatzmaterialien;
- größere/geringere Möglichkeiten der Kombination mit anderen technischen Systemen;
- größerer/geringerer Ausbau des Systems für spätere Altersstufen;
- größere/geringe Verwendbarkeit der Materialelemente für Operationen des Messens, Klassifizierens, Ordnens, Hineinlegens mathematischer Strukturen.

Zur Grundausstattung der Kindergärten sollten ein Uhlbauwagen, einfache, große Holzbausteine und ein Bauteppich gehören. Auch Großbausysteme können Verwendung finden, dienen nach der Herstellung aber meist als Einrichtungsgegenstände, so daß sie dem Bauen entzogen sind. Vom Material her gesehen, sollten Holz- und Kunststoffbausteine in jedem Falle vorhanden sein. Beliebt bei den Kindern ist Constri; es erscheint weniger unter dem Herstellungs-, als unter dem Produktaspekt (Verwendung der Produkte als Puppenmöbel, Flugzeug, Schwert u.a.m.) pädagogisch relevant. Das Umgekehrte gilt für das (Holz-)Bausystem Matador, das zwar etwas eng in seinen Gestaltungsmöglichkeiten ist, dafür aber durch Umgang mit Hammer und Zange dem Aktivitätsbedürfnis des Kindes stärker gerecht wird als Steck- Bausysteme. Vielfältige Möglichkeiten sowohl unter dem Herstellungs- als auch unter dem Prodsuktionsaspekt bietet das Stecksystem Plasticant.

Unter den Haftsystemen ist Lego das bekannteste. Obwohl es dem Prinzip nach viele ähnliche Baustein-Typen gibt (Rasti, Monti, Idema u.a.m.), ist Lego das am weitesten ausgebaute System. Bei kleinen Lego- Bausteinen (und auch bei anderen Kunststoffbausteinen) ist der Haft- und Reibungswiderstand anfangs gelegentlich zu groß, so daß das Kind kaum die Teile voneinander lösen kann; später läßt der Haftwiderstand nach, so daß auch die Festigkeit der Elementverbindung geringer wird. Fischertechnik wurde in einer vergleichenden Untersuchung mehrerer Baukästen als „das z.Zt. am besten durchdachte und leistungsfähigste Bausystem" bezeichnet (Zeitschrift „test" 12/1972). Dieses System bietet vor allem auch Möglichkeiten der Weiterführung im Primar- und Sekundarbereich.

Bei der Auswahl von Bau- und Konstruktionsmaterial muß neben dem Prinzip der Mehrfachdarbietung von Systemen berücksichtigt werden, daß für die pädagogische Effektivität eines einzelnen Material- Systems eine genügend große Anzahl von Bauelementen Voraussetzung ist. Beim freien Bauen mit Holzbaukästen ist es sinnvoll, Zusatzmaterialien bereitzustellen (Fahrzeuge, Bäume, Häuser, Menschen, Tiere usw.), die eine Ausweitung zum Symbol- und Rollenspiel erlauben. Die Kinder nur anzuhalten, „frei" zu bauen und ihnen Vorlagen vorzuenthalten, ist nicht gerechtfertigt. Das Kind kann selbst entscheiden, ob es Vorlagen benutzen will oder nicht. Gute Vorlagen geben dem Kind Orientierungsmöglichkeiten und Einsichten in Funktionszusammenhänge, fordern evtl. auch auf zur Entwicklung von Alternativen.

Materialien zum Malen, Werken, Experimentieren, Möglichkeiten für musikalische und sportliche Aktivitäten dürfen im Kindergarten selbstverständlich ebenso wenig fehlen. Da es sich hierbei weniger um Spielmittel als um Medien mit instrumenteller Funktion handelt, sei auf ihre Darstellung verzichtet.

Spielmittel kaufen, selbst herstellen - oder ganz darauf verzichten?

Immer dort wo es sinnvoll ist, wird man käufliche Spielmittel durch Realien und selbstgefertigte Materialien ersetzen bzw. ergänzen. Im einzelnen dürfte dieses Problem allerdings von den Erziehern sehr unterschiedlich gelöst werden. Wir wollen die Frage einmal unter „ökonomischem", zum anderen unter „pädagogischem" Aspekt erörtern.

Bei einem begrenzten Spielmittel-Etat wird der Erzieher immer prüfen, ob es sich lohnt, Spielmaterialien zu kaufen, die auch sehr gut selbst hergestellt werden können, wenn man die Spielidee kennt. Dies bietet sich gerade bei bestimmten Regelspielen und bei didaktischen Materialien an. Das gesparte Geld kann für die Anschaffung unersetzbarer Materialien (z. B. Bilderbücher) Verwendung finden. In keinem Fall darf dieser Hinweis dem Träger der Vorschulinstitution als Alibi dienen, notwendige finanzielle Mittel für Spielmittel und Materialausstattung nicht zu gewähren. Die Selbstherstellung erfordert eine große zeitliche Beanspruchung des Erziehers. Auch wenn man, soweit es möglich ist, die Kinder in den Prozeß der Materialherstellung mit einbezieht, darf die Selbstherstellung nicht zum alleinigen Prinzip der Gewinnung von Spielmitteln gemacht werden, weil

– die Notwendigkeit der Erwachsenenhilfe beim Fertigungsprozeß die Zunahme erziehergelenkter Situationen begünstigt;
– viele Spielaktivitäten mit selbsthergestelltem Material weniger gut als mit käuflichen Spielmitteln wahrgenommen werden können;
– die Behauptung, daß Kinder mit selbstgefertigtem Spielmaterial lieber als mit „Spielsachen" spielen, keineswegs generalisierbar ist.

Letztlich ist die Frage, in welchem Umfang Spielmittel gekauft oder selbst hergestellt werden, von dem zugrundeliegenden *pädagogischen Konzept* des Erziehers abhängig.

Die eine Extremposition besteht darin, dem käuflichen Spielzeug generell den Kampf anzusagen und auf industrielle Spielmittel in der Vorschulerziehung völlig zu verzichten. Die andere – oft mehr unbewußte als bewußt vertretene – Position liegt in dem Glauben, daß Spielmittel pädagogische Allheil- und Wundermittel seien, mit denen das Kind alles lernen könne.

Sicherlich dürfen Spielmittel kein Ersatz für fehlende pädagogische Betreuung sein; sie erfüllen ihre pädagogische Funktion nur innerhalb eines Gesamtkonzeptes, das vom Erzieher zu verantworten ist. Dies vorausgesetzt, fällt unsere Analyse des Spielmittelangebotes für die institutionelle Vorschulerziehung – bei allem Wissen um die Ersetzbarkeit, Mängelhaftigkeit und Modebestimmtheit vieler Spielsachen – nicht so aus, daß ein genereller Verzicht auf käufliche Spielmittel empfohlen werden kann. Maßgebend erscheint uns vielmehr der Gesichtspunkt, daß Spielmittel in der Vorschulerziehung primär unter dem Gedanken des Spielens (nicht des einübenden Lernens) bewertet werden sollen. Als weiteren Gesichtspunkt nennen wir die Ausgewogenheit des Materialangebotes in bezug auf die alterstypischen Spielinteressen der Kinder.

Gemessen an der derzeit noch bestehenden Tendenz zur Überbewertung des einübenden Lernens im Spiel sollte die institutionelle Vorschulerziehung ausgerichtet sein auf:

- eine gezielte Auswahl, aber keine Anhäufung von Farben-/Formen-Spielen, Gesellschaftsspielen, Materialien zur Differenzierung von Wahrnehmung und Feinmotorik;
- stärkere Berücksichtigung des Objektspiels, insbesondere des freien Bauens und Konstruierens;
- stärkere Berücksichtigung von Spielmitteln, die sozial-emotionale und erlebnisverarbeitende Bezüge fördern (Materialien zum Rollenspiel, Puppen und andere Spielfiguren, Gestaltungsspiele).

Der Abbau von didaktischen Mitteln zugunsten von spiel- und kommunikationsfördernden Mitteln muß insbesondere in der Erziehungspraxis der Vorklassen und Schulkindergärten gefordert werden. Der Fünfjährige in einer Vorklasse sollte in gleicher Weise wie im Kindergarten über ein ausgewogenes (d.h. nicht zu karges) Spielmittelangebot verfügen können.

Gegenüber Versprechungen der Werbung, einzelne Trainingsprogramme oder bestimmte Spiele seien in der Lage, Entwicklungsrückstände aufzuholen, Sprachdefizite abzubauen, Intelligenzmängel zu beseitigen, ist gesunde Skepsis angebracht. Derartige wünschenswerte Veränderungen sind kaum Ergebnis des Umganges mit einem einzigen Material oder Trainingsprogramm, sondern Resultat von Bemühungen, die gesamte Situation des Kindes zu erfassen. Die gegenüber Trainingsprogrammen ausgesprochene kritische Distanz besagt jedoch nicht, daß der Erzieher über Ziel und Inhalt derartiger Angebote keiner Information bedarf und ihnen nicht vielleicht auch gewisse Anregungen für die Spielpraxis entnommen werden können.

Für den Erzieher erweist sich die ständige persönliche Orientierung über das bestehende Spielmittel-Marktangebot als unerläßlich. Entsprechende Informationen liefern nicht nur Spielzeugfachgeschäfte, sondern ebenso Kataloge von Kindergarten-Ausstattungsfirmen und der Rezensionsdienst in Fachzeitschriften. Solange sowohl Berichte aus der Kindergartenpraxis als auch Forschungsarbeiten über einzelne Spielmittel Mangelware sind, werden dem Erzieher die Spielfreudigkeit, die zum Ausdruck gebrachte Langzeitmotivation und die jeweils vollbrachten Leistungen der Kinder als ein subjektiver, aber zunächst hinreichender Maßstab für die pädagogische Bewertung von Spielzeug dienen müssen.

Wünschenswert wäre ein ständiger Erfahrungsaustausch von Erziehern über Spielmittel, der wesentlich intensiver als bisher sowohl auf regionalen Zusammenkünften und Weiterbildungsveranstaltungen als auch in Fachzeitschriften durchgeführt werden müßte.

Exkurs: Spiel und Spielmittel im sozialistischen Kindergarten

Auch in den sozialistischen Ländern – wir berücksichtigen im folgenden nur die UdSSR und die DDR – wird dem Spiel in der Erziehung des Kindes besondere Beachtung geschenkt. Die bestehenden Ansätze einer marxistischen Spieltheorie beschränken sich allerdings auf das Vorschulalter. Pädagogische Konsequenzen, die aus spieltheoretischen Erkenntnissen gezogen werden, beziehen sich vor allem auf die zu gestaltende Spielpraxis im Kindergarten. Zu fragen ist in unserem Zusammenhang, welcher Stellenwert dabei den Spielmitteln eingeräumt wird.

Von marxistischen Spieltheoretikern wird zwar nicht in Abrede gestellt, daß Spielen als spezifisch kindliche Tätigkeit mit bestimmten endogenen Entwicklungsbedingungen korrespondiert; als entscheidend für die Ausbildung der Spieltätigkeit werden jedoch Erziehungseinflüsse bzw. die konkrete „gesellschaftliche Realität" angesehen. Entsprechend dem allgemeinen Theorem der materialistischen Erkenntnistheorie, daß sich im Bewußtsein des Menschen die objektive Wirklichkeit subjektiv widerspiegele, bedeutet das Spielen aus marxistischer Sicht Widerspiegelung der gesellschaftlichen Wirklichkeit und zugleich ihre Umgestaltung durch (Spiel-)Handeln.

Geht man der Frage nach, welche Form des Spielens der Widerspiegelungstheorie am nächsten kommt, ist das *Rollenspiel* zu nennen. In der Tat ist in spieltheoretischen Erläuterungen sowjetischer Psychologen die Dominanz des Rollenspiels unübersehbar, so daß manchmal fast der Eindruck einer Gleichsetzung von „Spiel" und „Rollenspiel" entsteht. Elkonin führt aus:

„Das Vorschulalter ist die klassische Periode des Spiels. Im Vorschulalter entsteht das Rollenspiel und gewinnt nach und nach seine entfaltete Form... Im Rollenspiel übernehmen die Kinder Arbeitsfunktionen oder gesellschaftliche Aufgaben Erwachsener in Spielbedingungen, die sie speziell dafür schaffen. Sie reproduzieren die Tätigkeit Erwachsener und die Beziehung zwischen ihnen." (1971, S. 41)

Leontjew (1973, S. 377 ff.), der sich weitgehend auf Elkonin stützt, erklärt, daß die Spielhandlung des Kindes durch sein Bedürfnis entstehe, nicht nur mit den ihm zugänglichen Dingen umzugehen, sondern in den viel größeren Bereich der Gegenstände der Erwachsenenwelt einzudringen. Das Kind wünsche, wie ein Erwachsener tätig zu sein und Handlungen Erwachsener nachzuvollziehen. Aus der „Diskrepanz zwischen Handlung und Operation" entstehe eine „eingebildete Spielsituation".

Regelspiele werden von sowjetischen Psychologen allgemein als eine entwickelte Form des Rollenspiels aufgefaßt. Leontjew spricht von einem „Gesetz" der Entwicklung des Spielverhaltens, daß jedes Spiel zunächst mit offenen Rollen beginne, hinter denen sich bestimmte Regeln verbergen; Rollenspiele mit offenen Situationen würden sich dann im Laufe der Entwicklung zu Regelspielen wandeln, in denen Rollen in verborgener Form enthalten seien.

Das Erfüllen der im Spiel mit der Rolle verbundenen verborgenen oder offenen Regeln ist nach Boshowitsch das eigentliche Ziel des kindlichen Spielens, das dem Kind Freude bereite. Da das Spiel die Bedürfnisse des Kindes befriedige, lasse es sich erzieherisch nutzen:

„Wandeln wir die Forderungen der Erwachsenen in Spielregeln um und machen sie damit zum Ziel der Spieltätigkeit, wecken wir beim Kind das Bedürfnis, diese Forderungen zu erfüllen. Das Spiel kann demnach als ein besonderer Mechanismus angesehen werden, mit dessen Hilfe die Forderungen der Erwachsenen in Bedürfnisse des Kindes umgesetzt werden, was wiederum eine Bedingung dafür ist, daß das Kind die Forderungen akzeptiert und erfüllt." (Boshowitsch 1070, S. 288)

An dieser Einschätzung des Spiels von Boshowitsch überrascht weniger das Ausmaß pädagogischer Instrumentalisierung als das mechanistische Verständnis, das dem Spielbegriff zugrundegelegt wird. Bekanntlich lehnt die Psychologie in der Sowjetunion und der DDR nicht nur „biologistische" oder psychoanalytische Entwicklungskonzepte der „bürgerlichen" Pschologie ab, sondern ebenso „mechanistische" Auffassungen, die vor allem den behavioristischen Lerntheorien amerikanischer Herkunft zugeschrieben werden.

Aufs Ganze gesehen, erscheinen die Erklärungsansätze der marxistischen Spieltheorie merkwürdig schablonenhaft und lassen mehr Fragen offen, als sie zu beantworten vorgeben. Spielpädagogische Überlegungen werden vor allem durch das Verhältnis von „Spiel" und „Arbeit" bestimmt. Aus marxistischer Sicht gewinnt das Spielen des Kindes seine gesellschaftliche Funktion primär aus der Vorbereitung späterer Arbeitstätigkeiten.

„Das Spiel ist bekanntlich eine Hauptform der Tätigkeiten des Menschen, die historisch aus der Arbeit hervorgegangen ist und stets mit der Arbeit in Beziehung steht. Es wurde als eine besondere Form der Vorbereitung der heranwachsenden Generation auf die Arbeit und das gesamte Leben in der Gesellschaft notwendig und möglich, als die Arbeit ein komplizierter, arbeitsteiliger und technisierter Prozeß wurde." (Ussowa 1974, S. 71)

Ohne auf den ideologischen Hintergrund dieser Aussage näher einzugehen, sei auf die pädagogischen Konsequenzen für die Vorschulerziehung hingewiesen: „Im sozialistischen Kindergarten dominiert das „Prinzip der zielgerichteten und planmäßigen Leitung des Spiels zum Zweck der kommunistischen Erziehung... Durch das richtig organisierte Spiel führt man die Kinder an die Arbeitshandlungen und an das Leben heran". (Bildungs- und Erziehungsplan 1974, S. 17)

Der in der DDR verbindliche „Bildungs- und Erziehungsplan für den Kindergarten" enthält zum Spiel detaillierte Lernziele, jeweils getrennt für die „jüngere", „mittlere" und „ältere" Gruppe. Für alle drei Altersgruppen wird der Erzieher ausdrücklich auf die Aufgabe der Lenkung der Spieltätigkeiten hingewiesen, die sich an die Art des Spiels anzupassen habe. Dominierend ist der Lern- und Leistungsaspekt, unter dem das Spiel gesehen wird:

Jüngere Gruppe: „Im Umgang mit Spielzeug und bei der Gestaltung einfacher Spielsituationen werden die Vorstellungen der Kinder von den Dingen und Vorgängen ihrer Umwelt genauer und umfangreicher. Die Spiele regen die Phantasie und die geistige Tätigkeit der Kinder an. Die Kinder lernen, sich in zunehmendem Maße der Sprache zu bedienen, um sich untereinander zu verständigen und ihre Absichten darzulegen". (S. 17)

Mittlere Gruppe: „Die Spiele werden beständiger, phantasievoller und inhaltsreicher und weisen zusammenhängendere Handlungen auf. Die Kinder dringen tiefer in die Bereiche des gesellschaftlichen Lebens ein. Die Auseinandersetzung mit den Dingen und Erscheinungen ihrer Umwelt im Spiel fördert die geistige Entwicklung der Kinder und trägt zur Herausbildung beständiger Gefühle und Meinungen bei". (S. 73)

Ältere Gruppe: „Die Kinder verarbeiten im Spiel ihre Kenntnisse, bereichern und vertiefen ihre Vorstellungen von den Tätigkeiten und Beziehungen der Menschen. Die Kinder entwickeln Ausdauer und Initiative und sind zu schöpferischer Gestaltung verschiedener Lebensbereiche im Spiel fähig". (S.141)

Auffällig bei diesen Formulierungen ist die fehlende Unterscheidung von pädagogischem „Ist-Zustand" und dem anzustrebenden „Soll-Zustand". Angestrebte Lernziele werden hier als bereits realisiert beschrieben. Umgekehrt erhalten Tatsachenfeststellungen normativen Charakter. Die Aussage, „die verschiedenen didaktischen Spiele bereiten den Kindern der älteren Gruppe Freude" (S. 142), schließt gewissermaßen die Erwartung ein, daß die Kinder sich zu freuen haben, wenn didaktische Spiele gespielt werden.

Der „Bildungs- und Erziehungsplan" unterscheidet die folgenden Spielarten: Rollenspiel, Didaktische Spiele, Bewegungsspiele, Stegreifspiele, Handpuppenspiele, Spiele mit Bausteinen und Naturmaterial. Sowohl in der Praxis des Kindergartens als auch in der einschlägigen Literatur dominieren die beiden erstgenannten Arten des Spiels. Daß neben dem Rollenspiel vor allem die didaktischen Spiele große Bedeutung in der sozialistischen Vorschulerziehung besitzen, hängt direkt mit der

Nutzung des Spiels als Mittel der Lernförderung zusammen. Das didaktische Spiel wurde in der DDR schon sehr früh als „wertvolles Mittel zur Entwicklung der Fähigkeiten der Kinder und zur Erweiterung und Festigung ihrer Vorstellungen" entdeckt. (Vorwerk 1953, S. 376)

Didaktische Spielmaterialien werden heute bereits in der Kinderkrippe bei Zweijährigen eingesetzt. Mit zunehmendem Alter tritt im didaktischen Spiel das Material zurück gegenüber den von der Erzieherin vorgegebenen Spielregeln und Spielinhalten. In der Gruppe der älteren Kinder werden didaktische Spiele systematisch eingesetzt zur Förderung schulisch relevanter Fähigkeiten. (Durchholz 1969; Arndt 1964)

Obwohl das didaktische Spiel Übungscharakter hat und von den Kindern als aufgabenbezogen erlebt wird, dürfte der Unterschied zum Rollenspiel (das auch „schöpferisches Spiel" genannt wird) in der Kindergartenpraxis der DDR nicht allzu groß sein. Denn auch das Rollenspiel ist kein völlig „freies" Spiel, sondern unterliegt der regulierenden Einflußnahme der Erzieherin.

Bereits in den fünfziger Jahren wurde in der DDR-Zeitschrift „Neue Erziehung im Kindergarten" die freie Erziehung bürgerlicher Herkunft, die von dem Grundsatz der völligen Freiheit im Spiel ausgeht, stark kritisiert. Das Prinzip der Nichteinmischung in das Spiel sei eine „falsche Auffassung", die „ausgemerzt" werden müsse. (Christensen 1956, S. 6 ff.)

Die Kindergartenpädagogik der DDR geht demgegenüber von der „führenden Rolle des Erziehers im Spiel" aus. Für das didaktische Spiel ist die Erzieherdominanz offenkundig. Beim Rollenspiel besteht die Führungsaufgabe des Erziehers vor allem darin, die Kinder anzuleiten, den Rollen, die sie übernehmen, den „richtigen Inhalt" zu geben. Die Inhalte des Rollenspiels sollen den Kindern ein positives Bild vom Leben im Sozialismus vermitteln, insbesondere die Liebe zu den arbeitenden Menschen in der sozialistischen Gesellschaft wecken, so daß die Kinder bereits im Spiel die Normen und Werte dieser Gesellschaft übernehmen:

„Wir halten deshalb die positiven Bedingungen ebenso wie die Bindungen der Kinder an die arbeitenden Menschen für einen wichtigen Bestandteil des sozialistischen Inhaltes im Rollenspiel. Durch sie wird das Spiel selbst ein Stück sozialistischen Lebens, in dem die Normen des Arbeitens und des Zusammenlebens der Menschen im Sozialismus gelten." (Pfütze 1971, S. 274)

Nun wird auch von den sozialistischen Pädagogen kaum bestritten, daß die Kinder von sich aus in ihren Rollenspielen oft andere, als die erwünschten sozialistischen Inhalte und Normen zum Vorbild nehmen. Eben deshalb darf das Rollenspiel nicht den Spontanhandlungen der Kinder überlassen bleiben, sondern ist Teil einer planmäßigen Unterweisung:

Der sozialistische Inhalt „tritt nicht notwendig in jedem Spiel auf. Die Kinder werden zu einer solchen Aussage im Rollenspiel besonders unter der lenkenden Hand der Erzieherin fähig. Was sich unter Mühen, auf Umwegen und nach langer Zeit im Spiel unserer Kinder allgemein einmal zeigen wird, nämlich der sozialistische Inhalt, muß unter der zielstrebigen Leitung der Erzieherin bereits im Vorschulalter entwickelt werden."³

So gesehen ist die Kennzeichnung der Kindererziehung in der UdSSR und der DDR als „Spieleingriffspädagogik" (Heinsohn/Knieper) keine Unterstellung, sondern trifft exakt das Selbstverständnis der sozialistischen Pädagogik.
Kommen wir nun zur *Funktion der Spielmittel* im sozialistischen Kindergarten. Eine marxistische Theorie des Spielzeuges ist bislang noch nicht ausgearbeitet worden. Man kann lediglich einige spieltheoretische Zusammenhänge aufgreifen, in denen unter anderem auch Bemerkungen über die Spielmittel gemacht werden.
Spielzeug hat nach marxistischer Auffassung „Klassencharakter": So sehr es in der bürgerlichen Kindererziehung den Interessen der kapitalistischen Gesellschaft dient, so sehr soll es in der sozialistischen Gesellschaft einen Beitrag zur Erziehung allseitig gebildeter sozialistischer Persönlichkeiten leisten. Vom „sozialistischen Spielzeug" wird erwartet, daß es die Freude am Spielen weckt, den Gesichtskreis des Kindes erweitert und Anregungen zu kollektivem Spiel gibt.
Im sozialistischen Kindergarten kann man zwei große Gruppen von Spielmitteln unterscheiden: Erstens didaktische Spielmaterialen, die zur Übung der intellektuellen Funktionen eingesetzt werden, zweitens Spielmittel, die im weitesten Sinne dem Rollenspiel dienen. Dazu rechnen wir Ausstattungsstücke für typische, gesellschaftlich relevante Berufsrollen (z.B. Volkspolizist, Baggerführer, Arzt), technisches Spielzeug (Autos, Kran, Förerbänder usw.), Puppen, Figuren und Spieltiere sowie Baumaterialien, wozu auch die Fröbel-Gaben gehören.
Sehr konsequent wird in der DDR in den Kindergärten darauf geachtet, daß diese Spielgegenstände von Mädchen in etwa gleicher Häufigkeit wie von Jungen gebraucht werden, so daß möglichst keine Bindung an die traditionellen geschlechtstypischen Rollen entsteht. Die Förderung des technischen Interesses von Mädchen kann hier durchaus als beispielhaft gelten.
Der Einsatz von Spielmitteln im Kindergarten hat einen methodischen und einen inhaltlichen Aspekt. *Methodisch* stellt sich die Frage, ob Spielmittel die Funktion haben, die Erzieherin von der beständigen pädagogischen Einflußnahme im Spiel zu entlasten und dem Kind einen gewissen Freiraum des Spontanhandelns zu geben. Von der sozialistischen Theorie und Praxis der Kindergartenerziehung her gesehen, ist diese Frage zu verneinen. Zwar wird auch von „indirekter" Einflußnahme gesprochen, entscheidend ist aber, daß das Spielzeug von der Erzieherin im Prozeß der Spiellenkung planmäßig eingesetzt werden soll, um die direkte Lenkung zu unterstützen:

„Es ist möglich, mit Hilfe eines bestimmten Spielzeuges das Kind zur Übernahme einer ganz bestimmten Rolle und zur Gestaltung eines bestimmten Inhaltes anzuregen, zumindest dem Spiel eine gewünschte Richtung zu geben. Es ist sicher einleuchtend, daß die Erzieherin sich in

---

3 Ebenda, S. 275. Ähnliche Vorstellungen vom »Rollenspiel als Unterweisung« finden sich bei marxistischen Autoren westlicher Provenienz; vgl. Claus u.a. 1973, S. 200.

ihrer führenden Rolle im Spiel nicht... auf den Zufall verlassen darf, sondern daß sie das Spielzeug bewußt auswählen und sich die Art und Weise, wie sie es den Kindern anbieten will, also den methodischen Einsatz, sehr gut überlegen muß. Es ist deshalb sehr wichtig für jede Kindergärtnerin zu erkennen, daß das Spielzeug nicht nur materielle Grundlage des Spiels ist, sondern daß es wesentlich mehr zu leisten vermag. Unter Ausnutzung des Aufforderungscharakters, des besonderen Reizes, der für das Kind vom Spielzeug ausgeht, kann es durch überlegte Auswahl und durchdachten Einsatz auch zu einer Methode der Lenkung des Spiels werden, und zwar zu einer indirekten Methode der Einflußnahme, die dem Wesen des Spiels am besten entspricht." (Grenz 1971, S. 281f.)

Inhaltlich hat das sozialistische Spielzeug die Aufgabe, das Kind mit den Gegebenheiten der sozialistischen Gesellschaft vertraut zu machen. Dies geschieht durch seine modellhaft abbildende Funktion, weshalb die Forderung nach Realitätsgerechtheit bzw. „realistischem Spielzeug" ein wichtiger Grundsatz für die Bewertung von Spielzeug in der DDR darstellt.

„Das Bekanntmachen mit der gesellschaftlichen Umwelt werden vor allem die Spielsachen unterstützen, die dazu dienen, die Kinder zur Freude an der Arbeit und zur Achtung des arbeitenden Menschen zu erziehen und die ihnen ermöglichen, Umwelteindrücke im Spiel wiederzugeben, Erlebtes nachzugestalten." (Gutes Spielzeug unterstützt die Erziehungsarbeit 1956, S. 12)

Somit leisten Spielmittel, insbesondere technisches Spielzeug, im Kindergarten einen wichtigen Beitrag zur polytechnischen Erziehung der Kinder. Daß die „sozialistische Wehrerziehung", die „Liebe zu unserer Nationalen Volksarmee", ebenfalls zum Pflichtprogramm der Vorschulerziehung in der DDR gehören und „sozialistische" Spielzeugwaffen und -soldaten im Kindergarten durchaus ihren Platz haben, wurde bereits in anderem Zusammenhang erwähnt (vgl. S. 251f.).
In der einschlägigen DDR-Literatur wird den Spielmitteln zwar einerseits eine gewisse Beachtung geschenkt, im Vergleich zur „bürgerlichen" Vorschulerziehung spielt der Materialaspekt in der sozialistischen Erziehungspraxis wohl doch eine geringere Rolle. Dafür mögen die ungünstigeren ökonomischen Voraussetzungen ebenso ein Grund sein wie die Sorge, durch ein zu großes Spielmittel-Angebot könnten die Kinder der direkten Leitung der Erzieherin entgleiten. Mehrfach wird in einschlägigen Aufsätzen darauf hingewiesen, daß das Spielmaterial kein Ersatz für die Führung der Erzieherin sein darf.
Aus einigen Veröffentlichungen der letzten Jahre läßt sich der Schluß ziehen, daß diese Form „Spieleingriffspädagogik" in den Kindergärten der DDR auch zu gewissen Schwierigkeiten führte. Die auftretenden Probleme (daß z. B. Kinder keine Lust mehr zum Rollenspiel zeigen) haben allerdings kaum eine Überprüfung der theoretischen Postulate zur Folge, sondern werden ausschließlich in methodischen Mängeln der Erziehungsarbeit gesehen. (Hasdorf 1974; Schroeter 1974)
Die Überwindung dieser Mängel wird wiederum von einer noch zielbewußteren Planung und Lenkung des Spiels durch die Erzieherin erwartet, womit sich der Problemkreis schließt. Die Auswirkungen der Spieleingriffspädagogik auf die Kinder werden so oder so beträchtlich sein.

Für den außenstehenden Beobachter stellt sich die Frage, ob die als Faktum angesehene „Widerspiegelung" gesellschaftlicher Realität im Kinderspiel nur dann stattfindet, wenn die Spielinhalte im gewünschten Ausmaß sozialistisch sind; es könnte doch sein, daß das Denken und Fühlen der Kinder in der DDR durch jene – wohl noch nicht völlig ausgemerzten – „spontanen" Rollenspiele nichtsozialistischen Inhalts adäquater widergespiegelt werden, als es die offizielle sozialistische Pädagogik bislang annahm.

Behinderte Kinder in sonderpädagogischen Einrichtungen

Die Bedeutung des Spielzeugs als Erziehungsmittel für Behinderte ist erst in den letzten zehn bis fünfzehn Jahren voll erkannt worden. Dabei geht es keinesfalls nur um den Einsatz einzelner Spielmaterialien als Rehabilitationsmittel für eng umgrenzte Formen körperlicher oder geistiger Behinderung. Viel grundlegender ist die Aufgabe, den Behinderten durch das Spielen zu einer lustvoll erlebten Form der aktiven Auseinandersetzung mit der Umwelt zu führen. Dieser spielpädagogische Grundgedanke, der die allgemeine Persönlichkeitsförderung vor die spezielle Therapie stellt, wird die besonderen therapeutischen Möglichkeiten einzelner Spielmittel dennoch nicht unbeachtet lassen.

Herzka/Binswanger (1974, S. 60) heben hervor, daß behinderte Kinder von vornherein viel größere Schwierigkeiten in der Persönlichkeitentwicklung und der Aufnahme sozialer Beziehungen zu bewältigen haben als normale Kinder. Die Behinderung beeinträchtigt die *Kommunikation* mit der Umwelt; insbesondere die Aufnahme von Beziehungen zu fremden Menschen ist erschwert. Die *Selbstwahrnehmung* ist aufgrund der eingeschränkten Wahrnehmungsfähigkeit unterentwickelt oder gestört. Beim behinderten Kind können sich in geringerem Maße Selbstvertrauen und Selbstbewußtsein ausbilden. Deshalb ist das behinderte Kind – insbesondere wenn die intellektuellen Funktionen relativ normal entwickelt sind – in viel stärkerem Maße *Ängsten* ausgesetzt; es kann Umwelterlebnisse weniger gut verarbeiten als normale Kinder. Auch die *biologischen Rhythmen* (Schlaf- und Wachzeiten, Nahrungsaufnahme und Ausscheidung, Stimmungs- und Leistungsphasen) bilden sich beim behinderten Kind schwieriger und anders aus.

Im Mittelpunkt unserer Darstellung steht das *geistig behinderte Kind.*

Geistig behinderte Kinder sind in ihren intellektuellen Funktionen gegenüber normalen Kindern weit zurück (Imbezilität); geringere Grade des Intelligenzdefizites werden als Lernbehinderung bezeichnet. Viele geistig behinderte Kinder sind darüber hinaus mehrfachbehindert, d. h. die geistige Behinderung kann z. B. eine Bewegungsbehinderung miteinschließen. Auf die Spielpädagogik besonderer Behinderungsformen (Seh-, Sprach-, Hörbehinderung, cerebrale Bewegungsstörungen) können wir nicht gesondert eingehen.

Um Materialien zur Förderung des Spiels geistig- bzw. lernbehinderter Kinder einsetzen zu können, muß man den Besonderheiten ihres Verhaltens, vor allem ihres

Spielverhaltens, Rechnung tragen. Hetzer charakterisiert das Verhalten geistig Zurückgebliebener wie folgt:

„1. Die Kinder verharren viele Stunden am Tag in passiver Untätigkeit, sie dösen vor sich hin.
2. Anstatt Spiel ist bei ihnen dranghaftes Abreagieren zu beobachten.
3. Genießen tritt an die Stelle des Spiels, wobei lustvolle Berührungsreize und monotone Wiederholung von Bewegungen bevorzugt werden (wackeln, nasebohren).
4. Es werden Tätigkeiten ausgeführt, die infolge des geringen aktiven Einsatzes nur den Charakter der Spielerei haben." (Hetzer 1968, S. 216 f)

In der sonderpädagogischen Literatur werden geringe Spontaneität und Aufgeschlossenheit gegenüber der Umwelt, große Ablenkbarkeit (insbesondere bei Erethikern), Bewegungsstereotypien (monotones Wiederholen von Bewegungen) und perseverierendes Verharren bei einem bestimmten Gegenstand als typische Verhaltensweisen von Geistigbehinderten herausgestellt. Sofern der Geistigbehinderte überhaupt ein gewisses Spielverhalten zeigt, ist sein Spiel durch geringes Formniveau und eine geringe Variationsbreite des Handelns charakterisiert (Hetzer 1967; 1968; Herzka/Binswanger 1974). Insgesamt scheinen diese Merkmale einen Bezug zur Verhaltensbeschreibung kulturell vernachlässigter Kinder aufzuweisen (vgl. S. 341), wenn auch die Ausfallerscheinungen bei Geistigbehinderten wesentlich gravierender sind. Berücksichtigt werden muß, daß zu den genetischen Faktoren (bzw. zu irreversiblen organischen Schädigungen), die die Behinderung begründen, oft ungünstige Umweltfaktoren hinzutreten, welche verhindern, daß diese Kinder entsprechend ihren Möglichkeiten angemessen gefördert werden: Bei vielen Behinderten tritt zur genetischen Benachteiligung eine soziale Benachteiligung hinzu.

Zur Spielführung geistig behinderter Kinder
Die aktive Spielförderung bei Geistigbehinderten ist zwar in ihrer pädagogischen Bedeutung heute unumstritten, in der Praxis der Behindertenerziehung wird sie dennoch oft unzureichend realisiert – vielfach aus der falschen Einstellung heraus, geistig behinderte Kinder würden in erster Linie der schonenden Pflege und der liebevollen Bewahrung bedürfen. Reste von Spontaneität, die durch Verstärkung des Interesses an einfachen Spielhandlungen fortentwickelt werden könnten, gehen dann durch das Erlernen einer vom Erzieher begünstigten passiven Einstellung vollends verloren. Das andere Extrem, eine Überforderung des behinderten Kindes durch allzu große Leistungserwartungen seitens des Erziehers, wäre allerdings ebenso bedenklich. Geistig behinderte Kinder müssen nicht nur das Spielen lernen, sondern zunächst einmal befähigt werden, auf Umweltreize mit einem Zuwendungs-

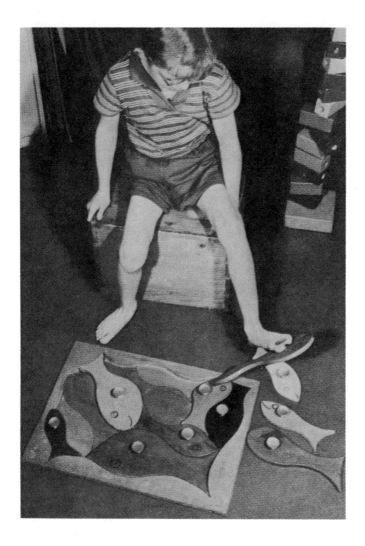

Spielzeug für Behinderte, Herzka/Binswanger, Spielsachen, Schwabe & Co. Verlag, Basel 1974.

interesse zu reagieren. Es kann nicht immer vorausgesetzt werden, daß ein dargebotener Gegenstand sogleich Neugier und Handlungsimpulse auslöst, wie dies beim normalen Kind der Fall ist. Beim geistig behinderten Kind muß der fehlende Aufforderungscharakter des dargebotenen (Spiel-)Objektes durch eine entsprechende Aufforderung und Anleitung des Erziehers erst geweckt werden. Immer wenn das Kind von sich aus nicht in der Lage ist, sich dem betreffenden Spielgegenstand zu widmen und die Spielfunktion wahrzunehmen, hat der Erzieher die Aufgabe, durch Zeigen, Vortun und Auffordern, das Kind zum Handeln zu bewegen. Diese einfache Handlung mag zunächst nur das Ergreifen, Erfühlen und Wiederloslassen eines Gegenstandes sein, z. B. eines anschmiegsamen Plüschtieres, oder das Erzielen eines bestimmten Effektes, z. B. das Rollen eines Balles. Derartige Funktionsspiele, die wir beim normal entwickelten Kind bereits in der zweiten

Hälfte des ersten Lebensjahres beobachten können, bilden den Hauptanteil von (Spiel-)Tätigkeiten des Geistigbehinderten oft über viele Jahre hinaus.
Hetzer macht auf ein Grundproblem bei der Spielführung geistig behinderter Kinder aufmerksam, das auftritt, wenn der Erzieher diese niederste Stufe der handelnden Umweltbegegnung gleichsam als letztes Ziel der Spielförderung ansieht und das Kind nicht auf ein höheres Niveau des Spielhandelns führt:

„Das Steckenbleiben oder Abgleiten in diese Form funktionaler und perseverierender Tätigkeit, wenn Anreize zur Ausführung anderer Tätigkeiten fehlen, ist für die Mehrzahl der geistig zurückgebliebenen Kinder eine große Gefahr, die mit dem Grad ihrer Geistesschwäche zunimmt." (Hetzer 1968, S. 225)

Die Erweiterung von Funktionsspielen mit ursprünglich geringerer Variationsbreite, das Inbeziehungsetzen von mehreren Einzelobjekten (z. B. das Auftürmen von Bauklötzen) und das Bewerkstelligen einfacher Spielaufgaben (z. B. das Einpassen eines Steckers in die passende Vertiefung des Steckbrettes) sind mögliche Ansätze für eine Spielführung, die das Stadium des unspezifischen, ungesteuerten Herumspielens und der Bewegungsmonotonie zu überwinden trachtet. Das Kind benötigt nun Spielobjekte, mit denen es lernt, ein bestimmtes Ziel zu verfolgen: Das Einpassen von Formen, das Aufreihen von Ringen auf einen Stab, das Zuordnen gleicher Farben, das Aufbauen einer Würfelpyramide stellen solche einfachen Aufgaben dar, die das Kind zu lösen lernt, auch das Montessori-Material bietet gute Möglichkeiten für zielgerechte Tätigkeitsformen. Das Kind lernt dabei, daß es selbst Wirkungen hervorrufen kann und daß diese Wirkungen, die es dann zunehmend von sich aus ohne Fremdanleitung zu erzielen sucht, nur durch eine spezifische Handhabung des Materials zu erreichen sind. Damit ist ein wichtiger Schritt vom zufälligen Erproben zum Durchdenken der zur Verfügung stehenden Handlungsmöglichkeiten getan, d. h. die ersten Ansätze einer kognitiven Bewältigung von Spielaufgaben zeigen sich – wenn sie auch noch ganz auf der Ebene der sensumotorischen Intelligenz verbleiben.
In ähnlicher Weise sollten beim Malen, beim Sandspiel und beim produktiven Gestalten mit Knetmasse die anfangs auftretenden Formen des unspezifischen Zufallshandelns (Kritzeln, zielloses Herumkneten, Anhäufen) in Formen bewußteren Gestaltens überführt werden. Geduldig muß der Erzieher dem Kind immer wieder vortun, was es aus eigenem Antrieb nicht zu leisten vermag. Dies ist keine Gängelei, denn Geistigbehinderte sind in viel geringerem Maße in der Lage, aus eigenen Vorstellungen heraus zu gestalten. Dabei sollte nicht vergessen werden, daß auch hier jede Spielführung immer nur Hilfe zur Selbsthilfe ist. Der Behinderte darf nicht zum bloßen Adressaten eines durchgezogenen Spielprogrammes werden. Er braucht in seinem Spiel Anerkennung, Ermutigung und Erfolgsbestätigung für die erbrachten Leistungen. Diese Anerkennung wird zwar von den Bezugspersonen meist vermittelt, von der übrigen Umwelt aber oft nicht. Deshalb können die Spielkontakte mit vorurteilsfreien gesunden Kindern für Behinderte nicht früh genug einsetzen:

„Behinderte Kinder brauchen den Kontakt mit gesunden Kindern. Es müssen Spiele angeregt werden, bei denen sie gleichwertige Partner sein können. Nicht herablassendes Mitleid, sondern gegenseitige Anerkennung, Toleranz, selbstverständliche Hilfsbereitschaft und Freundschaften erwachsen aus solchen Spielgemeinschaften – ein Gewinn für beide Seiten."
(Arbeitsausschuß Gutes Spielzeug 1974, S. 19)

Es bedeutet im Spielverhalten des Kindes bereits einen großen Schritt vorwärts, wenn ein bestimmtes Produkt (aus Sand, Bauklötzen, Knete usw.) hergestellt wird, das Ergebnis einer gewissen Darstellungsabsicht ist. Damit ist der erste Ansatz zum symbolischen Spielhandeln gegeben.

Geistigbehinderte zeigen auch dann, wenn sie die Stufe des reinen Funktionsspiels überwunden haben, in ihrem Spielverhalten eine starke Tendenz zur schematischen Wiederholung des einmal bewältigten Herstellungsvorganges; Vorstellungsvermögen, Einfallsreichtum und Phantasie gehen dem Geistigbehinderten oft völlig ab, können aber im Rahmen einer jahrelangen aktiven Spielförderung zumindest in bescheidenen Ansätzen herangebildet werden. Differenziertes Symbol- und Rollenspiel und gemeinsames Spiel mit anderen Kindern bedeutet für Geistigbehinderte, bereits eine hohe Stufe der Spielentwicklung erreicht zu haben, die bei imbezilen Kindern höchstens ansatzweise realisierbar sein wird. Dennoch gibt es Einzelfälle, in denen die aktive Spielförderung weit über das erwartete Ausmaß hinaus als Entwicklungshilfe wirksam ist. Hetzer (1968 S. 223) berichtet über einen solchen Fall:

„Der von mir seinerzeit im Sonderkindergarten in Berlin-Tiergarten beobachtete Siegfried, bei dem in verhältnismäßig kurzer Zeit im Alter von 3;3 bis 4;8 eine Normalisierung seines Gesamtzustandes erfolgte, was in einem Anwachsen des Entwicklungsquotienten von 46 auf 85 deutlich wurde, hat nacheinander in seinem Spiel folgende Verhaltensformen gezeigt:
1. Dranghafte Unruhe: Erklettern von Fensterbänken, Tischen und Stühlen; Wutanfälle, wenn der Bewegungsdrang gehemmt wird, kurzes Ruhigstellen beim Schaukeln, dem er sich genießerisch hingab;
2. Bevorzugung einfacher Tätigkeiten wie Perlen auffädeln, Sortieren, bei deren Durchführung starke perseverative Tendenzen deutlich wurden; geringe innere Anteilnahme;
3. Intensives und in Hinblick auf Spielmaterial und variierende Spieltätigkeiten abwechslungsreiches Spiel: Kaufladen, Bauen, Ansätze zur Werkherstellung;
4. Spiele, bei denen viele eigene Einfälle auf den Einsatz produktiver Kräfte hinweisen.

Während Siegfried zu Beginn der Beobachtung kein Interesse für seine Umgebung zeigt, als völlig kontaktlos angesehen werden muß, wird er in zunehmendem Maße dem Erwachsenen gegenüber kontaktbedürftig und anschmiegsam, um schließlich an den Spielen anderer Kinder teilzunehmen und mit ihnen ausgesprochene Freundschaft zu schließen."

In vielen anderen Fällen muß sich die Spielförderung Geistigbehinderter mit bescheideneren Ergebnissen zufriedengeben. Dennoch ist auch dort wenigstens in Ansätzen spürbar, daß das Kind über Spieltätigkeiten nicht nur sein Handlungsrepertoire erweitert, sondern auch in stärkerem Maße sich seiner Person bewußt wird. Es beginnt, sich über seine Spielerfolge zu freuen und gewinnt schließlich auch ein bewußteres Verhältnis zu seiner sozialen Umwelt. Viele Regelspiele sind für geistig behinderte Kinder wegen fehlender kognitiver Voraussetzungen nicht spielbar oder scheitern an der Fähigkeit zur sozialen Kooperation. Dennoch sind Regelspiele in *ihren einfachsten Formen* durchaus praktikabel, z. B. Spiele, die nach dem Lotto- und Domino-Prinzip funktionieren und mit dem Erzieher gespielt werden. In einer nicht zu großen Spielrunde von behinderten Kindern (möglichst sollten auch Nichtbehinderte teilnehmen) können mit Hilfe des Erziehers Spiele mit einfachen Ausführungstätigkeiten (z. B. Würfeln bzw. Farbtürmchenspiel; abwechselndes Anfügen eines Teiles bei einem Puzzle) viel Erfolg haben. Viele Regelspiele, die nichtbehinderte Kinder gern spielen (z. B. Memory, Quartett), können bei Lernbehinderten mit vereinfachten Regeln und mit verkleinertem Material-Angebot durchgeführt werden.

Spielmittel für geistig behinderte Kinder
Da es sehr verschiedene Arten und Grade der geistigen Behinderung gibt, wird die Auswahl von Spiel- und Betätigungsmitteln jedem einzelnen Kind angepaßt sein. Andererseits darf bei den Kindern nicht der Eindruck entstehen, ihre Spielsachen seien ganz anders oder etwas besonderes gegenüber dem Spielzeug normaler Kinder. Dies würde ihre Außenseitergefühle verstärken und der anzustrebenden Integration von Behinderten und Nichtbehinderten entgegenwirken. Gerade bei einem behinderten Kind, das in der Familie mit nichtbehinderten Geschwistern aufwächst, können solche durch die Absonderung seines Spielzeugs bedingten Gefühle der Minderwertigkeit aufkommen. Wenn das Interesse bei einem behinderten Kind für ein bestimmtes Spielzeug vorhanden ist, also nicht erst geweckt zu werden braucht, dann soll es damit auch spielen dürfen; das Risiko einer unsachgemäßen Behandlung wird man in Kauf nehmen.
Binswanger, Fischer und de Paoli (1974, S. 14) gehen bei der Auswahl von Spielmitteln für geistig behinderte Kinder von vier verschiedenen Kindergruppen aus, die jeweils eine bestimmte Entwicklungsstufe des Spielverhaltens präsentieren (Beispiele von Spielmitteln in Klammern):
Gruppe I: „Kinder, die Mühe haben, ihre Aufmerksamkeit auf etwas Bestimmtes zu richten, die sich meist passiv halten, aber durch auffallende Dinge oder Töne sich zu Hinschauen oder Aufhorchen vielleicht zum Greifen oder Anstoßen verleiten lassen" (Woll- oder Plüschball, Slinky-Feder, Musikdose).
Gruppe II: „Kinder, die in einem bescheidenen Rahmen zu einer gezielten Aktivität fähig sind, die Vorgänge beobachten können, die unter Umständen selber versuchen, etwas in Bewegung zu setzen oder zu verändern d. h. mit neuen farbigen Voiletüchlein winken, man kann es zusammengedrückt in einem kleinen Loch verstecken oder als farbige Schleier vor die Augen halten usw. Die Beziehungsfähigkeit der Kinder dieser Gruppe wird auch durch Spielsachen aus weichem Material und vertrauter Gestalt (Puppe, Tier) angesprochen" (Einfache Bauklötze, Ziehwalze, Wurfpuppe, Kugelrollbahn).
Gruppe III: „Kinder, die auf Unterschiede von Größe, Form usw. achten, über ein gewisses Vorstellungsvermögen und Handfertigkeit verfügen, so daß sie mit dem

gegebenen Material zu gestalten beginnen, auch wenn dabei nicht unbedingt etwas Gegenständliches entsteht, die Bilder erkennen und mit ihrem Spielzeug einfachste Szenen aus dem Alltag wiedergeben (Einfacher Holzwagen, Schraubfässer, Muggelsteine, Sandeimer mit Förmchen und Sieb, Einsatzzylinder, Matador-Baukausten, Autos mit verschiedenen Funktionen).

Gruppe IV: „Kinder, die sich beim Spielen in eine bestimmte Rolle hineinversetzen können, über Phantasie verfügen und beim Gestalten nach einem Plan vorgehen, die die Regeln einfacher Gesellschaftsspiele verstehen und sie akzeptieren" (Einfache Puzzle, Einsetz-, Steck-, und Legespiele, Bilderlotto, Holzbahn mit Schienen, einfache Puppenstube mit verstellbaren Zimmern, Puppen und -zubehör, Tier- und Menschenfiguren als Gestaltungsmaterial).

Unter dem Aspekt der Spielförderung von *bewegungsbehinderten Kindern* stellten Binswanger, Kuster-Naef und de Paoli (1970) die folgenden Gruppen von Spielmitteln zusammen:

1. *Erste Spielmittel, die das Bewegungserleben, Sinneseindrücke und die emotionale Bindungsfähigkeit fördern*
(Einzelbeispiele in Klammern):
   – zum Anschauen und Hören (Windrad, Klangspiel),
   – zum Betasten, Greifen, Loslassen (Klapper, Glockenwürfel),
   – zum Liebhaben (Teddy-Bär, Stoffpuppen, Plüschtiere);

2. *Spielmittel zum Experimentieren*
   – zum Auf-, In- und Übereinandersetzen (farbige Holzwürfel, Baubecher, Würfelturm).
   – zum Ziehen, Stoßen, Werfen (Bälle unterschiedlicher Größe, Hampelmann, Holzauto zum Be- und Entladen, Blockwagen),
   – zum Hineinstecken und Herausziehen (Ringpyramide, Einsteckbrett und -figuren),
   – zum Drehen und Schrauben, Öffnen und Schließen (Zahnradspindel, Schraubfässer),
   – zum Ingangsetzen (Kugelbahn, Stehaufmännchen);

3. *Spielmittel zum Vergleichen von Farben, Formen, Größen und Bildern*
   (einfache Puzzle und Lotto, Einlegebrett);
4. *Bauen und Konstruieren:* (Lego, Großbausteine, Matador u. a. m.);
5. *Bilden von Mustern und Figuren* (Ornabo, Gitter- und Steckmosaik, magnetisches Steckmosaik, Varianta u. a. m.);
6. *Symbol-, Rollen- und Gestaltungsspiel*
   – Fahrzeuge und Fahrzeuganlagen (leicht rollende Autos, Garage, Holzeisenbahn, Kran, Bagger), Schiff, Flugzeug;
   – Häuser, Bäume, Tiere, Menschen als Gestaltungsmaterial, Puppenstube;

7. *Gesellschaftsspiele*:
Domino, Memory, Kofferpacken, Schnipp-Schnapp, Spitz paß auf, Farbtürmchen, einfache Würfelspiele und Quartette.

Der Internationale Rat für Kinderspiel und Spielzeug (Zentralsekretariat Ulm/Donau) hat folgende „Grundsätze zur Beurteilung von Spielzeug für geistig behinderte Kinder" erarbeitet (beziehbar über den Arbeitsausschuß Gutes Spielzeug):

„1. Das geistig behinderte Kind braucht Spielzeug, das seinem Entwicklungsalter angemessen ist, weil bei ihm Lebensalter und Entwicklungsalter oft erheblich voneinander abweichen.
2. Das geistig behinderte Kind muß auf die verschiedenen Möglichkeiten, wie ein Spielding zu gebrauchen ist und die es allein nicht entdecken kann, aufmerksam gemacht werden. Zu reiche Verwendungsmöglichkeit verwirrt das Kind; Spielzeug mit einfachem, eindeutigen Anforderungscharakter regt es zu sinnvoller, wiederholender Tätigkeit an.
3. Das geistig behinderte Kind versteht nur Spielinhalte, die seiner engen Erlebniswelt entnommen sind. Das Spielzeug muß darum auf verwirrendes Beiwerk verzichten und nur einige wenige, wesentliche wirklichkeitsgetreue Merkmale aufweisen. Es fällt den Kindern schwer, die Spielinhalte aus der eigenen Vorstellungswelt zu ergänzen.
4. Das geistig behinderte Kind spielt wenig abwechslungsreich, Seine Phantasie muß erst durch verschiedenartiges Spielzeug geweckt und zu selbstgestaltendem Spiel angeregt werden.
5. Das geistig behinderte Kind kann mit großformatigen Spielsachen besser umgehen als mit kleinen. Zu behutsamem und geschicktem Umgang mit kleinformatigen Spielelementen muß es angeleitet werden.
6. Das geistig behinderte Kind kann bei ein und demselben Spiel nur eine verhältnismäßig kleine Anzahl von Spieldingen übersehen. Es braucht zwar verschiedenartiges Spielzeug, um vielseitig angeregt zu werden, aber auch dieses sollte ihm nur nacheinander gegeben werden.
7. Das geistig behinderte Kind, bei dem die elementaren Sinnesempfindungen wie Tasten, Berühren, Umgreifen, noch eine besondere Rolle spielen, sollte Dinge in die Hand bekommen, die angenehme Gefühle beim Erfassen auslösen (griffig, weich).
8. Das geistig behinderte Kind wird durch den Reiz der Farbe angeregt. Farbwirkungen aus satten Grundfarben sind anzustreben. Um keine falschen Vorstellungen zu setzen, soll die Farbgebung der Spieldinge weitgehend naturgetreu sein.
9. Das geistig behinderte Kind braucht längere Zeit, um zu klaren Anschauungen zu kommen. Spielzeug in klaren Grundformen, über Jahre hinaus zur Verfügung gestellt, hilft dem Kind, später auch die komplizierten Formen seiner Umwelt zu erfassen.
10. Das geistig behinderte Kind braucht besonders haltbares Spielzeug, denn nur zu Dingen, mit denen es lange Zeit umgehen kann, gewinnt es ein persönliches Verhältnis, was für seine Gefühlsentwicklung von entscheidender Bedeutung ist.
11. Dem geistig behinderten Kind sollte nur Spielzeug in die Hand gegeben werden, dessen Konstruktion es mit seinem beobachtenden Auge erfassen kann und die zu verstehen ihm darum möglich ist. Ist eine Mechanik vorhanden, soll sie gleichermaßen einsichtig sein. Sie birgt aber Gefahr in sich, zu gleichförmigen sinnlosen Tätigkeiten anzureizen und die schöpferische Aktivität zu hemmen.
12. Das geistig behinderte Kind, das die Situationen nicht so rasch überblickt, ist darauf angewiesen, daß der Erwachsene dafür sorgt, daß es nicht durch die Beschaffenheit der Spielzeuge in Gefahr gerät. Absolute Sicherheit im Spiel gibt es nicht. Man soll das Kind nicht durch Überängstlichkeit in seiner Spielfreude hemmen."

Die Grundschule[4]

Spiel in Abhängigkeit von der Zielsetzung der Schule

Die Frage, welche Bedeutung Spiel und Spielmittel für die Grundschule haben können, hängt in starkem Maße von den pädagogischen Erwartungen und gesellschaftlichen Zielsetzungen ab, die mit der Institution Schule verbunden sind. Wird die Schule primär als Lehr- und Unterrichtsanstalt verstanden, die den Kindern nützliche Kenntnisse und Fertigkeiten zu vermitteln hat, so muß der Wert des Spiels anders eingeschätzt werden, als wenn sich die Schule auf den ursprünglichen Wortsinn von „schola" (Muße) besinnt und sich als Ort mitmenschlicher Begegnung versteht.

Ernsthafte Bemühungen um eine stärkere Berücksichtigung des Spiels im Schulleben setzen immer dann ein, wenn die Schule sich in einer Krise befindet und ihre bestehenden Zielsetzungen in Frage gestellt werden. Dies war kennzeichnend für die Distanzierung der reformpädagogischen Schule von der „Lern- und Buchschule" des 19. Jahrhunderts; eine ähnliche Situation scheint heute, wenige Jahre nachdem die zweite Reform der Grundschule zur wissenschafts- und fachbezogenen Leistungsschule eingesetzt hat, eingetreten zu sein. Es liegt nahe, die jüngsten Bemühungen von Pädagogen und Sozialwissenschaftlern, dem Spiel in der Schule mehr Aufmerksamkeit zu widmen, als eine Gegenreaktion gegenüber den unverkennbaren Tendenzen der „Verschulung" und der zunehmenden „Lernzwänge" zu interpretieren. Allein, diese Antwort ist zu undifferenziert, um das komplizierte Verhältnis der Schule zum Spiel befriedigend darzustellen. Daß es heute weder eine Pädagogik des Spiels noch des Spielmittels in der Schule gibt, ist teilweise sogar ein Verschulden jener, welche nicht müde werden, die Bedeutung des Spiels für die Schule hervorzuheben. Die Situation ist geradezu paradox: In seltener Einmütigkeit betonen die Pädagogen die Bedeutung des Spiels für die Persönlichkeitswerdung des jungen Menschen. Aber das Ergebnis aller Bemühungen um den Ausbau einer Spielerziehung ist dürftig. Denn nach wie vor bleibt freies Spielen – und schon gar der Umgang mit Spielmitteln – eine Ausnahmeerscheinung in der Schule.

Das hat seinen Grund nicht nur in der Schule selbst und der aus ihrer rigiden organisatorischen Struktur sich ergebenden „Spielfeindlichkeit", sondern ebenso in der bislang weitgehend fehlenden Motivation, mit der Fortentwicklung der Spieltheorie auch den Grund zu einer Pädagogik des Spiels und der Spielmittel zu legen.

Nicht selten wird über der Darstellung des „Wesens" des Spiels die ganz anders geartete pädagogische Wirklichkeit vergessen. Manche Spielexperten versuchen sich an einer umfassenden Darstellung des Spiels und berücksichtigen dabei primär nur eine bestimmte Spieltradition (z. B. die des darstellenden Spiels); andere

---

4 Vgl. zu diesem Abschnitt Retter 1976b, dort finden sich auch weitere Literaturhinweise zum Thema »Spielen in der Schule«.

wiederum versuchen, Forschungsergebnisse einzelner Wissenschaften zum Spielphänomen aufzuarbeiten, gehen aber nicht auf die spezifischen Bedingungen schulischen Lernens ein, deren Strukturen ja darüber entscheiden, ob Spielen als ein erzieherisch bedeutsamer Vorgang in der Schule überhaupt realisierbar ist. Neuerdings werden Spielvorschläge im Rahmen fachdidaktischer Curricula gemacht; dabei finden freilich jeweils völlig unterschiedliche Aspekte des Phänomens Spiel Berücksichtigung – und dies auch nur in dem Maße, wie mit diesen Spielhandlungen ein Beitrag zur Realisierung der Lernziele des jeweiligen Faches geleistet wird.

Schließlich muß der Versuch erwähnt werden, feste Spielstunden im Stundenplan einzurichten. Benita Daublebsky (1973) hat mit ihren Spielvorschlägen dazu einen wichtigen Schritt getan. Aber bei allen positiven Aspekten dieses „Spielcurriculums" muß auch folgendes bedacht werden: Mit ihm erfährt die Reihe bestehender Curricula eine Fortsetzung, die eher einer Bestätigung des Unbehagens an der Schule gleicht, als daß dadurch die Bedingungen der Schulwirklichkeit verändert würden. In der heutigen Lern- und Leistungsschule kann ein Spielcurriculum, das keine fachgebundenen Ziele verfolgt, nur den Sinn haben, schulische Zwänge abzumildern (ohne sie aufzuheben) – Zwänge, die nicht nur im Konkurrenzdenken der Schüler ihren Niederschlag finden, sondern ebenso in Schulangst, Resignation und Aggressivität. Gerade jene Kinder, die bereits im vorschulischen Alter Sozialisationsdefizite haben und sie in die Schule mit hineinbringen, werden davon betroffen.

Bleiben wir zunächst noch bei den möglichen Zielsetzungen von Schule überhaupt. In den folgenden drei idealtypisch zu verstehenden Zielsetzungen der Schule ist der Stellenwert des Spiels entsprechend unterschiedlich.

1. Schule als Stätte lehrergelenkten Unterrichts: Freies Spiel oder überhaupt freie Selbsttätigkeit hat in dieser Schule kaum einen Platz. Der Lehrer setzt das Spiel allenfalls als Motivationshilfe für die Realisierung von Unterrichtszielen ein. Alle „didaktischen Spiele" haben hier ihren Ort (vgl. Arndt 1964). Sofern sie als lehrergelenkte Übungs- bzw. Wettkampfspiele in den Unterricht eingestreut werden, sind sie dennoch nicht problemlos: Spiel schlägt in Ernst um, wenn das Konkurrenz- und Leistungsdenken des Schulalltags durch diese Art des Spiels noch eine Verstärkung erfährt, der Konflikt aber unter dem Druck der Lehrer-Autorität verdrängt wird. Darstellendes Spiel („Schulspiel"), überhaupt freiere Formen des Spiels werden außerhalb des Unterrichts im Hinblick auf eine dem Spiel zugestandene musisch-ausgleichende (Erholungs-)Funktion angesiedelt.

2. Schule als „optimale Organisation von Lernprozessen": Diese bekannte Formulierung von Heinrich Roth prägt das Gesicht der Schule seit einigen Jahren. Im Mittelpunkt des Unterrichts soll nicht der Lehrer bzw. der „Stoff" oder die „Methode" stehen, sondern der lernende und arbeitende Schüler. Aufgabenbezogene Selbsttätigkeit mit dem Ziel der Herstellung eines (Arbeits-) Produktes und die

Selbstbildung an einem Gegenstand stehen hier im Mittelpunkt des Unterrichts. Diese Tätigkeitsformen sind aber eher als „Arbeit" denn als Spiel zu klassifizieren. Bezeichnenderweise hat die Arbeitsmittelpädagogik reformpädagogischer Herkunft sich um das Phänomen Spiel nur am Rande gekümmert: Wo immer die Selbstbildungsmittel des Anfangsunterrichts in die Form des Lernspiels gekleidet wurden, stand vor allem ihr unterrichtlicher Nutzwert und ihre Subsumierung unter die Kategorie der „Lehr- und Lernmittel" im Vordergrund (vgl. S. 179ff.).
Erst in jüngster Zeit finden neben den material- und regelgebundenen „Lernspielen" in der Schule auch zunehmend mehr zielorientierte Formen des Rollenspiels (als Planspiel, Konfliktspiel, Entscheidungsspiel) Eingang. Diese Spielformen sind an vorgegebene Lehrziele gebunden; da ihre Handlungs- und Verlaufsstruktur aber teilweise von den Schülern selbst mitgestaltet werden kann, ist das Maß an Selbstbestimmung größer als in didaktischen Spielen. Der Anspruch vieler „Konfliktspiele", einen Beitrag zur Emanzipation des Kindes zu leisten, dürfte allerdings weit überhöht sein, da mit der Veranstaltung eines derartigen Spiels im Rahmen einer Unterrichtsstunde die bestehenden Zwänge keineswegs aufgehoben werden. Obgleich das moderne (politische) Kindertheater gute Beispiele liefert, wie den Kindern im darstellenden Spiel Anstöße zur Bewußtmachung bestimmter gesellschaftlicher Zustände gegeben werden können, erweist sich die in der Schule vom Lehrer verordnete Emanzipation oft als bloßes Gerede oder als allzu starke Nötigung des Kindes, seine Situation als defizitär und abhängig zu erleben. Das in der neuen Lernschule proklamierte „spielende Lernen" muß dann fragwürdig werden, wenn die Lust am Spiel durch Lernzwänge und die organisatorische Struktur der Institution Schule verhindert wird.

3. Schule als Lebensstätte des Kindes: Da dieser Ansatz später ausführlicher im Zusammenhang einer Pädagogik des Spiels und der Spielmittel dargestellt wird, können wir uns hier kurz fassen: Das Lernen des Kindes wird hier in eine pädagogische Zielvorstellung integriert, die Schule im wesentlichen als Ort der individuellen Selbstbetätigung und mitmenschlichen Begegnung, als wohnliche Lebensstätte und sozialen Erfahrungsraum sieht. In ihm ist das individuelle Lernen eingebunden in die Gemeinschaft der Gruppe, Erziehung wird vorrangig gegenüber Bildung (zumindest als gleichrangige Aufgabe) angesehen. Die gegenwärtige Grundschule ist weit von diesem Schultyp entfernt, sie hat sich in der Theorie weitgehend dem oben beschriebenen Typ 2, in der Praxis oft jedoch oft dem Typ 1 angenähert.

Zur Situation des Spiels in den Fachdidaktiken

Der Wandel der Grundschule zur Lernschule neuen Typs ist begleitet von der Verwissenschaftlichung des Unterrichts, von der Verselbständigung der Fächer und der sie konstituierenden Fachdidaktiken. Die Fetischisierung eines technologischmanipulativen Lernbegriffs hat aber nicht nur wissenschaftstheoretische, sondern auch gesellschaftspolitische und ökonomische Gründe. Der Druck auf die Grundschule ist durch das Problem der Schulabschlüsse im Sekundarbereich größer geworden. Ganz eindeutig ist die wissenschaftsorientierte Grundschule heute zu einem Propädeutikum für die Sekundarstufe geworden, woraus ein verstärkter Selektions- und Leistungsdruck für die Kinder folgt. Das Kernstück der gegenwärtigen Grundschulreform ist die Curriculumrevision der Fächer. Zweifellos führt die Ablösung des ideologieträchtigen, erlebnisbetont-heimatkundlichen Gesamtunterrichts alter Art durch neue Fachcurricula zu einem wissenschaftlich anspruchsvolleren Unterricht, der jeweils dem neuesten Erkenntnisstand der Fachdidaktiken angemessen ist; jene Lernbereiche, die früher immer nur im Schatten gesamtunterrichtlicher Darbietungen standen, sind nun verselbständigt (etwa die ehemals als „musisch" bezeichneten Fächer Musik, Kunst, Sport), neue Lernfelder melden ihre Ansprüche an. Aber die Curriculumrevision hat auch ihre Kehrseite. Immer mehr zeichnet sich die Gefahr ab, die Reform des Elementar- und Primarbereichs zu einem Flickenteppich einzelner Fachcurricula zu machen, dem ein gemeinsames *pädagogisches* Konzept weithin fehlt. Auch das Spielcurriculum würde bei diesem Stand der Dinge nur ein weiterer Tupfer auf der curricularen Landkarte sein, aber das pädagogische Defizit der Schule noch nicht grundsätzlich verändern.

In dem Maße, wie gegenwärtig die Primarstufe vor allem bei Mittelschichteltern nurmehr die Rolle einer „Vorschule" für das Gymnasium spielt (womit jener Zustand fixiert wird, dessen Überwindung mit der Gründung einer allgemeinen Grundschule 1920 erreicht werden sollte), entfernt sie sich heute stärker denn je von den pädagogischen Prinzipien des Kindergartens. Das erschwert sowohl das Problem des Übergangs vom Elementar- zum Primarbereich als auch Versuche, die Spielpädagogik des Kindergartens in der Schule weiterzuführen. Dies hat wiederum zur Folge, daß in der Grundschule das Spiel zu kurz kommt und im Rahmen einzelner Fächer einen völlig unterschiedlichen Stellenwert besitzt. War früher vor allem aus entwicklungspsychologischen Gründen und in Fortführung der „musischen" Tradition die Bedeutung des Spiels in der (Grund-) Schule hervorgehoben worden, so änderte sich dies Ende der sechziger Jahre radikal. Zunächst führte die Kritik an der „Ideologie" des Musischen dazu, daß etliche Fächer eine plötzliche Kehrtwendung vom ganzheitlichen Erleben und ausdruckhaften Gestalten zum planvollen kognitiven Lernen vollzogen. Allzu unrealistische reformpädagogische Vorstellungen einer „kindgemäßen" spielhaften Einkleidung von Lernaufgaben (die allerdings eher Ausnahmeerscheinungen bildeten) konnten damit zwar abgebaut werden, andererseits vollzog sich damit eine generelle Distanz zum Spiel in der Schule.

Stand in der *Musik* der ersten Schuljahre früher das Singen und seine Ausgestaltung im Singspiel, Reigen usw. im Vordergrund, so ist heute an seine Stelle die Analyse von Alltagsschall getreten. Im *Kunstunterricht* (der vorher als selbständiges Fach kaum existierte) werden heute ästhetische Prozesse primär als kognitive Problemlöseprozesse aufgefaßt; selbst dort, wo Kunstdidaktiker in der Grundschule von

Kreativität reden, ist der naheliegende Hinweis auf das Spiel eher zufällig und belanglos. Ansätze, über ästhetische Materialaktionen – die eine Fülle echter Spielmöglichkeiten bieten – zu einem neuen Verständnis des Spielbegriffs zu gelangen, finden sich kaum in der didaktischen Literatur der Grundschule, sondern spielen eher in Freizeit-Bereichen außerhalb der Schule eine Rolle.

Die *Leibeserziehung*, die lange Zeit die geisteswissenschaftlich-phänomenologische Spieltheorie rezipierte, zeigt derzeit einen theoretischen Neuansatz zu einer kommunikationstheoretisch orientierten Spielerziehung. Im Sportunterricht der Primarstufe wird nicht mehr in dem Maße wie früher eine phasentypische „Spielhaltung" des Grundschulkindes zugrunde gelegt, sondern der Leistungsgedanke stärker in den Vordergrund gerückt.

Der *Technik-Unterricht*, der in der Grundschule als Teil der *Sachkunde* etabliert wurde, böte mit dem freien Bauen und Konstruieren dem Kind ein breites Feld von Spielinitiativen. Die fachdidaktischen Zielsetzungen lassen unter diesem Aspekt allerdings noch vieles offen; so bleibt der Umgang mit technischen Baukästen allzusehr auf das modellhafte Nachbauen von einzelnen technischen Funktionen und Gegenständen beschränkt.

Wesentliche Bedeutung hat das Spiel im *Deutschunterricht* der Grundschule unter dem Aspekt des sozialen Lernens und der Kommunikationsfähigkeit erlangt, bleibt aber auf Rollenspiel beschränkt. Hatte die Schule früher zur Begründung des Spiels vornehmlich auf die Psychologie zurückgegriffen, so scheint heute der Einfluß der Soziologie auf die Didaktik bestimmend zu sein: Mit Hilfe der soziologischen Rollentheorie wird versucht, das Rollenlernen durch Rollenspiel theoretisch zu fundieren. Rollenspiele und emanzipatorische Konfliktspiele scheinen geradezu ein literarischer Modeartikel zu sein, aber dies ist mit Sicherheit kein Maßstab für die tatsächlichen Spielmöglichkeiten des Kindes im schulischen Alltag.

Die heutige *Grundschulmathematik* bedient sich des Regelspiels, um über das Erkennen mathematischer Probleme bzw. Strukturen das Denken des Kindes zu erweitern. Das Prinzip, Informationslücken durch problemorientiertes Spielhandeln im Sinne eines Probehandelns zu schließen, wird sowohl im Mathematik- als auch im Sprachunterricht angewandt, aber eine fachübergreifende Spieldidaktik, die hier z. B. die gemeinsamen Grundlagen von Regel- und Rollenspiel den Kindern durchschaubar macht, ist überhaupt nicht vorhanden. So könnten die Kinder etwa lernen, den besonderen Charakter strategischer Spiele vom einfachen Rollen- oder Zuordnungsspiel zu unterscheiden und Sensibilität für differenzierte Handlungsstrategien zu entwickeln, die bestimmte Strategiespiele in einen Erlebniszusammenhang mit ähnlich strukturierten (z. B. dem ständigen Wechsel von „Angriff und Verteidigung" unterworfenen) sportlichen Spielen bringen. Bemühungen, die mathematische Spieltheorie und ihre Entscheidungsmodelle auf soziale Konfliktsituationen anzuwenden, dürften als unergiebig für das Spiel in der Grundschule anzusehen sein.

Unser Überblick über die Situation des Spiels in den Fachdidaktiken bringt die jeweils isolierte, aspekthafte Behandlung des Spiels zum Ausdruck. Daß in der

Praxis dann meist die Gefahr besteht, lehrhaft über Spiel zu reden, anstatt den Kindern Spielmöglichkeiten zu geben, sei anhand der Unterrichtseinheit „Wir spielen ein Gesellschaftsspiel" (M. Kretschmann 1973) demonstriert: Da wird, ausgehend von der Frage, was Peter in seiner Freizeit wohl unternehmen könnte, das ewig moderne Artikulationsschema von Unterricht angewandt, indem zunächst „Einstieg", „Erarbeitung" und „Vertiefung" abgewickelt werden, ohne daß die Kinder (mit Ausnahme einer „Vorspielgruppe") spielen. Die Kinder sollen in diesem Hauptteil des Unterrichts vielmehr Spielregeln kennenlernen. Sie sollen ferner die Erkenntnis entgegennehmen (bzw. „erarbeiten!"), daß erst bei Beachtung der Regeln das Spiel Freude macht. Erst in der Schlußphase der „Anwendung" darf „Mensch-ärger'-dich-nicht!" dann auch einmal von allen gespielt werden, und das auch nur, um „rechte Verhaltensweisen" einzuüben!

Es ist dies nur ein Beispiel von vielen: Belehrung über Erfahrbares rückt hier an die Stelle dieser Erfahrung selbst – welche Verhinderung von Selbsttätigkeit und Spontaneität durch das Korsett der Didaktik! Denn im Grunde läuft in dieser Weise auch weitgehend das „Spiel" in anderen Bereichen formalen Unterrichts ab: Der Spielgedanke in der modernen Mathematik verschleiert die Tatsache, daß die Kinder in einer genau vorgeschriebenen Zeitspanne im wesentlichen nur jene Dinge entdecken dürfen, die der Lehrer zuvor in sie hineingepackt hat. Kaum wird bedacht, daß z. B. Dienes seine auf dem Spiel basierende Mathematik-Didaktik in Kanada im Rahmen eines „offenen" Schulsystems entwickelte, das, vergleichbar mit der progressiven englischen Infant school, mehr Freiheit und Möglichkeiten zum selbstbestimmten Handeln läßt als unser System.

Spiel ist eine Kategorie, mit der heutige Unterrichtsmodelle der allgemeinen Didaktik offenbar nichts anfangen können. es degeneriert zur „Sozialform des Unterrichts" oder zur „indirekten Aktionsform des Lehrens". Wenn der Unterricht als ein Prozeß aufgefaßt wird, der den Lern-Istwert der Schüler anzugleichen hat an die vom Lehrer gesetzten Sollwerte, dann reduziert sich der didaktische Wert des Spiels auf die Funktion, Instrument der Sollwert-Vermittlung zu sein.

Die „gestörte" Kommunikation im Schulleben

In kaum einem anderen Bereich des allgemeinen Schulwesens ist die Diskrepanz zwischen pädagogischen Zielvorstellungen und der pädagogischen Wirklichkeit gegenwärtig so offenkundig wie in der Grundschule: Alle Fächer stellen die Förderung der Kommunikationsfähigkeit als wesentliches Ziel des Unterrichts heraus – und trotzdem ist die asymmetrisch verlaufende, „gestörte" Kommunikation zwischen Schülern und Lehrern zum Regelfall des Schullebens geworden.

„Gestörte" Kommunikation bedeutet, daß selbstbestimmtes Lernen, Miteinanderleben und Miteinandersprechen nur in jenen verkümmerten Formen existiert, die lernzielorientierter Unterricht in Jahrgangsklassen zuläßt. Notwendig richten sich die Erwartungen der Lehrer nicht auf ein durch Eigenaktivität, Kommunikationsbereitschaft und Kreativität gekennzeichnetes Schülerverhalten, sondern auf schulische Tugenden, die das gleichmäßige Voranschreiten der Klasse innerhalb vorgeschriebener Stoffpensen und das reibungslose Funktionieren des Unterrichtsbetriebes garantieren: Erwartet werden vom Schüler Pünktlichkeit, tadellose Disziplin, prompte Beantwortung der vom Lehrer gestellten Fragen. Wie wenig die Grundschule tatsächlich in ihrer verhärteten Kommunikationsstruktur in der Lage ist, grundlegende Lernprozesse in allen Erfahrungsbereichen zu vermitteln, das Sozialverhalten der Kinder zu fördern, Lernhindernisse abzubauen und die vielzitierte Chancengerechtigkeit durch ausgleichende Erziehung herzustellen, spiegelt die Rolle von Spiel und Spielmitteln in dieser Schule wider.

In den Niedersächsischen Rahmenrichtlinien für die Grundschule (1975, S. 16 f.) wird betont, daß das Spielen, das in den vorschulischen Einrichtungen von zentraler Bedeutung sei, in der Schule fortgeführt werden müsse, da es besonders in den Anfangsklassen „ein wesentliches Gegengewicht zu den neuen schulischen Anforderungen" darstelle. Von freier Wahl der Spielpartner und -objekte, der Verwirklichung von Spielideen und der Selbstbestätigung im Spiel ist die Rede.

Der Schulalltag diktiert allerdings andere Zielsetzungen, als sie in wohlmeinenden Formulierungen amtlicher Lehrpläne zu finden sind. Denn es kann kein Zweifel daran bestehen, daß die pädagogische Funktion des Spiels sich weitgehend den schulischen Lernzwängen angepaßt hat.

Ein Beispiel aus der Praxis: Der Lehrer veranstaltet ein Wettspiel in Gruppen, bei dem jedes Kind einmal mit einer bestimmten Aufgabe drankommt. Das Spiel ist in vollem Gange, die Reihe kommt an Petra. Sie weigert sich mitzumachen, will auch nicht den Grund ihrer ablehnenden Haltung sagen. „Soll ich dir eine Sechs geben?" fragt schließlich der Lehrer drohend.

Spiel, das in den Dienst des Lernens gestellt wird, trägt durch seine didaktische Verkürzung und Reglementierung dazu bei, die ohnehin gestörte Kommunikation des Unterrichts für einzelne Schüler zu einer noch größeren Belastung werden zu lassen. Bei Wettspielen in der Klasse trifft dies zumeist auf alle diejenigen zu, die zu den „Verlierern" gehören. Auf der anderen Seite erwartet man vom Spiel, daß es ein „Gegengewicht zu den schulischen Anforderungen" darstellt und den Unterricht etwas erträglicher macht. Die pädagogische Funktion des Spiels erscheint also in einer merkwürdig gespaltenen Form, und beide Teilkomponenten verfolgen einander entgegengesetzte Ziele: Was einerseits durch straffe Unterrichtsführung und „Spieleingriffspädagogik" an Verhaltensauffälligkeiten als unerwünschtes Nebenprodukt des kognitiven Lernens produziert wird, soll andererseits in Form eines „Spielcurriculums" unter dem Aspekt des sozialen Lernens wieder therapiert werden. Daß diese „Therapie" selbst die didaktischen Zwänge widerspiegelt, die sie zu bekämpfen vorgibt, wird besonders dort deutlich, wo das Spielen in der Schule mit dem Argument gerechtfertigt wird, es diene der *Einübung* des sozialen Verhaltens. Weder den „Lernspieldidaktikern" noch den „Einübungspädagogen" scheint in den Blick zu kommen, daß für Kinder das Spielen einen normalen Teil ihrer Entwicklung darstellt, der weder eintrainiert noch therapiert zu werden braucht, sondern sich in einer *humanen Schulwirklichkeit* frei entfaltet – übrigens auch dann, wenn die häuslichen Spielmöglichkeiten für die Kinder ungünstig sind.

Die Zerrbilder und Instrumentalisierungsformen, in denen uns das Spiel in der Schule heute begegnet, sind Indiz für eine in Wahrheit spielfeindliche Schul- und Unterrichtsstruktur. Dies zeigt sich am deutlichsten, wenn man nach der Rolle der *Spielmittel im Unterricht* fragt.

Sicherlich dürfen die Kinder im Handarbeitsunterricht der Grundschule gelegentlich auch einmal ein Spielzeug basteln. Das sehen einzelne Lehrpläne jedenfalls vor. Aber das ist dann auch schon alles und macht die Schule keineswegs „normaler" bzw. spielfreundlicher. Das Thema „Spielmittel" ist in der fachdidaktischen Diskussion, dessen Stand wir oben aufzeigten, schlicht gesagt, nicht vorhanden. Freie Spielzeugangebote, im Kindergarten eine Alltäglichkeit, sind in der Schule tabu. Einzelne didaktische Spielmaterialien werden unter „Lehr- und Lernmittel", „Arbeitsmittel" oder „Medien" subsumiert. So sehr die Rede vom „spielenden Lernen" auch in das Schlagwort-Repertoire der Grundschuldidaktik Eingang gefunden hat, änderte dies bislang nichts an der Einschätzung der Spielmittel: Schule als Unterrichtsstätte betrachtet Spielzeug, dessen Lernwert nicht unmittelbar nachweisbar ist, immer noch als unnütz, ja sogar als schädlich, weil es die Kinder vom unterrichtlichen Lernen abhalten könnte. Deshalb wird auch von jenen Fachdidaktikern, die sich für das Spiel im Unterricht so sehr einsetzen, über Spielzeug kaum gesprochen.

Hier erscheint ein völliges Umdenken notwendig. Wir vertreten die These, daß

- eine Pädagogik des Spiels in der Grundschule am wirkungsvollsten unter den Bedingungen einer *offenen Schule* realisiert werden kann;
- eine Pädagogik des Spiels in Abhängigkeit von einer *Pädagogik der Spielmittel* zu sehen ist;
- die bislang fachdidaktisch aufgearbeiteten Aspekte des Spiels in diesen Ansatz integrierbar sind.

Spielzeug als fachübergreifendes Bildungs- und Erziehungsmittel muß für die Schule erst noch entdeckt werden. Es gibt keinen Grund zu der Annahme, daß Kreativität, Imagination und Symbolisationsfähigkeit durch den Umgang mit Spielzeug nur im vorschulischen Alter gefördert werden können, vielmehr ist dies ebenso in der Schule möglich und sinnvoll. Eine solcher Förderung ist kaum zu erwarten, wenn in einzelnen Unterrichtsstunden auch einmal „gespielt" wird. Spielerziehung benötigt Zeit und eine zum spontanen Spielen auffordernde Umwelt. Denn Spielfähigkeit als Primärziel von Spielerziehung ist nicht eine einmalig erwerbbare Erfahrung, sondern vollzieht sich in einer Vielzahl von Wiederholungen und Variationen selbstbestimmter Spielhandlungen. Daraus folgt, daß an die Stelle formalen Unterrichts *offene pädagogische Situationen* treten müssen, die eine gelockerte, der polaren Spannung des Spielhandelns adäquate Atmosphäre schaffen. Zum anderen bedarf es eines *Arrangements von Spielmitteln*.

Das für die Grundschule zu fordernde Spielmittel-Angebot erstreckt sich über jene drei Handlungsfelder des Spielens, deren pädagogische Funktion im einzelnen bereits aufgezeigt wurde (vgl. S. 221 ff.):

- Rollenspiel (Spielhaus, Handpuppen, Verkleidungsmöglichkeiten, Spielfiguren);
- Regelspiel (Zufalls- und strategische Spiele; Brett- und Kartenspiele);
- Objektspiel (Materialgestaltungen, Experimentier-, Bau- und Konstruktionsspiele; technisches Spielzeug)

Die Spielmittel in der Grundschule brauchen grundsätzlich nicht vom Spielmittel-Angebot des Kindergartens abzuweichen, unter Berücksichtigung des fortschreitenden kognitiven Entwicklungsstandes von Grundschülern werden jedoch neue Akzentsetzungen sinnvoll sein.

Die Grundschule hat bislang den Kindergarten als Erziehungs- und Bildungseinrichtung wohl nie recht ernst genommen und von ihm lediglich die Zuführung schulreifer Kinder erwartet. Die Praxis der Kindergartenpädagogik vermag aber der Grundschule nicht nur entscheidende Hinweise für die Fortführung des Spielmittelangebotes, sondern ebenso für die Aufhebung der „gestörten" Kommunikation im Unterricht zu geben: Aus der Schule als „Zwangsanstalt" (Deißler) könnte nach dem Modell der pädagogischen Situationen des Kindergartens eine „offene" Schule entwickelt werden, die nicht nur Lernstätte, sondern in erster Linie *humane Lebensstätte für das Kind* sein will. Insbesondere die folgenden Prinzipien der Kindergartenpädagogik sollten in der Grundschule Berücksichtigung finden:

- Das Prinzip des Gemeinschaftslebens einer Gruppe, die Förderung sozialer Verhaltensweisen, die Handlungsfreiheit des Kindes bei der Entscheidung für bestimmte Aktivitäten;
- die Offenheit der Situationen in bezug auf Kommunikationsmöglichkeiten, flexible Zeitpläne und Gruppierungen, die Möglichkeit auch altersheterogener Lerngruppen;
- ein hoher Grad an Entscheidungsfreiheit des Erziehers in bezug auf die Gestaltung seiner Arbeit (die in der Schule durch mannigfache institutionelle Hindernisse eingeschränkt ist);
- eine überschaubare, mit Spiel- und Lernmitteln ausgestattete Umwelt, die die Kinder zum Erproben, zu selbsttätigem Handeln und freiem Spiel auffordert.

„Offene" Spiel- und Lernsituationen

Das Konzept der „offenen" (Spiel-) Schule wird im Primarschulwesen einiger europäischer Länder vorbildlich verwirklicht. Insbesondere die englische Infant school bietet hier eindrucksvolle Beispiele.

Spiel, Spielmittel und selbsthergestellte Lernmittel besitzen in der englischen Primarschule einen hohen Stellenwert. Selbst dort, wo Spielzeug zum Gegenstand naturwissenschaftlicher Erkundung gemacht wird, bieten die Selbstherstellung, das Erproben und die freie Kommunikation über die gewonnenen Erfahrungen im offenen Unterricht eine Fülle von Möglichkeiten; als Beispiel sei die Einheit „Science from toys" des Curriculums „Science 5/13" genannt, das im Rahmen des Nuffield Junior Science Projektes entwickelt wurde[5].

Das vom Verfasser geleitete Schwäbisch Gmünder Forschungsprojekt zur Schuleingangsstufe erhielt durch die Infant school wesentliche Anregungen zur Gestaltung offener Spiel- und Lernsituationen im ersten Schuljahr (Retter 1976c, S. 28ff.). Durch Fortsetzung der Kindergartenpädagogik im ersten Schuljahr konnte hier ein gleitender Übergang zwischen vorschulischer und schulischer Erziehung erreicht werden. Die nachfolgenden Ausführungen, denen Erfahrungen aus diesem Forschungsprojekt zugrunde liegen, beziehen sich nicht nur auf ein einziges Schuljahr, sondern auf die Veränderung der Grundschule schlechthin in Richtung auf eine „offene" Schule.

Die Pädagogisierung des Schullebens setzt zunächst bei den räumlichen Gegebenheiten ein: Aus dem herkömmlichen Unterrichtszimmer, in dem „Lehrerzone" (Pult und Tafel) und „Schülerzone" (Tische) streng voneinander getrennt sind, wird ein mehrfach gegliederter wohnlicher Raum. Zwei Prinzipien müssen dabei beachtet werden: Die Kinder sollen sich hier wohl fühlen, der Raum soll ihr Zuhause in der Schule sein. Denn die wichtigste Voraussetzung für alles Lernen ist, Selbstvertrauen, Zutrauen in seine Umwelt zu haben und sich emotional sicher (geborgen) zu fühlen. Zweitens soll dieser Raum aber auch eine individuell gestaltete, zum Lernen anregende Umgebung sein. Die Aufgliederung des Raumes in einzelne Situationen („Zonen", „Ecken", „Aktionsnischen") bietet sich an. Da ist die Lese-Ecke, in der es sich Kinder gemütlich machen (Kissen, Teppichboden) und Bilderbücher – teilweise von daheim mitgebracht – durchblättern können. Da ist eine weitere Ecke für das Bauen und Gestalten vorgesehen, ausgerüstet mit Baumaterial, technischen Baukästen und Abfallmaterial, das zum kreativen Gestalten auffordert. In der Nähe

Kooperatives Spiel in der Bau-Ecke, Eingangsstufenprojekt Schwäbisch Gmünd (Grundschule).

---

5 Vgl. die von Klewitz/Mitzkat im Klett-Verlag, Stuttgart, herausgegebene deutsche Übersetzung; ferner Klewitz/Mitzkat 1977.

Experimentieren mit Sand und Wasser, Eingangsstufenprojekt Schwäbisch Gmünd (Grundschule).

des Waschbeckens wird die Naßzone eingerichtet, ein mit Sand gefüllter Gruppentisch deponiert; das Spielen und Experimentieren mit Sand und Wasser gehört zu den grundlegenden Erfahrungen, die Kindern bisher in der Grundschule vorenthalten werden; allerdings bedarf es hier eben auch der (Erziehungs-) Aufgabe, Einsicht in die Notwendigkeit einer gewissen Raumpflege zu entwickeln; die Kinder gehen übrigens sehr gern mit Besen und Staubsauger um!
Eine Kiste mit abgelegten Kleidungsstücken, die von den Kindern von daheim mitgebracht werden, und Handpuppen bieten Möglichkeiten zum Rollenspiel. Brettspiele und didaktische Materialien (logische Blöcke, Arbeitsblätter usw.) können in frei zugänglichen Regalen untergebracht werden. Für diese Materialfülle reicht das Klassenzimmer kaum aus. Staffeleien und all das, was nicht im Klassenraum untergebracht werden kann (Musikinstrumente, Spielhaus u. a. m.), stehen auf dem Flur – falls vorhanden, in einem Gruppenraum – und sind hier den Kindern ebenfalls zugänglich. Die Räume werden mit eigenen bildnerischen Produktionen (Zeichnungen, Bastelarbeiten) geschmückt, die Kinder haben weitgehend Anteil an der Ausgestaltung des Raumes.
Um diese in einzelne pädagogische Situationen gegliederte Spiel- und Lernwelt nun wirksam werden zu lassen, ist es sinnvoll, die bestehenden Grenzen zwischen den Lernzeiten (Unterricht) und den Lernpausen (sowie die Zeitspanne vor dem Unterrichtsbeginn) fließender zu gestalten. Das tritt ein, wenn der Schulbeginn nicht wie üblich mit dem Stundenzeichen, sondern gleitend vollzogen wird: Bereits vor

„Bitte stehen lassen!", Eingangsstufenprojekt Schwäbisch Gmünd (Grundschule).

Unterrichtsbeginn können Kinder den Klassenraum betreten und sich einzelnen Spielaktivitäten zuwenden, so daß die Freispielphase nach Vollzähligkeit der Klasse in zielgerichtete Formen des Lernens übergehen kann. Das bedeutet allerdings für die Lehrkraft, bereits vor dem Stundenzeichen anwesend zu sein und den Kindern für den Übergang zu einer formaleren Gestaltung des Unterrichts genügend Zeit zu lassen. Auch in den Stundenpausen können die Kinder sich freien Angeboten zuwenden, zum Teil auch nach dem Unterricht, wenn die weitere Anwesenheit des Lehrers möglich ist. Wichtig ist jedoch, daß auch im Rahmen der normalen Unterrichtszeit von solchen Möglichkeiten Gebrauch gemacht wird. Das geschieht

Lege- und Ratespiele, Eingangsstufenprojekt Schwäbisch Gmünd (Grundschule).

individuell etwa im Anschluß an die Gruppenarbeit, wenn einzelne Kinder „frei" werden. Um zu gewährleisten, daß alle Kinder, insbesondere die Leistungsschwächeren, über einen längeren Zeitraum hinweg freie Angebote wahrnehmen können, sollte mindestens ein „integrierter Tag" in der Woche stattfinden. An diesem Tag wird über mehrere Stunden hinweg für mehrere Klassen gemeinsam den Kindern völlig freigestellt, welchem Angebot oder Vorhaben sie sich zuwenden.

Hierbei bietet sich die Auflösung des Jahrgangsklassensystems zugunsten von altersheterogenen Spiel- und Lerngruppen an, ein Verfahren, das in der englischen Primarschule als „family grouping" bekannt ist. Gerade Spielgemeinschaften profitieren von der altersheterogenen Zusammensetzung ihrer Teilnehmer. Eine grundsätzliche Bedeutung erhält die altersheterogene Gruppierung auch für die Integration von nichtbehinderten und lernbehinderten Kindern in der Schule.

Integrierte Angebote benötigen eine außerordentlich sorgfältige Vorbereitung und Kooperation seitens der beteiligten Lehrkräfte. Es müssen die einzelnen Materialien bzw. Situationen vorbereitet, die Vorinformationen an die Kinder strukturiert werden, auch die organisatorische Bewältigung des Ganzen bedarf der Vorplanung.

Im Schwäbisch Gmünder Projekt waren beim integrierten Tag jeweils 60 Kinder auf zwei Klassenzimmer, Flur und den Gruppenraum verteilt. Sie konnten unter anderem die folgenden Angebote wahrnehmen:

– Malen (auch an der Staffelei)
– Bearbeiten und Improvisieren von Holzabfällen
– Rhythmisches Improvisieren mit Instrumenten
– Bauen mit dem Bauwagen, mit Fischer-Technik und anderem Material
– Spiel im Sandkasten
– Verkleiden, Rollenspiel, Spiel mit Handpuppen
– Lesen in der Lese-Ecke
– Gesellschaftsspiele (Schach, „Mensch-ärger'-dich-nicht!" usw.)
– Spiel mit Spielhaus (das Dusyma-Spielhaus kann von den Kindern selbst aufgebaut werden)
– Sonstige freie Tätigkeiten (z. B. Bearbeiten von Material, Auslegen von Formen usw.)

Die Kinder verteilen sich auf diese Angebote zunächst nicht gleichmäßig, ihre Wahl wird auch davon beeinflußt, welches Angebot gerade „frei" ist; man kann davon ausgehen, daß viele Kinder nach einem gewissen Zeitraum einen Angebotswechsel vollziehen. Die Angebote benötigen auch in unterschiedlichem Ausmaß eine intensivere Betreuung durch den Lehrer (z. B. Musikangebote mehr als Rollenspiele, diese mehr als Brettspiele). Für Aufräumen und Nachbereitung muß ebenfalls Zeit eingeplant werden. Alles in allem bedarf es einer gewissen Anlaufzeit, damit Kinder und Lehrkräfte (die ja in diesen Situationen Teamteaching praktizieren) einen integrierten Tag bewältigen können. Eine Fülle von erzieherisch bedeutsamen Prozessen in den Gruppen und zwischen den Gruppen findet im freien Spielen und

Lernen statt, schließlich ist schon der Schritt von der anfänglich ungeordneten Situation, in der sich auch Aggressionen einzelner Kinder zeigen können, zu einem geordneten Gemeinschaftsleben, in dem nach allen Seiten hin Kommunikation und Erfahrungsaustausch vor sich gehen, eine ungemein hoch einzuschätzende Erziehungsleistung. Kinder benötigen vor allem Zeit für das Ausleben der selbstbestimmten Tätigkeit, sie brauchen individuelle Hilfe und Anregungen, nicht selten auch Trost.

Von daher kann der Lehrer seine Aufgabe nicht nur darin erblicken, den Kindern etwas „beizubringen" und den Lernerfolg zu überprüfen. In der „offenen" Schule kann er – in viel stärkerem Maße als im herkömmlichen Schulsystem – ein breites Spektrum pädagogischer Aufgaben erfüllen: Er richtet sein Augenmerk auf die „vorbereitete Umgebung" und wirkt durch die räumliche und materielle Ausgestaltung der pädagogischen Situationen auf vielfältige Weise indirekt auf die Kinder ein. Im direkten Kontakt mit den Kindern wird der Lehrer in dem Maße, wie es gelingt, formalen Unterricht zugunsten von Vorhaben und freien Angeboten aufzulösen, mehr die Funktion des Helfers und Beraters einzunehmen.

Der Schulhof als Spielzentrum

In jeder Schule sollte es möglich sein, daß Phasen lehrplanbestimmten Lernens sich abwechseln mit Phasen selbstbestimmter Aktivitäten, zu denen auch das Freispiel auf dem Pausenhof gehört. Der Pausenhof der deutschen Normalschule besteht überwiegend aus einer öden Asphaltfläche, dessen pädagogische Funktion sich am besten als „Abstellplatz für Kinder" beschreiben läßt, nicht aber als ein Ort, der zum Spielen und zur Erholung auffordert. Höltershinken (1973, S. 114) gab vor einigen Jahren eine Charakterisierung von Schulhöfen in der Bundesrepublik, die nach wie vor zutreffend sein dürfte:

„Langweilig, öde und schmutzig, Orte, an denen zwar viel verboten, jedoch nahezu nichts erlaubt und möglich ist; asphaltierte Flächen, auf denen sich Kinder nach dem langen Stillsitzen während der Stunden in wenigen Minuten erholen sollen; unstrukturierte Flächen, die die Situation der Kinder nicht berücksichtigen, auf denen es bei der hohen Anzahl der Kinder zwangsläufig zu Streitereien und Aggressionsentladungen kommen muß. Den aufsichtsführenden Lehrern ein Greuel, ein Aufsichts-, Sauberkeits-, Ordnungs- und Rechtsproblem, der Pädagogik ganz offensichtlich immer noch kein lohnendes Objekt zur Erforschung und praktischen Gestaltung."

Peter Kraft, dessen Monographie über den Schulhof die erste umfassende erziehungswissenschaftliche Arbeit zu diesem Thema darstellt, zeigt auf, daß in den letzten 20 Jahren im wesentlichen nur zwei Ansätze zur kindgemäßen Gestaltung von Schulhöfen diskutiert wurden: Erstens erwog man die Ausweitung des Pausenhofes zum Schulturngarten, um der Bewegungserziehung über den Sportunterricht hinaus mehr Raum zu geben. Zweitens wurde die Einbettung des Schulhofes in Grünanlagen, die Aufgliederung der Pausenfläche durch Sträucher und Bäume propagiert, um dem ganzen ein ästhetisch befriedigendes Aussehen zu geben und einen gewissen Schutz vor Lärm, Wind und Staub zu haben. Kraft stellt fest, daß ein Schulhof, der nach den derzeit gültigen Schulbaurichtlinien angelegt wurde, identisch ist mit

„– einem ausreichend großen,
– von Grünanlagen aufgelockerten,
– gegen Wind, Lärm und Staub geschützten
– für Grund- und Hauptschüler getrennten,
–, abseits der Klassenräume gelegenen
– Asphaltplatz" (Kraft 1977, S. 26).

Dieses „Idealbild" des Schulhofes, hinter dem die Wirklichkeit immer noch weit zurücksteht, stellt letztlich eine Bestätigung dar für die These vom Schulhof als „Abstellplatz für Kinder". Grundschulrektoren in Nordrhein-Westfalen wurden nach dem Vorhandensein der folgenden Spielgeräte und Einrichtungen befragt (Kraft 1977, S. 57); die Zahlen geben den Prozentanteil des Vorhandenseins wieder:

Sitzgelegenheiten	31,3
Spielmarkierungen	22,6
Sandkasten	19,0
Ballspielplatz	18,7
Kletterstangen	17,1
Reihenrecks	16,7
Balancierstangen	7,5
Taue	4,8
Korbballgeräte	3,6
Ballspielwand	2,4
Kletternetze	1,6
Malwand	1,6

39,3 % der Schulen wiesen keine der genannten Einrichtungen auf. Da in dieser schriftlichen Befragung von 431 angeschriebenen Rektoren nur 252 antworteten (= 100 %), ist das tatsächliche Defizit an Spieleinrichtungen der Schulen innerhalb des befragten Gebietes (Regierungsbezirk Detmold) wesentlich höher einzuschätzen; dies ist um so bemerkenswerter, als Schulträger in Nordrhein-Westfalen aufgrund eines Ministerialerlasses Landeszuschüsse für die Umgestaltung von Schulhöfen zu Spielplätzen beantragen können. Aber das Problem der Schulhofgestaltung liegt keineswegs nur in der Finanzschwäche von Gemeinden begründet. Zu denken gibt, daß zwar 38,1 % der antwortenden Rektoren die Einrichtung ihres Schulhofes als veränderungsbedürftig bezeichneten, aber doch 22,2 % keines der oben aufgeführten Geräte als erforderlich ansahen.

Was kann man tun? Sehr viel, wenn Schulleitung und Lehrerkollegium die Ausgestaltung des Schulhofes mit Spielangeboten als eine echte pädagogische

Aufgabe ansehen, die nicht weniger wichtig ist als die Vermittlung von Lehrinhalten. Für die Umwandlung eines öden Schulhofes in ein Spielzentrum ergeben sich ähnliche Gesichtspunkte, wie sie bei der Planung eines öffentlichen Spielplatzes Berücksichtigung finden sollten:

- Aufgliederung des zur Verfügung stehenden Gesamtareals in verschiedene Funktionsbereiche, die sowohl verschiedenen Spielformen als auch den unterschiedlichen Spielbedürfnissen jüngerer und älterer Kinder (Grund- und Hauptschüler) Rechnung tragen;
- ein Angebot an Spielmitteln, Geräten, Einrichtungen und Materialien, die als reizauslösende Objekte bestimmte Formen des Spielens, der Kommunikation und der Bewegung möglich machen.

Spitzer, Günter und Günter (1975, S. 60ff.) unterscheiden in ihrem „Spielplatzhandbuch" physische, psychische und soziale Bedürnisse, die bei der Gestaltung von Spielbereichen zu berücksichtigen sind. In folgender Übersicht werden dazu jeweils einige ausgewählte Beispiele für Spielangebote genannt:

I. Physische Bedürfnisse
1. *Bewegungsbedürfnis (Motorik):* Verschiedene Bodenbelege und Geländeformen, Klettergeräte, Rundlauf, Ballwand, Schaukeln, Schwingtaue, Spielmittel (Bälle, Plastikwürfel zum Werfen, Stelzen, Springseil)
2. *Tastsinn:* Unterschiedliche Bodenstrukturen, Sandkasten, Wasser (Brunnen, Wasserhahn), Materialtexturen (Oberflächen: Holz, Metall, Schaumstoff, Plastik, Beton u.a.m), stereometrische Grundformen mit verschiedenen Oberflächenstrukturen
3. *Gleichgewichtssinn, Muskelsinn:* Schwebebalken, Baumstämme zum Balancieren, Kletternetze
4. *Gehörsinn:* Selbstgebastelte Musikinstrumente (Trommel, Gong, Rasseln, Zigarrenkistengitarre), Flüsterrohre („Singende Röhren"), Kindertelefon
5. *Gesichtssinn:* Pflanzen, Farb- und Formvariationen, bei Geräten und Anlagen aufgemalte geometrische Formen
6. *Temperatursinn:* Sonne und Schatten, warmer Sand und kaltes Wasser
7. *Geschmackssinn:* Trinkwasser, eßbare Früchte der angepflanzten Pflanzen (Beeren, Bucheckern, Obst)
8. *Geruchssinn:* Pflanzendüfte
9. *Raumsinn:* Raumeinheiten verschiedener Größe, Kriechröhren (Kanalrohr), Möglichkeiten zum Verstecken (Büsche, Mauer, Lochwand)

II. Psychische Bedürnisse
1. *Möglichkeiten zum Abreagieren von Aggressionen:* Bolzplatz, Ballwand
2. *Möglichkeiten für hingebungsvolle Spiele:* Funktionsspiel (Spielmaterialien und -geräte: Jo-jo, Murmeln, Kartenspiele, Springseil, Stelzen)

3. *Möglichkeiten für die Erhaltung und Entwicklung kreativer Fähigkeiten:* Gestaltungsspiel, Konstruktionsspiel (Bauhölzer, Werkzeuge, Werkmaterial, vorgeformte Bauelemente)
4. *Möglichkeiten zur Entwicklung der Phantasie:* Rollenspiel (alte Kleidungsstücke, Requisiten, Spielmaterial, Spielhaus, Hütte, Spielnischen)

III. Soziale Bedürfnisse

1. *Möglichkeiten zur Kommunikation der Altersstufen und Geschlechter:* Offenheit und Durchlässigkeit aller Spielbereiche; keine strenge Trennung der Altersstufen, aber Schwerpunktbildung durch Konzentration altersspezifischer Spielangebote
2. *Angebote für Gemeinschaftsspiele:* Spielflächen für Gruppen- und Regelspiele, Puppenbühne, Material zum Hüttenbau
3. *Möglichkeiten zum Spiel zwischen Kindern und Erwachsenen:* Boccia, Kegelbahn, Schachspielanlage
4. *Einrichtung zur Tierhaltung und -versorgung:* Meerschweinchen, Vögel, Hamster u. a.

Diese Konzeption ist für die Planung von (betreuten) Spielplätzen entworfen worden und bedarf eines Kommentars, wenn sie auf das Problem der Umgestaltung eines Schulhofes in einen „Spielhof" Anwendung finden soll. Nicht alle Aktivitäten, die auf dem Spielplatz (insbesondere auf einem Aktiv-Spielplatz) möglich sind, kommen in gleicher Weise für den Schulhof in Frage (z. B. Feuer anzünden, das Spritzen mit Wasserschläuchen, das Halten von Tieren). Der Schulhof muß zu bestimmten Stoßzeiten (Pausen) einer großen Anzahl von Kindern Spielmöglichkeiten bieten – unter Berücksichtigung der Tatsache, daß die Spielzeit begrenzt ist und nach der Pause der Unterricht wieder aufgenommen wird.

Während sich auf einem Spielplatz das Kommen und Gehen per Zufall bzw. entsprechend Angebot und Nachfrage regulieren, muß bei der Ausgestaltung des Schulhofes mit Spielangeboten berücksichtigt werden,

- daß der Unterricht beim einzelnen Kind *in erhöhtem Maße* das Bedürfnis nach selbstbestimmtem Verhalten (Bewegung, Spiel, Kommunikation) erzeugt;
- daß die Befriedigung dieser Bedürfnisse in den Unterrichtspausen *von allen Schülern gleichzeitig* wahrgenommen wird;
- daß aus den beiden vorgenannten Gründen die Wahrscheinlichkeit eines lediglich *aggressiven Abreagierens* auf dem Pausenhof *in erhöhtem Maße* gegeben ist.

Die Klagen über aggressives Verhalten von Schülern haben in den letzten Jahren allgemein zugenommen. So mußte der Stadtstaat Hamburg im Jahr 1976 1,1 Mill. Mark für die Erneuerung der von Schülern mutwillig zerstörten schulischen Einrichtungsgegenstände ausgeben. Die Frage ist, ob der Schulhof nicht bevorzugt

solche Angebote aufweisen sollte, die den Schülern ein Abreagieren ihrer Aggressionen ermöglichen (z. B. Watschenmänner, Schlammgrube, Wurfgeschosse, pendelnde Sandsäcke zum Boxen).
Nach allem, was wir über die Entstehung und die Möglichkeiten des Abbaus von aggressivem Verhalten wissen (vgl. S. 257 ff. und S. 288), ist dieser Ansatz, der heute auch in Spielplatz-Konzeptionen Eingang gefunden hat, *nicht empfehlenswert*: Aggressionsauslösende Objekte führen wahrscheinlich eher zur Aufrechterhaltung und Steigerung als zum Abbau der Aggressionen. Demgegenüber erscheinen Spiel- und Materialangebote, die kooperatives Verhalten voraussetzen, besser geeignet zu sein, Aggressionspotentiale zu vermindern.
Ein wichtiger Einwand gegen den „Spielhof" ist die Möglichkeit erhöhter *Unfallgefahr*. In der Tat müssen Überlegungen zur Unfallverhütung Teil des Gestaltungskonzeptes sein. Es muß andererseits berücksichtigt werden, daß der herkömmliche Schulhof, also jene glatte Asphaltfläche ohne Bereichsgliederung und ohne Spielangebote durchaus unfallträchtig ist. Der (herkömmliche) Schulhof steht laut Unfallstatistik an der Spitze aller schulischen Unfallorte; hier passieren mehr Unfälle als im Turn- und Sportunterricht (Kraft 1977).
Unfallverhütende Maßnahmen, die dem entgegen wirken sollten, bestanden bislang in einer Intensivierung der Aufsichtspflicht der Lehrkräfte und in einer stärkeren Reglementierung der Schüler während der Pausenzeit. Derartige Maßnahmen haben offensichtlich eher den Charakter der „Symptompflege", als daß sie geeignet erscheinen, grundsätzliche Veränderungen des Schülerverhaltens herbeizuführen. Viele Konflikte, die sich zwischen Schülern während der Pause ereignen und Körperverletzungen zur Folge haben können, entstehen unbeabsichtigt, weil der herkömmliche Schulhof keine Aufteilung in verschiedene Funktionsbereiche aufweist: Kinder, die sich unterhalten, werden von Heranrennenden umgestoßen; andere, die für Gummitwist oder ein Kreisspiel einen ruhigen Winkel benötigen, finden ihn nicht und werden aggressiv gegenüber denen, die Fangen spielen.
So ist ein wichtiger Gesichtspunkt für die Gestaltung des Schulhofes, nicht nur die Schüler nach ihren Spielwünschen zu befragen, sondern ebenso Beobachtungen über ihr Verhalten während der Pausen durchzuführen, um ein Bild von den ausgeübten Spiel- und Kommunikationsformen sowie auftretenden Konflikten zu gewinnen. Aufgrund derartiger empirischer Erhebungen als auch theoretischer Überlegungen entwickelte Kraft ein Schema für die Gestaltung von Schulhöfen, in dem drei Dimensionen des kommunikativen (Spiel-) Verhaltens unterschieden werden:

– Ruhe (Sitzen);
– Bewegung an einem durch das Spiel definierten Ort (z. B. Balancierbalken, Gummitwist; Ball an der Wand);
– Bewegung über eine größere Fläche (z. B. Laufspiele, Spiele mit dem Reifen).

Unter Berücksichtigung verschiedener Spielformen (mit bzw. ohne Regeln; Einzelspiel bzw. Gruppenspiel) nennt Kraft sechs verschiedene Funktionsbereiche für Pausenaktivitäten, die bei der Schulhofgestaltung berücksichtigt werden sollen (zusammenfassende Wiedergabe) (Kraft 1977 S. 73 ff.):

Funktionsbereiche und Materialangebote	Spiel- und Kommunikationsformen
1. Sitzgelegenheiten: Einzeln und in Gruppen; Tische; Tischplatten mit Spielvorlagen (Schach und Mühle als Muster in der Erde).	Ausruhen, Warten, Nichtstun; Spiele und Aktivitäten für einzelne: Lesen; Bilder ansehen, anderen zuschauen; Spiele in Gruppen: Brett- und Kartenspiele; Bilder tauschen; miteinander sprechen; Singen.
2. Bauen und Konstruieren: Bauelemente aus Holz und Kunststoff in abgeschirmten Nischen.	Ordnen; Reihen; Stapeln; Aufschichten; Auftürmen.
3. Spiele im Sand Sandkasten mit Umrandung zum Sitzen.	Buddeln; Schaufeln; Backen; Bauen; Graben.
4. Kunstfertigkeiten: Balancierbalken; Böcke; Pfähle; Lüneburger Stegel; Klettergeräte; Röhren auf weichem Untergrund (Rasen, Sand).	Balancieren; Springen; Klettern; Hangeln; Steigen; Hängen; Stützen; Kriechen; Durchwinden; Rutschen; Aufschwingen; Klimmen.
5. Volkstümliche Kinderspiele: a) *an einem definierten Ort:* Ballspielwand; Flächen mit/für Hinkelkästchen, Gummitwist, Seilspringen; Murmelbahnen.	Seilspringen; Murmeln; Gummitwist; Hinkeln; Ball an der Wand.
b) *auf einer größeren Fläche:* Freiflächen mit ebenem Boden (Asphalt) und definierten Spielräumen (farbige Markierungen, Rasenflächen)	Ballspiele; Laufspiele; Singspiele; Kampfspiele; Spiele mit Reifen.
6. Rollenspiel: Spielhaus; Tische; Sitzklötze; (Puppen-) Bühne; Palisaden	Lehrer und Schüler; Mutter und Kind; Theater; Inhalte des Kinderalltags als Gegenstand spontanen Rollenspiels.

Die Vorstellungen von Kraft sind realistisch und wurden in mehreren Schulen bereits in die Tat umgesetzt.

Das Konzept der „offenen Schule" sollte jedenfalls auf den Schulhof als Spielzentrum ausgedehnt werden. Die folgenden Vorschläge können als Indiz für die Realisierung dieses Konzeptes angesehen werden.

- Kindern bleibt es in der großen Pause freigestellt, ob sie sich im Klassenraum oder im Pausenhof aufhalten (dies bedeutet auch eine Entlastung für die Pausenhof-Spielangebote);
- Kinder können Spielmittel (z.B. ein Brettspiel) in den Pausenhof mitnehmen und dort spielen;
- Lehrer spielen in der großen Pause mit Kindern;
- Kinder bringen von daheim bestimmte Spielmittel mit, „spenden" Spielmittel (auch Lese- und Bildmaterial), wenn sie es selbst entbehren können;
- Mütter aus der unmittelbaren Nachbarschaft betreuen für die Pausenzeit bestimmte Spielangebote bzw. spielen mit Kindergruppen;
- Kinder dürfen die Spielangebote des Schulhofes auch außerhalb der Schulzeit (etwa nachmittags) wahrnehmen.

In der Praxis stehen solchen Vorschläge mannigfache Widerstände entgegen. Skeptiker werden insbesondere auf finanzielle Probleme, administrative Notwendigkeiten und auf die Zerstörungswut der Kinder hinweisen. Das Hauptproblem liegt aber wohl ganz woanders: Die Lehrer, insbesondere die Schulleitungen, haben bislang zu wenig gesehen, daß der Schulhof als Spielzentrum für die Kinder ein ebenso wichtiges Lernfeld darstellt wie das Klassenzimmer. Dies zu erkennen bedeutet, eine Einstellungsveränderung zu vollziehen und die *Erziehungsaufgabe* der Schule als mindestens gleichrangig zu betrachten neben der Vermittlung von Unterrichtsinhalten. In der deutschen Normalschule beschränken sich Erziehungsmaßnahmen auf Sanktionen zur Einhaltung der Schulordnung: Aggressionen werden entweder bestraft, oder man versucht, sie zu therapieren, während kaum nach den institutionellen Ursachen gefragt wird. Die Gestaltung des Schulhofes zum Spielzentrum ist ein wesentlicher Beitrag zur Veränderung der Schulwirklichkeit im Sinne eines „normalen" (nicht aggressiven) Miteinanderlebens.

Wenn Kinder lediglich als „Empfänger" von Spielgeräten fungieren, die aufgrund von Elterninitiativen bereitgestellt wurden und die Lehrer dafür kaum mehr als wohlwollendes Interesse bekunden, ist der Spielhof-Gedanke kaum in die Tat umzusetzen. Der Spielhof sollte vielmehr Eltern und Lehrer in einem gemeinsamen Initiativkreis vereinigen und die Kinder dabei keinesfalls ausschließen. Die Lehrer müssen ihre gemeinsame Erziehungsaufgabe darin erblicken, den Kindern Gelegenheit zu geben

- zur Mitgestaltung von Spielanlagen;
- zur Entwicklung von Verantwortungsbewußtsein für die Erhaltung und Fortentwicklung des gemeinsamen Eigentums;
- zur gegenseitigen Rücksichtnahme und Toleranz bei der Wahrnehmung der Spielangebote.

Daß dies möglich ist, beweisen jene Schulen, in denen der Spielhof-Gedanke bereits erfolgreich praktiziert wird (Kraft 1977; J. Schmidt 1977; Bähr 1977; Bonn u. a. 1976).

Sekundarschulen

Die Schulformen des Sekundarbereiches (Haupt-, Real-, Gesamtschule, Orientierungsstufe, Gymnasium) stellen gegenüber der Grundschule ein weit verzweigtes System der Differenzierung nach Leistung, Fächern und Wahlbereichen dar. Von diesem Vorgang der Spezialisierung schulischen Lernens ist auch das Spiel betroffen. Es taucht bei einzelnen Unterrichtsangeboten und Anlässen zwar auch im Sekundarbereich auf, bleibt aber gegenüber der Dominanz kognitiver Lernanforderungen im wissenschaftsbezogenen Fachunterricht doch eine Randerscheinung.

Allen speziellen Ausprägungsformen des Spiels im Sekundarbereich ist gemeinsam, daß im Bewußtsein der Pädagogen eine Verbindung von Spiel und Spielmittel offenbar kaum existiert. In der Grundschule war den Spielmitteln eine gewisse Daseinsberechtigung immerhin dann nicht abgesprochen worden, wenn sie als didaktische Materialien im Unterricht einsetzbar waren. Diese pädagogische Legitimationsbasis entfällt nun aber im Sekundarbereich, da Lern- und Arbeitsmittel (im Sinne von Selbstbildungsmitteln) ihren Anwendungsschwerpunkt in der Grundschule besitzen. Andererseits erscheinen Spielmittel im Sekundarbereich nicht nur wünschenswert und notwendig, sondern sind in der Praxis einzelner Schulen auch in Gebrauch, ohne daß ihre Rolle bislang in einem übergreifenden pädagogischen Konzept näher bestimmt wurde.

Spielmittel im Unterricht

Spielmittel in der Sekundarstufe können sowohl innerhalb als auch außerhalb des Unterrichts eine pädagogische Funktion im Schulleben besitzen. Dabei sind alle Materialobjekte, sofern sie Mittel für die Realisierung von Spielhandlungen darstellen, in die Betrachtung miteinzubeziehen. Innerhalb des Unterrichts treten Spielmittel, so gesehen, in vier verschiedenen Themenbereichen in Erscheinung: Im darstellenden Spiel; im Simulationsspiel; beim Konstruieren und Experimentieren; in freizeitbezogenen Unterrichtsthemen und Kursangeboten.

Darstellendes Spiel
Das darstellende Spiel hat seit der reformpädagogischen Laienspielbewegung einen festen Platz in den Sekundarschulen, auch wenn ihm de facto meist ein Mauerblümchendasein beschieden ist, weil es (wenn überhaupt) nur einem Teil der Schüler als Wahlangebot (freie Arbeitsgemeinschaft) zugänglich ist. In unserem Zusammenhang interessieren vor allem jene Formen des darstellenden Spiels, die bestimmter Medien (Darstellungsmittel) bedürfen. Dazu gehören das Spiel mit Hand- und Stabpuppen, mit Marionetten, Schattenfiguren, Masken. Für diesen Bereich des

mittelbar darstellenden Spiels (im Gegensatz zum personunmittelbaren Theaterspiel) prägte Heinrich Lenzen den Begriff „mediales Spiel"[6].

Spielmittel als Medien des darstellenden Spiels leisten einen besonderen Beitrag zur Erweiterung des Verständnisses von „Rollen" und „Personen", menschliches Ausdrucksverhalten und menschliche Eigenschaften werden durch das Medium der Spielfigur typisiert und gleichzeitig verfremdet. Der Verfremdungseffekt und die funktionalen Möglichkeiten für Spielhandlungen, die das jeweilige Medium bietet, bereichern das Erfahrungsfeld der Kinder und schaffen neue Kommunikationsmöglichkeiten, insbesondere wenn die medialen Objekte selbst hergestellt werden. Dies sei am Beispiel des Maskenspiels kurz erläutert.

Masken sind als „ältestes Mittel der ‚Entindividualisierung', der Typisierung und der Abstraktion" (Lenzen) bereits von Grundschülern herstellbar.

Wenn Kinder und Jugendliche überhaupt noch keine Erfahrungen mit dem Bau von Masken haben, ist es sinnvoll, sie zunächst zum kreativen Umgang mit dem Material anzuregen. Kindern macht es einfach Spaß, aus Pappe, Krepppapier, Wollresten und ähnlichen Ausgangsmaterialien ein „Gesicht" zu formen und zu bemalen, das ihnen ein groteskes Aussehen verleiht. Man kann sich im Spiegel betrachten, über die Wirkung einzelner Masken sprechen und versuchen, durch stilgerechte Bewegungen die Wirkung der Maske zu erhöhen. Fertige Masken fordern zum spontanen Rollenspiel geradezu heraus. Die Schüler spielen mit aufgesetzter Maske spontan „Gangster", „Teufel", „Marsmensch" oder „Gespenst". Die Grobflächigkeit und Starrheit der Züge, die schmalen Öffnungsschlitze für Mund und Augen geben jeder Maske – auch bei lachendem Ausdruck – den Charakter des Unheimlichen. Der Anblick einer Maske löst Neugier aus, hinter der sich ein Rest Beklemmung verbirgt, der die Maske aber um so mehr zu einem Darstellungsobjekt mit großem Aufforderungscharakter macht.

Erhöhte Anforderungen an die Gestaltungsfähigkeit beim Maskenbau erfordert die Aufgabe, bestimmte Rollenträger darzustellen. Eine Fabel, die durch ein Rollenspiel wiedergegeben werden soll, erhält in der Form des Maskenspiels einen besonderen Reiz: Die handelnden Tiere werden durch Masken identifizierbar, wobei Gebärde, Bewegung und Sprechweise mit der darzustellenden Rolle bzw. der Maske in Einklang zu bringen sind. Die Maske reduziert einerseits das Ausdrucks- und Bewegungsverhalten, eröffnet andererseits dem expressiven Verhalten ganz neue Möglichkeiten. Erst über einen langen Gewöhnungs- und Erfahrungsprozeß bahnt sich der Übergang von der Beschränkung durch die Maske zu einem schöpferischen Prozeß im typisierten Spiel an, indem die Schüler lernen, den besonderen Bezug zwischen Maske, Spieler und Bewegung zu erkennen[7].

Die anspruchsvollste Stufe von Maskenbau und Maskenspiel ist wohl erreicht, wenn es darum geht, einzelne Charaktereigenschaften in ihrer zeitlosen Typik darzustellen. Eine Maske kann die typischen Züge etwa des Traurigen, Lustigen, Wütenden

---

6 Lenzen 1974; die nachfolgenden Ausführungen beziehen sich auf dieses Buch.
7 Ebenda, S. 30; zum Maskenbau und -spiel vgl. ferner Finke u. a. 1977, S. 90 ff.

Darstellendes Spiel mit Masken, Finke/Hübner/Rohrer, Spielstücke für Gruppen, München 1977.

wiedergeben. Die Spieler versuchen dann, den Eindruck der Maske durch eine der typisierten Eigenschaft adäquaten Sprache und Gebärde zu erhöhen. Herstellungsprozeß und Spieltechnik führen beim Maskenspiel immer wieder dazu, daß Kinder und Jugendliche erstmals intensiv die Möglichkeiten menschlichen Ausdruckverhaltens entdecken.

Wiederum andere Darstellungmöglichkeiten bietet das Spiel mit Handpuppen, Schatten- bzw. Schemenfiguren, Marionetten, worauf nicht näher eingegangen wird. Allen genannten Medien ist folgendes gemeinsam: Es sind Spielmittel,

— die primär ihre pädagogische Funktion nicht im spontanen Rollenspiel, sondern im (text-)gebundenen darstellenden Spiel besitzen;
— deren Gebrauch an eine gewisse Spieltechnik gebunden ist;
— die den Bezug „Kind-Spielmittel" um die Dimension des Zuschauers erweitern;
— die im Dienst einer durch Text und Spielhandlung vermittelten Aussage an die Zuschauer stehen.

Von daher wird das mittelbar darstellende Spiel zu einem relativ anspruchsvollen Unterfangen. Andererseits zeigen die Praxisberichte von Lenzen, daß diese Spielformen und Medien auch in der Sonderschule für Lernbehinderte erfolgreich entwickelt und realisiert werden können.

Simulationsspiel
Unter Simulationsspiel wird der Versuch verstanden, einen bestimmten Ausschnitt aus der gesellschaftlichen Wirklichkeit in Form eines vereinfachten Handlungsmodells im Hinblick auf eine Lösung oder ein Ziel hin durchzuspielen. Nachdem die Rahmensituation durch die Spielregel und entsprechende Rollenvorschriften abgesteckt ist, können die Beteiligten in der Quasi-Realität ihres eigenen Spielhan-

delns die realen Handlungsspielräume, die Entscheidungsstrukturen und die Abhängigkeitsverhältnisse der Situation aktional erfahren und gegebenenfalls nach neuen Möglichkeiten für Problemlösungen suchen. Im allgemeinen besteht die Rahmensituation des Simulationsspiels in einem Interessenkonflikt verschiedener Gruppen. Inhaltlich werden diese Konflikte aktuellen wirtschaftlichen, sozialen oder politischen Themenbereichen entnommen. So ist in den letzten Jahren etwa das Problem des Umweltschutzes zu einem beliebten Thema für Simulationsspiele geworden.

Planspiel, Entscheidungsspiel, Konfliktspiel sind synonyme Begriffe für „Simulationsspiel", auch wenn die unterschiedliche Herkunft dieser Begriffe Anlaß sein mag, verschiedene Formen des Simulationsspiels zu unterscheiden (Bollermann 1975).

Die Konstruktion von Simulationsspielen ist außerordentlich schwierig, ist doch dazu nicht nur profunde Sachkenntnis des zu simulierenden Realkonfliktes erforderlich, sondern ebenso die Fähigkeit, die komplexe gesellschaftliche Realität auf ein praktikables Spielmodell zu reduzieren; ferner müssen mit dem Spielgedanken bestimmte Lernziele verbunden sein, die den Betroffenen über ihr eigenes Handeln vermittelt werden sollen.

Kein Simulationsspiel ist deshalb frei von Mängeln. Die häufigsten Probleme sind: Die Spielhandlung ist im Vergleich zur Realität zu undifferenziert oder allzu zufallsabhängig; die Rollenvorschriften schränken die Spielentscheidungen einzelner Gruppen zu sehr ein und lassen keine Spieldynamik aufkommen; das Spielgeschehen verliert im Fortgang der Handlung seinen ursprünglichen Modellcharakter und bleibt damit ohne Bezug zur gesellschaftlichen Wirklichkeit.

Natürlich können Konfliktlösungen im Simulationsspiel teilweise auch über bestehende Realsituationen hinausgehen. So sollen sie bei den Beteiligten das („emanzipatorische") Bewußtsein dafür wecken, daß gesellschaftliche Reformen dort in Gang gebracht werden müssen, wo bestimmte Gruppen durch die bestehenden Verhältnisse entscheidenden Benachteiligungen ausgesetzt sind. Dennoch sollte man sich – spätestens in der Auswertungsphase des Spiels – bei den durchgespielten Konfliktlösungen immer über das Problem der Übertragbarkeit von Spiellösungen auf die Realsituation im klaren sein.

Simulationsspiele sind in der Bundesrepublik zunächst in der außerschulischen Bildungsarbeit eingesetzt worden, bevor sie auch in Schule und Unterricht Eingang fanden. In der Literatur werden die folgenden Vorteile des Simulationsspiels gegenüber anderen Lern- bzw. Unterrichtsmethoden hervorgehoben (Tiemann 1969; Abt 1971; Balon/Sokoll 1974):

— Es erfordert von allen Beteiligten aktives Handeln, das einerseits problemorientiert ist, andererseits in starkem Maße durch soziale Interaktionen bestimmt wird: Folgen eigener Spielentscheidungen werden in den Reaktionen anderer Beteiligter selbst erfahrbar. Die neu gewonnenen Erfahrungen können wiederum in neuen Spielentscheidungen berücksichtigt werden.

- Es fördert Flexibilität des Denkens, rasche Anpassung an die sich jeweils ergebenden Umstände und Erfassen komplexer Situationen.
- Es löst die starre Lehrer-Schüler-Beziehung zugunsten eines Handlungsfeldes mit verteilten Rollen auf.
- Es führt zu Erkenntnissen und Erfahrungen, die fächerübergreifend sind und im herkömmlichen Fachunterricht nicht behandelt werden.
- Es gibt Anstöße zur Entwicklung emanzipatorischen Bewußtseins.

Der Einsatz von Simulationsspielen in der Schule bedeutet, eine bestimmte Form des Gesamtunterrichts zu praktizieren. Je nach Spielthema können Erdkunde, Geschichte und die naturwissenschaftlichen Fächer oder aber Sozial-, Wirtschafts- und Rechtskunde dabei stärker in den Vordergrund treten. So verlangt die Durchführung eines Spiels über die Probleme der „Dritten Welt" neben politischen, kulturellen und wirtschaftlichen Sachkenntnissen auch Wissen über die Natur und Ethnologie der betreffenden Länder (Tiemann 1969, S. 25).

Auch wenn dem Spiel in Form eines Materialpaketes Sachinformationen zum Thema beigegeben sind, setzt die Realisierung der angestrebten Lernziele bereits ein gewisses Vorwissen der Schüler voraus. Daraus folgt, daß Simulationsspiele oft am Ende von Unterrichtseinheiten, die dieses Vorwissen bereitstellen, zum Einsatz kommen.

Möglich ist natürlich auch der umgekehrte Weg: Das Simulationsspiel steht am Anfang der Unterrichtseinheit und wird nach einer relativ kurzen Einführung durchgeführt. Während des Spielablaufes werden dann bestimmte Informationsdefizite deutlich, die die Schüler motivieren, in anschließenden Lernabschnitten mit der Aufarbeitung der aufgetretenen Probleme auch fehlendes Sachwissen zu erwerben.

Angeregt durch amerikanische Vorbilder haben auch einige deutsche Verlage damit begonnen, Simulationsspiele für den Unterricht zu entwerfen und zum Kauf anzubieten. Das „Materialpaket" besteht meist aus einem Spielplan, den Rollenanweisungen für die beteiligten Gruppen, Protokollbögen, Spielgeld, Warenscheinen und Informationen („Ereigniskarten"), die zu bestimmten Situationsanlässen ausgegeben werden.

Jedoch steckt diese Entwicklung bei uns noch in den Kinderschuhen. Hervorhebenswert sind die vom Diakonischen Werk der EKD im Auftrag der Aktion „Brot für die Welt" zum Selbstkostenpreis vertriebenen „Spiele zur Entwicklungspolitk"; sie wollen deutlich machen, welchen existenziellen Problemen die Entwicklungsländer und deren arbeitende Bevölkerung in einer von den westlichen Industrieländern diktierten Wirtschaftspolitik ausgesetzt sind. Die in dieser Reihe bisher veröffentlichten Spiele geben einen guten Überblick über die Möglichkeiten der Spielsimulation. Die in der Spielregel eingebauten Steuerungsmechanismen, die eine Übertragbarkeit der im Spiel gewonnenen Erfahrungen auf die Realsituation gewährleisten sollen, sind recht unterschiedlich konzipiert. Dazu einige Beispiele:

In dem „Spiel der Großen im Kleinen" sollen die Spieler laut Anleitung „gegenseitige Abhängigkeiten, wie sie im Welthandel vorherrschen, auf der Ebene des Gefühles erfahren und die sich daraus ergebenden Konflikte durchspielen". Das Spielmaterial besteht (außer der Spielanleitung) aus einer abschließbaren Kassette mit Schlüssel, 12 ungespitzten Bleistiften (entsprechend 12 Teilnehmern) und 2 Bleistiftspitzern; ferner ist Konzeptpapier notwendig. Die Spielregel sieht eine Aufteilung der Spielgruppe im Verhältnis 1:2 vor. Beide Untergruppen sitzen an zwei Tischen einander gegenüber.

Die kleinere Gruppe erhält:

– den Schlüssel zur Kassette
– 2 Bleistiftanspitzer
– zwei Drittel des Konzeptpapiers.

Die größere Gruppe erhält:

– die mit den 12 ungespitzten Bleistiften gefüllte und verschlossene Kassette
– ein Drittel des Konzeptpapiers.

Die Gruppen sollen nun miteinander verhandeln. Gewonnen hat eine Gruppe, wenn jedes ihrer Mitglieder dem Spielleiter ein Blatt mit dem geschriebenen Satz „Wir haben Arbeit und Brot" gibt. Der Spielleiter hat lediglich die Aufgabe, das Verhalten und die Argumentation der Spieler zu beobachten und den Spielern die Auswertung die einzelnen Abläufe und Argumente wieder in Erinnerung zu rufen. Beide Gruppen wissen, daß das Spiel nach anderthalb Stunden beendet ist. Als Leitfragen für die anschließende Auswertung des Spiels werden zum einen persönliche Erfahrungen während des Spiels (Wie fühle ich mich als Mitglied meiner Gruppe und gegenüber der anderen Gruppe? Gab es Gruppensolidarität?), zum anderen Bezugspunkte zur Realsituation genannt: Wie verhalten sich Rohstoffpreise zu Fertigwarenpreisen in der Wirklichkeit?
Technologisches Know-how einer kleinen Zahl von Industriestaaten („Schlüssel zur Kassette") und die Rohstoffe der größeren Gruppe von Entwicklungsländern („ungespitzte Bleistifte") werden hier in den Spielmaterialien nur in einer sehr mittelbaren Symbolik dargestellt. Dennoch ist das Spiel in der Lage, wie seine Erprobung bei Hauptschülern zeigte, Diskussionen und Schüleraktivitäten in Gang zu setzen, wie sie sonst im Unterricht der Sekundarstufe, zumal in der Hauptschule, kaum auftreten: In der „Verhandlung" wird den Teilnehmern im Laufe des Spieles die wechselseitige Abhängigkeit beider Gruppen zur Erreichung des Spielzieles, aber auch der Grad der Einigkeit bzw. Uneinigkeit innerhalb der eigenen Gruppe über ein gemeinsames Vorgehen voll bewußt. Die Stärke oder Schwäche der Verhandlungspositionen von Entwicklungs- und Industrieländern wird hierbei primär auf der Erlebnisebene simuliert. In jedem Fall kann bei Schülern (bzw.

Mitgliedern einer Jugendgruppe) durch ein solches Spiel eine emotionale Aufgeschlossenheit für das „Lernziel" erreicht werden; dies scheint aber gerade in diesem Spiel vom Ergebnis der Auswertungsphase abzuhängen, in welcher den Schülern der symbolische Gehalt und der Realitätsbezug des Spiels deutlich gemacht werden muß. Der Vorteil des Spiels liegt zweifellos in seiner Einfachheit, das Spielmaterial kann von der Gruppe auch selbst zusammengestellt werden.

In dem Spiel „Überleben in Katonida" wird die Situation der bäuerlichen Bevölkerung von Westafrika simuliert, deren Ernteerträge beim Existenzminimum liegen. Den Spielern soll deutlich gemacht werden, wie sehr das Überleben dieser Familien von Zufällen und Risiken geprägt ist, die in einen Teufelskreis aus Unglück, Armut und Krankheit führen.

Anhand einer vorgegebenen Tabelle, die die Ernteerträge sechs verschiedener Feldfrüchte bei trockenem und feuchtem Wetter angibt, müssen die Spieler eines Dorfes entscheiden, welche drei Feldfrüchte sie auf zehn Feldern anbauen wollen. Die pro Feld zu erwartenden Erträge sind durch Punktzahlen aus der Tabelle ersichtlich und durch den Risikofaktor „Wetter" geprägt: Zum Beispiel gibt es für Yams in einem „feuchten Jahr" 70, in einem „trockenen Jahr" 20 Punkte (= Ernteeinheiten), für Erbsen in beiden Fällen 40 Punkte.

Die Entscheidung für eine Feldfrucht mit höherer Punktzahl (bei feuchtem Wetter) bedeutet das Eingehen eines größeren Verlustrisikos: Das Wetter wird durch einen anschließend geworfenen Würfel simuliert, bei dem die Punktwerte 1 und 2 feuchtes Wetter, die Punktwerte 3, 4 und 5 dagegen trockenes Wetter bedeuten.

Das Ernte-Ergebnis ist jedoch von weiteren Ereignissen abhängig: Die zu ziehende „Ereigniskarte" bedeutet zumeist Punktabzug. Der daraus resultierende Punktwert ist die Nahrungsmittelmenge eines Dorfes innerhalb eines Jahres. Liegt der Ertrag über 450 Punkten, können 50 Punkte für das kommende Jahr gutgeschrieben werden. Liegt er unter 450 Punkten, so bedeutet dies Unterernährung und damit erhöhte Krankheitsgefahr: In diesem Falle wird gewürfelt, ob eine „Krankheitskarte" gezogen werden muß. Krankheit bedeutet wiederum Punktabzug für die Ernte des kommenden Jahres, die in einer neuen Spielrunde ermittelt wird. Damit wird die Spielidee deutlich: Es ergibt sich ein Teufelskreis immer geringerer Erträge von Jahr zu Jahr. Wenn ein Dorf zwei Jahre hindurch weniger als 250 Einheiten erzeugt, kann es ein „Hilfegesuch" stellen, jedoch erscheinen die auf den „Hilfe-Karten" angegebenen Maßnahmen überwiegend unbefriedigend. Bei anhaltender Unterernährung eines Dorfes wandert die Bevölkerung in andere Dörfer ab, die dann pro Jahr höhere Erträge erbringen müssen. Am Ende steht der Hungertod. Die Spielregel sieht allerdings auch die Möglichkeit vor, mittels einer „Ersten-Hilfe-Station" und einer „Bewässerungsanlage" (deren Bau mit Punkteinbußen verbunden ist) die ungünstigen Risikofaktoren „Trockenheit" und „Krankheit" abzuschwächen.

Das Spielmaterial ist im Vergleich zum oben beschriebenen Spiel mit seinen Nahrungsmitteltabellen und Karten für „Ereignisse", „Krankheiten" und „Hilfen" sehr viel stärker inhaltlich auf die Simulation der Realsituation ausgerichtet, wenn

auch die tabellarische Zuordnung zwischen Ernte-Erträgen und Wetterverhältnissen (wie in der Spielanleitung betont wird), der Wirklichkeit nicht voll gerecht wird. Insgesamt erscheint es durchaus geeignet, bereits in der Spielphase Einsichten in reale Sachverhalte zu vermitteln.
Soweit die Theorie. Die *praktische Erprobung* von „Überleben in Katonida" brachte konzeptionelle Mängel ans Licht, die sich als ernsthaftes Hindernis für die Realisierung der Spielidee herausstellten. Dies belegt der nachfolgende Spielbericht eines Lehrers:

Vorbemerkung: Ich habe dieses Spiel in der Klassenstufe 8 der Hauptschule im Bereich Gemeinschaftskunde/Arbeitslehre/Sozialkunde eingesetzt. Es haben 15 Jungen und 11 Mädchen mitgespielt. Das Spiel wurde mit Spielleiter gespielt (auf den mit zunehmender Dauer verzichtet werden konnte).
Zum Spielablauf: Im Verlauf des Spiels kam kein Dorf in schwierige Situationen, alle haben überlebt, einige mit sicheren Überschüssen für das nächste Jahr. Alle Dörfer haben sehr schnell eine Erste-Hilfe-Station gebaut, fünf von sechs Dörfern eine Bewässerungsanlage.
Fazit: Das „Erleben" des Teufelskreises aus Unglück, Unter- und Fehlernährung bzw. Krankheit fand nicht statt. *Gründe*: Es gab zu viele „feuchte" Jahre; die Karten „Ereignis" hatten keine oder nur geringe Auswirkungen auf die Ernte-Erträge. Die Schüler „pokerten hoch" (bei diesem Spieldurchgang) – und gewannen. Auch nach einem zweiten Spieldurchgang (insgesamt also nach 11 Jahren!) änderte sich dieses Bild nicht, insofern endete das Spiel anders, als ich es erwartet hatte.

Zu den Voraussetzungen: Die für das Spiel vorgesehene Zeitdauer von etwa 1 1/2 Stunden war viel zu niedrig angesetzt! Am Ende des ersten Durchgangs (nach 6 Jahren) waren mit Vorbereitungen ca. 2 1/2 Stunden (3 Unterrichtsstunden) vergangen.
Zur Diskussions- und Auswertungsphase: Alle Mitspieler begrüßten diese Art des Lernens eines für sie schwer „erfühlbaren" Sachverhalts.
Alle Mitspieler erkannten, daß trotz des für sie positiven Spielausgangs der Zufall eine wichtigere Rolle spielte als die eigenen Entscheidungen.
Mehrere Mitspieler erkundigten sich spontan, ob dieses Spiel ein Abbild der Wirklichkeit sei, was zu einer Belebung der Diskussionsphase beitrug. Die Schüler kamen dann von selbst auf „Hilfeleistungen" aus den reichen Ländern (obwohl während des Spiels keine Hilfe in Anspruch genommen zu werden brauchte), auf deren Sinn oder Unsinn.
Im kognitiven Bereich konnte letztlich doch noch der „Teufelskreis", in dem sich Entwicklungsländer befinden, „erfahren" werden. Dabei habe ich mich der weiteren Karten „Ereignis", „Krankheit" und „Hilfe" bedient.
Alle Mitspieler sahen den Menschen, dem geholfen werden muß, dann im Vordergrund; auf Unverständnis stießen die Karten „Hilfe", bei denen eine politische Ausrichtung bestimmter Richtung Vorbedingung zur Hilfeleistung war.
(Wulf Allmann, Konrektor, Albert-Schweitzer-Schule, Gifhorn)

Damit sind die Grenzen des Lernens im Simulationsspiel deutlich geworden: „Gelernt" wird vor allem hinsichtlich sozialer und affektiver Erfahrungen, während die kognitive Verarbeitung der simulierten Realproblematik – aufgrund der Reduktion der komplexen Wirklichkeit im Spielmodell – *nicht* (oder sogar in falscher, weil vereinfachender Weise) geleistet wird; die kognitiven Lernziele müssen vorweg oder in anschließenden Diskussions- und Informationsphasen realisiert werden. Wenn diese Informationsphasen fehlen, ist das Simulationsspiel

didaktisch fragwürdig. Je weiter die Spielregel von der Wirklichkeit abstrahiert, um „Spiel" zu ermöglichen, desto mehr verliert das Geschehen seinen Simulationscharakter und wird für eine Rückbeziehung auf Realprobleme unbrauchbar. Andererseits gilt: Je stärker die Spielregel (etwa durch differenzierte Rollenvorschriften) der Komplexität der Realsituation gerecht werden will, desto mehr verliert der Handlungsablauf den eigentlichen Spielcharakter und wird zur didaktischen Übung: Genau dies sind die beiden Pole, zwischen denen sich das Simulationsspiel bewegt.
Simulationsspiele haben, selbst bei relativ ausgewogener Konzeption, gegenüber anderen Spielformen schließlich einen weiteren entscheidenden Nachteil: Sie können in der Regel von den Beteiligten nur ein einziges Mal gespielt werden. Sowohl ihr Lernwert als auch ihr Spielwert sind nämlich bereits bei einmaliger Anwendung erschöpft. Es befriedigt nicht, denselben Konflikt noch einmal durchzuspielen, selbst wenn die Lösungsmöglichkeiten nicht so aussehen wie in „Überleben in Katonida". Da der Unterricht entsprechend dem Lehrplan fortschreitet, ist hier ein mehrmaliges Durchspielen derselben Situation auch nicht vorgesehen. Dennoch sollte das Simulationsspiel in der Schule stärker als bisher berücksichtigt werden.

Gestalten, Konstruieren, Experimentieren
Dieses Handlungsfeld, das im vorschulischen Alter einen wesentlichen Teil des Objektspiels ausmacht, ist im Unterricht der Sekundarstufe kaum mehr als Spiel zu bezeichnen, bedarf aber dennoch der Erwähnung.
An die Stelle des freien (gestaltenden oder experimentierenden) Umgangs mit Materialien, das im Kindergarten gefördert, in der Grundschule in engen Grenzen noch geduldet wird, ist nun offenbar endgültig das zielorientierte, wissenschaftsbezogene Handeln getreten. Gestalten, Konstruieren, Experimentieren ist zur „Arbeit" geworden, deren Produkte sich in den naturwissenschaftlichen Fächern im (physikalischen oder chemischen) Experiment, im Kunstunterricht durch Erstellung ästhetischer Objekte, im Werkunterricht durch den Bau eines funktionstüchtigen Gebrauchsgegenstandes oder eines technischen Modell ausweisen. Der Umgang mit technischen Medien (Fotografieren, Tonband-, Video-Aufnahmen) erweitert zwar die Möglichkeiten des selbständigen Gestaltens, ist aber im herkömmlichen Unterricht kaum auf freies spielhaftes Tun, sondern ebenfalls auf zielorientiertes Arbeiten ausgerichtet.
Die Wohlunterscheidbarkeit von Arbeit und Spiel auf dieser Alters- bzw. Schulstufe macht es andererseits möglich, daß das materialbezogene Gestalten und Experimentieren auch einmal speziell unter dem Aspekt des Spielens und der Herstellung von Spielobjekten (Spielmitteln) durchgeführt werden könnte.
Den Fächern Werken, Kunst und Musik eröffnet sich dabei die Chance einer fächerintegrativen Projektarbeit, zum Beispiel

– beim Entwurf neuer Gesellschaftsspiele;
– bei der Herstellung von individuell konzipierten Manipulanda, die als Objekte des

explorierenden Spielhandelns optische und akustische Überraschungseffekte hervorbringen;
– beim freien Bauen und Konstruieren mit technischen Bausystemen.

Der Spielcharakter solcher Vorhaben zeichnet sich durch die Freiheit der Objektwahl, die Möglichkeit kreativen Handelns und eine auf symmetrische Kommunikation angelegte Lehrer-Schüler-Situation aus.
Derartige Projekte, die ausdrücklich von der Intention getragen sind, auch Selbsterfahrung im Spiel mit den hergestellten Objekten zu ermöglichen, waren bislang im Unterricht auf der Sekundarstufe nur selten anzutreffen – und doch sind diese Vorschläge relativ konventionell, berühren die Frage einer grundsätzlichen Veränderung der Struktur von Schule und Unterricht kaum.
Sehr viel weitergehender sind die Vorstellungen, die in den Gutachten von Bertelsmann und Söderberg für den Deutschen Bildungsrat zum Thema „Spiel und Kommunikation in der Sekundarstufe II" (1974a) entwickelt wurden. Der Kunsterzieher Klaus Bertelsmann hält eine „Verlagerung der Unterrichtsschwerpunkte von einer problematischen ‚Erziehung zur Kunst' in den Gesamtbereich kreativer Handlungen, ästhetischer Bildung, visueller Kommunikation und ihrer sozialen Verflechtung" für notwendig, in dessen Mittelpunkt das Spiel steht. Einer Auffassung von Kunstunterricht, die entweder das bildnerische Gestalten durch Übungsaufgaben oder „gesellschaftskritisch bestimmte Analysen visueller Kommunikationsstrukturen" betonte, stellt Bertelsmann eine neue Konzeption gegenüber:

„Die therapeutischen Aspekte ungesteuerter kreativer Entfaltung der Schüler bilden den Schwerpunkt des ‚Kunstunterrichts', der kein Unterricht mehr ist, sondern Bereitstellung von Spielsituationen und Materialien zur selbständigen Besetzung durch Kinder und Jugendliche. Der ‚Kunstraum' verändert sich zum freien Spielraum, Objektherstellung wird durch kreative Prozesse und Aktionen verdrängt. Die Funktion des ‚Kunsterziehers' ist die eines in Spielgruppen integrierten Partners, dessen Informationsvorsprünge und Erfahrungen nur ‚auf Abruf' dominieren. Er verzichtet darauf, Schüler zur Annäherung an eigene ästhetisch-soziale Wertvorstellungen zu bringen. Es entsteht ein ‚Antiraum' zur gegenwärtigen Schule mit allen denkbaren Gefährdungen institutioneller Disziplin. Gleichzeitig tritt jedoch ein Abbau von Hemmungen und neurotischen Verhaltensweisen ein. Die Schüler beginnen, sich in einem spontanen, nicht durch Wertungserwartung gelenkten Prozeß zu artikulieren." (Bertelsmann 1974a, S. 18)

Zweifellos ist die Erwartung von Bertelsmann, der „Antiraum" könne Neurosen abbauen, allzu hochgeschraubt und nicht unproblematisch. Sinnvoller erscheint es, Schule von vornherein zu einem humanen Lebensraum zu gestalten, die keinen Antiraum benötigt: Schule muß sich auch im Sekundarbereich so sehr als Ort freier Begegnung begreifen, daß das Spielen neben dem Lernen zu einer selbstverständlichen Lebensform wird, die keiner therapeutischer Instrumentalisierung bedarf. Mit dieser Einschränkung versehen, sind die Ausführungen von Bertelsmann durchaus wertvoll. Die Forderung, in der Schule Spieltage einzuführen, an denen die Schüler frei ihre Kreativität entfalten können, wird konkretisiert in einer Reihe von

Spielentwürfen, in denen dem Umgang mit Spielmitteln – im weitesten Sinne des Begriffs – eine besondere Bedeutung zuerkannt wird. Unter anderem nennt Bertelsmann:

– Bildnerische Spiele (freies Spiel mit selbst hergestellten plastischen Figurationen und geometrischen Formelementen),
– Umweltveränderungsspiele (Veränderung von Raumstrukturen und Architekturen durch flächige oder plastische Farb-/Formelemente),
– Multi-Media-Spiele (Spiele mit Formen, Farben, Lichtprojektionen, Musik, Bewegung, Texten durch kombinierten Medieneinsatz).

Derartige „Aktionen" besitzen nicht nur ästhetische, sondern ebenso kommunikative Bedeutung für die Beteiligten.
Auf dem Hintergrund des Sekundarunterrichts in Schweden schildert Bo Söderberg (1974a, S. 54ff.) die Möglichkeiten eines *kommunikationsfördernden Unterrichts*, in dessen Mittelpunkt das Spiel steht.
Söderberg schließt in den Spielbegriff allerdings auch ein „die Lust zum Singen und Tanzen" und die Gelegenheit, „mit verschiedenen Materialien und Ausdrucksmitteln zu laborieren, um neue Kombinationen, Verwendungsmöglichkeiten und Ausdrucksmöglichkeiten zu entdecken." Spiel wird zum Mittel, die folgenden Hauptziele des Kommunikationsunterrichtes zu erreichen; der Schüler soll:

„– seine eigenen Begabungen und Talente im Bereich künstlerischer und kommunikativer Ausdrucksweise entdecken und weiterentwickeln,
– zusammen mit anderen Jugendlichen in der schöpferischen Arbeit ein Gefühl von Zusammengehörigkeit, Solidarität und Mitverantwortung entwickeln,
– die Fähigkeit zum Erlebnis, Interpretieren und Bewerten verschiedener Formen der menschlichen Kommunikation entwickeln,
– seine eigenen Begabungen und Talente im Bereich der Problemsensitivität, des Problemlösens und des divergenten Denkens entdecken und weiterentwickeln,
– sich selbst und seine Umwelt im gesellschaftlichen Handlungszusammenhang verstehen".

Dazu ist kritisch anzumerken, daß eine so weite und unscharfe Fassung des Spielbegriffs, wie sie hier vorliegt, in der Unterrichtspraxis in Gefahr ist, nurmehr als Etikett für in Wahrheit spielfremde Tätigkeiten zu fungieren. Eine Übung zur Sensitivitätsförderung ist in der Regel kein Spiel, sondern *zielorientiertes Training*; das Herstellen von Materialien für eine „Multi-Media-Aktion" ist ebenfalls kein Spiel, sondern normale Arbeit, wenn auch mit ästhetischem Einschlag. Es ist von der Sache her illegitim, entspricht aber offenbar einer verbreiteten Mode, alles, was Schüler im Unterricht freiwillig tun, sogleich als Spiel zu bezeichnen!

Freizeitbezogene Unterrichtsthemen und Arbeitsgemeinschaften
Freizeit und Erholung sind auf der Sekundarstufe auch Gegenstand des Unterrichts. In den Lehrplänen des Fachbereichs „Welt- und Umweltkunde" bzw. „Arbeit-Wirtschaft-Technik" finden sich dazu entsprechende Hinweise. Neben Unterthemen wie „Freizeitverhalten verschiedener Altersgruppen", „Bedeutung des Fernsehens im Freizeitverhalten der Familie", „Naherholung im Heimatbereich" und „Urlaubsplanung" käme dem Thema „Spiel und Spielmittel" besondere Bedeutung zu, was allerdings von den Lehrkräften selten genug erkannt wird.

Im Rahmen dieses Themas könnten die Schüler im wechselseitigen Erfahrungsaustausch sich gegenseitig über Spiele und Spielmittel informieren, diese in den Unterricht mitbringen und gemeinsam erproben. Die Erwartungen, daß dabei sehr viel neue Spiel- und Betätigungsmöglichkeiten in den Horizont der Jugendlichen treten, sollten nicht allzu hoch gesteckt werden, dennoch sind im Einzelfall Überraschungen keineswegs ausgeschlossen. Darüber hinaus muß es die Schule als ihre Aufgabe betrachten, den Jugendlichen weitere Anregungen zur individuellen Freizeitgestaltung zu erschließen, die das übliche Standardprogramm (wie Fernsehen, Moped, Disco) differenzieren.

Selbstverständlich kann man dies nicht über eine einzelne Unterrichtseinheit leisten; vielmehr muß die Schule verstärkt dazu übergehen, in Form von freien Kursen Gelegenheit für sportliche, technische, musisch-künstlerische Freizeittätigkeiten zu bieten. Dabei sollte dem Bereich des Gesellschaftsspiels mehr Beachtung geschenkt werden. Die Gründung einer Schach-Arbeitsgemeinschaft würde hier nur einen Anfang bedeuten. Vielmehr erscheint es uns sinnvoll, den Jugendlichen eine (wahlweise angebotene) systematische Einführung in die verschiedenen Spielformen und Spielmittel im Bereich der Gesellschaftsspiele zu geben. Die Möglichkeiten reichen hier von den klassischen Glücksspielen wie Roulette über schwierigere Karten- und Brettspiele (wie Go oder Bridge) bis hin zu dem, was an neueren strategischen Unterhaltungsspielen heute auf dem Spielmittelmarkt angeboten wird. Wenn auch das Vertrautmachen mit diesen Spielen nicht theoretische Belehrung „über" sie sein soll, sondern eine ausgiebige praktische Erprobung zur Voraussetzung hat, ist dabei die Beleuchtung historischer, gesellschaftlicher wie auch ökonomischer und politischer Problemzusammenhänge im Rahmen einer kritischen Freizeiterziehung sinnvoll. Die Bedeutung des Glücksspiels in der Gegenwart (Spielbanken; Spielautomaten) mag hier ebenso Anlaß für kritische Diskussionen sein wie die Einstellung zum „Horror-Spielzeug" oder das Funktionieren von „Wirtschaftsspielen". Die Pädagogik der Spielmittel im Sekundarunterricht darf sich also nicht auf die Vermittlung von Spielerfahrungen beschränken, sondern ist gleichzeitig gehalten, Bewertungskriterien und übergreifende Problemzusammenhänge im Kontext einer „Freizeitpädagogik in der Schule" (Opaschowski) deutlich zu machen.

Spielmittel in der schulischen Freizeit

Die Zeit, die der Schüler außerhalb des Unterrichts in der Schule verbringt, kann man als *schulische Freizeit* bezeichnen. Sie tritt auf

- in den kleinen und großen Pausen;
- in „Hohlstunden" (Freistunden), die sich aufgrund der verschiedenen Differenzierungsformen stundenplantechnisch kaum umgehen lassen;
- in den Freistunden, die sich aus dem Ganztagsbetrieb bestimmter Schulformen ergeben (Gesamtschulen; Internatsschulen).

Nach dem traditionellen Verständnis von Schule muß der Begriff „schulische Freizeit" als ein Paradoxon erscheinen, denn Pausen und Hohlstunden wurden bislang kaum als echte Freizeit, sondern als unvermeidbares Aussetzen des Unterrichts betrachtet. Erst mit der Einrichtung von Gesamt- bzw. Ganztagsschulen, die mittags einen mehrstündigen Freizeitblock aufweisen, ist schulische Freizeit als pädagogisches Problem überhaupt wahrgenommen worden.
Die Antwort der Schule auf die Frage: „Was tun in der Freizeit?" bestand bislang meist darin, auch diese „echte" Freizeit der Schüler zu verplanen durch das Angebot von Arbeitsgemeinschaften und Neigungskursen. Die Umwandlung von Freizeit in Unterricht, der zwar frei gewählt ist, aber dann zur Teilnahme verpflichtet, entspricht einer verbreiteten schulischen Praxis, Freizeitangebote nur in der Form unterrichtsähnlicher Organisationsformen als sinnvoll anzusehen.
Allerdings zwingen allein die großen Schülerzahlen zu einer organisierten Form des schulischen Freizeitangebotes.
So berichten Müller/Klemmer (1975) von der Gesamtschule Rodenkirchen, daß 1975 für 1.200 Schüler 89 Arbeitsgemeinschaften als Freizeitangebote zur Verfügung standen. Die Themen reichen von sportlichen und musischen Angeboten (einschließlich Stegreifspiel, Instrumentalbau, Volkstanz) bis zu „Wetterbeobachtung", „Ausländische Küche" und „Mathematik-Wiederholungen".
Wahlunterricht nur deshalb als Freizeitangebot zu bezeichnen, weil er überwiegend interessantere Themen als der Pflichtunterricht bietet, scheint gängige Praxis in Gesamtschulen zu sein. Wie der Begriff „Arbeitsgemeinschaft" richtig ausdrückt, dominiert hier die unterrichtliche (wenn auch selbst gewählte) Arbeit.
Aber auch das Ansinnen, man möge in der schulischen Freizeit „Arbeitskollektive" bilden, um „Erkenntnisse über die gesellschaftliche Funktion unterrichtlicher Veränderungen" zu machen (Baer/Tillmann 1974, S. 213), gerät in Gefahr, die Schüler zu (politisch fremdbestimmter) Arbeit zu nötigen, statt ihnen volle Entscheidungsfreiheit für ihr Tun zuzubilligen.
Tatsächlich benötigen die Schüler in der schulischen Freizeit Kommunikations- und Handlungsmöglichkeiten, die nicht nur inhaltlich, sondern vor allem hinsichtlich ihrer formalen Struktur einen Kontrast zu unterrichtlichen Veranstaltungen bilden. Außer freien Lese-Angeboten bietet sich vor allem ein breites Reservoir an

Spielmitteln an, die frei zugänglich und benützbar sein sollen. Sie können dezentralisiert in den Klassenräumen oder Spieliotheken aufbewahrt werden. Bislang hat sich die wissenschaftliche Begleitforschung zu Gesamtschulversuchen noch nicht mit dem Problem beschäftigt, welche Spielmittel am ehesten infrage kommen. Aber dies zu ermitteln, dürfte durch Befragung der Schüler und Erkundung des Angebotes nicht schwer fallen.

Neben dem dezentralisierten Zugang zu Spielmitteln ist für Schulen mit großen Schülerzahlen nicht nur eine freizeitfreundliche Gestaltung aller Räumlichkeiten einschließlich des Schulhofes notwendig; zu fordern ist ebenso der Zugang zu angrenzenden Spielplätzen und zu einem Kommunikationszentrum (Jugendzentrum). Schulen, die diese Möglichkeit besitzen, wie die Gesamtschule Hamburg-Steilshoop (Geißler/Moritz 1978), sind die Ausnahme.

Auch bei zentraler Verwaltung von Spielmittel-Angeboten (Spielzimmer im Kommunikationszentrum, Spielgeräte-Ausgabe auf dem betreuten Spielplatz) beinhalten sie Freizeit- und Kommunikationsmöglichkeiten, die mit einem Mindestmaß an instutioneller Vorstrukturierung belastet sind. Spielanlagen (Tischtennis, Billard, Kegeln) und Gesellschaftsspiele (Brett- und Kartenspiele) bieten Abwechslung, Spannung und Unterhaltung. Gleichzeitig stellen sie für den einzelnen Schüler eine Rückzugsmöglichkeit aus der Masse des Klassenverbandes in die Kleingruppe von 2–4 Personen dar. Ohne „Lehreraufsicht" bilden sich im Spiel variable Handlungs- und Kommunikationsmuster aus, die von den Beteiligten jederzeit selbst aufhebbar sind.

Viele Schüler haben das Bedürfnis, in der schulischen Freizeit *überhaupt nichts zu tun*. Auch dies sollte möglich sein und von den Lehrern nicht als „Gammeln" abqualifiziert werden. Genauere Beobachtung von Schülern, die anscheinend nichts tun, ergibt nämlich, daß sie doch etwas machen: Sie denken nach, „träumen", sprechen mit jemandem oder schlafen. Derartige humane Bedürfnisse sollten gerade von einer Schule ernst genommen werden, die Kinder und Jugendliche ständigem Leistungsdruck unterwirft.

Freizeitaktivitäten in der
GS Hamburg-Steilshoop
Foto: b:e

Humanisierung des Schullebens kann weder von hochstrukturierten „Freizeitbeschäftigungen" erwartet werden noch von großangelegten ästhetischen „Spielaktionen" oder therapeutischen Spielübungen. Wichtig ist vielmehr das Vorhandensein von Handlungsmöglichkeiten, die weder übungsintensiv noch vorgeplant sind, sondern bei auftretender Langeweile Spaß machen; die geforderte (Spiel-) Aktivität braucht dabei nur wenig über dem Aktivierungsniveau des bloßen Nichtstuns zu liegen. Genau dieses bietet Spiel, und zwar in jenen simplen Formen, wie sie auch durch Spielmittel, insbesondere durch Gesellschaftsspiele und Objektspiele, vermittelt werden.

Allerdings ist es für die Schule nicht damit getan, ein paar Spielmittel anzuschaffen. Der Freizeitbereich bedarf vielmehr kleiner, nett eingerichteter Räume und Nischen, die als individuelle Rückzugsmöglichkeiten vom schulischen Massenbetrieb angesehen werden. Erst wenn sie die Jugendlichen dort wohlfühlen, kann die Motivation zum Spiel sich entfalten, erst dann ist Nichtstun nicht Audruck des stummen Protestes und der Resignation, sondern bedeutet entspannte Zufriedenheit.

Pädagogische Rahmenkonzepte

Da das Thema Spielmittel in der Diskussion um die Reform des Sekundarschulwesens bis jetzt nicht auftauchte, ist es müßig, nach theoretischen Orientierungsgesichtspunkten zu suchen, die dieses Thema behandeln. Wir fragen deshalb umgekehrt, in welchen aktuellen pädagogischen Rahmenkonzepten Platz für eine „Pädagogik der Spielmittel" sein könnte.

Schulische Sozialarbeit
Das Konzept der schulischen Sozialarbeit hat seinen Ursprung in der Erkenntnis, daß die Schule ihrer Erziehungsaufgabe nicht gerecht wird; der Grundwiderspruch der Schule, daß sie einerseits eine Erziehung zur Selbständigkeit als ihr Ziel ausgibt, andererseits durch bürokratische Unterrichtsorganisation, Selektion und Leistungsdruck dieses Ziel ständig torpediert, führt beim Schüler zu latenten oder offenen Störungen seiner Ich-Identität. Da die Schule, insbesondere die Schule mit großen Schülerzahlen, nicht mehr in der Lage ist, die von ihr verursachten seelischen Schwierigkeiten zu kompensieren, sind in jüngster Zeit Tendenzen sichtbar, die Sozialpädagogik, die bislang ausschließlich im außerschulischen Raum beheimatet war, in die Schule hineinzuverlagern. Schulische Sozialarbeit bedeutet, daß Sozialpädagogen in der Schule (wünschenswerterweise in Kooperation mit den Lehrern) arbeiten, um überall dort zu helfen und beraten zu können, wo immer dies notwendig ist.

Die schulische Sozialarbeit ist in der Bundesrepublik vor allem im Zusammenhang mit der Gründung von Gesamtschulen entwickelt worden, weil bei diesen schulischen Groß-Systemen seelische Störungen am massivsten auftraten – übrigens nicht nur bei Schülern, sondern ebenso bei Lehrern. Wurde zunächst schulische Sozialarbeit als „Einzelfallhilfe" in bezug auf einen bestimmten Schüler angesehen, so steht heute viel stärker die Analyse der gesamten Schulwirklichkeit und ihrer sozialen Interaktionen im Vordergrund. Damit drängt sich neben die Einzelfallhilfe zunehmend mehr die Aufgabe in den Vordergrund, Schule pädagogisch so zu gestalten, daß sie für Menschen erträglich, „human", wird.

„Schulsozialarbeit sollte in der Schule eine Konzeption von Lernen und Erfahrung ermöglichen, die den Bedürfnissen und den Interessen der Heranwachsenden entspricht." (Peltzer-Gall 1978, S. 5)

Eine solche Konzeption muß wohl auch darauf bedacht sein, dem Schüler etwas mehr Zeit für sich selbst, für Geselligkeit, für Unterhaltung und Spiel zu gewähren. Damit ist der Stellenwert gekennzeichnet, den Spielmittel in einer so verstandenen schulischen Sozialarbeit haben können: einen Erziehungswert.
Sozialpädagogen setzen sich heute für eine „sozialpädagogisch orientierte Schule" ein und meinen damit nichts anderes, als den Erziehungsgedanken, das wechselseitige Verstehen und Einanderhelfen, zum zentralen Bezugspunkt aller schulischen Interaktionsvorgänge zu machen: durch Dezentralisierung des Schulwesens, situationsbezogene Lernformen und das Schaffen von Handlungsspielräumen für Schüler und Lehrer (Homfeldt u. a. 1977)
Der Umgang mit Spielmitteln wäre ein solcher selbstbestimmter Handlungsspielraum, der auch für die Sozialarbeit in der Schule noch der Entdeckung bedarf.
Sozialarbeit in der Schule müßte letztlich versuchen, sich überflüssig zu machen, indem sie die Schulpädagogik in die Lage versetzt, selbst eine humane Schule zu gestalten, die durch den Primat der Erziehung gekennzeichnet ist (reformpädagogische Schulkonzepte waren und sind in diesem Punkt wesentlich weiter!). Dann nämlich könnten Spielmittel in der Schule auch von der Schulpädagogik als *Erziehungsmittel* ernst genommen werden und aus dem Abseits didaktischer oder kompensatorischer Legitimationsversuche herausgeführt werden.

Schulische Freizeitpädagogik
Ebenso wie die schulische Sozialarbeit ist die Freizeitpädagogik ein erziehungswissenschaftlicher Teilbereich, der ursprünglich außerhalb der Schule angesiedelt war, seit kurzem aber in die Diskussion um eine humanere Schule einbezogen wird. Auch hier gingen die Anstöße von den Gesamtschulen aus. Andererseits setzt sich heute in der Freizeitpädagogik die Erkenntnis durch, daß Freizeit kein isolierter Lebensbereich sei, sondern quer durch die verschiedenen gesellschaftlichen Institutionen als pädagogische Aufgabe anzutreffen ist. Horst W. Opaschowski betrachtet die

Pädagogik der Freizeit als „Komplementär- und Querschnittsaufgabe" und beschreibt ihre Realisierung in den folgenden fünf ausgewählten Bereichen: „Schule", Weiterbildung (insbesondere Volkshochschule), „Spiel" (insbesondere Spielplatz und Amateurtheater), „Sport" und „Kultur" (insbesondere Museen).
Obwohl Opaschowski (1976) zum Thema „Spielmittel" kaum Ausführungen macht, ist seine Grundlegung einer Freizeitpädagogik in der Schule doch außerordentlich wichtig, sie ist auch offen genug, einer Pädagogik der Spielmittel Raum zu gewähren. Opaschowski (1977, S. 71 f.) unterscheidet acht *grundlegende Freizeitbedürfnisse von Schülern:*

1. Bedürfnis nach Erholung, Entspannung und Wohlbefinden (Rekreation),
2. Bedürnis nach Ausgleich, Ablenkung und Vergnügen (Kompensation)
3. Bedürfnis nach Kennenlernen, Weiterlernen und Umlernen (Edukation)
4. Bedürfnis nach Selbstbestimmung, Selbsterfahrung und Selbstfindung (Kontemplation)
5. Bedürfnis nach Mitteilung, Sozialkontakt und Geselligkeit (Kommunikation)
6. Bedürfnis nach Gruppenbezug, Sozialorientierung und gemeinsamer Lernerfahrung (Integration)
7. Bedürfnis nach Beteiligung, Mitbestimmung und Engagement (Partizipation)
8. Bedürfnis nach kreativer Erlebnisentfaltung, kultureller Aktivität und Produktivität (Enkuluration).

Opaschowski (1976, S. 171 f.) schlägt vor, zur Befriedigung dieser acht Grundbedürfnisse jeweils einen mit entsprechenden Einrichtungen versehenen gesonderten Freizeitbereich in der Schule zu schaffen, also einen Erholungsbereich (Rekreation), einen Zerstreuungsbereich (Kompensation), einen Lernbereich (Edukation) usw. Spiel und Spielmittel finden dabei im *Zerstreuungsbereich* Erwähnung. Für diesen Bereich werden gefordert:

„Offene Räume für Aggressionsabbau zum Nachlaufen, Verstecken, Klettern, Toben; Tischtennis; Federball; Billard; Kegeln; Spielothek; Werkstatt; Bastelraum; Raum für Experimentieren und Gestalten; Ton-, Film-Studio; Fotolabor u. a."

Die schwerpunktmäßige Zuordnung der Spielmittel zum Kompensations- und Zerstreuungsbedürfnis, von der hier ausgegangen wird, darf allerdings nicht darüber hinwegtäuschen, daß Spielmittel als Erziehungs- und Bildungsmittel in der schulischen Freizeit eine vielfältige pädagogische Funktion erfüllen, die fast alle der acht genannten Freizeitbereiche einschließt:
Mag der eine Schüler bestimmte Spiele und Spielmittel stärker als Gegenstand der anregenden Unterhaltung schätzen, so will ein anderer lediglich „ausspannen", ein dritter ist zum Spiel motiviert durch das Beisammensein mit Kameraden, einem vierten geht es um das Erlernen einer bestimmten Spieltechnik. Entsprechend unterschiedlich sind die Möglichkeiten einzelner Spielmittel, diesen verschiedenen

Bedürfnissen gerecht zu werden: Ein Schachspiel zeigt hier sicherlich ein völlig anderes *Funktionsprofil* als eine Kegelbahn, und diese wird wiederum ein anderes Funktionsspektrum als ein „Mensch-ärger'-dich-nicht" aufweisen.
Auf die schulische Freizeitpädagogik käme somit die Aufgabe zu, Spielmittel daraufhin zu prüfen, welchen spezifischen Beitrag sie jeweils zur Befriedigung verschiedener Freizeitbedürfnisse leisten.
Besondere Beachtung verdient das von Opaschowski dargestellte Konzept einer „animativen Didaktik". Animation wird als Inbegriff aller Möglichkeiten der Anregung zu lustvoll erlebter Freizeit verstanden, z. B. durch Vermehrung von Kontakten, intensiveres Erleben, Erhöhung von Spaß, Steigerung der Eigenaktivität. Als Leitprinzipien der animativen Didaktik in der Schule nennt Opaschowski (1977, S. 115 ff.)

– Zeiteinteilung (freie Zeit haben und darüber verfügen können),
– Freiwilligkeit (aus freien Stücken und nach Neigung tätig werden können),
– Zwanglosigkeit (in einer offenen Handlungssituation ohne Reglementierung, Erfolgszwang und Konkurrenzkampf die eigenen Leistungs-, Kooperations- und Kommunikationsmöglichkeiten erproben können),
– Wahlmöglichkeit (zwischen mehreren Alternativangeboten vergleichbarer Attraktivität auswählen können),
– Entscheidungskompetenz (aus eigenem Entschluß selbstverantwortlich handeln können),
– Eigeninitiative (die eigenen Wünsche und Bedürfnisse selbst artikulieren können und Gelegenheit haben, sie zu befriedigen).

Es sind dies Prinzipien, die auf kaum ein anderes Handlungsfeld besser zutreffen als auf das Spiel und den Umgang mit Spielmitteln. Interessanterweise werden diese Prinzipien ebenso in allen Versuchen der „offenen" Schule ernst genommen, die ein „Gegenmodell" zur herkömmlichen Schule sein wollen. Mit Recht fordert Opaschowski, daß die staatliche Schule konventioneller Prägung die animative Didaktik als ein die traditionellen Unterrichtsdidaktiken erweiterndes Prinzip aufnehmen möge. Ebenso müssen die Lehrer für ihre Aufgabe als Freizeitberater, Freizeitgestalter und „Animateure" ausgebildet werden.
Dazu dürften auch spielpraktische Erfahrungen sowie Kenntnisse über geeignete Spielmittel gehören.
Jede (Sekundar-)Schule, auch wenn es sich nicht um eine Gesamtschule handelt, sollte über ein Reservoir von Spielmitteln verfügen, das den verschiedenen Freizeitbedürfnissen Rechnung trägt, was voraussetzt, daß die Schule der schulischen Freizeit einen positiveren Sinn abgewinnt, als dies bisher geschehen ist.

Der Lernort „Studio" in der Konzeption des Deutschen Bildungsrates
Der Deutsche Bildungsrat hat in seinen Empfehlungen „Zur Neuordnung der Sekundarstufe II" ein System der Integration von allgemeiner und beruflicher

Bildung vorgeschlagen, in dem die Schule als alleinige Organisationsinstanz des Lehrens und Lernens abgelöst wird durch das Konzept der „Pluralität der Lernorte" (1974, S. 69 ff.).
Für die Sekundarstufe II werden vier nebeneinander gleichberechtigte Lernorte vorgeschlagen, die der Jugendliche entsprechend den von ihm gewählten Ausbildungsschwerpunkten in unterschiedlich starkem Maße besuchen soll:

– Der Lernort „Schule"
– Der Lernort „Betrieb" (Ausbildung am Arbeitsplatz)
– Der Lernort „Lehrwerkstatt" (Überbetriebliche Ausbildungsstätte)
– Der Lernort „Studio".

Das Studio – als eine neu zu schaffende Einrichtung des öffentlichen Bildungswesens – ist zuständig für den Lernbereich „Spielen und Gestalten", der insbesondere kreatives, ästhetisches und soziales Lernen ermöglichen soll. Dazu heißt es in den „Empfehlungen" (1974, S. 101):

„Im Studio sollen vornehmlich Fähigkeiten zu Wahrnehmung, Ausdruck und Gestaltung geweckt und gefördert werden. Dabei sind Erfahrungen der verschiedenen Lebensbereiche zu berücksichtigen. Im Unterschied zu den Lernprozessen an den anderen Lernorten geht es weniger darum, vorgegebene Lernziele und Leistungsstandards zu erreichen. Vielmehr soll den Jugendlichen Raum für eigenes Handeln unter eigenen Zielsetzungen freigegeben werden."

Damit ist freilich noch nicht begründet, warum und in welcher Hinsicht dem Spiel im Lernort „Studio" eine besondere Funktion zukommt. Hermann Krings (1974, S. 54), ehemals Vorsitzender der inzwischen aufgelösten Bildungskommission des Deutschen Bildungsrates, macht dazu die folgenden Ausführungen:

„Im Programm der Lernprozesse der Sekundarstufe II sollten Spielhandlungen eine eigene pädagogische Bedeutung haben. Der Lernende wird durch sie zu einer Produktivität angeleitet, deren Ziel weder eine Qualifikation (wie z. B. ein Werkstück) ist, sondern die Produktion selbst als gelungenes Spiel. Diese Einheit von Produktivität und Produkt in einem Medium oder multimedial zu realisieren und diese Einheit als eigene Leistung zu erfahren, ist das Charakteristische eines Handlungslernens in den Bereichen von Spielen und Gestalten... Entscheidend für jedwedes Lernzielerreichen im Bereich der Spielhandlungen ist die Freude am Spiel und am spielerischen Tätigsein."

Nun sind Spaß und Freude an der Sache, die man betreibt, keineswegs nur für Spielhandlungen wünschenswert, und bilden, so gesehen, auch kein Unterscheidungskriterium für Spiel einerseits und selbstbestimmte Arbeit andererseits – es sei denn, man nennt jede Form der selbstbestimmten Tätigkeit Spiel, was zu einer logisch kaum nachvollziehbaren Ausweitung des Spielbegriffs führt. Wenn man nach den Medien und Tätigkeitfeldern im Lernort „Studio" fragt, so werden genannt: Musik, Dramatik, Tanz, Bild (Malen, Zeichnen, Skulptur), Film, Fernsehen und

Video, Audioproduktionen (Hörspiele), Raum und Umwelt (Design, Wohnen, Siedlung), Werken (Krings 1974, S. 64).

Die Normalform der aus diesen Handlungsfeldern ableitbaren Aktivitäten ist aber nun keineswegs eine Spieltätigkeit, sondern etwas, das man im Verständnis „jugendbewegter" Tradition als „musisches Tun" bezeichnen könnte. Der Lernort „Studio" scheint gar nicht so etwas völlig Neues zu sein, sondern kommt jenem Aufgabenfeld sehr nahe, welches bislang von musischen Jugendbildungsstätten wahrgenommen wurde. Eine Ausbildung von Jugendlichen in den genannten Tätigkeitsfeldern im Curriculum der Sekundarstufe wäre durchaus wünschenswert, nur scheint hierfür der Spielbegriff als oberstes Prinzip des Lernens im „Studio" etwas überfordert zu sein. Wie sehr der Spielbegriff bei Krings (1976, S. 15) nurmehr eine Symbolbedeutung hat, geht aus der folgenden Äußerung hervor:

„Studio heißt also jener Ort, wo jeder Raum – ob Werkstatt, Dunkelkammer, Labor oder Bühne o. a. – ein Spielraum ist. Alles Material vom Musikinstrument bis zum Videorecorder ist Spielmaterial. Die Gleichaltrigen sind nicht Mitschüler, sondern Mitspieler. Die Älteren sind nicht Lehrer, sondern Spielleiter. Das, was an diesem Ort geschieht, ist Spiel."

Vor allem derjenige, der die Einrichtung eines Lernfeldes „Spielen und Gestalten" in der Sekundarstufe begrüßt, muß sich fragen, ob die Verschwommenheit dieses Spielbegriffs dem Vorhaben nicht mehr schadet als nützt. Ähnlich wie bei den „didaktischen Spielen" im Vorschulalter scheint hier eine inadäquate Verwendung des Spielbegriffs vorzuliegen, eben für Tätigkeiten, die kein Spiel sind: Welchen Sinn hat es etwa, das Bearbeiten eines Werkstückes „Spiel" zu nennen und den beratenden Lehrer als „Spielleiter" zu bezeichnen? Gerade das Erlernen eines Musikinstrumentes, das zwar gemäß sprachlicher Konvention „gespielt" wird, aber mühevolle Arbeit darstellt, zeigt uns, zu welchen Mißverständnissen ein undifferenzierter, nur im übertragenen Sinne gebrauchter Spielbegriff führt. Das Prinzip, alles als Spiel zu bezeichnen, würde jene Jugendlichen, die beispielsweise an der Erstellung eines ästhetischen Objektes arbeiten, ebenso befremden, wie diejenigen, die nun tatsächlich spielen wollen, aber dafür dann mit spielfremden Tätigkeiten konfrontiert werden.

Konkretes Spielhandeln kommt im Konzept des Deutschen Bildungsrates allenfalls in zwei speziellen Formen vor: In der Form des Rollenspiels (Dramaturgie und Theater) und in Form von „ästhetischen Aktionen" (Material- bzw. Multimedia-Aktionen), die im Grund schon den Übergangsbereich zwischen „Spiel" und „Übung" markieren. Derartige „Aktionen", wie sie von Bertelsmann vorgeschlagen wurden, bewahren einen gewissen Spielcharakter, wenn sie ein außergewöhnliches Ereignis darstellen, nicht aber zur alltäglichen Gewohnheitsübung werden.

Die Möglichkeit, Jugendliche im „Studio" zum Umgang mit Spielzeug zu animieren und eine breite Einführung in die Pädagogik der Spielmittel zu geben, ist vom Deutschen Bildungsrat überhaupt nicht gesehen worden. Wenn diese Aufgabe in ihrer Bedeutung für die Jugendlichen erkannt worden wäre, hätte dies zwangsläufig zu einer differenzierten Auseinandersetzung mit pädagogischen Spielkonzepten geführt und davor bewahrt, den häufigen Gebrauch des Spielbegriffs bereits für ein praktikables Konzept zu halten.

Fazit: Die Scheu des Deutschen Bildungsrates, Spielmittel als legitimen Gegenstand unterhaltsamen Tuns in der Sekundarstufe II zu etablieren, ist keineswegs untypisch für die gegenwärtige Behandlung des Themas „Spiel in der Schule": Einer Fülle von literarischen Erzeugnissen zu diesem Sujet, die offenbar noch weiter im Anwachsen begriffen ist, steht eine Schulwirklichkeit gegenüber, die sich allenfalls des Spielbegriffs bedient, um sich den Anschein der Kindertümlichkeit zu geben. Daß soviel von Spiel, aber kaum von Spielzeug die Rede ist, entlarvt die Spielfreundlichkeit der Schulpädagogik als Mode-Erscheinung, die mehr vom positiven Image des Spielbegriffs lebt, als durch konkretes, selbstbestimmtes Spielhandeln zum Aufbau eines humanen Schullebens beizutragen.

Wir wagen die These, daß überall dort, wo von der Notwendigkeit des Spiels in der Schule gesprochen, aber gleichzeitig das Spielmittel aus dem pädagogischen Bewußtsein verdrängt wird, das konkrete Spielhandeln notwendig Fehlentwicklungen bzw. Mißdeutungen ausgesetzt ist: Entweder wird die Struktur der Spielhandlung fremdbestimmt durch die lernzielorientierten Lehrererwartungen und hat Übungscharakter, oder aber die Tätigkeit ist tatsächlich durch den Schüler selbst bestimmt, dann aber handelt es sich nur im Ausnahmefall um unterrichtliches Spielen, sondern meist um produktorientiertes Arbeiten.

Das Ernstnehmen des Spiels in der Schule erweist sich weder in einem spektakulären Aktionismus noch in dem Bestreben, Unterricht nurmehr in der Form des Rollenspiels abzuwickeln. Der Grad des Freiseins von Fremdbestimmtheit zeigt sich uns für das Spiel in der Schule vielmehr darin, inwieweit den Schülern Spielmittel zum praktischen Gebrauch zur Verfügung stehen.

VIII. Spiel und Spielmittel in der Freizeitgesellschaft

Der spielende Mensch – emanzipierter Bürger oder Opfer der Freizeitindustrie?

Die hochindustrialisierten Länder der westlichen Welt sind nicht nur Leistungsgesellschaften, sondern in gewissem Sinne auch Freizeitgesellschaften geworden. Breiten Schichten der Bevölkerung steht heute wesentlich mehr Freizeit zur Verfügung als etwa im 19. Jahrhundert. Im Bewußtsein des modernen Menschen haben sich Arbeit und Freizeit als zwei voneinander völlig getrennte Lebensbereiche etabliert, wobei der Freizeitbereich in den letzten Jahrzehnten ständig an Bedeutung gewonnen hat. Um klären zu können, welche Funktion die Pädagogik der Spielmittel in dieser Freizeitgesellschaft haben könnte, sind zunächst die verschiedenen Erscheinungsformen des Freizeitangebotes „Spiel" zu analysieren. Eine solche Analyse ist wiederum abhängig von dem jeweils zugrunde liegenden Verständnis von Freizeit. Wir unterscheiden im folgenden einen „naiven", einen „kritisch-negativen" und einen „kritisch-positiven" Freizeitbegriff.

Der naive Freizeitbegriff
Die überkommene Pädagogik betrachtet Freizeit als jede von beruflicher Arbeit freie und somit frei verfügbare Zeit, die dem Ziel der Erholung des Menschen dient. Dabei wird davon ausgegangen, daß „Freude am Leben" und Wiederherstellung der Arbeitskraft" durch „sinnvolle" Freizeitangebote vermittelt werden sollen und können. „Naiv" kann diese Auffassung deshalb genannt werden, weil sie von idealisierten Vorstellungen getragen ist, die einer kritischen Analyse der sozioökonomischen Bedingungen und Normen dieser Freizeitgesellschaft nicht standhalten. Allzu schnell gerät die Pädagogik dabei in die Gefahr, das von der Freizeitindustrie vermarktete Bild vom glücklichen, in einer heilen Freizeitwelt lebenden Urlaubsmenschen lediglich zu bestätigen, ohne dessen Problematik gewahr zu werden. Nun wurde in der Nachfolge der Jugendbewegung auf pädagogischer Seite allerdings auch so etwas wie eine Gegenoffensive gegenüber dem Vergnügungsbetrieb bürgerlicher Provenience sichtbar. Aber der von hohen Idealen, asketischem Geist und musischer Traditionspflege getragene Jugendkult führte sich selbst in die Isolation und leistete mit dieser Form der Realitätsverdrängung letztlich einen Beitrag zur Anpassung an das, was man zu bekämpfen glaubte.

*Spiel und Freizeitsport auf dem Hintergrund eines „kritisch-negativen"
Freizeitverständnisses*

Der kritisch-negative Freizeitbegriff zeigt sich als deutliche Gegenreaktion auf eine allzu lange währende unkritisch-naive Auffassung von Freizeit. Er verdankt seine Ausprägung im wesentlichen Jürgen Habermas und gewann mit der Verbreitung der „kritischen Theorie" zunehmend an Bedeutung. Freizeit wird hier als Flucht vor der entfremdeten Arbeitswelt in steigendem Konsumgenuß gedeutet. Bedingt durch die Marktgesetze einer an Profitmaximierung orientierten Gesellschaft, in der die Zunahme arbeitsfreier Zeit eine expandierende Freizeit-Industrie zur Folge hat, gerät der Lohnabhängige aus der entfremdeten Arbeitswelt in die entfremdete Freizeitkultur und wird somit doppelt fremdbestimmt. Freizeit ist, so gesehen, nicht wirklich freie Zeit: Sie unterliegt vielmehr den Zwängen der Freizeit-Industrie, deren Angebote lediglich die Normen und Leistungsstrukturen der Arbeitswelt widerspiegeln.

Obwohl der kritisch-negative Freizeitbegriff bei manchen sich marxistisch gebenden Autoren auch zu ideologischen Bewertungen der (kapitalistischen) Freizeitgesellschaft führte, die in ihrer Grobschlächtigkeit der Naivität des tradierten unkritischen Freizeitbegriffs kaum nachstehen, ist er durchaus geeignet, die Widersprüchlichkeit des Phänomens Spiel in der heutigen Unterhaltungskultur deutlich zu machen. Viele freizeittheoretische Ansätze haben das Thema Spiel vor allem auf den *Sport* bezogen. Freizeitsport hat jedoch nur zum Teil Spielcharakter. Allerdings ist das allgemeine Interesse an bestimmten sportlichen Spielen – man denke z. B. an Fußball, Tennis, Eishockey – in den letzten Jahren sprunghaft gestiegen. Diese Entwicklung steht in Zusammenhang mit der Ausweitung des Hochleistungssports und der Verbreitung sportlicher Ereignisse durch die Massenmedien. Der Sport ist heute in weiten Bereichen professionalisiert worden: Für viele Hochleistungssportler (Fußball-, Tennisprofis) ist „Spielen" ein Beruf geworden, dessen ökonomische Grundlage zahlende Zuschauer darstellen. Der Tauschwert eines Sportlers ist umso höher, je größere Identifikationspotentiale er durch seine Leistung zu erzeugen vermag, die von der Industrie zur Produkt-Werbung genutzt werden.

Für die Vertreter des kritisch-negativen Freizeitbegriffs stellen das Konkurrenz- bzw. Leistungsstreben im Sport, der sportliche Professionalismus und die Vermarktung von Sportidolen die augenfälligsten Belege dar für die Richtigkeit ihrer Thesen dar. Die Rolle der Massenmedien wurde dabei freilich etwas unterschätzt. „Sportliches Spiel" existiert heute gleichsam in einer Zweiteilung: Hier die wenigen, die Spiel als professionellen Hochleistungssport betreiben, dort die Masse der Zuschauer, die im Stadion oder vor dem Bildschirm das Geschehen miterleben und auf den Sieg „ihrer" Mannschaft (bzw. ihres Spielers) hoffen. In beiden Fällen finden während des Spielerlebens Kommunikation und Geselligkeit nicht oder nur in verstümmelter Weise statt. Profis konkurrieren miteinander (selbst innerhalb der eigenen Mannschaft) um die bessere Leistung, Zuschauer erleben das Spiel, auch wenn es sich um Anhänger derselben Mannschaft handelt, in einem Affektrausch, der nur noch massenpsychologischen Gesetzen gehorcht.

Wo aber wäre nun der Freizeitsport selbst anzusiedeln, wie er in Sportvereinen betrieben oder durch zentral initiierte Aktionen („Trimm-Dich-Bewegung") unter die Bevölkerung gebracht werden soll? In der sportpädagogischen Literatur existiert eine Reihe von Versuchen – eingeleitet von der Untersuchung Bero Rigauers (1969) –, in der gegenwärtigen Sportpraxis die Verdoppelung der Arbeitswelt und ihrer Normen nachzuweisen. Da in den Sportvereinen bislang der Leistungssport gegenüber einem geselligkeitsorientierten (leistungsarmen) Spielsport absolut dominierte, andererseits die von Sportorganisationen verkündeten Prinzipien des Freizeitsports eher naiv-idealtypische Vorstellungen enthielten, die in der Wirklichkeit kaum eingelöst wurden, kommt diesen kritischen Untersuchungen das Verdienst zu, einige Defizite bisheriger Konzeptionen des Freizeitsports aufgedeckt zu haben. Indem aber nun die Kritiker alle Freizeitaktivitäten grundsätzlich als Form der Stabilisierung kapitalistischer Verhältnisse ansehen und Selbstverwirklichung durch Spiel bzw. Sport überhaupt geleugnet wird, hebt sich dieser Ansatz wiederum auf den Schild ideologischer Wirklichkeitsferne und verharrt in der Resignation (Henning u. a. 1977).

Für die Masse der Bevölkerung entfaltet der Sport seine Unterhaltungsfunktion durch bloßes Zuschauen. Die Anziehungskraft, die dabei die Sportspiele besitzen, dürfte in ihrer großen Dynamik, in den rasch wechselnden Interaktionslagen im Kampf der Spieler um den Sieg zu sehen sein, wobei die Spielregeln für die Zuschauer relativ einfach zu begreifen sind. Dieser lediglich auf die Struktur des Spielgeschehens abhebende Erklärungsansatz reicht jedoch nicht aus, die Bedeutung der Sportspiele als Produkt der Unterhaltungskultur zu verdeutlichen. Das Miterleben des Kampfes konkurrierender Gegner, die Identifikation mit der „eigenen" Mannschaft und die Hoffnung auf deren Sieg lassen sich im Verständnis des negativ-kritischen Freizeitbegriffs als Kompensation der defizienten Selbsterfahrung des Menschen in einer entfremdeten, leistungs- und konkurrenzorientierten Arbeitswelt deuten. Der Identifikation mit dem Sportidol liegen vielschichtige Bedürfnisse zugrunde, die jedoch alle einem Kompensationsbedürfnis entspringen: Dem Bedürfnis,

– einmal „ganz oben" in der Leistungshierarchie zu stehen (nachdem man sich im Alltag „ziemlich weit unten" weiß);
– einmal von aller Öffentlichkeit zur Kenntnis genommen zu werden (nachdem man im Alltag in der Anonymität verbleibt);
– einmal volle Selbstbestätigung durch Überwindung aller Konkurrenten erreicht zu haben (nachdem im Alltag das Identitätsbewußtsein durch zahlreiche Rollenkonflikte und durch Konkurrenzdruck deformiert wird).

Spiel und Sport als Unterhaltungsware der Massenmedien eröffnen dem Menschen eine symbolische Befriedigung unbewußter Wünsche, die einerseits Ergebnis von Entfremdungserscheinungen in der Arbeitswelt sind, zum anderen aber durch Massenmedien und Freizeitkultur immer wieder neu geweckt werden.

Auch die großen *Unterhaltungsspiele* des Fernsehens („Montagsmaler", „Was bin ich?", „Spiel ohne Grenzen" sowie andere Quiz-Sendungen) zeigen die typischen Kennzeichen einer einerseits kurzweilig unterhaltsamen, durch Show-Einlagen garnierten, andererseits am Konkurrenz- und Leistungsprinzip ausgerichteten Veranstaltungen mit symbolhaft-kompensatorischer Funktion.

Eine genauere Analyse der Wirkung des Fernsehens auf die mitmenschlichen Beziehungen – auf die wir im einzelnen verzichten – erbringt Anhaltspunkte dafür, daß die zunehmende Inanspruchnahme medialer Kommunikation die direkte zwischenmenschliche Kommunikation verhindert. Der Fernsehkonsum leitet heute Entfremdungsprozesse als Teil der modernen Konsumkultur ein, die mindestens ebenso gewichtig sind wie die Entfremdung des Lohnabhängigen von seiner Arbeit. So gesehen, sind die durch das Fernsehen vermittelten Spiele, seien sie sportlich-leistungsbezogen oder mehr locker-unterhaltender Natur, nur in eingeschränktem Sinne ein Beitrag zu größerer Selbstbestimmung des Menschen.

Bezeichnend für die Situation des Spiels in der Freizeitgesellschaft ist die Zunahme des *Glücksspiels* in seinen spezifischen subkulturellen Ausprägungen. Das Zahlenlotto hat (neben Toto und Klassenlotterie) weiteste Verbreitung gefunden. Bewußt kaum als „Spiel" betrachtet, bedeutet das Ankreuzen der Zahlen – bei minimalen Gewinnchancen – symbolhafte Entlastung von der Sorge um die Existenzsicherung und die Hoffnung auf das „große Glück".

„Gehobenere Kreise" finden sich in einer staatlich konzessionierten Spielbank zum Roulettspiel wieder. Gaststätten mit aufgestellten Spielautomaten sind zum Zentrum der Subkulturen Jugendlicher geworden. Der Erfolg kommerzialisierter Spielzentren und Vergnügungsparks – angefangen von Spielhallen bis zu kunstvollkünstlichen Spielwelten wie „Disney-World" – scheint ebenfalls ein Indiz für die wachsenden Spielbedürfnisse der Bevölkerung zu sein.

Die Spielautomaten haben eine typische Form des Freizeitspiels hervorgebracht, die vielleicht am deutlichsten den Zusammenhang des Spielverhaltens mit gesellschaftlichen Widersprüchen und Entfremdungserscheinungen deutlich macht (Warneken 1974). Die Zuschauer eines Fußballspiels (im Stadion oder vor dem Bildschirm), die um den Spieltisch gescharten Spieler einer „Bank", die Jugendlichen in einer Spielhalle, die jeder für sich vor ihrem Flippergerät stehen, den Lauf der Kugel verfolgen, ihn zu beeinflussen versuchen – sie alle zieht das Phänomen Spiel in ihren Bann. So unterschiedlich diese Spielsituationen sein mögen, besitzen sie doch gemeinsame strukturelle Merkmale und scheinen typische Erscheinungsweisen unserer Freizeitgesellschaft zu sein:

Das Spielgeschehen ist durch einen minimalen Aufwand eigener Handlungsvollzüge bei hoher kurzzeitiger Stimulierung bestimmt. Charakteristisch für diese Stimulierung ist der relativ schnelle Aktivierungszirkel, die auf die *optische Wahrnehmung* sich verändernder Spielsymbole (rollende Kugel, angreifende Spieler) beschränkte Teilhabe am Spiel, die Konzentration auf den durch Sieg oder Niederlage (Verlust oder Gewinn) bestimmten Spielausgang. Das Spielerleben wird primär nicht durch Kommunikation mit anderen Beteiligten, noch durch gestaltendes Handeln bestimmt, es gewinnt seine Merkmalsstruktur vor allem aus der Perzeption schnell wechselnder Geschehensabläufe.

Die allerjüngste Entwicklung auf dem Gebiet der Unterhaltungsautomaten stellen dank entwickelter Elektronik die *Simulationsgeräte* dar, an denen sich „mancher Jugendtraum vom Rennfahrer, Piloten oder Großwildjäger für einige Minuten erfüllen" läßt (Spielzeugmarkt 6/1976). Vom Spieler gefordert wird blitzschnelles Reagieren auf das im Simulator ablaufende Geschehen. Eine weitere Ausweitung der Elektronik-Unterhaltungsindustrie stellen die *TV-Spiele* dar, die an das häusliche Fernsehgerät angeschlossen werden und den beiden Spielern eine Art elektronischen Ping-Pong ermöglichen. Auch hier stehen Reaktionsvermögen und psychomotorische Steuerungsfähigkeit im Vordergrund des Spielgeschehens.

Das in der Freizeitkultur insbesondere von den Unterhaltungsautomaten geprägte Spielverhalten läßt sich also durch folgende Merkmale kennzeichnen:

– Relativ geringe Beanspruchung kognitiver Fähigkeiten;
– Verlagerung des Spielerlebens auf die optische Wahrnehmung von Geschehensabläufen;
– Konzentration des spielbeeinflussenden Handelns auf einfache motorische Vollzüge (Knopf ziehen, Hebel bewegen), deren wesentlichste Leistungsdimension die Reaktionsschnelligkeit darstellt;
– Kurzzeitigkeit des Aktivierungszirkels mit schnellem Abreagieren und Wiederaufladen der Erlebnisspannung;
– relative Kommunikationsarmut während des Spielgeschehens.

Der Homo ludens der Freizeitgesellschaft ist aufgrund dieser Kennzeichen ein relativ kommunikationsarmer, auf der Ebene des Reiz-Reaktions-Schemas handelnder, *nach innen gewandter* Mensch, der nur „sein" Spiel verfolgt. Riesmanns Bild vom „außengeleiteten" Menschen des Industrie-Zeitalters scheint zumindest unter diesem Aspekt einer Korrektur und Ergänzung bedürftig.

Eine ganz andere, auf den ersten Blick gegenläufige Form des Spiels manifestiert sich in den „Interaktionsspielen" einer in jüngster Zeit immer stärker Zulauf findenden *therapeutischen Spielbewegung*. In „Selbsterfahrungsgruppen" wird unter Anleitung von psychologisch vorgebildeten Trainern versucht, soziale Isolation zu überwinden und Sensitivität für Dinge und Mitmenschen zu entwickeln. Sehen wir davon ab, daß die Teilnehmer solcher Kurse wohl mehr der Mittelschicht angehören, also kaum dieselben sind, die „flippern" oder am Geldspielautomaten stehen, dann erscheint gerade die Gegensätzlichkeit von Unterhaltungsspiel und Interaktionsspiel auf einen Zusammenhang hinzuweisen, der bereits bei der Analyse des Spiels in der Schule deutlich würde:

Die Verarmung kommunikativen mitmenschlichen Handelns, die das Leben in der modernen Industriegesellschaft bestimmt und sich auch in den Spielangeboten der kommerziellen Unterhaltungskultur nachweisen läßt, soll durch Weckung von Wir-Bewußtsein, Abbau von Isolationsängsten, Entwicklung sozialer Einfühlsamkeit kompensiert werden, wobei „Spiel" die wesentliche methodische Grundlage dieser Mischung aus Verhaltenstraining und „Selbsterfahrung" darstellt. So begrüßenswert jeder Versuch der Wiederherstellung von Kommunikationsbereitschaft und sozialer Anteilnahme ist, scheinen die Anhänger der therapeutischen Spielbewegung nicht zu bemerken, daß

- dieser Dienst am Mitmenschen zumeist auf kommerzieller Basis ausgeübt wird;
- der Spielbegriff lediglich als Etikett für regelgebundene Übungen im Rahmen eines Trainingsseminars benutzt wird;
- der Teilnehmer eines solchen Verhaltenstrainings nach Rückkehr in den Alltag denselben Problemen wie vorher ausgesetzt ist, wenn er nicht ständig gruppendynamischen Seminaren angehören will.

Kommunikations- und Interaktionsspiele in der abgeschlossenen Welt eines gruppendynamischen Wochenendseminars stehen in einem merkwürdigen Entsprechungsverhältnis zur Subkultur kommerzieller Unterhaltungsspiele: Was hier, durch den Freizeitspaß hindurchscheinend, als defizientes Verhalten sichtbar wird, soll dort – wiederum durch Inanspruchnahme des Spiels – therapiert werden, wobei diese Therapie eher den Charakter modischer Symptompflege anzunehmen scheint, als zwischenmenschliche Beziehungen des Lebensalltags dauerhaft zu verändern. Der Jugendliche, der immer wieder zum Flipper-Automaten zurückkehrt, unterscheidet sich, so gesehen, kaum von dem Mitglied einer Selbsterfahrungsgruppe, das sich nur im soziodramatischen Rollenspiel sicher und geborgen fühlt (Balzer 1978, S. 298).

„Kritisch-positives" Freizeitverständnis
Naive und negative Freizeittheorie zeigen trotz der Unterschiedlichkeit der Standpunkte eine gleichermaßen resignative und abwertende Einstellung zum Spiel als Unterhaltungsware. Vertreter eines naiv anmutenden Freizeitverständnisses empfehlen Konsumaskese, einerseits wohl wissend, daß diese Forderung an den Zerstreuungsbedürfnissen der Menschen und den ökonomischen Gesetzen des Konsums vorbeigeht, andererseits verzichtend auf ein Hinterfragen der Freizeitwelt in bezug auf determinierende gesellschaftliche Faktoren. Demgegenüber erscheint bei Vertretern eines kritisch-negativen Freizeitbegriffs die gesellschaftliche Analyse zwar als Kern ihrer Überlegungen, wenn jedoch Spielen in der Freizeit nurmehr als „eine Form der Reproduktion ausgebeuteter Arbeitskraft" angesehen wird (Balzer 1973, S. 39 f.) und angeblich nur sozialistische Produktionsverhältnisse „die Aufhebung der falschen Trennung von Arbeit und Freizeit" bewirken, dann ist dies Ausdruck eines Wunschdenkens, das der politischen Realität kaum gerecht wird. Dies gilt insbesondere für die sozialistische Gesellschaft.
Die Aufspaltung des Subjektes in einen „öffentlichen" Menschen, der seinen Arbeitsverpflichtungen im sozialistischen Wettbewerb nachkommt und einen

„privaten" Menschen, der an westlichen Konsum- und Freizeitstandards orientiert sein möchte, ist gelebter Sozialismus im anderen Teil Deutschlands. Die sozialistische Freizeittheorie ist bislang über einen zaghaften Versuch kaum hinausgekommen (Slomma 1971). Andererseits – und dies mag das freizeittheoretische Defizit erklären – bedeutet Freizeitgestaltung im Sozialismus für den „öffentlichen" Menschen, weiteren gesellschaftlichen Verpflichtungen nachzukommen, etwa durch freiwillige Arbeitseinsätze und politische Aktivitäten, so daß Freizeit noch einmal aufgeteilt erscheint in den größeren Anteil „gesellschaftlich nützlicher" Arbeitstätigkeiten und einen kleineren Teil verbleibender Privat-Freizeit. Die These, daß steigende Arbeitsbelastung (bzw. sinkende Arbeitsfreude) mit steigenden Konsumbedürfnissen kompensiert wird, dürfte deshalb für sozialistische Gesellschaften mindestens ebenso gut wie für kapitalistische verifizierbar sein, doch wird sie im Sozialismus durch die dort vorhandene Unterentwicklung der Konsum- und Freizeitangebote korrigiert.

Ein Freizeitkonzept für eine demokratisch-pluralistische Gesellschaftsordnung hat es demgegenüber mit Problemen zu tun, die im Sozialismus weniger hervortreten: der Schichtenspezifität der Freizeitinteressen, der Kommerzialisierung der Freizeitangebote, der fehlenden Rückbindung der Freizeit an die berufliche Tätigkeit. Will hier ein auf Humanisierung angelegtes Freizeitkonzept realistisch sein, muß es die ideologische Undifferenziertheit des „naiven" und des „kritisch-negativen" Freizeitbegriffs zu vermeiden suchen. Wir nennen dieses Konzept, das in der Nähe des von Opaschowski entwickelten Ansatzes zu einer „Pädagogik der Freizeit" steht, „positiv-kritisch".

Ausgehend von der Erkenntnis, daß ein der Arbeitswelt gegenübergestellter eigenständiger Freizeitbereich per se weder zur Aufhebung der Entfremdung der Arbeit noch zur Emanzipation des Individuums in der arbeitsfreien Zeit führt, bedeutet Freizeit im kritisch-positiven Verständnis disponible, selbstbestimmte Zeit, sei es am Arbeitsplatz, in der Freizeitkultur oder in weiteren Bereichen des täglichen Lebens (vor dem Fernseher, im Supermarkt, im Auto, auf der Straße). Da verfügbare Zeit ständig in Gefahr ist, zum Gegenstand fremdbestimmter Interessen zu werden, muß der Mensch in die Lage versetzt werden, der Fremdbestimmung – gleichgültig, ob sie sich im Betrieb oder in einem Freizeitmarkt ereignet – Widerstand entgegenzusetzen.

Auf die Freizeitpädagogik käme von daher die Aufgabe zu, „Arbeitswelt" und „Freizeitwelt" so zu humanisieren, daß beide Bereiche wieder stärker miteinander verbunden sind und in *beiden* Bereichen Selbstbestimmung möglich wird – eine Selbstbestimmung, die sich wiederum im sozialen und kommunikativen Bezug zum Mitmenschen aufgehoben weiß. „Kritisch" ist dieser Ansatz insofern, als versucht wird, über ein naiv-affirmatives Freizeitverständnis hinauszugehen und die Widerstände, die der Realisierung einer solchen Zielvorstellung entgegenstehen, mitzubedenken.

Welche Konsequenz ergibt sich daraus für eine Pädagogik des Spiels und der Spielmittel?

Im positiv-kritischen Freizeitkonzept erhält das Spiel grundlegende Bedeutung aufgrund seines kommunikativen und sozialen Bezuges.

Die Ambivalenz und Gespaltenheit des Spiels in den Angeboten der modernen Freizeitkultur wird aber durch den Versuch, weitere groß angelegte Spielwelten und Spielbewegungen ins Leben zu rufen, offenbar eher vergrößert als aufgehoben. Spielen als selbstbestimmtes Handeln bedarf vielmehr der Entlassung aus der Isolation besonderer, von der Alltagskommunikation getrennter Freizeitbezirke. Das Spiel im außerfamiliären Bereich muß in wesentlich stärkerem Maße auf die Arbeits- und Alltagswelt bezogen und mit ihr integriert werden.

Gert Eichler hat darauf aufmerksam gemacht, daß der für den heutigen Menschen typische Identitätsverlust erklärbar wird durch die Tatsache, daß in allen Industriegesellschaften die Entwicklung des Spielverhaltens, die beim Schulbeginn eine erste Einschränkung erfährt, mit der Pubertät (bzw. mit dem Eintritt in das Berufsleben) vollends abgebrochen wird. Dieser „Neurotisierung durch Spielabbruch" in der Individualentwicklung, die Naturvölker nicht kennen, gelte es entgegenzutreten. Eichler sieht die Hilflosigkeit, mit der Arbeiter auf Konsum- und Freizeitangebote reagieren, als Ergebnis der sozialisationsbedingten Verkümmerung ihres Spielverhaltens an. Die Unfähigkeit, sich als Spieler in differenzierten Kommunikations- und Handlungsformen zu bewegen, hat eine Bevorzugung von „Spielen" zur Folge, die lediglich affektive Triebabfuhr und Spannungsausgleich ermöglichen, dabei aber immer wieder auf das Sozialisationsschicksal derer verweisen, die diese Form von Spielen in Anspruch nehmen. Umgekehrt legen die Ergebnisse der Freizeitforschung den Schluß nahe:

„Das Freizeitverhalten der Arbeitnehmer ist umso spontaner, experimentierfreudiger, kommunikativer, kurz: spielerischer, je stärker diese Verhaltenselemente im familiären, schulischen und betrieblichen Sozialisationsprozeß geübt wurden und, eine direkte Folge dieses Lernprozesses, in größere berufliche Autonomie münden." (Eichler 1973, S. 166)

Eichler sieht die Chance für die Emanzipation in einem lebenslangen sozialen Lernprozeß, der die Spielfähigkeit, d. h. die Fähigkeit zum Umgang mit sozialen und symbolischen Strukturen, ständig erweitert. Die Qualität der im Sozialisationsprozeß erworbenen Spielnormen bestimme über die Qualität des kulturellen Verhaltens im Erwachsenenalter:

„Spielfreiheit und Spielangebot entscheiden also über Verhaltensautonomie. Spielfixierungen werden sich im Sozialverhalten ausdrücken. Allein eine spielerische Bewältigung aller Differenzierungsphasen verhindert den neurotischen Sozialcharakter." (Eichler 1973, S. 180)

Da die sozialen Determinanten des Freizeitverhaltens vom Sozialisationsschicksal und der Art der ausgeübten Arbeit abhängen, verbietet sich nach Eichler jede Spielerziehung, die auf der Freiraum-Ideologie aufbaut. Eine so verstandene „Freizeiterziehung" bewirke das Gegenteil des Erstrebten, da menschliches Spiel sich nicht als Gegensatz von Arbeit, sondern nur in und durch die zentralen Arbeitsrollen entfalten könne:

„Allein eine Rückführung der ‚Arbeit' in die autonome Verfügung der wirtschaftenden Menschen durch Auflösung des praktischen und ideologischen Gegensatzes von Arbeit und Spiel bzw. Muße, von Arbeitszeit und Freizeit, von Arbeitserziehung und Spielerziehung ist dem kulturellen Anspruch jeder Theorie des Spiels gemäß." (Eichler 1973, S. 183)

Ein konkretes Konzept für die Umsetzung dieser Forderung in der Praxis bleibt Eichler schuldig. Dennoch ist seine Analyse der Spiele der modernen Gesellschaft wertvoll, stellt sie doch unter Beweis, daß auch ein von der kritischen Theorie beeinflußtes Spielverständnis durchaus positive Perspektiven einschließen kann. Wer die Auflösung des „Gegensatzes von Arbeit und Spiel" fordert und keinen Hinweis zur Realisierung dieser Forderung gibt, setzt sich allerdings der Gefahr aus, daß diese Forderung zu spielfremden Zwecken mißbraucht wird. Das Ergebnis eines solchen Mißbrauchs wären Zerrbilder des Spiels, wie sie im Verlaufe unserer Untersuchung bereits angedeutet wurden:

– Wenn Arbeitsleistungen durch Einführung von „Spielregeln" in das Kleid „didaktischer Spiele" gesteckt werden, um den Charakter der Arbeitstätigkeit zu verschleiern;
– Wenn Arbeit schon deshalb als „Spiel" deklariert wird, weil es sich um Tätigkeiten in der arbeitsfreien Zeit handelt;
– Wenn Arbeit generell als kreativ, kommunikativ und sozial hingestellt wird, um daraus die Berechtigung abzuleiten, Spiel und Freizeit als überflüssig (bzw. mit Arbeit identisch) betrachten zu können – ein Standpunkt, der nicht nur innerhalb sozialistischer Gesellschaftsordnungen anzutreffen ist.

Einen realistischen Weg (auf dem es allerdings noch viele Hindernisse zu überwinden gibt), Freizeitwelt und Arbeitswelt stärker aufeinander zu beziehen, hat Opaschowski aufgezeigt: Indem einerseits die Grundzüge einer „animativen Didaktik" entwickelt wurden, andererseits Freizeitpädagogik zur „Komplementär- und Querschnittsaufgabe" wird, die in *allen* Bereichen des menschlichen Lebens, also auch in der Schule und am Arbeitsplatz, anzusiedeln ist.
Für den Bereich der Schule haben wir deutlich zu machen versucht, daß die Pädagogik des Spiels und der Spielmittel in ähnlichem Sinne eine Querschnittsfunktion besitzt und keineswegs auf die Familie und Kleinkindinstitutionen beschränkt ist. Im folgenden geht es darum, den Gedanken der „Spielmittelpädagogik als Querschnittswissenschaft" hinsichtlich ihrer praktischen Aufgabe auch auf Bereiche des Alltags und auf gesellschaftliche Institutionen auszuweiten, die bislang kaum Gegenstand spielpädagogischer Diskussion waren.

Spielmittel als Förderer von Alltagskommunikation

Nach der relativ ausführlichen Darstellung der Rolle des Spiels in der Freizeitgesellschaft ist es nun möglich, die Funktion der Spielmittel in einem als „Querschnittsaufgabe" verstandenen spielpädagogischen Konzept zu beschreiben.
These: Spielmittel stellen ein frei wählbares, den situativen Gegebenheiten angepaßtes Material-Angebot dar, das zu kommunikativem Handeln anregt. Als Mittel der Animation besitzen sie eine Brückenfunktion zwischen Arbeit und Freizeit, öffentlichem und privatem Alltag.

Kommunikative Animation
Die in vielen westlichen Ländern seit einigen Jahren unter dem Stichwort „Animation" zusammengefaßten Bestrebungen entstammen einem breit gefächerten Ursprungsfeld: Der Gemeinwesenarbeit, dem Tourismus, der außerschulischen Jugendbetreuung und anderen Bereichen des öffentlichen Lebens. Das „Animieren", allgemein zu verstehen als „Ermuntern", „Ermutigen", „Befähigen, sich seiner selbst bewußt zu werden und andere verstehen zu lernen", umfaßt ein dementsprechend weites Spektrum teilweise sehr anspruchsvoller Zielsetzungen: Es reicht von der „Erhöhung von Spaß, Freude, Vergnügen" über die „Freisetzung von Kreativität" bis hin zur „Entwicklung der Verantwortung für die Gemeinschaft". Opaschowski (1977, S. 106 f.) definiert zusammenfassend:

„Animation ist eine nicht-direkte Methode der Förderung von Kommunikation, kreativ-kultureller Selbständigkeit und sozialer Aktion."

So unterschiedlich bereichsspezifische Animationskonzepte sein mögen, ist ihnen allen das Prinzip der Kommunikationsförderung gemeinsam. Von daher ergibt sich zur Pädagogik der Spielmittel ein direkter Bezug: *Spielmittel können grundsätzlich als Mittel zur Animation und Kommunikation* betrachtet werden.
Wenn in einem der vorangehenden Abschnitte unserer Untersuchung die Frage nach der pädagogischen Funktion von Spielmitteln mit dem Hinweis auf „Erziehung" und „Selbstverwirklichung" beantwortet wurde (vgl. S. 227 ff.), so erfolgt unter dem Leitgedanken kommunikativer Animation nun eine Konkretisierung dieser Funktion, die das Spielmittel von der engen Bindung an die Kindheit befreit. In einer Gesellschaft, in welcher sich die Selbstentfremdung des Menschen in sozialer Isolation äußert, können Spielmittel unter bestimmten situativen Bedingungen *Anlässe* darstellen, die soziale Kontaktsperre aufzuheben und in zwangloser Form Kommunikation ermöglichen. Dies kann überall dort geschehen, wo immer Menschen für einen gewissen Zeitraum sich miteinander in derselben Situation befinden, ohne daß die Situation selbst schon Handlungsaktivitäten und Kommunikation auslöst. Situationen dieser Art sind keineswegs auf den Freizeitbereich und die Intimgruppe der Familie beschränkt.

Spielmittel-Angebote haben vor allem außerhalb der traditionellen Spielbezirke in den verschiedensten Alltagssituationen, in denen Menschen mit latentem Kontaktbedürfnis nicht fähig sind, die Kontaktsperre aufzuheben, eine „aufschließende" Wirkung. Sie mögen für die Reisenden eines Eisenbahnabteils ebenso kommunikationsauslösend sein wie für die Leidensgefährten eines Krankenzimmers, können in der Betriebskantine ebenso in Anspruch genommen werden wie in einem Warteraum. Grundsätzlich bewirkt die Anwesenheit von Spielmitteln in einer derartigen Situation bei den Betroffenen nicht nur eine Aktualisierung von Spielbedürfnissen, sondern löst soziale Interaktionen aus, deren wesentlicher Teil die verbale Kommunikation darstellt. Die durch Spielmittel in Gang gebrachte Kommunikation läßt sich in zweierlei Hinsicht unterscheiden als

(1) Kommunikation *im Spiel*, die weitgehend auf die Spielinhalte, -regeln und -ziele bezogen ist;
(2) Kommunikation im *situativen Kontext*, die außerhalb der Spielphase (vorher und im Anschluß daran) stattfindet und auch inhaltlich nicht spielbezogen sein muß, vielmehr Ausdruck zwischenmenschlicher Zuwendung ist.

Welche Reaktionen ein Spielmittel in einer bestimmten Situation auslöst, hängt allerdings nicht nur von seinem Funktionsprofil, sondern auch von einigen anderen situativen Faktoren ab. Entscheidend für die individuelle Spielmotivation wird letztlich die allgemeine Spielfähigkeit sein, die mehr oder weniger bruchstückhaft von der Kindheit ins Erwachsenendasein hinübergerettet wurde. Kommunikative Animation durch Spielmittel bedeutet, so gesehen, nicht nur die Herstellung sozialer Kontakte, sondern gleichzeitig auch die *Wiederherstellung von Spielfähigkeit*.
Wenn wir oben die widersprüchlichen Ausprägungsformen des Spiels der Freizeitkultur unter dem Aspekt der Kommunikation beschrieben haben – hier das „kommunikationslose" Agieren bzw. Reagieren am Unterhaltungsautomaten, dort die durch „Spielregeln" fixierten „Kommunikationszwänge" der Selbsterfahrungsgruppe – so müssen diese Tendenzen der Reduktion und Verkümmerung des Spielverhaltens recht eigentlich *als Ausdruck der* durch den „Spielabbruch" (Eichler) bewirkten *Spielunfähigkeit des Erwachsenen* gewertet werden. Ein wesentliches Moment dieses „Spielabbruchs" stellt die im Laufe der Individualentwicklung erfolgende Distanzierung des Heranwachsenden vom Spielmittel dar; „Spielzeug" wird als etwas Kleinkindhaftes und von daher als unpassend für das eigene Rollenverständnis angesehen. Die eingangs dieses Abschnittes formulierte These zur Rolle der Spielmittel als Gegenstand der kommunikativen Animation bedarf deshalb einer Ergänzung:

These: Die Aufhebung der Verkindlichung des Spielmittels durch eine bruchlose Fortführung geeigneter Spielmittelangebote im Jugendlichen- und Erwachsenenalter ist der entscheidende Beitrag zur Entwicklung einer reich differenzierten, lebenslang wirksamen Spielfähigkeit. In der Breite und Vielfalt ihrer funktionalen Möglichkeiten tragen Spielmittel dazu bei, reduktive Formen des Spielverhaltens, sei es im Sinne des bloßen Abreagierens von

Triebbedürfnissen oder im Sinne didaktischer bzw. therapeutischer Übungen, in Grenzen zu halten und die im öffentlichen Leben weithin verdrängte Sozialdimension menschlichen Verhaltens (mitmenschliche Anteilnahme, Kontaktbedürfnis, Kommunikationsbereitschaft) zu entfalten.

Es ist nicht ausreichend, die Aufgabe des Spielmittels in unserer Gesellschaft nur als Erweiterung seiner bislang weitgehend auf die Kindheit beschränkten Lern- und Kommunikationsfunktion auf das Erwachsenenalter zu betrachten. Damit würde das Spielmittel lediglich die Funktion des Unterhaltungsmittels in räumlich und zeitlich von der Arbeitswelt abgegrenzten Freizeitregionen wahrnehmen. Das praktische Ziel der Spielmittelpädagogik darf nicht im Aufbau isolierter, vom Arbeitsalltag wegführender „Gegenwelten des Spiels" sein. Das praktische Ziel heißt vielmehr, beide Lebensbereiche aufeinander zu beziehen, miteinander stärker zu integrieren. Ein „normales Leben" führen bedeutet in diesem Verständnis, die Kluft zwischen „Arbeit" und „Spiel" derart zu verringern, daß beide Bereiche im Alltag nicht als Bruch, sondern als anregendes Spannungsverhältnis erlebt werden. Dies ist im Prinzip erreichbar durch eine neue gesellschaftliche Funktionsbestimmung des Spielmittels:

These: Die gesellschaftliche Doppelfunktion des Spielmittels entfaltet sich einerseits in der Differenzierung der „Freizeitwelt", andererseits in der Humanisierung des (Arbeits-)Alltags.

Differenzierung der „Freizeitwelt"
„Freizeit und Erholung" sind nach vorherrschendem Verständnis ein der *privaten* Lebenssphäre zugehöriger Bereich. „Privat" heißt: Nicht-öffentlich, allein-persönlich, bezogen auf den Intimkreis der Familie. Die „Freizeitwelt" besteht einerseits aus Tätigkeiten, die in enger Bindung an Haus und Familie wahrgenommen werden (Lesen, Fernsehen, einen Autoausflug machen), zum anderen in der Wahrnehmung „öffentlicher", auf gemeinnütziger oder kommerzieller Basis arbeitender Freizeitangebote (Vergnügungspark, Zoo, Schwimmbad, Spielhalle).
Charakteristisch für die öffentlichen Freizeitangebote ist, daß auch sie „privatistisch" genutzt werden, Kontakt und Kommunikation zu anderen Menschen bestehen für einen Einzelbesucher überhaupt nicht, für die Angehörigen einer Gruppe (Familie, Gleichaltrigengruppe, Reisegesellschaft) nur innerhalb ihres engen Bezugskreises. Räumliche Nähe allein ist heute kaum noch ein zwingender Grund, zwischenmenschliche Kontakte aufzunehmen, sondern verstärkt eher das Gefühl sozialer Isolation. Dies gilt für die auf Handtuchbreite einander nahen, dank der Kontaktsperre jedoch jeweils in anderen „kommunikativen Welten" lebenden Gäste eines öffentlichen Schwimmbades ebenso wie für die Bewohner eines Hochhauses.
Spielmittel und Spielanlagen können so strukturiert sein, daß der grundsätzlich private Charakter der Freizeitbeschäftigung überformt wird durch eine zwischen-

menschliche Kontaktnahme ermöglichende (Spiel-)Aktivität, die dazu beiträgt, soziale Isolation abzubauen. Dieses Konzept der Spielmittel-Pädagogik muß im Sinne eines *offenen Angebotes* verstanden werden, darf nicht selbst in Zwang (Zwang zur Kommunikation) umschlagen, es untersteht dem Prinzip der Freiwilligkeit sowie weiteren bereits genannten Grundprinzipien der Animation. Daß von diesem Angebot Gebrauch gemacht wird, dürfte wiederum in starkem Maße nicht nur vom Aufforderungscharakter der Spielmittel-Angebote, sondern ebenso von der in einer bestimmten Situation angesprochenen allgemeinen Spielbereitschaft der Menschen abhängen.

Die Förderung des Spielgedankens innerhalb der familiären Bezugsgruppe, auf den die traditionelle Spielpädagogik besonders abhob, kann nur der Ausgangspunkt für eine allgemeine Bewußtseinssensibilisierung der Öffentlichkeit in bezug auf Spiel und Spielmittel sein. Vor allem kommunale und andere gemeinnützige Institutionen sollten es als ihre Aufgabe ansehen, Spielmittel unter dem Leitgedanken der Kommunikationsförderung zwischen verschiedenen Menschen und Gruppierungen stärker in das allgemeine Bewußtsein zu rücken.

Anfang 1971 wurde in Quickborn die erste *Spieliothek* eingerichtet: eine Kindern und Eltern zugängliche Beratungs-, Probier-, Ausleih- und Sammelstelle für Spielmittel. Diese Idee fand trotz der positiven Ergebnisse, die die Quickborner Gründer vorweisen konnten, bislang nur in wenigen Kommunen Nachahmung. Neben eigens einzurichtenden Spieliotheken bieten sich vor allem Büchereien als Zentren für spielmittelbezogene Öffentlichkeitsarbeit an. Jede Bücherei sollte einen Teil ihres Etats auf den Ankauf ausleihbarer Spielmittel verwenden und neben der Bibliothek eine Spieliothek-Abteilung besitzen, in der Spielmittel erprobt werden können und eine Beratung erfolgt. Die Berater sind dabei weitgehend auf Erfahrungen angewiesen, die von den Entleihern der Spielmittel berichtet werden, so daß „privat" gewonnene Spielerfahrungen in den Horizont öffentlicher Beratungs- und Aufklärungsarbeit zurückkehren.

Dort, wo diese Anregungen schon verwirklicht wurden, hat man sich allerdings weitgehend darauf beschränkt, Spielmittel für Kinder bereitzustellen bzw. Elternberatung durchzuführen, so daß die bürgerliche Kleinfamilie zum Hauptadressaten dieser Öffentlichkeitsarbeit wird. Gemäß der Leitidee von „kommunikativer Animation" sollte die Pädagogik der Spielmittel ihr Praxisfeld aber nicht nur auf weitere (außerfamiliäre) Bezugsgruppen ausrichten, sondern vor allem *zwischen* verschiedenen Gruppen über Spielmittel-Angebote neue Kommunikationsmöglichkeiten schaffen. Spielmittel-Beratung bezieht sich deshalb keineswegs nur auf die Struktur und Funktion von Spielmitteln, sondern betrifft soziale Lebensverhältnisse. Menschen aller Lebensalter, (Jugendliche, Ältere, Alleinstehende, Behinderte), solche, die Langeweile haben und solche, die in der Einseitigkeit ihrer Freizeitaktivitäten nach Ausgleich suchen – sie alle sollten eine Beratung über Spielmittel in Anspruch nehmen können, um Möglichkeiten eines zwanglosen Kontaktes zu anderen (bekannten oder unbekannten) Menschen wahrzunehmen. Derartige Spiel-

und Kommunikationskontakte können in der „privaten" und in der „öffentlichen" Freizeitwelt erfolgen.

Bleiben wir zunächst im privaten Freizeitbereich. Die Ausdehnung der innerfamiliären Spielgemeinschaft auf Nachbarfamilien erscheint auf den ersten Blick als ein Gedanke, der so einfach ist, daß er vielleicht nur deshalb noch nicht realisiert wurde. Genauer betrachtet, stellen sich hier allerdings erhebliche Widerstände in den Weg: Die allgemeine Tendenz zur privatistischen Abkapselung, begünstigt durch das Konkurrenz- und Statusdenken, setzt dem Gedanken der Bildung von interfamiliären Spielgemeinschaften einen gewissen Anfangswiderstand entgegen, der wohl nur durch pädagogische Aufklärungsarbeit zu mindern ist. Vielen mag es einfacher erscheinen, mit fremden Menschen während eines gemeinsamen Spiels in ein zwangloses Gespräch zu kommen, als mit den Wohnungsnachbarn, zu denen man sich allenfalls höflich und hilfsbereit, aber doch meist sozial distanziert verhält. Die unter Nachbarn gepflegten Kommunikationsformen (Begrüßungsformeln, evtl. auch „Tratsch") sind meist eher Zeichen wechselseitiger Distanz als Ausdruck gemeinsamer Geselligkeit. Die Kontaktsperre ist um so strenger, je größer die Unterschiede im Sozialstatus benachbarter Familien sind.

Besonders gravierend tritt die soziale Isolation zwischen deutschen Familien und benachbarten *Gastarbeiterfamilien* auf. Gemeinsames Freizeitspiel dürfte deshalb ein Integrationsfaktor von kaum zu unterschätzender sozialer und politischer Bedeutung sein. Kommunale oder kirchliche Freizeitzentren, Jugendherbergen, Einrichtungen der Jugendpflege, Erwachsenenbildungsstätten können als Zentren spielmittelbezogener Öffentlichkeitsarbeit eingerichtet werden, um derartige Versuche der Kontaktförderung zentral zu initiieren und publik zu machen.

Öffentliche Tanzveranstaltungen stellen derzeit die einzige von der Gesellschaft tolerierte Form der Kontaktherstellung zwischen fremden Menschen dar; sie sind dabei ausschließlich auf die Herstellung heterosexueller Zweier-Beziehungen beschränkt. Öffentliche Spielangebote mit ähnlicher gesellschaftlicher Funktion würden nicht nur ein wesentlich breiteres Spektrum von Kommunikationsbedürfnissen befriedigen, sondern den Kreis der Kommunikanden erheblich ausweiten. Wenn in Duisburg kürzlich ein paar junge Leute einen für jedermann offenen „Spiele-Club" gegründet haben, in dem – einfach so – verschiedene Spiele ausprobiert und ernsthaft gespielt werden, dann ist dies im Sinne unserer Vorstellungen ebenso ermutigend, wie die Idee des Kurdirektors von Bad Homburg, durch regelmäßige Spiele einen Kontakt zwischen Einheimischen und Kurgästen herzustellen.

Die öffentlichen Freizeitangebote der Unterhaltungs- und Zerstreuungskultur (Freizeitparks, Vergnügungszentren, Spielhallen) bedürfen unter dem Aspekt der Kommunikationsförderung einer Veränderung im Sinne der Differenzierungshypothese.

Wenn bei der Analyse von typischen Spielformen der Zerstreuungskultur von Formen „reduktiven" Spielverhaltens die Rede war, dann liegt nahe, hinter dieser Bewertung eine abwertende pädagogische Einstellung zu vermuten. Eine Pädagogik, die an den Bedürfnissen der Menschen orientiert sein will, muß aber anerkennen, daß jene durch Spielautomaten beeinflußten Formen des Freizeitverhaltens denjenigen, die diese Spielangebote in Anspruch nehmen, Vergnügen bereiten und von daher pädagogischen Wert besitzen. Allzu schnell gerät man in Gefahr, subkulturelle Zerstreuungsangebote als Angelegenheit für „primitive Gemüter" abzuqualifizieren. Da aber die Einseitigkeit des Spielverhaltens im Jugendlichen- und Erwachsenenalter als Ergebnis des sozialisationsbedingten „Spielabbruchs" zu sehen ist, fällt dieser Vorwurf auf die Pädagogik selbst zurück. Bei Anerkennung der aktuellen Spielinteressen ist es Aufgabe der Pädagogik, durch kontinuierliche Spiel- und Spielmittelangebote den „Spielabbruch" zu verhindern und durch Entfaltung der Spielfähigkeit den Menschen in die Lage zu versetzen, auch an strukturell anspruchsvolleren Formen des Spiels Freude zu gewinnen. Es kann sicherlich nicht darum gehen, etwa Spielhallen und Vergnügungsparks unter der Flagge der Animation mit einem quantitativen „Mehr" an Spielmitteln auszustatten. Im Bereich der „öffentlichen" Spielzentren muß die Spielmittelpädagogik vielmehr bemüht sein, nach einem ersten Schritt der *Analyse* der Spiel- und Kommunikationsbedingungen und der Bedürfnisse der Benutzer in einem zweiten Schritt die Freizeitangebote gemäß dem *Grundsatz der Differenzierung* so zu gestalten, daß Spielformen unterschiedlichen Strukturniveaus und unterschiedlicher Kommunikationsmöglichkeiten vorhanden sind. Wenn von der Kommunikationsarmut des Automatenspiels die Rede war, so könnte es durchaus sein, daß durch Veränderungen im situativen Umfeld Kommunikation und Geselligkeit plötzlich dort zum Bedürfnis werden, wo dazu früher kein Anlaß bestand.

Der Spielplatz als Kommunikationszentrum – auch für Erwachsene
Der (Kinder-)Spielplatz, der zwischen „privater" und „öffentlicher" Freizeitkultur eine Art Mittelstellung einnimmt, ist ein besonders gutes Anwendungsfeld für die Möglichkeiten eines auf Kommunikationsförderung angelegten spielpädagogischen Konzeptes. Die Misere der deutschen Kinderspielplätze ist so bekannt, daß in unserem Zusammenhang auf die Darstellung der bestehenden Defizite in bezug auf Flächenbedarf, funktionale Gestaltung, Geräte-Angebot usw. verzichtet werden kann. Wissenschaftler, staatliche und kommunale Behörden haben der Bestandsaufnahme und der Neuplanung von Spielplätzen in verstärktem Maße ihre Aufmerksamkeit geschenkt. Doch alle Konzeptionen – auch die des „Aktivspielplatzes" – halten sich an die überkommene Vorstellung, daß Spielen nur eine Angelegenheit für Kinder ist, während den Erwachsenen die naheliegende Aufsichts- und Betreuungsfunktion zugeschoben wird. Selbst in dem jüngst vom Bundesminister für Jugend, Familie und Gesundheit veröffentlichten umfangreichen Bericht über Kinderspielplätze wird die Chance nicht genutzt, Spielplatzkonzepte für lebenslanges Spielen zu entwickeln, obwohl die Zielvorstellung, „das Kind stärker am Leben der Erwachsenen zu beteiligen", dies nahelegt (Schottmayer/Christmann 1976, S. 108).

Dieser Bericht verdient in mehrerer Hinsicht Beachtung: Er stellt einerseits die gründlichste Untersuchung des Spielplatzproblems dar, die derzeit existiert, und dürfte für die zukünftige Gestaltung von Spielplätzen in der Bundesrepublik richtungsweisend sein. Auf der anderen Seite wird deutlich, daß die zugrundeliegenden Vorstellungen von kindgemäßer Spielförderung eben von Erwachsenen stammen, die meinen, kindgemäß zu denken, ohne das eigene Bild von „Kindgemäßheit" kritisch zu hinterfragen. Da wird aus der Bevorzugung freier Spielmaterialien gegenüber industriellem Spielzeug in einer Untersuchungssituation der Schluß gezogen, daß fertiges, industriell hergestelltes Spielzeug generell weniger pädagogisch wertvoll sei; da wird aus einem fragwürdig gehandhabten „Verfahren zur Bestimmung des Spielwertes" abgeleitet, daß etwa Wippen oder Balanciergeräte einen „geringen", alle Spielbälle aber einen „sehr guten" Spielwert besitzen. Einige Spielmittel werden dabei von den „Experten" als völlig unkindgemäß betrachtet und aus dem Bewertungsverfahren von vornherein ausgeschlossen; unter anderem handelt es sich um solche Spieleelemente, die nur „fiktive" Aktivitäten (So-tun-als-ob) ermöglichen, wo realistische Aktivitäten ausführbar sind (weil damit angeblich die Ausgliederung des Kindes aus dem Lebensprozeß verstärkt wird). Aber auch die „Miniaturisierung von Gegenständen aus dem Erwachsenenleben" (die angeblich den Abstand zwischen Erwachsenen und Kindern hervorhebt) verfällt dem pädagogischen Verdikt (Schottmayer/Christmann 1976, S. 351). Hier scheint die wissenschaftliche Methode lediglich die Aufgabe zu haben, jenes Bild der Erwachsenen von „Kindgemäßheit" zu bestätigen, das die überkommene Spielzeugpädagogik seit reformpädagogischen Zeiten konserviert. Wenn dann auch noch ein Aufgabenkatalog zusammengestellt wird, der aufzeigt, wie der pädagogisch ausgebildete Spielplatz-Betreuer künftig die Spielwelt des Kindes zu organisieren hat, damit das Kind auch richtig spielt, dann wird das „Mehr" an Spielmöglichkeiten erkauft durch eine Art von Pädagogisierung, die das Kind als das „Noch-Nicht-Wesen" an die Hand nimmt und es am pädagogischen Gängelband Zielvorstellungen wie Kreativität, Lernfähigkeit, Sozialkompetenz entgegenführt, statt es als autonomen Kommunikationspartner in seinem Hier- und Jetzt-Sosein ernst zu nehmen.

Die „pädagogische Logik" des Berichts „Kinderspielplätze" funktioniert offenbar so: Kindgemäß sind nicht fertige Spielzeuge, sondern frei zu handhabende Materialien. Viele Kinder aber, so wird weiter erklärt, sind gar nicht fähig, mit diesen Materialien angemessen umzugehen, ja, vielfach sei von einer „Unkenntnis der eigenen Bedürfnisse und Fähigkeiten" auszugehen. Dies mache eine ständige *Spielbetreuung* notwendig, die ein „Spielcurriculum" voraussetze und als „planvolle, systematische und kontinuierliche Maßnahme" des Pädagogen zu verstehen sei (Schottmayer/Christmann 1976, S. 457 f.). Konkret bedeutet dies die Vergrößerung der Abhängigkeit des Kindes vom Pädagogen. Damit bleibt die Trennung von Kindheit und Alterswelt nicht nur aufrechterhalten, sondern wird durch die Herausstellung der Omnipotenz des Pädagogen gegenüber dem „unfähigen" Kind noch stärker. Die Forderung nach stärkerer Integration von Kinder- und Erwachsenenwelt erweist sich, so gesehen, als noch stärkere Unterwerfung des Kindes in seiner Unfähigkeitsrolle unter die vom Erwachsenen für es bereitgehaltenen „Maßnahmen" und „Ziele".

Der Anspruch, die Trennung von Spiel und Lebensprozeß aufzuheben, bleibt dann nicht bloße Forderung, wenn die strikte Rollentrennung, daß Kinder spielen und Erwachsene aufpassen (wobei Eltern zugestanden wird, auch einmal mit ihren Kindern zu spielen), endlich aufgehoben wird. Spielplätze sollten so konzipiert sein, daß sie durch ihr Spielangebot geradezu ein Treffpunkt für verschiedene Alters- und Bevölkerungsgruppen darstellen. Hier können nicht nur „Normalkinder" der heutigen Kleinfamilie mit ihresgleichen im Spiel Sozialkontakte anknüpfen, sondern ebenso Erwachsene Angebote zu Spiel, Kontakt und Kommunikation wahrnehmen: Erwachsene untereinander, Erwachsene mit fremden oder eigenen Kindern, ältere Leute mit Jugendlichen, Behinderte mit Gesunden, Ausländer mit Inländern. Dies verlangt natürlich neue Überlegungen in bezug auf die Gestaltung von Funktionsbereichen für die verschiedenen Spiel- und Kommunikationsmöglichkeiten, bereitet aber im Prinzip keine Schwierigkeiten.

Spiel und Kommunikation zwischen jung und alt – auch eine Rutschbahn gibt dazu Gelegenheit! Spielzeugmarkt 11/74.

Im Zentrum der Überlegungen zur Gestaltung derartiger „Spielstätten für jung und alt" sollte der Gedanke stehen, daß Spielangebote vorhanden sein müssen, die allgemein so bekannt und beliebt sind, daß sie auch von sehr altersheterogenen Bevölkerungsgruppen wahrgenommen werden können. Bekannte Unterhaltungsspiele (Karten- und Brettspiele), geselligkeitsfördernde Geschicklichkeitsspiele (Boccia, Kegeln) leisten hier wahrscheinlich mehr als eine aufwendig auf „Abenteuer" getrimmte Anlage.

Aufs Ganze gesehen liegen von Spielplatzplanern, Architekten und Designern zur Anlage und Gestaltung derartiger Kommunikationszentren noch kaum Anregungen vor, obwohl einige fruchtbare Elemente moderner Kinderspielplatzgestaltung, wie sie im Bericht „Kinderspielplätze" angegeben sind (z.B. die Verbindung von Freiflächen mit festen Spielhäusern), durchaus Berücksichtigung finden sollten.
Viele Unterhaltungsspiele aus dem Wohnraum könnten auf großflächige Anlagen so übertragen werden, daß sie im größeren Umfang Zuschauer- und Teilnehmerkommunikation ermöglichen (traditionelles Beispiel: Schach). Es fehlen Angebote, die Körperbehinderte und Gesunde gemeinsam durchführen können (Beispiel: Wand zum Zielwerfen mit Ballrückholautomatik, insbesondere für Rollstuhlfahrer geeignet). Auch Überlegungen, wie durch bestimmte ästhetisch-spielerische Gestaltungselemente von Anlagen der Kommunikations- und Freizeitwert erhöht wird, sind hier am Platze: Die Regeln und Muster von Spielen sind als strukturierende Vorgaben für die visuelle Gestaltung von Flächen, Wänden, Räumlichkeiten anzusehen (Schneider 1973, S. 212): Spazierwege können im Sinne interessanter „Irrgärten" angelegt werden; einfache, in der Unterhaltungsmathematik diskutierte Rätsel (Beispiel: Zweifarben-Landkartenspiel) und strategische Spiele (Raum-Mühle, „Tour de France", „Hex"), die mehr Spaß als Kopfzerbrechen bereiten, können, sofern sie als allgemein zugängliche „Spielanlage" installiert werden, ebenfalls bestimmte Gruppen (insbesondere Kinder und Erwachsene) zu gemeinsamer Kommunikation anregen.

Bei aller Unvollkommenheit und Bruchstückhaftigkeit unserer Vorschläge sollte doch die darin enthaltene Perspektive für eine Gesamtkonzeption von bevölkerungsoffenen Spiel- und Kommunikationszentren deutlich werden: Spielplätze bieten die einzigartige Möglichkeit, die Einschränkung sozialer Beziehungen auf die engste Bezugsgruppe und auf altershomogene Sozialgebilde, die ein typisches Produkt der Lebensbedingungen in der Industriegesellschaft ist, aufzuheben. Kinder, Jugendliche, Erwachsene, „Senioren": Sie alle leben heute in jeweils auf die eigene Altersgruppe beschränkten Subkulturen der Freizeit, ohne daß Sozialkontakte und kommunikative Bezüge zu Angehörigen anderer „Generationen" bestehen. Öffentliche Spielplätze mit altersheterogenen Spielangeboten könnten sowohl zum gemeinsamen Spiel animieren als auch wechselseitige Beziehungen zwischen verschiedenen Bevölkerungsgruppen fördern.

Wiederum stehen wir vor der Frage: Ist die Realisierung dieses Konzeptes ohne organisierte pädagogische Hilfeleistung möglich?

Die Pädagogik sollte, so meinen wir, auf diese Herausforderung nicht mit dem überkommenen „Betreuungskonzept" antworten, das von der Unfähigkeit der Betroffenen zum Selbsthandeln ausgeht; vielmehr geht es eher darum, Hilfe zur Selbsthilfe zu leisten – durch Gestaltung entsprechender Anlagen und durch eine gewisse Initiierungsarbeit. Grundsätzlich sollte man bestrebt sein, die fachpädagogische Betreuung durch das Prinzip der Selbstorganisation möglichst überflüssig zu machen, allenfalls auf bestimmte Zeitepisoden und Areale einzugrenzen. Ein Grundsatz der Spielmittelpädagogik könnte lauten: „Pädagogisierung" bedeutet, recht verstanden, einen Rückzug der Pädagogik, nicht aber die kontinuierliche Ausdehnung von „Betreuung". Jedes Zuviel an Pädagogik verhindert, daß Bürger und Nachbarschaftsgruppen sich selbst verantwortlich fühlen für die Gestaltung ihrer sozialen Beziehungen zur Umwelt. Etwas weniger Betreuungspädagogik, dafür mehr Partizipation der Betroffenen, mehr soziale Verantwortung und Gemeinsinn – genau dies wäre Pädagogik in dem von uns angestrebten Sinne. Damit wird aber gleichzeitig auch ein wesentlicher Beitrag geleistet zur Integration von „Freizeit", „Alltagspflichten" und „Berufswelt". Die Freizeitkultur war bislang blind für soziale Notwendigkeiten und ausschließlich darauf ausgerichtet, Vergnügen, Zerstreuung und Erholung des einzelnen bis ins Übermaß zu steigern. Dieser Ansatz muß notwendig in einer bloßen Verkonsumierung von Angeboten enden, wenn nicht gleichzeitig „Widerstände" gegenüber einem sinnentleerten Freizeitgenuß vorhanden sind.

Die überkommene Pädagogik hat als Prinzip für Widerständigkeit zum einen Konsumaskese, zum anderen verstärkte pädagogische bzw. therapeutische Betreuung angeboten, und damit lediglich versucht, „Gegenwelten" gegenüber der bestehenden Wirklichkeit zu errichten. Aber Gegenideologien verfallen bekanntlich in die gleichen Einseitigkeiten, die sie zu bekämpfen vorgeben; da sich mit ihnen meist nur besondere Gruppen identifizieren (vorzugsweise Pädagogen!), werden sie bald zum Alibi für die tatsächlich unverändert gebliebene gesellschaftliche Wirklichkeit. Unser Ansatz zielt deshalb weder auf den Aufbau einer asketischen Freizeitkultur noch auf deren pädagogische Verwaltung ab, vielmehr geht es um soziale Integration durch Differenzierung des Konzeptes bestehender Freizeitangebote und um Weckung sozialer Verantwortung. Die Rückbindung von individuellem Vergnügen in einen Pflichtbereich, der für jeden Bürger Kommunikation und symbolische Interaktion im Spiel zur mitmenschlichen Aufgabe macht, ist deshalb als ein übergreifendes Prinzip anzusehen, das auf Dauer gesehen auch den sozialisationsbedingten „Spielabbruch" überwinden könnte.

Humanisierung des Alltags
Spielmittel können nicht nur im Freizeitbereich, sondern ebenso im pflichtgebundenen Alltag soziale Kontakte und Kommunikation unter Menschen auslösen und fördern. Sie tun dies gerade dort, wo Menschen sich mitten unter anderen Menschen befinden, aber dennoch unter sozialer Isolation und Kontaktsperre leiden.

Jeder hat schon einmal im Abteil eines D-Zuges gesessen, für einige Stunden angewiesen auf die Mitanwesenheit anderer Fahrgäste. Der Versuch jedes Reisenden, diese Situation von vornherein möglichst zu vermeiden und sich in einem Einzelabteil zu verbarrikadieren, zeigt, wie labil unsere Identitätsbalance gegenüber der mitmenschlichen Umwelt ist. Die soziale Berührungsangst unter Mitreisenden äußert sich in dem wechselseitigen Versuch, sich nicht zur Kenntnis nehmen zu wollen. Dies beginnt damit, daß ein neuer Fahrgast ein freundliches „Guten Tag!" kaum mehr über die Lippen bringt und seine Anwesenheit durch die maskenhafte Ausdruckslosigkeit seines Gesichtes anzudeuten versucht. Wer weder eine Lektüre noch einen Fensterplatz hat, dem bleibt während der Fahrt nur übrig, Kontaktabwehr durch angestrengt-gelangweiltes Vorsichhinstarren zu üben.

Gegenüber diesem bei allen Mitreisenden ausgeprägten Verhaltensmuster erlahmt jeder Versuch eines Widerstandes. Man paßt sich an und kommt sich dabei vor wie in einem Sex-Kino, dessen Einzelbesucher geflissentlich den Blick auf die Nachbarplätze vermeiden: Man könnte ja, welche Peinlichkeit, einem Bekannten oder gar Mitglied der eigenen Familie begegnen. Eine zufällige Berührung mit einem Mitreisenden hat beiderseitiges erschrecktes Zurückzucken zur Folge. Man behilft sich mit einem „Ach, Verzeihung!", um sich dann desto mehr in die soziale Isolation zurückzuziehen.

Warum könnte die Bundesbahn in ihren Fernzügen nicht einen Spielmittel-Service einrichten, der Reiseteilnehmern Gelegenheit zum gemeinsamen Spiel gibt? Dies wäre möglich, ohne daß der Fahrkartenkontrolleur sogleich eine pädagogische Zusatzausbildung als Kontakttherapeut erhalten muß.

Ebenso problemlos dürfte der Spielmittel-Service für *Fluglinien* und *Bus-Reiseunternehmen* sein. Die Animation zum gemeinsamen Spiel und die Bereitstellung von Spielmitteln sind geeignet, die Kontaktsperre zwischen den Mitreisenden zu lösen. Dabei herrscht weder ein Spielzwang noch ein Kommunikationszwang. Vielleicht führt aber der Hinweis auf Spielmöglichkeiten dazu, daß Kommunikation stattfindet, die dann – unabhängig davon, ab gespielt wird oder nicht – nähere Kontakte zur Folge hat.

Auch in *Krankenhäusern* – nicht nur auf den Kinderstationen – sollte ein breit gefächertes Angebot an Spielmitteln und Hobby-Materialien vorhanden sein. Es geht hier nicht nur darum, Patienten untereinander mehr in Kontakt zu bringen (falls dies der Krankheitszustand erlaubt) oder im festgelegten Tagesablauf für mehr Abwechslung zu sorgen. Die Prozeduren, die der Patient über sich ergehen läßt, die fixierten Zeiten für Essen, Schlafen, Visite, Besuch usw. stellen eine Unterwerfung unter die Normen des bürokratischen Systems „Krankenhaus" dar, die mit einem Verlust an personalem Selbstgefühl einhergeht. Unterhaltungs-Spiele und Beschäftigungen, die vom Patienten frei gewählt werden können, bedeuten für ihn ein Stück mehr Selbstbestimmung, befreien ihn aus der Rolle des „Entmündigten", in die er sich notwendig um so stärker gedrängt fühlen muß, je mehr er des persönlichen Bezuges zum Arzt entbehrt und sich durch eine Vielzahl von Behandlungsmethoden nur noch technologisch „verwaltet" weiß.

Das Hospitalismus-Symptom als Folge eines Krankenhaus- oder Heimaufenthaltes ist bei Kindern hinlänglich bekannt. Aber auch der längere Krankenhaus-Aufenthalt des Erwachsenen ist von Erscheinungsformen des seelischen Hospitalismus begleitet, die für den Genesungsprozeß eine ständige Beeinträchtigung bilden. Hier wäre in der Tat eine Spielbetreuung von Patienten sinnvoll. Krankenschwestern und Pfleger, deren Rolle heute im wesentlichen durch das Verabreichen von Spritzen, Medikamenten und sonstigen Therapeutika geprägt ist, könnten sich als Spielanimateure ein ganz neues Aufgabenfeld erschließen und einen wesentlichen Beitrag zur seelischen Gesundung der Patienten leisten.

Diese soziale Aufgabe ist von dem Arbeitsfeld der Beschäftigungstherapeutin, die Patienten durch gezielte Beschäftigungs- und Bewegungsübungen ihrer Rehabilitation zuführt, durchaus zu unterscheiden. Die Schulmedizin hatte in den vergangenen Jahrzehnten dem Spiel allenfalls als spezielle Therapie-Maßnahme Aufmerksamkeit geschenkt, die der Arzt zur Wiederherstellung der körperlichen oder geistigen Gesundheit und zur Wiedergewinnung der Arbeitskraft verordnete. Erst in den letzten Jahren ist die allgemeine sozialhygienische Bedeutung des Spiels für den Erwachsenen erkannt worden. Manfred Franke wies insbesondere auf die gesundheitsstabilisierende Funktion des Spiels für ältere Menschen hin (Franke 1968; 1972, 1978).

Mieskes machte deutlich, daß die Zuständigkeit der Medizin für das Spielmittel sich nicht im „therapeutischen Spielmittel" erschöpft. Die allgemeine pädagogische Funktion von Spielmitteln erschließt vielmehr eine Fülle von medizinischen Anwendungsbereichen. So kann ihre Zweckbestimmung hier Diagnose oder Therapie sein, dort Rehabilitation, Regeneration oder Ersatz für häusliche Freizeitaktivität bedeuten (Mieskes 1970b).

Daß das Spielen einen grundlegenden Beitrag zur Humanisierung des Krankenhausaufenthaltes wie überhaupt zur Förderung der Genesung leistet, sollte gerade in einer Zeit stärker in das öffentliche Bewußtsein gebracht werden, in der medizinisch-technischer Fortschritt einhergeht mit der Reduktion personal-ganzheitlicher Beziehungen zwischen Arzt und Patient.

Spielmittel-Angebote für Senioren

Eine besondere Aufgabe kommt dem Spielmittel bei der pädagogischen Betreuung und Freizeitgestaltung *älterer Mitbürger* zu. Hierbei ist nicht nur an *Altenheime* und Begegnungsstätten, sondern generell an jene große Gruppe von Menschen zu denken, die im siebten Lebensjahrzehnt aus dem beruflichen Arbeitsprozeß ausscheidet. Im Zeitalter der Zwei-Generationen-Familie hat bei steigender Lebenserwartung die dritte Generation als relativ geschlossene soziologische Gruppe zunehmend Gewicht in der Sozialstruktur der Industriegesellschaft. Die Umstellung vom Arbeitsalltag auf das „Rentenalter" ist für die „Senioren" vor allem im sozialen Bereich mit radikalen Änderungen verbunden. Der Beruf als Quelle des Prestiges und vieler Sozialkontakte wird aufgegeben zugunsten von mehr

Freizeit und einer ungünstigeren ökonomischen Situation. Der Alltag erhält ein völlig verändertes Aussehen, und viele Alltags- bzw. Freizeitbeschäftigungen gewinnen eine Ersatzfunktion für die berufliche Tätigkeit (Schmitz-Scherzer 1975, S. 20).

Mieskes (1973, S. 406 ff.) kommt das Verdienst zu, eine „Pädagogik des Alters und des alten Menschen" als erziehungswissenschaftliche Teildisziplin erstmals begründet und in diesem Zusammenhang auch die Bedeutung der Spielmittel deutlich gemacht zu haben.

In der Tat: Die Redewendung, daß Spielen jung erhalte, ist so falsch nicht. Es bewahrt vor sozialer Isolation – der gefürchteten „Alterseinsamkeit" – und erhält körperliche wie geistige Aktivität. Allerdings dürfte das Interesse älterer Menschen an Unterhaltungs- und Bewegungsspielen in starkem Maße von den in vorangegangenen Jahrzehnten wahrgenommenen Spiel- und Freizeitaktivitäten abhängen. Eine EMNID-Erhebung von 1971 zeigt, daß in bezug auf die Beschäftigung mit „Schach, Karten, Gesellschaftsspielen" bei den über 65 Jahre alten Menschen im Vergleich zu 55 bis 64 Jahre alten Menschen eher rückläufig ist. 43 % der befragten 55–64 jährigen und 53 % der Älter-als-65 jährigen gaben an, diese Freizeitbeschäftigung „nie" auszuüben. Der mit der Pensionierung eintretende Verlust beruflich bedingter Sozialkontakte könnte diesen Rückgang des Freizeitspiels erklären (Schmidt-Scherzer 1975, S. 20).

Franke (1978) kommt aufgrund einer Erhebung von 183 Bewohnern von Altenwohnheimen zu dem Ergebnis, daß bei den Befragten eine teilweise blockierte und damit „stille" Spielbereitschaft besteht, die durch entsprechend gestaltete Anregungssituationen und durch persönliche Kontakt aktiviert werden kann. Der zunächst befürchtete Gedanke, ältere Menschen würden Spielen als etwas Kindisches betrachten, wurde selbst von denjenigen Befragten nicht geäußert, die an praktischen Spielmittelerprobungen geringes Interesse zeigten.

Am beliebtesten sind bei Senioren – das ergab sich als weiteres Ergebnis dieser Untersuchung – unterhaltsame Brett-, Karten- und Würfelspiele, die einfach zu spielen, allgemein verbreitet und schon von früher bekannt sind. Dieses Ergebnis findet sich auch in einer Studie von Manfred Schulz (1971; 1973). Im Rahmen der von Mieskes 1967 am Gießener Erziehungswissenschaftlichen Seminar initiierten pädagogischen Betreuung älterer Menschen befragte Schulz die regelmäßig zu einem Spiel- und Bastelnachmittag zusammenkommenden Teilnehmer nach ihrem Interesse gegenüber Gesellschaftsspielen, die in Spielzeug-Katalogen mit bestimmten Altersempfehlungen angeboten werden. Die Befragung ergab, daß insbesondere jene Spielmittel und Hobby-Materialien Interesse finden, die für die familiäre Spielgemeinschaft geeignet erscheinen, also weder in kognitiver noch in psychomotorischer Hinsicht zu anspruchsvoll sind und auch von einer relativ altersheterogenen Spielgemeinschaft bewältigt werden können.

Die bislang vorliegenden Erfahrungen und Befunde zum Spiel älterer Menschen lassen sich wie folgt zusammenfassen:

Geselligkeit im Spiel – auch im Alter:
Skatspieler im Park, Süddeutscher Verlag.

(1) Spielen wird von einem Großteil der Senioren – insbesondere von denen, deren Spielfähigkeit im Laufe ihres Lebens nicht völlig unbeansprucht blieb – als eine sinnvolle Tätigkeit angesehen, die bei vorhandener Gelegenheit gern wahrgenommen wird, weil sie zur Eigenaktivität und zur Geselligkeit anregt.

(2) Der relativ hohe Beliebtheitsgrad einfacher, bekannter Gesellschaftsspiele (Brett-, Karten-, Würfelspiele), die man jahrzehntelang kennt, besagt nicht, daß kein Interesse für neue Spielmittel ähnlicher Struktur vorhanden wäre – vorausgesetzt, die Spielidee ist leicht verständlich und die Spielhandlung einfach durchzuführen.

(3) Es bedarf keines besonderen „Senioren-Spielzeugs", wohl aber sollte bei der Gestaltung von Spielmitteln, die der Interessenlage von Senioren entsprechen, darauf geachtet werden, daß dieser Personenkreis sie ohne Schwierigkeiten benutzen kann, (z. B. größere Schrift, keine allzu vielen und kleinen Einzelteile, einfache Spielidee, keine nur auf die Kindheit bezogenen Bildgestaltungen).

(4) Die in Senioren-Clubs und Altenbegegnungsstätten in den letzten Jahren angebotenen Spielnachmittage (z. B. für Rommé, Skat, Canasta, Schach) erfreuen sich wachsender Beliebtheit und bedürfen – vor allem in bezug auf die Erfassung breiterer Teilnehmerkreise – der Erweiterung.

Etwas schwieriger gestaltet sich das Problem in Wohngemeinschaften (Senioren-Wohnheim, Altersheim), da vielfach schon durch die bauliche und organisatorische Struktur der Heime Kontakte zwischen Bewohnern erschwert werden. Die Anpassungsschwierigkeiten und Egozentrik älterer Menschen würden im Spiel eher noch konflikthafter zum Tragen kommen, wenn nicht die Mindestvoraussetzungen für eine allgemein kontaktfördernde und wohnliche Atmosphäre vorhanden sind. Entscheidend ist hier vor allem die Einstellung der Heimleitung und des Personals. Wenn sie ihre Aufgabe nicht nur in der „Aufbewahrung", sondern in der pädagogischen Betreuung alter Menschen sehen (hier ist „pädagogische Betreuung" sinnvoll und notwendig!), können Spielmittel für die Erweiterung des kommunikativen und sozialen Kontaktes durchaus sehr positive Wirkungen erzielen.

Freizeitangebote in der Arbeitswelt
Viele Umstellungsprobleme, denen sich Senioren nach dem Abschied aus dem Berufsleben konfrontiert sehen, beruhen auf der Tatsache, daß ihnen während der Berufsausübung jede Gelegenheit fehlte, sich mit den Möglichkeiten eines als sinnvoll empfundenen nachberuflichen Lebens intensiv auseinanderzusetzen. Die berufliche Arbeitsstätte als Ort der Verwertung menschlicher Arbeitskraft muß auch der Ort sein, an dem durch entsprechend altersangepaßte Arbeitsbedingungen, Beratung und Freizeitangebote ein problemloser Übergang in den Ruhestand gesichert wird.
Dies ist zwar ein wichtiger, aber keineswegs der einzige Gesichtspunkt, der die Forderung einer Integration von Berufs- und Freizeitwelt durch *Freizeitangebote am Arbeitsplatz* begründet. Entscheidend ist, daß damit auch ein Betrag zur Humanisierung der Arbeitswelt schlechthin geleistet wird. In verschiedenen Großbetrieben der Produktion und der Verwaltung existieren schon seit einiger Zeit vereinzelt Freizeitangebote für Betriebsangehörige. Berücksichtigen wir hierbei nur jene Angebote, die dem Thema „Spiel" verpflichtet sind, so finden sich hier sowohl sportliche Angebote (Fußball, Tischtennis), die mit größerer Kraft und Bewegungseinsatz bewältigt werden, als auch mehr geselligkeitsbezogene Aktivitäten (Kegeln, Skat). Soweit derartige Freizeitgruppen nicht Spontangründungen von Arbeitnehmern darstellen, sondern im Betrieb institutionalisiert sind, haben sie aus Arbeitgebersicht bislang ausschließlich eine prophylaktische und regenerative Funktion für die Erhaltung der Arbeitskraft.
Betrieblich organisierte Freizeitgruppen im sportlich-musischen Bereich bedeuten noch keine Integration von Arbeits- und Freizeitwelt, aber sie sind ein Ansatz, von dem ausgegangen werden muß.
Damit haben wir gleichsam das andere Ende des Spannungsbogens von Arbeitswelt und Freizeitwelt erreicht. Der Versuch einer Integration muß von beiden „Enden" her erfolgen: Geht es *im Freizeitbereich* darum, die Leere der individualistisch-privatistischen Zerstreuungskultur durch kommunikative Animation zu überwinden – wobei Spielmitteln eine grundlegende Bedeutung zukommt –, so muß um der Humanisierung der Arbeit willen *am Arbeitsplatz* eine Verknüpfung von Arbeits- und Freizeittätigkeiten erfolgen, die weit über bisherige Ansätze hinausgehen. Diese Forderung gilt vor allem für Arbeitstätigkeiten, die mit besonderen physischen oder psychischen Belastungen verbunden sind.

Die Fließbandarbeit gilt als Paradigma für Enthumanisierung und Entfremdung des Arbeitsprozesses. Wenn etwa ein Betriebsleiter, der nach dem Fließbandverfahren produziert, feststellt, daß ausländische Arbeiter dafür gut geeignet seien, weil sprachliche Verständigung am Arbeitsplatz als nicht nötig und Kommunikationsbedürfnisse als eher störend zu betrachten seien, so wird deutlich, daß das existentielle Interesse der Arbeitnehmer an einer Veränderung der Arbeitswelt jenes relativ spärliche, im Dienst ökonomischer Überlegungen stehende betriebliche Freizeitangebot, wie man es heute vorfindet, weit übersteigt. Auch hier muß gefordert werden: Spiel und Ausgleichsangebot dürfen nicht als Alibi für das Weiterbestehen inhumaner Arbeitsbedingungen mißbraucht werden. Vielmehr sollte mit der Schaffung besserer Arbeitsbedingungen die Ausweitung des Spiel- und Freizeitbereiches einhergehen. Dies bedeutet, die Grenze unternehmerischer Zugeständnisse im betrieblichen Freizeitbereich ständig auszuweiten, bedeutet aber für die Arbeitnehmer-Interessenvertretungen, dem Gesichtspunkt der Einschleusung von „Freizeit" in den Arbeitsalltag mehr Gewicht zu geben. Eine Arbeitnehmerpolitik, die nur die Arbeitszeitverkürzung und Lohnerhöhung unter Beibehaltung inhumaner Arbeitsbedingungen zum Ziel hat, geht heute an diesem Problem zwangsläufig vorbei, auch wenn gegenwärtig Arbeitnehmer der Lohnerhöhung absoluten Vorrang einzuräumen scheinen.

Eine Möglichkeit, Spiel, Kommunikation und damit „Freizeit" als integrativen Bestandteil des Arbeitsalltages zu institutionalisieren, besteht in der Einführung einer größeren *Rekreationspause* im Arbeitsplatz. In der Bundesrepublik wurde dieser Gedanke der Entspannungspause bisher lediglich im Sinne einer Bewegungspause, die durch Gymnastik oder eine andere sportliche Übung auszufüllen ist, ernsthaft diskutiert (Schönberg 1977, S. 121).

Die Integration von Arbeit und Freizeit im Betrieb wäre ein wesentliches Stück vorangetrieben, wenn es gelänge, statt einer monotonen sportlichen Übung zum Zwecke körperlicher Gesunderhaltung *spielhafte Elemente* einzubringen, seien sie nun mehr im grobmotorisch-sportlichen, im feinmotorischen oder im rein symbolhaft-kommunikativen Bereich angesiedelt.

Die Art der Pausengestaltung hängt in starkem Maße von der Art der beruflichen Tätigkeit ab. Der Verfasser weiß aus eigener Erfahrung, daß Ermüdung und Konzentrationsschwäche bei mehrstündiger Schreibtischarbeit durch eine relativ kurze Spielpause völlig verschwinden; bestimmte Geschicklichkeitsspiele (hervorragendes Beispiel: Jakkolo) erweisen sich dabei als besonders geeignet für die Wiederherstellung der geistigen Leistungskraft. Bedauerlicherweise fehlen zu diesem Gesichtspunkt noch jegliche empirische Untersuchungen. Insgesamt verlangt die Auflockerung einer körperlich oder geistig anspannenden Arbeitstätigkeit durch Spielphasen ein Überdenken des Verhältnisses von Arbeits- und Pausenzeit. Auch die Gestaltung von Frühstücks- und Mittagspausen muß grundsätzlich in das Spielkonzept einbezogen werden.

Sind die hier vorgetragenen Gedanken zunächst eine Herausforderung, auf die vor allem die Arbeitgeber mit Skepsis reagieren dürften, so ist ein weiterer Ansatzpunkt

In Hongkong fotografiert – bei uns eine Seltenheit: Erwachsene spielen in der Arbeitspause, aus: Spiele der Welt, hrsg. von Frederic v. Grunfeld, Foto: Ed van der Elsken. Wolfgang Krüger Verlag, Frankfurt 1976.

für die Integration von Arbeitswelt und Freizeitwelt die verstärkte Orientierung der *beruflichen Fortbildung* der Arbeitnehmer am Schwerpunktthema „Spiel und Freizeit". Der diesem Thema gewidmete „Bildungsurlaub" des Arbeiters, Angestellten oder Beamten könnte sowohl bestehende Informationsdefizite und Widerstände abbauen als auch konkrete Hinweise für die Möglichkeiten betrieblicher oder familiärer Freizeitgestaltung geben.

Würde sich die Arbeitswelt auch nur zu einem geringen Teil in Richtung auf die von uns entwickelten Zielvorstellungen hinbewegen, so wäre ein fundamentaler Beitrag zur Verhinderung des sozialisationsbedingten Spielabbruchs in der Individualentwicklung und der Erhaltung einer lebenslangen Spielfähigkeit geleistet. Mit der stärkeren Bindung von „Freizeit" an den Arbeitsprozeß werden andererseits jene reduktiven Spiel- und Kompensationsbedürfnisse aufgehoben, die gegenwärtig noch das Freizeitverhalten vieler Menschen bestimmen, und in Richtung auf ein sinnerfüllteres, von mitmenschlicher Zuwendung getragenes Freizeitverständnis verändert.

Spielmittelpädagogik und Spielwarenbranche

Wer den Versuch unternimmt, die pädagogische Bedeutung des Spielmittels für alle Lebensabschnitte und Lebensbereiche deutlich zu machen, steht am Ende vor der Frage, ob die proklamierte „Selbstverwirklichung im Spiel" nicht korrumpiert wird durch die Auslieferung des Menschen an ein Industrieprodukt, dessen Herstellung und Verkauf in erster Linie vom ökonomischen Gesetz der Gewinnmaximierung, nicht aber von pädagogischen Erfordernissen bestimmt ist. Spielzeug ist – wie jedes andere industrielle Erzeugnis – „Ware", die dem ökonomischen Kalkül unterliegt. Die Diskrepanz zwischen pädagogisch motivierter Selbstbestimmung im Spiel und der ökonomisch bedingten Fremdbestimmung der Spielenden durch Inanspruchnahme von Spielmitteln ist nicht zu übersehen. Bei der weiteren Analyse dieses Problems kann an die Ergebnisse jener Abschnitte unserer Untersuchung angeknüpft werden, die die historische Perspektive der Beziehungen zwischen der Pädagogik und der Spielmittel-Produktion zum Thema haben (vgl. S. 67 ff.; 137 ff; 183 ff.).

Die Kritik am Industrie-Spielzeug – ein Resümee
Die bislang übliche pädagogische Reaktion auf die im Spielmittel repräsentierte Fremdbestimmung läßt sich mit den drei Stichworten „Abwehr", „Bildung von Gegenwelten" und „Anpassung an die Realität" kennzeichnen.
Die pädagogische *Abwehrhaltung* gegenüber dem Industrie-Spielzeug verdeutlichen nochmals die nachfolgenden Sätze, die die Kritik zusammenfaßt:
Käufliches Spielzeug wird primär nach marktwirtschaftlichen Gesichtspunkten hergestellt, es ist heute zum reinen Konsumobjekt degradiert worden. Absatzziffern sind entscheidender als die Frage, ob sein Benutzer Freude daran hat. Die Spielzeugindustrie, in ihrer Existenz bedroht durch große ausländische Konkurrenzunternehmen, macht längst nicht mehr das Kind und seine Bedürfnisse zum Maßstab für die Herstellung von Spielzeug: Niveaulose, billige Massenware ist an die Stelle individuell gestalteter Erzeugnisse getreten. Durch den Konkurrenzdruck ist die Industrie angewiesen, ständig spektakuläre Neuheiten auf den Markt zu bringen, die kaum Bezug zu den tatsächlichen Spielbedürfnissen besitzen. Die künstliche Welt des modernen Spielzeugs erstickt die freie Phantasie und jegliche Fähigkeit, produktiv spielen zu können. Eine skrupellose Werbung weitet das Konsumbedürfnis der Eltern und den Besitzhunger von Kindern ständig aus. Dadurch, daß Konsumwünsche an die Stelle von Spielwünschen treten, wird die Manipulation von Käufern und Kindern perfektioniert. „Wer Lust hat, dem Warenkapital in die Fratze zu schauen, braucht nur an eine Spielzeughandlung zu denken", äußerte sich Walter Benjamin (1969, S. 69) bereits vor 50 Jahren im Hinblick auf das zeitgenössische Spielzeugangebot.
Soweit die Vorwürfe. Folgerichtig besteht die pädagogische Antwort auf diese Situation seit langem darin, einerseits auf die Bedeutung von Spielmitteln für die

kindliche Entwicklung hinzuweisen, andererseits aber auch vor einem Zuviel an Industrie-Spielzeug zu warnen. In der pädagogisch konzipierten *spielzeugarmen „Gegenwelt"* sollen vor allem „Dinge des Alltags" als anregende Spielobjekte benutzt werden; industrielles Spielzeug ist allenfalls dort zugelassen, wo ihm eine gewisse Ersatzfunktion für „natürliches" Spielzeug zugebilligt wird.

„Nur weil das Großstadtkind viel zu wenig ‚natürliches' Spielzeug in die Hand bekommt, sind wir auf das Angebot von Spielzeug angewiesen" – heißt es in einem kürzlich in München erschienenen „Ratgeber für den Spielzeugeinkauf." (Spielzeugmarkt 1977, H. 1, S. 84)

Man entspricht offenbar dann den Spielbedürfnissen von Kindern, so läßt sich die darin enthaltene allgemeine pädagogische Intention deuten, wenn man ihm relativ wenig Spielzeug gibt und das wenige soll dann noch möglichst einfach und möglichst selbstherstellbares Spielzeug sein.

Das wichtigste Ergebnis des historischen Teils unserer Untersuchung besteht in dem Nachweis, daß diese Vorstellung von Kindgemäßheit nicht erst im Zeitalter der industriellen Massenproduktion von Spielmitteln auftaucht, sondern bereits in der Zeit der Aufklärung zum pädagogischen Prinzip erhoben wurde und bis in die Gegenwart hinein den Aussagenkern der überkommenen Spielzeugpädagogik bildet. Die Konzepte von Fröbel, Montessori und Steiner sind dabei lediglich als besondere Ausprägungsformen einer breiten pädagogischen Bewegung anzusehen, die über Jahrhunderte hinweg versuchte, den Einbruch des industriellen Spielzeugs in die Lebenswelt des Kindes einzudämmen. Die Vorstellung eines am Einfachheitspostulat orientierten, Menge und Art der Handlungsgegenstände beschränkenden, kindgemäßen Entfaltungsraumes kann als die *pädagogische Gegenwelt* gegenüber einer Realität angesehen werden, in der Kinder wahllos mit Spielsachen Umgang pflegen; nach tradierter pädagogischer Auffassung führt letzteres zur Übersättigung, zur mutwilligen Zerstörung und zu allerlei anderen unerwünschten Verhaltensweisen.

Die Proklamierung des Einfachheitspostulats war zur Zeit der Aufklärung zweifellos ein fortschrittlicher und emanzipatorischer Akt, denn damit wurde das Spielzeug von der Rolle des bloßen Statussymbols privilegierter Gesellschaftsschichten befreit und zum universalen Statussymbol des Kindes schlechthin erhoben. Mit zunehmenden gesellschaftlichen Veränderungen konnte der Grundsatz der Einfachheit jedoch den differenzierten Lebens- und Entwicklungsbedingungen kaum mehr gerecht werden. Die Diskrepanz zwischen pädagogischer Förderung und einer anders gearteten Wirklichkeit wuchs mit der Ausbreitung des industriell hergestellten Massenspielzeugs.

So ist der zweite wichtige Befund aus der historischen Analyse pädagogischer Vorstellungen über Spielzeug darin zu sehen, daß die traditionelle Pädagogik in ihrem Kampf gegen das Industriespielzeug sich ständig auf dem „Rückzug" befand und zwischen *Realitätsanpassung und Realitätsverdrängung* schwankte. Der pädagogische Protest, den im 19. Jahrhundert das Metallspielzeug, im 20. Jahrhundert das Kunststoffspielzeug auslöste, hatte wenig Chancen, vor der Realität zu bestehen. Heute ist dies kaum anders: Die Klage „verantwortlicher Kreise", Spielzeug würde zuviel darauf ausgerichtet sein, die Erwachsenenwelt in Miniaturformat widerzuspiegeln, muß angesichts des breiten Interesses an diesen dem pädagogischen Verdikt anheimfallenden Spielmitteln ebenso als eine Form der Realitätsverdrängung erscheinen wie die Kritik an den – zu Millionen existierenden – Micky Mäusen, Schlümpfen und anderen Plastikfiguren, die mit bestimmten Vorstellungen von Ästhetik durchaus nicht übereinstimmen.

Den Vorwurf, die Spielzeugindustrie sei antipädagogisch eingestellt, äußern Vertreter der „bürgerlichen" wie der „materialistischen" Erziehungstheorie in seltener Einmütigkeit. So bemerkt Donata Elschenbroich (1973, S. 53 ff.) in ihrer materialistischen Kritik der bürgerlichen Spieltheorie:

„Man muß zusehen, wie die Kinder in Erziehungsstrategien eingespannt werden, auf die Eltern und Erzieher keinen Einfluß haben... Die Produktion von Spielgegenständen verläuft planlos, unkontrolliert durch die Wissenschaft, durch Eltern und Erzieher. Zwar begleiten hier und da ‚wissenschaftliche Empfehlungen' vereinzelte didaktische Materialien, die sich den Anschein planvoller pädagogischer Produktion geben müssen... Aber die wissenschaftliche Argumentation liefert nur einige Begriffe im nachhinein, sie ist nur Teil der Verkaufswerbung. Denn Kapital im Spielzeugsektor braucht solche Begriffe nicht. Produzenten von Spielwaren pädagogische Absichten zu unterschieben, wäre absurd".

Auch bei einigem Wohlwollen für die Blickrichtung der Autorin sollte man sich vergegenwärtigen: Die gesellschaftliche Realität ist viel komplizierter, als daß der Hinweis auf die Widersprüchlichkeit von „Kapital" und „Pädagogik" eine „enthüllende" Funktion hätte. Jede dogmatische Betrachtungsweise verhindert eine differenzierte Analyse des ökonomischen Spannungsfeldes, in dem sich das Spielmittel befindet. Daß Spielzeugproduzenten auch pädagogischer Überlegungen fähig und willens sind, sollte ebenso wenig als denkbare Möglichkeit ausgeklammert werden, wie die Tatsache, daß auch Pädagogen ökonomische Interessen wahrnehmen. Die Reduzierung des Widerspruchtheorems auf die Gegenüberstellung von „ökonomischen" und „pädagogischen" Interessen verschleiert den Sachverhalt, daß grundlegende Widersprüche nicht nur zwischen, sondern vor allem innerhalb beider Interessenphären vorhanden sind, die der Analyse bedürfen.

Die gegenwärtige Situation der Spielzeugindustrie

Die bundesdeutsche Spielzeugindustrie umfaßt heute (1976) 277 Betriebe mit 19.388 Beschäftigten[1]. Die Zahl der Betriebe und der Beschäftigten ist seit Anfang der siebziger Jahre rückläufig (1971: 408 Betriebe mit 23.980 Beschäftigten).

---

1 Die amtliche Statistik erfaßt nur Betriebe mit mehr als 9 Beschäftigten. Laut Auskunft des Statistischen Bundesamtes, Wiesbaden, gab es 1976 (September) ferner 381 Spielwarenbetriebe mit weniger als 10 Beschäftigten, denen 2063 Arbeitnehmer angehörten.

Die Spielzeugindustrie der Bundesrepublik produzierte 1976 Spielwaren im Wert von 1,27 Milliarden Mark und liegt mit ihren Produktionszahlen in der Weltstatistik hinter den USA und Japan an dritter Stelle. Knapp die Hälfte der produzierten Spielwaren geht in den Export. 1976 hielten sich Export (578 Millionen Mark) und Import (557 Millionen Mark) von Spielwaren in der Bundesrepublik die Waage.
Nach dem Zweiten Weltkrieg gelang es der Spielzeugindustrie, durch Exportaufträge schnell wieder Fuß zu fassen, obwohl die Produktionszentren in Thüringen und Sachsen (mit 40 % der Beschäftigten der Spielzeugindustrie vor dem Kriege) nicht mehr der BRD angehörten. Von 1950 bis 1956 erhöhte sich der Produktionswert von 118 Millionen auf 330 Millionen DM; der Spielwarenexport vervierfachte sich in diesem Zeitraum.
Der Wegfall der auf DDR-Gebiet liegenden Betriebsstätten änderte an der traditionellen Struktur und Regionalverteilung der bundesdeutschen Spielzeugindustrie wenig. Der regionale Schwerpunkt liegt nun eindeutig in Süddeutschland. In Bayern befinden sich heute 55 % und in Baden-Württemberg 30 % der Spielwarenbetriebe. Dabei ist die Spielzeugindustrie von der durchschnittlichen Betriebsgröße her gesehen, eine typische Mittelstand- und Kleingewerbe-Industrie, allerdings mit teilweise marktbestimmenden Ausnahmeerscheinungen. So hatten 58 % der Betriebe im Jahr 1976 weniger als 10 Beschäftigte; andererseits arbeiten nur in wenigen Betrieben mehr als 1.000 Beschäftigte, die aber entscheidenden Anteil an der Produktion haben: 10 % der Hersteller bestimmen momentan in der Bundesrepublik über 80 % des Umsatzes!
Einer überschaubaren Zahl von Herstellern steht die Vielfalt des produzierten Sortimentes gegenüber, die größer als die der Spielzeugproduktion in fast allen anderen Ländern ist. Die Aufgliederung des Sortiments nach Materialgruppen ergibt, daß der Anteil des Kunststoffspielzeugs fast die Hälfte, der Anteil des Spielzeugs aus Blech bzw. Metall über ein Fünftel, der Anteil des Holzspielzeugs weit weniger als ein Zehntel der Gesamtproduktion ausmacht. Dabei ist zu berücksichtigen, daß in den Spielwarenstatistiken Hobbymaterialien und Christbaumschmuck mitenthalten sind.
Auf der 1949 gegründeten Nürnberger Internationalen Spielwarenmesse (in der Vorkriegszeit stellte die Spielzeugindustrie vor allem auf der Leipziger Frühjahrsmesse aus) wird von deutschen und ausländischen Herstellern alljährlich das auf der Welt vorhandene Spielmittelangebot präsentiert, insgesamt sind es gegenwärtig weit über 200.000 Einzelartikel.
Trotz der bedeutenden Umsatzsteigerungen in den fünfziger und sechziger Jahren ist die deutsche Spielzeugindustrie heute in erheblichen Schwierigkeiten. Sorgten in den beiden vergangenen Jahrzehnten die Erschließung neuer Auslandsmärkte, die steigende Einkommensentwicklung und die Ausweitung des Freizeitbedarfs für größere Zuwachsraten, so hat sich dieser Trend in letzter Zeit nicht fortgesetzt: 1975 war sogar erstmals ein Umsatzrückgang zu verzeichnen. Die allgemeine wirtschaftliche Rezession und eine nach Jahren des Nachholbedarfs sich abzeichnende Sättigung der Nachfrage hat zu einem stagnierenden Absatz von Spielzeug geführt.

Die entsprechend den wirtschaftlichen Gegebenheiten in der Bundesrepublik relativ hohen Rohstoff-, Lohn- und Sozialkosten und die exportungünstigen Währungsrelationen erschweren den Kampf um Marktanteile gegenüber der ausländischen Industrie. Vertreter der Spielwarenbranche wiesen darauf hin, daß die ungünstigere Preissituation des deutschen gegenüber dem ausländischen Spielzeug bisher immer noch durch seine bessere Qualität ausgeglichen werden konnte. Auffallend ist, daß in den einzelnen Sparten bzw. Materialgruppen eine völlig unterschiedliche, von Jahr zu Jahr starken Schwankungen unterworfene Entwicklung der Produktion besteht.

Innerhalb der Spielzeugindustrie können zwei verschiedene Konkurrenzverhältnisse unterschieden werden: Ein Fabrikant, der z. B. ein Bausystem produziert, steht erstens in Konkurrenz zu einem anderen inländischen oder ausländischen Hersteller, der ein ähnliches Produkt anbietet. Zweitens jedoch steht er in Konkurrenz zu Herstellern, die ganz andere Spielzeugprodukte für denselben Käufer anbieten – einen Käufer, der aufgrund eines beschränkten Spielmittel-Budgets nicht nur eine Kaufentscheidung für oder gegen funktionsgleiche Spielmittel, sondern für oder gegen ganze Spielmittel-Gruppen fällt. Schließlich konkurrieren Spielzeug-Hersteller insgesamt gegen andere benachbarte Industriezweige, die ebenfalls Konsumgüter „für das Kind" bzw. für den Freizeitbedarf anbieten.

Als Folge des stagnierenden Absatzes von Spielwaren ergibt sich für die Hersteller ein zunehmender *Verdrängungswettbewerb* („Die Großen fressen die Kleinen"), dem man durch *Diversifikation* zu begegnen sucht: Unternehmen die dies finanziell leisten können, verbreitern ihre Produktpalette, um durch ein vielfältiges Produktionsprogramm den sinkenden Absatz eines einzelnen Artikels aufzufangen.

„Spektakuläre Neuigkeiten" sind entgegen mancher vorgefaßten Meinung auf dem Spielzeugmarkt relativ selten geworden – wie das alljährlich kaum veränderte Bild der Nürnberger Messe deutlich macht. Allenfalls kann man bestimmte Trends feststellen. So werden Spielmittel in der Richtung systematisch weiterentwickelt, daß sie nicht nur einen Zubehörmarkt schaffen, sondern auch direkt ausbaufähig sind durch weitere Anschlußsysteme (Sets). Der Siegeszug des Kunststoffs hat sich weiter fortgesetzt, weniger in Richtung auf das Billigspielzeug als auf qualitativ-hochwertiges Konstruktions- und Funktionsspielzeug. Auch die Technik im Spielzeug wird fortentwickelt: Sind Elektromotoren für Fahrzeuge schon selbstverständlich geworden, so steckt die Elektronik beim Spielzeug erst in den Entwicklungsanfängen; Elektronik-Spielmittel dürften in den kommenden Jahren eine spürbare Ausweitung erfahren. Darüber hinaus hängen sich Spielzeug-Produzenten an alle möglichen Zeit-Moden, schwimmen bei der Nostalgie-Welle ebenso mit wie bei der Fußballweltmeisterschaft oder bei den Hauptfiguren der gerade laufenden TV-Serien.

Fernsehspielzeug und alle sonstigen Spielzeug-Reproduktionen aktueller Ereignisse liefern allenfalls „Renner" für begrenzte Zeiträume, leisten aber keinen Beitrag für eine dauerhafte Umsatzsteigerung, letztlich sind sie ein Kennzeichen für die Einfallslosigkeit der Produzenten. Bruno Tietz (1968, S. 48) vertrat bereits vor 10

Jahren die Meinung, die bundesdeutsche Spielwarenbranche sei nicht mehr der Träger von Innovationen (der sie einmal war), sondern vielfach nur noch zum Nachahmer ausländischer Spielzeug-Vorbilder geworden.
Noch härter urteilt die „Braunschweiger Zeitung" 1977 anläßlich der Spielwarenmesse:

„An Spielwert war in Nürnberg nichts Neues zu entdecken, das signalisierte schon die bestürzende Einfallslosigkeit."

Obwohl die Spielzeugindustrie auch in der weiterzurückliegenden Vergangenheit diesen Vorwurf zu hören bekam, wiegt er heute angesichts der bestehenden Stagnation doppelt schwer. Deshalb versuchte in jüngster Zeit die Industrie gemeinsam mit dem Handel neue Käuferschichten zu gewinnen. So wurden Spielmittel, die ursprünglich entweder nur für das Kleinkind (z. B. Lego) oder nur für das Schulkind (z. B. Fischertechnik) konzipiert waren, nach „oben" bzw. nach „unten" dergestalt erweitert und durch Zusatzangebote ausgebaut, daß ein und dasselbe Spielzeug-System praktisch vom Kleinkindalter bis zum Jugendalter benutzbar ist. Ein weiteres Ergebnis des Kampfes um neue Abnehmerkreise waren die „Erwachsenenspiele", die freilich in der Form von Wirtschaftsspielen à la Monopoly viel zu eng gesehen wurden. Der Spielmittelmarkt für Erwachsene (auch für Senioren) wird nur zögernd durch neue Angebote erschlossen; der fehlende Einfallsreichtum bei der Produktentwicklung und -gestaltung scheint sich hier besonders bemerkbar zu machen.

Aufs Ganze gesehen ist die ökonomische Situation der Spielwarenbranche durchaus widersprüchlich. Denn den düsteren Prognosen von Spielzeugherstellern steht die Ansicht etlicher Wirtschaftsexperten gegenüber, daß die Möglichkeiten des Spielzeugmarktes noch keineswegs ausgeschöpft worden seien; das Wort von der „Marktsättigung" signalisiere allenfalls fehlende Flexibilität bei der Branche. Diesen Vorwurf haben sich denn auch Spielzeughandel und -industrie gegenseitig zugeschoben: So stimmen Händler in den Chor derer ein, die die Einfallslosigkeit der Spielzeughersteller kritisieren; demgegenüber bemängeln Produzenten, der Spielzeughandel sei organisatorisch zersplittert und bemühe sich allzu wenig, durch Beratung und Service-Leistungen das Vertrauen von Kunden langfristig zu gewinnen. Diese noch anhaltende Diskussion ist ein Indiz für die gegenwärtige Unsicherheit, ja Ratlosigkeit weiter Teile der Spielzeugwirtschaft in bezug auf die Entwicklung neuer, tragfähiger Produkt- und Vertriebskonzeptionen.

Die Situation des Spielzeughandels
Verdrängungswettbewerb und Diversifikation sind ebenso typisch für die derzeitige Situation des *Spielzeughandels* in der Bundesrepublik.
Handel und Industrie treten einerseits als Interessengegner auf (die Industrie will möglichst gewinnbringend verkaufen, der Handel möglichst preiswert einkaufen,

wobei er Importangebote in die Kalkulation einbezieht), andererseits bilden sie in bezug auf die Gesamtsituation des Spielzeugabsatzes eine Art Interessengemeinschaft, die in den letzten Jahren angesichts der Bemühungen um höhere Umsatzziffern eher enger geworden ist. Darüber hinaus hat der Spielzeughandel eigene Probleme (wie etwa die miteinander konkurrierenden Vertriebsformen, Veränderungen im Sortiment, Verlagerung der Konsumwünsche bestimmter Käufergruppen).

In der Bundesrepublik hat sich der Jahresumsatz von Spielzeug in den letzten Jahren auf eine Summe von 2,3 bis 2,6 Milliarden Mark eingependelt, ohne daß der Spielzeughandel große Hoffnung hegen kann, aus der Stagnation herauszukommen. Im Gegenteil: Der bundesdeutsche Geburtenrückgang erfüllt sowohl Handel als auch Industrie mit Pessimismus: Wenn statistischen Prognosen zufolge bis 1990 die Zahl der Kinder (bis Fünfzehnjährige) von rund 12,4 auf 8,3 Millionen absinken sollte, würde dies einer erheblichen Bedarfsreduzierung und damit einer Umsatzschrumpfung gleichkommen, deren Folgen kaum absehbar sind.

Der Verdrängungswettbewerb im Spielzeughandel läßt sich erstens an der Konkurrenz *innerhalb* einer bestimmten Vertriebsform anzeigen. So sind die über 1400 Spielzeugfachgeschäfte in der Bundesrepublik fast alle über bestimmte Einkaufsgenossenschaften, Großhandelsgesellschaften oder durch andere Formen des Zusammenschlusses (z. B. Ladenketten) organisiert, die im Kampf um günstige Einkaufs- und Verkaufsbedingungen miteinander im Wettbewerb stehen. Der Anteil des Fachhandels am Spielzeug-Gesamtumsatz beträgt 35 bis 40 %. Die größte Einkaufsgenossenschaft ist die 1904 gegründete VEDES (Vereinigung der Spielzeugfachhändler eGmbH), die mit über 400 Fachgeschäften etwa 20 % des Spielzeugumsatzes in der Bundesrepublik für sich beanspruchen kann.

Zweitens besteht ein besonders starker Verdrängungswettbewerb *zwischen* den verschiedenen Vertriebsformen des Spielzeughandels. Hier sind zunächst die unterschiedlichen Vertriebswege zwischen Hersteller und Endverbraucherhandel zu nennen. Viele Produzenten von Marken-Spielzeug beliefern den Einzelhandel direkt (ohne Zwischenhandel) und bekommen dann auch die Möglichkeit eingeräumt, etwa durch eine Sonderschau zusätzlich Werbung für ihr Produkt im Fachgeschäft zu betreiben. Ansonsten bezieht der Fachhandel und seine Einkaufsorganisationen über den Spielzeug-Großhandel die Ware, auch die Importware (falls ausländische Hersteller durch Zweigniederlassungen bzw. eigene Vertriebssysteme dies nicht ausschließen). Der überregionale Import- und Exportgroßhandel steht in einem Konkurrenzverhältnis zum regionalen Großhandel: In den Hauptproduktionsgebieten arbeiten örtliche Großabnehmer als Weiterverkäufer (Kommissionäre) an den Endverbraucherhandel. Auch die Vertriebsformen des Endverbraucherhandels konkurrieren miteinander: Die Spielzeug-Fachgeschäfte, die großen Warenhäuser (die alle Spielzeug-Fachabteilungen besitzen) und der Versandhandel ringen um größere Kundenstämme und höhere Marktanteile.

Drittens konkurriert der Spielzeughandel mit anderen *branchenfremden* Handelsunternehmen für Endverbraucher, die in zunehmendem Maße Spielwaren in ihr

Sortiment aufnehmen. Einzelhandelsgeschäfte (etwa für Bücher und Schreibwaren, Lebensmittel, Sportartikel, Kinderbekleidung), aber auch große Einkaufszentren (Verbrauchermärkte, Selbstbedienungs-Warenhäuser) bieten Spielzeug teils als regelrechte Ergänzung ihres Warenangebotes an, teils als umsatzträchtige Preisschlager, die bevorzugt zur Weihnachtszeit Käufer finden. Nach wie vor hat der Spielzeughandel mit dem Problem zu tun, daß über 50 % des Umsatzes in den Wochen vor Weihnachten erfolgt, das übrige Jahr dafür „Flaute" herrscht.
In diesen „branchenfremden" Vertriebskanälen, die vom Kiosk über den „Tante-Emma-Laden" bis zum Supermarkt reichen, finden vorwiegend einfachere Spielwaren und Massenangebote Absatz. Das Fachgeschäft wird hier preislich oft unterboten. Es versucht, dies durch eine Image-Werbung auszugleichen, die auf die bessere Qualität seines Sortiments und auf individuelle Kundenberatung abhebt, womit erfahrungsgemäß jedoch nicht alle Bevölkerungskreise, sondern in stärkerem Maße die gehobeneren, am „guten" Spielzeug interessierten Käuferschichten erreicht werden. Der Fachhandel setzt aber auch auf Diversifikation seines Spielzeugangebotes, das in einem gut geführten Spielzeuggeschäft immerhin rund 20 000 Artikel umfaßt. So finden sich seit einiger Zeit nicht nur Kinder- und Jugendbücher, sondern vor allem Hobbytechnik, Bastel-, Modellbaubedarf im Spielzeugfachgeschäft. Das Risiko der Überfremdung des Spielzeug-Angebotes durch derartige Ergänzungen ist allerdings auch vorhanden.
Der ökonomische Konflikt droht noch von einer anderen Seite: Immer mehr Industrie-Unternehmen setzen Spielzeug zur Werbung für ihr (spielzeugfremdes) Produkt ein. Wurde früher der Erwerb von Markenartikeln (insbesondere der Nahrungsmittelindustrie) mit dem Sammeln von Bildserien gekoppelt, so ist diese klassische Methode der Kaufnötigung heute innerhalb eines breiten Spektrums von Konsumgütern durch die Spielidee erweitert worden. Das Angebot der Spiel- und Spielzeugbeigaben ist vielfältig: Plastikfigürchen, Ausschneidesets, Bijouterie-Artikel, Verkehrsmittel, Geschicklichkeitsspielzeug, Spielkarten und viele andere Spielmittel stehen als Gratisbeigaben im Dienst spielzeugfremder Werbung. Handelt es sich hierbei meist um Billigspielzeug im Miniaturformat, so sind die Übergänge zum „richtigen" Spielzeug doch fließend. Einen Unterschied zwischen Billigspielzeug und „wertvollem" Spielzeug machen Kinder sowieso nicht, wenn nicht jene Eltern und Pädagogen, die auf Umgang mit „gutem" Spielzeug besonderen Wert legen, auf einer solchen Differenzierung bestehen (Maurer 1976).

Etappen der Annäherung von Pädagogik und Spielzeugwirtschaft
Neben rein ökonomischen Überlegungen zur Absatzsicherung durch ein entsprechendes Marketing ist seit Mitte der sechziger Jahre in der Spielzeugbranche immer stärker der Frage in den Vordergrund getreten, welche Rolle *pädagogische Forderungen bzw. wissenschaftliche Erkenntnisse* als Teil einer langfristigen Strategie zur Erhaltung und zum weiteren Ausbau des Marktes spielen sollen. Wie wir zeigen konnten (vgl. S. 187ff.), wurde diese Frage bereits in den zwanziger und

dreißiger Jahren diskutiert. Sie hat heute ein wesentlich breiteres Echo gefunden und nötigt zu grundsätzlichen Konsequenzen sowohl in der Spielzeugwirtschaft als auch in der Pädagogik.

Das Bewußtsein für die Notwendigkeit einer langfristigen Absatzpolitik ist in der Spielwarenbranche durch die Marktsättigung und die Schärfe des Wettbewerbs (Konkurrenz zum ausländischen Spielzeugmarkt und zu den benachbarten Zweigen der Konsumgüterindustrie) wesentlich gewachsen. Warum also nicht Produkte so gestalten, daß sie pädagogischen Anforderungen voll gerecht werden und der vielfältigen Kritik an der Spielzeugindustrie den Wind aus den Segeln nehmen? Warum nicht dem Käufer von Spielmitteln ein nach pädagogischen Gesichtspunkten aufgebautes Sortiment anbieten, verbunden mit einer pädagogischen Beratung, die sein Vertrauen stärkt und die Kritik am Verkaufsgebaren der Spielzeughändler gegenstandslos macht? Zwischen dem ökonomischen Interesse der Spielwarenbranche, den Gedanken des lebenslangen Spiels im Bewußtsein breiter Bevölkerungsschichten zu verankern, und den pädagogischen Forderungen zum gleichen Thema zeigt sich, zumindest oberflächlich betrachtet, eine erstaunliche Deckungsgleichheit. Bei der Frage, wie denn nun durch eine Zusammenarbeit von Wirtschaft und Wissenschaft – bzw. von Spielwarenbranche und Pädagogik – die Vorstellungen beider Seiten verwirklicht werden können, ergaben sich in der Vergangenheit allerdings erhebliche Verständigungsschwierigkeiten.

Man sollte zunächst zur Kenntnis nehmen, daß es bis in die jüngste Zeit hinein einen Hersteller oder einem Händler kaum möglich war, überhaupt auf pädagogische Kritik sinnvoll zu reagieren – aus Gründen, die nicht zuletzt in der *widersprüchlichen Situation der Pädagogik* lagen (und zum Teil heute noch liegen). Wie unsere einschlägigen Zitatensammlungen belegen, war diese Kritik zunächst überwiegend Pauschalkritik, die das Industriespielzeug mit wenigen Ausnahmen als unkindgemäß und als unnötig für „richtiges" Spielen ansah. Grundsätzlich hat dabei der Hinweis auf die antipädagogische Haltung der Hersteller eine abwehrende Funktion, die das Kind vor dem Zugriff ökonomischer Interessen schützen soll. Da der Vorwurf, Produzenten wollen ihren Umsatz steigern, schlechterdings nicht widerlegbar ist, bewegen sich Spielzeug-Hersteller in einer Art „Beziehungsfalle" gegenüber einer solchen pädagogischen Kritik: Der theoretisch immerhin denkbare Versuch des Produzenten, pädagogischen Ansprüchen gerecht zu werden, stellt sich aus der Sicht der Kritiker als Reklametrick dar, der das Kind noch abhängiger vom Industriespielzeug machen soll; geht der Hersteller der Pädagogik aber aus dem Wege, so ist das um so mehr Beweis seiner antipädagogischen Haltung.

Der Spielzeughandel wurde von dieser Kritik wohl nur deshalb verschont, weil die pädagogischen Kritiker eine differenzierte sozioökonomische Analyse der Spielzeugwirtschaft vermieden, alle am Spielzeugumsatz Beteiligten mit der Kategorie „Spielzeugindustrie" identifizierten und so kaum gewahr wurden, daß der Spielzeughandel gegenüber der Industrie aufs Ganze gesehen die günstigere ökonomische Position einnimmt.

Über die pädagogische Pauschalkritik hinaus (die nicht einer bestimmten pädagogischen Richtung anzulasten ist, sondern eher ein bestimmtes historisches Entwicklungsstadium der Auseinandersetzung zwischen der Pädagogik und der Spielzeugindustrie darstellt) gab und gibt es pädagogischerseits differenzierte Sachkritik an einzelnen Spielmitteln (oder ganzen Spielmittelgruppen) sowie den Versuch, Bewertungsmaßstäbe für gutes Spielzeug zu entwickeln.

Nehmen wir an, ein Hersteller läßt sich durch die Grundsatzkritik an der ihm unterstellten Haltung nicht verschrecken und geht auf die Suche nach konkreten pädagogischen Erkenntnissen, die er bei der Produktgestaltung und -neuentwicklung berücksichtigen kann, dann wird er nur konstatieren, daß diese Erkenntnisse selten über das hinausgehen, was der gesunde Menschenverstand sagt; zum anderen aber wird er feststellen müssen, daß auch innerhalb der Pädagogik keine einheitlichen Vorstellungen über das bestehen, was für das Kind gut und richtig sein soll. Wir haben dieses Problem der Normendiskrepanz am Beispiel der unterschiedlichen Bewertungssysteme für Spielmittel dargestellt (vgl. S. 274 ff.). Auch wird dem Hersteller nicht verborgen bleiben, daß die Meinung von Pädagogik-Fachleuten nicht immer mit jenen pädagogischen Vorstellungen übereinstimmt, die Käufer von Spielzeug zugrunde legen, abgesehen davon, daß die Kinder wiederum eine andere Einstellung zum Spielzeug haben als die Eltern.

Durch die pädagogische Meinungsvielfalt noch nicht entmutigt, mag der Hersteller einen letzten Versuch wagen, Spielzeug-Pädagogen ernst zu nehmen und sie selbst zu bitten, nach den neuesten Erkenntnissen gestaltete Spielmittel zu konstruieren. Aber hier sieht es nun ganz schlimm aus: So groß die Fähigkeit bei Pädagogen vorhanden zu sein scheint, über Spiel und Spielzeug zu schreiben, so sehr dürfte die eigene Spielfähigkeit und Kreativität unterentwickelt geblieben sein.

Wer viel und mit vielem spielt, dem fällt es erfahrungsgemäß nicht so schwer, bekannte Spielformen abzuwandeln oder gelegentlich auch einmal ein neues Spiel zu erfinden. Untersucht man, welche Unterhaltungsspiele mit hohem Aufforderungscharakter von Pädagogen stammen, so wird man wahrscheinlich kaum fündig werden. Überprüft man umgekehrt jene relativ geringe Anzahl von Spielmaterialien, die von Pädagogen und Erziehungspsychologen entwickelt wurden, auf ihren Spielreiz, so entpuppen sie sich keineswegs als „Dauerbrenner" für das kindliche Spielinteresse, wie viele „Lernspiel-Materialien" zeigen.

Aus dieser Sachlage heraus steht es der Pädagogik gut an, sich in Selbstbescheidung zu üben. Denn ohne dies recht gewahr zu werden, befindet man sich als Spielzeug-Experte allzu schnell auf dem „pädagogischen Olymp", von dem herab Blitze gegen all diejenigen geschleudert werden, die sich „unpädagogisch" verhalten: Die *Kinder,* die nicht mit jenem Spielzeug spielen, das man selbst für richtig hält, die *Eltern,* welche diesen Zustand offenbar dulden, und die *Spielzeugproduzenten,* gegen die man sowieso wenig ausrichten kann.

Wenn wir mit dieser – zugegebenen überpointierten – Darstellung verdeutlichen wollen, daß die überkommene Spielzeugpädagogik sich der Konsequenzen und der Relativität vieler ihrer Forderungen nicht immer vergegenwärtigte, so muß hier auch die positive Seite pädagogischer Bemühungen um besseres Spielzeug hervorgehoben werden: Es ist durchaus wahrscheinlich, daß die sachlich begründete Kritik an bestimmten Spielmitteln, wie sie von einzelnen Pädagogen und vor allem vom Ulmer „Arbeitsausschuß Gutes Spielzeug" erfolgte, nicht ohne Wirkungen bei Spielzeugherstellern blieb, wenn auch derartige pädagogische Einflüsse auf den jeweiligen Einzelfall beschränkt blieben und ein direktes Gespräch zwischen Pädagogik und Spielwarenbranche nicht stattfand; dabei scheint pädagogischerseits die Befürchtung eine Rolle gespielt zu haben, eine Zusammenarbeit mit der Spielwarenbranche bedeute die direkte Abhängigkeit von deren ökonomischen Interessen.

Einen anderen Weg schlug Mieskes ein, der 1965 direkte Kontakte mit der Arbeitsgemeinschaft Spielzeug e. V. (Bamberg) aufnahm. Mit diesem Schritt zeichnete sich im Verhältnis Pädagogik – Spielzeugbranche erstmals der Versuch einer wechselseitigen Zusammenarbeit ab. Die Arbeitsgemeinschaft Spielzeug ist das – als gemeinnütziger Verein arbeitende – Interessenorgan der Spielzeugbranche, dem alle maßgeblichen Spielzeugproduzenten, Spielwareneinzelhändler und Großhändler in der Bundesrepublik als Mitglieder angehören.

Mieskes ging von einem wechselseitigen Interesse von Wirtschaft und Wissenschaft aus[2]. Wenn dieses Interesse zu einer fruchtbaren Zusammenarbeit führen soll, dann müssen ihre Voraussetzungen und Grenzen gesehen werden. Pädagogische Kritik kann nur Veränderungen bewirken, wenn sie in einer Weise formuliert wird, die die andere Seite zum Hinhören veranlaßt:

„Die Wirtschaft darf erwarten, daß der Kritiker nicht irgendeinen schematischen Maßstab anlegt, sondern offenbleibt für die Vielfalt der Erscheinungen; die Wissenschaft muß gewiß bleiben können, daß ihre Bemühungen, selbst wenn sie in Kritik einmünden, angenommen und beherzigt werden. Ohne solches Aufeinander-Hören-Wollen hat der Bund zwischen Wissenschaft und Wirtschaft keinen Sinn."

Mieskes machte ferner deutlich, „daß es nicht Aufgabe der Wissenschaft sein kann, ökonomische Konkurrenzen zu dirigieren". Beide Seiten müssen frei in ihren Entscheidungen sein und dürfen nicht davon ausgehen, die andere Seite „vereinnahmen" zu wollen. Konflikte sind dabei keineswegs ausgeschlossen, sie sollen nun aber aufgearbeitet werden.

Mieskes forderte der Spielwarenbranche immerhin einiges ab:

- Daß das von ihm entwickelte systematische Konzept einer „Pädagogik der Spielmittel" zur Grundlage eines einheitlichen Gegenstandsbewußtseins bei Herstellern und bei Händlern wird.
- Daß die Spielwarenbranche bereit ist, eine ausgedehnte empirische Grundlagenforschung finanziell zu tragen, die ausschließlich von pädagogisch-wissenschaftlichen Gesichtspunkten bestimmt und von Erziehungswissenschaftlern konzipiert

---

2 Die folgenden Zitate entstammen Beiträgen von Mieskes aus dem Band: Spielmittel 1970.

ist – unabhängig von der Untersuchung einzelner Spielmittel, die Hersteller in Auftrag geben können.
- Daß das gemeinsame Interesse an der Förderung des Spiels nicht einseitig auf bestimmte Spielformen und Spielmittel beschränkt bleibt, wie dies Hersteller im Rahmen ihrer Produktwerbung tun („Meisterschaften" mit Monopoly, Master-Mind, Carrera u. a.), sondern auf einer breiten pädagogischen Grundlage erfolgt. Realisiert wurde dies sowohl durch eine 1968 eingeführte WOCHE DES SPIELENS (neuerdings ersetzt durch die Aktion ENTDECKT DIE WELT DES SPIELS), als auch durch eine umfangreiche Öffentlichkeitsarbeit.

Diese von der Arbeitsgemeinschaft Spielzeug und ihrem Wissenschaftlichen Beirat (dem Mieskes mit anderen Wissenschaftlern aus den Bereichen Medizin, Technologie und Pädagogik angehört) initiierten Aktivitäten haben alles in allem dazu geführt, daß innerhalb von rund einem Dutzend Jahren der Begriff „Spielmittel" als Oberbegriff für alle Arten von Spielgegenständen sich weitgehend durchsetzte und die Interessenbalance zwischen Erziehungswissenschaftlern und den Vertretern der Spielwarenbranche sich – soweit man das beurteilen kann – in dem von beiden Seiten gewünschten Zustand der Ausgeglichenheit bewegt.

Das derzeitige Verhältnis zwischen Pädagogik und Spielwarenbranche wird am besten durch den im Mai 1978 abgehaltenen Spielzeug-Kongreß in Wien charakterisiert, der unter dem Thema „Spielzeug im Spannungsfeld zwischen Erziehung und Wirtschaft" stand. Die – dem deutschen Arbeitsausschuß Gutes Spielzeug (Ulm) durchaus verbundene – führende österreichische Spielzeugpädagogin Waltraud Hartmann und VEDES-Vorstand Karl Heinz Oettinger hielten die Hauptreferate: Sie zeigten eine derartige Übereinstimmung in allen grundsätzlichen spielpädagogischen Fragestellungen, daß man nach Aussage der Zeitschrift „Spielzeugmarkt" (1978, H. 6, S. 12) den Eindruck gewinnen mußte, „als ob erstmalig Praxis und Wissenschaft gewissermaßen Arm in Arm miteinander marschieren würden".

Es ist in der Tat bemerkenswert, wenn Oettinger als einer der einflußreichsten Vertreter der deutschen Spielwarenbranche auf dem Wiener Kongreß über das Spielzeug Aussagen traf, die man eher von einem Pädagogen, nicht aber von einem Mann der Wirtschaft erwartet: Da wurde nicht nur die Übereinstimmung mit der herrschenden pädagogischen Meinung bezüglich der Bewertungskriterien für Spielmittel betont, sondern auch auf die wichtige Funktion des Spielzeugs als Kulturgut hingewiesen. Oettinger warnte ausdrücklich davor, Spielzeug nur unter ökonomischen Überlegungen zu betrachten und das Kind schnell wechselnden Spielmoden auszusetzen, die die traditionellen Bindungen des Kindes an die Gesellschaft lösen würden; er wandte sich gegen das bloße Verkonsumieren von Spielzeug, sprach von der Gefahr der Manipulation und rief sowohl „kritische und konstruktive Pädagogen" als auch „verantwortungsvolle Unternehmer" dazu auf, dafür zu sorgen, daß das Spannungsfeld Erziehung-Wirtschaft weiterhin im Gleichgewicht gehalten wird.

Das ökonomische Motiv für dieses Bekenntnis zur Zusammenarbeit der Spielzeugwirtschaft mit der Pädagogik liegt in der Bedrohung des deutschen Spielzeugmarktes

durch amerikanische Hersteller, die mit härtesten Marketing-Methoden, einem riesigen Werbebudget und ständig wechselnden Neuheiten auf dem traditionsverhafteten deutschen Markt spürbare Erfolge erzielten. Nach Aussagen von Kennern des internationalen Spielwarenmarktes ist die Diskussion um den pädagogischen Wert von Spielzeug eine für den deutschen Markt typische Erscheinung, die in Gefahr ist, vom ausländischen „big business" überrollt zu werden.
So gesehen, erscheint der Vorwurf, die deutsche Spielwarenwirtschaft sei antipädagogisch eingestellt, recht relativ. Da trotz aller Konsumorientierung wahrscheinlich in keinem Land der Welt die Bevölkerung beim Spielzeugeinkauf soviel Wert legt auf „Pädagogisches" (was immer mit diesem Begriff gemeint ist) wie die deutsche, sehen führende Vertreter der Spielwarenbranche (längst nicht alle!) in der Öffnung zur pädagogischen Wissenschaft hin die Chance, sich langfristig ökonomische Vorteile zu sichern – eine Strategie, die die Zweckbestimmung dessen, was verkauft wird, zumindest nicht ganz aus den Augen verliert.
Der Pädagogik mit der Spielzeugwirtschaft ein „Arm-in-Arm-Marschieren" zu unterstellen, dürfte dennoch an der Realität vorbeigehen: Zum einen gibt es „die" Pädagogik nicht, zum anderen kann dieses euphemistische Bild der Einträchtigkeit den Grundsatzkonflikt zwischen ökonomischen und pädagogischen Interessen kaum aus der Welt schaffen. Konflikte in diesem Spannungsfeld wird es immer geben, künftig vielleicht in noch stärkerem Maße als bisher. Als Fortschritt ist anzusehen, daß derartige Konflikte heute weder von der einen Seite verdrängt, noch von der anderen Seite nurmehr zum Kampfplatz bloßer Polemik gemacht werden können; vielmehr ist der sachbezogenen Auseinandersetzung eine echte Chance einzuräumen.

Spielmittelpädagogik als kritische Aufklärung
Die Darstellung des gegenwärtigen Verhältnisses zwischen Pädagogik und Spielwarenbranche hat den komplizierten ökonomischen Hintergrund des Problems erhellt. Die pädagogische Grundsatzfrage für oder gegen das Industrie-Spielzeug (die der Käufer de facto schon entschieden hat) erfordert eine rational diskutierbare Entscheidung. Diese ist um so bedeutsamer für ein erziehungswissenschaftlich begründetes Konzept, das die Praxis aus der wissenschaftlichen Verantwortung nicht ausklammert, vielmehr von einem engen Bezug zwischen pädagogischer Forschung, Lehre und Praxis ausgeht.
Die Entscheidung *für* das Industrie-Spielzeug, die wir getroffen haben, schließt das Wissen ein, daß man damit auch Abhängigkeit und Fremdbestimmung in Kauf nimmt. Aber diese Grundsatzentscheidung *für* das Spielmittel ist kalkuliert, ist nicht bedingungslos und schließt die Überlegung ein, daß jene im Spielzeug repräsentierte Fremdbestimmung (sei sie durch die vermittelten Wertinhalte oder durch den Warencharakter bedingt) notwendig ist, um eine größere Selbstbestimmung zu ermöglichen. Eine solche Fremdbestimmung ist ja nicht absolut zu sehen, sondern muß verglichen werden mit anderen Objekten der gesellschaftlichen Realität, bei

denen das Spannungsverhältnis pädagogischer und ökonomischer Normierungen in ähnlicher Weise vorhanden ist.

Eine gute Vergleichsbasis zum Spielmittel bietet das Buch. Das Maß an Fremdbestimmung, das durch Bücher – zumal durch die von Pädagogen verfaßten Schulbücher! – auf das Kind einwirkt – scheint uns wesentlich größer zu sein, als die durch Spielmittel bedingten Abhängigkeiten. Man sollte sich jedenfalls klar darüber sein, daß jeder pädagogische Versuch, Kinder vor der relativen Fremdbestimmung des Industrie-Spielzeugs bewahren zu wollen, lediglich den Eintausch anderer Formen der Fremdbestimmung und Abhängigkeit bedeutet. Nicht der Aufbau „spielzeugarmer Schutzzonen" kann deshalb das pädagogische Prinzip für den Umgang mit Spielmitteln sein, sondern die Vermittlung jenes Realitätsausschnittes, der sich „Spielzeug" nennt.

Spielmittelpädagogik bedeutet *kritische Aufklärung* – eine Aufklärung, die das Wissen um die Relativität der eigenen Position miteinschließt. Wer Aufklärung lediglich im Kritisieren anderer Erziehungskonzepte sieht, wird, wie bereits ausgeführt, allzu leicht zum Gefangenen der eigenen Ideologie. Die Lösung dieses Widerspruchs kann nur in der Analyse des eigenen Standpunktes und der vorgefundenen gesellschaftlichen Realität bestehen. In bezug auf die Entwicklung eines praktischen Konzepts bedeutet dies auch die Einbeziehung von Gegenpositionen in den eigenen Theorie-Ansatz. So kann eine realistische Spielmittelpädagogik nicht umhin, mögliche Nachteile einer völligen „Freigabe" des Kindes an das Spielmittel genau zu registrieren, sie abzuwägen gegenüber den erstrebten Vorteilen. In bezug auf den „pädagogischen Wert" von Spielmitteln sollte sich jedoch auch die Spielmittelpädagogik getrost an den Satz von Walter Benjamin (1969, S. 60) erinnern:

„Die nachhaltigste Korrektur des Spielzeugs vollziehen nie und nimmer die Erwachsenen, seien es Pädagogen, Fabrikanten, Literaten, sondern die Kinder selber im Spielen."

Literatur

Abt, C.C.: Ernste Spiele. Köln 1971.
Adam, H.: Ideologisch-theoretische Probleme bei der Herausbildung des sozialistischen Vaterlandbewußtseins. In: Pädagogik, 24, 1969, S. 830-841.
Ahrens, W.: Mathematische Unterhaltungen und Spiele. Leipzig 1901.
Ahting, Dr.: Vom kindgemäßen Spielzeug. In: Der deutsche Erzieher (Beilage: Der Erzieher zwischen Weser und Ems), 1940, S. 86-87.
Alexander, F.: A contribution to the theory of play. In: The Psychoanalytic Quarterly, 27, 958, S. 175-193.
Alfonso el Sabio, Libros de acedrex. Das Schachzabelbuch König Alfons' des Weisen, hg. v. A. Steiger. Genf 1941.
Allemagne, H.-R.: Histoire des jouets. Paris 1903.
Allemann, C.: Über das Spiel. Zürich 1951.
Alsleben, A. (Hg): Johann Fischarts Geschichtsklitterung (Gargantua). Halle 1891.
Alstyne, D. v.: Play behavior and the choice of play materials of preschool children. Chicago 1932.
Alt, R.: Vorlesungen über die Erziehung auf frühen Stufen der Menschheitsentwicklung. Berlin (DDR) 1956.
Amtmann, P.: Das Schulspiel. München 1968.
Andrä, E.: Spielzeug. Leipzig 1955.
Anton, F.: Encyclopädie der Spiele. 3. Aufl. Leipzig 1879.
Apelt, E.: Arbeitsmittel und ihre Verwendung in der neuzeitlichen Erziehung. München 1951.
Arbeitsausschuß Gutes Spielzeug (Hg): Gutes Spielzeug von A-Z. 13. Aufl. Ravensburg 1974.
Arbeitsgemeinschaft Spielzeug: Pressedienst, Woche des Spielens. Bamberg 1972.
Arbeitsgemeinschaft Spielzeug: Informationsmaterial. Bamberg 1978.
Arbeitsgruppe Vorschulerziehung: Anregungen I. München 1973; Anregungen II, 2. Aufl. München 1974.
Arganian, M.: Sex differences in early development. In: J. C. Westman (Ed), Individual differences in children. New York 1973.
Ariès, Ph.: Geschichte der Kindheit. München 1975.
Aristophanes: Die Wolken. In: Aristophanes, Komödien. 1. Bd. München o. J. (Goldmanns gelbe Taschenbücher Bd. 919).
Aristoteles' Politik in 8 Büchern, hg. v. A.Stahr. Leipzig 1839.
Arndt, M.: Didatische Spiele. Berlin (DDR) 1964.
Astl/Rathleff: Das Glücksspiel. Frankfurt 1965.
Ausschuß Deutscher Leibeserzieher (Hg): Das Spiel. Frankfurt 1959.
Avedon/Sutton-Smith (Ed): The study of games. New York 1971.
Axline, V.: Play therapy. Cambridge 1947.
Bacherler, M.: Deutsche Familienerziehung zur Zeit der Aufklärung und Romantik. Stuttgart 1914.
Bachmann, M.: Das große Puppenbuch. Tübingen 1971.

Baer/Tillmann: Strategisches Lernen im schulischen Freizeitbereich. In: H. G. Rolff u.a., Strategisches Lernen in der Gesamtschule. Reinbeck 1974.

Bähr, A.: Vom Schulhof zum Tennis-Spielhof. In: Schulmanagement, 8, 1977, S. 526-527.

Bally, G.: Vom Spielraum der Freiheit. Basel 1966.

Bally, G.: Die Bedeutung des Spiels für das Reifen der menschlichen Persönlichkeit. In: G. Biermann (Hg), Handb. d. Kinderpsychotherapie, München 1969.

Balon/Sokoll: Planspiel. München 1974.

Balzer, K. M.: Notizen zum neuen Spieltrend. In: J. Goth u. a., Rhetorik, Ästhetik, Ideologie. Stuttgart 1973.

Balzer, K. M.: Freizeitreform? In: J. Alberts u.a., Segmente der Unterhaltungsindustrie. Frankfurt 1974.

Barbey, L.: Spiel. In: Die Erziehungsmittel, hg. v. J. Spieler. Olten 1944.

Barnes, W.: Zeug zum Spielen. In: Internationale Revue, 37, 1967, S. 39-43.

Bauer, J.: Spielzeug aus Kinderhand. In: Die Arbeitsschule, 46, 1932, S. 385-389.

Beck, F.: Ist dies das richtige Spielzeug? In: Die Schulgemeinde, 12, 1961, H. 11, S. 12-16.

Beck, G,: Autorität oder Selbstbestimmung? Zur politischen Sozialisation im Vorschulalter. phil. Diss. Gießen 1970.

Becker, W.: Gefährliches Kinderspielzeug. In: Ruf ins Volk, 15, 1963, S. 94-95.

Benjamin, W.: Über Kinder, Jugend und Erziehung. Frankfurt 1969.

Benzing, R.: Grundlagen der körperlichen und geistigen Erziehung des Kleinkindes im nationalsozialistischen Kindergarten. Berlin 1941.

Berg, H.: Spiel und Spielzeug als Lebensnotwendigkeit für das Kind. In: Deutsche Spielwaren-Zeitung, April 1935.

Bergemann-Könitzer, E.: Das plastische Gestalten des Kindes. Weimar 1930..

Berlyne, D. E.: Laughter, humor, play. In: Lindzey/Aronson (Ed), The handbook of social psychology, Vol. III, 2nd ed. Cambridge, Mass. 1969.

Berne, E.: Games people play. New York 1964.

Bernstein/Young, Meinungen über den Gebrauch von Spielzeug. In: betrifft: erziehung, 4, 1971, H. 5, S. 24-31.

Bertelsmann, K.: Spielhandlungen in der Sekundarstufe II. In: Deutscher Bildungsrat (1974a) aaO.

Bestelmeier, G. H.: Magazin von verschiedenen Kunst- und anderen nützlichen Sachen. Nürnberg 1803.

Bildungs- und Erziehungsplan für den Kindergarten. Regierung der Deutschen Demokratischen Republik. 5. Aufl. Berlin (DDR) 1974.

Binswanger, R. u.a.: Spielsachen für das bewegungsbehinderte Kind. Zürich 1970.

Binswanger, R. u.a.: Spielsachen für das geistig behinderte Kind. Zürich 1974.

Bittner, G.: Zur pädagogischen Theorie des Spielzeugs. In: Bittner/Schmid-Cords (Hg), Erziehung in früher Kindheit. 5. Aufl. München 1973.

Bizyenos, G. M.: Das Kinderspiel in bezug auf Psychologie und Pädagogik. phil. Diss. Göttingen 1881.

Bödiker, M.-L.: Prüfung der Effekte einer Trainingsleiste zur Worterkennung bei Vorschulkindern. In: Schule und Psych. 19, 1972, S. 80-88.

Boehn, M. v.: Puppen und Puppenspiele, 2 Bde, München 1929.

Boesch, H.: Kinderleben aus deutscher Vergangenheit. Leipzig 1900.

Böhm, W.: Maria Montessori. Bad Heilbrunn 1969.

Böhme, K.: Die Entwicklung des Kindes durch das Spiel. Dresden 1930.

Bollermann, G.: Spiele für den Ernstfall. In: Schulmanagement, 6, 1975, H. 4, S. 28-29.

Bollnow, O. F.: Die Pädagogik der deutschen Romantik, 2. Aufl. Stuttgart 1967.

Bolte, J.: Zeugnis zur Geschichte unserer Kinderspiele. In: Z. d. Vereins f. Volkskunde, 19, 1909, S. 381-414.

Bonn, A. u.a.: Schulhof-Spielhof. In: Die Grundschule, 7, 1976, S. 40-46.
Born, P.: Übungsformen und Lernspiele für Klassen-, Gruppen- und Einzelarbeit. Leipzig 1934.
Boshowitsch, I. L.: Die Persönlichkeit und ihre Entwicklung im Schulalter. Berlin (DDR) 1970.
Böttcher/Stolze: Genügt das Angebot militärischen Spielzeugs? In: Ganztägige Bildung u. Erziehung, 7, 1969, S. 110-111.
Boulanger, J.: Welches Spielzeug wünscht das Kind? In: Begegnung, 13, 1958, S. 248-253.
Braak, I.: Das darstellende Spiel in der Schule. In: A. Beinlich (Hg); Hdb. d. Deutschunterrichts, Bd 1, Emsdetten 1963.
Braig, A.: Kinderspielzeug. In: Das Kind, Leipzig 1925.
Brethfeld, M.: Spiel und Spielzeug. In: Deutsche Arbeit, 13/14, 1914, S. 209-213.
Brezinka, W.: Von der Pädagogik zur Erziehungswissenschaft. Weinheim 1971.
Bronfenbrenner, U.: Wie wirksam ist kompensatorische Erziehung? Stuttgart 1974.
Brunner-Traut, E.: Die alten Ägypter. Stuttgart 1974.
Buehnemann, H.: Die Selbstbildung des Schulkindes. Langensalza 1932.
Bühler, Ch.: Kindheit und Jugend, 3. Aufl. Leipzig 1931.
Buist/Schulman, Toys and games for educationally handicapped children. Springfield 1969.
Burger, E.: Arbeitspädagogik. Leipzig 1914.
Buytendijk, F. J. J.: Wesen und Sinn des Spiels. Berlin 1933.
Caillois, R.: Die Spiele und die Menschen. Stuttgart 1960.
Cajetan-Milner, K.: Kinder und ihr Spielzeug. In: Daheim, 40, 1903/04, Nr. 6, S. 14-15.
Calliess, E.: Spielen und Lernen. In: Hundertmarck/Ulshoefer (Hg), Kleinkindererziehung, Bd. 2, München 1972.
Candido-Kubin, F.: Spielzeug in der Schule. In: Schulreform, 2, 1923, S. 171-172.
Château, J.: Das Spiel des Kindes. Paderborn 1970.
Cherryholmes, C. H.: Über einige Untersuchungen zur Wirksamkeit von Simulationsspielen. In: Lehmann/Portele 1976, aaO.
Christensen, N.: Einige Gedanken über das Wesen des Spiels, In: Neue Erz. im Kindergarten, 9, 1956, H. 4, S. 6 ff.
Cillien, U.: Bildung und Spiel. In: Päd. Rundschau, 23, 1969, S. 819-829.
Claretie, L.: Les jouets. Paris 1894.
Claus, J.: Spiel im Vorschulalter. Frankfurt 1973.
Coburn-Staege, U.: Soziales Handeln durch Rollenspiel. In: Z. f. Päd., 20, 1974, S. 553-566.
Conn, J. H.: Children's awareness of sex differences. II. Play attitudes and game preferences. In: J. of Child Psychiatry, 2, 1951, S. 82-99.
Cook Driscoll, M.: Creative technological aids for the learning-disabled child. In: American J. of Occupational Therapy, 120, 1975, S. 42-47.
Daiken, L.: Children's toys throughout the ages. London 1953.
Dannhauer, H.: Geschlecht und Persönlichkeit. Berlin (DDR) 1973.
Danziger, K.: Sozialisation. Düsseldorf 1974.
Daublebsky, B.: Spielen in der Schule. Stuttgart 1973.
Dearden, R. R.: The concept of play. In: R. S. Peters (Ed), The concept of education. London 1967.
Decroly/Monchamp: L'initiation à l'activité intellectuelle et motrice par les jeux éducatifs. Neuchatel 1922.
v. Delft/Botermans: Denkspiele der Welt. München 1977.
Derbolav, J.: Die Krise der wissenschaftlichen Pädagogik. Ratingen 1970.
Deutscher Bildungsrat. Empfehlungen der Bildungskommission: Zur Neuordnung der Sekundarstufe II. Bonn 1974.
Deutscher Bildungsrat. Gutachten und Studien der Bildungskommission 40: Spiel und Kommunikation in der Sekundarstufe II. Stuttgart 1974a.

Dopf, K.: Kinderspielzeug und Erziehung. In: Unser Weg, 5, 1959, Nr. 10, S. 36-39.
Döring, K. W.: Lehr- und Lernmittel: Medien des Unterrichts, 2. Aufl. Weinheim 1973.
Dornette/Pulkowski: Konfliktspiele. München 1974.
Durchholz, a.: Die Entwicklung des Spiels der Kinder im zweiten Lebensjahr durch den Einsatz didaktischen Spielmaterials. In: Neue Erziehung im Kindergarten, 22, 1969, H. 7, S. 26-28.
Düsel, F.: Von Spiel und Spielzeug. In: Westermanns illustr. deutsche Monatshefte, 1906, S. 586-598.
Eberlein, K. K.: das Kinderspielzeug und seine Form. In: Kunstwart, 41/42, 1928, S. 161-169.
Ehlers, O. A.: Deutsches Holzspielzeug. In: Westermanns Monatshefte, 77, 1932, S. 313-316.
Eichler, G.: Spiel und Sport in der Freizeiterziehung. In: H. Walter (Hg), Sozialisationsforschung, Bd 2, Stuttgart 1973.
Eigen/Winkler: Das Spiel. München 1975.
Elkonin, D. B.: Psychologie des Spiels im Vorschulalter. In: Psychologie der Persönlichkeit und Tätigkeit des Vorschulkindes. Berlin (DDR) 1971.
Elschenbroich, D.: Spielen und Spielzeug. In: Kursbuch 34, Dezember 1973.
Enderlin, M.: Das Spielzeug in seiner Bedeutung für die Entwicklung des Kindes. Langensalza 1907.
Engelsing, R.: Zur Sozialgeschichte deutscher Mittel- und Unterschichten. Göttingen 1973.
Eppel, H.: Förderung von Intelligenz und sprachlichem Ausdruck bei Vorschulkindern. In: Z. f. Entwicklungspsych. u. Päd. Psych., 6, 1974, S. 109-123.
Erikson, E.: Studies in the interpretation of play. In: Genetic Psych. Monogr., 22, 1940, 557-671.
Erikson, E.: Kindheit und Gesellschaft. Stuttgart 1961.
Erning, G. (Hg): Quellen zur Geschichte der öffentlichen Kleinkinderziehung. Kastellaun 1976.
Eysenck, H. J.: Die Ungleichheit der Menschen. München 1975.
Fein, G. u.a.: Sex stereotypes and preferences in the toy choices of 20 month old boys and girls. In: Developm. Psych. 11, 1975, S. 527-528.
Fink, E.: Oase des Glücks. Freiburg 1957.
Fink, E.: Spiel als Westsymbol. Stuttgart 1960.
Finke, U. u.a.: Spielstücke für Gruppen. München 1977.
Fischer, A.: Über das Bauen und die Bauspiele der Kinder. In: Z. f. päd. Psych., 19, 1918, S. 234-245.
Fischer, M. L.: Gefährliches Spielzeug. In: Die Schule, 42, 1966, H. 11, S. 6-7, S. 15.
Fiser, J. Psychologische und medizinische Aspekte des Spiels. In: Pro Juventute, 51, 1970, S. 316 ff.
Flitner, A. (Hg): Das Kinderspiel. München 1973.
Flitner, A.: Spielen – Lernen. München 1973a.
Flitner, W.: Das Selbstverständnis der Erziehungswissenschaft in der Gegenwart. Heidelberg 1957.
Fölsing, J.: Geist der Kleinkinderziehung. Darmstadt 1846.
Fölsing/Lauckhard: Pädagogische Bilder oder die moderne Erziehung in der Familie und Kleinkinderschule. Essen 1847.
Fölsing/Lauckhard: Die Kleinkinderschulen, wie sie sind und was sie sein sollen. Erfurt 1848.
Franke, M.: Spielen – das ist Urlaub im kleinen. In: Das Spielzeug, 1968, S. 1036 ff.
Franke, M.: Erwachsene, die spielen, sind sie erwachsen? In: Arbeitsgemeinschaft Spielzeug (Hg): Presseinformation zum Symposion anläßlich des Journalistenwettbewerbs. Bamberg 1972.

Franke, M.: die psychohygienische Bedeutung des Spiels für bejahrte Menschen. In: Arbeitsgemeinschaft Spielzeug 1978, aaO.
Fraser, A.: Puppen. Frankfurt 1963.
Fraser, A.: Spielzeug. Oldenburg 1966.
Frey, O.: Über Spielzeuge als Erziehungsmittel. In: Z. f. päd. Psych. 19, 1918, S. 373-395.
Frey, O.: Das Spielzimmer des Leipziger Schulmuseums. In: Das Schulhaus, 21, 1919, S. 98-108.
Fritzsch/Bachmann, Deutsches Spielzeug. Hamburg 1965.
Fröbel, F.: Die Pädagogik des Kindergartens, hg. v. W. Lange, 2. Aufl. Berlin 1874.
Fröbel, F.: Menschenerziehung, hg. v. E. Hoffmann. Berlin 1951.
Fröbel, F.: Fröbels Theorie des Spiels II, hg. v. H. L. Klostermann, 2. Aufl. Weinheim 1962.
Fröbel, F.: Fröbels Theorie des Spiels, I, hg. v. E. Blochmann, 3. Aufl. Weinheim 1963.
Frommberger, H. u.a. (Hg): Lernendes Spielen – Spielendes Lernen. Hannover 1976.
Gadamer, H.-G.: Wahrheit und Methode. Tübingen 1960.
Gantner/Hartmann: Das Spielzeugbuch. Frankfurt 1973.
Gardner, M.: Mathematische Rätsel und Probleme, 3. Aufl. Braunschweig 1968.
Garfinkel, H.: Studies in ethnomethodology. Englewood Cliffs N. Y. 1967.
Gaudig, H.: Die Schule der Selbsttätigkeit, hg. v. L. Müller, Bad Heilbrunn 1963.
Geißler, E. E.: Erziehungsmittel, 3. Aufl. Bad Heilbrunn 1969.
Geißler/Moritz: Freizeitangebote für Schüler im Haus der Jugend. In: b:e, 11, 1978, H. 4, S. 50-52.
Geist, H.-F.: Moderne Baukästen. In: Werk, 43, 1956, S. 397-400.
Geist/Mahlau, Spielzeug. Leipzig 1938.
Gesell/Frances: Das Kind von fünf bis zehn, 3. Aufl. Bad Nauheim 1960.
Gilmore, J. B.: Play: A special behavior. In: Herron/Sutto-Smith 1971, aaO.
Ginott, H.: Gruppenpsychotherapie mit Kindern, 6. Aufl. Weinheim 1973.
Gizycki/Gòrny: Glück im Spiel zu allen Zeiten. Zürich 1970.
Göbel, D.: Über das Spielen. phil. Diss. Heidelberg 1955.
Goetze/Jaede: Die nicht-direktive Spieltherapie, 2. Aufl. München 1974.
Goffmann, E.: The presentation of self in every day life. Garden City N. Y. 1959.
Goodman/Lever: Children's toys and socialisation to sex roles (Vorl. Abschlußbericht, Sociol. Yale University, August 1972), abgedr. in: Stacey/Bereaud/Daniels (Ed): And Jill came tumbling after. Sexism in American education. New York 1974.
Gold, V. u.a.: Kinder spielen Konflikte, 2. Aufl. Neuwied 1975.
Graef, M. R.: Künstlerisches Spielzeug. In: Die Gegenwart, 1905, Nr. 51, S. 391-392.
Gramza, A. F.: Response to manipulability of a play object. In: Psychological Reports, 38, 1976, S. 1109-1110.
Grasberger, L.: Die leibliche Erziehung bei den Griechen und Römern. Würzburg 1864.
Green, R. u.a.: Playroom toy preferences of fifteen masculine and fifteen feminine boys. In: Behavior Therapy, 3, 1972, S. 425-429.
Grenz, L.: Zum Klassencharakter des Spielzeugs. In: Neue Erziehung im Kindergarten, 20, 1967, H. 4, S. 15, S. 18.
Grenz, L.: Der Anteil des Spielzeugs an der Lenkung des Rollenspiels. In: Päd. Studientexte zur Vorschulerziehung. Berlin (DDR) 1971.
Gröber, K.: Kinderspielzeug aus alter Zeit. Berlin 1928.
Gröber, K.: Vom Wesen und Zweck des Kinderspielzeugs. In: Kunst und Handwerk, 78, 1928a, S. 50-57.
Gröber/Metzger: Kinderspielzeug aus alter Zeit. Hamburg 1965.
Grond, M.: Lernspielmaterialien für die Vorschulerziehung. Ratingen 1975.
Grube, A. W.: Von der sittlichen Bildung der Jugend im 1. Jahrzehnt des Lebens. Leipzig 1855.

Grunfeld, F.-V. (Hg): Spiele der Welt. Frankfurt 1975.
Gump/Sutton-Smith: Activity-setting and social interaction. In: Herron/Sutton-Smith 1971, aaO.
Gutes Spielzeug unterstützt die Erziehungsarbeit. In: Neue Erziehung im Kindergarten, 9, 1956, H. 7, S. 12.
Gutsmuths, J. C. F.: Spiele zur Übung und Erholung des Körpers und Geistes. 4. Aufl. Stuttgart 1845.
Haase, E.: Physik des Spielzeugs. Leipzig 1921.
Haase, O.: Lernspiel und Arbeitsmittel, In: Unsere Schule, 5, 1950, S. 593-595.
Hahm, K.: Vom deutschen Volksspielzeug. In: Heimatleben, 2, 1939, S. 256-258.
Hahn, H.: Vom Ernst des Spielens, 2. Aufl. Stuttgart 1974.
Haigis, E.: Das Spiel als Begegnung. In: Z. f. Psych., 150, 1941, S. 92-167.
Hamaide, A.: Die Methode Decroly. Weimar 1928.
Hampe, Th.: Der Zinnsoldat. Berlin 1924.
Hanfmann, E.: Über das Bauen der Kinder. In: Z. f. Kinderforschung, 36, 1930, S. 255-334.
Harding, G.: Spieldiagnostik. Weinheim 1972.
Hasdorf, W.: Pädagogisch-psychologische Betrachtungen zum Spiel im Kindergarten. In: Neue Erziehung im Kindergarten, 24, 1974, H. 7/8, S. 8-13.
Hauck, H.: Handarbeit und Kunstgewerbe, 3. Aufl. Stuttgart 1969.
Hauck, K.: Das Spiel in der Erziehung des 18. Jahrhundert. Halle/S. 1935.
Haven, H.: Darstellendes Spiel. Düsseldorf 1970.
Heckhausen, H.: Entwurf einer Psychologie des Spielens. In: Psych. Forschung, 27, 1963/64, S. 225-243.
Heidemann, I.: Die Theorie des Spiels in der deutschen Philosophie der Gegenwart. In: Die Leibeserziehung, 10, 1961, S. 345-348.
Heidemann, I.: Der Begriff des Spiels und das ästhetische Weltbild in der Philosophie der Gegenwart. Berlin 1968.
Heiland, H.: Die Symbolwelt Friedrich Fröbels. Heidelberg 1967.
Heiland, H.: Literatur und Trends in der Fröbelforschung. Weinheim 1972.
Heinsohn/Knieper: Theorie des Kindergartens und der Spielpädagogik. Frankfurt 1975.
Heistermann, W.: Die Theorien des Spieles als Spezialfall einer konkreten Anthropologie. In: Actas memorias del XIII. Congresso Internacional del Filosofia. Madrid 1963.
Henning, R. u.a.: Freizeitsport in Betrieb und Verein. Köln 1977.
Hercik, E.: Volksspielzeug. Prag 1952.
Herr, A.: Vom Spiel und vom Spielzeug siebenjähriger Grundschulkinder. In: Hamburger Lehrerzeitung, 13, 1960, Nr. 17, S. 11-14.
Herrigel, F.: Die pädagogische Bedeutung des Spiels. In: Neue Blätter aus Süddeutschl. f. Erz. u. Unterricht, 1906, S. 213-227.
Herron/Sutton-Smith (Ed): Child's play. New York 1971.
Herzka/Binswanger: Spielsachen. Basel 1974.
Hetzer, H.: Die symbolische Darstellung in der frühen Kindheit. Wien 1926.
Hetzer, H.: Das volkstümliche Kinderspiel. Berlin 1927.
Hetzer, H.: Richtiges Spielzeug für jedes Alter. Dresden 1931.
Hetzer, H.: Kind und Schaffen. Jena 1931a.
Hetzer, H.: Kind und Jugendlicher in der Entwicklung. Wolfenbüttel 1948.
Hetzer, H.: Gutes Spielzeug. In: Lebendige Schule, 10, 1955, S. 506-512.
Hetzer, H.: Die psychodiagnostische Bedeutung des Spiels geistig behinderter Kinder. In: H. Horn (Hg), Psychologie und Pädagogik. Weinheim 1967.
Hetzer, H.: Spielpflege bei geistig zurückgebliebenen Kindern als heilpädagogische Aufgabe. In: H. v. Bracken (Hg), Erziehung und Unterricht behinderter Kinder. Frankfurt 1968.

Hetzer, H.: Spiel und Spielzeug für jedes Alter, 12. Aufl. München 1972.
Hetzer, H.: Spielen – eine dem Kind gemäße Form zu handeln. Ulm o. J.
Heusinger, J. H. G.: Die Familie Wertheim. In: Teuscher/Franke (Hg): Quellen zur Geschichte der Arbeitsschule. Leipzig 1913.
Heydebrand, C. v.: Das Spielzeug des Kindes. In: Die Scholle, 3/4, 1927, S. 172-174.
Heydebrand, C. v.: Vom Spielen des Kindes. Stuttgart 1956.
Hildebrandt, P.: Das Spielzeug im Leben des Kindes. Berlin 1904.
Hills, J.: Das Kinderspielbild von Pieter Bruegel. Wien 1957.
Himmelheber, G. (Bearb.): Spiele. Gesellschaftsspiele aus einem Jahrtausend. München 1972.
Hirzel, St.: Spielzeug und Spielware. Ravensburg 1956.
Hoche, P.: Gutes Kinderspielzeug. In: Volkskunst, 9, 1924, S. 97-100.
Hoffmann, E.: Das Spiel. In: Nohl/Pallat (Hg), Hdb. d. Pädagogik, Bd. 3, Langensalza 1930.
Hoffmann, E.: Spiel und Arbeit – ein Versuch zur Klärung der Begriffe. In: Evangel. Kinderpflege, 14, 1963, S. 8-19.
Hoffmann, E.: Fröbels Beitrag zur Vorschulerziehung. In: Evangel. Kinderpflege., 19, 1968, S. 132-150.
Hofstätter, P.: Psychologie A-Z (Das Fischer Lexikon). Frankfurt 1957.
Höhn, E.: Spielerische Gestaltungsverfahren. In: Hdb. d. Psych., Bd 6, Psych. Diagnostik, Göttingen 1966.
Holding Pintler, M.: Doll play as a function of experimenter-child interaction and initial organisation of materials. In: Child Development, 16, 1945, S. 145-166.
Höller, F.: Handschellen und Kunststoff-Sadisten. In: Christ und Welt, 1962, Nr. 9, S. 17.
Holstein, H.: Arbeitsmittel im Unterricht. Bochum o.J.
Höltershinken, D.: Der „Schulhof" – eine Aufgabe für Lehrer und Eltern. In: Die Grundschule, 5, 1973, S. 114–118.
Höltershinken, D.: Beurteilungskriterien für Spiel- und Lernmaterialien. In: H. Frommberger u.a. 1976, aaO.
Holzach/Rautert: Ene, mene, muh. Spielen in Deutschland. In: Zeit-Magazin, 1977, Nr. 28, S. 2–18.
Homfeldt, H.G. u.a.: Für eine sozialpädagogische Schule. München 1977.
Hoof, D.: Handbuch der Spieltheorie Fröbels. Braunschweig 1977.
Hortzschanzky, W.: Spielzeug ist nicht gleich Spielzeug. In: Neue Erziehung im Kindergarten, 10, 1957, H. 18, S. 15–16.
Huber, J.: Spiel und Ernst. In: Kinderheim, 4, 1921, S. 4–10.
Huisken, D.: Vom Nutzen und Nachteil der Lernspiele für die Schule. In: Glashausblätter, 1950, H. 6, S. 4–12.
Huizinga, J.: Homo ludens. Reinbeck 1962.
Hülsenberg, K.: Haben Ihre Kinder auch zuviel Spielzeug? In: Die Kommenden, 17, 1963, Nr. 8, S. 22.
Humphrey, J.H.: Comparision of the use of active games and language workbook exercises as learning media. In: Perceptual and Motor Skills, 21, 1965, S. 23–26.
Humphrey, J.H.: An exploratory study of active games in learning of number concepts. In Perceptual and Motor Skills, 23, 1966, S. 341–342.
Humphrey/Sullivan, Teaching slow learners through active games, 2nd ed. Springfield 1973.
Ilgner, A.: Kindgemäßes Spielzeug. In: Die neue Erziehung, 6, 1925, S. 658–677.
Ilgner, A.: Berichte über Spiel-, Lehr- und Lernmittel. In: Die neue Erziehung, 7, 1926, S. 125–133.
Inbar/Stoll: Spielen und Lernen. In: Lehmann/Portele 1976, aaO.
Jaffke, F.: Spielzeug von Eltern selbstgemacht, 2. Aufl. Stuttgart 1973.
Jean Paul: Levana oder Erziehungslehre. Bad Heilbrunn 1963.

Johnson, M.W.: The effect on behavior of variation in the amount of play equipment. In: Child Development, 6, 1955, S. 56–58.
Jones/Bernstein: The preparation of the infant-school child. In: Brandis/Bernstein, Selection and control. London 1974.
Kade, F.: Von der Stillbeschäftigung zur Stillarbeit. Frankfurt/M. 1931.
Kaplan Gordon, A.: Games for growth. Chicago 1972.
Kaut, H.: Alt-Wiener Spielzeugschachtel. Wien 1961.
Keil, O.: Spielzeug. Leipzig 1963.
Keller/Voss: Neugier und Exploration. Stuttgart 1976.
Kerschensteiner, G.: Theorie der Bildung. Leipzig 1926.
Kerschensteiner, G.: Theorie der Bildungsorganisation. Leipzig 1933.
Kerschensteiner, G.: Begriff der Arbeitsschule. 13. Aufl. München 1959.
Kirst/Dieckmeyer, Entwicklung und Beurteilung von Lernmaterialien für die Vorschulerziehung. Gutachten für den Deutschen Bildungsrat 1970 (hektographiert).
Klafki, W. u.a.: Funkkolleg Erziehungswissenschaft, Bd 1, Frankfurt 1969.
Klein, M.: Die psychoanalytische Spieltechnik. In: G. Biermann (Hg), Hdb. d. Kinderpsychotherapie, München 1969.
Klewitz/Mitzkat (Hg) Entdeckendes Lernen und offener Unterricht. Braunschweig 1977.
Klewitz/Nickel (Hg), Kindertheater und Interaktionspädagogik. Stuttgart 1972.
Klinke, W.: Strukturbild und Funktionsprofil der Spiel- und Arbeitsmittel im Vor- und Grundschulalter. Phil. Diss. Fachbereich Erziehungswissenschaften. Gießen 1975.
Klippstein/Klippstein. Soziale Erziehung mit kooperativen Spielen. Bad Heilbrunn 1978.
Kloos, W.: Bremer Kinder und ihr Spielzeug. Bremen 1969.
Kluge, H.: Spielzeug. In: Deutsche Volkskunde, 1, 1939, S. 285–292.
Kluge, K.-J.: Spiel- und Lernmittel-Index zur Rehabilitation und Sozialisation Behinderter. Neuburgweier 1972.
Kluge/Patschke: Spielmittel für behinderte Kinder. Ravensburg 1976.
Knox, S.H.: A play scale. In: M. Reilly (Ed), Play as exploratory learning. Beverly Hills 1974.
Köhler, W.: Intelligenzprüfungen an Menschenaffen. Berlin 1921.
Körner, A.: In London gezeigt: 200 Jahre Puzzle-Spiel. In Spielmittel 1970, aaO.
Kraft, P.: Der Schulhof als Ort sozialen Verhaltens. Braunschweig 1977.
Krantz, L.: Spielzeug als Arbeitsmittel im Nadelarbeitsunterricht? In: Nadelarbeit, Leibesübungen, Hauswirtschaft, 48, 1931, S. 235–237.
Krappmann, L.: Kommunikation und Interaktion im Spiel. In: Deutscher Bildungsrat. Gutachten und Studien der Bildungskommission 48/1. Stuttgart 1975.
Kraus, K.: Das Buch der Glücksspiele. Bonn 1952.
Kretschmann, J.: Natürlicher Unterricht. Wolfenbüttel 1948.
Kretschmann, M.: Wir spielen ein Gesellschaftsspiel. In: Die Scholle, 1973, S. 78–83.
Krieger, G.: Der große Puzzle-Boom. In: Spielzeugmarkt, 1976, H. 9.
Kriegsspielzeug. In: Wirtschaftszeitung, 1950, Nr. 52, S. 5.
Kriegsspielzeug. In: Der Pflüger, 12, 1963, S. 15–17.
Krings, H.: Der Lernort Studio und der Lernbereich Spiel. In: Deutscher Bildungsrat. Empfehlungen der Bildungskommission 1974, aaO.
Krings, H.: Lernendes Spielen – spielendes Lernen. In: H. Frommberger u.a. 1976, aaO.
Kroh, O.: Zur Psychologie des Grundschulkindes. In: Württembergische Schulwarte, 2, 1926, S. 1–24.
Krüche, H.: Die Bereicherung unserer Kenntnis des kindlichen Spiels seit Karl Groos' Schrift ‚Die Spiele der Menschen' und ihre pädagogische Auswertung besonders für die ersten drei Schuljahre. phil. Diss. Jena 1936.
Krüger, R.: Spielzeug aus Kinderhand für Kinderhand. In: Die Arbeitsschule, 47, 1933, S. 20–26.

Kuczynski, J.: Geschichte der Kinderarbeit in Deutschland, Bd 1, Berlin (DDR) 1958.
Lampe, F.: Die Lehrmittel und ihre Theorie. In: Nohl/Pallat (Hg), Handbuch der Pädagogik, 3. Bd., Langensalza 1930.
Lange, K.: Die künstlerische Erziehung der deutschen Jugend. Darmstadt 1893.
Lange, K.: Die bewußte Selbsttäuschung als Kern des künstlerischen Genusses. Leipzig 1895.
Lange, K.: Das Wesen der Kunst. Berlin 1901.
Lange, K.: Kunst und Spiel in ihrer erzieherischen Bedeutung. In: Kind und Kunst, 1, 1904, S. 1–9.
Lange, K.: Die Puppe als das Spielzeug für das Kind. In: Kind und Kunst, 1, 1904a, H. 3.
Langeveld, M.J.: Studien zur Anthropologie des Kindes. Tübingen 1964.
Lasker, E.: Brettspiele der Völker. Berlin 1931.
Lawick-Goodall, J.v.: Wilde Schimpansen. Reinbeck 1975.
Lay, A.: Die Tatschule. Osterwieck 1911.
Lebo, D.: A formula for selecting toys for non-directive play therapy. In: J. of Genetic Psych., 92, 1958, S. 23–24.
Lehmann/Portele (Hg): Simulationsspiele in der Erziehung. Weinheim 1976.
Lehr, U.: Das Problem der Sozialisation geschlechtsspezifischer Verhaltensweisen. In: Hdb. d. Psych., Bd. 7, Sozialpsychologie. Göttingen 1972.
Leisching, J.: Künstlerisches Spielzeug. In: Kind und Kunst, 1/2, 1905, S. 225–229.
Lenzen, H.: Mediales Spiel in der Schule. Neuwied 1974.
Leontjew, A.N.: Probleme der Entwicklung des Psychischen. Frankfurt 1973.
Leuthäußer/Döpel (Hg): Friedrich Fröbel. Weimar 1932.
Lieberman, N.J.: Playfulness and divergent thinking. In: J. of Genetic Psych., 107, 1965, S. 219–224.
Lion, A.: Die Technik und das Spielzeug unserer Zeit. In: Die Umschau, 37, 1933, S. 983–988.
Litt, Th.: Das Bildungsideal der deutschen Klassik und die moderne Arbeitswelt, 4. Aufl. Bonn 1957.
Litt, Th.: Das Wesen des pädagogischen Denkens. In: H. Röhrs (Hg), Erziehungswissenschaft und Erziehungswirklichkeit. Heidelberg 1964.
Locke, J.: Gedanken über Erziehung, hg. v. H. Wohlers. Bad Heilbrunn 1962.
Lückert, H.-R.: Dokument einer vorschulischen Begabungsförderung (Karl Witte). München 1973.
Luther, F.: Grundsätzliche Beiträge zu einer Theorie des Spiels. In: Archiv f. d. ges. Psych., 53, 1925, S. 103-168.
Maingot, E.: Les automates. Paris 1959.
Makarenko, A.S.: Werke, Bd. 4, Berlin (DDR) 1958.
Mara, W.: Absatzbedingungen und Absatzgestaltung der deutschen Spielwarenwirtschaft. Diss. Handelshochschule Leipzig 1940.
Marum, O.: Über die Bedeutung des kindlichen Rollen-Spiels für die geistige Entwicklung. In: Z.f. Kinderforschung, 41, 1933, S. 45–49.
Mathieu/Poppelreuter: Notwendigkeit psychotechnischer Eichung von Kinderspielzeugen, In: Psychotechnische Zeitschrift, 7, 1932, S. 109–113.
Mauder, E.: Spielzeug im Dienste erzieherischer Handarbeiten. In: Schulreform, 4, 1925, S. 532–537.
Maurer, F.: Kinderspielzeug als Erziehungsmedium. In: K. Giel (Hg), Allgemeine Pädagogik. Freiburg 1976.
Mead, G.H.: Sozialpsychologie. Neuwied 1969.
Meister, R.: Spiel und Arbeit als gegensätzliche Verhaltensweisen. In: Vierteljahresschr. f. Jugendkunde, 2, 1932, S. 145–154.
Mendel, G.: Children's preferences for differing degrees of novelty. In: Child Development,

36, 1965, S. 453–465.
Menzel, J.: Lehrbogen für den Spielzeugverkauf. In: Deutsche Spielwaren-Zeitung, August 1931.
Menzel, J.: Drei kleine Knaben bauen. In: Deutsche Spielwaren-Zeitung, August 1933.
Menzel, J.: Spielzeug – ernst genommen. Berlin 1938.
Menzel, J.: Deutsches Spielwarenadressbuch. Bamberg 1941.
Metzger, J.: Spielzeug damals, heute, anderswo. Frankfurt/M. 1968.
Meyer, R.: Spielzeug aus der Hamburger Kunstgewerbeschule. In: Dekorative Kunst, 1918, S. 214–220.
Mieskes, H.: Pädotropika. In: Aula, 1, 1968, H. 1, S. 5-11.
Mieskes, H.: Zur Pädagogik der Spielmittel. In: Spielmittel 1970, aaO.
Mieskes, H.: Warum „Spielmittel"? (1970a) in: Spielmittel 1970, aaO.
Mieskes, H.: Pädomedizinische Aspekte der Spielmittel, (1970b), In: Spielmittel 1970, aaO.
Mieskes, H.: Lehr- und Lernmittel. In: H. Heinrichs (Hg), Lexikon der audiovisuellen Bildungsmittel. München 1971.
Mieskes, H.: Das pädagogische Problem. Oberursel 1973.
Mieskes, H.: Spielmittel recht verstanden, richtig gewählt, gut genutzt. Augsburg 1974.
Mieskes, H.: Spielmittel-Situation-Führung. Gießen 1975 (Berichte-Gedanken-Mitteilungen, H. 11/12).
Mieskes, H.: Anleitung zur Analyse und Beurteilung von Spielmitteln Gießen o.J. (Fachbereich Erziehungswiss. 04 Univ. Gießen)
Millar, S.: Psychologie des Spiels. Ravensburg 1973.
Mitchel/Mason, The theory of play. New York 1948.
Montessori, M.: Selbsttätige Erziehung im frühen Kindesalter. Stuttgart 1928.
Montessori, M.: Mein Handbuch, 2. Aufl. Stuttgart 1928a.
Montessori, M.: Kinder sind anders. Stuttgart 1952.
Moog, W.: Geschichte der Pädagogik, Bd. 3, Ratingen 1967.
Moor, P.: Die Bedeutung des Spiels in der Erziehung, 2. Aufl. Bern 1967.
Moore/Anderson: Some puzzling aspects of social interactions. In: J. Criswell (Hg), Mathematical methods in small group processes. Stanford 1962.
Moore/Anderson: Einige Prinzipien zur Gestaltung von Erziehungsumwelten selbstgesteuerten Lernens. In: Lehmann/Portele 1976, aaO.
Moosmann, I.: Bevorzugung von Spielzeug mit unterschiedlicher Aktivitätsanregung bei Drei- bis Sechsjährigen. In: Z. f. Entwicklungspsych. u. Päd. Psych., 7, 1975, S. 254–263.
Moreno, J.L.: Gruppenpsychotherapie und Psychodrama. Stuttgart 1959.
Mühlmann, W.E.: Kindheit und Jugend in traditionellen und progressiven Gesellschaften. In: Jugend in der Gesellschaft. München 1975.
Müller, H.: Über Spiel und Spielzeug des Kleinkindes. In: Erziehungskunst, 23, 1959, S. 348–350.
Müller/Klemmer: Zum Beispiel Rodenkirchen. In: Gesamtschule, 7, 1975, H. 6, S. 11–13.
Müßler, M.: Das Bauen des Kindes mit zweifarbigem Material. In: Krueger/Volkelt, Das bildnerisch gestaltende Kind. München 1932.
Mussen/Rutherford: Parent-child relations and parental personality in relation to young children's sex role preferences. In: Child Development, 34, 1963, S. 581–607.
Myrdal, A.: Die moderne Leistungsgesellschaft als Chance und Gefahr für das kindliche Spiel. In: Evangel. Kinderpflege, 23, 1972, S. 21–26.
Netzer, H.: Erziehungslehre, 10. Aufl. Bad Heilbrunn 1972.
Neues technisches Spielzeug. In: Die Umschau, 39, 1935, S. 1003–1007.
Neumann, J.v.: Zur Theorie der Gesellschaftsspiele. In: Mathematische Annalen, 100, 1928, S. 295–320.
v. Neumann/Morgenstern, Spieltheorie und wirtschaftliches Verhalten. Würzburg 1961.

Neumann-Schönwetter, M.: Zur Geschlechtsrollenidentifikation. In: W. Gottschalch u.a., Sozialisationsforschung. Frankfurt 1971.
Niebuhr, Th.: Entwicklung und Bedeutung der Nürnberg-Fürther Spielwarenindustrie. In: Deutsche Z. f. Wirtschaftskunde, 4, 1939, S. 171–186.
Nostheide, W.: Geblättert in alten Spielzeug-Bänden. In: Das Spielzeug, 1960, S. 650–671.
Oerter, R.: Moderne Entwicklungspsychologie, 15. Aufl. Donauwörth 1975.
Opaschowski, H.W.: Pädagogik der Freizeit. Bad Heilbrunn 1976.
Opaschowski, H.W.: Freizeitpädagogik in der Schule. Bad Heilbrunn 1977.
Paulsen, F.: Aus meinem Leben. Jena 1909.
Peé, L.: Das Kind braucht ein kindhaftes Spielzeug. In: Kulturarbeit, 10, 1958, S. 192–194.
Peé, L.: Gutes Spielzeug. In: Informationen für die Frau, 10, 1961, Nr. 2, S. 10–11.
Peé, L.: Gutes Spielzeug – aber was ist gut? In: Holz-Zentralblatt, 88, 1962, Beilage Nr. 7, S. 44.
Peller, L.: Das Spiel als Spiegel der Libido-Entwicklung. In: G. Biermann (Hg), Hdb. d. Kinderpsychotherapie. München 1969.
Peltzer-Gall, H.: Konzepte und Modelle zur Schulsozialarbeit. In: b:e, 11, 1978, H. 4, S. 41–46.
Petersen, P.: Die Knabenführung im Sinne Fröbels in Kindergarten und Schule nach ihrer besonderen pädagogischen Situation. In: Leuthäußer/Döpel 1932, aaO.
Petersen, P.: Führungslehre des Unterrichts, 7. Aufl. Braunschweig 1963.
Petzelt, A.: Spiel und Persönlichkeit. In: Ausschuß Deutscher Leibeserzieher 1959, aaO.
Pfütze, R.: Die Erziehung der Kinder zum kollektiven Verhalten im Rollenspiel. In: Päd. Studientexte zur Vorschulerziehung. Berlin (DDR) 1971.
Piaget, J.: Nachahmung, Spiel und Traum. Stuttgart 1969.
Pinon, R.: Probleme einer europäischen Kinderspielforschung. In: Hessische Blätter für Volkskunde, 1967, S. 9–45.
Plato. Über die Gesetze. Langenscheidtsche Bibliothek Bd. 42, Berlin o.J.
Pöschl, V.: Spielzeug und Spielware. Wien 1937.
Postner, L.: Spiel, Spielzeug und Schule. In: Die Arbeitsschule, 53, 1939, S. 33–38.
Prelle, K.: Versuch in der einklassigen Landschule Jeringhave. In: F. Kade (Hg), Versuchsarbeit in deutschen Landschulen. Frankfurt 1932.
Prelle, K.: Arbeitsmittel für die Volksschule, Essen 1951 (Neue Deutsche Schule, 2. Beiheft).
Priess, C.: Vom Spielen und vom Spielzeug. In: Der Türmer, 1903, S. 322–325.
Pudor, H.: Künstlerisches Spielzeug. In: Das Blaubuch, 1, 1906, S. 322–325, 818–821.
Quilitch/Risley: The effects of play materials on social play. In: J. f. Applied Behav. Anal., 6, 1973, S. 573–578.
Rabecq-Maillard, M.M.: Histoire des jouets. Paris 1962.
Rabecq-Maillard, M.M.: Das Spielzeug der Jahrtausende. In: Die neue Schau, 1963, S. 23–24.
Rabinowitz, M.F. u.a.: The effects of toy novelty and social interaction on the exploratory behavior of pre-school children. In: Child Development, 46, 1975, S. 286–289.
Rahmenrichtlinien für die Grundschule, hg. v. Nieders. Kultusminister. Hannover 1976.
Rahner, K.: Der spielende Mensch. Einsiedeln 1952.
Ranke, J.F.: Die Erziehung und Beschäftigung kleiner Kinder in Kleinkinderschulen und Familien. In: G. Erning 1976, aaO.
Reible, K.: Die deutsche Spielwarenindustrie, ihre gegenwärtige Entwicklung und ihr gegenwärtiger Stand, phil. Diss. Gießen 1925.
Reichert, W.: Zum Problem des Lernspiels. In: Unsere Schule, 5, 1950, S. 713–717.
Reinhardt, F.: Spielzeug als notwendiges Erziehungsmittel – Lücken in der Werbung. In: Deutsche Spielwaren-Zeitung, Sept. 1929.
Reischle, Max: Das Spielen der Kinder in seinem Erziehungswert. Göttingen 1897.

Rensch, B. (Hg): Das Fischer-Lexikon A–Z, Biologie 2. Frankfurt 1963.
Retter, H.: Die Pädagogik Oswald Krohs. Oberursel 1969.
Retter, H.: Spielzeug und vorschulische Begabungsförderung. In: Die Grundschule, 3, 1971, S. 42–50.
Retter, H.: Spielzeug-Sozialschicht-Erziehung. Oberursel 1973.
Retter, H.: Zur Effizienz der Sprachtrainingsmappen von Schüttler-Janikulla. In: Beiträge zur Reform der Grundschule, Bd. 14/15, Frankfurt 1973a.
Retter, H.: Spielmittel. In: Deutscher Bildungsrat. Gutachten und Studien der Bildungskommission 48/1, Stuttgart 1975.
Retter, H.: Bewahranstalt-Kindergarten-Vorschulerziehung. In: Christmann/Zahn (Hg), Zeit der Lehre-Lehre der Zeit. Ellwangen 1975a.
Retter, H.: Lernspiele zur sozial-emotionalen Erziehung? In: Theorie u. Praxis d. Sozialpäd., 84, 1976, S. 240–251.
Retter, H.: Sprach- und Intelligenztraining durch „didaktische Materialien"? In: Messner/Rumpf (Hg), Schuldeutsch? Wien 1976a.
Retter, H.: Spiel und Spielmittel in der Grundschule. In: H. Halbfas u.a. (Hg), Lernwelten und Medien. Stuttgart 1976b.
Retter, H. (Hg): Fachübergreifendes Lernen im ersten Schuljahr. Freiburg 1976c.
Retter, H. (Hg): Schlüsselbegriffe in der Vorschulerziehung, Bd. 1–3, Freiburg 1973–76.
Reyher, W.: Spiel und Arbeit als Erziehungs- und Bildungswirklichkeiten. In: Neue Päd. Studien, 1, 1929, S. 452–470.
Rheingold/Cook: The contents of boys' and girls' rooms as an index of parents' behavior. In: Child Development, 46, 1975, S. 459–463.
Rigauer, B.: Sport und Arbeit. Frankfurt 1969.
Roberts, J.M. u.a.: Spieltypen und Gesellschaftsformen. In: Lehmann/Portele 1976, aaO.
Roh, J.: Altes Spielzeug auf das Schönste gemacht. München 1958.
Röhrs, H.: Allgemeine Erziehungswissenschaft. Weinheim 1969.
Roß, R.: Das Kinderzimmer. In: Kunsterziehung (Ergebn. u. Anreg. d. Kunsterziehertages in Dresden). Leipzig 1902.
Ross, H.S.: The influence of novelty and complexity on exploratory behavior in 12-month old infants. In: J. f. Exp. Child Psych., 17, 1974, S. 436–451.
Rothe, K.-F.: Stammeserziehung und Schulerziehung. Braunschweig 1969.
Rousseau, J.J.: Emile, hg. v. M. Rang. Stuttgart 1968.
Rubinstein/Howes: The effects of peers on toddler interaction with mother and toys. In: Child Development, 47, 1976, S. 597–605.
Rudloff, D.: Spielzeug – aber keine Spielware. In: Die Kommenden, 16, 1962, Nr. 22.
Rüppell, H.: Eine Spiele-Batterie zur Intelligenzförderung. In: Ber. üb. d. 29. Kongr. d. Dt. Ges. f. Psych. Göttingen 1975.
Rüssel, A.: Das Kinderspiel, 2. Aufl. München 1965.
Sader, M.: Rollentheorie. In: Hdb. d. Psych., Bd. 7, Sozialpsychologie, hg. v. C.-F. Graumann, Göttingen 1969.
Schache, M.: Über die Neugestaltung von Spielzeugformen. In: Mitteldeutsche Blätter für Volkskunde, 16, 1941, Nr. 3/4, S. 82–84.
Schaffer, M.A.: Kinderspiel und Kinderspielzeug, 4. Aufl. Basel 1952.
Schaller, J.: Das Spiel und die Spiele. Weimar 1861.
Schaller, K.: Einführung in die Kritische Erziehungswissenschaft. Darmstadt 1974.
Schanz, M.: Spielzeug im Kriege. In: Z. d. Heimatbundes Sachsen 6, 1942 Nr. 2, S. 21.
Scharrelmann, H.: Aus meiner Werkstatt. Braunschweig 1920.
Schefold, M.: Das Kind und das Spielzeug. In: Westermanns illustr. deutsche Monatshefte, 1927, S. 401–410.
Schefold, M.: Modernes Kinderspielzeug. In: Illustrierte Zeitung 1928, Nr. 4370, S. 908–909.

Scheibert, Dr.: Des Kindes Spielen und Spielzeug. Gera 1876.
Scheibner, O.: Mitteilungen über das kindliche Bauen mit Klötzchen. In: Z. f. päd. Psych., 17, 1916, S. 29–35.
Scheibner, O.: Zwanzig Jahre Arbeitsschule in Idee und Gestaltung. Leipzig 1930.
Scheu, U.: Wir werden nicht als Mädchen geboren – wir werden dazu gemacht. Frankfurt 1977.
Scheuerl, H.: Zur Phänomenologie des Spiels. In: Ausschuß Deutscher Leibeserzieher 1959, aaO.
Scheuerl, H.: Spiel und Bildung. In: H. Pleßner u.a. (Hg), Sport und Leibeserziehung. München 1967.
Scheuerl, H.: Das Spiel, 8. Aufl. Weinheim 1969.
Scheuerl, H.: Beiträge zur Theorie des Spiels, 9. Aufl. Weinheim 1969a.
Scheuerl, H.: Theorien des Spiels, 10. Aufl. Weinheim 1975.
Scheuerl, H.: Zur Begriffsbestimmung von „Spiel" und „spielen". In: Z. f. Päd., 21, 1975a, S. 341–349.
Schlee, H.: Erhard Weigel und sein süddeutscher Schülerkreis. Heidelberg 1968.
Schlitt, G.: Spielen im ersten Schuljahr? In: Die Ganzheitsschule, 9, 1960/61, S. 55–58.
Schlosberg, H.: The concept of play, In: Psych. Review, 54, 1947, S. 229–231.
Schmidt, J.: Vom Schul- zum Spielhof. In: Schulmanagement, 8, 1977, S. 524–525.
Schmidt, O.: Grundlagen zur Ausgestaltung des Arbeitsunterrichtes. Leipzig 1912.
Schmidtchen, St.: Klientenzentrierte Spieltherapie, 2. Aufl. Weinheim 1976.
Schmidtchen/Erb, Analyse des Kinderspiels. Köln 1976.
Schmitz-Scherzer, R.: Alter und Freizeit. Stuttgart 1975.
Schnabel, P.: Spiel und Spielzeug im Gesamtunterricht. In: Neue Bahnen, 33, 1922, S. 73–77.
Schneider, M.: Spielregeln für die Spielplatzgestaltung. In: A. Flitner 1973, aaO.
Scholz/Ellis: Repeated exposure to objects and peers in a play setting. In: J. of Exp. Child Psych., 19, 1975, S. 448–455.
Schönberg, A.: Überlegungen zur Begründung und Durchführung eines Sportangebotes im Arbeitsbereich. In: R. Henning u.a. 1977, aaO.
Schottmayer/Christmann (Bearb): Kinderspielplätze, 2 Bde, Stuttgart 1976.
Schroeter, L.: Das Spiel für die allseitige Entwicklung unserer Vorschulkinder erschließen. In: Neue Erziehung im Kindergarten, 27, 1974, H. 4, S. 8–10, S. 15.
Schüling, H. (Hg): Erhard Weigel, Gesammelte pädagogische Schriften., Gießen 1970.
Schulz, M.: Erfahrungen mit Spielgruppen alter Menschen. In: Das Spielzeug, 1971, H. 5–7.
Schulz, M.: Spiel und Spielmittel für Menschen im Alter. In: Anpassung oder Integration? Bonn 1973.
Schüttler-Janikulla, K.: Spiel- und Lernmittel in der Vorschulerziehung. In: Evangel. Kinderpflege, 23, 1972, S. 63–73.
Schüttler-Janikulla/Westermann: Spiel- und Lernmaterialien. In: Schmalohr/Schüttler-Janikulla (Hg), Bildungsförderung im Vorschulalter, Bd. 1, Oberursel 1972.
Schwarzkopf, W.: Das Spielzeug unserer Kinder. In: Die Lehrerin in Schule und Haus, 23, 1907, S. 579–585.
Sedlmayr, H.: Verlust der Mitte. Darmstadt 1961.
Seelmann, K.: Kinder dürfen, ja müssen spielen. In: Welt der Schule, 9, 1956, S. 529–533.
Seidenfaden, F.: Die musische Erziehung in der Gegenwart und ihre geschichtlichen Quellen, 2. Aufl. 1966.
Sell, L.: Spielen 10–12jährige Knaben noch? In: Wegweiser, April 1936, S. 8.
Seyffert, O.: Spielzeug, In: Die Scholle, 1924/25, S. 194.
Seyffert/Trier, Spielzeug. Berlin 1922.
Sibler, H.-P. u.a.: Spiele ohne Sieger. Ravensburg 1976.
Siepen, B.: Kunst und Spielzeug. In: Rheinisch-Westfälische Zeitung v. 4.8.1926.

Siepen, B.: Kunst und Spielzeug. In: Wertarbeitswarte, 25, 1937, S. 55.
Silverman, D.L.: Spielend denken lernen. München 1972.
Simmel, G.: Soziologische Vorlesungen. Berlin 1920.
Simmen, R. (Hg): Von den Spielen des Gargantua. Zürich 1965.
Simmen, R. (Hg): Der mechanische Mensch. Zürich 1967.
Simon, W.: Spielzeug, In: Die neue Schau, 1947, S. 81–83.
Slomma, H.: Sinn und Kunst der Unterhaltung. Berlin (DDR) 1971.
Smilansky, S.: The effects of socio-dramatic play on disadvantaged preeschool children. New York 1968.
Snyders, G.: Die große Wende der Pädagogik. Paderborn 1971.
Söderberg, B.: Die Bedeutung des ästhetischen, kreativen und sozialen Lernens in der Sekundarstufe II. In: Deutscher Bildungsrat (1974a) aaO.
Sokolow/Urwin: ‚Play mobile' for blind infants. In: Developmental Medicine and Child Neurology, 18, 1976, S. 489–502.
Sopp, F.: Spiel und Spielzeug. In Heimat und Arbeit, 14, 1941, S. 19–22.
Spencer Pulaski, M.A.: Play as a function of toy structure and fantasy predisposition. In: Child Development, 41, 1970, S. 531–537.
Spielmittel, hg. v. Wiss. Beirat der Arbeitsgemeinschaft Spielzeug. Bamberg 1970.
Spielzeug. Von einem Autorenkollektiv. Leipzig 1958.
Spielzeug in aller Welt. Ber. üb. eine Befragung durch die Deutschen Nationalkomitees der OMEP und des ICCP (Redaktion E. Pscolla). Darmstadt 1969.
Spielzeug ohne Phantasie, In: Die Kommenden, 16, 1962, Nr. 21, S. 11.
Spiero, O.: Kinderspielzeug. In: Der Wanderer, 4, 1909. S. 14–17.
Spies, W.: Perversionen des Spiels. In: H. Frommberger u.a. 1976, aaO.
Spitzer, K. u.a.: Spielplatzhandbuch. Berlin 1975.
Sprague, R.: Unterhaltsame Mathematik. Braunschweig 1961.
Staudinger, K.: Kind und Spielzeug. Leipzig 1923.
Steiner, R.: Gegenwärtiges Geistesleben und Erziehung. Stuttgart 1957.
Steinhaus, H.: Kaleidoskop der Mathematik. Berlin (DDR) 1959.
Stephan, G.: Die häusliche Erziehung in Deutschland während des 18. Jahrhunderts. Wiesbaden 1891.
Stern, W.: Psychologie der frühen Kindheit bis zum 6. Lebensjahre. Leipzig 1914.
Stobbe, K.: Spielen und Lernen. In: Westermanns Päd. Beiträge, 2, 1950, S. 170–172.
Stuckenhoff, W.: Spiel, Persönlichkeit und Intelligenz, Ravensburg 1975.
Sutton-Smith, B.: Novel responses to toys. In: Merrill-Palmer Quarterly, 14, 1968, S. 151-158.
Sutton-Smith, B.: Das Spiel bei Piaget – eine Kritik. In: A. Flitner 1973, aaO.
Sutton-Smith, B.: The folkgames of children, 2nd ed. Austin 1974.
Sutton-Smith, B.: Konfliktsozialisierung im Spiel. In: H. Scheuerl 1975, aaO.
Sutton-Smith, B.: Forschung und Theoriebildung im Bereich von Spiel und Sport. In: Z. f. Päd. 21, 1975a, S. 325–334.
Sutton-Smith/Sutton-Smith: How to play with your children (and when not to). New York 1974.
Sutton-Smith/Rosenberg: Sixty years of historical change in the game preference of American children. In: Herron/Sutton-Smith 1971, aaO.
Sy, M.: Die Thüringer Spielwarenindustrie im Kampf um ihre Existenz. Jena 1929.
Thamm, P.: Spielzeug in der Schule, In: Praxis der Volksschule, 1907, S. 377–380.
Thomae, H.: Entwicklungsbegriff und Entwicklungstheorie. In: Hdb. d. Psych., Bd. 3, Göttingen 1959.
Thun, R. Graf: Kleiner Leitfaden für den Spielzeugeinkauf. In: Salve Hospes, 5, 1955, S. 112–113.

Tiemann, K.: Planspiele für die Schule. Frankfurt 1969.
Tietz, B.: Die künftige Entwicklung der Spielwarenwirtschaft unter besonderer Berücksichtigung des Fachhandels. Bamberg 1968.
Tilton/Ottinger: Comparison of the toy play behavior of autistic, retarded and normal children. In: Psych. Reports, 15, 1964, S. 967–975.
Toffler, A.: Zukunftsschock. München 1970.
Toličič, I.: Die wechselseitige Beziehung zwischen Spielverhalten und geistiger Entwicklung von Kindern. In: Schule und Psych., 10, 1963, S. 225–233.
Turner/Goldsmith: Effects of toy guns and airplaines on childrens' antisocial free play behavior. In: J. of Exp. Child Psych., 21, 1976, S. 303–315.
Uhl/Stoevewand: Das Bauen mit Würfel und Quader, 6., Aufl. Witten 1973.
Updegraff/Herbst: An experimental study of the social behavior stimulated in young children by certain play materials. In: Pedagogical Seminary and J. f. Genetic Psych., 42, 1933, S. 373–391
Ussowa, A.P.: Unterricht im Kindergarten, 2. Aufl. Berlin (DDR) 1974.
Vagt/Müller, Erfolgskontrolle eines Lernspielzeugs. In: Z. f. Entwicklungspsych. u. Päd. Psych., 8, 1976, S. 44–50.
Villaume, P.: Über Spielplätze für kleine Kinder. In: M. Krecker (Hg), Quellen zur Geschichte der Vorschulerziehung. Berlin (DDR) 1971.
Vogelsang, R.: Die mathematische Theorie der Spiele. Hannover 1963.
Volkelt, H.: Die Gestaltungsspiele der Neuen Leipziger Spielgaben. In: Z. f. päd. Psych., 33, 1932, S. 434–464.
Vorwerk, I.: Das didaktische Spiel. In: Neue Erziehung im Kindergarten, 6, 1953, S. 376–378.
Wade, M.G. u.a.: Biorhythms in the activity of children during play. In: J. of Exp. Analysis of Behavior, 20, 1973, S. 155–162.
Wagner, H.: Illustriertes Spielbuch für Knaben. Leipzig 1864.
Wälder, R.: Die psychoanalytische Theorie des Spiels. Z. f. psychoanalyt. Päd., 6, 1932, S. 184–194.
Walter, A.: Jahreszeitliches Spielzeug aus allerhand Naturdingen. In: Die Arbeitsschule, 46, 1933/34. (4 Beiträge)
Warneken, B.J.: Der Flipperautomat. In: J. Alberts u.a., Segmente der Unterhaltungsindustrie. Frankfurt 1974.
Wehman, P.: Selection of play materials for the severely handicapped: A continuing dilemma. In: Education and Training of the Mentally Retarded, 11, 1976, S. 46–50.
Weiner/Weiner: Differentiation of retarded and normal children through toy play. In: Multivariate Behavioral Research, 9, 1974, S. 245–252.
Weitsch, E.: Pädagogik hinterm Ladentisch. In: Deutsche Spielwaren-Zeitung, März bis August 1934.
Weitsch, E.: Pädagogische Begleitzettel. In: Deutsche Spielwaren-Zeitung, August 1935.
Weitsch, E.: Pädagogik in der neueren Spielzeugwirtschaft. In: Die Erziehung, 11, 1936, S. 74–78.
Weitsch, E.: 50 neue Spiele. In: Deutsche Spielwaren-Zeitung. März 1936a, S. 26–28.
Weller, Dr.: Die kindlichen Spiele in ihrer pädagogischen Bedeutung bei Locke, Jean Paul und Herbart. Langensalza 1908.
Welsch, M.: Das deutsche Spielzeug – ein wertvolles und unentbehrliches Erziehungsmittel. In: Deutsche Spielwaren-Zeitung. August 1932.
Weniger, E.: Die Eigenständigkeit der Pädagogik in Theorie und Praxis. Weinheim 1952.
Wenzel, G.: Die Geschichte der Nürnberger Spielzeugindustrie. Diss. Wirtschafts- u. Sozialwiss. Fak. Erlangen 1967.

Wetekamp, W.:Selbstbetätigung und Schaffensfreude in Erziehung und Unterricht. Leipzig 1908.
Wetterling, H.: Kritische Bemerkungen zum Lernspiel. In: Unsere Schule, 5, 1950, S. 587–592.
Whiting, B.B. (Hg): Six cultures: studies of child rearing. New York 1963.
Therapy, 130, 1976, S. 167.
Whiting, B.B. (Hg): Six cultures: studies of child rearing. New York 1963.
Whiting/Child: Child training and personality: A cross cultural study. New Haven 1973.
Whiting/Whiting: Children of six cultures: A psycho-cultural analysis. Cambridge 1975.
Wiederholz, H.: Die Wandlungen in den Absatz- und Erzeugungsbedingungen der deutschen Spielwarenindustrie. Brandenburg 1931.
Wiedner, K.-H.: Mit Spielzeug übersättigt. In: Elternhaus und Schule, 32, 1966, S. 179–180.
Wilckens, L. v.: Tageslauf im Puppenhaus. München 1956.
Winkler, H.: Wertvolles Spielzeug. München 1931.
Winnefeld F. (= B. Cavemann): Pädagogische Situation und pädagogisches Feld. In: H. Mieskes (Hg), Anruf und Antwort. Oberursel 1965.
Winnefeld, F.: Pädagogischer Kontakt und pädagogisches Feld, 4. Aufl. München 1967.
Winternitz, W.: Kriegsspielzeug auf dem Gabentisch? In: Unser Weg, 8, 1953, S. 499–504.
Wirth, J.G.: Über Kleinkinderbewahranstalten. Augsburg 1838.
Wirth, J.G.: Die Kinderstube, ein Buch für Mütter und Kindsmägde. Augsburg 1840.
Woitschach, M.: Strategie des Spiels. Stuttgart 1968.
Wolke, Ch.H.: Plan und Vorschlag zu einer Bewahr- und Vorbereitungsanstalt für junge Kinder. In: G. Erning 1976, aaO.
Zapotoczky, B.: Konfliktlösung im Spiel. Wien 1974.
Zimmer, J. (Hg): Curriculumentwicklung im Vorschulbereich, 2 Bde, München 1973.
Zingerle, I.V.: Das deutsche Kinderspiel im Mittelalter, 2. Aufl. Innsbruck 1873.
Zivin, G.: How to make a borin thing more boring. In: Child Development, 45, 1974, S. 232–236.
Zorell, E.: Welches Spielzeug für welches Alter? In Mitteilungen d. deutschen Landwirtschaftsgesellschaft, 76, 1961, S. 375–376 (Beilage).
Zulliger, H.: Heilende Kräfte im kindlichen Spiel, 4. Aufl. Bern 1958.
Zulliger, H.: Bausteine zur Kinderpsychotherapie und Kindertiefenpsychologie, 2. Aufl. Bern 1966.

Sachregister

Aggressionsabbau 258, 339, 342, 389
Aggressionsspielzeug 258 ff., 288
Aggressionstheorie 257 ff.
Aktivierungszirkel 25, 221
Alleinspiel (Einzelspiel) 107, 126, 235, 289, 340
Animation 409, 422
Antithesen 21 f., 222, 326
Arbeit 43, 100, 105, 163, 170 ff., 359, 400, 421, 424
Arbeitsausschuß Gutes Spielzeug 268 ff., 371
Arbeitsmittel 43, 168, 178 ff., 220, 379
Arbeitsgemeinschaft Spielzeug 188, 254, 449
Arbeitsschulbewegung 121, 145, 170 ff.
Armut 49 f., 139, 247
Aufforderungscharakter 26, 81, 97, 162, 256, 282, 284, 328
Automat 34, 90 ff., 403, 416 ff., 427

Ball, Ballspiel 44 f., 48, 52, 60, 62, 65 f., 113, 115, 128, 310, 331, 390
Baukasten, Bauspiel 107 f., 124, 126, 128, 131, 133, 150, 152, 154, 157, 193, 199, 225, 318 ff., 340, 354 ff., 381
Begabungsförderung 131, 244 f.
Bewegung 52, 81, 88 f., 96, 103, 107, 112, 114, 152, 163, 389
Bewegungsspiel 99, 106 f., 113, 125, 136, 154, 331, 360
Bilboquet 96, 107
Bilderbogen 87, 129, 200
Bilderbuch 113, 121, 312, 318, 351, 381
Bildung 43 f., 52, 172, 213, 229, 283, 374
Brettspiel 31, 55, 61, 107, 220, 335, 385, 405

Chinesenfresser 70, 248
Computerspiel 34 f.

Diversifikation 443 f.

Egozentrismus 321, 335
Einfachheit des Spielzeugs 100 f., 108 ff., 120, 124, 126 f., 137, 155, 185
Einfachheitspostulat 128, 138, 269, 292, 440
Eisenbahn 92, 143, 193, 323, 325
Emanzipation 280, 351, 419, 440
Entwicklungsphasen 20, 147 ff., 162, 187, 270

Erziehung 42, 49, 101 ff., 108 f., 118, 120, 140, 213, 226 ff., 280, 283, 374
– ästhetische 137, 345, 375, 401 f.
Erziehungsfehler 306, 319
Evaluation 284, 297
Experimentierspiel 311, 334, 382, 400

Fernsehen 261, 308, 330, 414 f., 443
Freizeit 403
– im Sozialismus 419
– schulische 404 f.
Freizeitbegriff
– kritisch-negativer 414 ff.
– kritisch-positiver 418 ff.
– naiver 413
Freizeitpädagogik 105
– schulische 407 ff.
Freizeitverhalten 336, 420
Führung, pädagogische 213, 263 ff.
Funktionsfächer 282
Funktionspuppe 192, 324

Gegenwelten, pädagogische 431, 440
Geschicklichkeitsspiel 28 f., 107, 346
Geschlechterrolle 202, 230 ff., 239
Gesellschaftsspiel 154, 189, 222, 332, 335, 384, 400, 405
Geschwister 234, 305 f., 318
Gleichaltrigengruppe (Peer group) 318, 326, 337
Glücksspiel 28, 31, 51, 55, 99, 105, 217, 249, 340, 416
Grundschule 372 ff.

Handpuppen 318, 382, 384
Hobby 334, 336, 434
Horror-Spielzeug 256 f., 403

Interaktionsspiel 417 f.
Illusionsspiel 137, 151 f.

Kartenspiel 31, 61, 99, 107, 328, 335, 405
Kind 147, 261 ff.
– behindertes 364 ff.
– sozial benachteiligtes 340 f.
– verhaltensauffälliges 337 ff.
– und Spielzeug 47 ff., 120 f.

Kinderarbeit 50, 76f.
Kinderbuch 335
Kindergarten 111, 126f., 337ff., 379f.
- nationalsozialistischer 202ff.
- sozialistischer 358ff.
Kindheit 48ff., 422
Klickerbahn (Kugelbahn) 217, 340, 347
Kleinkinderbewahranstalt (-schule) 122ff.
Kommunikation 318, 346, 417ff., 423
- gestörte 377ff.
- sprachliche 348ff.
Kooperationsspiel 220, 328
Kreativität 291ff., 319, 422
Kriegsspielzeug 78, 87, 195ff., 248ff.
Kulturkritik 139f., 145, 270
Kunsterziehungsbewegung 136ff., 145, 147f., 269

Lernbegriff 216, 228f.
Lernspiel 131, 169, 178ff., 220, 227, 328
Lerntheorie 216f.
Lernziel 115, 163, 173, 219, 374
Lesenlernen 98, 100, 132, 167, 245, 352ff.

Malen 325, 329, 334, 356, 384, 409
Maskenspiel 393f.
Mastery 23, 49, 218
Medientheorie 261
Mikroprozessor 35
Min-max-Kalkül 32f.
Modellbau 334
Multi-Media-Aktion 402, 411
Musikinstrument 74, 336, 411

Nachahmung 52, 81, 156, 223, 317
Nachziehtier 312
Naturmaterial, -spielzeug 55, 126, 128, 158, 307, 314, 360
Nullsummenspiel 32ff.
Nürnberg als Spielzeugstadt 68ff.

Objektpermanenz 311
Objektspiel 224ff., 311, 323ff., 380
- effektbezogenes 226, 347
- prozeß-/produktbezogenes 224f.

Pädagogik 13, 97, 114
- der Aufklärung 99, 106, 109, 121, 137
- der Spielmittel 12, 23, 30, 35, 41, 119, 128, 134, 143, 205ff., 379, 403, 408, 419, 449, 451f.
- geisteswissenschaftliche 36ff.
- vom Kinde aus 136, 169
Pädotropika 212ff., 283
Phantasie 52, 87, 106, 108ff., 127f., 134, 140, 146, 150, 155f., 274, 277, 340, 388, 439
Phantasiespiel 110, 258, 317

Puppe 58ff., 65, 67, 81ff., 123f., 128, 133, 136, 142, 146f., 150ff., 191f., 288, 313, 343
Puppenhaus 84ff.
Puppenmacher 68
Puzzle 132f., 179, 268, 312, 329, 340, 346

Reformpädagogik 136, 168ff., 248, 269f.
Regelspiel 211, 221ff., 326ff., 345ff., 380, 388
Reifentiere 71f.
Ritterspiel 51, 62
Rollenspiel 23, 26f., 123, 154, 222ff., 293, 315ff., 333, 342ff., 358f., 374, 380, 384, 388, 390, 411f.

Schach 31, 34f., 61, 66, 332, 435
Schonraumpädagogik 246
Schule 102, 104, 168ff., 372ff.
- offene 377, 379ff., 409
- Zielsetzung der 372ff.
Schulhof 385ff.
Schutzwallfunktion 246
Sekundarschule 392ff.
Simulationsspiel (Planspiel) 28, 220, 394ff.
Sinnesmaterial 160ff.
Situation, pädagogische 112, 263ff., 379
Sozialarbeit, schulische 406ff.
Spiel
- als Erziehungsmittel 43, 46
- als Unterhaltungsware 415
- darstellendes 392ff.
- didaktisches 179, 373, 421
- mediales 393
- regelgebunden-kompetitives 31, 221ff., 320, 326ff., 345
- und Gesellschaft 28f., 49f., 413ff.
Spielbegriff, -definition 13ff., 21, 24, 28, 31f., 39ff., 107, 109, 137
Spielbeobachtung 337f.
Spielcurriculum 373, 378, 428
Spieleingriffspädagogik 362f., 378
Spielen und Lernen 100, 102, 104, 125f., 131, 215ff., 228f., 247
Spielführung 265, 365ff.
- der Eltern 305, 331
- der Erzieher 337ff., 341
Spielgaben 111ff., 128, 136, 165
Spieliothek 405, 408, 425
Spielkonflikt 314, 321, 327, 332, 389
Spielmittel
- als Erziehungsmittel 46, 52, 98, 112ff., 124, 138, 143, 151, 229, 307, 379
- Altersgemäßheit der 324f.
- Aufräumen der 243, 305, 317
- Beurteilungskriterien für 189, 273ff., 307
- Definition der 11, 207f.
- Funktion der 52, 67, 80, 120, 134, 191, 266, 302, 422ff.

- im Altertum 53 ff., 98
- im Mittelalter 61 ff.
- im Unterricht 177 ff., 379 ff.
- in der Neuzeit 63 ff.
- Kindgemäßheit der 125, 140 f., 155, 184 ff., 191 ff.
- Klassifikation der 44, 54, 208 ff.
- Kritik am 101, 104, 108, 120, 127 ff., 144 ff., 156 ff., 439 ff., 447
- Kulturgeschichte der 47 ff.
- Sicherheit der 276, 312
- völkerkundliche Aspekte der 12, 47 ff.
- Urformen der 59 ff.

Spielmittel-Angebot
- für Behinderte 298 ff., 369 ff.
- für Erwachsene 335
- für Senioren 433
- im Altersheim 435
- im Arbeitsalltag 436
- im Krankenhaus 432 f.
- im Unterricht 99, 176, 296 f., 379 ff.
- in der Familie 129 ff., 302 ff., 426
- in Verkehrsmitteln 432
- und Benachteiligung der Mädchen 232 ff.
- und soziale Schichtung 240

Spielmittelforschung 52 f., 74, 90, 189, 232 ff., 263, 287 ff.
Spielplatz 65, 121, 322, 333, 387 ff., 427 ff.
Spielsituation 265, 267
Spieltheorie 13 ff.
- anthropologisch-subjektbezogene 16, 44 ff.
- entwicklungspsychologische 17, 20 ff., 41, 115, 148 f., 152 ff.
- geisteswissenschaftliche 17, 38 ff.
- kulturvergleichende 28 ff.
- marxistische 358 f.
- mathematische 30 ff., 114
- motivationspsychologische 25 f.
- phänomenologische 13, 15, 17, 39 ff.
- philosophische 14 f., 207
- psychoanalytische 14, 23 f.
- sozialpsychologische 26 f.
- soziologische 27 ff.
- und Tierverhaltensforschung 18 f.

Spieltherapie 23 ff., 42, 417
Spielunfähigkeit 365, 423
Spielwert 35, 229, 268, 270 f., 428, 444
Spielzeug (Spielmittel) 24 ff., 52 ff., 67 ff., 98 ff., 207 ff., 212 ff., 219 ff., 230 ff., 261 ff., 267 ff., 287 ff., 302 ff., 423 ff.
- bewegliches 88 ff.

- didaktisches 119, 219 ff., 228, 278, 294 ff., 345, 360 f., 379
- elektronisches 35, 417, 443
- geschlechtstypisches 54, 123, 155, 231 ff., 315
- gutes 143, 145, 267 ff., 448
- künstlerisches 141 ff., 156, 277
- mechanisches 88 ff., 130 f., 140, 146, 151 f.
- optisches 92, 130, 340
- realitätsabbildendes (realistisches) 61, 80 f., 87, 148, 192 f., 199, 312, 333, 363
- selbst angefertigtes 47, 66, 100, 102, 158 ff., 174 ff., 271, 356
- sozialistisches 251, 358 ff.
- technisches 81, 95 f., 242, 273, 315, 323, 333 f., 363
- und Volkskunst 74, 142 ff.
- unterhaltsam-belehrendes 129 ff.
- zuviel 100, 106, 108, 120, 123, 139, 241, 275

Spielzeughausindustrie (-heimindustrie) 69 f., 133, 182 f.
Spielzeughersteller 67, 74 ff., 141, 441 f.
Spielzeugindustrie 77 f., 127 f., 140, 145 f., 147, 176, 182 ff., 204, 442 ff.
Spielzeug-Verleger 71, 74 ff.
Spielzeugwirtschaft (Spielwarenbranche) 202, 204, 254, 269, 439 ff.
- Geschichte der 67 ff.
- Statistik der 79, 183, 441
- und Pädagogik 182 ff., 190, 439, 446 ff.

Sport 414 f.
Sprachtraining 294 ff., 349 ff.
Strategiespiel 28 f., 31 ff., 58, 220 f., 329
Studio als Lernort 409 f.
Symbolspiel 116, 123, 222 ff., 227

Tragant 78
TV-Spiele 417
Trotzhaltung 315

Unfallgefahr 276, 312, 389
Unterschichtkind 240 ff.

Waldorfpädagogik 155 ff., 268
Wildruf 69
Wirtschaftsspiele 335, 403
Würfelspiel 28, 31, 220, 328, 434

Zankeisen 69, 107
Zinnsoldat 78
Zufallsspiel 28 f., 31, 328

Personenregister

Abt 395, *453*
Adam 252, *453*
Ahrens *453*
Ahting 202, *453*
Albertus 94
Alexander 24, *453*
Alfons X, Alfonso el Sabio 61, *453*
Allemagne 18, *453*
Allemann *453*
Allmann 399
Alsleben 65, *453*
Alstyne 288, *453*
Alt 48, *453*
Amtmann 43, *453*
Anderson/Moore 27f., 30, 51, *462*
Andrä 48, 52, *453*
Anton *453*
Apelt 181, *453*
Archytas von Tarent 90
Arganian 239, *453*
Ariès 50f., 61, *453*
Aristophanes 98, *453*
Aristoteles 98, *453*
Arndt 360, 373, *453*
Art 28
Astl/Rathleff 249, *453*
Avedon/Sutton-Smith 21, *453*
Axline 24, *453*

Bacherler 66, *453*
Bachmann 47, 53, 61f., 64, 71f., 74f., 79, 81, 86, *453*
Baer/Tillmann 404, *454*
Bähr 391, *454*
Baldwin 17
Bally 18f., 48, *454*
Balon/Sokoll 395, *454*
Balzer 418, *454*
Barbey 43, *454*
Barnes 193, *454*
Basedow 104, 106
Bauer 176, *454*
McBean 84
Beck, F. 254, 272, *454*
Beck, G. 243, *454*
Becker 253, *454*

Benjamin 439, 452, *454*
Benzing 202ff., *454*
Berg 143, *454*
Bergemann-Könitzer 149, *454*
Berlyne 25, 340, *454*
Berne 455
Bernstein/Young 247, *454*
Bertelsmann 401f., 411, *454*
Bestelmeier 75, 94, 130ff., *454*
Binswanger/Herzka 364ff., 369f. *454*
Bittner 266, *454*
Bizyenos 128, *454*
Blochmann 118
Bödiker 295, *454*
Boehn 53, 62, *454*
Boesch 62, *454*
Böhm 162f., *454*
Böhme 167, *454*
Bollermann 395, *454*
Bollnow 117, *454*
Bolte 62, 65, *454*
Bonn 391, *455*
Boocock/Coleman 296
Born 179, *455*
Boshowitsch 359, *455*
Botermans/v. Delft *455*
Böttcher/Stolze 252, *455*
Boulanger 233, *455*
Braak 40, *455*
Braig 139, *455*
Brethfeld 139f., *455*
Bruegel 63
Brezinka 39, *455*
Bronfenbrenner 295, *455*
Brunner-Traut 55, *455*
Buehnemann 178f., *455*
Bühler, Ch. 20, 154, *455*
Bühler, K. 17, 19, 221
Buist/Schulman 299, *455*
Burger 174, *455*
Burgkmair 63
Bush 28
Buytendijk 13, 17, 38, 44, *455*

Caillois 18, 27, 30f., *455*
Cajetan-Milner 141, *455*

Calliess 217, *455*
Campe 106
Candido-Kubin 177, *455*
Carr 17
Château 13, 20, 316, *455*
Cherryholmes 296, *455*
Child/Whiting 30, *468*
Christensen 360, *455*
Christmann/Schottmayer 427f., *465*
Cillien 43, *455*
Claparède 17
Claretie 18, *455*
Claus 362, *455*
Coburn-Staege 26, *455*
Coleman/Boocock 296
Conn 230, *455*
Cook/Driscoll 299, *455*
Cook/Rheingold 236, *465*

Daiken 59, 88, 90, 130, 133, *455*
Dannhauer 234, *455*
Danziger 231, *455*
Daublebsky 215, 373, *455*
Dearden 16, 45, *455*
Decroly/Monchamp 178f., *455*
v. Delft/Botermans *455*
Deißler 380
Derbolav *455*
Dieckmeyer/Kirst 278, *460*
Dilthey 36
Dopf 249, *456*
Döpel/Leuthäußer *462*
Döring 111, 119, 167f., 170, 214, 261, *456*
Dornette/Pulkowski 26, *456*
Durchholz 360, *456*
Düsel 139, *456*

Eberlein 140f., *456*
Ehlers 144, *456*
Eichler 420f., 423, *456*
Eigen/Winkler *456*
Elkonin 358f., *456*
Ellis/Scholz 242, 292, *465*
Elschenbroich 441, *456*
v. Elsken 438
Enderlin 141, 149ff., *456*
Engelsing 49, *456*
Eppel 294, *456*
Erb/Schmidtchen 258, *465*
Erikson 24, *456*
Erning *456*
Eysenck 239, *456*

Fein 230, *456*
Fink 14ff., *456*
Finke 393f., *456*
Fischart 65
Fischer, A. 149, *456*

Fischer, M. L. 256, 369, *456*
Fiser 20, *456*
Flavell 299
Fliedner 124f.
Flitner, A. 293, *456*
Flitner, W. 36f., *456*
Foch 200f.
Fölsing 125ff., *456*
Fölsing/Lauckhard 126, *456*
Frances/Gesell 20, *457*
Franke 433f., *456*
Fraser 52f., 55, 61, 81ff., 91f., 94f., 97, 129, 134, *457*
Freud 24
Frey 149, 151ff., 189, *457*
Fritzsch/Bachmann 47, 61f., 64, 69, 71f., 74f., 79, *457*
Fröbel 103, 111ff., 120, 122, 124, 126ff., 133, 136, 139, 147f., 155, 157, 160f., 163, 165, 174, 187, 193, 270, 277, 289, 440, *457*
Frommberger 215, *457*

Gadamer 15, *457*
Gantner/Hartmann 248, *457*
Gardner 32, *457*
Garfinkel 27, *457*
Gaudig 170ff., *457*
Geißler 42f., *457*
Geißler/Moritz 405, *457*
Geist 47, 52, 144, 191, *457*
Gesell/Frances 20, *457*
Gilmore 292, *457*
Ginott 24, *457*
Gizycki/Gòrny 31, *457*
Goodman/Lever 236ff., *457*
Goffman 27, *457*
Gold 336, *457*
Goldsmith/Turner 288, *467*
Gòrny/Gizycki 31, *457*
Götze/Jaede 24, *457*
Graef 140, *457*
Gramza 292, *457*
Grasberger 127f., *457*
Green 231, *457*
Grenz 251, 363, *457*
Gröber 48, 52f., 55, 62, 69, 78, 84f., 129, 143, 248, *457*
Grond 278, *457*
Groos 17, 151
Grube 127, *457*
Grunfeld 55, 438, *457*
Gump/Sutton-Smith 290, *458*
Gutsmuths 104ff., 109, 120, *458*
Günter 387

Haase, E. 177f., *458*
Haase, O. 182, *458*

473

Habermas 414
Hahm 48, 143, *458*
Hahn *458*
Haigis 15, *458*
Hall 17
Hamaide 178, *458*
Hampe 78, *458*
Hanfmann 149, *458*
Harding 25, *458*
Hartmann/Gantner 248, *457*
Hasdorf 363, *458*
Hauck, H. 157, 160, *458*
Hauck, K. 65f., 108, 118, *458*
Haven 40, 43, *458*
Hansen 20
Haydn 74
Heckhausen 25f., 221, 267, *458*
Heidegger 15
Heidemann 14ff., 27, *458*
Heiland 111f., 116, 119, 160, *458*
Heinsohn/Knieper 362, *458*
Heistermann 16, *458*
Helanko 21
Hentig v. 51
Henning 415, *458*
Herbart 110, 136
Herbst/Updegraff 290, *467*
Hercik 54, 56, *458*
Herrad von Landsberg 63
Herrigel 139, *458*
Herron/Sutton-Smith 21, *458*
Herzka/Binswanger 364ff., *458*
Hetzer 20f., 148f., 153ff., 246f., 267, 270, 365ff., 369f., *458*
Heusinger 121, *460*
v. Heydebrand 156ff., *459*
v. d. Heyden 64f.
Hildebrandt 92, 137ff., *459*
Hils 64, *459*
Himmelheber *459*
Hirzel 144ff., 270, *459*
Hitler 144, 200, 202
Hoche 139, *459*
Hoffmann, E. 38, 43, 111, 113ff., *459*
Hoffmann, E. T. A. 96
Hofstätter 221, *459*
Höhn 25, *459*
Holding/Pintler 288, *459*
Höller 255, *459*
Holstein 181f., *459*
Höltershinken 276, 278, 281, 385, *459*
Holzach/Rautert 228, *459*
Homfeld 407, *459*
Hoof *459*
Hördt *180*
Hortzschansky 251, *459*
Howes/Rubinstein 293, *464*

Huber 139f., *459*
Hübner 394
Huisken 182, *459*
Huizinga 14, 17ff., 38, *459*
Hülsenberg 241, *459*
Humphrey 295, *459*
Humphrey/Sullivan 296, *459*

Ilgner 178, 184, *459*
Inbar/Stoll 297, *459*
Itard 161

Jaffke 159f., *459*
Jaide/Goetze 24, *457*
Jean Paul 108ff., 116, 120, 125, 128, *459*
Johnson 288, *460*
Jones/Bernstein 247, *460*

Kade 179, *460*
Kant 14, 48, 99
Kaplan Gordon *460*
Kaut *460*
Keil *460*
Keller/Voss 232, *460*
v. Kempelen 35
Kerschensteiner 170ff., *460*
Kirst/Dieckmeyer 278, *460*
Klafki 37, *460*
Klein 24, *460*
Klemmer/Müller 404, *462*
Klewitz/Mitzkat 381, *460*
Klewitz/Nickel 43, *460*
Klinke 296, *460*
Klippstein 220, *460*
Kloos 54, *460*
Klostermann 119
Kluge, H. 143, *460*
Kluge, K.-J. 299, *460*
Kluge/Patschke 298, *460*
Knieper/Heinsohn 362, *458*
Knox 300, *460*
Köferlin 86
Köhler 19, *460*
Körner 132, *460*
Kraft 385f., 389ff., *460*
Krantz 177, *460*
Krappmann *460*
Kraus 31, *460*
Kretschmann, J. 81, *460*
Kretschmann, M. 377, *460*
Krieger 132, *460*
Krings 410f., *460*
Kroh 20, 37, 115, 148, *460*
Krüche *460*
Krüger 176, *460*
Kuczynski 77, *461*

Kruse 191
Kuster-Naef 370

Lampe 179, *461*
Lange 17, 136f., 139, 151, *461*
Langeveld 44f., 48, *461*
Lasker 32, *461*
Lauckhardt/Fölsing 126, *456*
Lawick-Gooddall 19, *461*
Lay 173f., *461*
Lazarus 17
Lebo 25, *461*
Lehmann/Portele 296f., *461*
Lehr *461*
Leisching 141, *461*
Lenzen 393, *461*
Leontjew 359, *461*
Leuthäußer/Döpel *461*
Lever/Goodman 236ff., *457*
Lieberman 291, *461*
Lion 193, *461*
Litt 36f., 44, 190, *461*
Lochner 37
Locke 99ff., 104, 106, 109f., 119f., 132, 139, *461*
Lowenfeld 25
Lückert 120, 162, *461*
Luther 38, *461*

Mahlau 47, 52, 144
Mahrenholz-Bülow 112
Maingot 90, *461*
Makarenko 211, *461*
Mälzel 94
Mara 183, *461*
Marum *461*
Mason/Mitchel 16, *462*
Mathieu/Poppelreuter 190, *461*
Mauder 175, *461*
Maurer 446, *461*
Mead 26, *461*
Meister 43, *461*
Mendel *461*
Menzel 80, 188f., *462*
Metzger 48, 52, 55, 58f., 62, 69, 78, 84f., 129, 248, *462*
Meyer 141, *462*
Mical 94
Mieskes 5, 11, 119, 180, 206ff., 212ff., 219, 229, 264ff., 272, 278, 281ff., 296, 298, 433f., 449f., *462*
Millar 18, 30, 216, 231, 288, *462*
Mitchel/Mason 16, *462*
Mitzkat/Klewitz 381, *460*
Monchamp/Decroly 178, *455*
Montessori 160ff., 178, 217, 219, 231, 268, 289, 316, 440, *462*

Moog 170, *462*
Moor 41f., *462*
Moore/Anderson 27f., 30, 51, *462*
Moosmann 291, *462*
Moreno 26, *462*
Morgenstern 32
Moritz/Geißler 405, *457*
Mozart 74
Mühlmann 49, *462*
Müller 158, *462*
Müller/Klemmer 404, *462*
Müller/Vagt 295, *467*
Müßler 149, *462*
Mussen/Rutherford 232, *462*
Myrdal *462*

Netzer 43, *462*
Neumann 32, *462*
Neumann/Schönwetter 239, *463*
Nickel/Klewitz 43, *460*
Nicolai 75
Niebuhr 68, *463*
Nohl 36, 38, 190
Nostheide 79, *463*

Oberlin 122
Oerter 21, *463*
Oettinger 450
Opaschowski 403, 407ff., 419, 421f., *463*
Ottinger/Tilton 299f., *467*

Pallat 38
de Paoli 369f.
Parten 340
Pascal 31
Pauline Fürstin zu Lippe-Detmold 122
Paulsen 66, *463*
Patschke/Kluge 298, *460*
Pèe 269f., *463*
Peller 24, *463*
Peltzer-Gall 407, *463*
Pestalozzi 119
Petersen 112, 179f., 283, *463*
Petzelt 42, *463*
Pfütze 360, *463*
Piaget 14, 21f., 44, 289, 333, *463*
Pinon 12, *463*
Plato 98, 103, *463*
Plümicke 74
Pöhls 194
Poppelreuter/Mathieu 190, *461*
Portele/Lehmann 296f., *461*
Pöschl 60, 80, 187, 208ff., *463*
Postner 176, 201, *463*
Prelle 179, 182, *463*
Prüfer 186
Priess 155, *463*

475

Pudor 156, *463*
Pulkowski/Dornette 26, *456*

Quilitch/Risley 289, *463*

Rabecq-Maillard 18, 48, *463*
Rabelais 65
Rabinowitz 292, *463*
Rahner 15, *463*
Ranke 124, 126, *463*
Rautert/Holzach 228, *459*
Rathleff/Astl 249, *453*
Reible 183, *463*
Reichert 182, *463*
Reichwein 171, 175
Reinhardt 187, *463*
Reischle 139, *463*
Remplein 20
Rensch 19, *464*
Retter 37, 122, 216, 220, 240f., 259f., 272, 278, 284, 287, 294, 313, 321, 330, 332ff., 342, 372, *464*
Reyher 43, *464*
Rheingold/Cook 236, *464*
Riesmann 417
Rigauer 415, *464*
Risley/Quilitch 289, *463*
Roberts 28ff., *464*
Rogers 24
Roh 143f., *464*
Rohrer 394
Röhrs 37, 43, *464*
Rosenberg/Sutton-Smith 238, *466*
Roß 140, *464*
Ross 291, *464*
Roth 373
Rothe 49, *464*
Rousseau 99, 101f., 104, 108f., 120, 132, 139, 148, *464*
Rubinstein/Howes 293, *464*
Rudloff 157f., *464*
Rüppell 220, *464*
Rüssel 20, *464*
Rutherford/Mussen 232, *462*

Sader 26, *464*
Salzmann 121
Schache 142, *464*
Schade-Didschies 257
Schaffer 156, *464*
Schaller, J. 17, 28, *464*
Schaller, K. 39, *464*
Schanz 201, *464*
Scharrelmann 169, *464*
Schefold 141, 148, *464*
Scheibert *465*
Scheibner 149, 170f., *464*

Scheu 239, *465*
Scheuerl 14f., 17, 24, 38ff., 98, 104, 109, 215, 218, *465*
Schiller 14, 109
Schlee 103, *465*
Schlitt 250, *465*
Schlosberg 25, *465*
Schmidt, J. 391, *465*
Schmidt, K. A. 134
Schmidt, O. 174, *465*
Schmidtchen 24, 258, 298, *465*
Schmidt-Ott/Heckmann 362, *459*
Schmitz-Scherzer 434, *465*
Schnabel 176, *465*
Schneider 430, *465*
Scholz/Ellis 242, 292, *465*
Schönberg 437, *465*
Schönwetter/Neumann 239, *463*
Schottmayer/Christmann 427f., *465*
Schroeter 363, *465*
Schulman/Buist 299, *455*
Schulz-Dornburg 344
Schüling 101, *465*
Schulz 434, *465*
Schüttler-Janikulla 276ff., 280f., 294, *465*
Schwarzkopf 139, *465*
Sedlmayr 147, *465*
Seelmann 271, *465*
Seguin 161, 165
Seidenfaden 43, *465*
Sell 189, *466*
Seyffert/Trier 142, *465*
Siepen 141f., *465*
Silverman 32, *466*
Simmel 27, *466*
Simmen 65, 90, 94, *466*
Simon 54, *466*
Slomma 419, *466*
Smilansky 293f., *466*
Snyders 50, *466*
Söderberg 401f., *466*
Sokoll/Balon 395, *454*
Sokolow/Urwin 299, *466*
Sopp 201, *466*
Spencer Pulaski 17, 109, 292, *466*
Spiero 156, *466*
Spies 216, *466*
Spilsbury 132
Spitzer 387, *466*
Sprague 32, *466*
Spranger 36, 190
Sullivan/Humphrey 297
Sutton-Smith 21ff., 29f., 49, 218, 222, 238, 267, 290f., 304, *466*
Sy 182f., *466*
v. Staabs 25
Staudinger 184ff., *466*

Steiner 156ff., 169, 268, 440, *466*
Steinhaus 34, *466*
Stephan 65, *466*
Stern 151, *466*
Stobbe 182, *466*
Stoll/Inbar 297, *459*
Stolze 252
Stoevesand/Uhl 193, *467*
Stuckenhoff *466*

Thamm 177f., *466*
Thiele 107
Thomae 113, *466*
Thomas von Aquin 94
Thun 270, *466*
Tiemann 395f., *467*
Tietz 443, *467*
Tillmann/Baer 404, *454*
Tilton/Ottinger 299f., *467*
Toffler 28, *467*
Toličič 297, *467*
Trier/Seyffert 142, *465*
Turner/Goldsmith 288, *467*

Uhl/Stoevesand 193, *467*
Updegraff/Herbst 290, *467*
Urwin/Sokolow 299, *466*
Ussowa 359, *467*

Vagt/Müller 295, *467*
Vaucanson 91
Vietta 58f.
Villaume 120f., *467*
Vogelsang 34, *467*
Volkelt 149, *467*
Vorwerk 360, *467*
Voss/Keller 232, *460*

Wade 288, *467*
Wagner 130, *467*

Wälder 24, *467*
Walter 176, *467*
Warneken 416, *467*
Wehman 298, *467*
Weigel 68, 102ff., 120, 247
Weiner/Weiner 300, *467*
Weitsch 188, 190, 200, *467*
Weiße 92
Weller 111, *467*
Welsch 189, *467*
Weniger 37, *467*
Wenzel 67ff., 76, 78, *467*
Werner 115
Westermann/Schüttler-Janikulla 278, *465*
Wetekamp 173, *468*
Wetterling 182, *468*
White 299, *468*
Whiting/Child 30, *468*
Wiederholz 78, 183, *468*
Wiedner 241, *468*
Wilckens 86, *468*
Wilderspin 122
Winkler 149, 153, *468*
Winkler/Eigen *456*
Winnefeld 265, 289, *468*
Winternitz 249, *468*
Wirth 122f., *468*
Wissalla 258
Witte 120
Woitschach 33, *468*
Wolke 121, *468*

Young/Bernstein 247, *454*

Zapotoczky 24, *468*
Zedler 84f.
Zimmer 280f., *468*
Zingerle 62, *468*
Zivin 293, *468*
Zorell 270f., *468*
Zulliger 24, *468*

Lexikon der Kinder- und Jugendliteratur

Jetzt vollständig von A–Z

Herausgegeben von Klaus Doderer.
Personen-, Länder- und Sachartikel zu Geschichte und Gegenwart der Kinder- und Jugendliteratur.

Dritter Band: P–Z 🆕
Redaktion des dritten Bandes: Hannelore Daubert, Klaus Doderer, Winfred Kaminski, Helmut Müller, Detlef Ram, Hildegard Schindler-Frankerl. 1979. Ca. 600 Artikel mit insgesamt etwa 6500 bibliographischen Angaben auf rund 600 Seiten und mit etwa 180 Abbildungen. Leinen mit Schutzumschlag DM 148,–.
Subskriptionspreis Band III: DM 120,– bis 31. 12. 1979
ISBN 3-407-56513-5
Erscheint im 4. Quartal.
Gesamtpreis Bände I, II, III: DM 390,– ISBN 3-407-56510-0

In Planung
Ergänzungs- und Registerband
Etwa 650 Artikel auf ca. 700 Seiten mit ca. 180 Abbildungen, Personal- und Sachregister für das Gesamtwerk. Erscheint voraussichtlich 1981.
ISBN 3-407-56514-3

Bereits erschienen
Erster Band: A–H
1975. 2. Auflage 1977. 491 Artikel, ca. 5500 bibliographische Angaben auf XIV, 579 Seiten mit 147 Abbildungen. Leinen DM 148,–.
ISBN 3-407-56511-9
Zweiter Band: I–O
1977. 481 Artikel, ca. 6500 bibliographische Angaben auf VIII, 625 Seiten mit 170 Abbildungen. Leinen DM 148,–. ISBN 3-407-56512-7

Inhaltliche Struktur des Werkes
Eine Geschichte der Kinder- und Jugendliteratur in Einzeldarstellungen;

eine internationale Übersicht über die Entwicklung, den derzeitigen Stand und die Auswirkungen der Kinder- und Jugendliteratur in anderen Ländern (Länderartikel);

Biographien, Werk- und Wirkungscharakteristiken von Jugendschriftstellern und Kinderbuchillustratoren des In- und Auslandes;

Biographien und Werkcharakteristiken von Theoretikern der Kinder- und Jugendliteratur und der Literaturpädagogik;

Informationsartikel über Gattungen, Textsorten, Bucharten, Comicfiguren, herausragende Einzelwerke der Kinder- und Jugendliteratur. Auskünfte über Kinder- und Jugendbuchverlage, Förderungseinrichtungen, Jugendbuchpreise;

Artikel zur Leserforschung und Einzelgebiete der Literaturdidaktik; reichhaltige Bibliographien zu einzelnen Artikeln; Illustrationen zur Verdeutlichung.

BELTZ

Beltz Verlag · Postfach 1120
6940 Weinheim
Verlag Beltz Basel · Postfach 227
4002 Basel